4TH PROCEEDINGS OF 2018

CHINA SHIELD

ENGINEERING TECHNOLOGY

ACADEMIC SYMPOSIUM

2018年 第四届

中国盾构工程技术学术研讨会论文集

乐贵平　方江华　钟长平 / 主　编

王杜娟　尹清锋　乔国刚　李安清　黄威然 / 副主编

人民交通出版社股份有限公司

China Communications Press Co.,Ltd.

内容提要

本论文集收录论文60篇，内容涉及盾构机设计与制造、盾构施工、盾构测量控制、盾构耗材生产等与盾构工程各领域有关的理论和实际问题。

本论文集可供盾构设计、施工、工程管理、教学、科研等相关专业技术人员参考。

图书在版编目(CIP)数据

2018年第四届中国盾构工程技术学术研讨会论文集 / 乐贵平，方江华，钟长平主编. —北京：人民交通出版社股份有限公司，2018.11

ISBN 978-7-114-14660-2

Ⅰ.①2… Ⅱ.①乐… ②方… ③钟… Ⅲ.①隧道施工—盾构法—学术会议—文集 Ⅳ.①U455.43-53

中国版本图书馆CIP数据核字(2018)第257607号

书　　名：**2018年第四届中国盾构工程技术学术研讨会论文集**
著 作 者：乐贵平　方江华　钟长平
责任编辑：刘彩云　李　梦
责任校对：刘　芹
责任印制：张　凯
出版发行：人民交通出版社股份有限公司
地　　址：(100011)北京市朝阳区安定门外外馆斜街3号
网　　址：http://www.ccpress.com.cn
销售电话：(010)59757973
总 经 销：人民交通出版社股份有限公司
经　　销：各地新华书店
印　　刷：北京虎彩文化传播有限公司
开　　本：787×1092　1/16
印　　张：28.75
字　　数：724千
版　　次：2018年11月第1版
印　　次：2018年11月第1次印刷
书　　号：ISBN 978-7-114-14660-2
定　　价：168.00元

编　委　会

前　　言

经过近一年时间的筹备和组织，由北京盾构工程协会、广州地铁集团有限公司、中国建设基础设施有限公司、中铁工程装备集团有限公司和中铁十六局集团有限公司等有关单位联合主办的"第四届中国盾构工程技术学术研讨会暨复合地层盾构施工技术国际论坛"，在秋高气爽的羊城胜利召开了！这次大会是中国盾构工程界的一次盛会，来自政府、高校、研究机构、生产厂家、建设、设计、施工、监理、风险管理等单位近600名代表欢聚一堂，交流盾构工程技术的经验，探讨盾构工程技术的理论，共商中国盾构工程的发展大计。来自各方的代表们体现了跨部门、跨领域、跨地区、跨专业的特点，表明中国现代盾构工程技术经过近四十年的高速发展，已走向全面融合的时代，我国对盾构工程技术实行统一指导、管理、协调的机制呼之欲出。

组委会在精心组织大会主题报告的同时，从提交的90多篇论文中审定了60篇编纂成《2018年第四届中国盾构工程技术学术研讨会论文集》。这些论文内容丰富、涉及面广，理论水平及技术水平较高。论文集展现了我国盾构技术在大直径、长距离、刀盘及刀具对各类地质的适应性、盾构工程风险管理、信息化、盾构再制造等方面的发展水平，标志着我国盾构工程技术正在全方位地赶上甚至超越了世界盾构工程技术的先进水平，代表了我国盾构工程技术发展的最高水平。

当前世界全球化发展趋势正在排除各类干扰不断向前推进，我国为解决人民追求美好生活与发展不充分、不平衡的矛盾，不断加大基础设施的建设规模；党的十八大以来，我国提出的"一带一路"倡议不断得到世界各国的高度认可和积极响应，中国盾构工程技术走出去已是不可逆的大势。盾构工程技术必将迎来快速发展的时期，我国盾构工程技术人员已经或正在与世界各国同行同台竞技，与高手过招，我国盾构工程技术全产业链的优势必定得到极大的发挥。展望未来，我们充满信心。

在论文集的编纂过程中，北京盾构工程协会秘书处为论文的征集、初步筛选做了大量卓有成效的工作，在论文出版之际对他们的辛勤工作表示诚挚的谢意！

尽管编审委员会对论文的编审和校核等方面付出了辛勤的劳动，但难免存在疏漏和不足，恳请业内同行批评指正！

预祝2018年第四届中国盾构工程技术学术研讨会取得圆满成功！

《2018年第四届中国盾构工程技术学术研讨会论文集》编审委员会

2018年10月

目　录

超大直径盾构施工主要风险与对策

钟长平　谢小兵　刘　智　周　斌

（广州轨道交通建设监理有限公司　广东广州　510010）

摘　要：随着我国城市基础设施建设的快速发展，采用盾构法建设隧道面临直径更大、埋深更深、距离更长以及地质条件更加复杂的情况，我国工程技术人员已经应用不同的超大直径盾构完成了多个工程。本文统计了国内外超大盾构工程案例，通过南京长江隧道、扬州瘦西湖隧道和春风隧道等项目，针对工程特点和施工难点，总结了超大直径泥水盾构隧道穿越诸如淤泥质粉质黏土、硬塑膨胀性黏土、粉细砂与砾砂（岩）、上软下硬复合地层等复杂地层的关键技术；研究分析了盾构选型、盾构适应性改造、洞门密封泄漏和盾构始发、江中带压开舱换刀、江中浅覆土段冒顶塌方等主要风险，并结合工程案例提出了解决风险的对策，对超大直径盾构的施工具有重要参考价值和指导意义。

关键词：超大直径；盾构施工；风险；对策

1　引言

过去的近二百年里，盾构施工技术随着生产实践应用得到不断完善和改进。仅仅是最近的一二十年间，盾构隧道外径以及盾构机直径的大小被不断刷新，盾构隧道正朝着超大直径的方向发展。

超大直径盾构隧道一般应用于公路或公路与轨道交通合建项目，其边界很难界定。20 年前，直径 10～11m 的盾构被认为是最大的，可以满足单层 2 车道需求；而近 10 年来，随着我国城市化进程的发展及交通需求量的增长，14m 及以上的直径是当前的主流，可以满足双层 4、6 车道或单层 3 车道需求。目前我们所说的超大直径盾构直径均为 14m 以上。

国际上，日本 1994 年首次采用 ϕ14.14m 盾构进行东京湾隧道施工；在国内，2004 年上海上中路隧道引进荷兰绿色心脏 ϕ14.87m 盾构进行施工。截至 2016 年，直径 14m 及以上的盾构隧道项目有 36 例（含在建项目），其中国外有 15 例，国内有 21 例。国内直径 14m 及以上的隧道主要应用于经济发达地区，已建成项目 11 项，在建项目 10 项；采用泥水平衡式盾构工法的 17 项，采用土压平衡式盾构工法的 4 项；公路隧道 19 项，公路隧道与轨道交通隧道合建的 2 项（上海长江隧道和武汉三阳路隧道）。

2　国内外超大直径盾构发展历程

目前，盾构机已从单一模式盾构发展到泥水、土压平衡复合盾构，盾构机的尺寸也从中小盾构发展到直径可达 17m 的超大直径盾构。国内外部分超大直径盾构工程实例如表 1 和表 2 所示。

作者简介：钟长平（1968—），男，博士，教授级高级工程师，广州轨道交通建设监理有限公司副总经理、总工程师，华南理工大学、广州大学硕士生导师。主要从事地铁建设管理工作和盾构技术研究工作。Email：553979739@qq.com。

国内超大直径盾构工程实例 表1

隧道名称	所在城市	规模	盾构直径/类型	设备厂商	盾构隧道长度	备注
钱江隧道	杭州	双管单层双向6车道	15.43m/泥水	德国海瑞克	3.245km×2	建成通车
纬七路南京长江隧道	南京	双管单层双向6车道	14.93m/泥水	德国海瑞克	3.02km×2	建成通车
纬三路过江隧道	南京	双管双层双向8车道	14.93m/泥水	(IHI/三菱/cccc)	南线4.135km 北线3.557km	建成通车
上中路隧道	上海	双管双层双向8车道	14.87m/泥水	法国法玛通	1.28km×2	建成通车
上海长江隧道	上海	双管单层双向6车道	15.43m/泥水	德国海瑞克	7.50km×2	通成通车
军工路隧道	上海	双管双层双向8车道	14.87m/泥水	法国法玛通	1.50km×2	建成通车
虹梅南路隧道	上海	双管单层双向6车道	14.93m/泥水	德国海瑞克	3.39km×2	建成通车
长江西路隧道	上海	双管单层双向6车道	15.43m/泥水	德国海瑞克	1.50km×2	建成通车
A30沿江隧道	上海	双管单层双向6车道	15.43m/泥水	德国海瑞克	5.09km×2	在建
北横通道隧道	上海	单管双层双向6车道	15.56m/泥水	德国海瑞克	6.40km	在建
周家嘴路隧道	上海	单管双层双向4车道	14.93m/泥水	德国海瑞克	2.572km	在建
外滩隧道	上海	单管双层双向6车道	14.27m/土压	日本三菱	1.098km	建成通车
迎宾三路隧道	上海	单管双层双向4车道	14.27m/土压	日本三菱	1.86km	建成通车
诸光路隧道	上海	单管双层双向4车道	14.45m/土压	德国海瑞克	1.39km	在建
苏埃隧道	汕头	双管单层双向6车道	拟购新机/泥水	德国海瑞克	3.0475 km×2	在建
三阳路隧道	武汉	双管单层双向6车道	15.76m/泥水	德国海瑞克	2.59km×2	在建
城南隧道	芜湖	双管单层双向6车道	14.93m/泥水	德国海瑞克	3.85km×2	在建
屯门至赤鱲角连接路海底隧道	香港	单管双层双向4车道	17.60m/泥水 14.00m/泥水	德国海瑞克	4.20km	在建
龙山隧道	香港	双管单层双向4车道	14.10m/土压	中国北方重工	4.80km	在建
瘦西湖隧道	扬州	单管双层双向4车道	14.93m/泥水	德国海瑞克	1.28km	建成通车
横琴三通道	珠海	双管单层双向6车道	14.93m/泥水	德国海瑞克	1.10km×2	在建

国外超大直径盾构工程实例 表2

隧道名称	所在国家	规模	盾构直径/类型	设备厂商	盾构隧道长度(km)	备注
汉堡易北河第4隧道工程	德国	单管2车道	14.2m/泥水	德国海瑞克	2.56	建成通车
银松森林隧道	俄罗斯	双管双层双向公铁两用	14.2m/泥水	德国海瑞克	3.20	建成通车
莫斯科 Lefortovo 隧道	俄罗斯	单管单层3车道	14.2m/泥水	德国海瑞克	6.90	建成通车
绿色心脏双线铁路隧道	荷兰	单管双线铁路隧道	14.87m/泥水	法国法玛通	7.00	建成通车
尼亚加拉河引水隧道	加拿大	引水隧道	14.4m/硬岩	美国罗宾斯	10.50	建成使用
阿拉斯加道路隧道	美国	单管双层4车道	17.48m/土压	日本日立船厂	2.80	在建
东京外环公路隧道	日本	双管单层双向4车道	16m/土压	日本三菱、川崎、JTSC	18	在建
东京地铁隧道	日本	双线地铁	14.18/土压	日本IHI	1.10	建成通车
东京湾公路隧道	日本	双管单层双向4车道	14.14m/泥水	日本三菱、川崎、日立、IHI	18.80	建成通车
马德里30km隧道	西班牙	双管单层双向6车道	15.2m/15.0m/土压	德国海瑞克、日本三菱	7.34	建成通车

续上表

隧道名称	所在国家	规　　模	盾构直径/类型	设备厂商	盾构隧道长度（km）	备　注
塞维利亚公路隧道	西班牙	双管单层双向4车道	14.00m/土压	法国法玛通	4.08	在建
水景公路隧道	新西兰	双管单层双向6车道	14.41m/土压	德国海瑞克	4.80	建成通车
卡尔塔尼塞塔公路隧道	意大利	双管单层双向6车道	15.08m/泥水	法国法玛通	3.90	在建
Al sparvo 公路隧道	意大利	双管单层双向6车道	15.55m/土压	德国海瑞克	5.164	建成通车
圣塔·露琪亚隧道	意大利	双管单层双向6车道	15.87m/土压	德国海瑞克	7.50	在建

3　施工主要风险分析及对策

3.1　盾构机选型风险

地质是基础,盾构机是关键,人是根本。

隧道建设成功与否同盾构机的选型息息相关。由于盾构法施工主要依靠盾构设备这个载体,因此盾构设备选型是施工成败的一个重要环节,是盾构施工的关键。

盾构机选型需要考虑的因素包括:工程地质、水文地质条件和岩土性质;开挖面稳定性能;隧道埋深、地下水位;设计隧道的断面;环境条件、沿线场地(附近管线和建构筑物及其结构特性);衬砌类型;工期、造价等。

盾构机选型好等于工程成功了一半,选型不好则会严重影响工程开展。

3.1.1　世界最大直径盾构“伯莎”施工情况

“伯莎”是为美国西雅图市 SR99 公路隧道服务的土压平衡盾构机,由日立造船株式会社制造,开挖直径达到 17.5m,价格为 8000 万美元,如图 1 所示。

a)组装

b)严重破坏

c)更换新轴承、密封件

d)完成掘进

图 1　世界最大直径盾构“伯莎”(外径 ϕ17.45m)

2013 年 8 月，完成组装的“伯莎”在一片欢呼声中开始了工作，按计划，“伯莎”每天能推进 10m，整条隧道应在 16 个月后贯通。“伯莎”最初的表现不错，一切都在有条不紊地按计划推进，然而在 12 月初已经前进了 300m 的“伯莎”突然停了下来，这时施工方发现“伯莎”无法前进，感觉像是遇到了神秘不明物体。

调查工作随即开始，到 2014 年 1 月初，问题似乎有了眉目，人们认为是一根埋在地下的长 35m、直径 20cm 的钢管阻碍了“伯莎”的脚步，施工方认为它卡在刀盘辐条中间导致刀盘无法正常旋转。

经过紧张工作，到 1 月底，钢管剩余部分终于被清理出来，“伯莎”经过调试又可以工作了。但不幸的是，仅仅前进了 1.2m，“伯莎”再次停了下来。原来控制室内发出了过热警报，靠近刀盘的位置出现了 140℃ 的高温。随后的检查发现刀盘的开口已经被泥饼糊住，更重要的是主轴承密封件已经遭到严重损坏，只有更换密封件才能将隧道掘进进行下去。

“伯莎”的刀盘被进一步分解以接受评估，随后人们发现“伯莎”的状况比预想的还要糟糕。原本以为只有主轴承的 7 个橡胶密封圈被沙子和水堵塞破坏，后来发现保护密封圈的钢筒也发生了破损，一些碎片进入了传动齿轮导致齿轮破坏。

在长达四年半的时间里，“伯莎”土压盾构历尽千辛，且经历繁杂的维修过程。其中，修理费用高达 1.43 亿美元，比“伯莎”本身价格还要高。这是盾构机选型失败的典型例子。

3.1.2 广深港客运专线大直径盾构遇到的问题

2011 年 10 月 31 日，深圳福田梅林路与梅村路交界处突然发生塌陷，出现近百平方米大坑。此前与事发地一墙之隔的中康生活区地面出现四次塌陷，均因地下的广深港客运专线施工所致，如图 2 所示。

图 2 广深港客运专线盾构施工造成多次地陷

该大直径盾构采用常规刀盘，带压进舱换刀，费时费钱，工期延误较多。该盾构机选型方面也存在一些问题。

3.1.3 伊斯坦布尔博斯布鲁斯海峡隧道施工情况

伊斯坦布尔海峡公路隧道工程是在博斯布鲁斯海峡下第一次应用盾构施工的隧道，采用直径为 13.66m 的超大直径泥水平衡盾构（常压刀盘）进行掘进。该隧道全长 3.34km，线路最低点在海平面以下 106m，工作压力高达 13bar[❶]，盾构掘进 16 个月后贯通。该盾构机选型正确，进展顺利，如图 3、图 4 所示。

---

❶ 1 bar = 10^5 Pa = 0.1MPa。

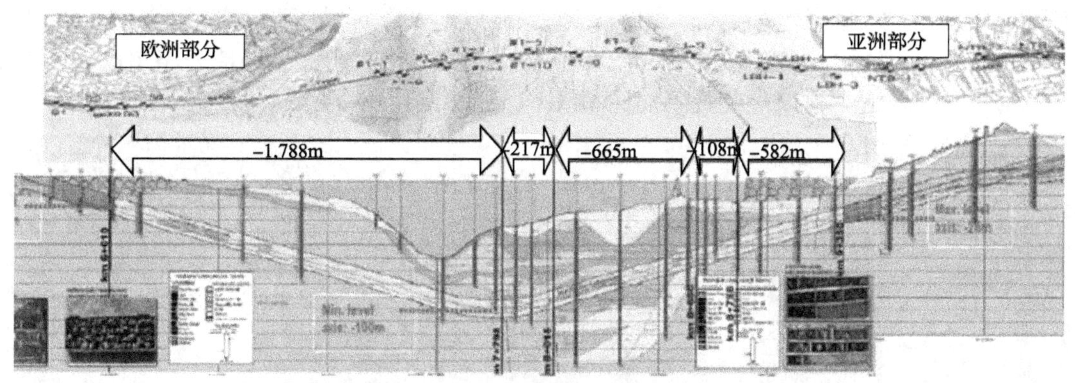

图3　盾构下穿博斯布鲁斯海峡

图4　伊斯坦布尔海峡公路隧道施工采用的直径13.66m盾构(常压刀盘)

3.1.4　南京长江隧道盾构选型

南京长江隧道根据其穿越的江中砾砂复合地层且水压较高的透水地层性质,采用德国海瑞克公司设计制造的泥水加压式盾构机,如图5所示。盾构机的刀盘为中心支撑、辐条面板式,6个辐条内部分刀具可以更换,便于检修。刀盘上共有118把刮刀,其中71把可以在常压下进行更换。盾构机具有泥浆舱和气压调节舱两个压力舱,气压舱的压缩空气为压力舱施加泥水压力,实现带压进舱检修;同时为方便技术员进入到压力舱的内部进行检修还设有人闸、主舱和副舱。该盾构机较适合本项目地层的掘进。

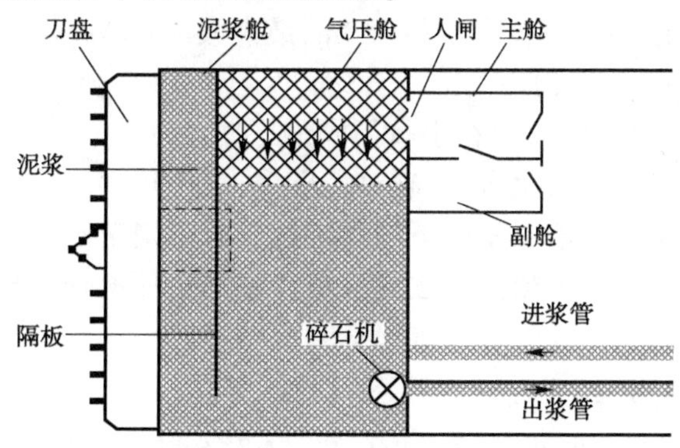

图5　南京长江隧道泥水加压式盾构机构造简图

3.1.5　春风隧道盾构选型

春风隧道工程起于上步立交东侧,沿滨河大道进入地面,下穿滨河红岭立交、地铁9号线、布吉河、海关宿舍楼、渔景大厦、大滩大厦、广深铁路股道及深圳站等建(构)筑物;于北斗路东侧归入沿河南路,新秀立交以南穿出地面,在新秀立交西侧与东部过境高速公路市政连接线配套工程相接。该隧道工程地理位置平面图如图6所示。

图6 工程地理位置平面图

盾构段全长3.583km,盾构段最小水平曲线半径750m,最大纵坡49‰,凸形竖曲线最小半径为2800m,凹形竖曲线最小半径为7500m。盾构区间覆土厚度为8~46m。最大埋深位于罗湖车站附近,站埋深46.58m。盾构机从位于于滨河污水处理厂北侧的西始发井始发,在位于沿河路与北斗路交叉口的东接收井吊出。

隧道主要穿越地层为粗粒花岗岩、构造碎裂岩、片岩、变质砂岩、凝灰质砂岩、糜棱岩,少量卵石,砾砂地层,隧道全断面岩层约占80%,存在部分上软下硬、断层破碎带地层。中、微风化岩层抗压强度普遍在50~100MPa之间,最大强度为173.7MPa。

春风隧道工程的主要特点为:

(1)长距离、大断面,区间长度3583m,开挖直径达到15.8m。

(2)大埋深、高水压,最大净水头压力达到5.9bar。

(3)岩石强度高,最大岩石强度为173.7MPa。

(4)岩层较破碎,共有11条断层破碎带,总长度约为431m。

(5)小曲线、大坡度,最小水平转弯半径750m,最大坡度49‰。

(6)下穿大量重要建(构)筑物。

(7)始发段和接收段覆土较浅,存在上软下硬地层。

本标段隧道主要穿越中、微风化岩层,破碎地层多,水压较大。从破岩和刀具消耗来看,常规刀盘具有一定优势,但是由于地层常压下的稳定性具有不确定性,从检查刀具方便性和换刀安全性来说,常压刀盘更有优势。根据工程地质条件和周边环境分析与评价,以及刀盘的对比分析,决定采用常压刀盘。

3.2 盾构机适应性改造风险

扬州瘦西湖隧道借鉴南京长江隧道工程经验,为节约成本,选用南京长江隧道所用盾构机。为适应长距离、全断面硬塑膨胀性黏土地层,针对盾构机刀盘容易结泥饼、排浆管容易堵塞的问题,对盾构机刀盘冲刷和环流系统两方面进行改造,如图7所示。

刀盘冲刷系统改造包括:增加6个主刀臂冲刷,每个刀臂4个冲刷口;中心孔6个喷口分别布置在泥水及渣土汇流集中处；中心刀替换为鱼尾刀，增加3个鱼尾刀冲刷口。

环流系统改造：增加高压冲刷系统。

高压冲刷系统采用直径250mm专用高压管道从地面清水池开始敷设，采用2台压力10bar的加压泵在地面加压，到达盾构机后分成4根100支管，每个支管分别连接一台压力14～18bar的增压泵，再用直径60mm高压管从增压泵引入舱内前闸门下方，全部均布固定在前闸门后方壳体内壁上，分别采用4个直径20mm高压清洗喷头正对出浆管吸口进行高压冲刷，使刀盘切削下的渣土及时通过排浆吸口带走。

3.3 洞门密封泄漏和盾构始发风险

3.3.1 洞门密封泄漏风险

盾构进出洞的安全是盾构法隧道施工一个非常重要的环节，目前，国内盾构法隧道多起事故均发生在盾构进出洞上，主要表现在盾构进出洞端头地层的加固效果不良、盾构进出洞时洞口涌水、盾构姿态控制困难、良好的泥水平衡没有尽快建立、洞口密封破坏等方面。洞门密封效果不佳，将导致大量泥水外溢及涌砂等后果，因此，洞门密封也是工程的风险点之一。

南京长江隧道工程洞门密封防水措施如图8所示，其中两道帘布橡胶板随盾构前进方向翻转，由于其下缘被拉伸而紧贴盾构外壁，形成一道密封止水带。此外，外侧的翻板也向内侧翻转而顶住帘布橡胶板，防止出现因前方水土压力过大而导致帘布橡胶板逆向翻转的情况出现，这是目前运用较多的盾构、顶管机出洞密封装置。

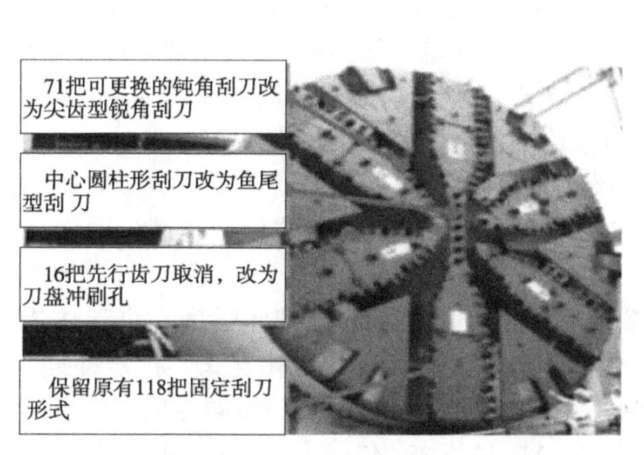

图7 刀盘刀具改造示意图

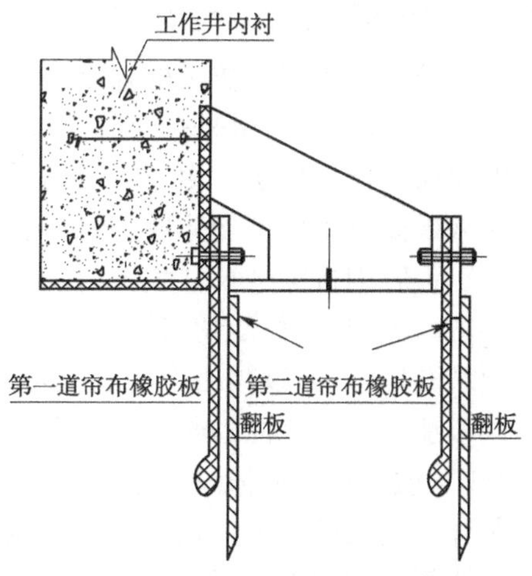

图8 洞门密封防水措施布置图

3.3.2 盾构始发风险

盾构法隧道施工中，端头土体加固是盾构机始发、到达技术的一个重要组成部分，端头土体加固成功与否直接关系到盾构机能否安全始发、到达。盾构进出洞端头地层处理不当，盾构机在进出洞时工作面可能会产生涌水、涌砂，不能及时形成压力平衡，容易导致地面大幅度沉陷、盾构机被掩埋、工作井周边构筑物损坏等事故。南京长江隧道盾构机始发段的土层为淤泥质粉质黏土，洞门前方0～18m区间采用高压旋喷桩加固地层，加固深度23m，宽度23m。为了更好地增强土体强度及密封性，保证加固土体可靠地封水，在高压旋喷桩加固土体和端头地下连续墙之间设计一道宽1.6m的冻土壁，通过人工制冷工艺形成的冻土壁将高压旋喷桩加固区和地下连续墙胶结，使旋喷加固土体与冻结壁共同抵抗水土压力，以确保洞门破除和盾构机始发的安全。

3.4 始发段超浅覆土掘进的风险

由于受线路控制影响，南京长江隧道工程盾构始发段(K3+600~730)属于超浅埋，最浅覆土厚度为5.5m，仅为0.37D(D为盾构机直径)，主要穿越地层为流塑状的淤泥质粉质黏土地层，施工技术难度非常大。盾构在浅覆土情况下施工易产生以下问题：

(1)由于竖向压力较小，盾构推进时姿态控制困难。

(2)由于覆土层薄，给切口水压控制增加了难度，泥水易窜出地面"冒浆"，破坏泥水平衡。

(3)土质松软，端头土体易发生失稳、涌水涌砂、地层塌陷等恶劣后果。

本工程盾构机在此段施工时，采取了严格的地表沉降监测、泥浆压力控制，并结合室内和现场泥浆劈裂试验等措施，设置了合理的盾构掘进参数，使盾构机安全通过了超浅覆土的始发段。

3.5 黏土地层泥水环流系统难点及对策

春风隧道工程为应对可能存在的黏土地层刀盘前面滞渣问题，配置独立的P0.1增压冲刷泵，可向刀盘正面提供最大2000m^3/h的冲刷流量。刀盘中心面板区域设有7路横向冲刷，中心进渣通道设有6路开口冲刷口，刀盘主梁周边面板区域设有6路横向冲刷，降低刀盘滞渣可能性。同时，冲刷通道可实现组合分区控制，包括：中心面板区冲刷、刀盘左半区冲刷及刀盘右半区冲刷，降低喷口堵塞概率，如图9所示。

3.6 江河大堤沉降、开裂的风险

南京长江大堤起着防洪的重要作用，处于航道局严密监控之内，在盾构机通过长江大堤时，如何防止大堤沉降也是一个施工风险。盾构机两次穿越长江大堤时，其中浦口岸穿越地层为淤泥质粉质黏土地层。由于大堤防洪等级高，地表沉降要求必须控制在+10~-30mm，且由于该处地面覆土厚度变化明显，盾构掘进施工技术参数控制难度极大。

本工程盾构机穿越长江大堤时主要穿越淤泥质粉质黏土地层，为了降低对土层的扰动，适当减小了刀盘转速，控制切口压力在较小的范围内波动，同时严格按照设计量进行同步注浆，及时回填开挖空隙，以减小大堤的沉降。

同步注浆采用水泥砂浆(单液浆)，其胶凝时间为3~10h，1d固结体强度不小于0.2MPa(相当于软质岩层无侧限抗压强度)，28d不小于2.5MPa(略大于强风化岩天然抗压强度)；壁后注浆体固结收缩率<5%；注浆压力设定为0.3~0.6MPa，并根据监控量测结果作适当调整；实际注浆量为建筑间隙的110%~130%，即为23.42~28.47m^3/环(每环理论注浆量为：$V=\pi/4\times(14.96^2-14.5^2)\times 2=21.29m^3$。

施工时的大堤沉降监测显示，大堤出现小裂缝，随即采用深层搅拌桩对大堤进行加固，有效地防止了大堤的沉降，并在大堤上游侧建造防渗帷幕，保障了大堤的安全稳定性。

3.7 膨胀性黏土泥水盾构开挖面稳定控制技术

因盾构施工需要，扬州瘦西湖隧道泥水盾构在掘进过程中有过几次停机，在停机过程中出现了三次开挖面失稳塌方事故，表现为近似圆桶形竖向塌方，三次塌方均发生在停机后第6d左右。针对停机时在确保开挖面支护压力不降低情况下，仍然发生了多次开挖面塌方的问题，通过深入研究后认为，黏土的膨胀性是开挖面失稳发生的主要原因。

随着盾构开挖扰动，开挖面前方具有裂隙性的膨胀土裂隙开展，渗透系数增大，加速了泥水入渗。由于泥浆入渗，膨胀土因含水率增加发生一定量的膨胀，向泥水舱内部挤入，且其强

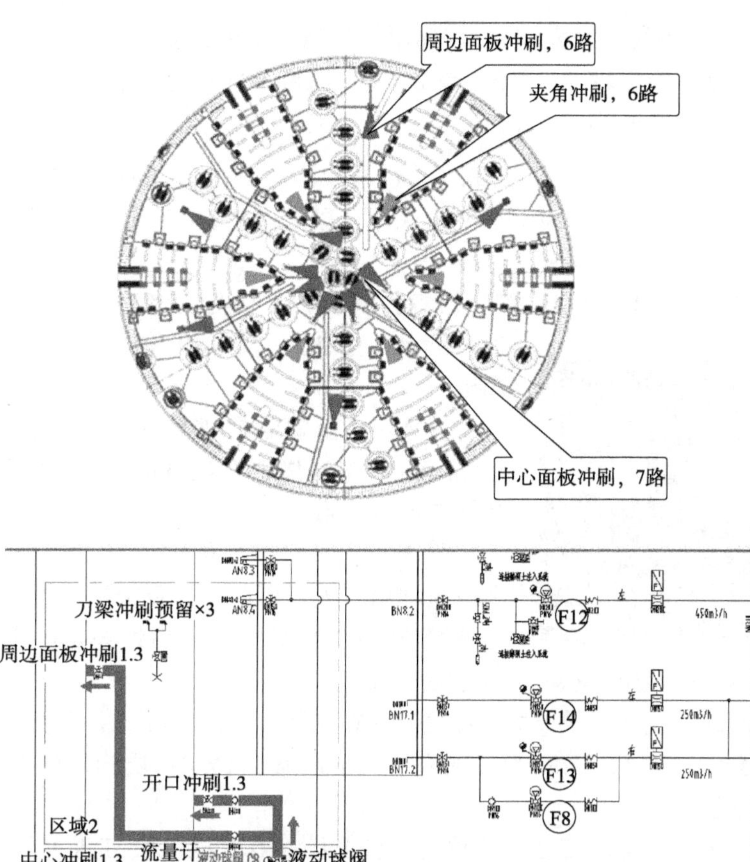

图9 刀盘前大流量分区高压冲刷设计(尺寸单位:m)

度会降低。由于盾构停机时间较长,这种现象持续发展,导致开挖面极限支护压力比增大,开挖面稳定性降低。

根据塌方发生的原因和机理,提出了如下的控制措施。

(1)控制开挖参数,尽量平稳匀速开挖,减少开挖面扰动,尽量避免开挖面前方膨胀土裂隙开展,减少泥浆入渗通道。

(2)减少非必要停机时间,如因特殊情况需要停机检修,可以采用“多次短停”的方式进行,如停机两天,开挖五环再次停机,防止因停机时间过长,开挖面前方土体强度不足而导致坍塌。

(3)适当提高泥水支护压力,防止因为开挖面极限支护压力比增加而发生破坏。

(4)停机时适当增加泥浆密度和黏度，选用低渗透性能的泥浆，减少泥浆入渗量。通过采取开挖面稳定性控制措施之后，再无塌方事故发生，取得了良好的效果。

3.8 易燃易爆混合气体的处理对策

意大利 Sparvo 隧道位于博洛尼亚(Bologna)与弗洛伦萨(Florence)山脉，工程面临地层复杂和富含易燃易爆气体等挑战。Sparvo 隧道采用德国海瑞克公司制造的直径为 15. 55m 的土压平衡盾构施工。

针对地层内富含易燃易爆气体的特殊情况，螺旋输送机与皮带运输通道均采用双层密封进行封闭(图 10)，防止开挖土体中的易燃易爆气体逸出。

图 10 螺旋输送机与皮带运输通道密封设计

亚平宁山脉富含易燃易爆的硝酸甘油和甲烷气体，是 Sparvo 隧道面临的难题与挑战，因此盾构装备的设计必须考虑这一点。

沼气的监测工作分包给一家专业公司(Collins)，每个班组均由专人负责监测。每个断面设 10 个监测点和 2 个备用监测点，当沼气含量超过规定的限值时盾构将关闭电源停机。

发生沼气爆炸的沼气含量限值为 5%，在不同的断面设定不同限值，盾构内沼气含量严格限制在 0.35%，隧道内限值为 3%，当隧道内沼气含量高于 1% 时，盾构司机将降低掘进速度，否则机器将自动停机。

在盾构内设置了类似交通信号灯的沼气报警系统，由绿、蓝、黄、红 4 种颜色组成，绿色代表正常水平，红色代表所有工作人员应立即撤离。出土皮带系统设置双层保护罩，层间充满高压气体以防止沼气逸出。与此同时，对通风系统也做了特殊考虑，盾构司机可将送风量调到 $25m^3/s$。盾构通风系统设计如图 11 所示。

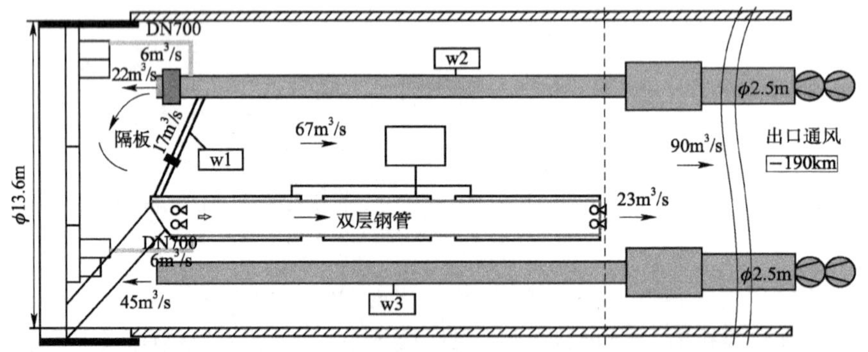

图 11 盾构通风设计

3.9 穿越江中砾砂等复合地层的风险

南京长江隧道从 K4 +462 开始进入江中粉细砂和砾砂层混合地层，其中还穿越长约 370m、厚 0.0 ~3.9m 圆砾层和强风化钙质泥岩地层，地层岩性上软下硬，性质差异明显，同时卵石地层还容易造成开挖舱阻塞、损坏刀具等，盾构掘进控制技术难度大，施工风险高。地层渗透系数高达 10 ~2cm/s，且地层大于 2mm 的粗颗粒占整个地层含量的 40% 左右，黏粒含量很少。

此种情况对泥水盾构在开挖面上形成泥膜非常不利，极易出现因泥浆大量滤失而无法建立开挖面压力平衡的事故，如瑞士苏黎世的 Hermetschloo 污水隧道，采用泥水加压盾构穿越渗

透系数为 3×10^{-3}m/s 的高渗透性地层，以膨润土泥浆支护开挖面掘进时，由于泥浆大量渗入地层而导致多次开挖面失稳、地层坍塌等事故的发生。

已建成的两条长江隧道，上海沪崇苏隧道地质条件单一，几乎全部为淤泥质地层，武汉长江隧道只穿越很短的复合地层，同时这两座隧道的最大水压为 0.50～0.55MPa，而南京长江隧道盾构机工作最大压力约为 0.65MPa。这也大大增加了盾构机越江的风险，对盾构机本身和施工过程也是一个考验。

在本工程隧道施工中，为了解决高水压和强透水性下泥膜形成难的问题，通过向膨润土与天然黏土的混合泥浆中添加 2‰的 NSHS-3 制浆剂（增黏剂）调节泥浆的黏度（与泥浆的质量体积比，即 1000mL 泥浆中加入 2g NSHS-3 制浆材料）。室内泥浆成膜试验显示，密度为 1.15～1.20 g/cm^3、漏斗黏度 20s 左右的泥浆在砾砂层中可以快速形成微透水的泥皮型泥膜。同时还总结了各地层泥膜的形成规律，为大直径泥水盾构穿越砾砂地层积累了宝贵的经验。

3.10 高压气焊接与更换刀具难点及对策

刀盘作为盾构的核心部件，是决定工程成败和效率的关键，当刀盘磨损破坏非常严重且需要焊接修复时，无法实现常压条件下对刀盘的修复，也无法有效保证掌子面的稳定，此时就需要考虑带压进舱，在压缩空气条件下带压对盾构刀盘进行焊接修复，同时保证修复期间掌子面稳定和施工安全。

南京长江隧道通过采用高水压、强透水性地层中大直径盾构开舱泥膜的形成技术，提出了渗透带加泥皮气压支护开舱的方法并首次成功运用。用浓度 5% 的泥浆在开挖面附近形成渗透带，用浓度 12%、密度 1.20g/cm^3 的泥浆在开挖面形成泥皮，用气压置换部分泥浆，形成工作空间。采用低浓度的泥浆先形成渗透带型泥膜，渗透部分微泥浆黏粒进入粉细砂和砾石地层，有助于提高地层的黏聚力，然后再在开挖面形成状态优良泥膜达到封闭压力舱内的泥浆，也更加有利于封闭开舱进入时的高气压，更加有利于保证开挖面的稳定性。通过这一技术实现了在高压环境下进行刀盘刀具的更换与焊接。

扬州瘦西湖隧道工程中，在泥水平衡盾构机出洞掘进时，因全断面黏性土造成泥水环流系统排渣不畅、排浆管口堵塞的现象，掘进速度慢，刀盘易结泥饼，需要在原位高压气环境下进行停机焊接检修。但是国内因同时具备焊接技术与潜水能力的技术人员缺失，导致盾构原位高压缩环境下盾构机带压动火检修施工严重依赖德国潜水公司，但是国外报价高、时间长、技术垄断，在工期紧张的瘦西湖隧道中并不现实。

针对这一难题，通过公开选拔焊接技术人员，由南京军区总医院进行高气压环境专业培训。通过试验确定压气环境下焊接时保护气体选择氩气与 2% 氧气相结合的最佳焊接技术，最终实现在扬州瘦西湖隧道盾构机压气检修作业中，最大环境压力为 4.2bar 的突破，打破了德国技术垄断，而且压气培训与高压焊接作业时间较短，实现了高效率压气检修作业。

3.11 江中带压开舱更换刀具的风险

南京长江隧道右线盾构机推进到第 655～659 环时（K4+910～918，此时盾构机已经进入粉细砂、砾砂和圆砾的复合地层一段距离），刀盘扭矩值相比之前的掘进明显偏高，最高达到 20MN·m，推进速度急剧减小，同时排出的渣土中出现直径 20cm 以上的卵石。通过对常压可更换刀具的检查，发现部分刀具磨损严重，出现了刀刃崩落的现象。

盾构机停机位置，其所处断面上部约 1/4 为粉细砂地层，其渗透系数约为 6×10^{-3}cm/s；下部约 3/4 为砾砂地层，其渗透系数约为 3×10^{-2} cm/s。根据实际的地层条件，可以计算出盾构机顶部往下 5m 处(气压作用面处,按气压面下端处埋深 25.5m,水深 48m 计算)的静止土压力为 0.11MPa(k = 0.5),孔隙水压力为 0.48MPa,总静止土压力为 0.59MPa。在这样高渗透性高水压的地层中开舱,如何保证开挖面的稳定性成为工程中十分关键的问题。

本工程最终采用在开挖面上形成气密性良好的泥膜、气压支护开挖面的带压开舱方法,成功实现了江底更换刀具和修复刀盘。试验室内对使用膨润土与黏土的混合泥浆(密度 1.15 g/cm^3,漏斗黏度 25s)形成厚度为 5mm 泥膜进行气密性模拟试验,结果表明该泥膜能够闭气的临界压力差(泥膜闭气值)为 0.12MPa,如图 12 所示。实际工程上可采用的极限压气压力值应该是地层水压力 + 泥膜闭气值,也就是(0.48 + 0.12)MPa,即 0.60MPa,这一极限压气压力略大于开挖面上总静止土压力值,除抵消孔隙水压力以外,还可以抵消开挖面上的有效应力。从现场气压的稳定性及泥浆压力的变化情况来看,形成的泥膜致密性良好,开挖面处于稳定状态,可以满足短时间内开舱修复的安全性要求。0.6MPa 气压下焊接修复受损刀盘情况如图 13 所示。

图 12　开挖面上形成的泥膜

图 13　0.6MPa 气压下焊接修复受损刀盘

3.12　开挖面漏气应急处理

带压作业漏气的原因主要有以下几个方面:开挖面漏气、盾壳周围地层漏气、盾构内部管线漏气和盾尾漏气等。一般来讲,开挖面与气体接触面积最大,开挖面漏气为带压作业漏气的主要原因。

地层漏气时,气体通过破损或老化的泥膜裂隙向地层渗透,逐步形成漏气通道。漏气过程为气压作用下泥膜破损的过程,泥膜破坏将进一步增大漏气量,形成恶性循环。

某工程开挖面漏气事故过程如下:

(1)2013 年 10 月 6 日 6:50,完成降液位,通知带压进舱作业人员进舱作业。

(2)7:10,人员进舱后发现刀盘未转到位,通知操作室转刀盘。

(3)7:20,刀盘转动到位。

(4)8:15—8:20,空压机出口压力曲线骤降。

(5)8:20— 8:35,空压机出口压力降至与泥水舱压力基本一致。

(6)8:30,立即通知舱内作业人员退回至盾构人闸内保压,并启动备用空压机供气。

(7)8:35,空压机出口压力值回升,但并未达到设定压力值。

(8)8:40,启动送泥泵,回升液位,空压机出口压力曲线恢复正常。

该工程开挖面漏气原因分析如下:

本次换刀刀盘回缩 5 cm,建膜后开挖面与滚刀刀刃间的实际间距不到 3cm。而新更换的滚刀刀刃较旧滚刀刀刃(滚刀磨损)高出 3cm 多,新刀刃与开挖面泥膜相接触。

刀盘旋转时,新更换的滚刀切削开挖面泥膜,滚刀轨迹线区域的气密性仅依靠渗透带泥膜保持。7:20—8:20,空压机出口压力曲线正常,渗透带泥膜气密性可靠;8:20,空压机出口压力曲线骤降,渗透带泥膜气密性失效,这与室内试验渗透带泥膜气密性不足 1h 的结论基本吻合。

开挖面漏气应急处理：

开挖面漏气应急处理的最佳方案为作业人员紧急撤出泥水舱后立即以最快的速度回升泥水舱内液位。升液位不仅可以减少漏气量，同时还可对受损泥膜进行修复。

3.13 长距离复合地层刀盘刀具磨损问题

与南京长江隧道类似，武汉地铁 8 号线越江隧道江中段，盾构穿越长达 1365m 的复合地层，其中 400m 长度岩层超过断面的 50%，穿越岩层为强风化砾岩、弱胶结砾岩和中等胶结砾岩，其中中等胶结砾岩强度可达 24.4MPa。根据施工经验，在此地层中掘进时刀具的磨损速度极快，需要经过多次刀具更换才可完成复合地层掘进。

合理的、针对性强的刀具布置方式、刀具设计形式，可以延长刀具的使用寿命，减少刀具更换次数，因此刀盘刀具的合理设计以及如何在高水压下安全高效地更换刀具将是本工程的重难点。

针对复合地层，提出如下主要应对措施：

(1)采用贝壳型先行刀和刮刀搭配的刀具体系，边缘区域布置一定数量的滚刀。

(2)盾构刀具设置应有层次性，先行刀高出刮刀 30mm，先行破碎、疏松地层，为刮刀创造更好的工作环境。

(3)采用可常压更换刀具设计：刀盘内部设计为中空，1/3 的刀具(轨迹覆盖掌子面)可以常压更换。

(4)选择合适位置，及时常压对刀具进行检查更换，同时在复合地层中加强刀具磨损检测频率，避免出现刀具磨损后继需带伤作业。

(5)确保盾构推进速度与出渣相匹配，减小地层中大颗粒在开挖舱中的堆积，避免刀具出现二次磨损。

(6)全部滚刀均采用常压可更换设计，并能实现滚齿互换。

3.14 江中高水压、强透水地层长距离掘进风险

南京长江隧道江中长 126m 的江中冲槽地段隧道顶面覆盖层厚度均小于 14m，不足 $1D$(D 为盾构机直径)，尤其是江中长 30m 范围覆盖层厚度仅为 9m，达不到 $0.7D$，且上部水深达 29m，隧道顶部覆土以易液化粉细砂层为主，掘进断面为透水的粉细砂。

武汉地铁 8 号线越江隧道盾构江中推进约 1.5km。盾构隧道穿越江底浅覆土段，水压力较大，且浅部为松散粉细砂，透水性极强。隧道顶部距离最大冲刷包络线最小不足 5m，长度约为 400m。在盾构掘进时需严格控制泥水的质量和泥水压力的设定，保证开挖面的稳定。在高压、富水、上软下硬复合地层中掘进，若盾尾密封失效将造成突泥、涌水、开挖面失稳坍塌等灾害性事故。

为此，提出如下应对措施：

(1)掘进过程中合理设置油脂注入量及注入压力，同时加强对油脂注入设备及油脂管路的检查，确保油脂腔始终处于饱满状态，确保尾刷安全。

(2)控制好盾构姿态，确保盾尾间隙均匀。掘进过程中加强盾构姿态量测，勤测勤纠，避免大量的纠偏，杜绝急转急纠。

(3)保证管片拼装质量，环缝平整度及纵缝张开量满足设计要求，避免出现大的错台。

(4)及时、足量注入保水性良好的水泥砂浆，在盾尾刷与水体间形成良好的隔离层，避免水压力直接作用在盾尾刷上。同时控制注浆压力，避免浆液击穿盾尾。

(5)制订合理可行的盾尾刷更换及盾尾漏水专项处理应急预案。

3.15 江中冲槽浅覆土段冒顶、塌方风险

南京长江盾构隧道在 K5 +988 ~ K6 +104 施工段，长 126m 的江中冲槽地段隧道顶面覆盖层厚度均小于 14m，不足 1D(D 为盾构机直径)，尤其是 K6 +075 ~ 105 施工段长 30m 范围覆盖层厚度仅为 9m，达不到 0.7D，且上部水深达 29m，隧道顶部覆土以易液化粉细砂层为主，掘进断面为透水的粉细砂。盾构机在高压平衡掘进过程中，极易发生掌子面失稳、地层隆陷、透水冒浆和局部扰动液化，施工技术难度和工程风险极大。

本工程综合分析抛填与不抛填方法利弊，最终采用高黏度泥浆(漏斗黏度 23 ~ 25 s)维护开挖面，控制开挖面泥水压力波动和泥浆流量，掘进过程中严格控制盾构姿态，确保注浆均匀充足，依照"优配泥浆质量、精细控制压力、严格控制姿态、强化参数匹配、平稳操控推进、快速管片拼装"的施工原则，迅速通过了江中浅覆土地段。

4 结语

本文回顾了国内外超大直径盾构发展历程，统计了超大直径盾构工程实例，针对某些典型工程案例进行重点分析，对盾构机选型风险、盾构机适应性改造、洞门密封泄漏与盾构始发风险、江中带压开舱换刀风险、江中冲槽浅覆土段冒顶、塌方风险、穿越砂砾等复合地层风险的问题进行了分析总结，提出了针对特定风险的解决方法，对解决工程中遇到的超大直径盾构技术难题具有重要的参考价值。

5 展望

从国内首条超大直径盾构隧道开始，我国直径 14m 以上超大直径盾构数量已达 25 台，掘进里程累计超过 100km。超大规模隧道工程的建设推动了新技术、新工艺、新材料、新设备的引进、开发和应用。盾构法隧道在大直径、大深度、长距离和复杂地层掘进的应用技术在国内得到了长足发展。多条超大直径隧道工程的成功建成标志着我国在超大直径隧道建设领域的技术已达到国际先进水平。

从发展趋势来看，超大直径的城市道路隧道采用双层结构因断面利用率高而成为发展方向。单孔双层 4 车道和 6 车道已在国内外多项隧道工程中成功地得到应用。拟建的白令海峡隧道工程将采用 ϕ19.2m 盾构掘进机施工 103km，在超大直径和超长距离盾构技术领域成为世界隧道工程史上的又一次新的挑战。

苏通 GIL 综合管廊工程盾构隧道总体设计

刘　浩

（中铁第四勘察设计院集团有限公司　湖北武汉　430063）

摘　要：淮南—南京—上海 1000kV 交流特高压苏通 GIL 综合管廊工程是世界上首次将特高压输电工程和管廊结合的重大创新工程。本工程具有大直径、长距离掘进、高水压、地质及河势复杂等特点。本文对工程总体设计线位的平纵断面设计、横断面布置、隧道结构及特殊地段设计等关键技术问题进行了分析研究，其设计思路、创新理念、建设经验等可为类似工程提供参考。

关键词：大直径盾构；高水压；长距离；管廊

1　概述

淮南—南京—上海 1000kV 交流特高压输变电工程是国务院大气污染防治行动计划重点建设的 12 条输电通道之一，是华东特高压主网架的重要组成部分，与已建成的皖电东送淮南—皖南—上海工程一起，形成贯穿皖、苏、浙、沪负荷中心的华东特高压环网。本工程建成后，将在华东地区形成世界首个特高压交流双环网，大幅提高华东电网接纳区外来电能力，对于促进华东地区经济社会可持续发展、进一步提升我国电网和电工装备领域的技术水平和核心竞争力具有重要意义。工程地理位置如图 1 所示。

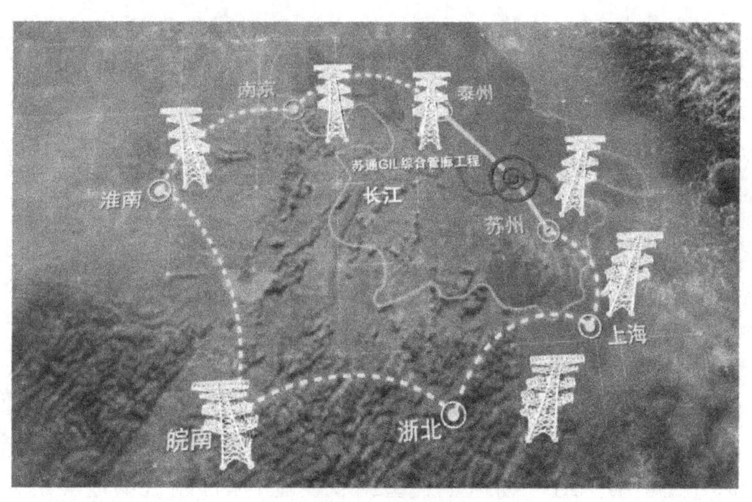

图 1　工程地理位置图

本工程在苏通大桥上游 1km 处采用隧道方式穿越长江，管廊长度为 5468.5m，外径 11.6m，内径 10.5m，最大水压 0.8MPa，是目前国内埋深最深、水压最大的超长过江隧道，具有大直径、长距离掘进、高水压、地质及河势条件复杂等特点。隧道线位示意如图 2 所示。

作者简介：刘浩（1980—），男，工学硕士，教授级高级工程师。目前主要从事隧道及地下工程设计和科研工作。

图2　隧道线位示意图

2　工程建设条件

2.1　工程地质

工程位于长江下游三角洲平原近前缘地带,松散层巨厚,具河口段沉积物特点,隧道深度范围内地层具体划分如下:

第四系全新统冲洪积地层(Q_4^{al+pl}):共分4个地质层组(①~④层),为冲洪积及静水沉积,由上到下依次为:①$_1$粉细砂、①$_2$粉砂混粉土、①$_{2-1}$粉质黏土夹粉土、①$_3$粉砂、②粉质黏土、③$_1$淤泥质粉质黏土、③$_2$粉砂、③$_3$淤泥质粉质黏土、③$_4$粉质黏土与粉土互层、③$_5$淤泥质粉质黏土、③$_6$粉质黏土、④$_1$粉质黏土混粉土、④$_2$粉土。

第四系上更新统冲洪积地层(Q_3^{al+pl}):共分为4个地质层组(⑤~⑧层),主要为砂土,呈细-粗-细-粗的沉积规律,由上到下依次为:⑤$_1$粉细砂、⑤$_2$细砂、⑥$_1$中粗砂、⑥$_{1-1}$粉砂、⑦粉细砂、⑧$_1$中粗砂、⑧$_{1-1}$粉质黏土、⑧$_2$粉细砂、⑧$_4$中粗砂。

2.2　水文地质

项目区地表水主要为长江水体徐六泾段。徐六泾节点段处于通州沙汉道水流的汇流段,也是长江进口段到河口段的一个节点过渡段。

勘察区地下水主要为松散岩类孔隙水,可分为孔隙潜水和孔隙承压水。

孔隙潜水的含水层主要为全新统粉砂或粉砂夹粉质黏土。孔隙潜水与长江水贯通。含水层岩性为①$_1$粉细砂、①$_3$粉砂。

孔隙承压水的含水层为粉细砂及中粗砂,普遍分布,富水性好,渗透性强。其补给模式有潜水渗入或跨流补给,开采条件下长江水激化补给,上游长江切割深度达到该含水层,以侧向径流的形式补给地下水。

2.3　地震与区域稳定性

拟建场地不存在发生强震的构造环境和条件,场地及周边未发现全新活动断裂。根据《建筑抗震设计规范》(GB 50011—2010),场地抗震设防烈度为7度,设计基本地震加速度为0.10g,设计地震分组位于第一组。场地土类型为软弱土,综合建筑场地类别为Ⅳ类。

2.4　水文条件

该河段的潮水位变化为非正规半日潮混合型,历史最高潮位4.83m,最低潮位-1.24m,多年平均潮位0.83m,100年一遇最高水位4.89m,300年一遇最高水位5.21m。

3　总体设计

3.1　工程建设规模

苏通GIL综合管廊工程采用单管盾构隧道方案,包括两岸工作井在内隧道总长度为

5530.5m,其中盾构段为5468.5m。工程采用一台气垫式泥水平衡盾构机,由南岸工作井始发,穿越长江至北岸工作井接收吊出。

3.2 技术标准

(1)几何技术标准

①最小平曲线半径3000m,最小竖曲线半径2000m。

②线路纵坡不大于5%,不小于0.5%,坡长不小于200m。

(2)结构技术标准

①设计使用年限:隧道主体结构100年。

②设计洪水标准:按100年一遇设计,按300年一遇校核。

③抗震设防标准:地震基本烈度为7度,采取8度抗震措施。

④环境作用等级:管片Ⅰ-C。

⑤防火设计标准:当采用阻燃电缆时,电缆隧道的火灾危险性类别为戊类,最低耐火等级为二级。

⑥防水设计标准:防水等级为二级。

⑦变形控制标准:圆形衬砌结构计算直径变形不大于0.3%*D*(*D*为隧道外径)。

⑧裂缝控制标准:隧道结构最大允许裂缝开展宽度0.2mm,内部结构最大允许裂缝开展宽度0.3mm。

⑨江中段隧道覆土按施工阶段不小于1.0*D*,且考虑抗浮安全系数≥1.1;使用阶段应满足应急抛锚贯穿深度及抗浮要求,运营期设计工况(100年一遇冲刷)隧道抗浮安全系数≥1.2,运营期校核工况(300年一遇冲刷)隧道抗浮安全系数≥1.1。

3.3 线路平面设计

线路自南岸始发工作井(常熟)向北走行,在苏通大桥展览馆东侧(水平净距38.94m)避让展览馆,随后下穿南岸长江大堤进入长江河道,下穿常熟港专用航道后,在江中下穿既有-40m深槽区向北走行(距-50m深槽约320m),依次下穿长江主航道及营船港专用航道,再下穿北岸大堤抵达北岸工作井,盾构段总长度5468.545m,如图3所示。

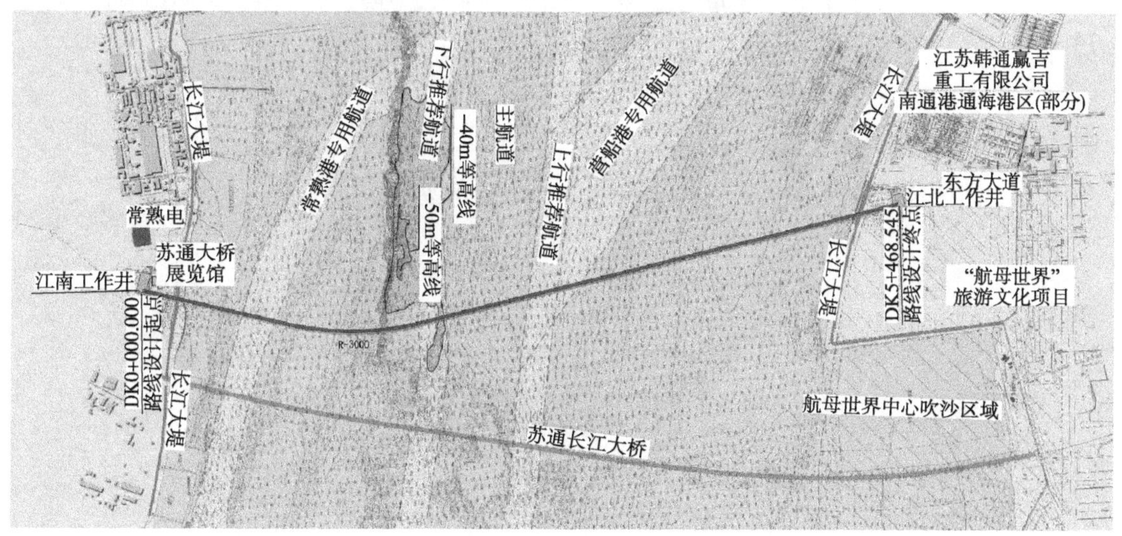

图3 线路平面设计图

3.4 线路纵断面设计

线路出南端始发工作井以 5.0% 的大坡度下行 420m，后接 2.35% 的坡度继续下坡 852.62m，后继续以 5.0%、0.5% 的坡度下行，坡长分别为 360m、300m 至隧道最低点（最低点位置隧道结构顶面高程 -63.23m；底面高程 -74.83m），后以 0.5%、3.1% 的坡度连续上坡 300m、580m 后接 0.5% 的上坡，坡长 2215.03m，最后以 5% 的上坡，坡长 440.90m 到达北岸接收井，如图 4 所示。

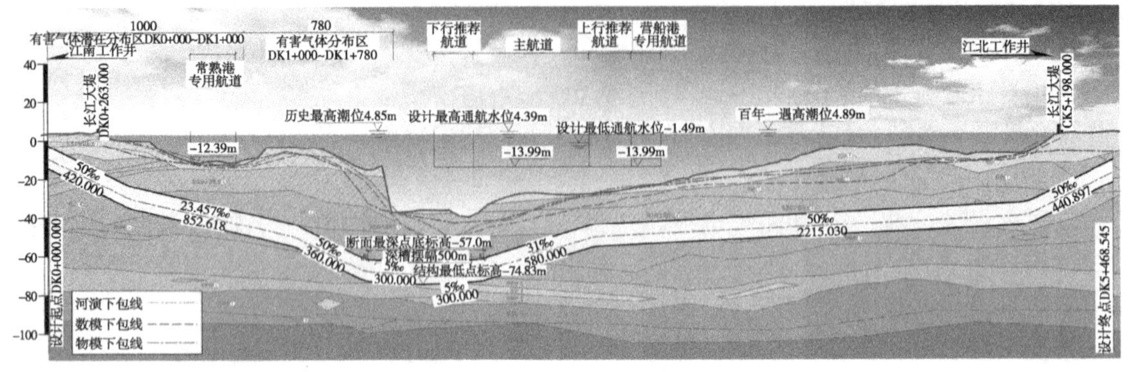

图 4　线路纵断面设计图

3.5 隧道横断面设计

管廊横断面采用圆形布置，分上下两个部分，考虑到 GIL 运输安装和检修维护，两回 GIL 管道分别垂直布置在管廊上层两侧，同时在管廊下层两侧预留两回 500kV 电缆廊道，下层中间箱涵设置人员巡视通道。根据特高压 GIL 设备外形尺寸，考虑安装维修，结合远景 500kV 电缆布置、管廊结构和通风等辅助设施等要求，确定隧道内径为 10.5m、外径为 11.6m，如图 5 所示。

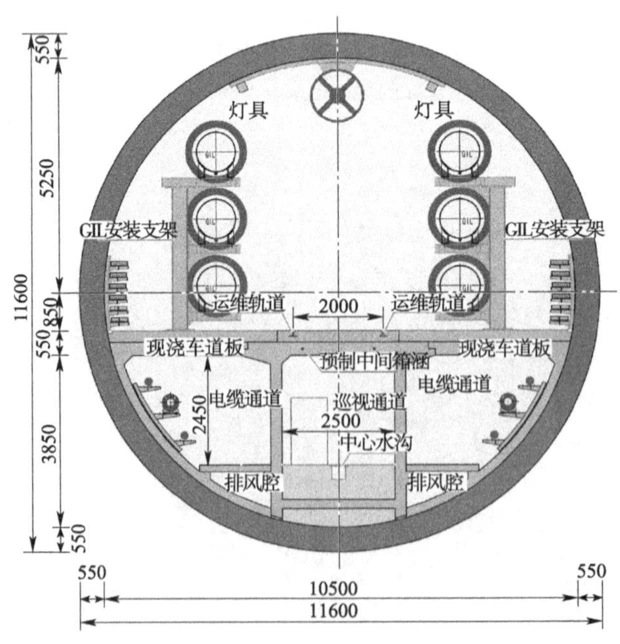

图 5　隧道横断面布置图（尺寸单位：mm）

4　隧道结构设计

4.1　管片结构设计

管片采用 C60 单层钢筋混凝土平板形管片,内径 10.5m,外径 11.6m,管片厚度 0.55m,幅宽 2.0m。管片分块采用"7 +1,1/3 封顶"分块方式,通用楔形环,楔形量 36mm。管片结构采用错缝拼装方式,环缝设置 22 根 M40 斜螺栓,纵缝设置 24 根 M36 斜螺栓。为增强环间的抗剪能力,减小环间变形,在衬砌环缝设置 22 个分布式凹凸榫。衬砌环布置如图 6 所示。

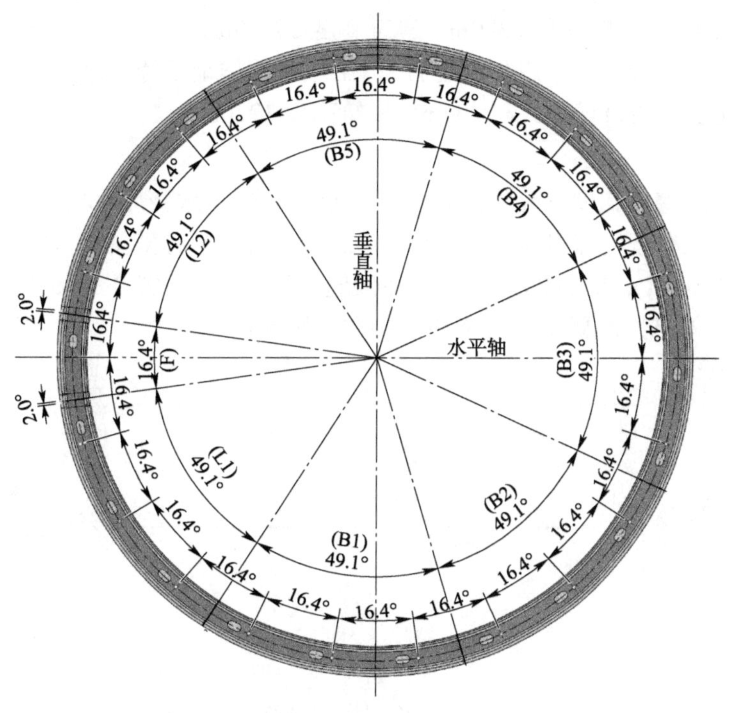

图 6　衬砌环布置图

4.2　内部结构设计

管片内部结构采用"中间预制箱涵 + 两侧现浇车道板"形式。中间箱涵高度 4.15m,顶宽 4.0m,纵向长度 1.33m,箱涵纵向采用螺栓连接。为增强结构整体刚度同时提高防水效果,在管片下半部富余空间设置 200mm 厚非封闭内衬。内部结构布置如图 7 所示。

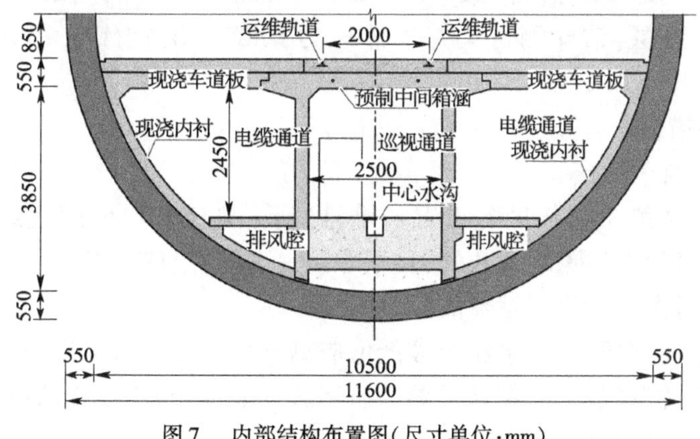

图 7　内部结构布置图(尺寸单位:mm)

4.3 工作井设计

南岸工作井为盾构始发井,平面外包尺寸为32m×22.8m,深约20.8m,地下3层结构。围护结构采用1.0m厚地下连续墙,共设置4道混凝土支撑,采用逆作法施工。

北岸工作井为盾构接收井,平面外包尺寸为30m×23.5m,深约28.8m,地下4层结构。围护结构采用1.2m厚地下连续墙,共设置5道混凝土支撑,采用逆作法施工。

4.4 附属工程

南岸配套辅助建筑位于南岸工作井上方,以工作井围护地下连续墙作为基础,平面尺寸为34m×24.8m,地上4层,建筑面积2380m^2,建筑高度23.35m。

北岸配套辅助建筑位于北岸工作井上方,以工作井围护地下连续墙作为基础,平面尺寸为32.4m×25.9m,地上3层,建筑面积2296m^2,建筑高度19.0m。

4.5 防水设计

管片接缝采用双道多孔型三元乙丙弹性密封垫加一道遇水膨胀密封垫防水形式。三元乙丙弹性密封垫均满足在接缝张开8mm、错位15mm条件下,即时抵抗2.0MPa水压,设计使用年限内能够抵抗0.80MPa水压的要求;同时在接缝张开2mm、错缝0mm的情况下装配力不大于65kN/m,满足盾构机性能要求。接缝防水构造如图8所示。

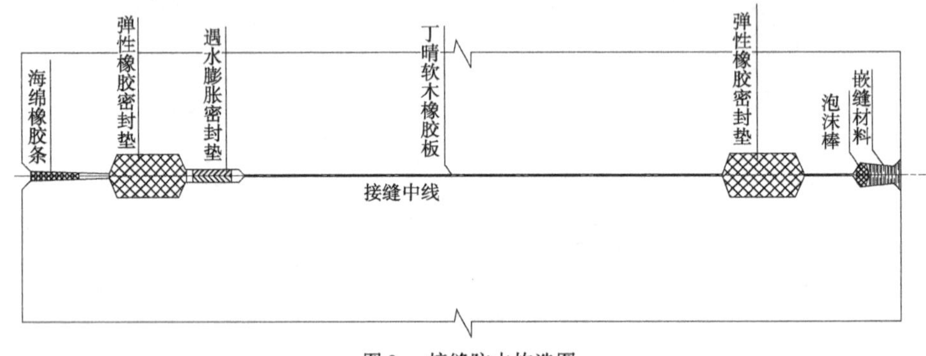

图8　接缝防水构造图

5 工程特殊地段设计

5.1 有害气体处理

在长江深槽以南隧道段(DK0+000~DK1+780)下部地层存在生物成因浅地层天然气(沼气),主要成分为甲烷(CH_4)(占比85%~88%),储气层为下部第四系粉质黏土混粉土、砂层,盖层为淤泥质黏土层,钻探测得关井气体压力0.25~0.30MPa,静探孔有害气体压力0.1~0.2MPa。

(1)施工期处理措施

①建议采取提前排气措施

在隧道结构边线两侧3~5m处各设置一排排气孔,排气孔纵向间距约10m,孔深为隧道拱底以下5m。排气过程中注意均衡放气,且采取防火、防喷措施。排气完成后,排气孔应做好密封处理,防止施工时泥水喷发引发事故。

②控制好施工时泥水压力,泥水压力最低值应高于周边沼气气体压力。

③加强盾尾间隙的漏气检测,保证足够的盾尾放气能力,防止沼气从盾尾喷出引发事故。

④保证管片结构气密性要求。

⑤提高管片拼装质量。

⑥对盾构机进行必要的防爆改装处理。

⑦加强对盾尾密封的保护及检查。

⑧加强施工期间的监测(自动监测加人工平行监测)。

⑨加强施工期间施工通风,原则上不可进行开舱作业,如必须进行常压换刀或刀盘检查等进舱作业时,应采取措施控制沼气危害。

⑩严格施工区管理,加强人员培训,制订应急预案及成立应急小组。

(2)运营阶段有害气体防范

①为便于运营期间有害气体监测,在隧道内每隔约200m在管片侧壁上设置自动监测探头,自动监测装置应具有超限报警、通风机自动控制等功能,系统可采用洞口或远程计算机集中控制。当隧道内有害气体浓度达到0.4%时,必须启动风机进行通风,保证隧道内有害气体浓度不大于0.5%。

②有害气体分布地段,加强底部二次衬砌与管片的连接及纵向钢筋,防止运营期因外部原因引起的沼气排放对结构安全的影响。

5.2 始发到达加固方案

5.2.1 始发加固方案

盾构始发采用ϕ850@600三轴搅拌桩加固,在搅拌桩与连续墙接缝位置采用旋喷桩进行填充,同时在靠洞口连续墙外侧设置2.0m冻结体,加固范围为盾构隧道上下及左右两侧各5m,纵向长度18m。始发加固剖面如图9所示。

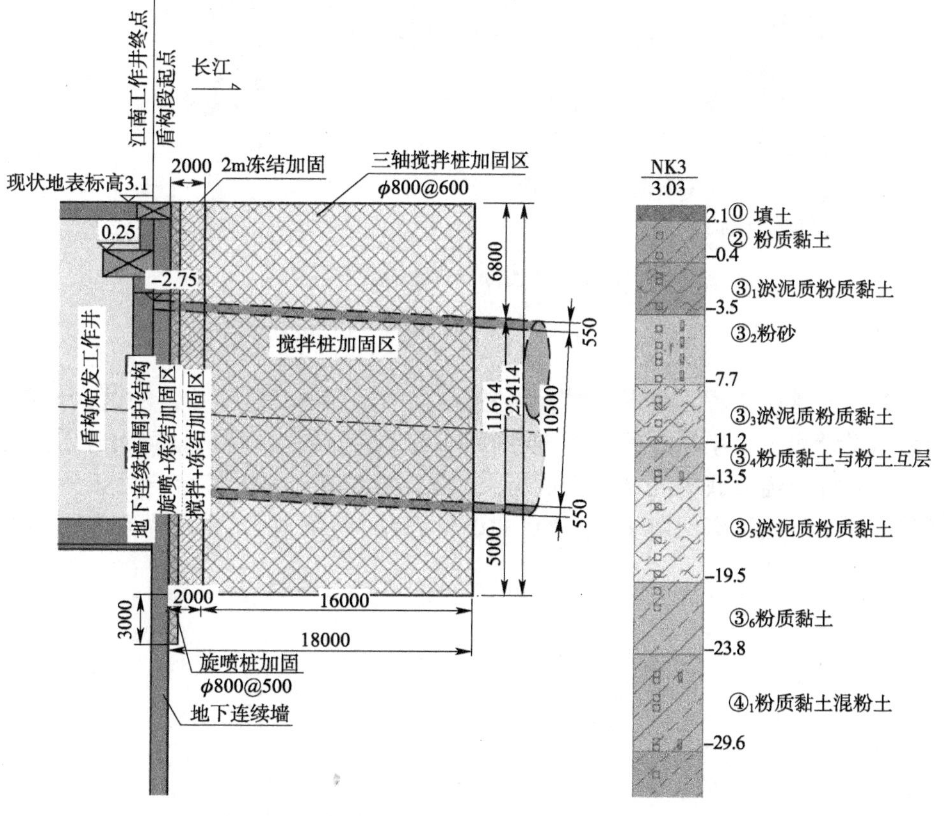

图9 始发加固剖面图(尺寸单位:mm)

5.2.2　接收加固方案

盾构接收端头采用800mm素混凝土连续墙外包,素墙内部采用ϕ850@600三轴搅拌桩加固,在搅拌桩与连续墙接缝位置采用旋喷桩进行填充,加固范围为盾构隧道上下及左右两侧各5m,纵向长度18m。接收加固剖面如图10所示。

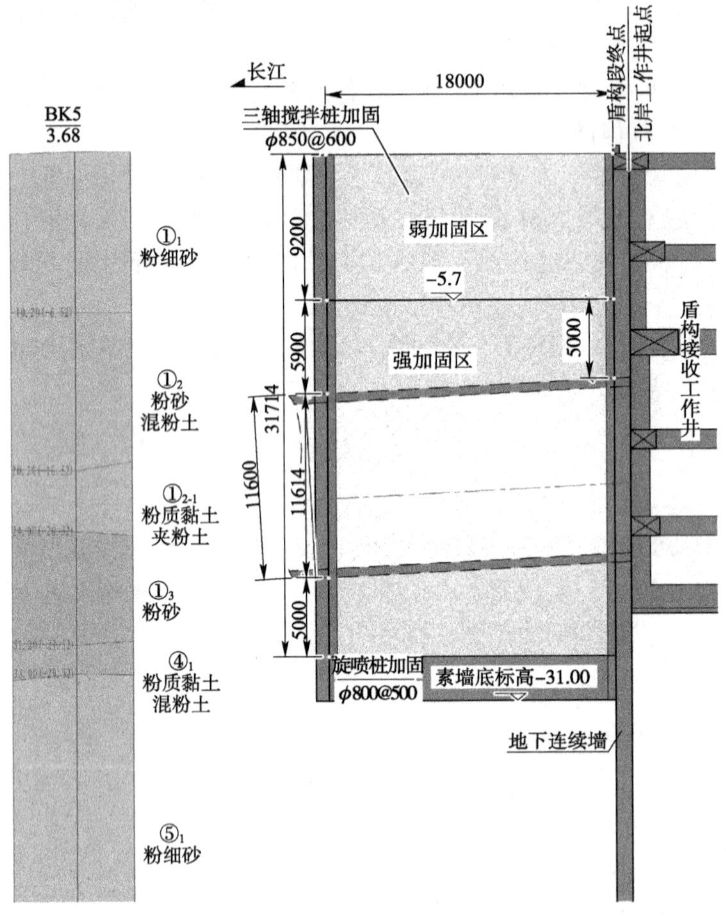

图10　接收加固剖面图(尺寸单位:mm,标高单位:m)

6　结语

苏通GIL综合管廊工程是世界上首次将特高压输电工程和管廊结合的重大创新工程,本文对工程总体设计线位的平纵断面设计、横断面布置、隧道结构及特殊地段设计等关键技术问题进行了分析研究。随着我国经济社会的持续发展,类似苏通GIL综合管廊工程为解决电网线路过江需求的水下隧道必然增多,本项目的设计思路、创新理念、建设经验等可为类似工程提供参考。

高黎贡山TBM的挑战及应对措施

卓兴建

（中铁工程装备集团有限公司　河南郑州　450016）

摘　要：高黎贡山隧道是大瑞铁路的咽喉，对全线贯通、运营有着举足轻重的作用，施工难度堪称世界之最，是我国铁路建设史上具有里程碑意义的一项超级工程。为了应对施工过程中可能存在的软弱破碎围岩洞段TBM卡机、高地应力引起的岩爆、围岩收敛挤压变形引起的支护破坏、突涌水涌泥、高岩温引起设备与人员热伤害等挑战，TBM在整机集成、变截面开挖支护、超前探测、整机制冷、物料运输等方面获得了新的突破，取得了良好的经济和社会效益，可为后续类似工程提供参考和借鉴。

关键词：TBM；高黎贡山隧道；挑战；应对措施

1　高黎贡山隧道概况

1.1　工程简况

大理至瑞丽铁路是我国《中长期铁路网规划》（2008年调整）中完善路网布局和国家实施西部大开发战略的重要举措，是一条贯通滇西，走向南亚、东南亚的战略之路，更是一条事关国家“一带一路”倡议，重塑南方古丝绸之路，促进滇西地区跨越式发展的交通大动脉，对进一步凸显云南面向东南亚、南亚开放的桥梁和纽带作用，对促进沿线地区经济社会发展，提升云南对外开放水平，推动我国与东南亚、南亚国家的交流与合作，将产生重大而深远的影响。

大瑞铁路位于云南省西部地区，东起广大铁路终点大理站，向西经永平、保山、潞西等市县，跨越漾濞江、顺濞河、银江大河、澜沧江、怒江等大江大河，西至瑞丽，线路全长约331km。其中大理至保山段全长133.660km，保山至瑞丽段全长196.443km。

高黎贡山隧道越岭段穿越北窄南宽呈南北向展布的高黎贡山山脉南段，进口位于云南省保山市龙陵县境内，进口紧邻怒江（怒江特大桥），隧道出口位于德宏州芒市境内，紧邻龙陵车站，全长34.538km。

高黎贡山隧道则是大瑞铁路的咽喉，对全线贯通、运营有着举足轻重的作用，施工难度勘称世界之最，是我国铁路建设史上具有里程碑意义的一项超级工程。它有四个第一：

（1）亚洲第一长大铁路山岭隧道。

（2）国内最长铁路斜井。

（3）国内第一、第二深铁路竖井，同时也是深竖井首次在岩浆岩地区修建。

（4）先进的TBM技术首次在滇西南复杂地质条件下应用。

作者简介：卓兴建（1979—），男，本科，高级工程师。主要从事盾构及TBM设计研发工作。Email：zhuoxingjian@crect-bm.com。

1.2 工程地质

高黎贡山隧道工程地质条件具有集“三高”（高地热、高地应力、高地震烈度）、“四活跃”（活跃的新构造运动、活跃的地热水环境、活跃的外动力地质条件和活跃的岸坡浅表改造过程）于一体的特征，地震活动强烈，大（巨）型滑坡、崩塌、泥石流、危岩落石等不良地质现象集中发育分布；越岭地段属藏滇高温地热带，其地表分布众多的高温地下水，水温最高 102℃。

高黎贡山隧道地处印度板块与欧亚板块碰撞缝合带附近的滇缅泰亚板块内，属青、藏、滇、缅巨型“歹”字形构造西支中段弧形构造带与径向构造带复合的“蜂腰部位”南段，横穿保山地块与腾冲地块相互碰撞汇聚的怒江缝合带，最大埋深 1155m。

高黎贡山隧道进口端（14.5km）主要地层岩性为侏罗系玄武岩、砂岩、灰岩；三叠系白云岩、白云质灰岩；奥陶系砂岩；寒武系灰岩、板岩、变质砂岩、千枚岩；燕山期混合花岗岩等 18 种地层。

出口端（20km）主要地层岩性为燕山期花岗岩；寒武系变质砂岩、千枚岩、片岩；志留系灰岩、白云质砂岩；泥盆系白云岩、灰岩夹石英砂岩等 8 种地层。主要发育有勐冒断层、傈僳田断层等 7 条断层。出口段最大坡度为 $-9‰$，其中 12.8km 为 TBM 掘进段，如图 1 所示。

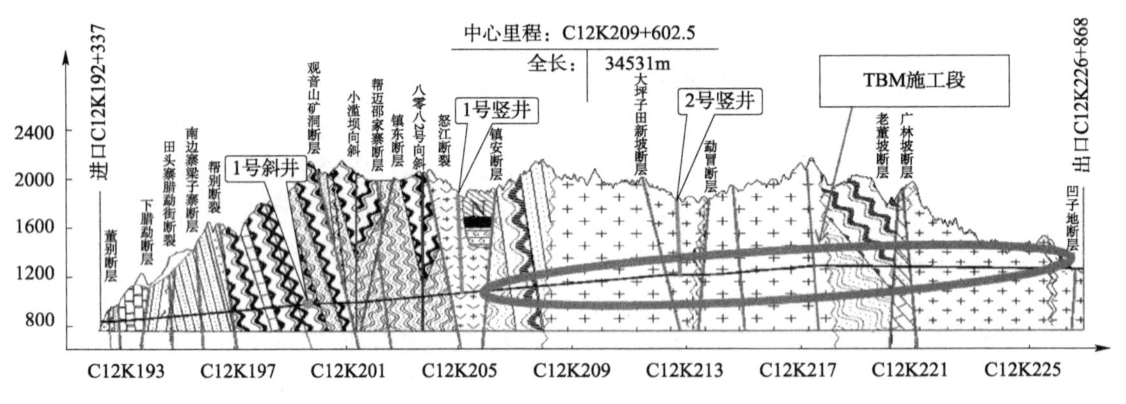

图 1 高黎贡山隧道纵断面意图

TBM 掘进段地层岩性及主要参数见表 1，该 TBM 掘进段隧道最大埋深 1155m，埋深大于 550m 长度约 7.5km。TBM 施工段主要岩石占比饼状图如图 2 所示，TBM 施工段各类围岩占比饼状图如图 3 所示。

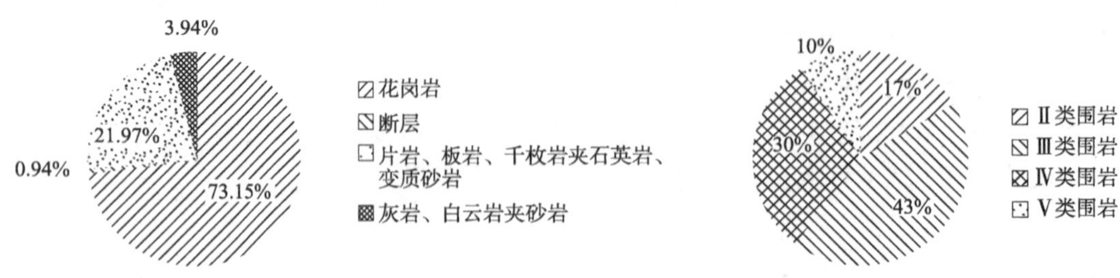

图 2 TBM 施工段主要岩石占比饼状图

图 3 TBM 施工段各类围岩占比饼状图

TBM 掘进段地层岩性及主要参数　　表 1

序号	地层岩性及地质构造	长度(m)	岩石耐磨性 A_b (0.1mm)	岩石单轴饱和抗压强度 R_c(MPa)	岩石完整性系数	备　注
1	燕山期花岗岩	8810	3.34 ~ 3.59	46 ~ 65.24	0.25 ~ 0.85	
2	中泥盆系回贤组白云岩、灰岩夹石英砂岩	290	3.34	65.24	0.69	
3	断层角砾	90	3.34	4.6	—	
4	物探 V 级异常带	840	3.34 ~ 5.18	8 ~ 40	—	含 2 处断层带
5	志留系中上统灰岩、白云岩夹石英砂岩	460	3.34	40	0.85 ~ 0.45	
6	寒武系公养河上段片岩、板岩、千枚岩夹石英岩、变质砂岩	1440	3.34	20 ~ 40	0.85 ~ 0.45	
7	蚀变岩	140	3.34	4.6 ~ 15	—	

TBM 施工主要穿越的不良地质有：

(1)岩爆：180m 轻微岩爆。

(2)软质岩大变形：410m。

(3)断层：破碎地层富水或极富水。

(4)花岗岩节理密集带：预测长度 440m。

(5)蚀变岩：总长度约 430m。

2　TBM 施工面临的挑战

2.1　岩石强度中等、完整性好、石英含量高，高效破岩问题

本工程石英含量较高(约为 40%)，可能出现石英岩脉；刀盘需要具有较高的刚度及强度，刀具具有较强贯入能力及耐久性。刀盘开裂及刀盘磨损情况如图 4、图 5 所示。

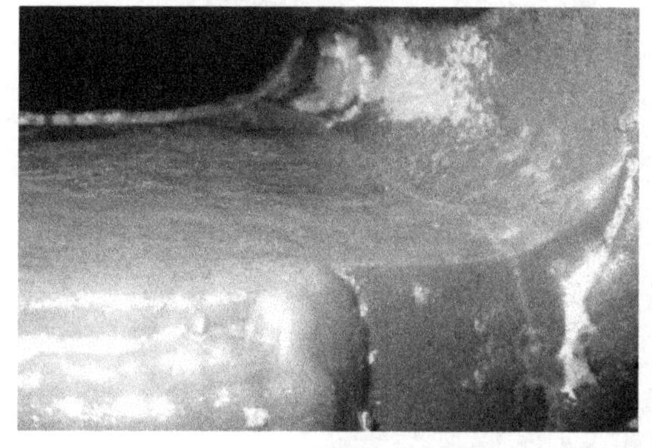

图 4　刀盘开裂

图 5　刀盘磨损

2.2　弱围岩大变形地层中 TBM 卡机问题

隧道穿越片岩、板岩、千枚岩、蚀变岩等软弱岩层，遇地下水极易软化而发生软质变形，如图 6、图 7 所示。

图 6　软弱破碎围岩卡机

图 7　围岩收敛引起支护破坏

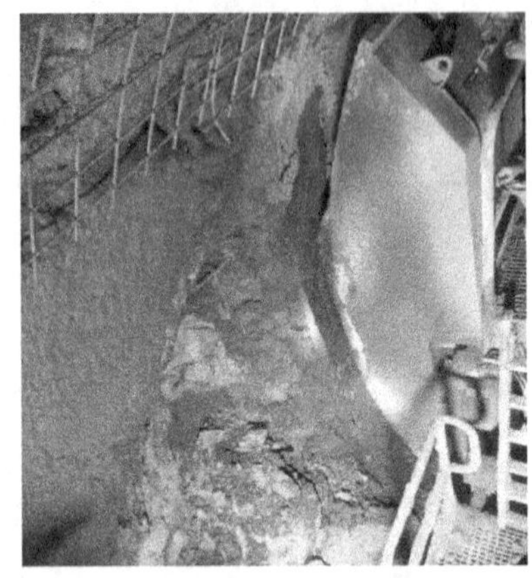

图 8　围岩坍塌无法撑紧

2.3　断层、破碎地层、TBM 掘进发生掉块、坍塌问题

洞壁坍塌会造成撑靴支撑不稳或无法提供 TBM 掘进所需的支反力，如图 8 所示。如果围岩封闭不及时，漏渣、掉块严重，会造成清渣量增大，危及施工安全。

2.4　高温热伤害问题

高黎贡山隧道越岭地段位于地中海—南亚地热异常带，为区域性高热流区。隧道会遇到高温、高压、热水及高温岩体等问题，隧道取冰降温情况如图 9 所示。

2.5　富水、断层破碎，可能面临突涌水、突泥的问题

工作面易发生坍塌，掩埋刀盘及机体；涌水严重时，淹没机体，导致 TBM 受困。隧道涌水涌泥情况如图 10 所示。

图 9　隧道取冰降温

图 10　隧道涌水涌泥

2.6 长距离独头掘进

本工程 TBM 独头掘进距离长，对刀盘、主驱动等关键部件的可靠性及耐久性要求较高。

3 TBM 的应对措施

3.1 整机方案及参数设计

TBM 整机三维图如图 11 所示，整机主要参数见表 2。

图 11 整机三维图

TBM 整机主要参数 表 2

序号	名 称	参数值	序号	名 称	参数值
1	新刀开挖直径	9030mm	6	总推力	25133kN @ 320bar
2	刀盘驱动功率	4200kW	7	最大推进速度	100mm/min
3	刀盘转速	0 ~ 6.5r/min	8	推进行程	1800mm
4	额定转矩	11797kN · m	9	撑靴最大接地比压	<3.82MPa
5	脱困转矩	17695kN · m	10	皮带机出渣能力	1030 t/h

3.2 硬岩环境下的高效破岩设计

(1)刀盘高强度设计

中心块及边块采用锻造 270mm 厚板，刀盘法兰采用锻造 300mm 厚板，刀盘强度高、刚度大。

(2)刀盘小刀间距设计

17 寸中心刀刀间距 89mm，19 寸正滚刀刀间距 84mm、80mm、75mm，刀盘的破岩能力较强。小刀间距不但利于破岩，还可以有效降低刀盘振动，延长刀具使用寿命。

(3)刀具采用非线性布置

为使刀盘受力更均匀，避免较大应力集中，刀具采用非线性布置，利于延长刀盘寿命。这样，在同等岩石强度条件下，振动相对较小，利于降低刀具消耗。刀具布置如图 12 所示。

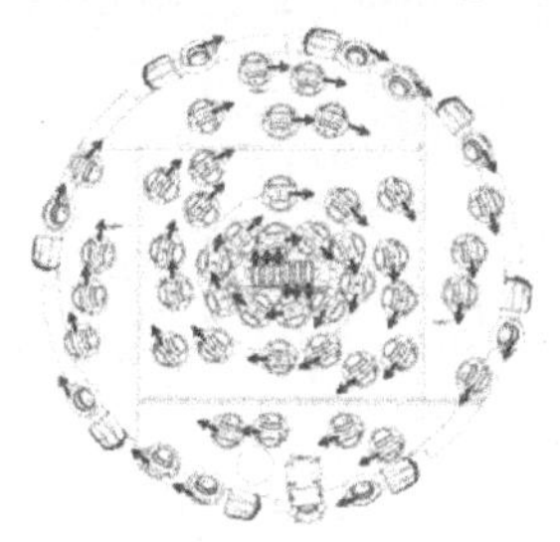

a)非线性布置

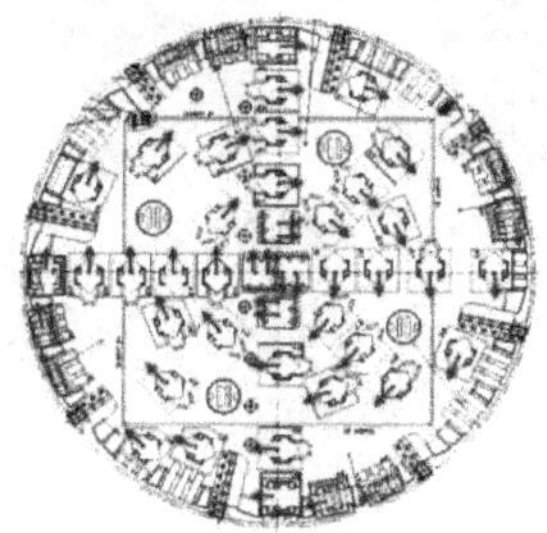

b)线性布置

c)非线性实物图

图 12 刀具布置图

(4)多进渣口设计

进渣口多,刮渣更干净,能有效降低周边盘体及刀具的二次磨损。进渣口设计,一是数量,二是径向尺寸要均匀,如图13、图14所示。

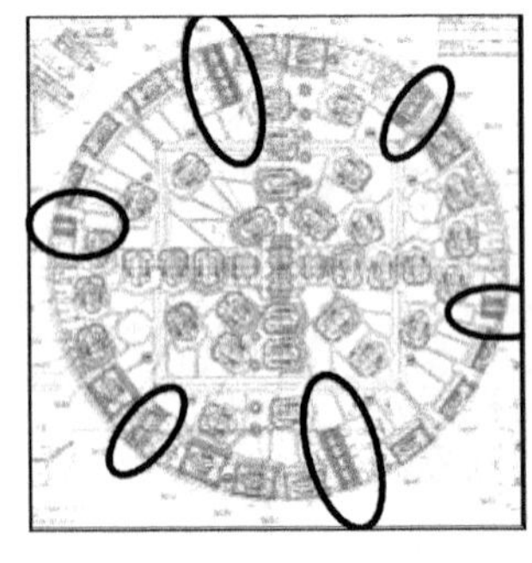

图13 进渣口不合理及出渣效果图

图14 多进渣口设计

3.3 软岩大变形针对性设计

(1)TBM扩挖设计防卡机脱困。刀盘扩径设计,通过更换边刀的加厚C型块,将边刀机械外移,可实现半径方向100mm扩挖;为配合刀盘变径实现长距离扩挖,设计了主驱动抬升机构,如图15所示。该机构可将驱动及刀盘抬升,实现顶部扩挖,且底护盾与开挖轮廓间隙不变,有利于TBM姿态控制。

图15 驱动抬升方案及实物图

(2)大扭矩设计。采用12组350kW驱动组,刀盘额定扭矩为11797kN·m,脱困扭矩为17695kN·m。

(3)防止初期支护变形开裂,可采取柔性钢拱架+辅助工法,拱架安装机可安装柔性钢拱架,柔性钢拱架如图16所示。

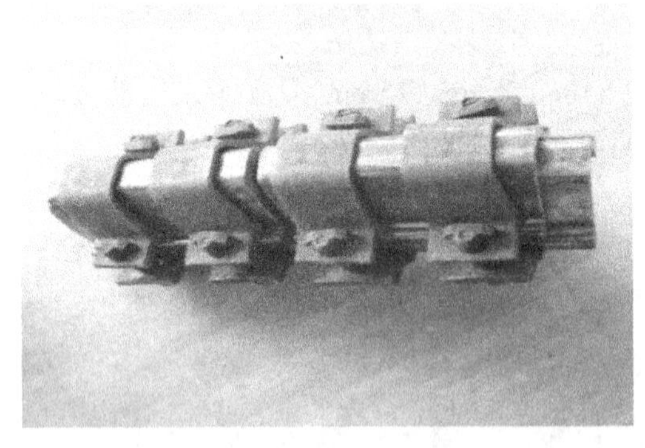

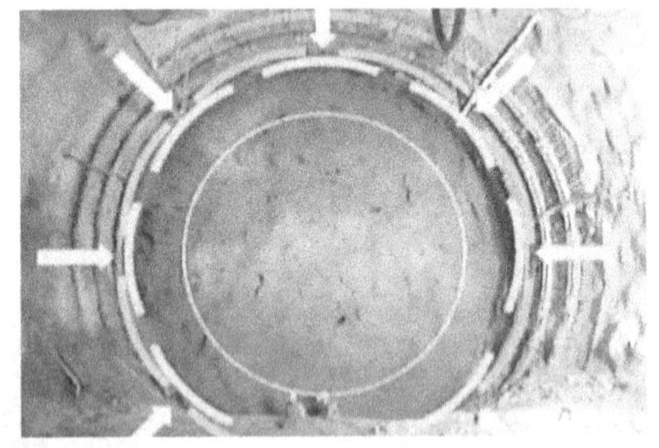

图16 柔性钢拱架图

(4)软岩大变形超前注浆加固。主机平台下部安装有超前钻机,使用时可升起与两侧轨道连接,进行超前钻孔作业。

3.4 断层、破碎带针对性设计

(1)搭载于TBM的三维地震技术(与山东大学联合研制)

在距刀盘15~35m范围安装5组(共10个)三分量检波器,检波点位于主梁和设备桥,不影响工程施工，工人活动较少，避免喷水、喷浆。距刀盘 50 ~ 60m 附近安装 3 组(共 6 个)液压震源，震源点位于设备桥和 1 号台车，不影响工程施工，无机械施工，有充足空间安装激震装置，如图 17、图 18 所示。

图 17　三维地震超前探测布置示意图

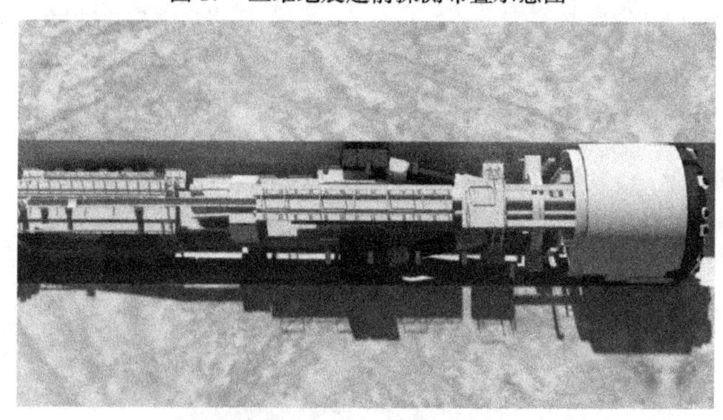

图 18　三维地震超前探测检波器布置示意图

6 个震源通过 TBM 换步，移动震源激发位置，实现 12 个点位激震，实现三维地震一体化、集成化和自动化测量，如图 19、图 20 所示。

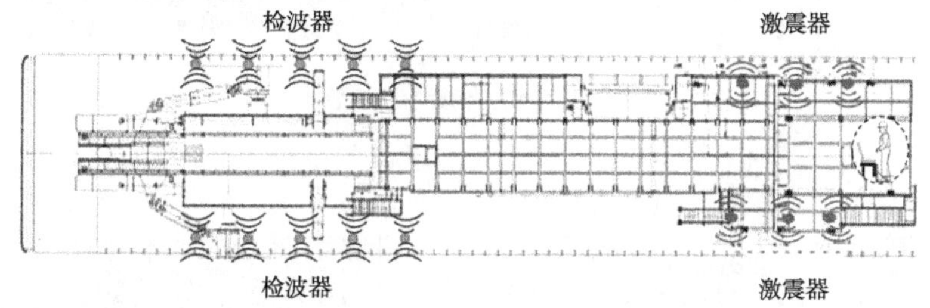

图 19　三维地震超前探测工作示意图

图 20　三维地震蓄能器及击震锤三维图

(2)刀盘针对性设计

减小刀盘暴露长度,减轻刀盘对围岩的扰动;进渣口尺寸(轴向、径向)合适,防止大量破碎块涌入,堵塞或卡住皮带机。

(3)减小接地比压

通过减小撑靴及底护盾最大接地比压,增加 TBM 对软弱破碎围岩适应性;撑靴接地比压小于 3.82MPa,底护盾接地比压小于 1MPa,并且顶护盾及侧护盾可伸缩。

(4)强化辅助工法

设备配置钢筋排支护系统、钢筋网存储系统、钢拱架安装机、锚杆钻机、前置混凝土喷射及 L2 区混凝土喷射系统等,如图 21 所示。

①钢筋排支护系统、钢筋网存储系统、钢拱架安装机,如图 22 ~ 图 24 所示。

该套支护系统在吉林引松供水工程有成功应用,TBM 在首段 9.6km 掘进中,Ⅳ、Ⅴ 围岩占 53.9%,现场掘进支护量大,并创造了最高日进度 70.8m,最高周进度 352.1m,最高月进度 1318.7m 的掘进记录。

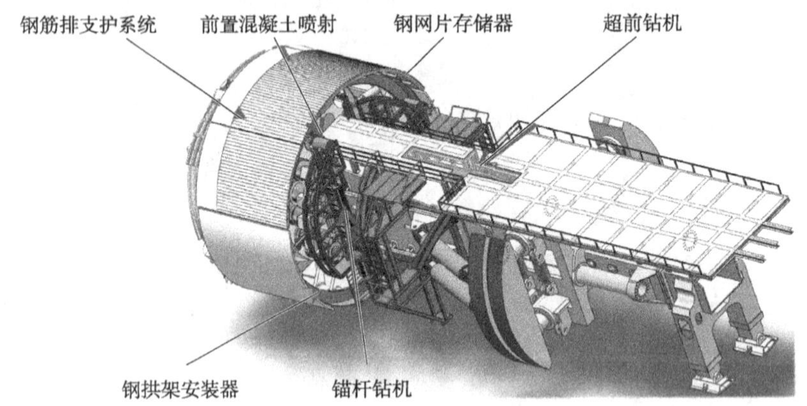

图 21　主机区辅助工法配置

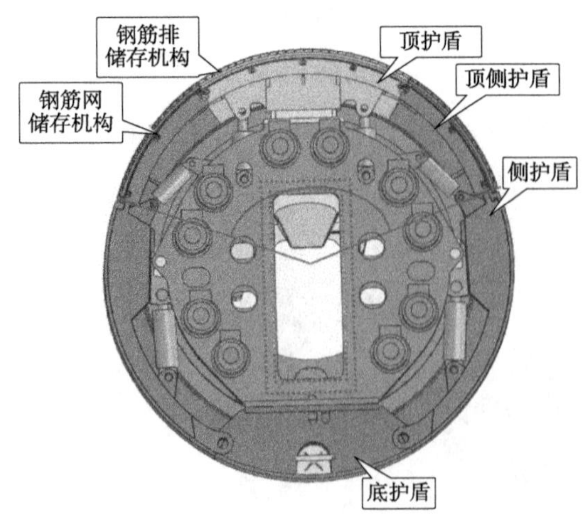

图 22　钢筋排覆盖范围 250°

图 23　钢筋排存储器

图24 钢筋排与钢拱架支护效果

②前置喷浆机械手。钢拱架安装器有齿圈及前置混喷安装座。前置混喷轴向移动范围约2m,周向喷射范围约270°,如图25所示。

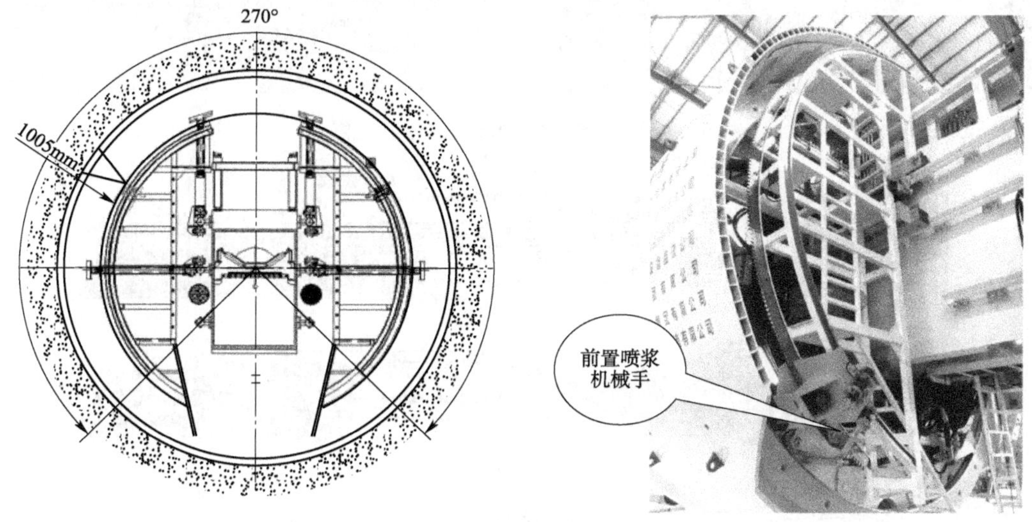

图25 前置混喷机械手方案及实物图

③配置应急潮喷。可灵活使用,减少坍塌量及清渣工作量,同时可提高撑靴的通过能力,如图26所示。

④L2区混凝土喷射系统。在TBM后配套处,配置了可轴向移动6m,环向可旋转270°的混凝土喷射机械臂;该机械臂操作方便,且回弹少,如图27所示。

(5)强化的物料运输系统、优化作业空间

主机及设备桥处布置仰拱起重机、折臂起重机、油脂桶转运起重机、轨道起重机、提升平台、刀具运输起重机、主机钢拱架运输车等物料运输系统,物料转运方便快捷,如图28所示。

(6)安全便捷的人员通道(图29)

图 26　应急喷射及喷射效果

图 27　L2 区混凝土喷射系统及喷射效果

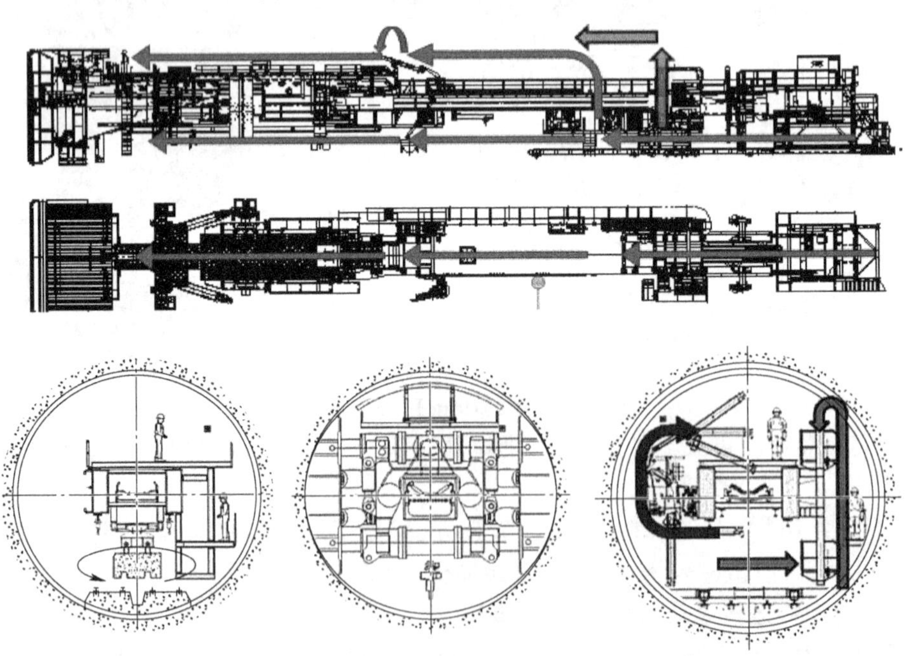

a)轨道起重机及仰拱起重机　　b)刀具起重机及拱架运输车　　c)折臂起重机及提升平台

图 28　物料运输系统图

a)喷浆桥人行通道

b)后配套上层人行通道

c)后配套下层人行通道

图 29　人员通道图

3.5　隧道内高热害问题针对性设计

加大隧道的通风量;刀盘驱动电机及减速机采用水冷方式;并且在 TBM 上配置了强制制冷系统,降低工作区域的温度;并预留增加制冷机组的安装位置及相应的接口。

TBM 整机共配置了三组制冷系统,其中一组做为应急备用,总制冷量达 3 × 715kW = 2145kW。制冷机组及空冷器如图 30 所示。

图 30　制冷机组及空冷器

3.6　富水段突涌水、突泥针对性设计

(1)关键部件的电器设备防护等级为 IP67,其余为 IP55。

(2)强大的排水系统,能力高达 $500m^3/h$(排至拖车尾部)。

(3)TBM 激发极化法超前地质预报系统(与山东大学联合研制)。通过建立掘进机的前向探测模式,多同性源阵列激发极化探测模式(图 31),三维反演成像方法,实现掌子面前方 30m 内不良地质三维成像定位,如图 32 所示。TBM 激发极化法超前地质预报示意如图 33 所示。

探测原理:护盾上的 8 个屏蔽电极(图 34)同时供入正电流,刀盘上的 14 个探测电极(图 35)也供入正电流,在周围同性屏蔽电流的排斥和挤压作用下,中间的探测电流指向掌子面前方,探测距离可以达到 30 ~ 40m。

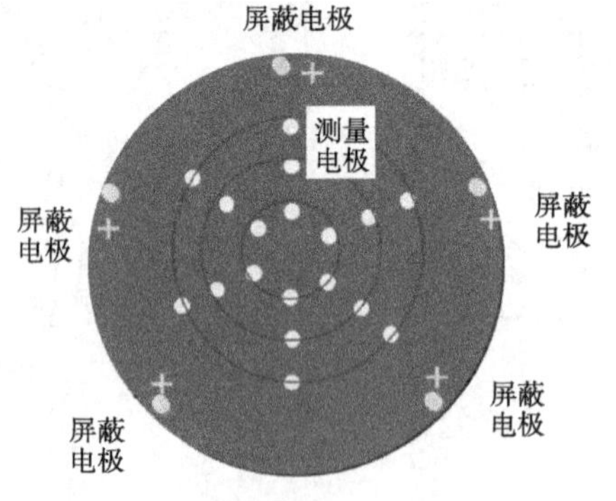

图 31　多同性源阵列激发极化探测模式

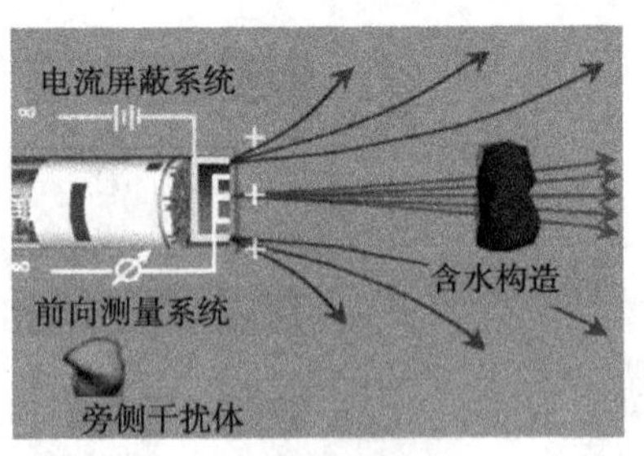

图 32　三维多同性源阵列激发极化法

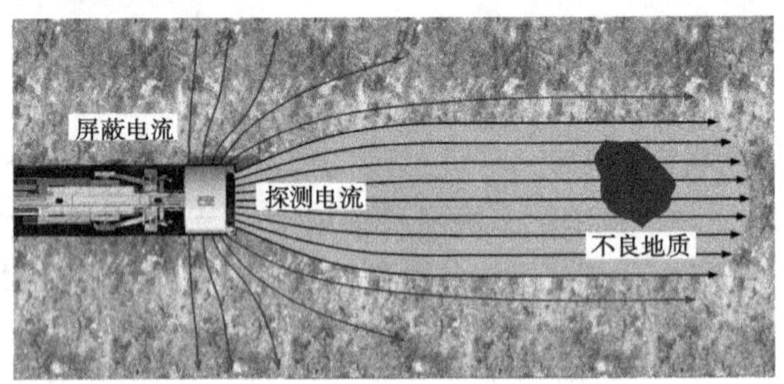

图 33　TBM 激发极化法超前地质预报示意

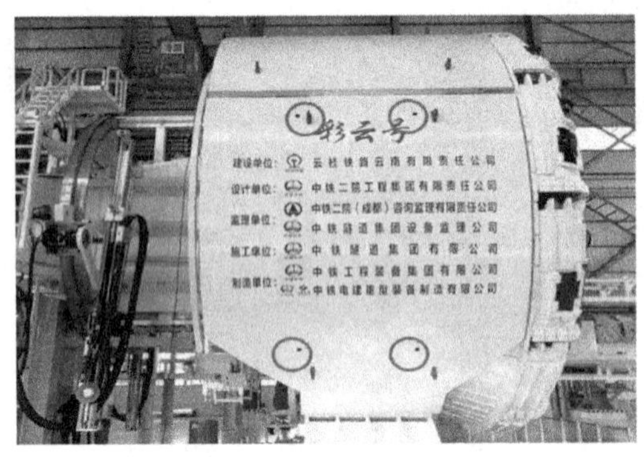

图 34　护盾安装 8 个屏蔽电极

图 35　刀盘安装 14 个测量电极

(4) TBM 主机段超前钻机—超前探水及超前止水。主梁段超前钻机可实现外插角为 7°的超前钻孔(图 36),覆盖范围 360°;结合其他设备进行注浆,可实现掌子面前方围岩加固及止水。

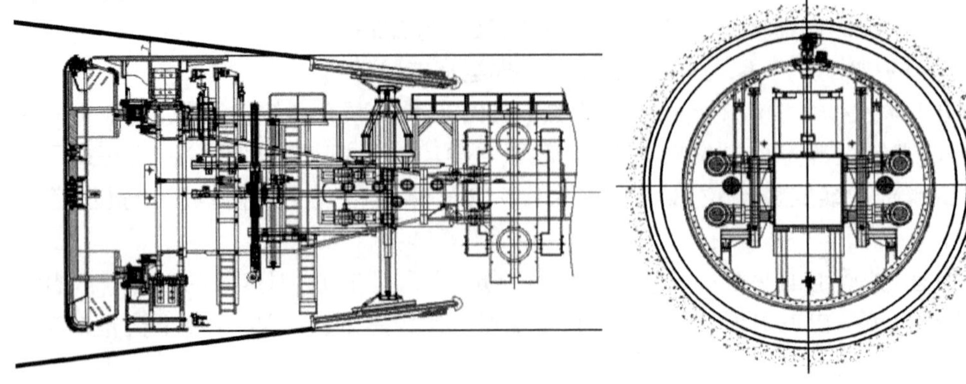

图 36　超前钻孔方案图

3.7 长距离独头掘进针对性设计

整机关键部件选用国际一流品牌产品，其中主轴承直径为 ϕ 5880mm（图 37）、主推滚子采用双列设计，承载能力强、寿命大于 15000h；刀盘采用厚板设计，耐疲劳、寿命长 、耐磨性强；加强型密封设计、密封跑道采用耐磨板并可调整，主轴承密封如图 38 所示。

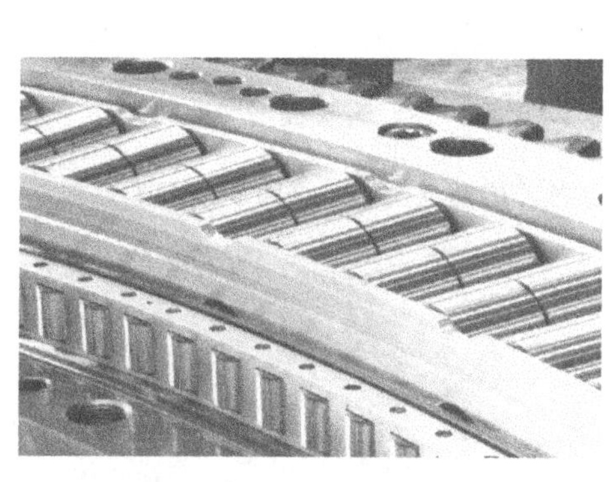

图 37 主轴承实物图

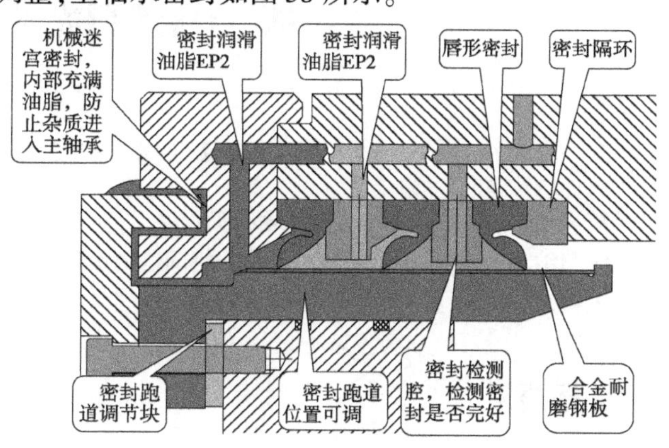

图 38 主轴承密封图

4 本工程 TBM 特点

为应对施工过程中可能存在的软弱破碎围岩洞段 TBM 卡机、高地应力引起的岩爆、围岩收敛挤压变形引起的支护破坏、突涌水涌泥、高岩温引起设备与人员热害等风险，该设备在整机集成、变截面开挖、支护、超前探测、整机制冷、物料运输等方面取得了新的突破。通过创新刀盘变径及驱动同步抬升技术，可实现最大扩挖直径为 9.23m。TBM 在扩大 L1 区钢筋排支护范围的同时，主机段安装混喷机械手，能够第一时间完成初期支护，及时封闭、稳定围岩。通过结构优化，主机段嵌藏超前钻机，减小对正常掘进的影响，并可实现 360°便捷超前钻孔及支护。通过与高校及科研院所合作，研发出一整套适用于 TBM 搭载的超前探测系统，与多种探测方法相结合，可快速准确地探测出掌子面前方一定范围内的不良地质分布位置、规模及地下水情况。TBM 采用综合降温措施，设计了常规制冷与应急制冷系统。通过高效制冷可将冷空气输送到主机作业区，满足设备作业区制冷需求，又减小能耗。此外，该 TBM 具有便捷的物料转运及安全畅通的人员通道。

大直径盾构在复杂地层掘进中关键问题的梳理
——基于珠海横琴三通道工程

何　人

（上海隧道工程股份有限公司　上海　200232）

摘　要：本文基于珠海横琴三通道工程项目，对复杂地层大直径盾构隧道掘进关键问题进行了系统归纳和梳理，并论述了解决这些关键问题的措施。

关键词：直径盾构；复杂地层；关键问题

1　工程背景

1.1　工程位置

本工程位于珠海市南湾城区和横琴新区，工程范围南起横琴岛北端中部，自环岛北路以南750m，起点桩号K1 +000，与在建横琴中路顺接，过马骝洲水道后，沿规划保中路向北至南湾大道，终点桩号K3 +802.78。工程位置如图1所示。

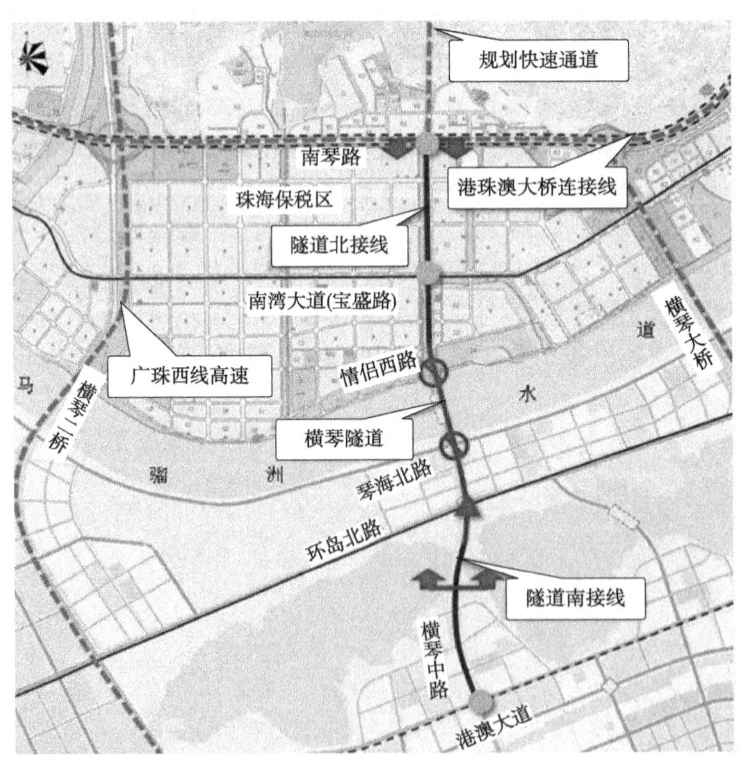

图1　工程位置平面图

作者简介：何人（1982—），男，大学本科，工程师。目前主要从事大直径盾构施工技术管理工作。Email：104497442@qq.com。

1.2　工程特点

本工程过江隧道采用一台外径 14.93m 泥水气压平衡盾构施工,圆隧道外径 14.5m,盾构埋深 23.0～42.0m,隧道断面 165.1m²,全长约 2.8km,其中过马骝洲水道段为圆隧道段,单管设置单向 3 车道,两管组合形成双向六车道,西线长 1.09km,东线长 1.08km。

1.3　工程地质

盾构主要在$②_1$ 淤泥、$②_2$ 黏土、$②_3$ 中粗砂夹黏土、$②_4$ 淤泥质黏土中掘进,局部盾构埋藏较深或基岩埋藏较浅处,涉及④中粗砂、⑤砾质黏性土、$⑥_1$ 全风化花岗岩、$⑥_2$ 强风化花岗岩;盾构在部分区域内遇$⑥_3$ 中风化花岗岩,在岸上段推进范围内存在大量大直径抛石(直径超过 1m)。

根据工程勘察报告,地基土在勘察深度范围内均为第四纪松散沉积物(Q_4)及中生代燕山期风化花岗岩,主要由人工填土层(Q^{ml})、海陆交互相、海相沉积的淤泥、淤泥质土、黏土、中粗砂层(Q_4^{mc})、花岗岩残积土(Q_4^{el})和下伏的全风化、强风化、中风化花岗岩(γ_{52-3})。地质断面图如图 2 所示。

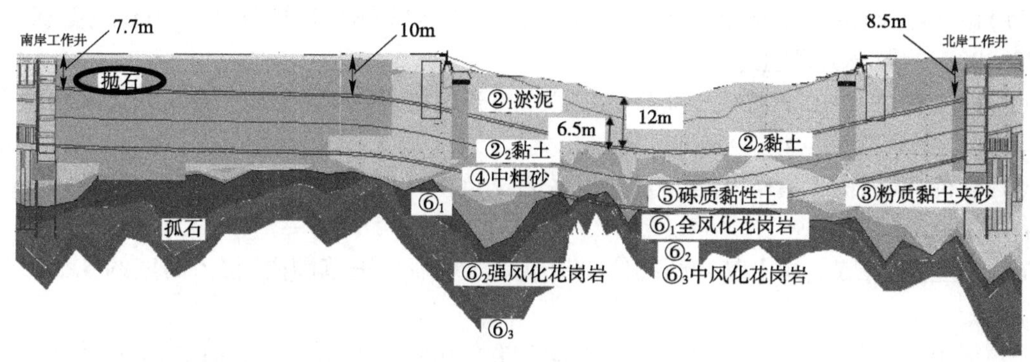

图 2　地质断面图

1.4　盾构机选型

本项目选用一台由德国海瑞克公司生产的刀盘直径为 14.93m 的泥水气压平衡盾构机,总重 2600t,机头及车架总长 125m,详细参数见表 1。

盾构机参数表　　表 1

盾构机部件	参　数	数　值	备　注
盾体	最大工作压力	0.75MPa	
盾尾	盾尾密封	3 道钢丝刷 +1 道钢板刷	
刀盘驱动	电机驱动	15 个电机	@250 kW
	总功率	3750 kW	
	额定扭矩	34581kN · m	
	脱困扭矩	45301kN · m	
	最大转速	3 r/min	变频驱动
推进油缸	数量	19 组	每组 3 个油缸
	工作压力	5～35MPa	
	额定推力	188560kN	@32.5MPa
	最大推力	203066kN	@35MPa
	最大推进速度	45mm/min	

1.5 总体工艺流程

根据工程总体部署，本工程采用一台 ϕ14.93m 泥水气压平衡盾构由南岸工作井始发，先行推进西线，至北岸工作井调头，再进行东线推进，至南岸工作井拆除。工程主线围绕南岸工作井及车架段围护结构施工、盾构机安拆及调头、隧道掘进及内部结构施工展开。北岸工作井及车架段工程、南岸二次结构施工、连接通道施工、道路及排管工程、岸边段附属结构工程等施工穿插于工程主线，进行施工。

工程于 2014 年 7 月开工，盾构于 2016 年 1 月 22 日从南岸工作井始发掘进西线，于 2016 年12 月 7 日抵达北岸工作井，掉头后于 2017 年 4 月 19 日开始掘进东线，于 2017 年 11 月 13 日实现隧道贯通，整体工程拟于 2018 年 10 月 1 日通车。

1.6 隧道段障碍物分布及处理

盾构推进范围内障碍物主要由抛石、PHC 管桩、素桩、岸上及江中基岩凸起组成，各项障碍物分布情况如下：

(1)抛石：抛石主要分布于南岸岸上段(长约 400m)范围内，埋深 3 ~ 13m，强度在 60 ~ 120MPa，80% 的抛石直径超过 1m。

(2)PHC 管桩：PHC 管桩位于南岸大堤西线推进范围内，为增加过水箱涵下部承载能力而施工，共 63 根，深度为 -4 ~ -26m。

(3)素桩：素桩位于南岸大堤换刀加固区施工范围内，主要为水泥土素桩，桩径 0.5m，桩距 1m，桩深 12m。

(4)岸上基岩凸起：岸上基岩凸起位于南岸岸上东线推进范围内，侵入高度约 6.2m，分布范围 30m。

(5)江中基岩凸起：西线江中段基岩凸起长度为 104m，进入隧道断面最大高度为 5.7m，东线江中段基岩凸起长度为 124m，进入隧道断面最大高度为 6.3m，强度高达 8MPa。

地下障碍物总平面如图 3 所示，纵剖面如图 4 所示。

过水箱涵
及加固区素桩
排水板
N
基岩凸起1
抛石
琴海北路
南岸大堤
基岩凸起2
北岸大堤

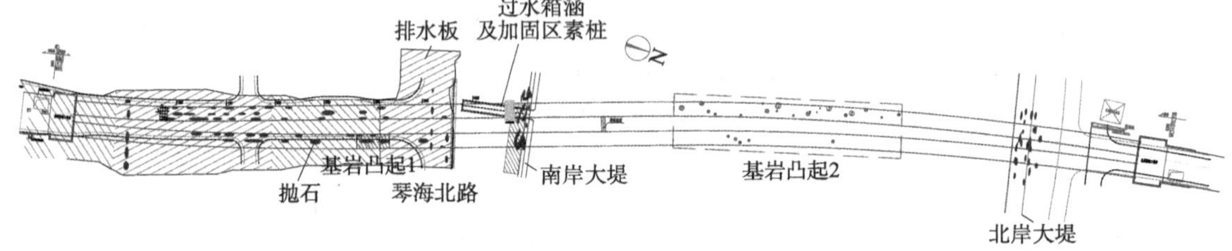

图 3 地下障碍物总平面示意图

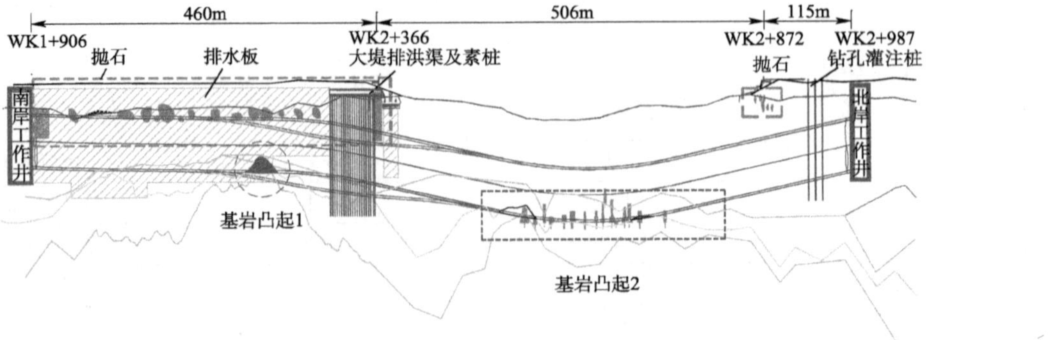

460m
506m
115m
WK1+906
WK2+366
WK2+872
WK2+987
抛石
排水板
大堤排洪渠及素桩
抛石
钻孔灌注桩
南岸工作井
北岸工作井
基岩凸起1
基岩凸起2

图 4 地下障碍物纵剖面示意图

针对障碍物分布特点及特性，采用以下对应工艺进行处理：

(1)抛石：小路钻先行探测，全回转清障处理。

(2)PHC 管桩：全回转处理。

(3)素桩：全回转处理。

(4)岸上基岩凸起：爆破处理。

(5)江中基岩凸起：爆破处理，采用高压旋喷加固爆破后地层。

2 工艺思路

2.1 工艺要素

盾构法施工核心工艺是基于“推拼交替”的基本循环组织，为了保证该循环顺利实施，需要确保在开挖面稳定的前提下，刀盘能有效切削地层并顺利排渣，为此需全方位关注地层情况，并据此进行盾构选型，以保证盾构机的适应性。在施工过程中，需关注整体的土方平衡和地层稳定性。贯彻信息化施工的理念，关注盾构机的工作状态，以保证健康连续地作业。

在当前的建设秩序中，对于双管隧道，勘探工作一般在隧道范围外布置三条测线，孔间距在 30～50m 之间，对于复杂地层，难以反映地层全貌，需辅以大范围物探方式。在涉及硬岩的盾构工程中，滚刀的磨损控制及换刀工作至关重要，需在刀盘设计环节予以充分考虑。

基于以上内容，相关工艺要素如图 5 所示(以本工程为例)。

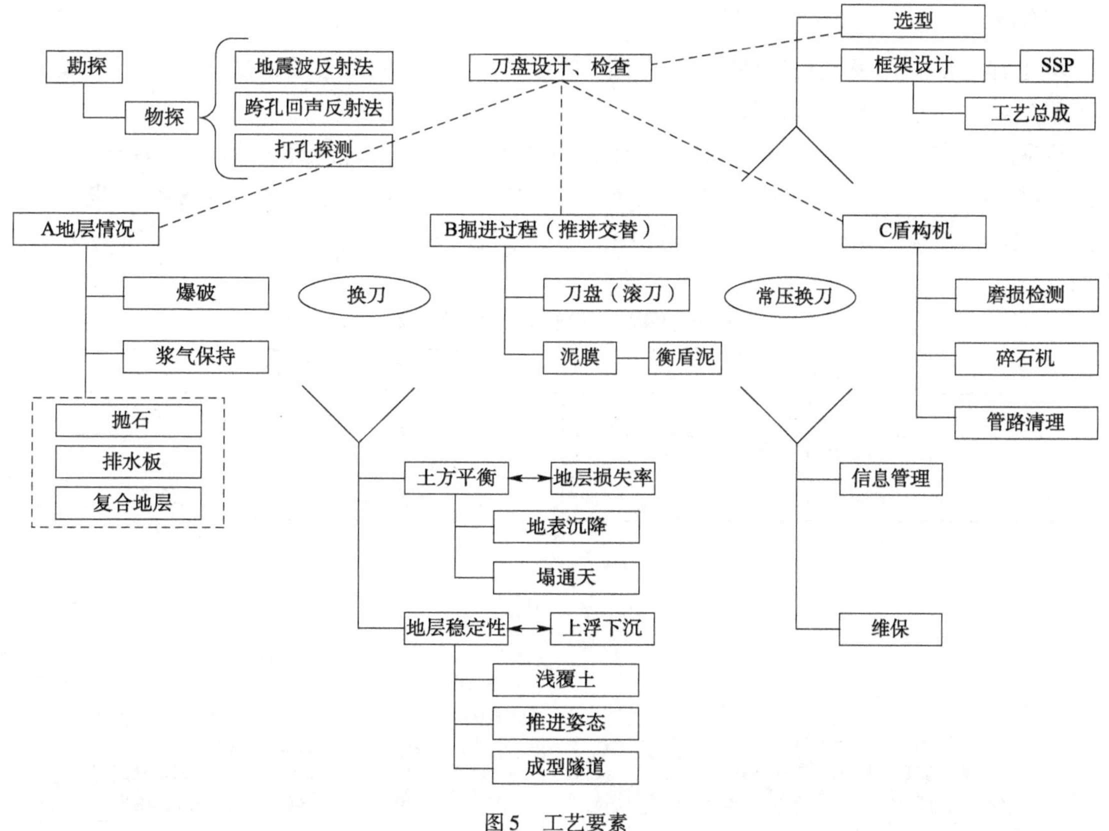

图 5　工艺要素

2.2 技术路线

复杂地层盾构推进技术路线(图 6)由地层改造、出渣设计、衍生要求三部分组成。地层改造主要为对地下抛石、基岩凸起、孤石的处理，在地层情况方面，采用多种勘探手段确定原始地层特性，如地震波反射法、跨孔回声反射法、打孔探测等。针对不良地质（如抛石、基岩凸起等），采用全回转、爆破等工艺处理，同时需考虑处理地层后所遗留的问题，如地层扰动、形成冒浆通道等情况。对爆破后地层采用高压旋喷加固处理。

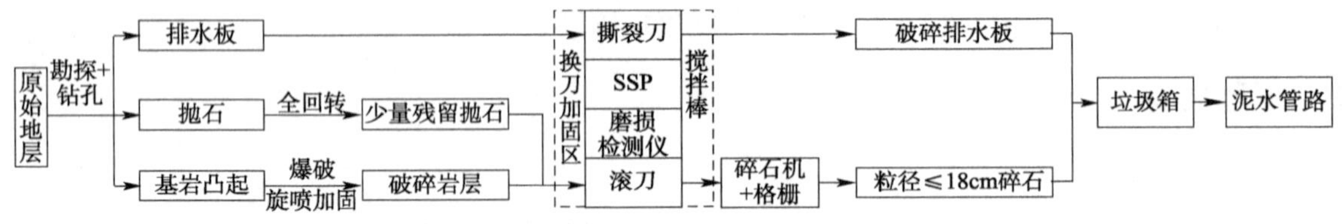

图6 复杂地层推进技术线路图

出渣设计从刀盘、辅助配置两方面考虑，增强盾构机对改造后地层的处理能力，包括设置碎石机以处理残余大块岩体，在刀盘舱内面板和刀盘背部增设搅拌棒应对结泥饼情况（必要时增设冲洗系统）。

衍生要求围绕刀具检查及更换展开，包括管路清理及补充检测。

3 主要情况

3.1 物探

本工程主要采用横波反射法、跨孔电阻 CT 法、江中 SSP 地震波反射法三种物探手段。其中效果最好的为江中 SSP 地震波散射法。

受限于当前技术水平，地震波反射法难以处理水下地层，跨孔 CT 电阻率法要求高，但其结果只能保证 60% 左右的准确率，实际工程中采用能给出较完整地层情况的 SSP 地震波散射法。根据江中实际钻孔爆破结果，对江中 SSP 地震波反射法物探评价见表 2，如图 7、图 8 所示。

SSP 物探与实际钻孔结果对比表 表2

对比孔数	2305
平面、深度误差	平均误差 2m，最大偏差 3m
基岩凸起判断准确率	86%
影响因素	设备分辨率与定位精度、水流等

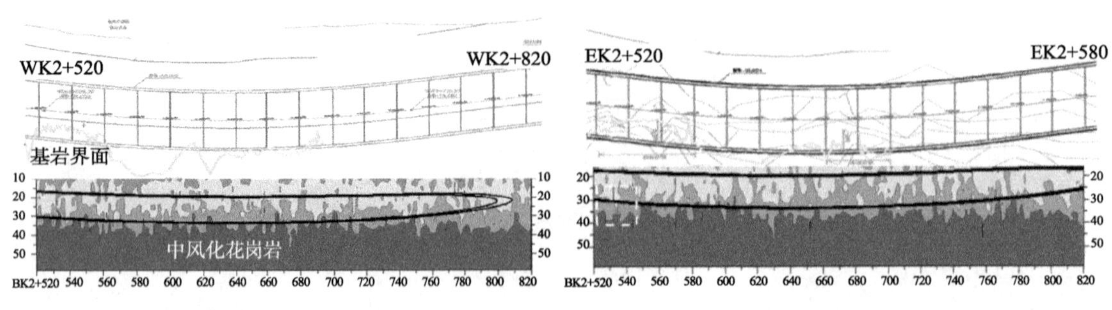

a)西线隧道纵剖面物探与爆破对比

b)东线隧道纵剖面物探与爆破对比

图7 纵断面对比图

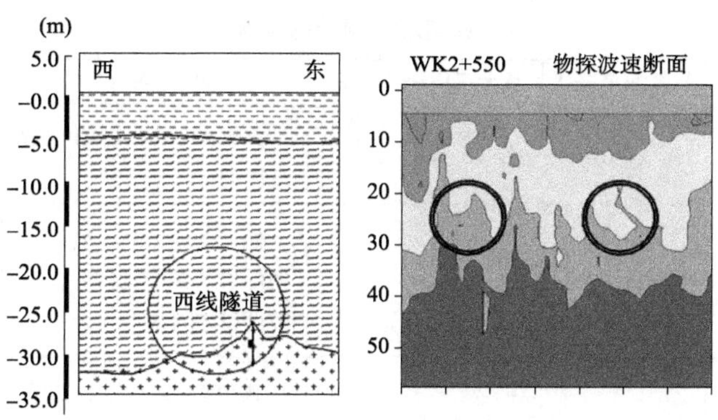

图 8　横断面对比图

据此,基于江中 SSP 地震波散射法结果,仍以排孔成果为准。

3.2　预处理

针对地层中的抛石、岸上及江中基岩凸起,分别采用全回转、爆破的方式处理,并在江中爆破后对 地层进行注浆加固。岸上爆破完成后利用全回转原位钻孔,将爆破后的岩层挖出,验证爆破效果。

(1)全回转施工情况。全回转施工流程如图 9 所示,主要施工参数见表 3。

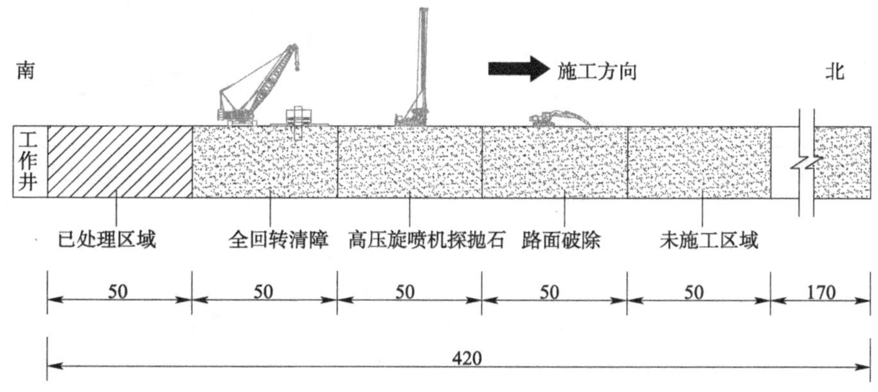

图 9　全回转施工流程图(尺寸单位:m)

主要施工参数表　　表 3

施 工 内 容	施 工 参 数	控 制 值
小路钻探抛石	布孔间距	1m × 1m
	探测深度	地下 18m
全回转清理抛石	套筒直径	2m、2.6m
	清障深度	地下 18m
	回填土水泥掺量	6% ~8%

(2)爆破后全回转验证情况见表4。

岸上爆破后全回转验证情况 表4

编号	取孔位置	终孔深度(m)	最大石块尺寸(cm)	爆破效果	原因分析
TY-1	正常爆破区	26.8	70×45×44	块度分级明显,出现较大块度	岩层较厚,药包离岩面有一定距离
TY-2	间隔爆破区	25.8	60×40×40	处于20~30cm块度之间的岩块占比较大,存在数个较大石块	位于爆破孔间隔内
TY-3	间隔爆破区	24.5	75×70	破碎块度主要分布在10cm左右,出现一块较大岩体	岩体位于爆破盲点
TY-4	正常爆破区	24.8	80×50	破碎块度主要集中在20cm以内而且比较均衡,大块少且块度较小,爆破效果好	药包离岩面有一定距离
TY-5	间隔爆破区	24.5	90×40	位于20~30cm块度之间的岩块占比较大,存在数个较大石块	位于爆破孔间隔内
TY-6	间隔爆破区	25.2	120×100	处于20~30cm块度之间的岩块占比较大,存在数个较大石块,且有直径大于1m石头	为四块爆破区域交界间隔处,爆破挤压力不均衡

(3)江中爆破施工情况。江中爆破施工情况如图10所示,主要施工参数见表5,工程量见表6。

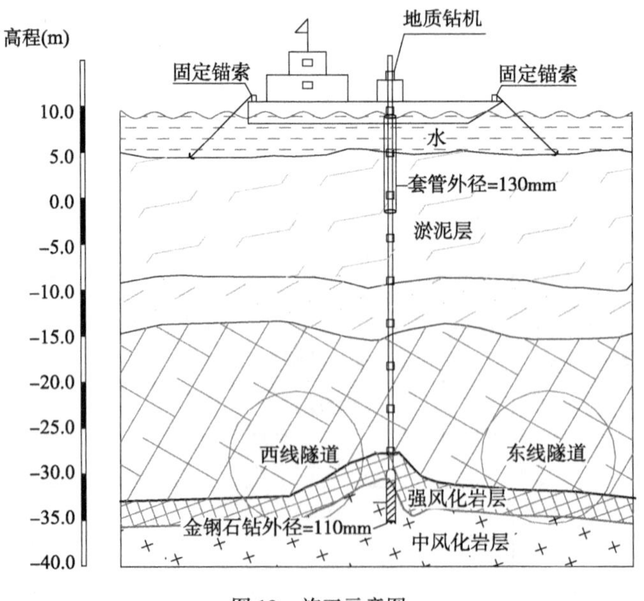

图10 施工示意图

主要施工参数 表 5

施工参数	控制值	施工参数	控制值
探测孔间距	5m	钢套管外径	130mm
爆破孔间距	1.3m×1m	钻孔直径	110mm
钻孔深度	隧道底以下 40cm	单孔放药量	3.0~3.5kg

工程量统计表 表 6

施工内容	工程量(m)	小计(m)
岸上探测孔	2233.6	21627.3
西线探测孔	12308.8	
东线探测孔	7084.9	
岸上爆破孔	7779.3	50755.26
西线爆破孔	24008.29	
东线爆破孔	18967.67	

(4)爆破区注浆加固情况。爆破区注浆加固施工参数见表 7,施工断面如图 11 所示。

主要施工参数 表 7

施工参数	控制值
桩径	1m、0.8m
加固范围	泥面以下 3~6m
有效桩长	3m
水泥掺量	20%
水玻璃掺量	3%

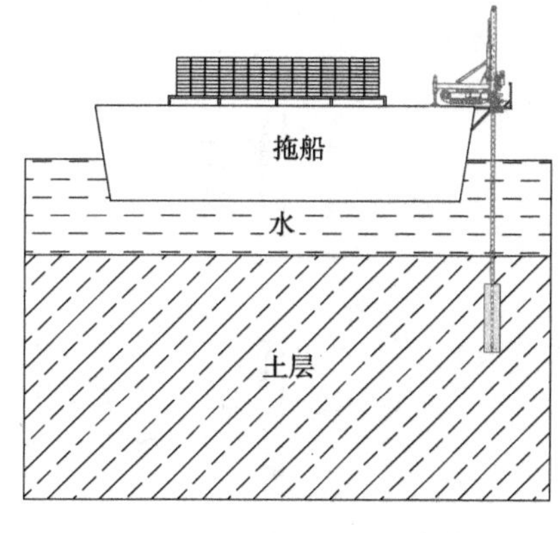

图 11 江中加固施工断面图

3.3 刀盘

刀盘配置及有关参数见表 8。

刀具配置及有关参数 表 8

刀具配置			其他参数	
刀具名称	数量	高出刀盘面高度(mm)	刀盘直径	14.93m
滚刀	127	175	滚刀轨迹线间距	100mm
刮刀	182	140	刮刀轨迹线间距	200mm
先行刀	46	150	刀盘开口率	54%
周边刮刀	16	120	开口最大直径	1m
保径刀	8	140		
仿形刀	1	120		

本工程刀盘直径 14.93m,刀具配置及参数为:刀盘面板配置 6 个磨损检测装置,在盾构推进阶段检测刀具磨损情况,相关参数见表 9。

磨损检测参数 表9

磨损检测		
类型	编号	高出刀盘面高度
刀具磨损检测	WD2-6	120mm
钢结构磨损检测	WD1	35mm
SSP		
条件	声阻抗的对比度	>20%
	尺寸	>0.5m
	距离	<40m

3.4 刀具更换情况

盾构换刀共三次，第一次位于西线推进过程中，进入江中岩区前换刀(图12)；第二次在盾构掉头阶段换刀；第三次在东线推进过程中，推过第一个岩区，进入第二个岩区前(图13)。

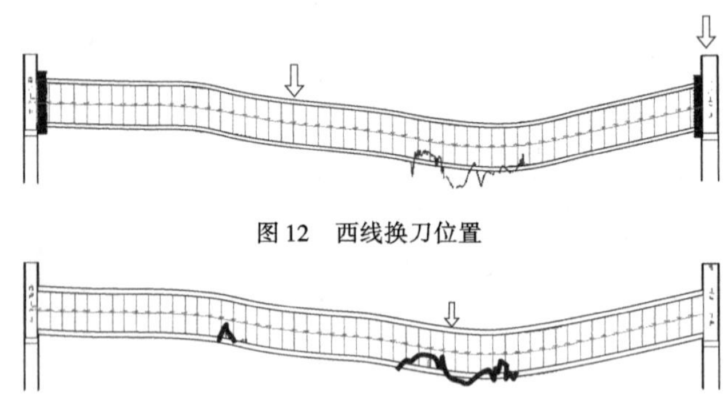

图12 西线换刀位置

图13 东线换刀位置

(1)西线接收后刀具检查情况。

104把滚刀中有40把出现偏磨现象，分布在刀盘外周3m范围内，偏磨量最大约40mm；7把出现刀圈掉落现象，主要分布在刀盘圆弧段与正面交界处。

(2)东线始发前刀具调整情况。

刀具配置原则：

①外周3m范围内滚刀偏磨严重，全部更换成18寸重型滚刀。

②刮刀磨损严重，对刮刀全部进行更换，合金形式为镶入式。

③在刀盘正面加装30把贝壳刀，辅助滚刀切削。

(3)东线江中加固区刀具检查更换。

3.5 盾构机关注项

(1)碎石机

为确保出渣顺利，刀盘设计最大开口为0.8m，对于部分遗漏的粒径大于30cm且小于80cm的石块，采用高性能的鄂式碎石机(图14)。

经破碎试验，破碎后最大粒径为18cm，满足通过格栅尺寸要求，试验验证了破碎机达到了设计效果(图15)。

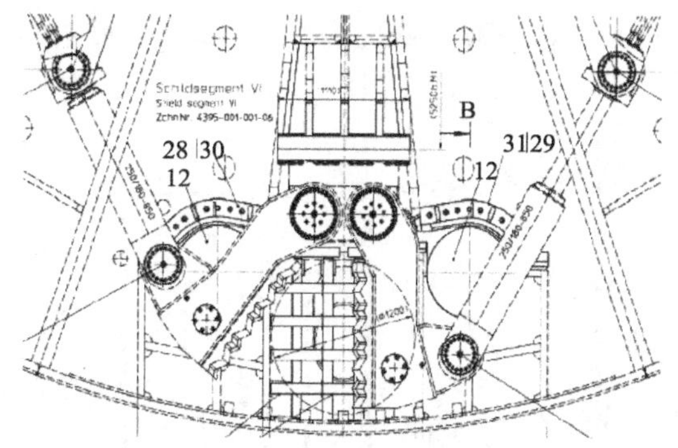

图 14　鄂式碎石机结构图

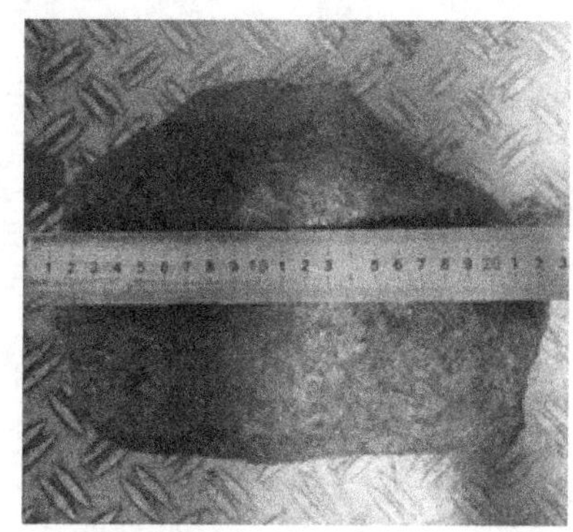

图 15　碎石机使用效果

(2)捕石器

排浆管路上有针对性地设计了捕石器(图 16),用以将大量较大尺寸石块及其他杂物及时清理,解决泥水循环系统容易堵塞的难题。

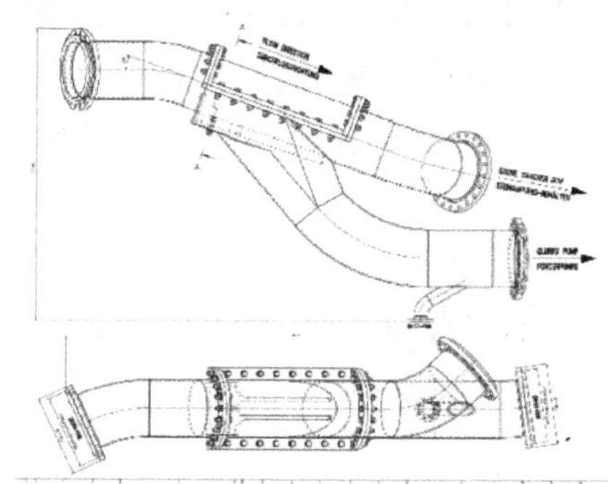

图 16　砾石捕石器示意图

2016 年 1 月 18 日,推进 +6 环时,排泥泵吸口堵塞,打开捕石器清理,发现有大量大石块和部分钢筋、钢板卡在两条钢板格栅上,最大石块长 20cm 左右,高 10cm 左右。清理耗时 4.5h。

2016 年 1 月 21 日,推进 +9 环时,排泥泵吸口堵塞,打开捕石器清理,发现有较多大石块和钢板,还有大量塑料排水板,清理耗时 7h。100 环试推进过程中,泥水场地排出大量排水板,宽约 9cm,长度最大超过 1m。随后选择不使用捕石器。

3.6　施工情况

(1)西线岩区推进情况

通过海上钻孔探测,西线隧道在江中遇到 4 个基岩凸起区域(图 17),基岩侵入开挖面最

高约 5.31m。对基岩凸起区域采取爆破预处理措施,对爆破区域进行了旋喷加固。

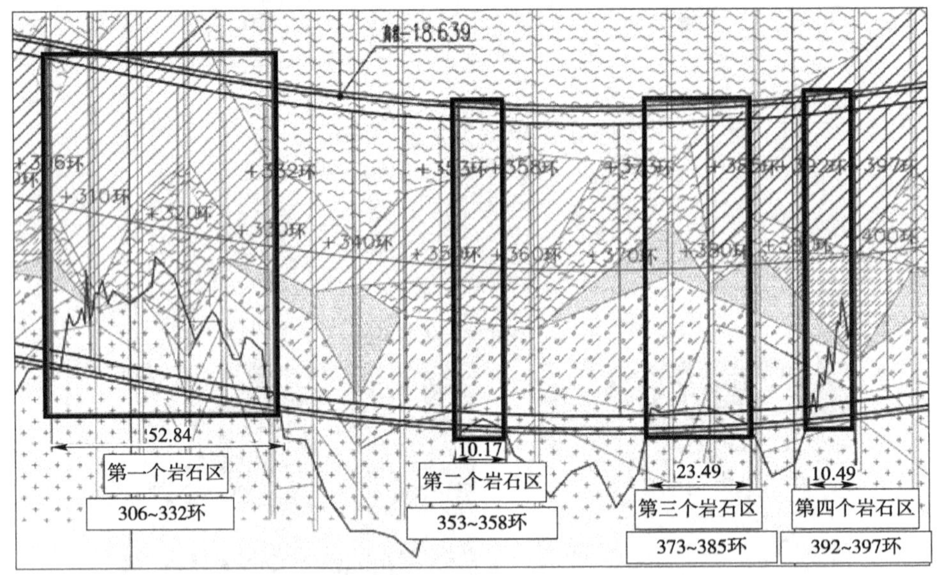

图 17　西线岩区分布图(尺寸单位:m)

在穿越第 1 个岩石区时,推进速度控制在 1cm/min 左右。在此状态下,扭矩和推力均相对比较平稳。根据第 1 个岩石区的经验累积,在穿越后 3 个岩石区时,推进速度有所提高,控制在 2cm/min 以内,扭矩和推力仍能保持相对稳定。

穿越岩石区过程中,排泥管路中可以明显地听到碎石撞击管壁的声音。泥水场地滚动筛处几乎全为碎石。大部分石块尺寸在 10cm 以下,小部分石块尺寸为 20cm 左右。

(2)东线岩区推进情况

东线隧道在江中遇到 2 个基岩凸起区域,基岩侵入开挖面最高约 5.8m。根据西线岩石爆破区推进经验,在岩石区推进时,在保证泥水指标的情况下,根据盾构推力和扭矩来控制推进速度。东线隧道穿越第一个爆破区时,推进速度能达到 10 ~ 15mm/min,此时推力和扭矩都相对稳定。推进过程中,泥水场地始终关注出渣情况。

(3)出渣排水板及碎石情况

排水板通过泥水管路时容易堵塞管路,在泥浆池中可见大量排水板,进舱时刀盘前也可见排水板。大部分石块尺寸在 5cm 左右,小部分石块尺寸为 20cm 左右。

4　相关思考

在复杂地层施工中,仍有以下问题需要关注。

4.1　爆破后岩层性状

岩层爆破以后的可能状态有两种,碎石或产生裂纹的岩体,对于前者,似可考虑弃用滚刀,由于该调整会消除换刀工作,将带来显著的安全性、经济性、施工进度的提升,相较于爆破投入和处理残余带来的工程风险,其可能性有待进一步研究。

4.2　土方平衡

在"上软下硬"地层施工中,为了保证"下硬"部分一定的进尺,刀盘需要旋转多周,相应会对"上软"部分造成较大扰动,甚至带来明显土体流失,直至"塌通天",类似情形在广东地区时有发生(图18)。

针对该情况,需慎重考虑土方平衡的量化控制,基于精度较高的流量计、密度计精细化施工进行预判,必要时可引入物探手段。

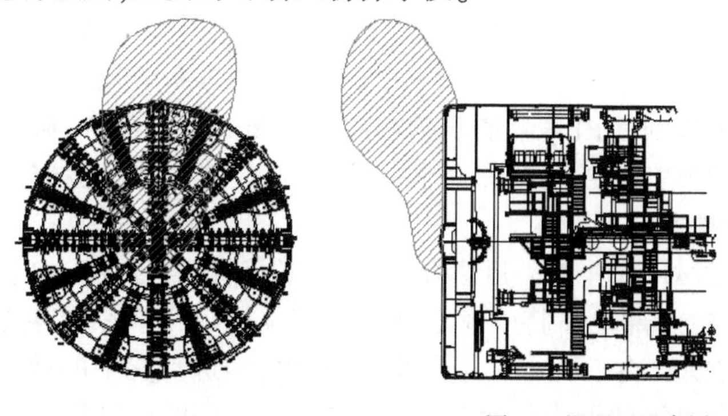

图18 塌通天示意图

4.3 地层稳定性

盾构推进过程中,经常会遇到管片上浮问题,考察其机理,不利因素包括卸载引起的下部土体回弹、盾构工艺中同步注浆料的浮力效应和上部土体环境变化等,在管片脱出盾尾后引起上浮。

(1)下部土体回弹

将管片及同步注浆液视为一个整体,土层置换后,下部土体应力释放,会引起盾构机、成型隧道上抬;1环范围内重量变化估算如下:

原土体自重:$3.14\times(14.93/2)^2\times2\times1.7\times9.8=5830.345\text{kN}$。

置换后总重:$\{3.14\times[(14.5/2)^2-(14.5/2-0.6)^2]\times2\times2.42+7.052\}\times9.8+300=1611.24\text{kN}$。

应力越大,相对应变量越小——隧道上部覆土越厚,下部土体回弹效应越弱。

(2)同步注浆工艺

管片外径比盾尾外径小370mm,管片脱出盾尾后通过盾尾同步注浆,利用同步注浆液填充此空隙,减小外部土体变形,在理想状态下浆液应完全填充管片与外部土体之间间隙,且浆液呈环状包裹管片。

盾构机盾尾有6个注浆孔,实际注浆过程中,浆液注入注浆孔附近空隙中,再流入周边空隙中,最终注浆效果并不完全呈圆环状,如图19所示。在盾构顶部土体就会因为浆液补充不及时而下沉,引起底板沉降。

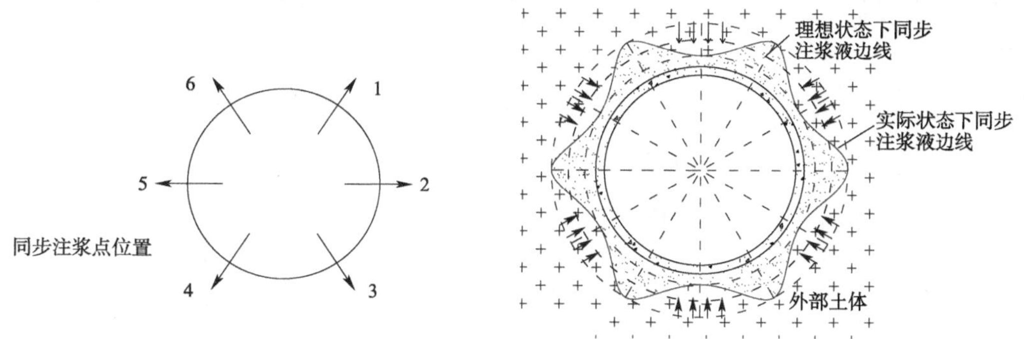

图19 实际注浆情况示意图

管片周围被同步注浆液包裹，由于浆液本身有较大的流动性，管片在浆液凝固前将受到浆液所产生的浮力的作用。在砂浆纯流动性状态下，估算1环管片受力情况：

自重：1611.24kN（同上）。

浮力：$3.14\times2\times(14.5/2)^2\times2.0\times9.8=6470.0\text{kN}$。

（3）上部土体环境变化

覆土越浅，上部土层整体性越差，推进断面内异常情况越容易传导至地面。另外，限于分段加工和加工精度，为保证盾构机顺利推进，机头设计采用的"倒锥形"模式形成了泥浆后蹿通道，地层中存在泥浆和同步注浆料交叠区域。

盾构刀盘外径为14.93m，前盾、中盾外径14.9m，后盾外径14.87m，后盾直径比刀盘直径小0.06m，盾构由机头推进至盾尾过程中外部土体将收缩0.06m。相应机头和管片均存在置身"流体"中产生的上抬效应，该效应程度取决于流体填充空间，或者说，推进工况下的地层恢复能力。该环管片同时受到与推进方向平行的压力作用（千斤顶整环推力）和连接螺栓、剪力销的约束，最终表现为阶段性的局部上抬趋势。基于该空间实际分布，理论上应在盾尾部位相对抬升趋势最为显著，实际变形取决于推进过程中的约束程度。据此，改善同步注浆料性能和增设剪力销能有效控制管片上浮。

4.4 水平爆破问题

在地面不具备垂直处理条件时（比如地面分布有建筑物），为了达到相应的预处理效果，必须考虑水平爆破的可能，其工艺设计需满足以下条件：

（1）全断面可及。障碍物可能位于刀盘面任意位置，常规开舱部位难以满足要求，应考虑设置任意位置开舱。

（2）必要的作业空间。爆破的钻孔、填装、引爆工作需要必要的作业空间。

（3）密闭性。为防止水土进入工作空间，爆破孔需要耐冲击的单向阀。

该工艺在网格法盾构中更易实施，对于地层控制良好的土压或泥水盾构，该问题亟须进一步研究。

城市多功能超大直径隧道最新建造技术

王　海[1]　Werner Burger[2]　Thorsten Tatzki[3]

（1. 德国海瑞克股份公司北京代表处　北京　100022；2. 海瑞克股份公司　德国　Schwanau　77963；
3. 海瑞克亚洲总部有限公司　新加坡　628407）

摘　要：近年来，大城市中多功能超大直径隧道建设的需求日益增多，超大直径盾构技术也不断发展。本文对超大直径盾构设计、制造时涉及的开挖面压力、推进速度、刀盘扭矩、驱动功率、后配套车架系统和物料供应、隧道内部结构安装和运输等方面遇到的技术上的挑战和可能的解决方案进行了分析，并通过屯门至赤鱲角连接路—北面连接路海底隧道、土耳其欧亚隧道、意大利 Santa Lucia 隧道和上海北横通道 4 个工程案例介绍了超大直径盾构在实际工程中的应用经验，可为类似工程提供参考。

关键词：超大直径；盾构；多功能隧道

1　引言

近年来，各大城市中大直径和超大直径隧道应用日渐广泛。通过采用超大直径设计，隧道内部空间更大，可以方便地布置多条车道，还可以实现多层设计，使隧道具备多种功能。在隧道安全方面，大直径隧道的内部空间也足以应用更新的工法，如采用顶管或小盾构施工两条大直径隧道之间的联络通道。这些因素推动着各大城市在规划、设计隧道时直径渐渐加大，目前世界最大隧道的外径已达 17m。超大直径隧道断面布置如图 1 所示。

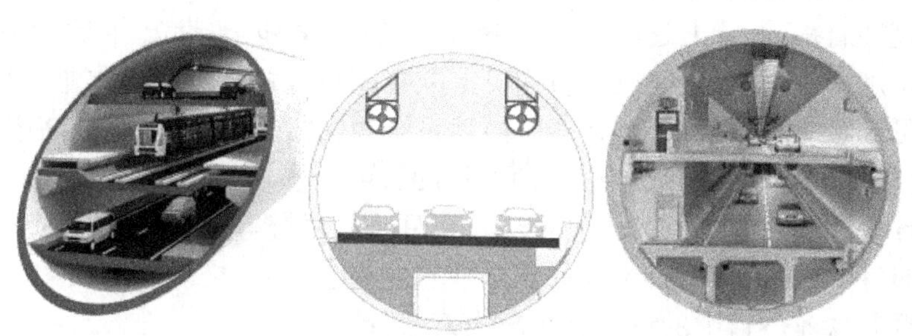

图 1　超大直径隧道断面布置

与此同时，超大直径隧道掘进机技术也不断发展进步。从 1994 年至 2017 年间，世界范围内应用的直径 14m 以上的各式隧道掘进机达 50 台，其中 34 台泥水平衡/混合式盾构，15 台土压平衡盾构，1 台开敞式硬岩掘进机，而海瑞克股份公司的设备有 24 台，约占 50%。通过这些项目，海瑞克股份公司积累了丰富的超大直径隧道掘进机设计、制造经验。

图 2 为世界上大直径隧道掘进机的应用情况。

作者简介：王海（1974—），男，博士，工程师。目前在德国海瑞克股份公司北京代表处主要从事大直径盾构隧道项目前期技术支持和相关技术的推广工作。Email：wang. hai@ herrenknecht. com。

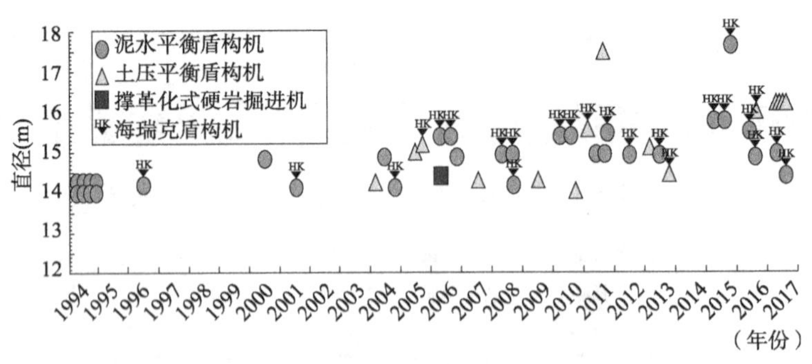

图 2　世界大直径隧道掘进机应用情况

2　超大直径盾构设计、制造时的技术挑战和解决方案

2.1　开挖面压力

在超大直径盾构隧道项目中,为保证施工安全,防止上覆土体被击穿,对盾构隧道的覆土厚度有一定的要求(至少一倍盾构机直径),因此隧道直径越大,所需覆土厚度越大,从而隧道线路更深。线路埋深的增加使得盾构机的工作压力也相应升高。另外,由于盾构机直径大,从盾构机土舱顶部到底部的高度差大,土舱内顶部和底部的土压力也存在较大差值。例如,直径5m 左右的盾构,所需覆土厚度 5m,土舱全部排空时土舱底部的压力为 0.08MPa,而直径 20m 的盾构,所需覆土厚度 24m,土舱全部排空时土舱底部的压力则达到了 0.58MPa,相应地需要更高的气压力来维持开挖面的稳定,人员带压进舱作业时的工作压力也相应提高。不仅如此,大直径盾构由于开挖直径大,开挖体积更多,刀具消耗更高,为检查、更换刀具而进行带压进舱作业的需求更多,为进行刀盘或刀具维护保养而进舱作业的准备工作(搭建临时工作平台等)更费时费力。这些因素都给大直径和超大直径盾构机的设计和应用带来了挑战。

对于超大直径盾构,基于上述因素,集成高压进舱技术和“非带压维护”功能的需求在增加。从设计的角度,一方面可以通过在盾构机上配置能够进行高压压气作业的相关设施,如人闸、保压系统、可呼吸压缩空气系统、穿梭舱吊运系统等,并在施工现场进行高压压气作业的相关准备,以应对可能出现的带压进舱作业;另一方面,可以在盾构设计上采用可常压换刀的可进入式刀盘设计,并配以相关的远程监控技术、刀具监测系统等,尽可能地避免带压进舱,提高刀具检查的及时性、准确性和刀具更换的安全性和效率。

图 3 为土耳其欧亚隧道中的海瑞克常压换刀刀盘。

图 3　土耳其欧亚隧道中的海瑞克常压换刀刀盘

2.2　推进速度

安装在隧道掘进机刀盘上的刀具在掘进过程中所能承受的线速度有一定的极限。超大直

径隧道掘进机刀盘外缘刀具的线速度极限值限制了超大直径隧道掘进机刀盘的最高转速,从而也限制了刀具掘进过程中的贯入度,使得超大直径隧道掘进机的掘进速度相对较低。

另外,尽管刀盘外周可以在同一轨迹布置多把刀具来补偿刀具贯入度的限制。但是,刀盘中心区域由于空间限制每个轨迹只能布置一把刀具,仍然成为关键的局限因素。还有,当隧道掘进机遇到岩石~软土的复合地层条件时,岩石中贯入度低和软土中刀具线速度低两个限制条件结合在一起,也在一定程度上限制了隧道掘进机的推进速度。

对此问题,海瑞克股份公司曾经在西班牙马德里 M30 公路隧道的 15.2m 土压平衡盾构机(图 4)中采用了同心双刀盘方案以获得更高的中心滚刀线速度,并获得更好的中心区域搅拌。不过这样的设计使得盾构机在机械设计方面更复杂(双驱动系统),成本更高。

图 4　马德里 M30 项目采用双刀盘设计的 15.2m 土压平衡盾构

2.3　扭矩/功率

盾构机主驱动需要配备的扭矩一般根据经验公式 $T=\alpha\times D^3$ 来估算,其中 T 为扭矩,D 为盾构机直径,α 为扭矩系数,可根据机型和地层的不同取不同的值。

从目前我们在实际项目中取得的数据和经验来看,该公式对于直径 14m 以内的盾构机是相对准确的。当盾构机直径超过 14m 时,该公式推算出的扭矩值偏大。

盾构机直径与刀盘扭矩的关系曲线如图 5 所示。

大直径盾构机安装的刀盘扭矩和功率呈指数增长,从而在技术上对盾构机的设计、制造提出了一些挑战。从技术的角度,目前能整体制造的主轴承的直径最大约为 8~9m,更大的主轴承和驱动支架需要主轴承分块设计,以便安装和运输,此外,盾构机上相邻的结构如刀盘、刀盘支撑和盾体结构需要承受可能出现的极限载荷。

对于这些挑战,在主轴承直径受限的条件下,除了增加安装功率,提高刀盘扭矩以外,还可以尝试用不同的思路来解决:

(1)实际工程经验表明大直径土压盾构和泥水盾构扭矩需求之间的差值变大,因此我们可以通过选用不同的机型来降低对扭矩的需求。

(2)土压盾构掘进过程中通过加强渣土改良来降低对扭矩的需求。

(3)土压和泥水盾构掘进过程中土舱内渣土流动性的重要性增加,需要针对性地采取措施改善土舱内渣土的流动性,优化渣土流动的通道。

(4)泥水盾构膨润土浆液分配和冲刷系统的重要

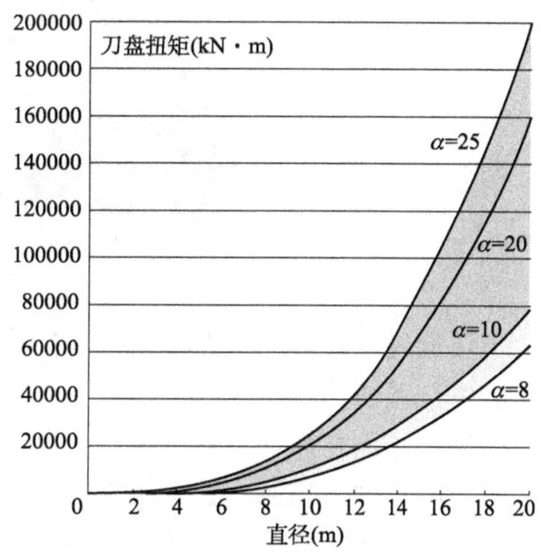

图 5　盾构机直径与刀盘扭矩的关系曲线

性增加,需要加强刀盘、土舱内的冲刷。

(5)TBM 数据采集和处理系统来支撑操作参数的优化,积累实际工程经验,为今后的盾构设计优化提供支撑。

2.4 后配套车架系统和物料供应

超大直径隧道内部更大的空间使得我们可以设计更短但更重型的多层式后配套车架结构,此时可在车架底部布设可周转施工的钢制仰拱块,用于支撑和分配车架轮对的荷载。

超大直径隧道内的管片运输和路面箱涵运输通常采用双头胶轮运输车,而管片吊运和管片拼装则通常采用真空吸盘式的抓取机构。

钢制仰拱块和双头胶轮运输车如图 6 所示。

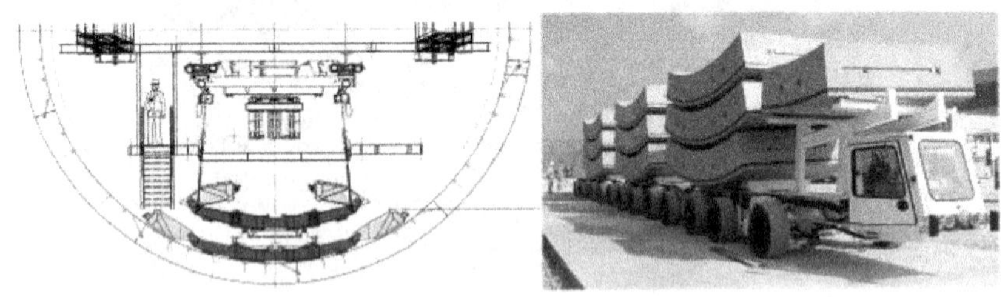

图 6 仰拱块和双头胶轮运输车

超大直径隧道内部的主要路面结构目前越来越多地采用了预制的路面箱涵。路面箱涵的安装通常有两种模式,一种是在盾构机车架内部进行安装,实现路面箱涵安装与盾构掘进的同步施工(图 7);另一种则是将路面箱涵安装与盾构掘进独立开来,在盾构机后方一定距离单独进行。

图 7 路面箱涵同步施工

路面箱涵在盾构机车架内部的同步施工需要设计一定长度的桥架,并配备相应的箱涵吊运和安装系统。

路面箱涵在盾构机后方独立安装有多种不同的方式。海瑞克股份公司在一些项目中采用了独立的自推进箱涵安装台车系统(ISIG)。该系统可以依靠液压油缸向前移动,并设有平台和坡道方便运输管片的车辆通过,在进行路面箱涵安装过程中不影响前方正在掘进的盾构机的物流运输,在施工应用中取得了良好的效果。

2.5 运输

超大直径盾构机制造完成后，从制造工厂运往施工现场的过程中，运输是一个必须要考虑的问题。理想的情况下，从制造工厂到施工现场的道路对大件运输没有限制，或者两地都有大型码头，盾构机的部件可以通过船运直接到达工地。

例如在香港屯门至赤鱲角连接路—北面连接路海底隧道项目中，在海瑞克位于广州南沙的组装车间制造的直径 17600mm 的盾构机的刀盘和后配套车架在工厂验收通过后，不再拆分成适合陆路运输的小分块，而是通过船运整体运输到工地，大大节约了工厂拆机和现场组装的时间（图 8）。

当然，大部分盾构机在从制造工厂运输到工地的过程中，都需要采用船运和陆运相结合或者纯陆运的方式。陆路运输（图 9）对运输的宽度、高度和重量的限制使得超大直径盾构在运往城市中心区或者偏远地区时有一定的困难，在盾构设计时需予以考虑，以便确定合理的盾构机部件分块尺寸。

图 8　香港屯门至赤鱲角连接路—北面连接路海底隧道项目盾构机运输

图 9　盾构机陆路运输

3 工程案例

3.1 香港屯门赤鱲角连接线

香港屯门至赤鱲角连接线是连接屯门、香港机场以及港珠澳大桥的海底公路隧道，包括两台平行隧道和 46 条联络通道。

该工程采用了海瑞克股份公司设计、制造的 1 台目前世界直径最大的盾构，开挖直径 17.6m的混合式盾构机施工始发井到中间风井之间约 600m 的隧道（图 10），随后在中间风井内对其进行改造，将直径缩小为 13.95m 后，与另一台同样由海瑞克股份公司设计、制造的 13.95m 的混合式盾构平行掘进。

在该工程中，还应用了 2 台海瑞克设计、制造的 AVN3000 型顶管机施工联络通道。专门设计的顶管机可以在隧道内进行始发和接收，仅需 21d 即可完成安装、施工一条联络通道并转场至下一联络通道（图 11）。

3.2 土耳其欧亚隧道

土耳其欧亚隧道下穿土耳其伊斯坦布尔博斯普鲁斯海峡，连接欧亚大陆。隧道最终处位于海平面下 120m，穿越的地层包括松软的海相沉积层，粉砂、砾石和黏土层，破碎的断裂带以及坚硬的 Trakya 地层（图 12），开挖面工作压力高达 1.2MPa。

图 10　直径 17.6m 的盾构机进入中间风井

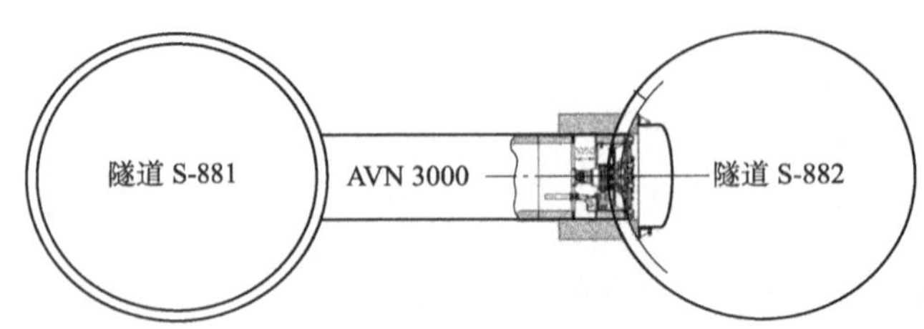

图 11　AVN3000 顶管机施工联络通道

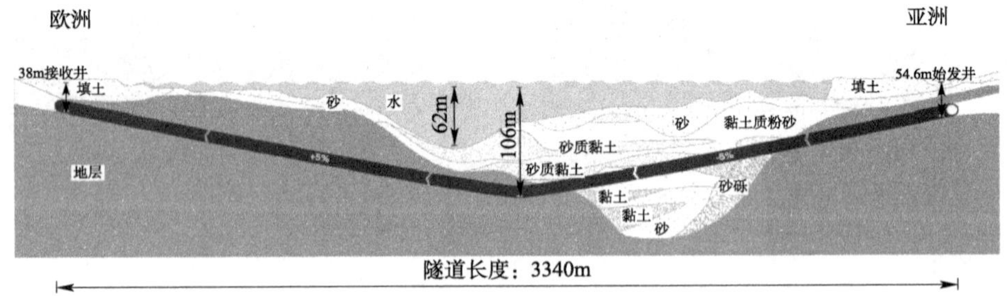

图 12　土耳其欧亚隧道地质纵断面图

该项目采用一台海瑞克股份公司设计、制造的，直径 13.71m 的混合式盾构施工。针对该项目高水压、长距离海底施工的特点，盾构机配备了可常压更换滚刀的刀盘，并安装滚刀旋转监测系统（DCRM），确保了施工过程中对滚刀工作状态进行实时监控，及时进行刀具检查和更换，也保证了换刀的便捷、安全，有力地保障了整个施工过程的顺利。该隧道已于 2015 年 8 月 22 日成功贯通。

3.3　意大利 Santa Lucia 隧道

意大利 Santa Lucia 隧道，长 7528m，采用了 1 台海瑞克股份公司设计、制造的，直径15.87m 的土压平衡式盾构进行施工（图 13）。该盾构是目前欧洲直径最大的隧道掘进机。

3.4　上海北横通道

上海北横通道（图 14）横贯上海中心城区北部区域，总长约 19.1km，其中 1 标为盾构段，始于中江路工作井，经中山公园工作井，终于筛网厂工作井，长度为（2751 + 3665）m，隧道管片外径 15m。盾构隧道穿越苏州河和沿线建筑群，一半以上的隧道水平曲线半径小于 600m，最小水平曲线半径 500m。

图 13　意大利 Santa Lucia 隧道 15.87m 土压平衡盾构机工厂验收

图 13　上海北横通道工程

该工程采用 1 台海瑞克股份公司设计、制造的，直径 15.53m 的混合式盾构施工。该盾构于 2016 年 12 月 26 日始发，2017 年 12 月 28 日掘进至中山公园工作井，北横通道（中江路—中山公园）隧道段顺利贯通；该盾构在中山公园工作井进行设备调试后于 2018 年 5 月继续掘进。

4　结语

大直径和超大直径盾构的特点决定了其在设计、制造过程中有众多需要特别考虑的因素，但是随着大直径和超大直径盾构的不断应用，我们已经在相关问题上积累了丰富的经验。这些经验将进一步推动大直径和超大直径盾构设计的优化和创新，从而为大直径和超大直径盾构隧道更广泛的应用提供有力的保障。

大直径盾构技术应用与展望

杨　辉　王　涛　张文强

（中交天和机械设备制造有限公司　江苏常熟　215500）

摘　要：本文介绍了国内外大直径盾构机的发展历程和技术进展，重点介绍了在南京纬三路过江隧道超大复合式泥水气压平衡隧道掘进机的设计与改进，集成研制了刀盘伸缩、备用推出式滚刀、常压可更换式刀具、氦氧饱和换刀作业成套设备等技术，解决了大直径盾构的一系列关键施工难题，为我国大直径盾构机的发展提供了技术支持。

关键词：大直径盾构；技术应用；进展

1　引言

盾构工法的思想源于18世纪英国的Brunel，他从小虫侵蚀木板钻洞的过程得到启发，在此基础上设想了利用盾构工法技术来实施开挖隧道。于1823年Brunel制订了伦敦泰晤士河两岸隧道的施工方案，并开始施工，但由于没有考虑底层下沉，致使工程被迫停止。后来又经过Brunel不停的完善与改进，在1841年，泰晤士河隧道全线贯通。至此，世界上首个运用盾构施工工法完成的隧道诞生，为以后盾构机的发展奠定了坚实的基础。

1869年，在开挖横贯泰晤士河的第二条隧道时，摒弃了Brunel的矩形端面，首次使用圆形断面，并用铸铁扇形管片进行加固。1887年Great在伦敦铁路隧道中首次组合使用了盾构工法与气压工法，隧道的顺利贯通预示着近代盾构机发展的开始。

从19世纪末到20世纪中叶，盾构技术相继传入德国、美国、日本等国家，盾构技术得到了长足的进步与多样化的发展。尤其是近几年根据隧道、地铁交通的需要，盾构机越来越往大型化发展，各国也在不断刷新盾构的直径记录。国内外部分超大直径盾构工程见表1。

国内外部分超大直径盾构工程　　表1

工程名称	地　点	盾构直径(m)	盾构类型	长度(km)	时间(年)
东京湾道路隧道	东京	14.14	泥水平衡	9.4	1989
易北河第4隧道	汉堡	14.2	泥水平衡	2.6	1997
绿色心脏隧道	布鲁赛尔	14.9	泥水平衡	7	2001
马德里M30隧道	马德里	15.2	土压平衡	7.34	2004
上海上中路隧道	上海	14.89	泥水平衡	2.5	2005
上海长江隧道	上海	15.43	泥水平衡	7.47	2005
上海外滩隧道	上海	14.27	土压平衡	1.098	2007
钱江隧道	海宁	15.43	泥水平衡	4.45	2013

作者简介：杨辉(1985—)，男，大学本科，工学学士，高级工程师。目前主要从事技术管理、轨道交通装备及海洋工程特种装备研发工作。Email：yangh@ccccth.net。

2 我国大直径盾构工程难点

南京纬三路过江隧道工程采用中交天和机械设备制造有限公司设计制造的中国首台15.03m超大直径泥水气压平衡盾构机,该隧道全长4135m,穿越8种复合地层,岩层强度高达120MPa,石英石含量高达65%,存有探明的树木区域,块石抛填区域等情况,施工水压达0.72MPa,是我国首条穿越复合地质条件、高水压下施工的超大型隧道。南京纬三路隧道线路及使用的“天河一号”盾构机如图1所示。

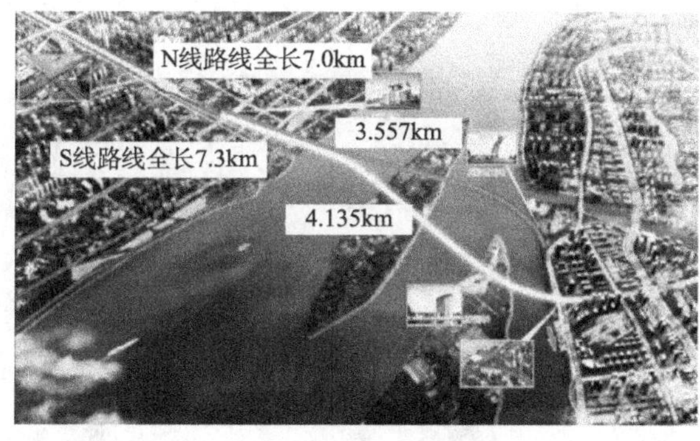

图1 南京纬三路隧道线路图及“天和一号”盾构机

此项目的设计难点在于:

(1)隧道埋深较大,且全程贯穿长江,因此盾构必须承受比较大的水土压力。

(2)江底土层存留了大量的石块和残木,盾构推进到此区域刀盘容易被卡。

(3)隧道开挖面比较大,隧道围岩稳定性降低,在高达0.8MPa的压力下,长江局部极容易被击穿。因此,在项目设计开始,盾构机的强度,气压的范围,刀盘替换方案等都是必须首要考虑的问题,使盾构的设计和制造都遇到了前所未有的挑战。

其施工难点在于:开挖舱顶部空气排不尽,会导致泥膜建立不好,影响开挖面的稳定,尤其在带压进舱换刀时,泥膜建立不好有极大的安全隐患;破碎机油缸液压管路采用软管形式,由于破碎机需往复运动,在使用一段时间后,由于液压管路与砂石的摩擦,会导致油缸的液压管路磨损开裂、损坏,检修困难,从而无法实现对岩石的破碎,造成盾构机掘进困难,甚至停机;在卵石地层掘进,经常出现排泥管滞排、堵塞等现象;普通接管器采用泥浆直排的形式,在施工过程中容易造成隧道内施工环境差、泥浆浪费、工人操作困难等确定。

3 大直径盾构机中关键技术

3.1 刀盘伸缩机构

在南京纬三路项目中,存在的大量孤石和端木经常会把刀盘卡主。在常规的设计中,当发生此类情况,往往需要人工进入土舱进行处理,但由于此项目中土舱压力已经超过人类可以承受的极限,而且比较耗费工时。因此,针对这种埋深比较深的大直径盾构,首创刀盘在常伸状态掘进,遇到孤石或刀盘卡住石可缩回装置,在南京纬三路工程283环起穿越近百米的端木施工时,有效的解决了树木、泥岩区域刀盘卡住无法施工的难题。其原理如图2所示。

如图3所示,在刀盘与盾体连接处周向分布设置数个滑动油缸,在正常土层中掘进时,刀盘处于基准位置;在进入孤石区域土层之前,刀盘滑动油缸向前伸出20mm的余量,紧缩装置锁定,限制刀盘的轴向位移,刀盘开始正常掘进;当刀盘被孤石或端木卡住时,刀盘锁紧装置解除,此时,刀盘滑动油缸在轴向有最大 120mm 的最大缩回余量,根据刀盘探测装置反馈的数据,刀盘缩回直至脱困,刀盘紧缩机构锁定,盾构继续掘进。研发了刀盘伸缩机构滑动面用止水密封,提出了止水密封滑动部磨损量、唇部前端变形量与滑动距离的实验方法,满足了超高水压下密封止水要求。针对超大直径盾构机刀盘伸缩机构直径大而产生的变形量大,要求加工精度高的难题,创造性的提出了预留变形量、预留安装精度调整余量的设计理念,成功的解决了制造加工设备难题,大幅度降低了制造成本。

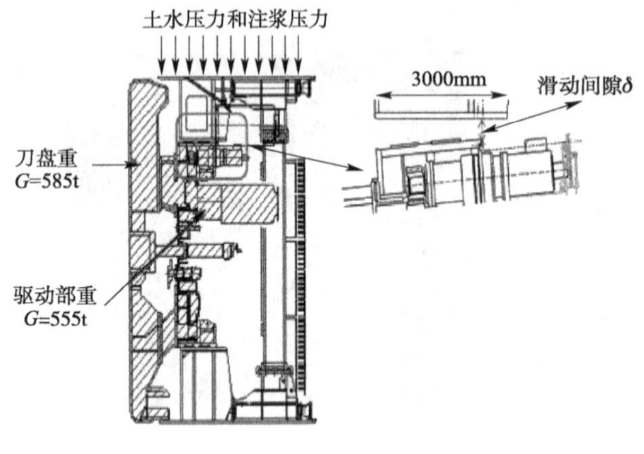

图 2　刀盘伸缩机构(左)、滑动垫片(右)

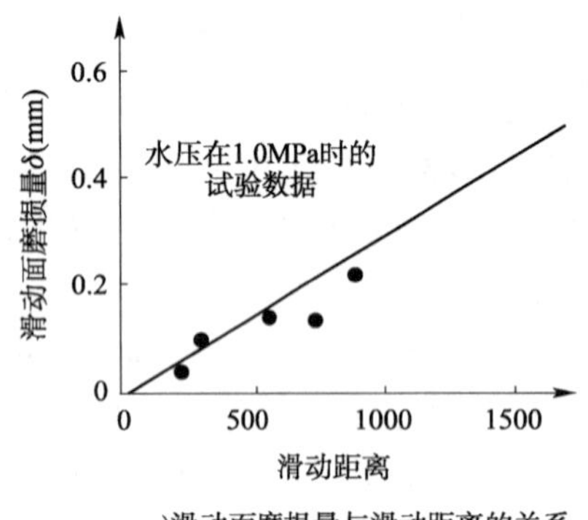

a)滑动面磨损量与滑动距离的关系

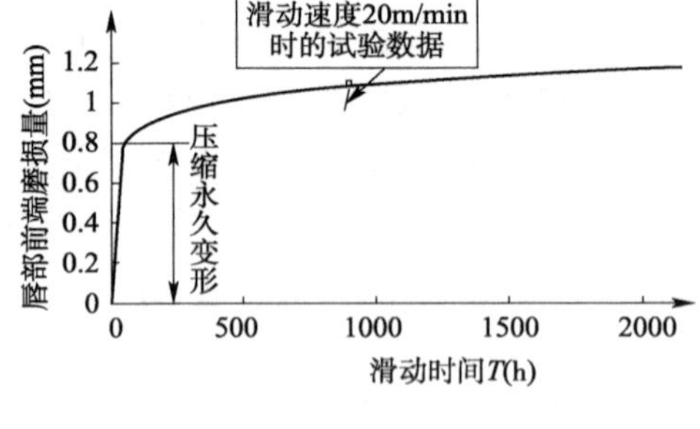

b)唇部前端变形磨损量与滑动时间的关系

图 3　刀盘主驱动密封磨损实验曲线

3.2　刀盘刀具的相关技术

(1)备用推出式滚刀技术

大直径盾构在施工时往往埋深比较大,土层结构复杂,强度较高的岩石区分布比较广,因此刀盘的刀具极易发生磨损破坏,复杂的工况地段每推进三四十米就要停机更换刀具,给施工带来极大的不便。而且,在一些极端情况下,比如,隧道地表负载比较大或者在穿越一些江河且盾构上部覆土层较薄时,人工进入开挖区域换刀具时安全隐患比较高,不宜停机更换。备用推出式滚刀技术很好的解决了上述问题,在刀盘滚刀磨损的情况下继续掘进 20m 后,停机换刀,此项技术得到了成功的验证,其结构如图 4 所示。

备用滚刀根据刀盘辐条滚刀的分布情况,四个一组或者三个一组,滚刀组由刀箱固定,镶嵌于辐条两侧的面板之上,其备用滚刀的迹线必须与辐条上滚刀的一致。在正常掘进时,备用滚刀不参与工作,其处于缩回状态,当正常工作滚刀被磨损破坏时,刀盘检测器发出信号,此时,备用滚刀组伸出来替代相同轨迹上的滚刀工作,直至所有备用滚刀损坏时停机换刀,这样大大延长了盾构的掘进距离又节省了工时,在解决刀具磨损及频繁换刀的问题上作出了重大的突破。

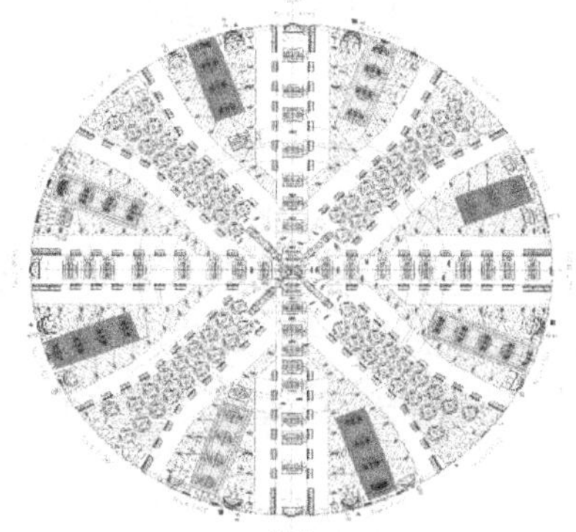

图4　备用推出时滚刀装置

(2)常压可更换式刀具技术

盾构机在长距离掘进时,其刀具磨损会比较严重,一般情况下,更换时需要操作人员带压进入舱内更换,当舱内压力较高时,该作业不仅施工难度大,而且更换时风险比较高,如何在不影响工程进度的情况下安全高效的更换磨损刀具是大直径盾构急需解决的难题。南京纬三路项目中应用常压更换刀具技术对磨损刀具进行了成功的更换,此项技术一般只适用于直径超过14m的大盾构上,把刀盘辐条设计成中空结构,操作人员可以进入刀盘辐条内进行换刀,因此避免了承受舱内的高压,其结构如图5所示。

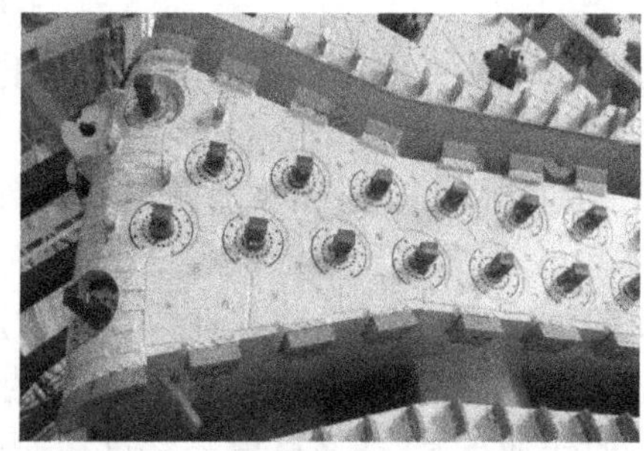

图5　常压可更换式刀具

刀具安装基座采用球阀保压装置,刀具与安装基座以滑动副链接,其末端用导向螺杆来限定刀具的位移,刀具的更换方法如图6所示。

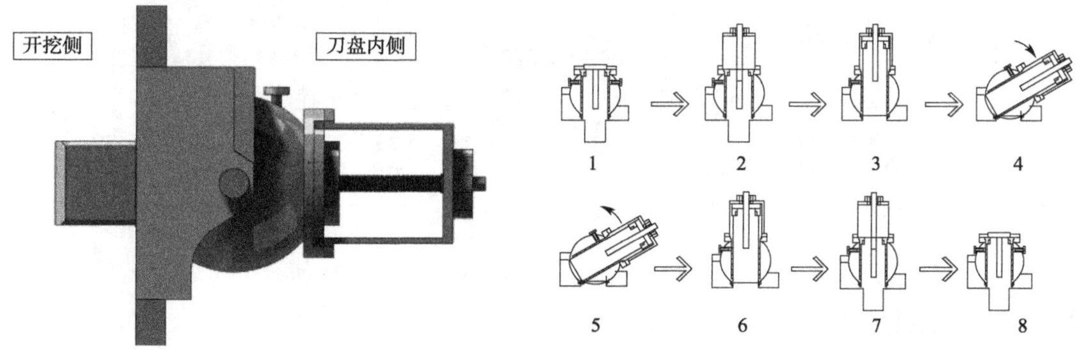

图6　常压可更换式刀具结构及原理

具体过程为:首先拆掉刀具尾部安装导向螺杆的螺栓;安装导向螺杆至上一步的位置;旋

转螺杆将刀具沿着螺杆方向拉出;旋转球阀,密闭气压并进行更换刀具;反向旋转球阀至垂直辐条位置;反向旋转螺栓推动刀具至工作位置;拆掉导向螺杆并安装固定螺栓。至此,整个换刀动作完成,在整个过程中刀盘辐条空腔内始终保持常压状态,换刀作业安全高效。

3.3 氦氧饱和压气作业技术

带压进舱作业技术是目前盾构机进舱作业的主要方法,常规压缩空气进舱作业技术一般作业压力不高于 0.6MPa(图 7)、有效作业一般在 30 ~ 50min,完成一个项目需多次频繁进舱,进舱人员加减压病及氮麻醉等症状普遍存在。特别是当作业压力高于 0.5MPa 时,工作时间长、效率低、安全风险高,不适用于工程量大、作业压力高的进舱作业;当水压高于 0.6MPa 时,压缩空气进舱作业技术有效作业时间将小于 20min,基本无法满足当次进舱时作业需要。

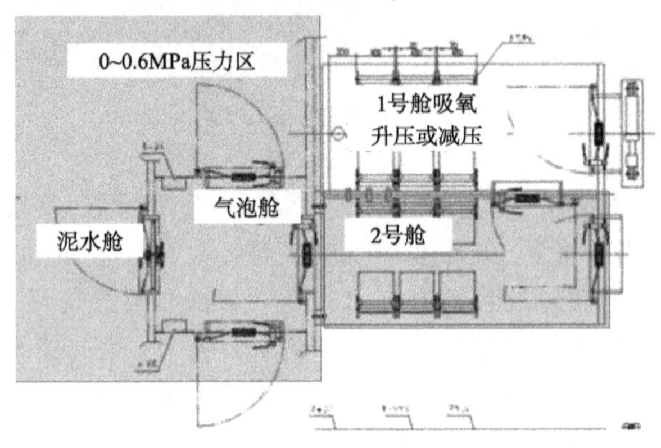

图 7　常规作业原理

针对超大直径超高水压下盾构隧道进舱的需求,首次提出了将饱和潜水技术引入盾构隧道压气带压进舱作业,开发了氦氧饱和气体作业的人闸设备系统、超高压条件下长时间闭气泥膜以及氦氧饱和气体带压进舱作业技术流程,首创了穿梭舱从隧道内搬运到盾构机人闸的穿梭舱井下搬运方法,提出了盾构机压气条件下饱和开舱作业方法,大幅度减少了压缩空气作业时人员进出舱加减压的时间,将作业人员单次进舱的有效作业时间提高了 9 倍以上,降低了压缩空气作业中人员“氮麻醉”、“氧中毒”等压力疾病风险。为国际上首次提出压气条件下饱合气体带压进舱作业技术,在南京纬三路过江通道工程中实际应用于滚刀和切削刀的更换作业,将压气条件下(0.6MPa 以上)作业时间由 40min 提高到 6h,是常规压缩空气进舱作业效率的 9 倍。氦氧饱和压气作业原理如图 8 所示。

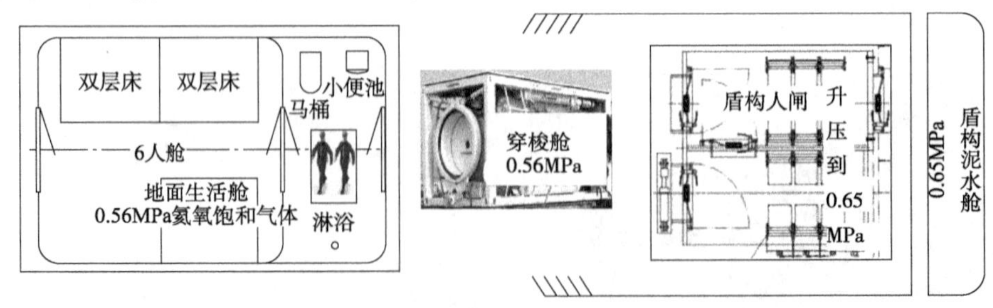

图 8　氦氧饱和压气作业原理

3.4 盾构密封技术

3.4.1 主轴承密封技术

在盾构的主轴承中首次引入高耐压密封技术,此技术具有密封好、耐磨性高、可靠性高、使用寿命长等特点。其结构形式比常规密封有较大改变,首先最外侧的唇式橡胶密封圈内有一个空腔,其中可以注入一种油脂实现 1MPa 的动压密封,可以有效的隔离土砂进入主轴承密封圈;设置可以更换的耐磨环,耐磨环与基体之间有环形的空腔,其中可以注入循环的冷却液,这样有效的提高了密封装置的使用寿命,其原理如图 9 所示。

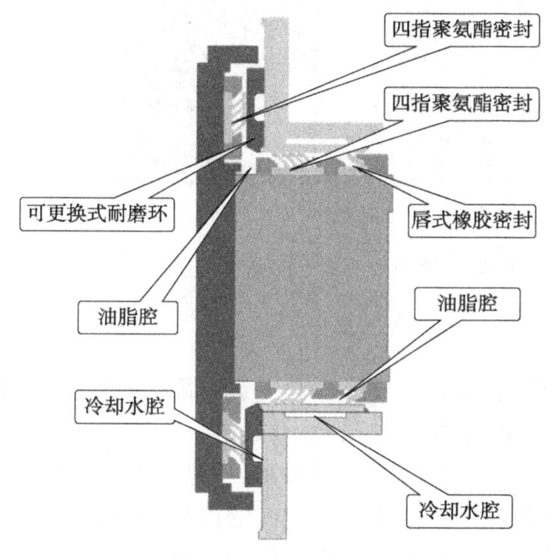

图 9　主轴承密封结构

3.4.2　盾尾密封技术及盾尾刷更换技术

为了使管片对隧道有充分的支护和密封作用,通常在管片与隧道壁之间要充分注入高压泥浆,因此必须在盾尾与管片之间进行动态密封,防止泥浆进入盾体对施工造成不便。一般会根据实际情况来设置多道密封刷,每两个密封刷之间有一个空腔来注入一定压力的密封油脂,这样在多道密封油脂腔作用下,不仅可以把泥浆隔离,而且还可以保障拼装管片的精度。盾尾密封刷结构布置与盾尾刷实物如图 10 所示。

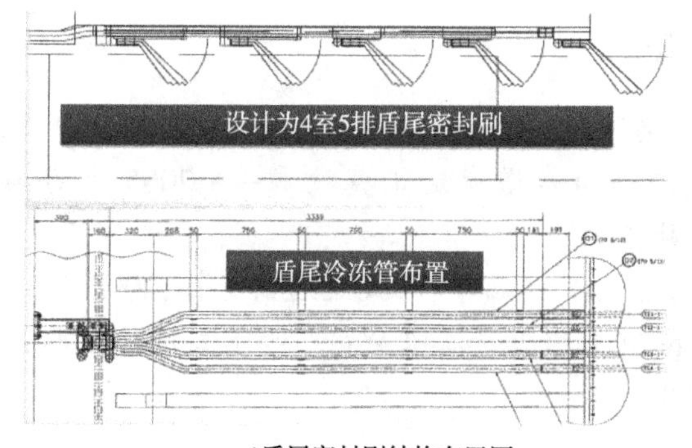

a)盾尾密封刷结构布置图

b)盾尾刷实物图

图 10　盾尾密封刷结构布置图与盾尾刷实物图

盾尾密封刷大多由铁丝与铁片构成,在管片自身重力与密封油脂的压力作用下,密封刷与管片摩擦损耗比较大,因此在长距离施工过程中更换盾尾刷是不可避免的。在南京纬三路项目中采用注浆法与冻结法(图 11)成功完成高水压(0.65MPa)、浅覆土(一倍洞径)、强透水地层盾尾刷的更换,而且还防止了泥浆流入到盾体内部,获得了省部级工法奖。

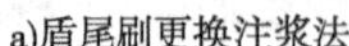

a)盾尾刷更换注浆法

b)冻结法

图 11　盾尾刷更换注浆法与冻结法

4　结语

盾构技术传入我国虽然只有三十多年的历史,但由于国家“一带一路”倡议的支持,促使了盾构技术近几年的急速发展,各项关键技术都打破了国外的垄断,开始了自主研发。尤其是大直径盾构的制造量开始逐年上升,每年都有几十条过江双层车道通车。但是,在施工与设计制造中仍然有很多难题没有解决:如何有效的控制在松土质施工时地面的沉降;如何使盾构的结构件、液压件、电器件等高度的集成化,免去复杂的安装过程与蛛网似的线路与管路;如何自主生产高强度与高耐磨性的刀具,以免在长时间施工中频繁的换刀;如何提高施工的安全性,避免因施工隧道坍塌造成的人员伤亡等。

大盾构的发展现在一直往高智能化、高安全性发展。刀具的更换不再需要人工进入开挖舱去完成,而是由刀盘进行自主的监控与换刀。从开挖、出土、管片的运输与拼装到盾构机的驾驶、液压与电气的控制等,达到高度的智能化、自主化。将隧道内施工的操作人员减少到最少或者没有,可以极大地减少由隧道施工导致的人员伤亡。这也是盾构行业人员的梦想与努力的方向。

参 考 文 献

[1] 余暄平,沈永东,凌宇峰,等. 超大直径超长距离隧道盾构施工技术初探——上海长江隧道工程盾构施工方案研究[C]//大直径隧道与城市轨道交通工程技术——2005 上海国际隧道工程研讨会文集,上海:同济大学出版社,2005.

[2] 张凤祥,傅德明,杨国祥. 盾构隧道施工技术手册[M]. 北京:人民交通出版社,2005.

[3] 中国土木工程学会,上海土木工程学会,上海隧道工程股份有限公司. 地下工程建设与环境和谐发展[M]. 上海:同济大学出版社,2009.

ϕ1.2m 微型盾构机刀盘与液压系统的设计

周庆祥　张海东　张　潮

（石家庄铁道大学机械工程学院　河北石家庄　050043）

摘　要：为了满足 ϕ1.2m 微型土压平衡盾构机在不同地质条件下的正常掘进，本文设计了 ϕ1.2m 微型土压平衡盾构机刀盘。对微型盾构机刀盘的结构设计与刀具的布置方法进行了详细说明，并结合地质和岩土工程方面的知识，对盾构机在掘进过程中刀盘所受的载荷建立了数学模型，并根据模型进行了详细的分析与计算。通过 ANSYS Workbench 软件对所建立的刀盘三维模型进行了有限元分析，得出刀盘的结构设计完全满足使用要求。本文对刀盘的设计人员具有一定的指导意义。

关键词：微型盾构机；刀盘；液压系统

1　引言

近十多年来，随着我国经济持续快速发展与城市化水平的提高，隧道及地下空间开发得到迅猛发展。盾构机做为轨道交通、水利工程、公路铁路、地下综合管廊等领域隧道施工的关键设备，在城市建设中发挥的作用越来越重要。目前我国市政管道建设多采用顶管施工技术，但随着施工距离延长，会出现顶进推力不足、顶进方向易失控等问题。而在国外采用微型盾构机进行市政管道施工已得到广泛应用，并且需求量逐年增加，英国、德国、日本等国已对其进行深入研究，并广泛应用于市政管道建设。而在我国，微型盾构机发展缓慢，成为我国市政管路施工技术的一大缺口。

刀盘作为盾构机的关键部件，是决定工程成败的关键部件。刀盘设计的好坏将会直接影响到盾构机的工作效率、工程进展以及工程的经济效益。刀盘的设计需要根据不同的地质条件进行针对性设计，设计人员多数不具备地质和岩土工程方面的知识，也缺少盾构施工的经验，导致设计的刀盘不能适应隧道的地质条件，而给施工带来了严重影响。本文从实际要求出发，结合地质和岩土工程方面的知识，设计制造了开口率可变的微型土压平衡盾构机刀盘，并对微型盾构机在掘进过程中刀盘所受到的载荷情况进行了分析与计算，并进行了有限元分析。实践结果表明，微型盾构机的刀盘满足设计和使用要求。

2　总体方案设计

ϕ1.2m 微型土压平衡盾构机的主体结构主要由刀盘、盾体、主驱动系统、推进系统、铰接系统、螺旋输送机等组成（图 1），并设计了始发架和渣土车，以便完成盾构始发和排土功能。

图 2 为 ϕ1.2m 微型盾构机实物。盾体的直径为 1.2m，长度为 2.32m，结构分为前盾、中盾和尾盾。中盾和尾盾之间采用被动铰接系统连接，以实现转弯操作，提高灵敏度。同时为防止拉力过载，每个铰接油缸均设置一个限位杆，可有效防止铰接油缸破坏。

作者简介：周庆祥（1990—），在读硕士研究生，研究方向为盾构施工技术与大型施工机械。Email：635249146@qq.com。

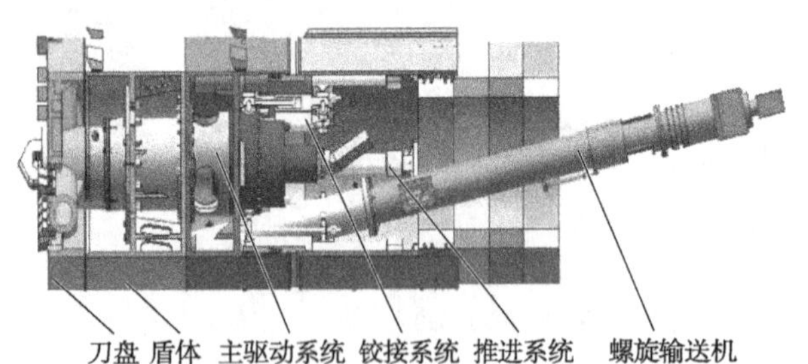

图1 ϕ1.2m 微型土压平衡盾构机主体结构图

图2 ϕ1.2m 微型盾构机

微型盾构机的基本参数见表1。

微型盾构机的基本参数 表1

名　称	技术参数	名　称	技术参数
盾体直径	1.2m	铰接油缸数量	4根
盾体长度	2.32m	铰接形式	被动铰接
推进油缸数量	6根	最大总推力	1356.48kN
推进行程	400mm		

3 刀盘的受力分析与计算

刀盘作为盾构机的关键部件是决定工程成败的关键。刀盘的结构设计是否合理,将会直接影响到盾构机在隧道掘进时的工作效率,也会影响刀盘的工作寿命。因此刀盘的设计对盾构机能否正常掘进起着至关重要的作用。在设计刀盘时,要熟知刀盘的工作荷载,并对刀盘进行力学分析。然而盾构机施工是在地下进行的,要直接获取刀盘的动态载荷信息比较困难。

3.1 刀盘的结构设计

刀盘的结构形式有面板式、辐条式和辐板式,而为了适应粉质黏土、中细砂层、小颗粒卵石等不同的土质条件,微型盾构机的刀盘采用辐板式设计,如图3所示,以便通过更换不同截面大小的面板来改变刀盘开口率的大小以适应不同的地层。考虑到地质条件和刀具布置对开挖效率的影响,刀具的布置采用了同心圆布置法。图4为刀具布置图。边刮刀位于刀盘周边,在刀盘工作时,磨损最严重,为了防止在施工过程中边刮刀的磨损造成开挖直径变小,边刮刀尽量多布置一些。同时为了解决盾构机在掘进过程中刀盘容易磨损的问题,在刀具和面板上焊有耐磨条,以提高刀具和面板的耐磨损能力,刀盘的参数见表2。

图3 刀盘实物

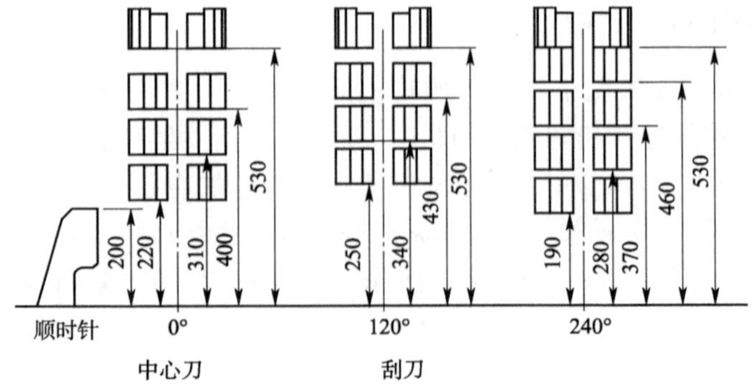

图4 刀具布置图(尺寸单位:mm)

刀盘参数 表2

旋转方向	周边刮刀数量	刮刀数量	泡沫阀个数	主要结构材质	开口率
双向旋转	6	18	1	Q345C	0.3~0.6

3.2 刀盘的受力分析

3.2.1 刀盘扭矩的分析与计算

盾构机在施工过程中,刀盘外周和正面承受土体压力,与土体之间产生摩擦阻力矩,则:

$$T = T_1 + T_2 + T_3 + T_4 + T_5 \tag{1}$$

式中:T——刀盘总扭矩;

T_1——刀盘正面与土体的摩擦阻力矩;

T_2——刀盘侧面与土体的摩擦阻力矩;

T_3——刀盘切削土体时产生的抗剪力矩;

T_4——刀盘搅拌棒与土舱内土体产生的扭矩;

T_5——土舱内土体与刀盘的摩擦阻力矩。

T_1 是刀盘旋转过程中,刀盘正面与土体摩擦产生的阻力矩,如图5所示。

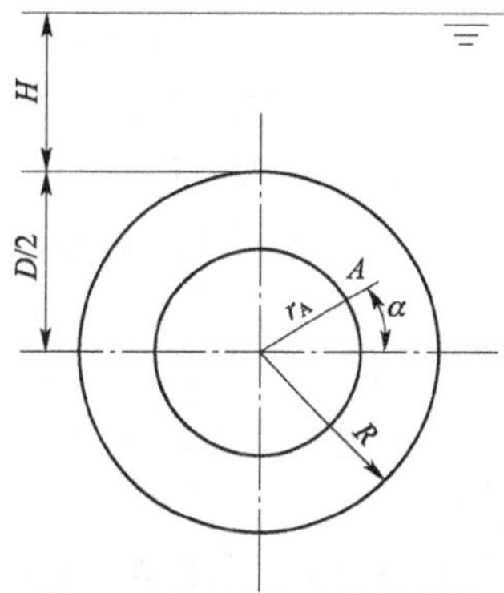

图5 刀盘正面与土体的摩擦力矩示意图

在 A 点处刀盘正面所受土压力大小为:

$$P_A = K\gamma\left[\left(H + \frac{D}{2}\right) - r_A\sin\alpha\right] \tag{2}$$

在 A 点处产生的摩擦阻力矩为:

$$t_A = \mu P_A r_A = \mu K\gamma\left[\left(H + \frac{D}{2}\right) - r_A\sin\alpha\right]r_A^2 \tag{3}$$

对式(3)进行积分,得到在 A 点处圆周摩擦阻力矩为:

$$t_{rA} = \int_0^{2\pi}\mu K\gamma\left[\left(H + \frac{D}{2}\right) - r_A\sin\alpha\right]r_A^2\mathrm{d}\alpha \tag{4}$$

则整个刀盘正面所产生的摩擦阻力矩为:

$$T_1 = \int_0^{2\pi}\int_0^{\frac{D}{2}}\mu K\gamma\left[\left(H + \frac{D}{2}\right) - r\sin\alpha\right]r^2\mathrm{d}r\mathrm{d}\alpha = \frac{\pi D^3}{12}\mu P_V\left(H + \frac{D}{2}\right) \tag{5}$$

式中:μ——摩擦系数;

γ——土体重度(kN/m^3);

H——刀盘埋深(m);

P_V——刀盘中心处的侧向土压力(MPa)。

T_2 为刀盘侧面与土体的摩擦力矩,与所处位置土压力相关,则:

$$T_2 = F_1 R \tag{6}$$

式中:F_1——刀盘外侧与土体间的摩擦阻力;

R——刀盘中心到摩擦阻力作用点的距离。

T_3 为刮刀进入地层旋转时要克服土体的剪切力而产生的扭矩,刮刀旋转切削土体产生的地层抗剪力矩由库伦模型得第 i 把刮刀所处位置土体抗剪强度为:

$$\tau_i = c + \sigma_i\tan\varphi \tag{7}$$

此处产生的土体正压力为:

$$\sigma_i = K\gamma\left(H + \frac{D}{2} - L_i\sin\alpha_i\right) \tag{8}$$

第 i 把刮刀处土体受剪面积为：

$$A_i = w_i \frac{1}{2n}\frac{v}{\omega}\tan\beta \tag{9}$$

第 i 把刮刀切削土体时的地层抗力为：

$$F_i = \tau_i A_i \tag{10}$$

综上所述，刀盘上 n 把刮刀切削土体时的地层抗剪力矩为：

$$T_3 = \sum_{i=1}^{n} F_i L_i = \sum_{i=1}^{n}\left[c + K\gamma\left(H + \frac{D}{2} - L_i\sin\alpha_i\right)\tan\varphi\right]w_i \frac{1}{2n}\frac{v}{\omega}\tan\beta L_i \tag{11}$$

式中：c ——土体黏聚力（kPa）；

φ ——土体内摩擦角；

σ_i ——刀具切削土体正压力（MPa）；

A_i ——第 i 把刀具的剪切面积（m^2）；

L_i ——第 i 把刀具距刀盘中心距离（m）；

α_i ——第 i 把刀具所处位置的极角；

w_i ——第 i 把刀具的刀刃宽度；

β ——刀具的前角；

n ——刀盘上的布刀数量；

v ——掘进速度（m/s）；

ω ——刀盘转速（r/min）。

T_4 为刀盘旋转过程搅拌棒与土舱内土体产生的摩擦阻力矩，如图 6 所示，则：

$$T_4 = n\gamma H_b D_b L_b e \tag{12}$$

式中：n ——搅拌棒数量；

γH_b ——搅拌棒外侧土压力（kPa）；

D_b ——搅拌棒直径（m）；

L_b ——搅拌棒长度（m）；

e——刀盘偏心距（m）。

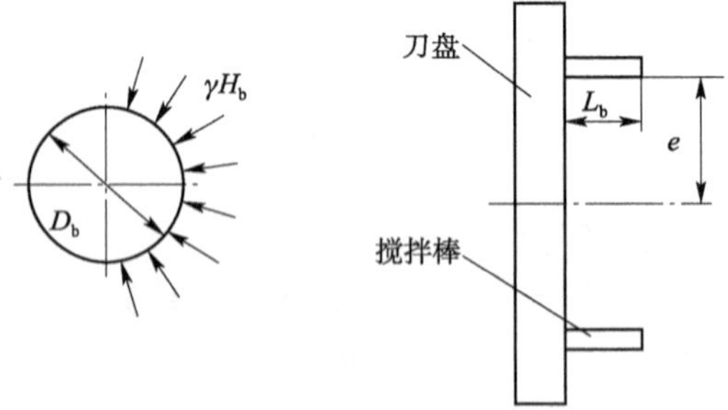

图 6　搅拌棒受力及安装位置图

在盾构正常掘进时，土舱内类似于均一地层的情况。考虑土舱内渣土一般不会充满整个土舱，则：

$$T_5 = K_1\int_0^{2\pi}\int_0^{\frac{D}{2}}\mu K\gamma\left[\left(H + \frac{D}{2}\right) - r\sin\alpha\right]r^2\mathrm{d}r\mathrm{d}\alpha = \frac{\pi D^3}{12}\mu K_1 K\gamma\left(H + \frac{D}{2}\right) \tag{13}$$

式中：K_1 ——刀盘背面摩擦阻力矩调节系数，一般取 $K_1 = 0.6 \sim 0.8$ 。

3.2.2 刀盘推力的分析与计算

盾构机在掘进过程中，刀盘所受推力大小主要考虑刀盘外侧与土体间的摩擦阻力和刀盘正面向前推进地层阻力。

$$F = F_1 + F_2 \tag{14}$$

式中：F ——刀盘推力(kN)；

F_1 ——刀盘外侧与土体的摩擦阻力(kN)；

F_2 ——刀盘正面阻力(kN)。

忽略刀盘自重，以刀盘圆周外侧受到的土体压力上下对称、左右对称进行计算，则刀盘在第一象限内圆周外侧微弧长上的垂直土压力 N_1 和侧向土压力 N_2 ：

$$N_1 = \int \mathrm{d}N'_1 \sin\alpha = \int_0^{\frac{\pi}{2}} \left[P_v + \gamma \frac{D}{2}(1 - \sin\alpha)\right]\sin\alpha \cdot \frac{D}{2}\mathrm{d}\alpha \tag{15}$$

$$N_2 = \int \mathrm{d}N'_2 \cos\alpha = \int_0^{\frac{\pi}{2}} K_a\left[P_v + \gamma \frac{D}{2}(1 - \sin\alpha)\right]\cos\alpha \cdot \frac{D}{2}\mathrm{d}\alpha \tag{16}$$

式中：γ ——浮重度，一般取值范围为 8 ~ 13 kN/m³ ；

K_a ——主动土压力系数；

D ——盾构刀盘直径(m)；

如图 7 所示，N'_1 、N_1 分别表示第一象限内微弧长的垂直土压力及其垂直分量；N'_2 、N_2 分别表示第一象限内微弧长的侧向土压力及其在圆周方向上的垂直分量。利用对称性可得刀盘外周与周围地层的摩擦阻力：

$$F_1 = 4\mu(N_1 + N_2)B + \mu W \tag{17}$$

式中：μ ——地层的摩擦系数；

B ——刀盘厚度(m)；

W ——盾构刀盘自重(N)。

刀盘正面向前推进地层阻力为 F_2 ，由图 7 得：

$$F_2 = \int_0^{2\pi}\int_0^{\frac{D}{2}} K_\alpha \gamma\left[\left(H + \frac{D}{2}\right) - r_A \sin\alpha\right] r_A{}^2 \mathrm{d}r_A \mathrm{d}\alpha = \frac{\pi D^2}{4} K_\alpha \gamma\left(H + \frac{D}{2}\right) \tag{18}$$

式中：H ——地层表面到盾构刀盘上表面之间的土层厚度，m。

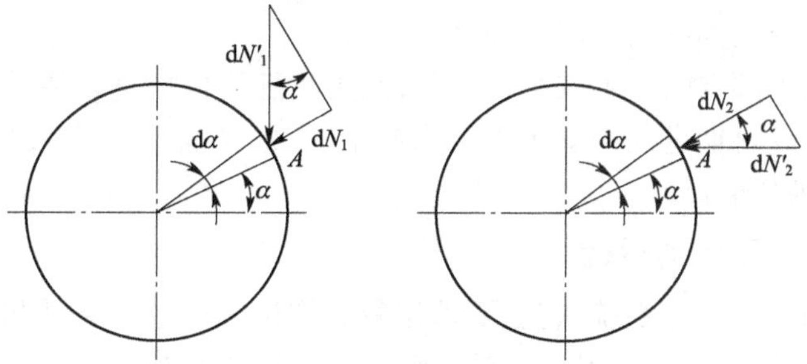

图 7　刀盘外周土压力分布

3.2.3 有限元分析

刀盘工作时，选择掘进过程中最恶劣工况下刀盘的推力和扭矩进行强度及变形计算。表

3 为盾构机和地质的主要参数。

盾构机及地层的主要参数 表3

参 数	数 值	参 数	数 值
压力系数	0.4	刀盘开口率	30%
刀盘侧面宽度	0.35m	开挖直径	1.22m
摩擦系数	0.3	盾构埋深	4m
土体重度	19.5kN/m^3	刀盘宽度	0.2m
土体单轴抗压强度	800kPa		

刀盘的材料参数如表4所示。经计算得刀盘推力 $F=35.3$kN,总扭矩为30 kN·m。

刀盘材料参数 表4

参 数	数 值	参 数	数 值
钢材型号	Q345C	泊松比	0.3
密度	7 800 kg/m^3	许用应力	105MPa
弹性模量	206GPa		

在进行有限元分析时,选取开口率最小,承受载荷最大时的状态建立三维模型,考虑到盾构掘进时所受载荷情况复杂,对刀盘施加40kN的推力、35kN·m的扭矩,通过有限元分析软件ANSYS Workbench进行分析,结果如图8、图9所示,最大应力33MPa,小于105MPa,最大变形量0.07mm,完全满足使用要求。

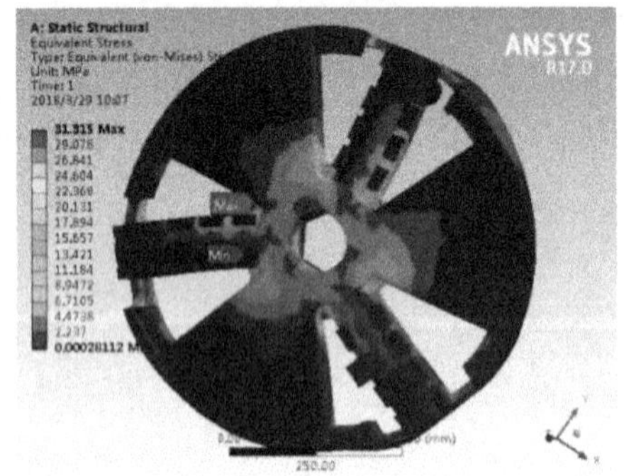

图8 应力云图

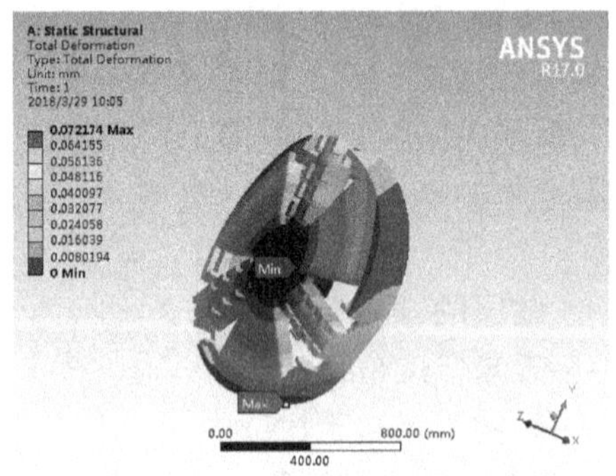

图9 变形量云图

4 液压系统的设计与分析

微型土压平衡盾构机液压系统主要由刀盘驱动系统、推进系统、铰接系统和螺旋输送机驱动系统等组成。液压泵站实物图如图10所示。

由于微型盾构机内部空间非常狭小,液压泵站无法随盾构机进入隧道,而且液压管路数量较多,施工不便,为此仅将推进阀组安装于盾构机中,有效减少了液压泵站与盾构机之间液压管路的数量,优化了液压管路。

4.1 推进系统和铰接系统的设计

推进系统是盾构机的关键系统,它主要承担着盾构机的推进任务,同时能够实现盾构机的转弯、曲线行进、姿态控制、纠偏以及同步运动等功能。推进系统主要由六根推进油缸组成,如图11所示中的①~⑥,铰接系统由四根铰接油缸组成,如图11中的Ⅰ~Ⅳ为铰接油缸所在位置。为了能够实现盾构机在掘进过程中转弯、曲线行进、姿态控制等功能,将推进油缸分为A、B、C和D四组,可分别调整四个组中油缸的压力,以实现相关功能。

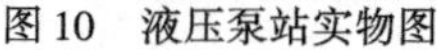
图 10　液压泵站实物图

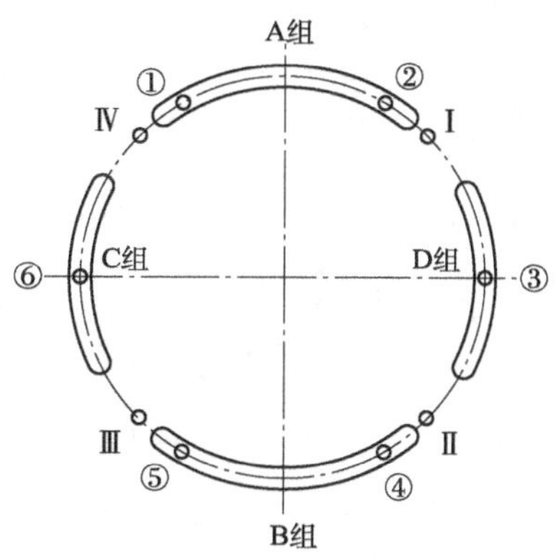

图 11　推进油缸和铰接油缸布置图

图 12 为推进系统和铰接系统液压原理图。该系统采用泵 4 供油，控制阀组 6 由进油联、推进比例电磁换向阀、铰接电磁换向阀三部分组成，进油联包括高压溢流阀、低压安全阀、电磁球阀及卸荷阀等元件。阀组 6 可实现高低压两种状态供油。高压状态用于掘进模式，进油联控制系统压力不超过 20MPa。当带有负载敏感特性的比例电磁换向阀左位得电，6 个推进油缸伸出，可控制整体推进速度。低压状态用于管片拼装模式，降低了推进油缸通过撑靴接触管片时的冲击力，防止管片破损。低压安全阀控制系统压力不超过 8MPa。推进阀组 7 由 6 个电磁换向阀、6 个液控止回阀、4 个比例减压阀及 4 个压力传感器组成，完成分区压力控制及油缸伸缩功能。液控止回阀可以锁死油缸，避免盾构机后退，防止掌子面坍塌。在控制阀组 6 中，铰接电磁换向阀仅在初次给铰接油缸 9 供油或者长时间工作后铰接油缸油液不足时，左位得电给铰接油缸供油。平衡阀 10 能够实现 4 个铰接油缸伸缩状态的被动调整。

4.2　推进系统和铰接系统的设计

图 13 为刀盘驱动系统原理图。该系统采用负载敏感泵 2 来控制定量液压马达 7 驱动刀盘旋转。通过泵 2 中的恒压阀可对系统的最高工作压力进行限定。刀盘控制阀组 5 主要由电磁换向阀、安全阀、卸荷阀等组成。阀组 5 通过测压口 Ls 将负载变化信号反馈到泵 2 的控制口，以驱动负载敏感阀的阀芯移动，以改变泵 2 的斜盘倾角，进而改变压力和流量。无论负载如何变化，比例电磁换向阀阀芯开口面积如何调节，负载敏感泵 2 的输出流量始终与通过比例电磁换向阀的负载流量相等，即刀盘转速仅与比例电磁换向阀阀芯开口面积有关；负载敏感泵 2 的输出压力始终比负载压力大一恒定值，实现按需供压。系统具有良好的调速、节能特性。刀盘最大设计转速为 5r/min，刀盘系统通过刀盘控制阀组 5 控制液压马达 7 的转向与转速，可实现刀盘转速的无级调节与正反转控制。当比例电磁换向阀左位打开，刀盘正转；反之，刀盘反转。通过电位器旋钮及电液比例控制器可以调节输入比例电磁换向阀的电流，改变阀芯开口面积，从而控制流量，调节刀盘转速。

4.3　螺旋输送机液压系统的设计

如图 14 所示，螺旋输送机液压系统的压力为 16MPa。齿轮泵 3 输出高压油，经过管路过滤器 4、插装阀 9、换向阀 7，最后到达液压马达 8，从而驱动液压马达带动螺旋输送机旋转，螺旋输送机可双向旋转。同时可以通过控制螺旋输送机的转速来控制出土量进而控制土舱压力保持恒定。

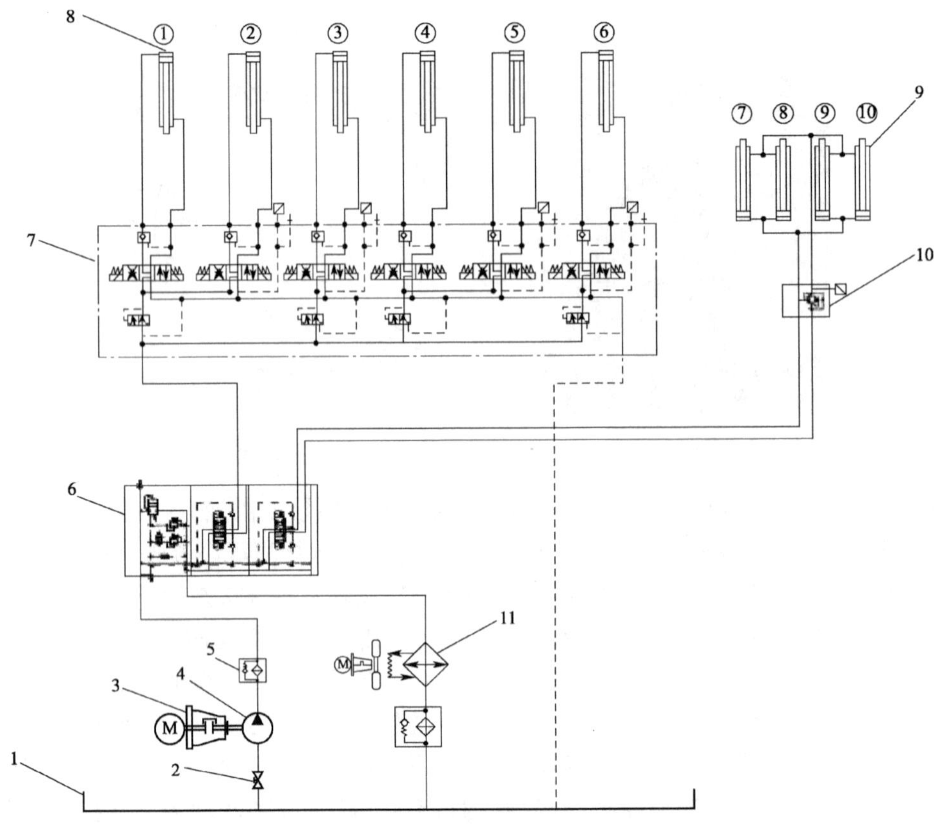

图12　推进系统和铰接系统液压系统原理图

1-油箱;2-截止阀;3-电动机;4-泵;5-压力管路过滤器;6-控制阀组;7-推进控制阀组;8-推进油缸;9-铰接油缸;10-平衡阀;11-冷却器

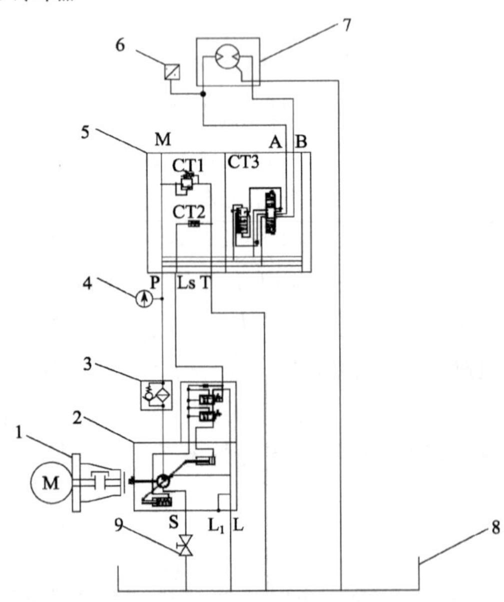

图13　刀盘驱动系统原理图

1-电机;2-负载敏感泵;3-压力管路过滤器;4-压力表;5-刀盘控制阀组;6-压力变送器;7-液压马达;8-油箱;9-截止阀

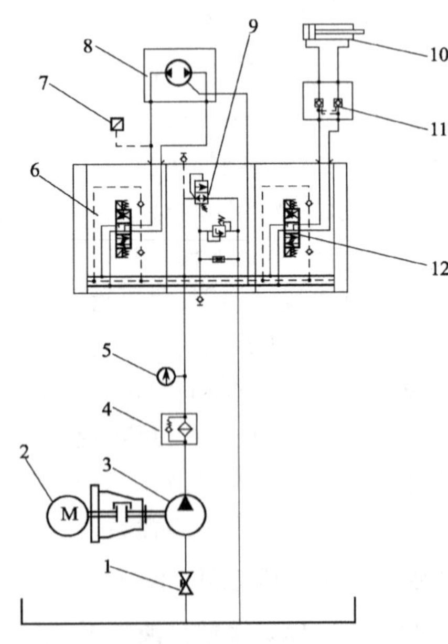

图14　螺旋输送机液压系统原理图

1-蝶阀;2-电机;3-齿轮泵;4-压力管路过滤器;5-压力表;6-换向阀;7-压力变送器;8-液压马达;9-插装阀;10-闸门油缸;11-液压锁;12-换向阀

闸门油缸由电磁换向阀 12 控制单独控制。通过阀 12 可以实现螺旋输送机出土口大小的控制,以实现螺旋输送机的土塞效应。

5 结语

本文设计了 ϕ1.2m 微型盾构机,完成了微型盾构机的主体结构设计,重点分析了刀盘的受力情况。对微型盾构机的液压系统的功能进行了设计与分析,从市政管道盾构法施工的需求出发,能够丰富市政管道施工的方法,为微型盾构机在市政管道建设方面的应用进行探索和积累经验。

参考文献

[1] 刘淑萍. 长距离顶管施工中存在的问题及解决措施[J]. 山西建筑, 2013, 39(5):72-73.

[2] 朱北斗. 盾构掘进模拟试验系统及相关技术研究[D]. 杭州:浙江大学, 2011.

[3] 解妙霞,蔡安江,李 玲. 盾构机刀盘所受载荷的分析现状[J]. 煤矿机械, 2016, 37(08):92-74.

[4] 姬广彬. 盾构刀盘的设计研究[D]. 天津:天津大学,2009.

[5] 秦立学,徐慧,高伟贤,等. 浅析盾构机刀盘的设计[J]. 矿山机械, 2011, 39(12):114-117.

[6]龚国芳,余佑官,胡国良. 盾构机推进液压系统仿真分析[J]. 机电工程, 2006(06):25-27.

[7] 杨梅生,彭天好,刘佳东,等. 悬臂式掘进机中的负载敏感控制及节能分析[J]. 煤矿机械, 2010, 31(03):214-217.

[8] 刘亚波. 一种新型负载敏感制动阀的研究[D]. 太原:太原理工大学, 2014.

[9] 冯欢欢,陈馈,周建军,等. 盾构刀盘液压驱动试验系统仿真分析与试验研究[J]. 液压与气动, 2014(10):26-28.

三维加载岩石试验系统设计

张　潮　周庆祥　张海东

（石家庄铁道大学机械工程学院　河北石家庄　050043）

摘　要：在TBM施工过程中，由于对岩石施加了外界扰动，使原本受力平衡的岩体内部应力发生剧烈改变，从而引发岩爆。岩爆使TBM掘进掌子面崩塌致使TBM剧烈振动，危害设备，甚至会影响到施工人员的安全。为研究岩爆产生机理和发生规律，设计了三维岩石加载试验系统，加载试验系统主要分为主承载框架、加载单元和控制系统三部分。设计系统满足要求、稳定可靠，并对试验系统安装场地、实验配套和设备使用环境及保养进行了分析。

关键词：TBM；三维加载；岩石试验；液压

1　引言

随着社会经济的不断发展，隧道在一个地区的基础设施中占有比重越来越高。由于我国幅员辽阔，地质结构复杂，特长隧道的修建也越来越多，岩爆的事故时有发生。TBM施工过程中，岩爆的发生是由于TBM的开挖对岩体产生了外界扰动，造成瞬间围岩压力集中，改变了围岩周围的应力状态。岩爆不仅对现场施工进度造成影响，并直接威胁设备和人员生命安全。三向应力状态下岩体的破坏机制已经成为岩石力学与工程界的研究热点，设计三维岩石加载系统，能够模拟TBM在钻进过程中发生的岩爆试验，对以后的相关工程具有重要的借鉴意义。

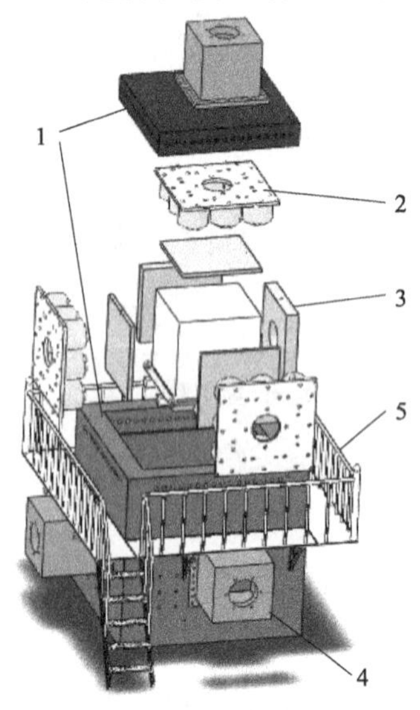

图1　试验加载系统

1-主承载框架；2-加载单元；3-顶铁；4-动力作动器；5-人梯

2　试验加载系统整体结构

试验加载系统的结构部分如图1所示，主要分为主承载框架、加载单元、顶铁、动力作动器和人梯五部分组成，能完成对试验岩石样块X、Y和Z三个方向的静态和动态加载。载荷可以整体一起加载，也可独立控制。油缸采用整体油缸座固定，安装拆卸方便，油缸通过顶铁给试件施加载荷，试件受力均匀。整体装置结构合理，美观大方。

根据土力学试验要求，确定试验加载系统的性能参数见表1。

试验加载系统性能参数　　表1

项　目	数　值	项　目	数　值
试验系统空间尺寸	3100mm×3100mm×3100mm	动载荷	单向0～1000 kN
静载荷	单向最大32000 kN	试验岩石样块尺寸	1000mm×1000mm×1000mm

作者简介：张潮（1991—），男，在读硕士研究生，研究方向为大型施工机械。Email：1758974685@qq.com。

3 试验加载系统传力构件

试验加载系统传力构件主要包括油缸、油缸座、受力钢板、作动器座等构成。各构件相互组合连接，构成主要的加载构件。

该试验加载系统可实现六面体的 X、Y、Z 三个方向独立加载。每个方向作用8个最大静力为4000kN静载油缸和1个最大动力为1000kN的动力作动器。8个静载油缸均匀分布在1200mm×1200mm面的外周围，油缸杆均匀分布在1000mm×1000mm面内，动力作动器布置在1200mm×1200mm面的中心，固定在作动器座上，如图2所示。

试验加载系统的动载施加功能主要通过动力作动器和作动器座来实现。作动器座通过螺栓安装在主承载框架上，动力作动器安装在作动器座上，穿过箱体作用在试件上，图3为作动器座。

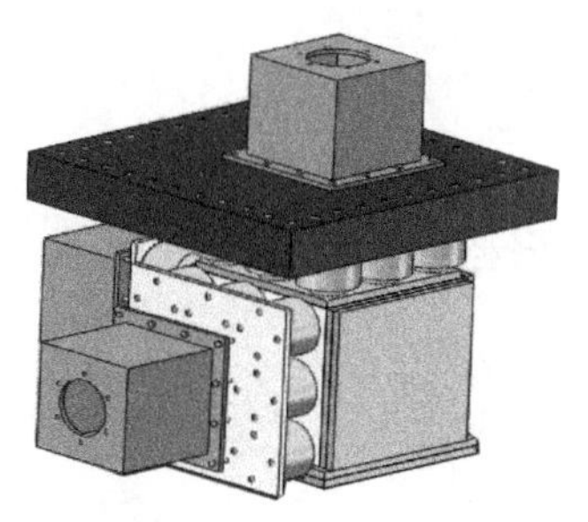

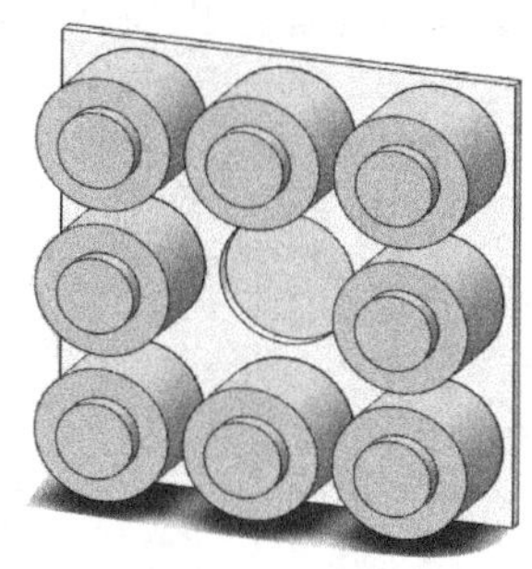

图2 油缸布置示意图

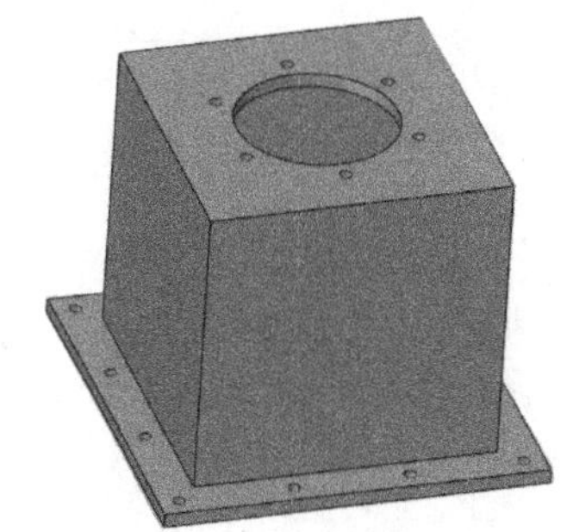

图3 作动器座

4 液压加载系统设计

试验加载系统采用液压方式加载，液压加载系统由液压站和液压油缸组成，如图4所示。

此液压系统由液压泵站、阀块及24根油缸组成，如图4所示。先分析一个方向的8根油缸的动作。当加压试验机启动时，将手动球阀8、17打开，低压泵启动，为系统供油。液压油经手动换向阀12左位进入油缸，驱动油缸伸出。低压系统压力由低压溢流阀6控制系统压力不高于7MPa。待油缸全部顶到被测物体后，低压泵3停止，高压串泵5开始工作，将手动球阀8、17关闭，高压串泵分别为三组油缸供油，3个手动换向阀12换向到左位，每组油缸支路压力分别由3个溢流阀9、10、11来调节，达到预设压力后，由3个液控止回阀13进行保压。

5 安装场地及实验配套要求

5.1 安装场地

(1)模型装置总体重量约70t，地基基础应能承重140t。

(2)预先设置地脚螺栓。

5.2 实验配套要求

(1)起重机最小10t，起吊高度3300mm。

(2)配备升降台车或升降梯，方便人员安装与实验。

(3)配备磁吊(强永磁吸力，方便起吊钢铁装置)，最小1t以上，用于吊装反力墙块等钢结构，方便安装。

(4)扭矩扳手,用于紧固螺栓。

(5)配备 220V 和 380V 电源以及 UPS 电源等。

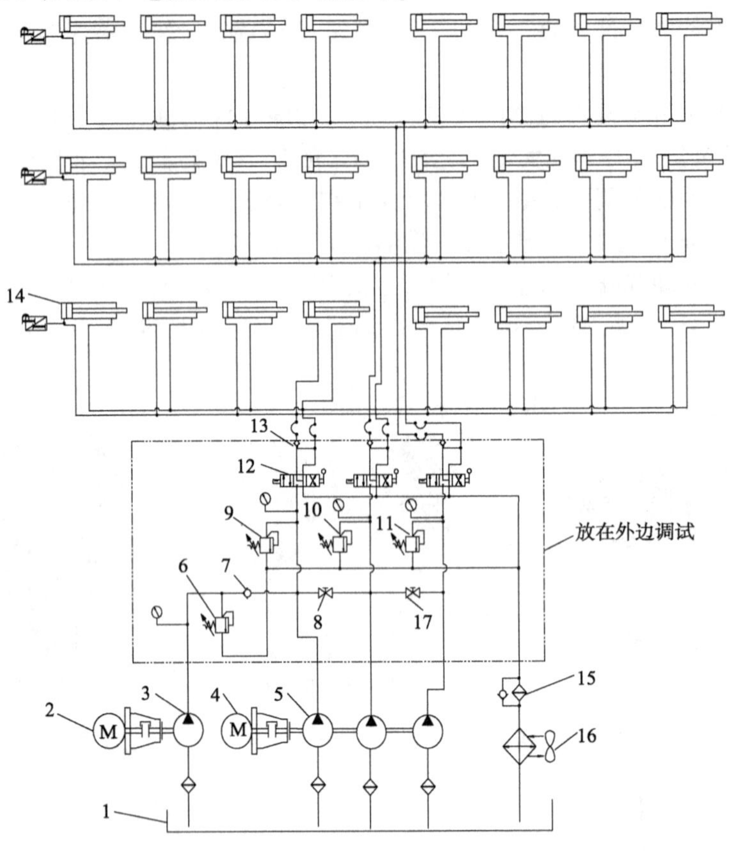

图 4 液压加载系统

1-油箱;2-低压泵电机;3-低压泵;4-高压泵电机;5-高压串泵;6-低压溢流阀;7-单向阀;8-高压球阀;9-高压溢流阀 1;10-高压溢流阀 2;11-高压溢流阀 3;12-手动换向阀;13-液控止回阀;14-油缸;15-回油过滤器;16-风冷却器

6 设备使用环境要求及保养

6.1 正常工作条件

(1)正确安装在平整、牢固的地面上。

(2)环境温度为 5 ~ 35℃,相对湿度不超过 80% (25℃时)。

(3)相对湿度:20% ~100% RH。

(4)周围环境无强烈的振动、无腐蚀性介质和无较强电磁场干扰。

(5)电源:三相交流电,电压为 380V/50Hz(-15% ~ +10%)。

(6)计算机电源:220V ±10% 50Hz 单独接入。

6.2 安装使用前调整

(1)按照顺序安装在地基上,调整好相关位置并可靠固定。

(2)液压站中注入适量的经过过滤的清洁液压油。

(3)安装说明正确联接电器接线,保证良好的接地。

(4)确定电机转向,以保证液压站的正确工作。

6.3 设备保养

(1)模型试验装置所有设备、仪器均应有专人负责操作、保养及维修。

(2)设备在使用期间要经常保养,要经常擦试,保持工作环境整洁。

(3)液压油不足时要及时补充,液压油一定要清洁,使用期为一年。

(4)液压系统停止使用前应将负载卸掉。

(5)液压缸的密封圈每2年需更换一次,以防密封圈老化漏油,切勿超400t使用。

(6)每种不同的仪器设备的具体保养方法和注意事项请详细阅读说明书。

(7)液压系统和测试系统在试验过程中要由专业实验人员操作,防止无关人员误操作。

(8)如控制系统不能正常工作,应首先关闭电源,然后由专业人员检查、维修。

(9)主机上的各种电器连线不能随意拆卸或用力拉扯,不要接触腐蚀性介质及油污等,以免断路、短路、烧毁电气元件。

(10)由于设备比较大,组成零部件都较重,所以安装、拆卸过程中必须使用安全、可靠的专用设备,保证人身安全。

7 结语

近年来TBM施工过程中岩爆事故不断频发,为了研究岩爆产生机理和发生规律,设计了三维岩石加载试验系统,整体装置结构合理,安装拆卸方便。试件三个方向各设置一组加载单元,载荷通过各自的比例减压阀可以独立控制压力,加载精度高、受力均匀、保压时间长。对安装场地、实验配套、设备使用环境和保养均提出了要求,可为后期土力学的模拟试验提供设备基础。

参考文献

[1] 何满潮,刘冬桥,宫伟力,等. 冲击岩爆试验系统研发及试验[J]. 岩石力学与工程学报,2014,33(9):1729-1739.

[2] 罗汝洲. 高低应力岩爆对TBM施工的影响及对策[J]. 铁道建筑技术,2009,(9):103-105.

[3] 李维树,黄书岭,丁秀丽,等. 中尺寸岩样真三轴试验系统研制与应用[J]. 岩石力学与工程学报,2012,31(11):2197-2203.

浅谈敞开式TBM姿态控制及主梁式TBM小转弯半径针对性设计

张喜东　尹威华　肖　波

（中铁工程装备集团有限公司　河南郑州　450016）

摘　要：本文分析了TBM姿态调整机构的工作原理，对比分析了主梁式TBM和凯式TBM姿态调整方式的不同，推导了主梁式TBM在小转弯过程中设备上各位置距隧道中心的偏移量，并为小转弯半径隧道施工的主梁式TBM设计提供了参考依据。

关键词：敞开式TBM；姿态控制；小转弯半径

1　研究内容及意义

TBM是一种适用于硬岩地质的一次成型大型隧道开挖设备。TBM在隧道施工过程中具有效率高、安全环保、隧道成型质量好等优点。随着我国地下空间的开发及水利、铁路、公路等基建项目的实施，TBM应用前景广泛。

隧道施工过程中由于受到地质条件或设备自身因素的影响，掘进过程中，设备会出现机头下沉，偏离隧道轴线等非正常姿态。此外，隧道路线规划过程中，由于地势、地上建筑物及水文地质等因素影响，也经常出现需要TBM转弯调向等情况。上述情况都需要TBM进行姿态调整，因此，TBM的姿态控制是保证整机沿隧道设计轴线进行掘进并获得良好隧道开挖精度的关键。

2　敞开式TBM姿态控制原理

敞开式TBM的姿态控制分为水平调向和竖直调向，主要由推进系统完成。根据推进系统形式不同，敞开式TBM又可分为主梁式（水平支撑）和凯式（双X型支撑）两类机型，两种机型姿态控制方式有一定区别，主梁式TBM姿态调整由撑靴油缸和扭矩油缸完成，凯式TBM姿态调整由后支撑的水平油缸和竖直油缸完成。

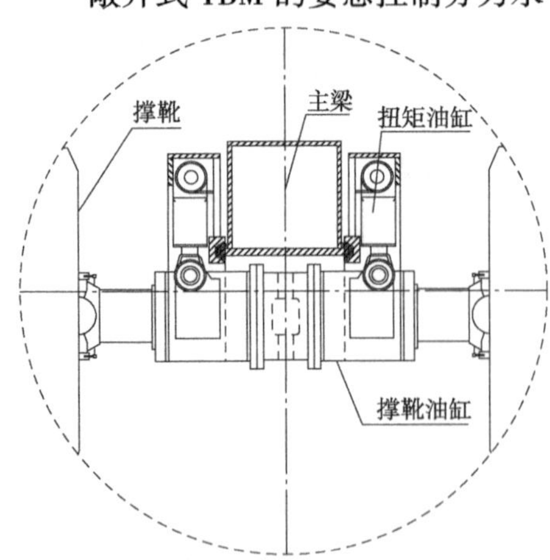

图1　撑靴油缸扭矩油缸布置示意图

主梁式TBM推进系统包括主梁、撑靴、鞍架、十字销轴及油缸等部分，如图1所示，鞍架在撑靴上可前后移动，撑靴油缸水平布置，左右两侧撑靴油缸大腔相通，鞍架和撑靴油缸通过十字销轴装置进行连接，由于撑靴油缸和扭矩油缸行程在掘进过程中可以变化，所以主梁式TBM的姿态调整是在掘进中完成的。

水平调向时，一侧撑靴油缸小腔油压上升，缸筒偏转，通过十字销轴装置带动鞍架和主梁整体偏转，主机以底护盾为支点转动，刀盘偏离原轴线，

作者简介：张喜东（1989—），男，硕士，工程师。目前主要从事TBM设计研发工作。Email：191738032@qq.com。

实现水平姿态调整。在水平姿态调整过程中,护盾会起到一定辅助作用,其中,一侧护盾油缸撑紧洞壁,一侧呈浮动状态,辅助主机适应隧道变化。

竖直调向通过扭矩油缸伸缩实现。扭矩缸伸出,鞍架和主梁尾部整体抬高,刀盘向下掘进,反之向上调向。扭矩油缸除实现竖直方向调向功能外,还能抵消刀盘传递的扭矩,承受主机一部分重力,所以主梁两侧扭矩油缸负载条件不同,同侧油缸并联。

凯式 TBM 推进系统包括内凯、外凯、撑靴、后支撑及相应油缸等部分,如图 2 所示,外凯可在内凯上前后滑动,由于凯式 TBM 撑靴呈 X 形布置,在掘进过程中,撑靴撑紧洞壁后,撑靴油缸行程无法变化,因此,凯式 TBM 的姿态调整是通过后支撑实现的。后支撑上布置的有水平油缸和竖直油缸,如图 3 所示。

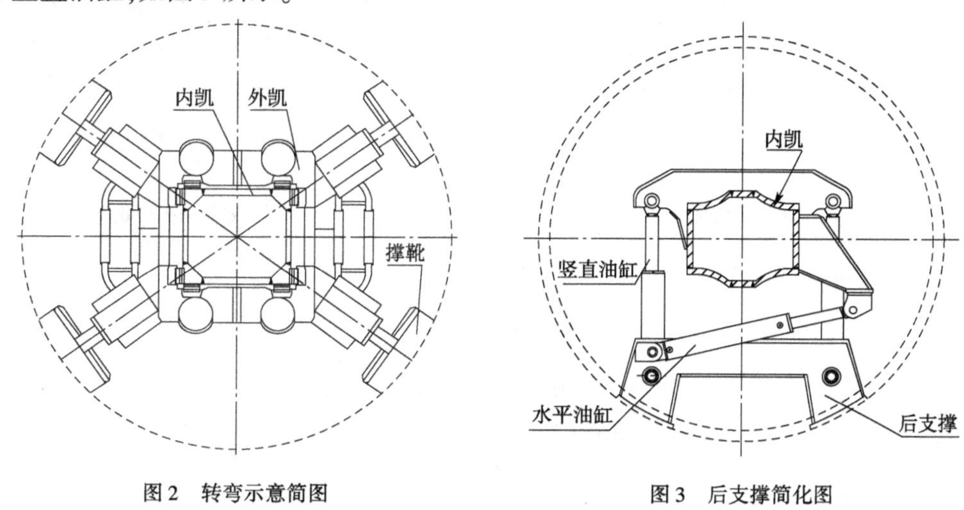

图 2　转弯示意简图　　　图 3　后支撑简化图

水平调向时,后支撑靴板撑紧洞壁后,水平油缸伸出,整个内凯尾部会向右侧摆动,刀盘则会以底护盾为支点向左侧摆动,调整完成后,撑靴油缸伸出,撑靴撑紧洞壁,后支撑收回,设备向前掘进,实现向左调向,反之向右调向。竖直调向时,后支撑油缸伸出,内凯尾部抬起,则刀盘向下,设备向下调向,反之向上调向。

由于凯式 TBM 的姿态调整是通过后支撑完成的,所以只能在换步中进行姿态调整。

3　主梁式 TBM 小转弯半径针对性设计

由于地势、地上建筑物及水文地质等因素影响, TBM 经常需要通过小转弯隧道区间。敞开式 TBM 在小转弯半径隧道进行掘进时,设备整体偏离隧道轴线,且距刀盘越远,偏移量越大,为保证设备能顺利通过,设备需要满足三个条件:

(1)机器各部件不能与洞壁干涉。

(2)机器各部件之间,尤其是铰接点附近结构不存在干涉。

(3)推进系统各油缸能力需要满足要求。

由于对凯式 TBM 小转弯半径的针对性设计已经有过系统分析,所以,本文重点分析主梁式 TBM 为满足小转弯半径隧道掘进的针对性设计。

3.1　主梁式 TBM 中心偏移量推导

主梁式 TBM 中心偏移量是指在通过小转弯半径段时,主机上各位置处偏离隧道轴线的距离。主梁式 TBM 是在掘进过程中进行调整姿态,所以,理论状态下,小转弯半径曲线的隧道轴线中，TBM 能按照圆弧曲线进行掘进，设备转弯示意图简图如图 4 所示。

考虑到 TBM 姿态调整过程中绕底护盾转动，模拟过程中，可将护盾支点放在隧道轴线上的某一点，整体旋转设备，将刀盘中心旋转到隧道轴线中心，计算设备各位置处中心偏移量。设备转弯过程可简化如图 5 所示。

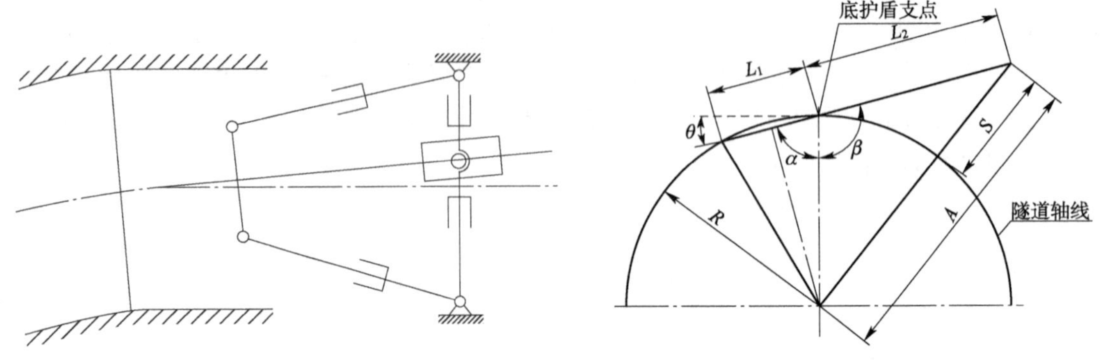

图 4　转弯示意简图

图 5　转弯模拟简化图

$$L_0 = L_1 + L_2 \tag{1}$$

$$\cos\alpha = \frac{L_1/2}{R} \tag{2}$$

$$\beta = 180^\circ - \alpha \tag{3}$$

$$R^2 + L_2^2 - 2R \times L_2 \times \cos\beta = A^2 \text{(余弦定理)} \tag{4}$$

$$s = A - R \tag{5}$$

$$\theta = 90^\circ - \alpha \tag{6}$$

式中：L_0——刀盘到主机某位置轴线方向距离；

L_1——刀盘到护盾支点距离；

L_2——护盾支点到主机上 L_0 位置处距离；

s——主机上 L_0 位置处偏移量；

θ——单次最大调整角度。

由以上各式综合可得：

$$s = \sqrt{R^2 + L_2^2 + L_1 \times L_2} - R \tag{7}$$

上式可简化为：

$$s = \sqrt{R^2 + L_0^2 - L_0 \times L_1} - R = \sqrt{R^2 + L_0 \times (L_0 - L_1)} - R \tag{8}$$

由于 $L_0 > L_1$，则 L_0 与 s 呈正相关性，L_1 与 s 呈负相关性。即主机 L_0 处偏移量除和本身距离有关外，还与刀盘到护盾支点距离相关。

直线掘进过程中，如果单次转弯幅度过大，会导致刀盘偏移量加大，边刀磨损严重，且洞壁出现明显台阶；小转弯半径掘进过程中，适当增加换步次数，减小掘进行程，采用前半行程掘进，能减小每个掘进行程中刀盘偏移量，有利于获得平整光滑洞壁。

3.2　水平小转弯针对性设计

由中心偏移量公式可求出掘进行程开始时，撑靴油缸处偏离隧道轴线距离。小转弯过程，一侧撑靴油缸行程增加，一侧撑靴油缸行程减少，增加一侧在油缸完成伸出时需要能撑紧洞壁,减少一侧撑靴在完全缩回时需能保证顺利通过钢拱架,设计过程中需要留出一定安全余量,且转弯半径越小,安全余量越大。撑靴油缸总行程为 h_0。

$$h_0 = h_1 + h_2 \tag{9}$$

$$h_1 > s \tag{10}$$

$$h_2 > s + H \tag{11}$$

$$h_0 > 2s + H \tag{12}$$

式中:h_0——撑靴油缸行程;

h_1——正常掘进时撑靴伸出余量;

h_2——正常掘进时撑靴缩回量;

H——钢拱架高度。

由上述公式可求出小转弯半径下撑靴油缸总行程及撑靴相对于洞壁位置布置要求。考虑到撑靴油缸受到扭矩油缸传递的侧向力较大,为增加油缸使用寿命,撑靴油缸行程不宜过大。根据中心偏移量公式可知,当要求的转弯半径较小时,主梁式 TBM 设计中需要减小刀盘到撑靴位置的距离 L_0,并在边刀不偏磨的情况下适当增加刀盘到护盾支点距离 L_1。此外,由于设备距离刀盘越远,偏移隧道轴线距离越大,因此,主机上后支撑位置处偏移量最大,设计过程中需要适当减小后支撑宽度,避免转弯过程中后支撑上各部件和洞壁发生干涉。

3.3 竖直小转弯针对性设计

竖直方向需要进行小转弯半径掘进的隧道多为斜井项目。竖直方向转弯过程中设备中心偏移量计算公式与水平转弯一致。正常掘进时,扭矩油缸处于半行程状态,竖直转弯时,理论上,扭矩油缸收回行程 h_1 和继续伸出行程 h_2 大于撑靴位置处偏移量即可满足调向(图 6)。实际转弯过程中,由于刀盘在重力作用下存在下沉趋势,设计过程中,一般要求 $s_1 > h'_2 > h'_1$,s_1 为扭矩油缸处中心偏移量(图 7)。

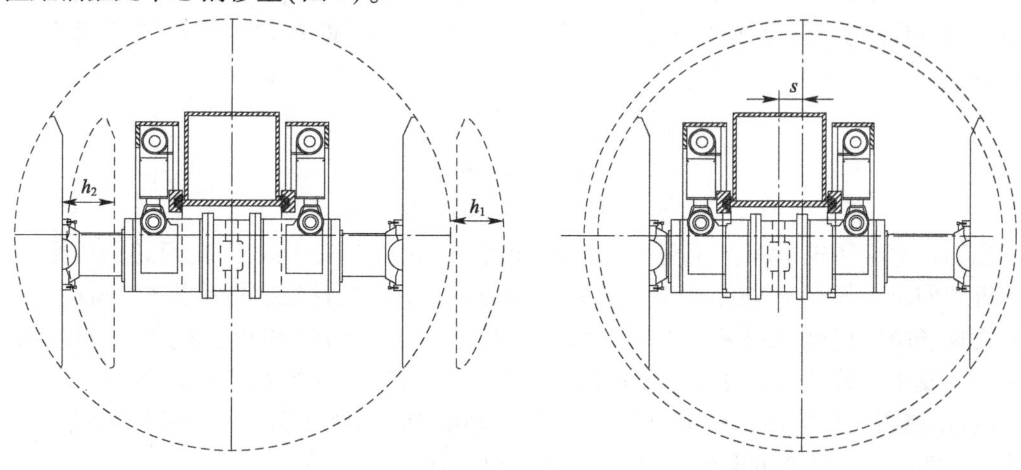

图 6　撑靴正常伸出图　　　　图 7　小转弯鞍架整体偏移图

后支撑油缸正常掘进时伸出 h_1,伸出余量 h_2,s_2 为后支撑位置处中心偏移量,如图 8 所示。向上转弯时,后支撑处向下偏移,后支撑靴板收回时需保证能顺利通过钢拱架。向下转弯时,后支撑处向上偏移,后支撑靴板伸出时需保证能接触到洞壁。通常保证上下转弯能力相同(图 9)。综上分析,后支撑油缸行程及靴板相对于洞壁位置布置要求如下式:

$$h''_1 > H + s_2 \tag{13}$$

$$h''_2 > s_2 \tag{14}$$

$$h''_1 = h''_2 + H \tag{15}$$

$$h''_0 = h''_1 + h''_2 \tag{16}$$

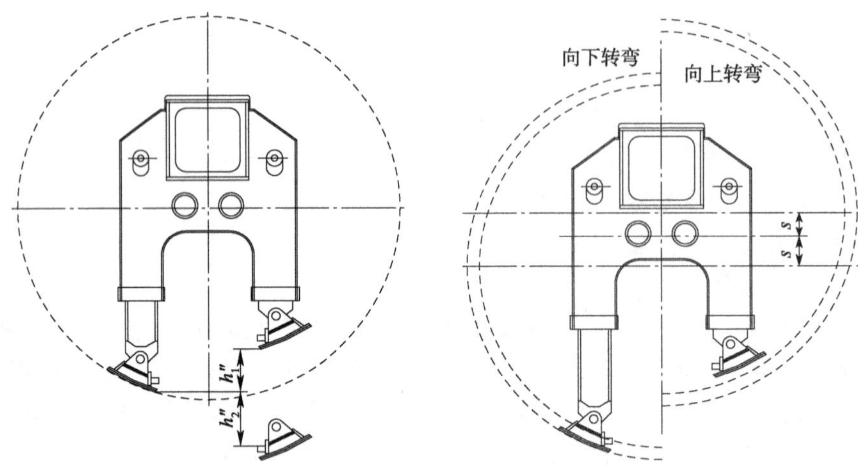

图 8　后支撑正常伸出状态图　　　　图 9　竖直转弯过程示意图

3.4　应用实例

本文以新疆 EH 工程主梁式 TBM 设计为例,分析了中心偏移量公式在小转弯 TBM 设计中的实际应用。

新疆 EH 工程开挖直径 7.8m,掘进行程 1.8m,钢拱架规格 150mm × 150mm,要求最小水平转弯半径 500m,由于水平转弯主要和撑靴油缸行程相关,所以撑靴油缸及撑靴位置布置需要进行针对性设计。

为了满足 500m 转弯半径要求,需要尽量减小主机长度,所以钢拱架和锚杆钻机行程有重叠区域。刀盘到护盾支点距离为 3m,护盾到撑靴位置直线距离为 12.6m,将各数据代入上述公式可得:

$$s = \sqrt{R^2 + L_2^2 + L_1 \times L_2} - R = 196\text{mm}$$

$$h_1 > 196\text{mm}$$

$$h_2 > s + H = 196 + 150 = 346\text{mm}$$

考虑到转弯半径较小,设计过程中以钢拱架内侧 90mm 为安全线距离,最终选用撑靴撑紧洞壁后继续伸出行程 $h_1 = 200\text{mm}$,收回行程 $h_1 = 435\text{mm}$。撑靴油缸总行程为 635mm。

根据现场施工记录,在设备开始进入转弯区间时,在撑靴油缸伸出过程中,主机皮带机相对于设备桥发生了偏转,由于预留空间较小,二者发生干涉,经现场处理将皮带机抬高,消除干涉后,撑靴油缸可完成伸出。TBM 已经顺利通过 500m 转弯半径区间,并在部分区间实际转弯半径小于 500m,设备转弯调向能力较强,掘进情况良好。

4　结论

本文介绍了敞开式 TBM 姿态调整的工作原理,对比分析了主梁式和凯式 TBM 工作原理的异同点,推导了主梁式 TBM 在小曲线转弯半径的隧道偏移量,并对推进系统提出了针对性设计,主要结论如下:

(1)主梁式 TBM 的姿态调整在掘进过程中进行,主要由撑靴油缸和扭矩油缸完成,设备理论上可以按照圆弧曲线进行掘进。

(2)凯式 TBM 的姿态调整在换步过程中进行,主要由后支撑上的竖直油缸和水平油缸完成。

(3)主梁式 TBM 姿态调整过程中,主机以底护盾为支点转动,为获得光滑平整洞壁并避免边刀磨损严重,应进行小行程多换步方式掘进。

(4)小曲线转弯半径隧道中,主梁式 TBM 主机长度应尽量短,撑靴油缸距离刀盘直线距离尽量小,推进系统各油缸能力需满足要求。

参考文献

[1] 杜彦良,杜立杰. 全断面岩石隧道掘进机——系统原理与集成设计[M]. 武汉:华中科技大学出版社,2011.

[2] 唐经世,唐元宁. 掘进机与盾构机[M]. 北京:中国铁道出版社,2009.

[3] 王梦恕,谭忠盛. 中国隧道及地下工程修建技术[J]. 中国工程科学,2010,12(12):4-10.

[4] 张振. TBM 姿态控制技术[D]. 杭州:浙江大学,2007.

[5] 王林涛. 盾构掘进姿态控制关键技术研究[D]. 杭州:浙江大学,2014.

[6] 王梦恕. 岩石隧道掘进机(TBM)施工及工程实例[M]. 武汉:华中科技大学出版社,2011.

复合地层长距离穿越海底隧道超大直径盾构机选型

杨明先

（广州轨道交通建设监理有限公司　广东广州　511400）

摘　要：在跨海隧道施工中，面对复杂地层、高水压、埋深浅等复杂工程环境，选择合适的盾构机对盾构隧道顺利进行具有重要意义，本文根据汕头苏埃通道工程特点及地质条件，对影响盾构设备选型的各种主要因素进行分析，最终选择适合本工程的大直径泥水平衡盾构。

关键词：海域；基岩凸起；孤石；盾构选型

随着国内城市的不断发展，道路交通的问题日益严峻。交通拥堵严重影响城市的发展和社会进步。大力发展地下交通系统已成为缓解交通压力、提高交通效率的有效途径。盾构法施工在城市地下交通方面的应用越来越广泛。随着盾构施工技术的不断发展，超大直径盾构在国内建设中将发挥巨大作用。目前国内在穿江越河方面已经有很多成功的盾构施工经验，但在超大直径盾构长距离跨海施工还没有成功的可借鉴的经验，本文结合汕头苏埃通道工程的工程地质、水文条件及周边其他影响因素，对海底盾构隧道选型进行一些研究探索。

1　工程概况

苏埃通道工程位于已建的海湾大桥和礐石大桥之间。北起汕头市龙湖区，南接濠江区，西距礐石大桥5km，东距海湾大桥4km。工程起点位于汕头北岸龙湖区天山南路与金砂路平交口，下穿天山南路、中山东路、华侨公园，穿越苏埃湾海域，在南岸汕头跳水馆西侧约200m处上岸，路线全长6680m，北岸路基和明挖段长1760m，海中段盾构隧道长3047.5m，南岸明挖段和路基长1817.5m。设置互通立交2处，管控中心1处，收费站1处，风塔2座。按Ⅰ级公路技术标准设计，并兼具城市道路功能，双向六车道标准，主线设计行车速度60km/h，南、北两岸采用互通立交与城市道路连接；海底段采用盾构法施工（图1）。

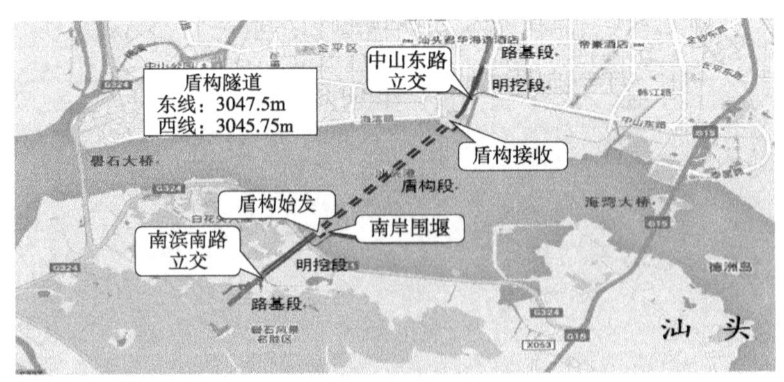

图1　苏埃通道工程平面图

作者简介：杨明先（1979—），男，大学本科，工程师，广州轨道交通建设监理有限公司项目总监代表。主要从事地铁建设监理工作。Email：583950601@qq.com。

盾构段设计为两条单洞隧道，隧道内径为13.3m，外径为14.5m，内设安全通道、应急通道、电缆管廊、管沟及烟道。盾构隧道工程采用的管片内径13.3m，外径14.5m，环宽2m，厚600mm，通用双面楔形环，楔形量48mm，采用“7+2+1”分块模式，错缝拼装。管片结构采用C60高性能耐腐蚀混凝土，抗渗等级P12。环、纵缝用斜螺栓连接，防水设计采用两道三元乙丙弹性密封垫+内侧嵌缝防水。

隧道底板最大埋深31m，隧顶最小覆土厚度为8m，线路最大坡度3%。场区大部分地段由人工填土、海相沉积、海陆交互沉积的淤泥、淤泥质土、粉质黏土、细~粗砂、砾砂、局部地段中、微风化花岗岩组成。

2 苏埃通道工程主要难点

(1)苏埃通道工程地质异常复杂，超大直径泥水盾构施工风险大、难度高，对盾构机选型及配置方面要求极高。

(2)海底基岩凸起段掘进。盾构隧道穿越苏埃湾主航道，存在3段基岩凸起段，东线三段基岩凸起段共计162m，最高强度达到128.4MPa，基岩RQD值最大达到87%。西线基岩凸起段共计153m，最高强度达到147.5MPa，基岩RQD值为12%。

(3)球状风化体段掘进。盾构隧道始发段及海域段均揭示存在孤石，最大直径达到4m，可能存在孤石及规模较大的石英岩脉体，会对盾构施工造成很大困难。

(4)浅覆土盾构始发及到达。始发端头位于淤泥层中，隧道埋深8m左右；到达端头位于淤泥和砂层中，隧道埋深12m左右，盾构工作井端头均采用搅拌桩加固。在类似地层中始发和接收，由于地质软弱，水位高，加固成桩易分叉，极可能出现透水通道，在始发、到达阶段造成涌水涌砂，危及工程和人员安全。

(5)超大直径盾构长距离穿越海底浅覆盖淤泥及淤泥质黏土，软土浅埋段盾构施工难点是控制盾构姿态，优化盾构掘进参数，避免参数设置不当出现“上漂”、“冒浆”及因切口压力波动造成开挖面正面土体的流失使开挖面坍塌。

盾构在浅覆盖淤泥及淤泥质软土掘进，淤泥及淤泥质软土孔隙比大、灵敏度高、覆盖层薄。施工中盾构姿态难以控制，管片接缝漏水漏浆，影响成型隧道质量，情况严重时出现掌子面坍塌。

3 国内外超大直径发展情况

盾构设备是工程项目成败的关键，盾构设备的选择需要结合水文、地质、周边环境及沿线建(构)筑物等条件，兼顾盾构设备的可靠性和技术先进性，满足工程项目的需要。超大直径盾构隧道因其横断面尺寸及隧道顶覆土的要求，掘进过程中不可避免的穿越多种地层(表1、表2)。

国外超大直径盾构隧道工工程(截至2016年6月) 表1

隧道名称	所在国家	规　模	盾构直径/类型	设备厂商	盾构隧道长度(km)	备　注
汉堡易北河第4隧道工程	德国	单管2车道	14.2m/泥水	德国海瑞克	2.56	建成通车
银松森林隧道	俄罗斯	双管双层双向公铁两用	14.2m/泥水	德国海瑞克	3.20	建成通车
莫斯科Lefortovo隧道	俄罗斯	单管单层3车道	14.2m/泥水	德国海瑞克	6.90	建成通车

续上表

隧道名称	所在国家	规模	盾构直径/类型	设备厂商	盾构隧道长度(km)	备注
绿色心脏双线铁路隧道	荷兰	单管双线铁路隧道	14.87m/泥水	法国法玛通	7.00	通成通车
尼亚加拉河引水隧道	加拿大	引水隧道	14.4m/硬岩	美国罗宾斯	10.50	建成使用
阿拉斯加道路隧道	美国	单管双层4车道	17.48m/土压	日本日立船厂	2.80	在建
东京外环公路隧道	日本	双管单层双向4车道	16m/土压	日本三菱、川崎、JTSC	18	在建
东京地铁隧道	日本	双线地铁	14.18m/土压	日本IHI	1.10	建成通车
东京湾公路隧道	日本	双管单层双向4车道	14.14m/泥水	日本三菱、川崎、日立、IHI	18.80	建成通车
马德里30km隧道	西班牙	双管单层双向6车道	15.2m/15.0m/土压	德国海瑞克、日本三菱	7.34	建成通车
塞维利亚公路隧道	西班牙	双管单层双向4车道	14.00m/土压	法国法玛通	4.08	在建
水景公路隧道	新西兰	双管单层双向6车道	15.41m/土压	德国海瑞克	4.80	建成通车
卡尔塔尼塞塔公路隧道	意大利	双管单层双向6车道	15.08n/泥水	法国法玛通	3.90	在建
Al sparvo公路隧道	意大利	双管单层双向6车道	15.55m/土压	德国海瑞克	5.164	建成通车
圣塔·露琪亚隧道	意大利	双管单层双向6车道	15.87m/土压	德国海瑞克	7.50	在建

国内超大直径盾构隧道工程(截至2016年6月) 表2

隧道名称	所在城市	规模	盾构直径/类型	设备厂商	盾构隧道长度	备注
钱江隧道	杭州	双管单层双向6车道	15.43m/泥水	德国海瑞克	3.245km×2	建成通车
纬七路南京长江隧道	南京	双管单层双向6车道	14.93m/泥水	德国海瑞克	3.02km×2	建成通车
纬三路过江隧道	南京	双管双层双向8车道	14.93m/泥水	(IHI/三菱/cccc)	南线4.135km 北线3.557km	建成通车
上中路隧道	上海	双管双层双向8车道	14.87m/泥水	法国法玛通	1.28km×2	建成通车
上海长江隧道	上海	双管单层双向6车道	15.43m/泥水	德国海瑞克	7.50km×2	建成通车
军工路隧道	上海	双管双层双向8车道	14.87m/泥水	法国法玛通	1.50km×2	建成通车
虹梅南路隧道	上海	双管单层双向6车道	14.93m/泥水	德国海瑞克	3.39km×2	建成通车
长江西路隧道	上海	双管单层双向6车道	15.43m/泥水	德国海瑞克	1.50km×2	建成通车
A30沿江隧道	上海	双管单层双向6车道	15.43m/泥水	德国海瑞克	5.09km×2	在建
北横通道隧道	上海	单管双层双向6车道	15.56m/泥水	德国海瑞克	6.40km	在建
周家嘴路隧道	上海	单管双层双向4车道	14.93m/泥水	德国海瑞克	2.572km	在建
外滩隧道	上海	单管双层双向6车道	14.27m/土压	日本三菱	1.098km	建成通车
迎宾三路隧道	上海	单管双层双向4车道	14.27m/土压	日本三菱	1.86km	建成通车
诸光路隧道	上海	单管双层双向4车道	14.45m/土压	德国海瑞克	1.39km	在建
苏埃隧道	汕头	双管单层双向6车道	拟购新机/泥水	德国海瑞克	3.0475km×2	在建
三阳路隧道	武汉	双管单层双向6车道	15.76m/泥水	德国海瑞克	2.59km×2	在建
城南隧道	芜湖	双管单层双向6车道	14.93m/泥水	德国海瑞克	3.85km×2	在建
屯门至赤鱲角连接路海底隧道	香港	单管双层双向4车道	17.60m/泥水 14.00m/泥水	德国海瑞克	4.20km	在建
龙山隧道	香港	双管单层双向4车道	14.10m/土压	中国北方重工	4.80km	在建
瘦西湖隧道	扬州	单管双层双向4车道	14.93m/泥水	德国海瑞克	1.28km	建成通车
横琴三通道	珠海	双管单层双向6车道	14.93m/泥水	德国海瑞克	1.10km×2	在建

4 苏埃通道盾构选型依据

4.1 水文地质条件

苏埃通道工程盾构所穿越的地层主要有：$②_1$ 淤泥、$②_3$ 淤泥混砂、$③_1$ 粉质黏土、$②_5$、$③_4$ 中粗砂、$②_4$、$③_3$ 粉细砂、$②_2$、$③_2$ 淤泥质土、$⑥_{2-1}$花岗岩、$⑥_3$、$⑥_4$ 花岗岩。

盾构段隧道下穿汕头苏埃湾，潮流性质属于不正规半日潮，平均潮差 1.0 ~ 1.5m，常年最大潮差在 2.3 ~2.7m 之间，最大落潮流速可达 2.0 ~ 3.0m/s，历史最低潮水位 -0.29m，历史最高潮水位 4.69m，平均海平面 1.37m。

线路经过水域最大水深 13m，位于仅北岸处的主航道段。

地下水主要为松散岩类空隙承压水及块状岩类裂隙水，松散岩类空隙承压水主要为$③_3$ 粉细砂及$③_4$、$③_5$ 中粗砂层、渗透系数为 5 ~ 50m/d。块状岩类裂隙水主要赋存于海底基岩裂隙中(图 2)。

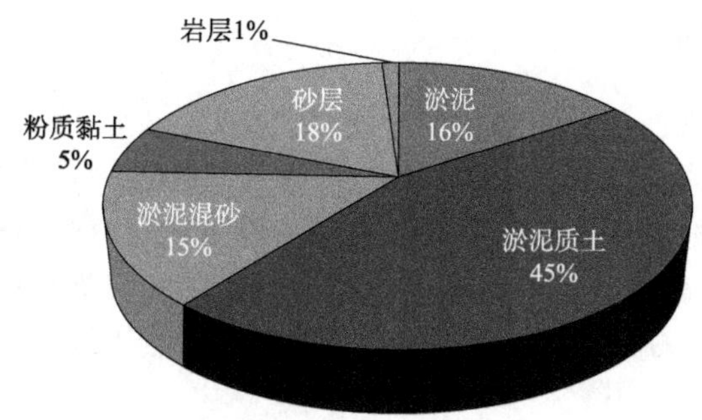

图 2 苏埃通道工程地层分析

4.2 线路条件

盾构隧道起于龙湖区华侨公园东南角，进入海域以直线行驶穿越苏埃湾海域，到达南岸南滨路围堰内。线路全长 3.47km，东线线路最小平面曲线半径 R = 1280m，西线线路最小平面曲线半径 R = 1200m。纵断面采用 -2.9%、-0.3%、0.3%、0.68%、3% 的“V”形纵坡形式。

4.3 周边环境条件

盾构隧道位于苏埃海湾内，周边均无管线，除需穿越围堰大堤及到达段海滨路大堤外，无其他重要建(构)筑物。

4.4 盾构选型分析

根据苏埃通道工程特点及相关类似工程成功经验，盾构的选型主要从以几个方面考虑：

(1)地层渗透系数

苏埃通道工程盾构隧道主要穿越地层为淤泥质土、粉细砂、中粗砂，渗透系数分别为 2.66×10^{-8}m/s、5.16×10^{-5}m/s、2.49×10^{-4}m/s，渗透系数较大，属于强透水地层，适合选用泥水平衡盾构。

(2)地层颗粒级配

不同的地层颗粒级配应选用不同的盾构机形式，苏埃通道工程盾构穿越地层淤泥质土、粉细砂层、中粗砂层，局部穿越风化岩层。根据苏埃通道工程地层颗粒分析结果判断，盾构穿越地层颗粒大小 20μm 以下合计占比 63.8%。根据土压平衡盾构及泥水盾构适用颗粒地层级配分析，适合选用土压平衡盾构。

(3)地层类别

盾构隧道覆土层及开挖范围内主要以淤泥、淤泥质土、粉细砂、中粗砂层为主，软土具有高压缩性、低强度及高灵敏度等特点，砂层极易发生振动液化，若盾构施工参数控制不当，极易造成对软土及砂层的过大扰动，引起开挖面的失稳，出现涌水、涌砂、涌泥等现象，严重时甚至导致管片错台、开裂、渗漏水甚至海水倒灌的风险。根据地层类别的特点宜选用泥水平衡盾构。

(4)地下水压、水位

在盾构隧道区域有含水层、江河湖泊时，尤其是水压较高(>3.0bar)，一般优先选用泥水平衡盾构。苏埃通道海域段平均海平面1.37m，线路最大水深13m，盾构最大工作压力4bar，宜选用泥水平衡盾构。

根据以上各种因素综合考虑，苏埃通道工程拟采用两台泥水平衡盾构机进行掘进施工。

5 盾构机主要配置情况

(1)采用常压换刀刀盘

为了适应苏埃通道工程长距离海底隧道掘进，减小进舱换刀作业的风险，本项目盾构机采用常压换刀刀盘，使刀具的检查和更换可以在常压条件下进行，保证作业人员的安全。

可常压更换的刀具覆盖整个开挖直径。通过使用专用的刀具更换工具并遵循严格的作业程序，可以安全高效地进行刀具的检查和更换。根据经验，熟练的作业人员在3~4h内可更换一把常压更换刀具。

(2)刀盘中心冲刷系统

超大直径盾构采用常压刀盘，不可避免的造成中心区域大面积没有开口，容易形成泥饼，本项目两台盾构机中心区域超过4.6m没有任何开口。为避免盾构机在黏土地层掘进刀盘中心结泥饼，刀盘中心设计有6道冲刷喷口，单独设置泥浆泵保证冲刷能力，刀盘中心冲刷流量达到1100m^3，另外在刀盘面板和辐条夹角区域和辐条之间也设置不同的冲刷口，降低刀盘结泥饼的可能性。

(3)滚刀配备磨损检测和旋转检测装置

所有的滚刀均可在刀盘内部常压条件下更换，但是具体到哪一把需要更换，还需要磨损检测装置来指示。选择采用液压泄压指示的技术，泄压点内置液压油管并充满具有设定压力的液压油，每一个辐臂的泄压点液压管连接在一起，形成一个单元。一旦一个单元的其中任一个泄压点磨损而导致液压油泄露施压，控制室将指示该辐臂的编号，刀具维护人员即可进入到此辐臂中，逐一检查每一个泄压点的油压直到找到磨损的那一个，然后就可以开始更换作业了。

在每把滚刀配备磨损监测装置的基础上还将安装DCRM(滚刀旋转监测)系统。如果滚刀没有正常工作，可以及时在盾构控制室里显示出来。

(4)SSP孤石超前地质探测

由于孤石的位置、形状、尺寸大小、强度和周边土壤的胶结程度等不可知或不确定因素，而掘进机对孤石的处理能力是有限的，所以，盾构机配置先进可靠的孤石探测装置超前地质探测装置非常必要，针对本项目的地质情况，东线海瑞克盾构机配置SSP超前地质探测系统，西线盾构机配置三维地震波超前探测系统，适用于对设备前方40m内由于不同密度形成的反差界面进行定位，从而发现孤石采取措施应对(图3)。

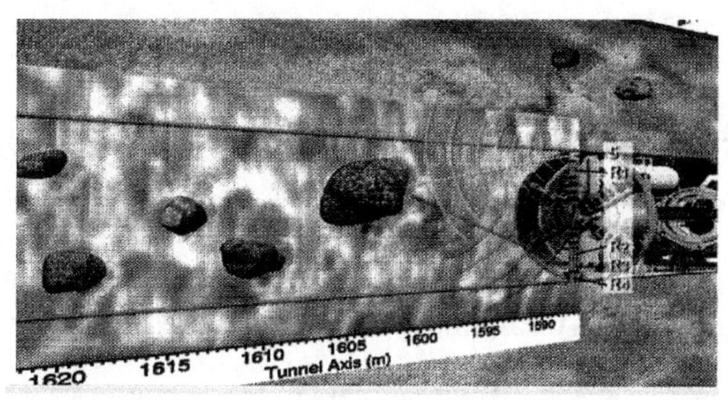

图 3 孤石超前地质探测

(5)伸缩主驱动及球面主轴承

基岩凸起和孤石的风险,不但对刀盘设计提出了很高的要求,也要求主驱动具有针对这两种风险的针对性设计。采用伸缩主驱动和球轴承,伸缩主驱动可以减少对刀盘和主轴承的冲击、减少滚刀的非正常损坏量、减少换刀次数,使滚刀脱离开挖面,方便更换。球轴承可以让主轴承拥有承受各个方向的更大更频繁的冲击和偏心载荷的能力,提高主驱动的可靠性和适应性。同时,也使边缘滚刀的更换变得非常方便。

6 结语

苏埃通道工程是国内最具挑战性的大直径盾构工程,施工难度达到世界级水平,盾构设备选型的成败直接关系工程建设能否顺利实施。经过建设单位、施工单位多次的论证研究,最终选用两台 15m 级超大直径泥水盾构施工。该项目选用气垫调压式泥水平衡、常压换刀刀盘、球面主轴承、伸缩主驱动、SSP 超前探测系统是为项目提出的盾构机设计方案中最重要的关键设计,是应对本项目难点和风险的主要手段。相信经过技术人员的不断攻坚克难,一定能够高效、优质、安全的完成盾构掘进施工任务。

参 考 文 献

[1] 刘继国,郭小红. 超大直径海底隧道选型研究[J]. 现代隧道技术,2009,46(1):51-56.

[2] 刘洪洲. 超大直径盾构机的选型问题[J]. 公路隧道,2006,53(1):9-13.

[3] 韩亚丽,吕传田,张宁川. 北京铁路地下直径线盾构选型及功能设计[J]. 中国工程科学,2010,12(12):29-34.

盾构地下接收室施工三维数值模拟分析及沉降控制

刘　军[1]　张豫湘[2]　王利民[3]　马云新[3]

(1.北京建筑大学土木与交通工程学院　北京　100044;2.北京市轨道交通建设管理有限公司
北京　100068;3.北京建工土木工程有限责任公司　北京　100015)

摘　要:本文以北京地铁14号线某工程为背景,通过FLAC3D模拟盾构地下接收室的施工过程,研究其沉降特点及相应的控制措施。未采取相应措施前,暗挖施工及盾构掘进都显著影响了各自及临近区段的地表沉降,表现出两次较大增幅,最终,-10~5m区段在两种施工的叠加影响下达到最大。采取注浆加固及洞门支撑的措施后,地表沉降减少了约1.5倍,最终控制在10mm左右,其可靠性在理论上被验证的同时,也为实际施工提供了建议与指导。

关键词:盾构;地下接收室;施工数值模拟;沉降控制

1　引言

盾构接收通常通过竖井或车站端头井完成,需要占用大量的地面空间。然而,随着城市建筑、交通及地下管线密集程度的加剧,其施工风险及成本也显著增加,甚至可能无法取得地面施工空间,极大地制约了地铁的建设。

近年来,洞内接收成为一种新的解决方法,让盾构不需要地面空间的辅助就能直接接收。针对洞内接收结构,张中杰等提出一种既有地下室结构的无工作井盾构接收工法,适用于至少三层的地下室结构中。缪明晓介绍了北京铁路地下直径线泥水盾构到达废弃段后为盾构解体施作的扩大段施工方法。剧亮以北京地铁14号线为例,分析了盾构隧道内接收结构施工需要解决的关键问题。

这些案例为洞内接收提供了多种实现方式,但也由于风险较大且特殊性较强,导致其通用性较差。北京地铁14号线某工程采用了一种新的洞内接收方式,通过在矿山法区间末端施作对接的扩大结构,为盾构解体预留出足够的操作空间。本文以该工程为背景,研究了盾构地下接收室施工中的沉降控制问题。

2　工程背景

2.1　工程位置及结构尺寸

盾构接收室位置示意如图1所示。盾构接收室设置于盾构区间与暗挖区间的交接处,埋深约为14.0m。左侧区间全长约1.3km,采用预留核心土的上台阶法施工;右侧区间全长约1.2km,采用盾构法施工。

地下接收室示意如图2所示。接收室先后由CRD法和盾构法开挖形成,按照断面变化,

本文由"北京市自然科学基金项目、北京市教育委员会科技计划重点项目KZ201810016021"资助。

作者简介:刘军(1965—),男,博士后,教授级高工。主要从事岩土与地下工程教学与科研工作。Email:liujun@bucea.edu.cn。

可依次分为渐变段、扩大段及盾壳段。其中，渐变段结构断面的净空尺寸为宽 5.38m × 高 5.55m，扩大段结构断面的净空尺寸为宽 7.5m × 高 7.74m，盾壳段的净空尺寸宽 6.4m × 高 6.4m。

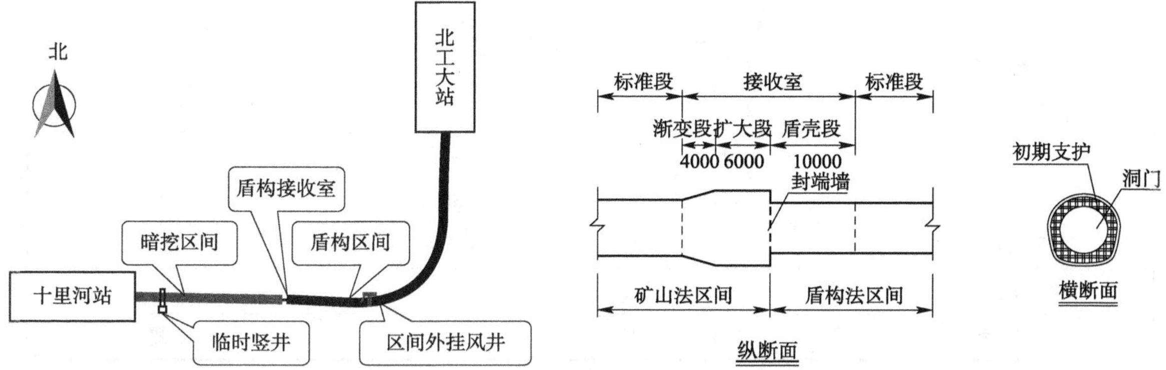

图 1　盾构接收室位置示意图

图 2　地下接收室示意图(尺寸单位:mm)

2.2　模型设计

模型示意如图 3 所示，为避免边界效应和临近施工对模拟结果的影响，模型横向取区间隧道向外各 5 倍的断面宽度，竖直方向取隧道向下 4 倍的断面高度，纵向上取标准段和盾构段长度各 20m 长度。模型的几何尺寸确定为 88m × 60m × 48m($X \times Y \times Z$)。为提高计算效率，模拟中将超前小导管预加固土层和注浆加固圈的模拟，简化为相应土层参数的提高。此外，根据将初期支护作为一个结构整体考虑，通过抗压刚度相等的原则简化计算。

盾构机推力的取值是影响模拟结果的关键因素，进入接收段后，盾构机推力持续降低。根据北京地区的施工经验，当盾构机距离封端墙 50m 时，盾构推力开始减少，掘进速度逐渐放慢至 20mm/min 以下；距封端墙约 12m 时，盾构推力明显减小；距离封端墙约 3m 时，盾构机掘进推力降至 0.4 倍左右；当盾构机掘进至距离封端墙约 1m 时，盾构机推力减小为正常掘进推力的 0.3 倍左右。本文根据实际施工中盾构推力的监测数据进行了分段取值。

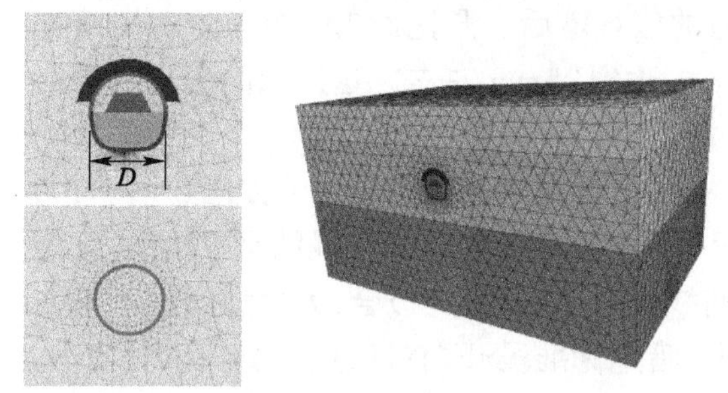

图 3　三维模型示意图

2.3　主要参数

盾构接收室所在地层的参数见表 1。

土层物理参数表　　表 1

地　　层	厚度(m)	密度(kg/m³)	弹性模量(MPa)	泊松比	黏聚力(kPa)	内摩擦角(°)
杂填土	1.1	1650	4.7	0.3	8	10
粉土	5.4	1970	5.7	0.31	16	27
粉质黏土	6.1	2020	7.2	0.33	24	17
粉细砂	3	2020	20.5	0.22	5	26
粉土	8.8	1970	8.7	0.31	16	27
粉质黏土	5.3	2020	10.2	0.33	24	19
粉土	18.3	2040	17.0	0.30	16	27

模型最初的物理参数见表2,对于钢筋混凝土构件的弹性模量,为设计强度对应的规范值;对于钢构件,则按实际使用的钢材型号取值。

隧道结构参数表　　表2

结　　构	密度(kg/m³)	弹性模量(GPa)	泊　松　比
注浆加固	2150	0.06	0.3
初期支护	2300	30	0.25
二次衬砌	2500	34.5	0.25
空隙注浆	2500	30	0.25
盾构外壳	7850	201.6	0.3
盾构管片	2500	34.5	0.2
洞口加固	2700	34.5	0.25

3　未考虑控制措施情况下的数值模拟

3.1　暗挖段地表沉降分析

如图4所示,为暗挖段施作过程中不同时刻下的地表纵向沉降曲线,分为五个施工节点。在整个纵断面上,地表沉降达到最大值的位置较开挖进度有一定的滞后,但变化的幅度和速率在不同的施工阶段之间存有差别。例如,当挖至标准段20m时,纵向沉降的最大值并未出现在掌子面上,而是出现在$X = -25$m处,为22mm;当挖完渐变段时,原掌子面的沉降值才迅速增加,接近于整个纵断面的最大值,为23mm。这种较大的增幅在相当程度上是由开挖断面的增加引起的。再如,扩大段挖完时,达到最大沉降值的位置落后于开挖面3m,约为24mm;暗挖段接收室二衬完成后,该点的地表沉降增加了约1mm,达到25mm左右。这期间的变化主要由支撑强度的变化所引起。

图4中相对于洞门距离$X = -3$m处的地表沉降最大,对应为扩大段中部。如图5所示,为该处不同时刻下横向地表沉降曲线,其中横坐标表示不同位置相对隧道中心线的水平距离,正值对应隧道开挖的左侧,负值对应隧道开挖的右侧。曲线经过Peck公式拟合,为典型的沉降槽曲线,说明模拟得到的地表沉降趋势较为可靠。数值上,暗挖标准段开挖对该点的影响相对较小,最大沉降值约为5.0mm;渐变段开挖对该点的影响变大,最大值增大了5.0mm,达到10.0mm左右;扩大段开挖对该点的影响最严重,使地表沉降增加14.0mm,达到24.0mm;洞门及暗挖接收室二衬完成期间的影响最小,最大地表沉降增幅仅1.0mm,稳定在25mm左右。

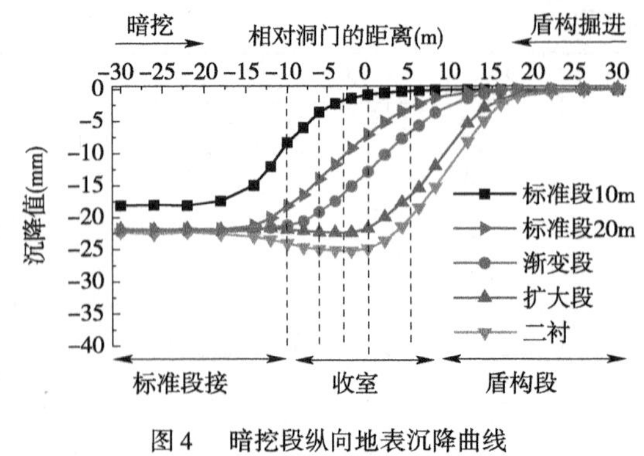

图4　暗挖段纵向地表沉降曲线

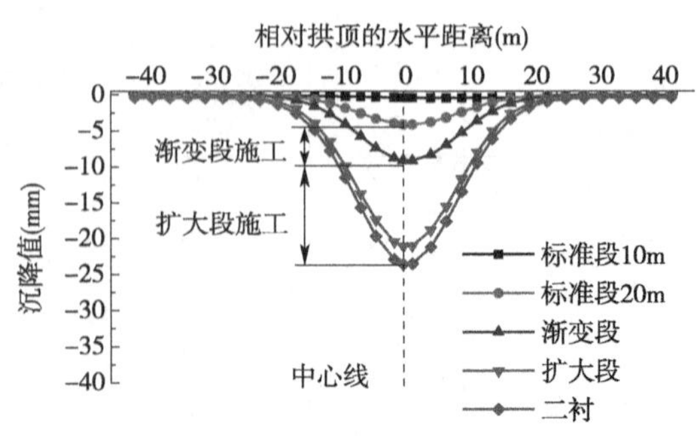

图5　$X = -3$m处横向地表沉降曲线

综上所述,暗挖段中采用 CRD 法洞室开挖对地表沉降的影响最大,特别是相对于拱顶水平距离 -5 ~5m 处,需要制订有针对性的加固措施减少土体扰动。

3.2 盾构掘进中地表沉降分析

图 6 为盾构掘进过程中盾构刀盘相对洞门不同距离时的纵向地表沉降曲线,分为六个时间点。从图可以得知,当盾构距离洞门 20m 时,地表最大沉降位于扩大段,达到 38.1mm,此时盾构掘进尚未对暗挖标准段产生明显影响;随着盾构机的掘进,可以明显看出暗挖标准段受到的影响逐渐增大,尤其当盾构临近洞门时,暗挖标准段地表沉降增加了 25%,而洞门附近地表沉降值增加了 30%,达到 35mm 左右;当盾构机开始破除洞门封端墙,推力急剧下降趋近于零,在双重不利因素作用下,洞门附近地表沉降再一次出现明显的增幅,洞门处的地表沉降达到最大值,接近 39mm。整个掘进阶段,距离洞门 $X=-5\sim10$m 范围内的沉降增幅显著,其中,洞门处的地表沉降值最大,增大了约 43%,$X=5$m 处地表沉降值增幅最大,增大了约 50%,施工过程中应针对此区域制订抗扰动措施。

不同时段的曲线最大值对应落在 $X=0$ 处附近,在盾构掘进过程中,洞门上方地表所受的影响最大。图 7 展示了该断面各掘进节点的地表沉降曲线,进一步明晰了不同时刻该位置的沉降变化。曲线经过 Peck 公式拟合,在盾构机距离洞门较远时,盾构掘进对洞门断面地表沉降的影响较小,沉降增幅约为 2mm,最大沉降值达到 20.3mm;随着盾构的推进,$X=0$ 处的地表沉降范围和最大沉降值均迅速增大,尤其当盾构掘进至洞门并拆除封端墙结构时,地表最大沉降达到 39mm,是盾构掘进前该断面的 1.8 倍。

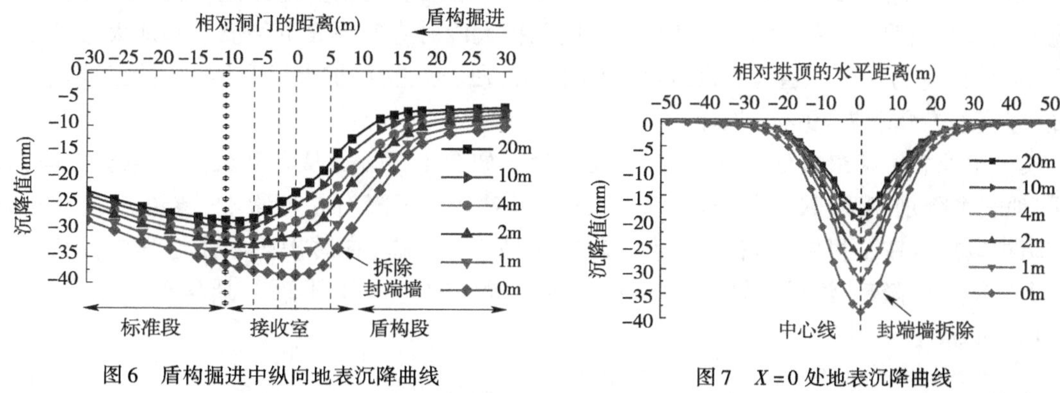

图 6 盾构掘进中纵向地表沉降曲线

图 7 $X=0$ 处地表沉降曲线

综上所述,盾构掘进过程中,当盾构机距离洞门较远时,盾构掘进对洞门地表沉降的影响较小,而当盾构机掘进至洞门附近时,地表沉降的增幅达到最大,特别是距离洞门 -10 ~5m 处,需要制订有针对性的加固措施减少土体扰动。

4 控制措施设计及模拟验证

4.1 控制措施

未考虑控制措施下的模拟分析中,矿山法开挖和盾构掘进两次施工对接收室区域造成了强烈的双重扰动。在矿山法段,由于开挖断面增大的影响,暗挖段接收室的地表沉降要大于暗挖标准段区间,达到 25mm。同时,地表沉降达到最大值的时刻会滞后于开挖进度。在盾构段,随着盾构机的掘进,对暗挖段地层的影响不断增大,当临近洞门时,地表沉降值增加了 30%,达到 35mm 左右;而当盾构机开始破除洞门封端墙,洞门附近的地表沉降再一次发生较大增幅,达到 39mm。

相应地，地表沉降出现两次较大增幅，为工程中风险最大的位置。为降低影响，对该范围的土体进行以注浆为主的稳定措施(图8)。初步选择盾构停机的位置进行注浆加固，并通过模拟试验，设计具体的加固范围和强度参数后再次观测整体的方案。此外，与接收室相邻区域也相应受到各自施工的叠加影响，可以考虑常规加固的基础上适当提高，使最终沉降量控制在规范要求内。如图9所示，模型初步设计了洞门支撑作为辅助接收措施，并通过模拟试验的对比确定了对沉降控制的效果。

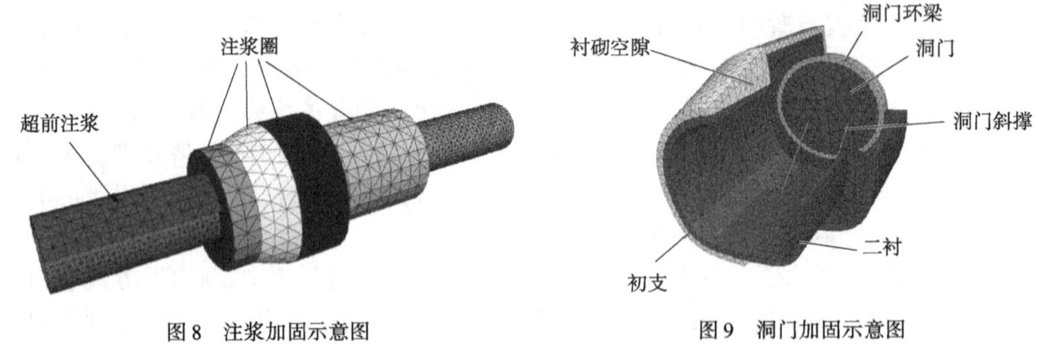

图8　注浆加固示意图　　　图9　洞门加固示意图

4.2　地表沉降分析

图10为隧道正上方地表沉降测点的纵向位移曲线。暗挖标准段完成时，地表最大沉降稳定在7mm左右；渐变段挖完时，标准段对应地表沉降未发生明显变化，但渐变段和扩大段对应的地表沉降增幅明显。扩大段开挖后，渐变段和扩大段对应的地表沉降值增幅加大，并以距离洞门6m处位置为最。隧道地表沉降经过暗挖标准段、渐变段、扩大段和盾构段施工影响叠加后，位移值最终介于7～9mm之间。

模拟中地表沉降最大的断面为$X=-6$m处。如图11所示，从渐变段开挖至扩大段完成期间，地表沉降加速，反映了渐变段和扩大段施工对地表沉降有叠加影响；隧道完成50%时，对应暗挖段接收室二衬施作完成，该点沉降值达到稳定状态；在盾构段施作过程中，地表沉降测点出现微小的隆起，说明土体经过加固后，抵抗扰动的能力得到增强，盾构掘进对前方土体的影响有所减小。

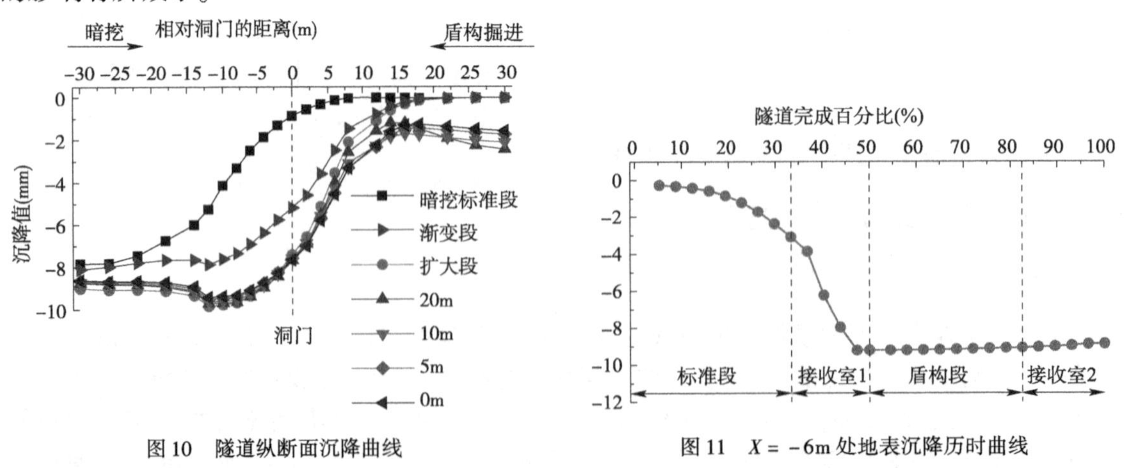

图10　隧道纵断面沉降曲线　　　图11　$X=-6$m处地表沉降历时曲线

通过对接收室范围内全断面注浆、封端墙支护加固、盾构推力优化以及盾壳存留这些措施有效控制了地表沉降。

5 结论

(1)CRD 法施作接收室过程,需要严格把控地表沉降和初支变形。

(2)接收室二衬施作拆除中隔壁和临时横撑过程,需要及时做好支撑的倒换,并密切注意洞口封端墙的变形。

(3)接收室二衬结构施作完毕后及时对封端墙前方土体进行全断面注浆加固,注浆范围推荐盾构中心以外 6m 半径范围内进深 12m,注浆材料宜采用水泥—水玻璃双液浆(体积比 1:1),并掺加少量外加剂。

(4)盾构机接收前需要做好对封端墙的支撑加固,该加固措施包括封端墙墙面上的纵横梁支护以及斜向支撑,盾构掘进过程中需要密切注意封端墙变形和支护内力,当监测数据出现突变,需要停止掘进并及时做好加固措施。

(5)盾构接收过程中,需要严密把控盾构机推力,并根据接收室结构监测数据及时的调整,一般盾构推力小于 10^4kN,掘进速度为 2 ~ 3cm/min 时,能够将盾构机推力对接收室的影响控制在可控范围内。

(6)解体过程中,需要对盾壳的支护能力保持高度关注,并在解体完毕后尽快施作二衬,根据盾壳变形情况及时进行临时支撑。

参考文献

[1] 刘军,马云新,章良兵,等. 盾构地下主动接收施工关键技术研究[J]. 施工技术, 2017, 46(19):93-96.

[2] 张中杰,齐明山,陈加核,等. 既有地下室结构的无工作井盾构接收工法及其构造: CN, CN102865083A[P]. 2013.

[3] 缪明晓,陈艳冰. 北京地下直径线盾构地下解体扩大段隧道施工技术[J]. 铁路技术创新, 2010,04: 68-70.

[4] 剧亮,高琨. 盾构机隧道内接收施工技术[J]. 市政技术,2015.

[5] 王刚. 隧道富水地层帷幕注浆加固圈参数及稳定性研究[D]. 济南:山东大学, 2014.

[6] 李东勇,徐祯祥,王琳静. 地铁暗挖隧道初期支护联合系统数值模拟分析[J]. 铁道建筑, 2007(5): 34-37.

盾构突遇孤石停机原因分析及“衡盾泥”带压进舱技术

黄威然　区穗辉

（广州轨道交通建设监理有限公司　广东广州　511400）

摘　要：广州市轨道交通 14 号线支线 5 标马头庄—枫下区间、枫下—知识城区间，盾构主要在白垩纪花岗岩类岩石的全风化层〈6H〉、强风化层〈7H〉和残积土层〈5H〉中掘进，该类地层中存在大量“球状风化体”的可能性较高。本标段双向四台盾构在掘进过程中，均出现盾构突遇未探明孤石的情况，其中枫下—知识城区间左线盾构因突遇孤石停机长达半年；为使盾构恢复推进，前后共采用了 WSS 注浆加固、“衡盾泥”带压进舱技术、冷冻法等多种工法进行尝试，耗费人力物力巨大，在日后发生同类事件中起借鉴作用。

关键词：孤石；盾构停机；衡盾泥；进舱

1　工程概况

广州市轨道交通 14 号线支线工程施工 5 标盾构工程主要内容包括：马头庄站—枫下站区间及枫下站—知识城站区间。马头庄—枫下区间右线长 1871m，左线长 1866.462m，左右线间距 13～14m，隧道覆土 9.76～23.3m。枫下—知识城区间右线长 2059.9m，左线长 2057.966m，左右线间距 13～14m，隧道覆土 10.11～23.92m（图 1）。

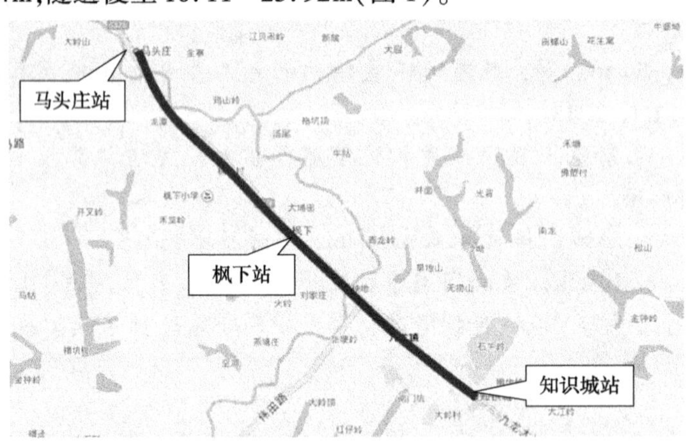

图 1　广州市轨道交通 14 号线支线工程施工 5 标盾构工程平面位置图

2　工程水文地质条件

枫下站—知识城站区间地层主要为冲积—洪积中粗砂层〈3-2〉、可塑粉质黏土层〈4N-2〉、花岗岩硬塑残积土层〈5H-2〉、花岗岩全风化层〈6H〉和少量花岗岩强风化层〈7H〉。

作者简介：黄威然（1977—），男，硕士，教授级高工，广州轨道交通建设监理有限公司副总经理。主要从事地铁建设管理工作和盾构技术研究工作。Email：49812687@qq.com。

马头庄—枫下区间隧道洞身主要为中粗砂层〈3-2〉、粉质黏土〈4N-2〉、硬塑状残积土层〈5H－2〉、花岗岩全风化岩〈6H〉、花岗岩强风化岩〈7H〉和少量中风化花岗岩〈8H〉。

两区间局部孤石发育，微风化花岗岩孤石饱和抗压强度达108.2MPa，属坚硬岩。

区间地下水位埋深为1.67～8.30m，地下水类型主要有第四系孔隙水和基岩裂隙水，主要含水层为冲洪积粉细砂层〈3-1〉和中粗砂层〈3-2〉，局部为砂砾〈3-3〉。砂层为中等～强透水层，渗透系数4～16m/d；花岗岩残积土及花岗岩风化岩层均为风化裂隙水，为弱～中等透水层，其中花岗岩硬塑残积土层〈5H-2〉渗透系数0.5m/d，花岗岩全风化层〈6H〉渗透系数0.7m/d，花岗岩强风化层〈7H〉渗透系数0.9m/d，花岗岩中风化岩〈8H〉渗透系数2m/d。

花岗岩是酸性岩浆上升到地表以下逐渐冷却凝结成的结晶岩体。风化作用使花岗岩的结构、构造和整体性遭到破坏，强度和稳定性大为降低。经过风化作用影响的花岗岩，会发生如下不同程度的变化。

花岗岩的球状风化是该类岩石的一种较普遍的风化现象，即在深度风化的花岗岩岩体中残留了微风化的较新鲜的坚硬球状花岗岩体，俗称孤石。花岗岩球状风化体的特征是体量比较小，一般多为1.0～3.0m。

在该类地层中进行盾构施工时，一方面由于花岗岩球状风化体单轴抗压强度非常高，与周围岩土层强度差异大，很难被刀具破碎，且在过程中由于瞬间荷载突然加大，容易造成刀具和刀盘的严重破损；另一方面，由于花岗岩球状风化体四周的花岗岩强、全风化层稳定性差，且遇水易软化崩解，使开舱检查及刀具更换带来极大困难。盾构在该类地层中掘进需要经常开舱检查及刀具更换（图2）。

图2　盾构在孤石地层掘进中更换的部分偏磨和损坏滚刀

3　枫下—知识城区间左线盾构机突遇孤石过程及原因分析

3.1　盾构突遇孤石及地面塌陷

2016年7月9日0:10—9:30，枫下—知识城区间左线盾构掘进1271～1276环时，盾构掘进平均总推力为15500kN左右、平均刀盘扭矩为1450kN·m左右，掘进速度保持在20～30mm/min（图3）。

2016年7月9日10:左右，盾构掘进1277环时，刀盘振动大，掘进速度下降至5mm/min以下，扭矩大至3000kN·m，且波动较大，推力上升至31000kN，土压变化快，刀盘时有转不动的情况；而且，出渣情况异常，有超出土（粗略计算$17m^3$）情况，土样取出伴有破碎的岩石，并有刀圈掉落伴随泥沙排出螺旋机闸门外，渣土温度达40℃以上（图4、图5）。

同时，地面检查人员发现刀盘正上方地面出现轻微塌陷，经探查发现地下出现空洞，深度约3m，随即使用水泥砂浆进行回填，共回填25m³。综上，判断盾构遇上未探明孤石，盾构无法推进。

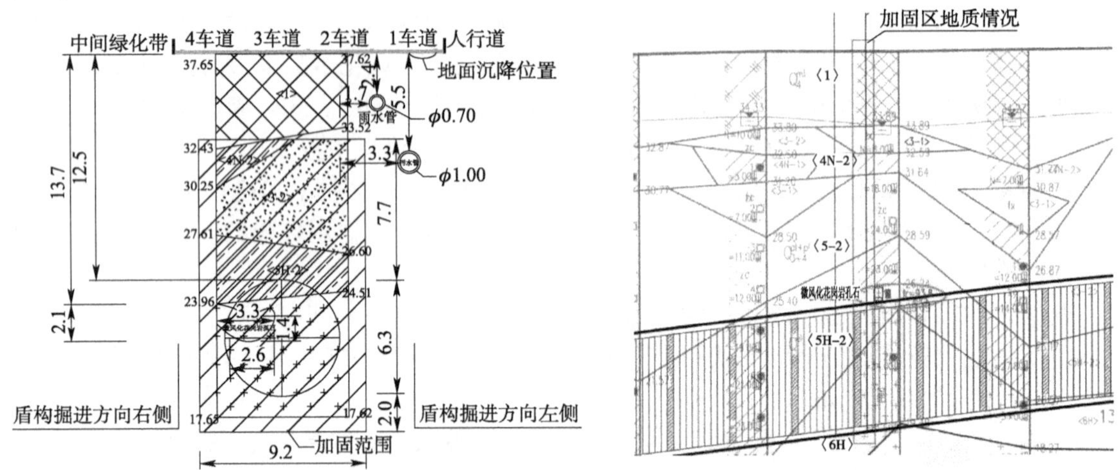

图3 枫下—知识城区间左线盾构停机位置地质纵断面图（尺寸单位：m）

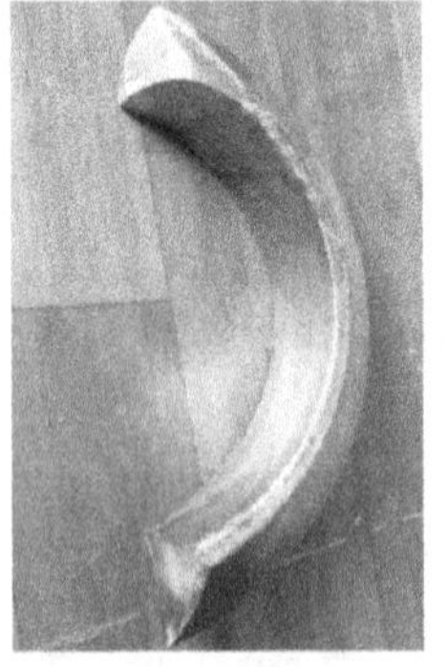

图4 盾构掘进1277环的渣样及断裂的刀圈

图5 枫下—知识城区间左线盾构掘进1277环停机

3.2 盾构突遇孤石导致地面塌陷原因分析

盾构机遇上未探明孤石后，由于不能确定孤石大小，一般情况下会选择加大推力，以求通过刀具将孤石压碎，或将其推出盾构直径范围内，但是本次侵入线路的孤石最大直径达到3m，盾构机无法强行前进。

一般情况下，孤石在受外力荷载作用时，两头的受力面积和受力部分较小，单位面积上的应力相对较高，变形量往往相对较大，从而引起风化球体的不均匀沉降变形和转动。另外，风化球体在风化层中赋存时，其长轴平面并不都是水平面，而往往是倾斜面，在工程施工过程中，容易导致风化球体转动和不均匀沉降变形。

由于本次突遇的孤石体积大，盾构仅仅是将其轻微推“翘起来”或“压低”了，此时孤石给刀盘提供了较大的反力，造成刀盘卡死。盾构刀盘出现卡死状态时，盾体处于上部2.0m厚残积土层、下部4.0m厚全风化花岗岩层，孤石处于残积层和全风化层交界处，由于孤石本身体积较大，被盾构硬推后，刀盘上方中粗砂层继而遭到扰动并出现了地面塌陷。

广州地铁3号线北延段施工11标也曾出现孤石卡死刀盘的情况，左线盾构机在推进第

38 环时刀盘出现无法启动的情况，导致停止掘进，监理部分析导致刀盘停转的原因为孤石结合黏土卡在刀盘叶片上随着刀盘旋转，掘进过程中扭矩不断加大，直至掘进断面上出现可以提供有效附着力的岩面，孤石方才作用刀盘导致其无法旋转(图 6)。

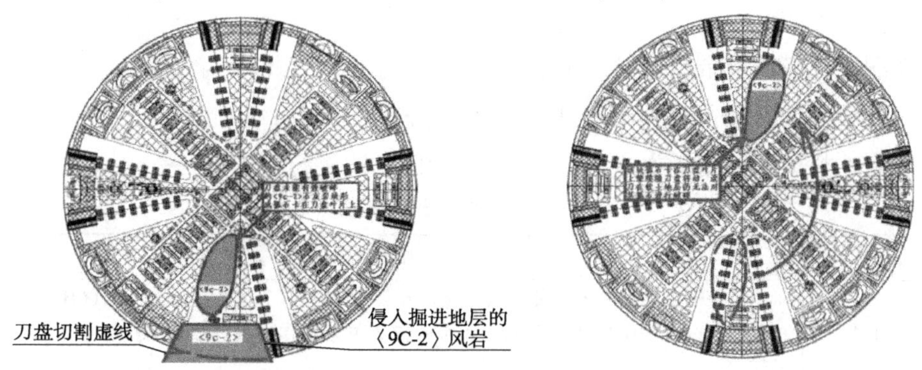

图 6　孤石的形成孤石卡在刀盘叶片上旋转

4　枫下—知识城区间左线盾构机开舱维修刀具刀盘过程

由于出现地面塌陷的情况，项目部从经济性和时效性出发，首先选用钠基膨润土泥膜护壁工法尝试带压进舱，但膨润土泥浆无法成膜。随后使用了 WSS 地面注浆(水泥 + 水玻璃 + 磷酸)加固工法，也未能完全封堵漏水泄气通道，且因 WSS 注浆加固实施后，舱内渣土固结，刀盘被固结，部分刀具无法更换。随即进行旋挖钻清理刀盘前方孤石及舱内渣土，仍然无法完全刀具更换工作，刀盘更是无法起动；便采取继续前进的方式，以便刀盘脱离周边加固体，但刀盘仍无法起动；最后采用冷冻法将周边地层完全加固，彻底清理舱内渣土和检修刀盘刀具。最终，历时半年才使盾构恢复掘进。

经历此次状况，在本标段其余盾构遇孤石时，直接采用“衡盾泥”辅助工法解决了该难题，一次成功进舱更换全部损坏刀具。

以下是本次进舱维修刀具各工法的实施过程。

4.1　钠基膨润土泥膜护壁带压进舱情况

枫下—知识城区间左线盾构掘进至 1277 环被迫停机，经过地质勘探，探明孤石位于刀盘中心至右侧 3 点范围，孤石纵向长约 2.6m，横向长约 3.3m，厚约 1.4m，洞身范围地层为硬塑残积土〈5H-2〉和全风化花岗岩层〈6H〉。项目部决定采用钠基膨润土泥膜护壁工法尝试带压进舱。

本次施工钠基膨润土泥膜采用梯级泥浆压力进行泥膜制作，目的是增加泥浆的渗透量，使泥浆的颗粒尽量多、远的渗入土层，形成较厚的泥膜。泥膜护壁施工工艺流程如图 7 所示。

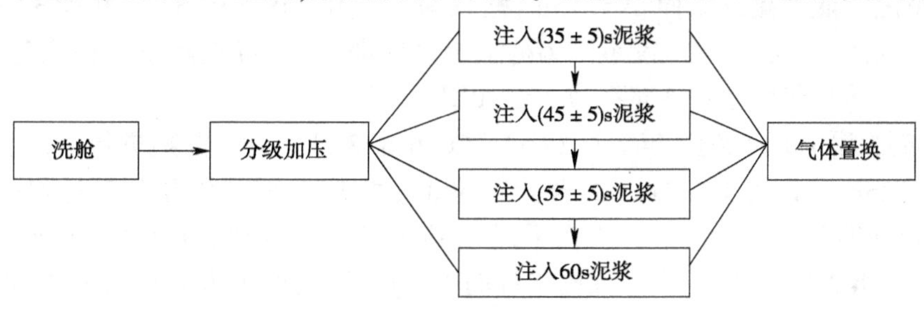

图 7　泥膜护壁施工工艺流程

经过5d左右的分级加压后，在最后一次加压注入泥浆后，舱内压力稳定，项目部随即进舱内检查开挖面泥膜形成情况，进舱半小时左右，在11点处发现开挖面有小股水流涌出，施工人员马上回到压力舱中。同时地面检查人员发现，原塌陷位置出现漏气现象，随即进行注浆封闭。

钠基膨润土泥膜护壁带压进舱失败。

4.2 枫下—知识城区间左线WSS注浆加固后开舱情况

项目随后选择地层加固的方式，对下列各种加固方法进行比选，见表1。

地层加固进舱比选 表1

加固方式	加固效果分析
旋喷桩加固	采用旋喷桩进行地面加固在本处1281环隧道洞身的〈5H-2〉硬塑残积土、〈6H〉全风化花岗岩中加固成桩效果较差，在拱顶富含动水的〈3-2〉中粗砂层中成桩效果也较差，且在孤石位置无法施工
搅拌桩加固	水泥搅拌桩在此地层中，尤其是在隧道中下部为〈6H〉全风化混合花岗岩中土层搅拌不均匀且搅拌困难，加固成桩效果较差，且在孤石位置加固效果更差
旋挖桩加固	有孤石处无法加固
袖阀管注浆加固	注浆浆液的可控性较差，易出现串浆及跑浆现象，浆液易流失到加固区域以外的地方，在黏性土和砂质黏性土地层中，浆液注入主要靠挤密和劈裂作用，加固后的注浆固结体强度较低且浆液扩散的均匀性较差，加固效果较差
WSS工法	WSS工法适应各种土层条件，浆材混合液和注浆的方向性可随时调节，浆材的凝胶时间可以从瞬结到缓结，能有效地提高土体的整体强度及止水效果，且工期短。在广州地铁7号线、4号线、13号线、深圳地铁项目也成功应用，对使用该工法有成功的经验

综合比选后，决定采用地面WSS工法加固地层。

采用坑道钻机进行深孔注浆（无收缩双液注浆改良土体工法，即WSS工法）加固。先用A、B液（水玻璃+磷酸）后退式注浆进行土体排水，提高土体的抗渗性，当整个加固体采用A、B液后退式注浆施工完成后，再用A、C液（水玻璃+水泥浆）后退式注浆进行土体固结，改变原土体物理性质并提高土体的抗压强度，最终使软弱的土层成为抗渗性高、抗压强度高和稳定性高的土体，以便于开舱检查、更换刀具、清除泥饼、孤石处理等。

注浆浆液配备如下：

（1）A液=水玻璃（45Be′）:水=1:1。

（2）B液=磷酸:水=1:10。

（3）C液=水泥（42.5R普通硅酸盐水泥）:水=1:1。

（4）A液:B液=1:1。

（5）A液:C液=1:1。

加固体范围为隧道掘进方向长5.15m，宽8.4m；隧道掘进方向5排，共计33孔。纵向间距1.0m，横向间距1.2m，加固深度范围为隧道结构底部以下2m至隧道结构顶部以上5m，以梅花形布置。具体注浆范围和注浆孔位布置如图8所示。

WSS注浆加固时间为2016年7月18日—2016年8月13日（前期进行征地、交通疏解等准备工作耗时25d，加固施工耗时10d，合计约30d），加固完成后、常压开舱过程中，由于开挖面出现漏水漏砂即关闭土舱门。并再次采用WSS进行补强加固，补强加固时间为2016年8月22日—2016年9月2日（二次加固施工耗时11d）。两次加固水泥总用量约340t。加固完成后进行气压开舱（图9）。

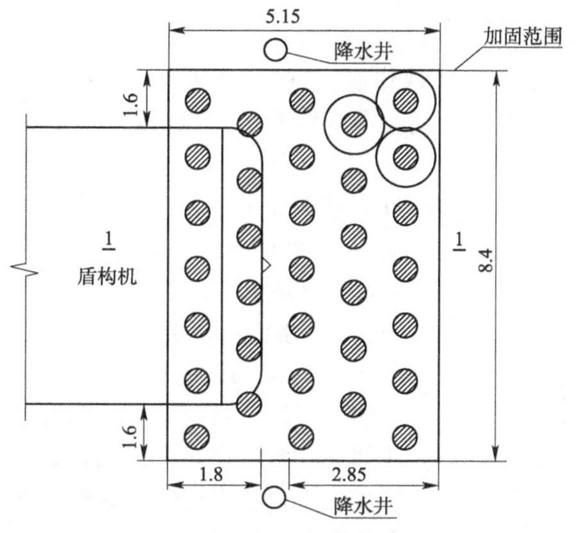

图 8　注浆平面范围与注浆孔位、降水井布置图(尺寸单位:m)

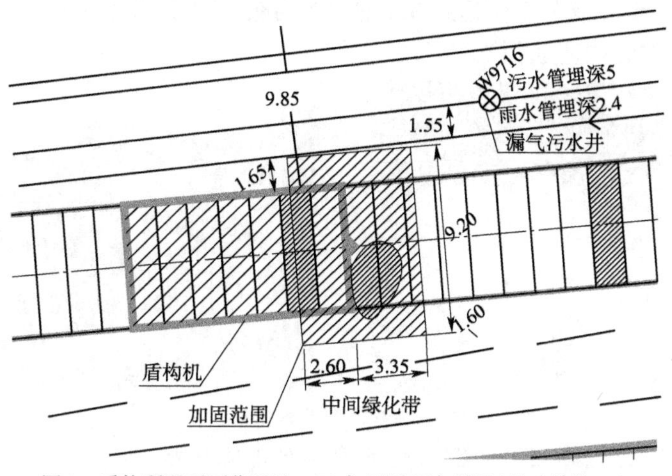

图 9　盾构所遇孤石位置及 WSS 加固平面布置图(尺寸单位:m)

开舱气压作业时间为 2016 年 9 月 19 日—2016 年 9 月 27 日,共 9d(27 舱)。作业人员通过进舱检查后发现:通过 WSS 注浆工法加固后,舱内渣土已经与化学浆液凝结形成加固体且加固体强度较高,须采用风镐破除加固体,但气压作业清除渣土较慢,仅完成清理舱内约 2/5 的渣土,共更换 9 把单刃滚刀;开舱至第 27 舱时开挖面漏气严重,停止进舱作业(图 10)。同时,项目人员发现刀盘无法启动。WSS 注浆加固进舱失败。

图 10　开挖面清渣情况照片

4.3 旋挖钻+液氮冷冻工法进舱

鉴于开挖面漏气无法继续在舱内作业，且舱内渣土固结，项目部决定采用旋挖钻清理孤石，随后采用冷冻法进行地层加固，防止漏气漏水的影响，以常压进舱的方式更换剩余刀具和清理舱内渣土。

本次孤石处理采用旋挖钻机进行抽芯破碎处理。旋挖钻钻孔孔位布置避开刀盘0.4m，间距为$\phi1000@300$梅花形布置，共布置7个抽芯孔将孤石抽取出，以达到孤石破除效果。孤石抽芯处理完成后，采用M7.5水泥砂浆回填。

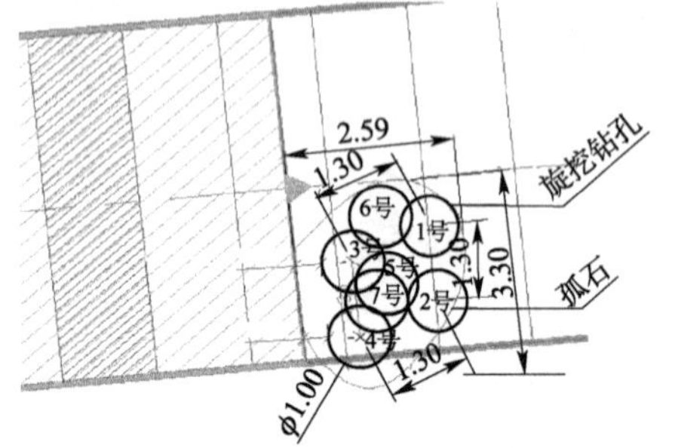

图11 旋挖钻孔平面布置示意图(尺寸单位:m)

2016年11月10日—2016年11月13日旋挖钻孤石抽芯完成，共钻孔7个，钻孔直径1.0m，深度钻至隧道底部2m，抽取出6个孤石岩芯，其中一个孔抽取不出岩芯直接将岩芯压至隧道底部以下2m。图11为旋挖钻孔平面布置示意图。

本次侵入线路的孤石最大直径达到3m，图12为被旋挖钻分解后抽出的部分花岗岩球状风化体，由图可知本次盾构所遇孤石体积非常大。

图12 被旋挖钻挖出的孤石碎块

刀盘前方清理孤石后，项目部组织进行液氮冻结加固止水。

为确保盾构刀盘顺利脱困，须对刀盘周边土体进行加固止水，同时为保证盾构施工工期要求，采用液氮冻结加固方式，即在盾构机、刀盘上部及刀盘前方利用垂直冻结孔冻结加固地层，使盾构、刀盘左右侧、上部和前方范围内土体冻结，形成“∩”状冷冻加固体。盾构底部建议根据现场地质情况采取其他措施(降水或者注浆加固)，确保开舱时盾构底部的安全。图13为盾构停机位置、冻结布孔平面图。

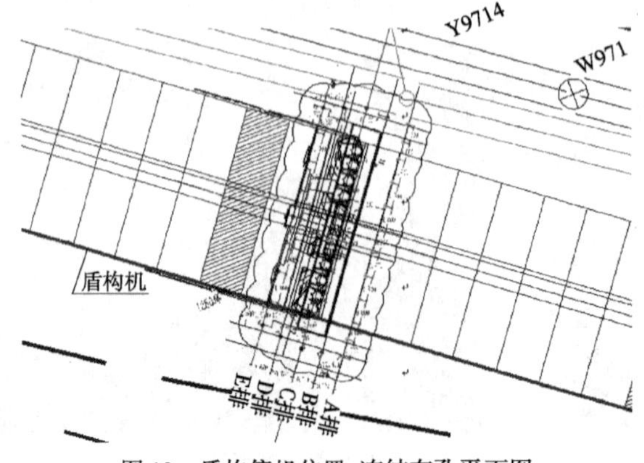

图13 盾构停机位置、冻结布孔平面图

设计采用五排液氮冻结孔，呈梅花形布置。其中，第一排距刀盘1.2m，孔间距0.8m，设计深度22m；第二排孔与第一排排距0.735m，距离盾构0.9m，设计孔深22m；第三排孔距离第二排孔0.716m，盾构两边冻结孔距离盾构1.0m，设计孔深22m，盾构上部冻结孔孔间距1.0m，孔深至盾构顶部1.5m；第四排孔距离第三排孔0.784m，冻结孔距离盾构0.8m，设计孔深22m；第五排孔距离第四排孔0.679m，盾构两边冻结孔距离盾构0.6m，设计孔深22m，盾构上部冻结孔孔间距0.8m，孔深至盾构顶部。共设计冻结孔35个，设计孔深626.828m。冻结孔具体布置如图14所示。

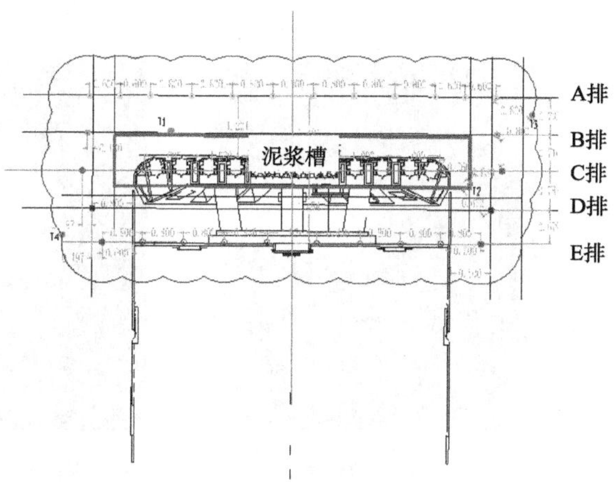

图14　盾构刀盘周边冻结土体剖面图(前进方向示意图)

此次常压作业开舱时间清理了刀盘周边全部固结的渣土和冻土，更换了剩余的17把单刃滚刀，并检查出盾构盾体与刀盘之间的螺栓连接出现的问题，最终经过半个月的修复，总共停机半年后，盾构恢复了掘进(图15、图16)。

图15　液氮加固地层地面情况

图16　土舱内观察开挖面土体加固情况

5　马头庄—枫下区间左线“衡盾泥”辅助带压进舱技术

由于枫下—知识城区间左线盾构在上述各种工法的尝试后，项目部随后所有特殊情况下的进舱作业均采用“衡盾泥”辅助带压进舱技术。下面以马头庄—枫下区间左线盾构某次停机为案例进行分析。

马头庄—枫下区间左线盾构掘进至1228环时，刀盘扭矩逐渐增大至2200kN · m，推力逐渐增大至18000kN，推进速度逐渐降至3 ~ 5mm/min，出土正常，渣样温度较高，有碎石块，经综合判断结合有 4 环基岩凸起段无法实施爆破,被迫停机开舱。

现场按照"衡盾泥"辅助带压进舱技术工艺流程(图 17),利用盾构机主动铰接伸出 100mm 有效行程,为后期刀盘后退(做泥膜及更换刀具)做准备并在盾尾 4 环管片施作止水环,每环管片每个吊装孔均注入水泥水玻璃双液浆,防止盾尾后方管片外侧来水。

"衡盾泥"配制时,通过隧道内的剪切泵连接砂浆台车(图 18),进行 A 液的制作,按照 A 组分:水 =1:2.0 进行充分搅拌;随后通过抽送设备将 A 液抽送到同步注浆灌中,再以 A 液:B 液 =15:1 进行混合(图 19)。

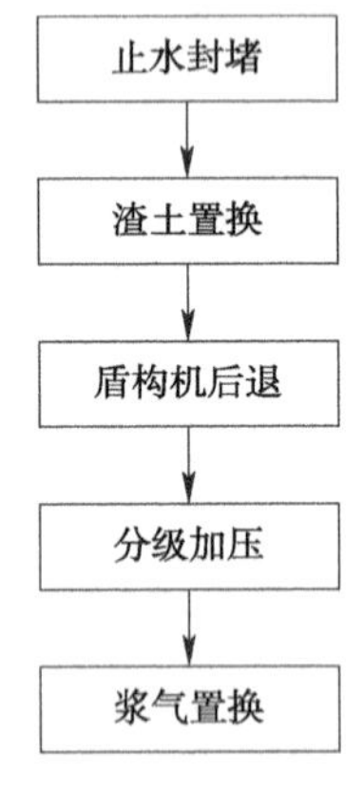

图 17 "衡盾泥"辅助带压进舱技术工艺流程

图 18 剪切泵

图 19 搅拌后进行性能检测

"衡盾泥"A、B 液混合后,利用土舱隔板上部观察孔注入舱内,直至土舱内填充饱满,随后进行渣土置换工作,置换过程中,从超前注浆口和盾体径向口进行补充注浆,动态控制舱内压力。螺旋机排出渣土中出现"衡盾泥"成分后,慢速(0.1r/min)旋转刀盘,随渣土置换步骤完成后,进行盾构机后退的步骤,并开始进行分级加压。

表 2 为马头庄—枫下区间左线 1228 环"衡盾泥"辅助带压进舱技术分级加压记录。

马头庄—枫下区间左线 1228 环"衡盾泥"辅助带压进舱技术分级加压记录 表 2

序号	土舱压力范围(bar)	稳压时段	"衡盾泥"注入量(m^3)	动态稳压时间(min)
1	1.2~1.4	2017 年 05 月 08 日 7:40~23:09	9.5	929
2	1.4~1.6	2017 年 05 月 09 日 0:42~23:50	6.5	1380
3	1.4~1.6	2017 年 05 月 10 日 2:42~23:50	4	1200
4	1.6~1.8	2017 年 05 月 11 日 1:35~22:30	2.7	1260
5	1.6~1.8	2017 年 05 月 12 日 1:23~23:57	2.8	1350
6	1.8~2.0	2017 年 05 月 13 日 0:05~23:51	1.7	1426
7	1.8~2.0	2017 年 05 月 14 日 1:05~23:00	1.8	1315

最后一级保压满足规范要求后,进行“衡盾泥”辅助带压进舱技术的最后一个步骤,通过盾构土舱隔板上的预留孔进行浆气置换,将舱内部分“衡盾泥”排出,使舱内具备作业条件,随即进行带压进舱作业(图20)。

本次马头庄—枫下区间左线带压进舱维修更换刀具,总共进舱21舱,约5.5d,共换单刃滚刀31把,双刃滚刀1把。

“衡盾泥”辅助带压进舱技术带压进舱一次成功!

图20　滚刀刀箱安装位置前方开挖面的“衡盾泥”

6　“衡盾泥”辅助带压进舱技术与其他工法的比较

通过枫下—知识城区间左线盾构1277环、马头桩—枫下区间左线盾构1228环停机处理案例的比较,可以看出“衡盾泥”辅助带压进舱技术具有明显的优势。枫下—知识城区间左线盾构1277环停机耗费了大量工期、人力、物力,教训惨痛。而马头桩—枫下区间左线盾构1228环停机,采用“衡盾泥”辅助带压进舱技术一次完成泥膜制作,一次进舱更换所有磨损过量的刀具。

综合枫下—知识城区间左线盾构1277环、马头桩—枫下区间左线盾构1228环停机处理案例,“衡盾泥”辅助带压进舱工法和其他各种工法对比见表3。

两区间“衡盾泥”辅助带压进舱工法和其他各种工法对比　　表3

序号	比较项目	工法名称			
		枫下—知识城区间左线盾构1277环			马头庄—枫下区间左线盾构1228环
		膨润土泥膜进舱	WSS预加固气压开舱	旋挖钻+液氮冷冻法	“衡盾泥”辅助带压进舱技术
1	进舱前准备时间	3~5d (漏气后须重做) 本项目不成功	借地+加固=(20+10)d 共30d	旋挖钻装机4d; 钻孔埋管+冻结=(7+7)d 共18d	搅拌、渣土置换、分级加压共10d (开舱受右线影响导致耗时增加)
2	舱内作业时间	1d	30d	7d(可延长,但液氮费用增加)	5.5d
3	所需费用	材料费+人工费=2.5+1.54万元 (开挖面漏气时另计)	材料费用(水泥+磷酸、水玻璃)+人工费用=50+10=60万元	材料机具费用(其中旋挖孤石45万元;不锈钢管+液氮=150万元)+人工费(钻孔埋管+冻结=30万元)=195+30=225万元	材料费+人工费=7.5+2=9.5万元
4		管理费用为2万元/d,停机半年,共约360万元。 措施费和管理费总计649万元			正常管理费,进舱换刀前后耗时约15d,约共30万元; 措施费和管理费总计39.5万元
5	是否成功开舱	否	否	是	是

从表 3 的对比可知，在需要检查和维修刀具时，若采用地面注浆加固地层的工法实现进舱，一方面加固体质量较难保证，可能存在漏水泄气通道，对长时间进舱作业造成较大影响；另一方面盾构机刀具更换后恢复掘进有较大风险，难以保证注浆体固结地层的同时，刀盘或盾体不被卡死，造成巨大的经济损失。若第一时间采用“衡盾泥”辅助带压进舱方法，则可节省所需费用，避免工期损失，降低施工风险。

鉴于本次停机的经验教训，本工程其余三台盾构机在后续施工过程中，在遭遇孤石或基岩凸起时，直接采用“衡盾泥”泥膜护壁气压进舱检查及换刀，均获得了成功。该方法在本工程的使用，不仅大大降低了施工风险，还缩短了工期，节省了工程费用。

7 结论

（1）按照现有的《岩土工程勘察规范》（GB 50021—2001）、《城市轨道交通岩土工程勘察规范》（GB 50307—2012）等相关规定，按照中等复杂场地布置的勘探点间距一般为 30 ~ 50m，如盾构隧道线路伏于全风化层附近，盾构遇上孤石的可能性较大，但现有的勘探手段很大程度上无法判断孤石是否侵入隧道，大幅缩小勘探点的间距虽然能准确查孤石位置，但是造价过高，急需一种新的勘探技术既能查清楚隧道线路水文地质条件，又较为经济便捷。

（2）在盾构停机进行加固时，需要严格控制各项注浆参数，做好盾构机外层保护，刀盘前方注浆加固后应适当转动刀盘，防止加固体卡死刀盘。

（3）广州市轨道交通 14 号线支线 5 标 8 次采用“衡盾泥”辅助带压进舱技术，单次进舱时间最长 21d、最短 5d，均满足刀具更换及进舱检查的需要。总结各种工法，“衡盾泥”辅助带压进舱技术与其他开舱方法对比，在经济性和安全性上均能有优异的表现（表 4）。

“衡盾泥”辅助带压进舱技术与其他开舱方法比较 表 4

序 号	开舱方法	优 点	缺 点	进舱前施工用时
1	“衡盾泥”辅助带压进舱技术	经济、快速、开舱作业持续时间长、安全性高	工艺要求高	常规 5 ~ 7d 完成；特殊情况视地层渗透性而定
2	膨润土泥膜护壁带压开舱	经济	泥膜护壁时间短、安全性差	单次 3 ~ 5d，泥膜脱落后需再次护壁
3	WSS 预加固常压开舱	可常压进舱	可靠性低、安全性差，预加固时间长，加固占地大、成本高；当隧道处于江底或海底时需搭建平台	至少 15d（不计占地及平台搭设）
4	三轴搅拌桩预加固常压开舱	可常压进舱安全性高	成本十分高、占地十分大、加固工期长；当隧道处于江底或海底时需搭建平台	至少 15d（不计占地及平台搭设）
5	液氮冷冻法常压开舱	可常压进舱安全性高	成本特别高、占地特别大、冷冻工期十分长；当隧道处于江底或海底时需搭建平台	至少 15 天（不计占地及平台搭设）

结合本工程的实际应用,“衡盾泥”辅助带压进舱技术具有不用地面占地,前期准备时间短,泥膜形成后护壁作用时间长,施工成本低的优点,最重要的优点是其安全性高,本工程8次使用“衡盾泥”辅助带压进舱技术,全部顺利完成换刀作业,无任何安全事故,在全国实属首例。

参考文献

[1] 钟长平,竺维彬,周翠英. 花岗岩风化地层中盾构施工风险和对策研究[J]. 现代隧道技术,2013,50(3):17-23.

[2] 谢壮. 花岗岩球状风化体地段地铁盾构施工风险分析与控制[D]. 长沙:中南大学,2010.

[3] 曾德光,邱小佩,肖双全,等. WSS工法灌浆技术的应用研究[J]. 市政技术,2006,24(4):42-45.

[4] 钟长平,竺维彬. 盾构施工“衡盾泥”辅助新工法研究[J]. 现代隧道技术,2016,53(3):1-7.

基于数值模拟的盾构机刀具优化配置研究

赵雪峰　王　乐　刘小林

（中国石油天然气管道局第四工程分公司　河北廊坊　065000）

摘　要：在盾构法隧道穿越工程中，盾构机刀具是保证盾构正常掘进的关键性控制部位，掌握盾构机刀盘刀具设计理论，针对不同地质条件进行适应性改造，正是这其中的关键和亟待解决的重点。金陵石化物料穿江工程南京盾构工程，最高水压达6.5bar，水压之高国内罕见，根据以往带压进舱更换刀具经验，此水压条件下，如刀具发生严重磨损，很难完成刀具更换，即使能够完成刀具更换，也需付出巨大的工期和经济代价。根据以往的刀具磨损数据和有限元数值建模分析，提出刀具配置的新思路，对盾构机刀具进行自主优化设计及适应性改造，并应用到工程实际，得到了良好的效果，顺利完成隧道施工任务。

关键词：盾构机；刀具；刀盘；数值模拟；优化配置；高水压

1　工程概况

金陵石化物料穿江南京盾构隧道工程位于江苏省南京市境内，隶属于金陵石化物料管道穿江项目。隧道全长2000m，内径3.08m，穿越地层主要为粉细砂层，隧道在南京市六合区玉带镇玉带村与栖霞区甘家巷金陵石化厂区内之间穿越长江。盾构隧道最高水压达6.5bar，水压之高国内罕见，根据以往带压进舱更换刀具经验，此水压条件下，如刀具发生严重磨损，很难完成刀具更换，即使能够完成刀具更换，也需付出巨大的工期和经济代价。针对上述问题，项目组成员联合西南石油大学，进行刀具选配分析，并期望通过试验得到理想的刀具选配方案，但是由于盾构刀具模拟实际工况的费用巨大，且可操作性差，因此项目组成员提出了根据以往的刀具磨损数据和有限元数值建模分析，对盾构机刀具进行自主优化设计及适应性改造，并应用到工程。

2　研究方向

针对盾构的工程地质及水文情况，分析各种刀具磨损的原因，重点分析复杂地质对刀具耐磨性的影响，根据海瑞克AVND3080AH泥水平衡式盾构机，对刀盘、刀具建模；根据地层参数进行刀盘刀具工况进行数值模拟，优化各部分结构参数，摸索地层与刀具的本质关系，达到与实际工程所需设备各项数据指标基本一致，从而保证数值模拟的盾构各结构参数合理准确；同时进行数值模拟分析刀具的受力性能；利用有限元软件模拟各类型刀具在刀盘中的组合方式，优化刀具配备种类及组成形式，此次刀盘适应性改造基于计算机仿真技术，对刀盘、刀具结合具体工况进行数值模拟，保证预期工作周期（寿命）的前提下，给出刀盘配制刀具方案。

作者简介：赵雪峰（1982—），男，硕士，工程师。目前主要从事盾构技术与项目管理等工作。Email：9613887@qq.com。

3　刀具结构分析和工作行为分析

3.1　滚刀的结构及工作行为分析

3.1.1　理论切入点

滚刀间距、贯入度影响破岩效果和刀圈寿命。滚刀破岩分挤压、起裂和破碎三阶段，挤压阶段是指滚刀在高推力作用下，切入岩石表面（切入深度取决于岩体强度），如图1所示。

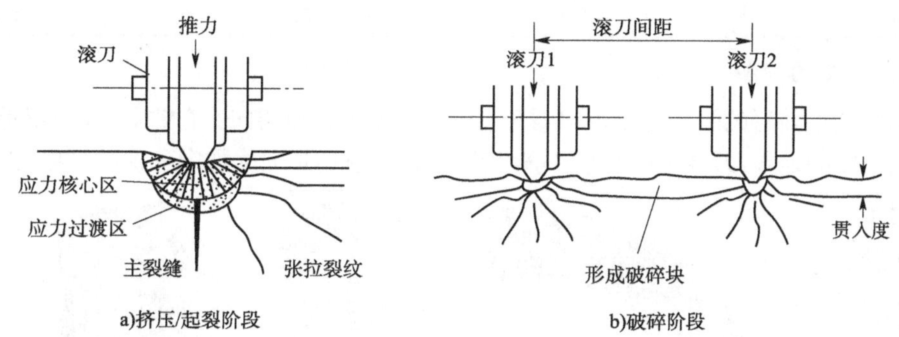

图1　滚刀破岩机理

3.1.2　滚刀的寿命计算

盾构机刀盘外圈刀具的磨损量的计算公式如下：

$$\delta = \frac{1}{10} \times K \times \pi \times D \times N \times \frac{L}{V} \tag{1}$$

式中：δ——磨损量（mm）；

K——磨损的系数（mm/km）；

D——盾构机的刀盘外径（m）；

N——刀盘的转动速度（r/min）；

L——盾构掘进距离（m）；

V——盾构掘进速度（cm/min）。

将滚刀的磨损量计算公式经过变形后可得到滚刀的掘进距离计算公式：

$$L = \frac{10}{2\pi R}\lambda P_e = \frac{5P_e\lambda}{\pi R} \tag{2}$$

式中：P_e——滚刀的切入深度，即为滚刀每转的切入深度（cm/r）；

R——滚刀中容易磨损的最外周滚到的安装半径（m）；

λ——滚刀的转动距离寿命，即滚刀达到规定的磨损量时，掘进开挖面同时转动情况下的可能距离（km）。

根据滚刀的工作情况，正滚刀和边滚刀的最大磨损量分别为20mm和15mm，将滚刀的工况数据一并代入到以上公式中，求得正滚刀和边滚刀的掘进距离分别为：$L_{正} = 3293$m，$L_{边} = 2025$m。

通过分析正滚刀和边滚刀掘进距离的大小，这两种滚刀的掘进距离寿命在合理的范围之类，即满足掘进距离要求。

滚刀的实际的磨耗系数如下：

$$K_n = \frac{K}{n^{0.333}} \tag{3}$$

式中：n 为每圆周上滚刀的数量，具体的 K 值可以根据相应的地层条件按照表 1 进行选择。

不同地层 K 值 表 1

滚刀刀圈材质	砂　砾	黏　土	砂
E-2	25 ~ 45	4 ~ 15	15 ~ 25
E-3	12.5 ~ 22.5	2 ~ 2.75	7.5 ~ 12.5
E-5	8.6 ~ 15.5	1.37 ~ 5.17	5.17 ~ 8.6

3.1.3 滚刀的受力分析

通过刀圈变形前后的图片对比可以看出，刀圈在径向力和切向力（摩擦力）的双重作用下，在所取的受力体的地方，刀圈半径变小，同时刀圈实体还有向切向力方向移动的迹象（图 2）。

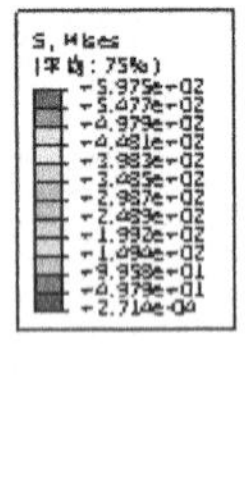

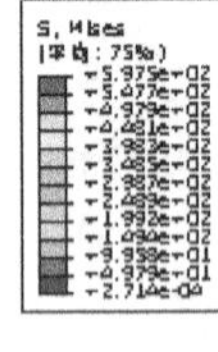
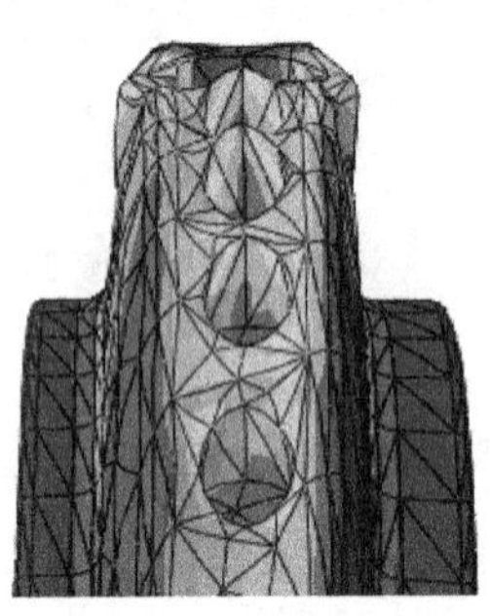

图 2　刀圈变形前后图

从刀圈的应力云图可以直观的分析出刀圈的应力状况，最大的应力在 490 ~ 550MPa 之间。由此，根据刀圈的受力情况，选择抗拉压强度均很大的硬质合金 YG6 作为刀圈的材料，它的最大抗压强度为 1450MPa，抗弯强度 2300MPa，完全可以满足刀圈材料的强度要求。

滚刀寿命计算结果见表 2。

滚刀寿命计算结果 表 2

参 数 名 称	黏　土　层	砂　　层	砂　砾　层
限定磨损量（mm）	10	10	10
磨耗系数（mm/km）	5.15×10^{-3}	8.6×10^{-3}	15.5×10^{-3}
安装半径（m）	1.54	1.54	1.54
转动距离寿命（km）	2805	1686	935
掘进距离寿命（m）	5798	3485	1933

3.1.4 刀间距对双刃滚刀破岩的影响仿真

（1）设置模型的材料属性。岩石的材料参数按照工程实际来进行设置，模型中按照岩石的抗压强度来定义材料硬化，同时还要定义岩石的损伤系数。刀圈材料就选用 YG6 硬质合金钢，它的弹性模量 $E = 210\text{GPa}$，泊松比比 $\mu = 0.3$。

（2）分析步的设置。滚刀切削岩石为非线性过程，所以分析步类型为动力-显示。总时长设为 0.08s。

（3）接触关系设置。接触关系为面 - 面接触，为了节省运算时间将刀圈设为刚体，参考点为其中心。在滚刀和岩石的接触上，选择刀具滚压岩石的表面为主表面（即刀圈的外刀圈面)，岩石与滚刀接触的表面为从面，并设定摩擦系数为0.2。

(4)边界条件设定如图3所示。

(5)网格划分如图4所示。

图3　边界条件设定

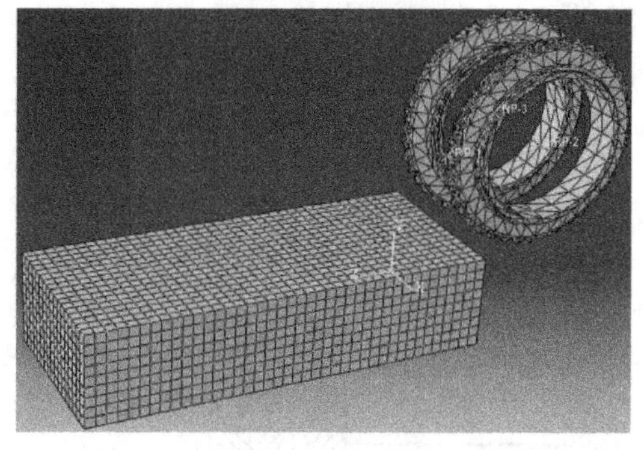

图4　网格划分

(6)仿真结果及结论。通过改变刀间距，我们可以得到双刃滚刀在不同刀间距下的破岩情况，如图5所示。

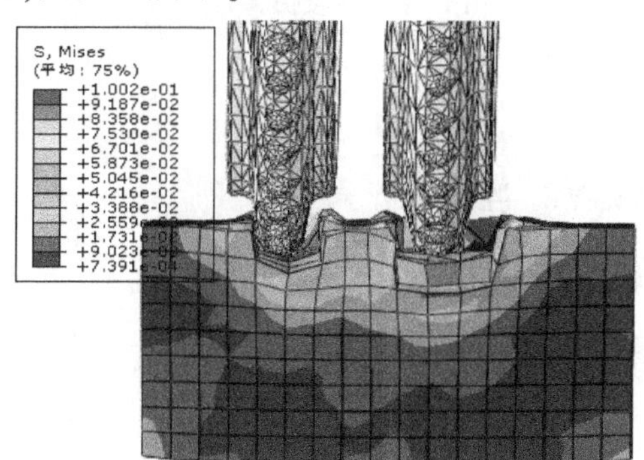

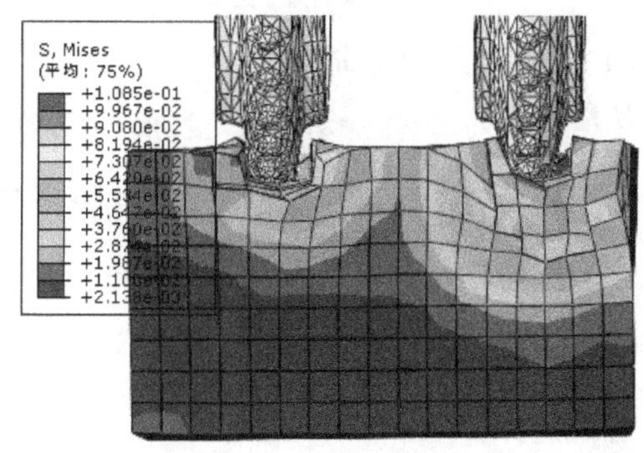

图5　双刃滚刀不同力矩下的破岩情况

3.1.5　*滚刀仿真结论*

通过刀圈变形前后的图片对比可以看出，刀圈在径向力和切向力(摩擦力)的双重作用下，在所取的受力体的地方，刀圈半径变小了，同时刀圈实体还有向切向力方向移动的迹象。

从刀圈的应力云图可以直观的分析出刀圈的应力状况，最大的应力在340～400MPa之间。由此，根据刀圈的受力情况，我们选择抗拉压强度均很大的硬质合金YG6作为刀圈的材料，它的最大抗压强度为1450MPa，抗弯强度2300MPa，完全可以满足刀圈材料的强度要求。

3.2　边刮刀的结构及工作行为分析

(1)边缘刮刀组成。

边缘刮刀是由刀体、刀刃和合金齿三部分组成的，刀体对刀刃和合金齿起支撑和保护作用，要有足够的强度和耐磨性，选用Q345A，采用表面硬化技术或局部堆焊耐磨层，使其硬度达到HRC40以上。刀刃和合金齿是边缘刮刀刮削岩土和保护刀体不被磨损的关键部位，采用硬质合金YG11C制造。

(2)边缘刮刀强度校核。

刀盘刮死不动时，边缘刮刀受切削力F(由刀盘扭矩T转化而来)和阻力f作用。根据边缘刮刀的受力状态和危险截面的位置选择用压应力计算公式计算边缘刮刀的最大应力。

$$\sigma_{\max} = \frac{f_1}{A} \tag{4}$$

理论计算得到边缘刮刀的最大应力为 57.15MPa，小于 Q345A 的许用应力和 YG11C 的抗弯强度，故边缘刮刀结构安全(图 6)。

(3)刮刀强度仿真如图 7 所示。

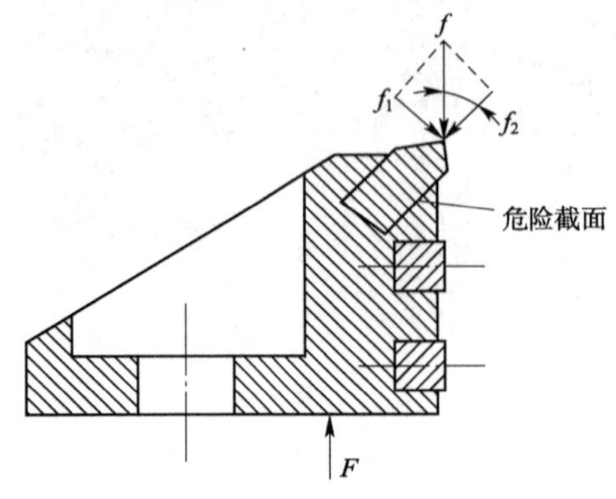

图 6　边缘刮刀受力图

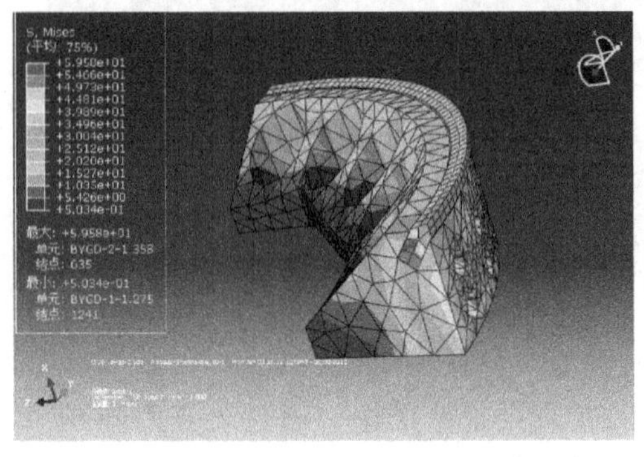

图 7　刮刀强度仿真

(4)边缘刮刀的寿命计算。

M 磨损量：

$$\delta = \frac{1}{10} K \times \pi \times D \times N \times \frac{L}{V}$$

刮刀的磨损系数：

$$K_n = \frac{K}{n^{0.333}}$$

寿命计算：

$$L = \frac{10}{2\pi R} \lambda P_e = \frac{5 P_e \lambda}{\pi R}$$

边缘刮刀寿命计算结果见表 3。

边缘刮刀寿命计算结果　　表 3

参数名称	黏土层	砂层	砂砾层
限定磨损量(mm)	10	10	10
磨耗系数(mm/km)	5.17×10^{-3}	8.6×10^{-3}	15.5×10^{-3}
安装半径(m)	1.54	1.54	1.54
转动距离寿命(km)	2805	1686	935
掘进距离寿命(m)	5798	3485	1933

(5)边刮刀仿真结论。

经过与盾构刀具实际切削过程比较可知：在切削初始阶段，土体受到先行刀的挤压，应力增大，产生塑性变形，这与实际切削的效果相同；在切削进行阶段，土体的应力增大，塑性变形增大，但未产生断裂，这与实际情况不符；在切削完成阶段，土体只是一直向前推进，一直未产生断裂和切屑，这与实际情况不符。

分析仿真结果与真实切削效果的区别，得到仿真失败的原因：土体的损伤和失效定义不正确，导致仿真结果不像正常切削过程一样产生卷曲状的塑性变形且形成切屑，而只是一味的向前推进。

如果想要完成先行刀的切削仿真,我认为还要在弹塑性力学和损伤力学方面积累更多的知识,对土体的 Drucker-Prager 本构模型有更深的研究,要通过实验的方法得到正确的土体应力-应变失效曲线。

3.3 中心撕裂刀的结构及工作行为分析

在采取全断面盾构掘削土体时,在刀盘的不同位置布置切削刀,从外周至中心,刀的运动圆周逐渐变小,理论上可以将中心点圆周运动视为零,土体的流动性也会越来越差,且中心支撑部位不能布置切削刀,为改善刀盘中心部位土体搅拌效果,需在中心处布置合适的刀具。所以针对特定的工况条件分析刀具结构和布置形式,选择合适的刀具进行盾构显得尤为重要。

中心撕裂刀刀座与刀体焊接为一体,刀体两端向外伸出一定角度,且端面结构复杂,刀刃采用较硬的合金工具钢制作,为的是刀具在掘进过程中更好的切削土体,且将切下的土体进一步搅拌,起到撕裂土体的作用,为增加刀体的耐磨性还在刀体表面焊接了硬质合金齿。撕裂刀属于切削刀具的一种,采取刮切形式破碎岩土,主要的磨损失效形式有:正常磨损—刀刃磨损达到允许磨损值;非正常磨损包括刀刃断裂或脱落,刀体变形等(图 8)。

刀具在切削过程中受到一个推进方向上由推力推动土体时土体产生的阻力 $F_{推}$;刀具随道盘转动切削土体,又受到一个切削方向上的阻力 $F_{切削}$,这个力矩作用使刀具弯曲。这是一个压弯组合结构,危险截面如图 9 所示。

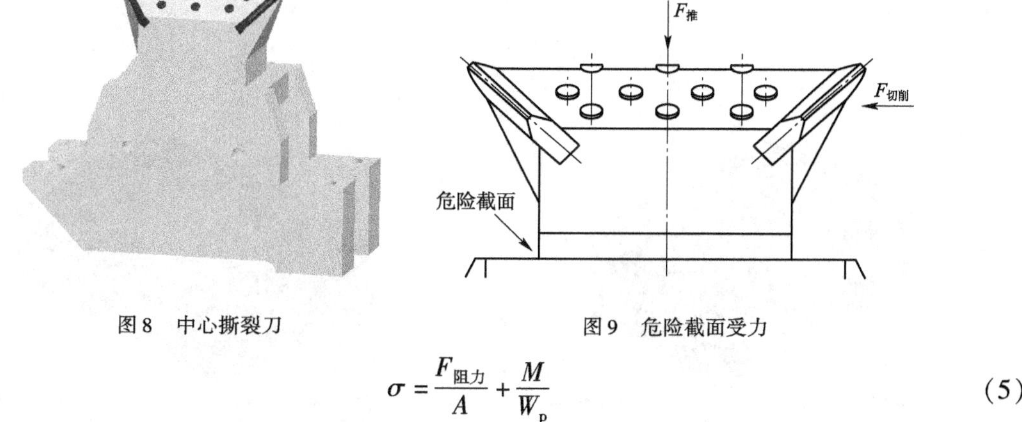

图 8 中心撕裂刀　　图 9 危险截面受力

$$\sigma = \frac{F_{阻力}}{A} + \frac{M}{W_p} \tag{5}$$

由式(5)计算得出危险截面处刀具的应力为 198MPa,刀具材料为 45 号钢。$[\sigma] = 335\text{MPa} > \sigma$,安全。

通常盾构刀盘上刀具的磨损量按式(1)计算。

刀具磨损量的计算是根据切削轨迹上直径最大的 1 把刀,当布置的刀具数量不止 1 把时,随着切削时每把刀具的厚度减小,切削力也就随之减小。当同条轨迹线上安装 n 把刀时,磨耗系数 K_n 可根据其他国家施工经验做出推算:

$$K_n = \frac{K}{n^{0.333}} \tag{6}$$

磨耗系数的选择见表 4,刀具在不同地层中的掘进寿命见表 5。

泥水平衡式盾构磨耗系数 表4

黏土 $\times 10^{-3}$(mm/km)	砂 $\times 10^{-3}$(mm/km)	砂砾 $\times 10^{-3}$(mm/km)	刀头材料(硬质合金)(mm/km)
4 ~ 15	15 ~ 25	25 ~ 45	10^{-5}
2 ~ 2.75	7.5 ~ 12.5	12.5 ~ 22.5	10^{-3}
1.37 ~ 5.17	5.17 ~ 8.6	8.6 ~ 15.5	10^{-2}

刀具在不同地层中的掘进寿命(单位:m) 表5

岩土层名称	撕裂刀(安装半径0.09m)	撕裂刀(安装半径0.27m)	单刃滚刀
黏土	162237	54079	20859
砂	35653	11884	4584
砂卵石	19802	6600	2546

3.4 齿刀的结构及工作行为分析

对于齿刀,其重要的参数为:前、后角,切削角,高度和宽度。

前后角越大,切刀所受到的切削阻力就越小;反之,切刀所受到的切削阻力就越大。前角与后角的取值一般在5°~20°之间。

为了便于计算且适用于一般的软岩地层中,所建立的模型选取切刀刀刃角为60°,前后角各为15°。

图10所示的两个应力云图是分别对刀具宽度为50mm和100mm的情况下土体内的应力分布进行了分析。

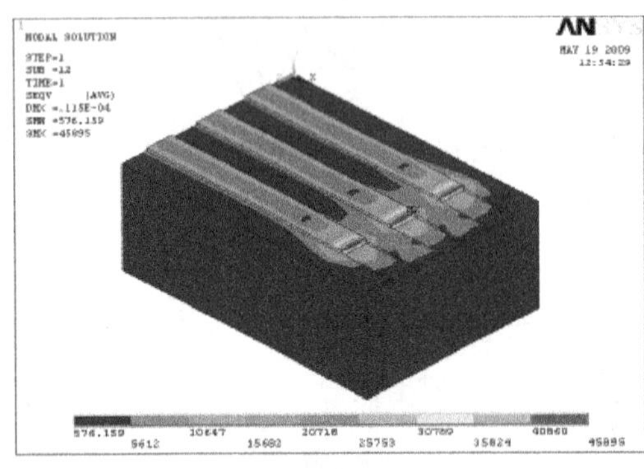

a)刀宽50mm

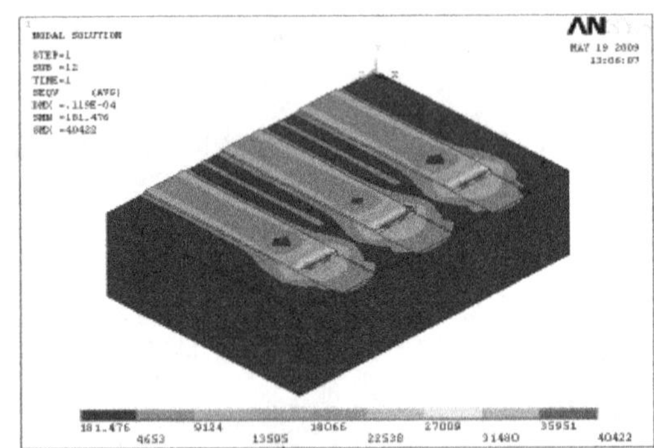

b)刀宽100mm

图10 应力图

由图10可以得出,在土层被剪切而破坏时,对于不同刀具宽度,其施加的压力基本相同。因此,我们从刀具切削受力的角度来看,刀具的宽度对其影响是不明显的,更多的是考虑其安装、制造以及刀具磨损失效后的更换问题。

滚刀高度设置为175mm,切刀设置为150mm。本模型选取切刀刀刃角为60°,前后角各为15°。而宽度采用120mm比较合适,高度设置为160mm(图11)盾构刀盘外圈齿刀的磨损见表6。

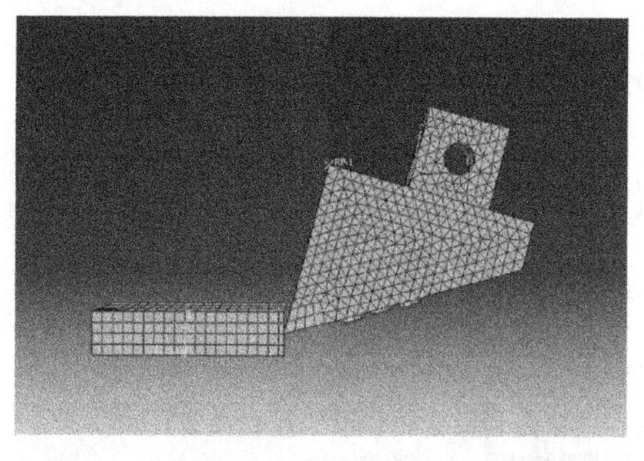
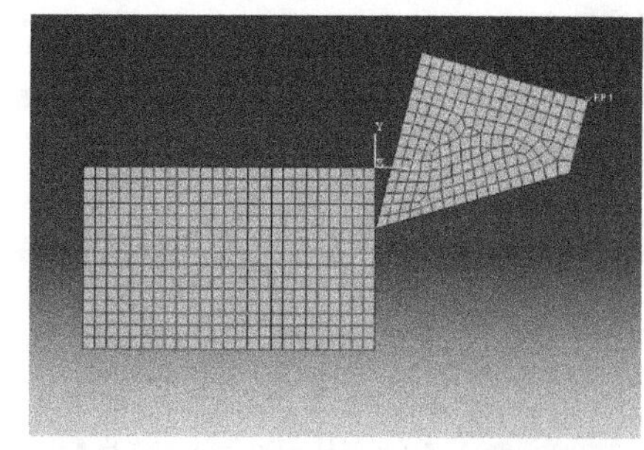
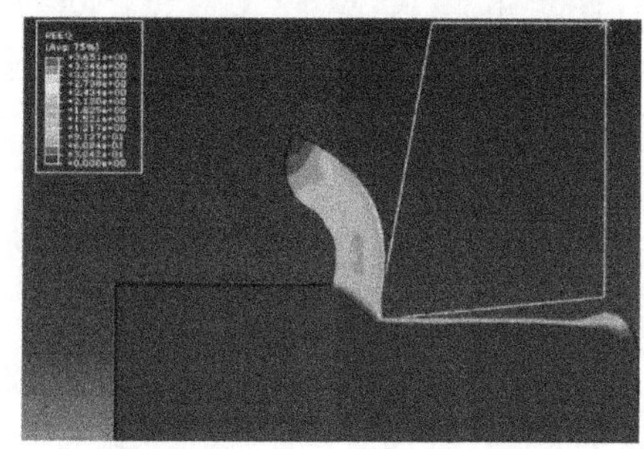
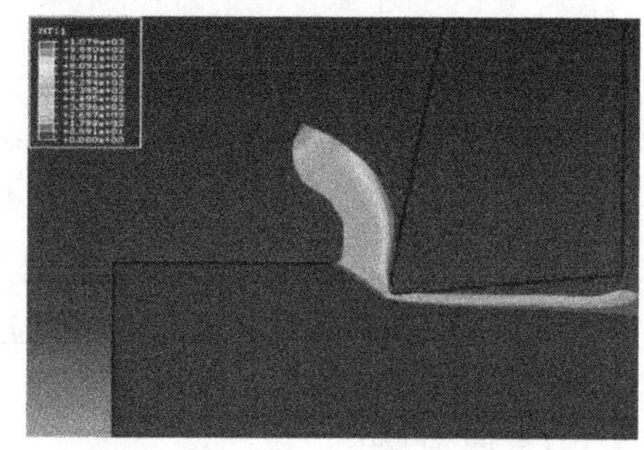

图 11　滚刀模型

盾构刀盘外圈齿刀的磨损　　表 6

切削刀具的位置	切削刀具(内圈)	切削刀具(中间部)	切削刀具(外圈)
限定磨损量 t(m)	20	20	20
磨耗系数 k(mm/km)	12.5×10^{-3}	12.5×10^{-3}	12.5×10^{-3}
每条轨迹切刀数 n	4	8	12
K_n(mm/km)	7.88×10^{-3}	6.25×10^{-3}	4.34×10^{-3}
刀具的转动寿命 λ(km)	2538	3200	4630
刀具的切入量 P_e(cm/r)	2.3	2.3	2.3
刀具的安装半径 R(m)	0.5	1.0	1.5
刀具的掘进距离寿命 L(m)	18590	11720	11305
区间隧道掘进距离(m)	2690	2690	2690

3.5　贝壳刀的结构及工作行为分析

(1)贝壳刀简介

贝壳刀实质上是超前刀,盾构机穿越砂卵石地层,特别是大粒径砂卵石地层时,若采用滚刀型刀具,因土体属松散体,在滚刀掘进挤压下会产生较大变形,大大降低滚刀的切削效果,有时甚至丧失切削破碎能力。采用盘圈贝型刀,将其布置在刀盘盘圈前端面,专用于切削砂卵石,可较好地解决盾构机切削土体(砂卵石)的难题。

(2)贝壳刀的寿命计算

贝壳刀切削岩土时,其运动轨迹为阿基米德螺旋线,但由于盾构机的掘进速度非常小,所以静力学分析时,可以近似看做圆周运动。刀盘转动时,刀具嵌入岩土之中,两侧面法线均与运动方向垂直,受到的岩土挤压力处于近似平衡状态,并且相对于正向和径向压力来说很小。因此,可将贝壳刀应力简化为平面应力进行分析(图 12)。

Mises 屈服准则,在一定的变形条件下,当受力物体内一点的应力偏张力的第二不变量达到某一定值时，该点就开始进入塑性状态，即：

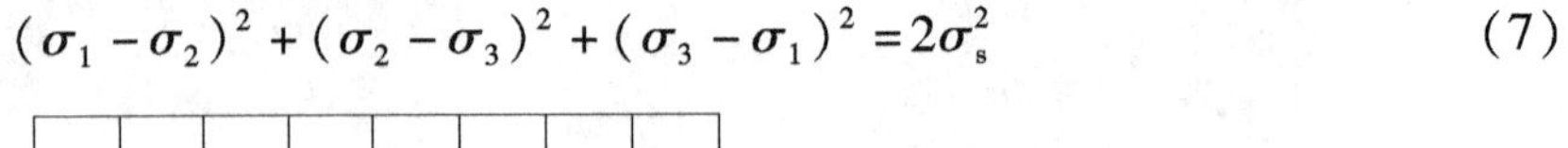

$$(\sigma_1-\sigma_2)^2+(\sigma_2-\sigma_3)^2+(\sigma_3-\sigma_1)^2=2\sigma_s^2 \tag{7}$$

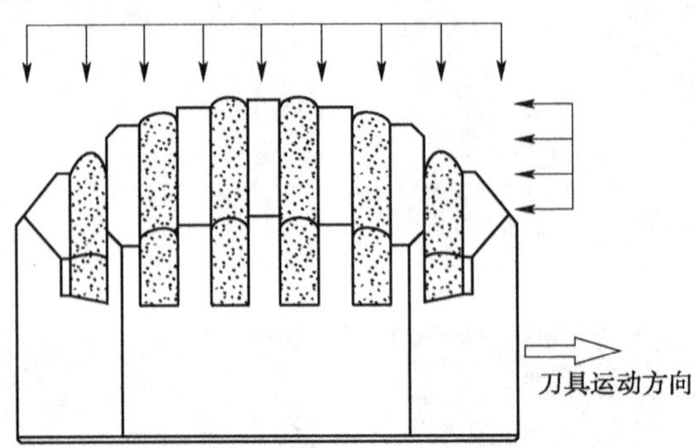

图 12　贝壳刀应力简图

根据长距离隧道盾构刀具磨损经验，采用如下刀具磨损计算公式：

$$\delta=\frac{LK_nN\pi D}{v} \tag{8}$$

式中：δ——刀具磨损量；

L——掘进距离；

K_n——同轨迹布置 n 把刀时，刀具综合磨损系数；

D——刀具挖掘外径；

N——刀盘转速；

v——掘进速度。

为了确定当刀盘磨损达到刀具限定磨耗量时盾构所能推进的距离，即确定刀具的掘削距离寿命，可对上式作适当变化：

$$L=\frac{\delta_v}{K_nN\pi D} \tag{9}$$

本公式适用地质条件为：黏土、砂土、砂砾。切削刀具条件为：①采用日本标准 E3 硬质合金（硬度和韧性均适中，适合砂砾地质）；②刀具限定磨损量：20mm；③盾构机工作参数：刀盘转速 1.2r/min；掘进速度 2mm/min；刀盘直径 3.08m。

贝壳刀安装位置、安装半径和每条轨迹刀具数见表 7，贝壳刀各位置参数见表 8。

贝壳刀安装位置、安装半径和每条轨迹刀具数　　表 7

贝壳刀安装位置	刀具安装半径（m）	每条轨迹刀具数
内周部	0.6	2 把
中周部	0.9	3 把
外周部	1.45	4 把

贝壳刀各位置参数　　表 8

贝壳刀位置	内　周　部	中　周　部	外　周　部
限定磨损量 δ（mm）	20	20	20
磨砂系数 K（mm/km）	22.5×10^{-3}	22.5×10^{-3}	22.5×10^{-3}
每条轨迹刀具数	2	3	5

续上表

贝壳刀位置	内 周 部	中 周 部	外 周 部
综合磨损系数 K_n(mm/km)	17.86×10^{-3}	15.61×10^{-3}	13.17×10^{-3}
刀具转动距离寿命 λ(km)	1120	1281	1519
刀具切入量 P_e(mm)	10	10	10
刀具安装半径 R(m)	0.6	0.9	1.45
刀具掘进距离 L(km)	2.97	2.27	1.67
预期使用寿命(月)	4.03	3.07	2.25

(3)贝壳刀的受力分析

在进行有限元分析前,首先要建立分析模型,主要是材料属性和装配关系的设定。由于是由第三方建模软件导入的实体,所以对装配关系不再赘述,只对刀具材料进行指定。

刀体和刀刃材料按照线弹性设置,即只需要设定材料的密度、弹性模量和泊松比。刀体材料选用 Q345 钢,密度,弹性模量 210GPa,泊松比 0.3。贝壳刀模型及计算云图如图 13 所示。

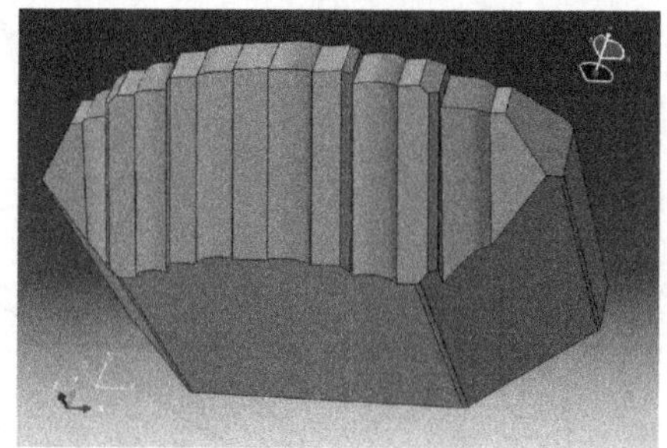

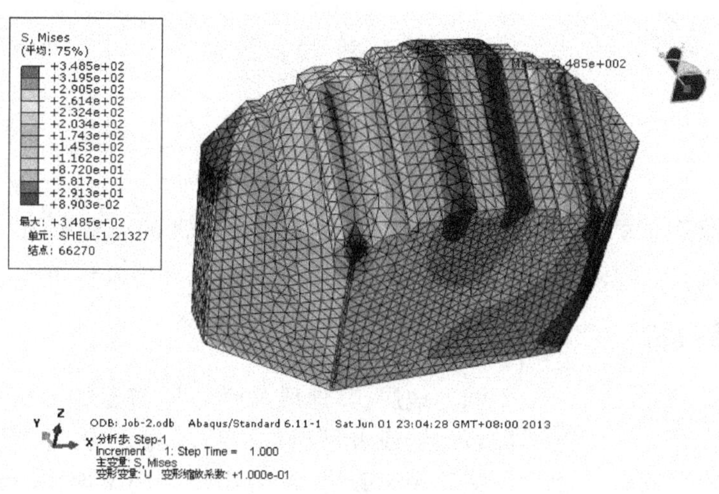

图 13 贝壳刀模型及计算云图

(4)贝壳刀的布置

单螺旋线布置,当一动点 P 沿动射线 OP 以等速率运动的同时,这条射线又以等角速度绕 O 点旋转,这样动点 P 所滑过的轨迹即为阿基米德螺旋线,阿基米德螺旋线的极坐标描述为:

$$\rho=\rho_0+\alpha\cdot(\theta-\theta_0) \tag{10}$$

式中:ρ——极径;

ρ_0——极径初始值；

α——常系数；

θ——极角；

θ_0——极角初始值。

基于等寿命原则的刀具布置，刀具的寿命与刀具的切削距离密切相关。由于刀盘是定轴旋转，刀具的磨损量跟刀具的安装半径成正比关系，刀具的安装半径越大，刀具寿命就越短。为了达到这一目的，就要在半径刀的位置安装更多的刀具，从而分摊一把刀时的磨损量，使各个安装半径处的刀具磨损量十分接近(图 14)。假设安装半径处有 n 把刀，那么每把刀的磨损为：

$$M_i = \frac{2\pi K_n LNR_i}{v}$$

式中：M_i——摩擦量(mm)；

K_n——磨耗系数(mm/km)；

N——盾构刀盘的转速(r/min)；

L——掘进距离(m)；

v——掘进速度(cm/min)。

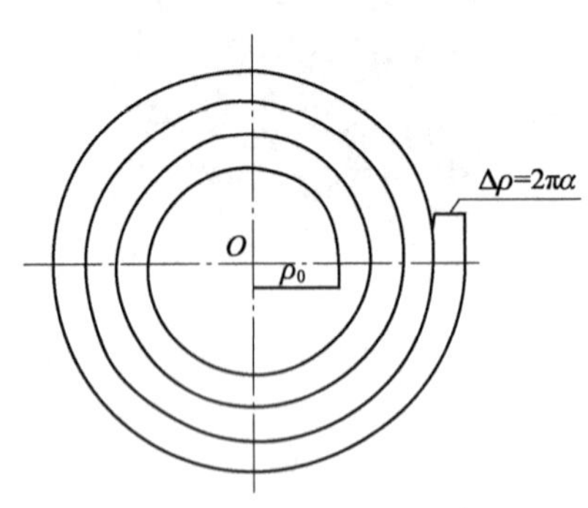

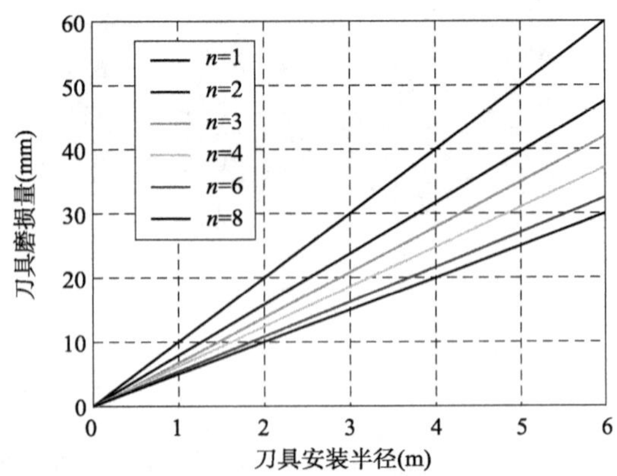

图 14　贝壳刀安装半径

贝壳刀的布置采用了单螺旋线的布置方式，同时遵循等寿命的布置原则。在刀盘的外周边刀具数量明显增加，为了尽量实现等量磨损的目的，部分刀具两两并行布置(图 15)。

4　刀盘刀具配置分析

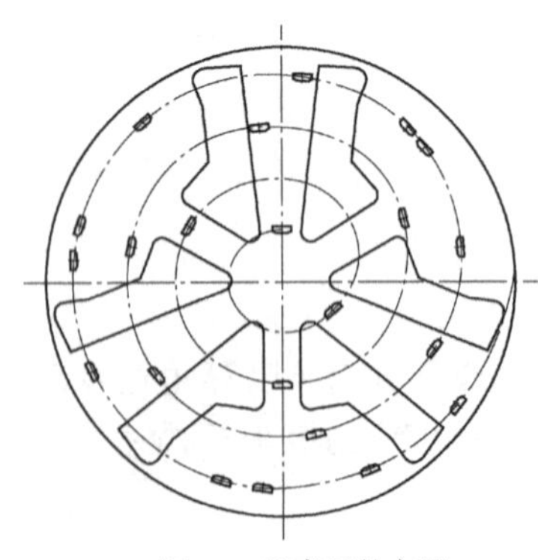

图 15　贝壳刀的布置

不同的地层，其地质特性不同需要的刀具组合就不同，对于砂卵石地层或者硬岩层进行配置，主要配置滚刀、先行刀和刮刀。滚刀用于破岩，刮刀用于刮削土面，先行刀辅助刮刀进行刮切。

滚刀布置的原则是每把滚刀在破岩时所受的负荷相当，工作量相当，并且其合力通过刀盘中心，产生倾覆力矩为零。滚刀布置多采用王家騄提出的单螺旋线或双螺旋线布置方法，在此设计中采用单螺旋线布置方法(图 16)。

刮刀的布置与滚刀不同，滚刀在掘进过程中进行破岩，起到先导作用,而切刀主要是用于刮渣,起到清理作用。切刀的布置是成组出现,对称布置的,切刀布置于开口槽一侧,切刀布置的要求是必须能覆盖整个开挖面,起到全面清除的作用,布置有一定重叠量则可以减少刀具的磨损,并且保证刮切质量(图 17)。

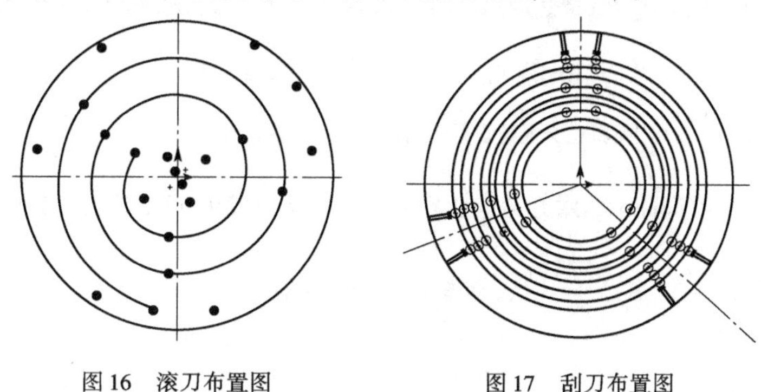

图 16　滚刀布置图　　　　图 17　刮刀布置图

5　结语

不同的地层,其地质特性不同需要的刀具组合就不同,对于砂卵石地层或者硬岩层进行配置,主要配置滚刀、先行刀和刮刀。滚刀用于破岩,刮刀用于刮削土面,先行刀辅助刮刀进行刮切。通过刀盘运动行为分析,验证了南京盾构刀盘刀具配置的合理性,形成了较为完整的设计体系。刀具的配置关系到盾构机是否能够迅速掘进,而且也关系到整个施工进度是否能够按时完成,这必须对地质情况进行详细的了解与分析。

金陵石化南京长江盾构工程盾构设备改造过程中应用了本方案。利用计算机仿真技术,通过有限元软件对刀盘刀具的各项特性进行科学的计算及分析,使刀盘刀具更具有针对性及适用性,开创了长距离不换刀一次性穿越长江的先例,隧道长 2000m,降低了施工成本,保证了施工进度,为后续工程提供了很好的借鉴经验,并为刀盘刀具的适应性改造提供了很好的研究方向。

参考文献

[1] 张凤祥,朱合华,傅德明. 盾构隧道[M]. 北京:人民交通出版社,2004.
[2] 何其平. 土压平衡盾构刀盘结构探讨[J]. 工程机械,2003,34(11):10-16.
[3] 周文波. 盾构法隧道施工技术及应用[M]. 北京:中国建筑工业出版社,2004.
[4] 陈馈,洪开荣,吴学松. 盾构施工技术[M]. 北京:人民交通出版社,2009.

高水压复合地层海底带压进舱换刀技术

陈集勇　何阳油　蔡晓平

（广州轨道交通建设监理有限公司　广东广州　511400）

摘　要：通过本工程海底高承压水开舱作业实践总结的经验，希望对以后类似工程海底开舱作业有借鉴作用。

关键词：泥水盾构；海底隧道；复合地层；超高水压；带压开舱

1　引言

盾构掘进施工过程中对刀具的更换必不可少，而在水下隧道建设中，由于水压高，地层条件差，往往不具备常压换刀的条件，而采用底层加固方式又会造成工程投资大，且所需时间很长，所以一般都采用带压开舱，在超高水压复合地层带压进舱换刀目前国内工程案例较少，经验较为欠缺，通过在厦门本岛至翔安过海隧道高压富水复杂地层带压进舱作业的实践探索与研究，总结出在超高水压下进舱换刀技术，主要对带压进舱作业前的泥浆制备、泥膜实验、浆液置换、泥膜制作、压力设置等主要技术进行总结。

2　工程概况

厦门本岛至翔安过海通道工程五缘湾站—刘五店站泥水盾构区间（以下简称五—刘泥水区间），左线里程 DK17 +937.5 ~ DK19 +359.428，全长 1417.218m，于 DK18 +200、DK18 +729.5 处设两座联络通道。区间两台采用泥水平衡盾构施工，盾构自刘五店站始发，向工法交接点掘进，掘进至工法交接点后在隧道内拆机解体，运输至刘五店站吊出。

区间最小曲线半径 800m，最大坡度 28‰，隧道覆土厚度 11.5 ~24.7m，线间距 15 ~25m。盾构隧道采用通用楔形管环，每环由 6 块管片组成。管环外径 6.7m，内径 6m，壁厚 0.35m，环宽 1.5m，混凝土强度等级 C55，抗渗等级 P12（图 1）。

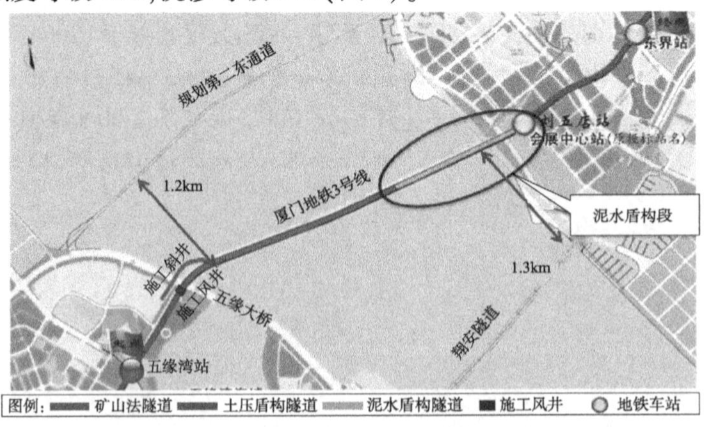

图 1　五缘湾站—刘五店站泥水盾构区间平面示意图

作者简介：陈集勇（1989—），男，大学本科，助理工程师，广州轨道交通建设监理有限公司项目专业监理工程师。主要从事地铁建设监理工作。Email：451410017 @ qq. com。

3 工程地质及水文地质情况

3.1 工程地质情况

区间隧道穿越地层有:〈8-1〉黏土、粉质黏土;〈8-4〉中砂、粗砂、砾砂;〈11-1〉残积砂质黏性土;〈17-1〉全风化花岗闪长岩;〈17-2-1〉散体状强风化花岗闪长岩;〈17-2-2〉散体状强风化花岗闪长岩;〈17-3-2〉碎裂状强风化花岗闪长岩;〈17-4〉中等风化花岗闪长岩;〈17-5〉微风化花岗闪长岩。左线探明孤石 3 处、右线探明孤石 4 处(图 2、图 3)。

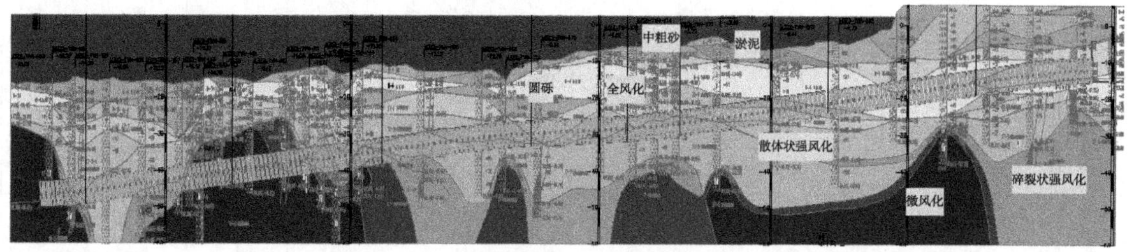

图 2 左线地质剖面图

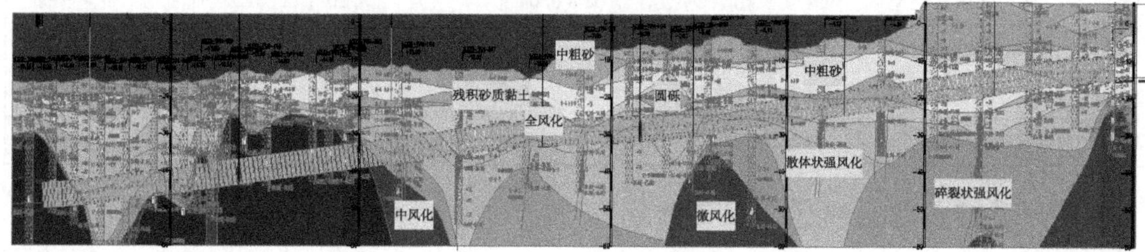

图 3 右线地质剖面图

3.2 水文地质条件

区间地表水主要为海水。根据地下水含水层所处的平面位置及性质,场区地下水可分为陆域地下水和海域地下水两段。

(1)陆域地下水

分布于陆域范围内地层中的地下水,据其赋存形式分为松散岩类孔隙水、风化残积孔隙裂隙水、基岩裂隙水三种。其中,松散岩类孔隙水主要赋存于第四系填土、砂类土和碎石类土中,风化残积孔隙裂隙水赋存于基岩全~强风化层中,基岩裂隙水赋存于碎裂状强风化带以下的基岩风化裂隙及构造裂隙中,承压水位高程在 -3.05 ~ -1.30m。勘察期间水位变幅 2.30 ~ 4.20m。

(2)海域地下水

主要指海域范围内地层中的地下水,据其赋存形式可分为松散岩类孔隙水、风化残积孔隙裂隙水及基岩裂隙水三种,其中松散岩类孔隙水赋存于第四系全新统海积层中,风化残积孔隙裂隙水赋存于基岩全~强风化层中,基岩裂隙水赋存于碎裂状强风化带以下基岩风化裂隙及构造裂隙中。根据水域抽水试验孔散体状强风化、碎裂状强风化地层地下水成果,地下水与海水水质分析成果很相近,因而,海域地下水与海水存在水利联系。海域地层中除砂层、碎石土层及可能存在的富水性较好的碎裂状强风化基岩或基岩破碎带外,其他地层渗透性较差。

(3)海洋潮汐

最高高潮位 7.10m(相当于 1985 国家高程 4.051m);最低低潮位 -0.05m(相当于 1985

国家高程 -3.099m)。平均高潮位5.46m,平均低潮位1.47m,平均潮差3.99m。

第四系松散岩类孔隙水、基岩裂隙水,砂层及圆砾渗透系数在(1.2~5.8)$\times 10^{-2}$cm/s,散状体强风化渗透系数在(1.2~5.8)$\times 10^{-3}$cm/s。上层海水,海水深度约4~13m(表1)。

各岩土层透水性及富水性一览表 表1

岩土编号	岩土名称	地下水类型	渗透系数 k(m/d)			给水度	透水性	富水性
			试验值	经验值	建议值			
〈4-4〉	中、粗、砾砂	松散岩类孔隙水		5~10	8	0.30	中等	较好
〈4-5〉	淤泥质砂	松散岩类孔隙水		0.5~3	0.8	0.15	弱	一般
〈8-1〉	黏土或粉质黏土	松散岩类孔隙水	0.04	0.001~0.1	0.01	0.10	弱	一般
〈8-3〉	粉细砂	松散岩类孔隙水		0.5~3	2	0.20	中等	较好
〈8-4〉	中、粗、砾砂	松散岩类孔隙水	4.33~12.28	10~20	15	0.30	强	好
〈8-4-4〉	泥质粗砂	松散岩类孔隙水		0.5~5	1	0.10	中等	较好
〈8-5〉	圆砾	松散岩类孔隙水		20~50	30	0.40	强	好
〈11-1〉	残积砂质黏性土	风化残积孔隙裂隙水	0.08~0.09		0.10	0.20	弱	一般
〈17-1〉	全风化花岗闪长岩	风化残积孔隙裂隙水	0.12		0.15	0.15	弱	一般
〈17-2〉	散体状强风化花岗闪长岩	风化残积孔隙裂隙水	0.09~0.19		0.20	0.12	弱	一般
〈17-3〉	碎裂状强风化花岗闪长岩	基岩裂隙水	0.6~0.9		1	0.1	中等	较好

4 带压开舱位置地质情况及水文情况

4.1 地质情况

开舱位置为右线440环刀盘切口里程为DK18+691.10,该处已进入海底,按海水平均潮位2.41m计算,海水深度约9.56m,隧顶覆土深度约19m,该处地质情况由上至下分布为〈4-4〉中砂、粗砂、砾砂;〈8-1〉黏土、粉质黏土;〈8-4〉中砂、粗砂、砾砂;〈8-5〉圆砾;〈17-1〉全风化花岗闪长岩;〈17-2-2〉散体状强风化花岗闪长岩,隧道通过的地层为〈17-2-2〉散体状强风化花岗闪长岩,遇水松散,自稳性较差(图4、图5)。

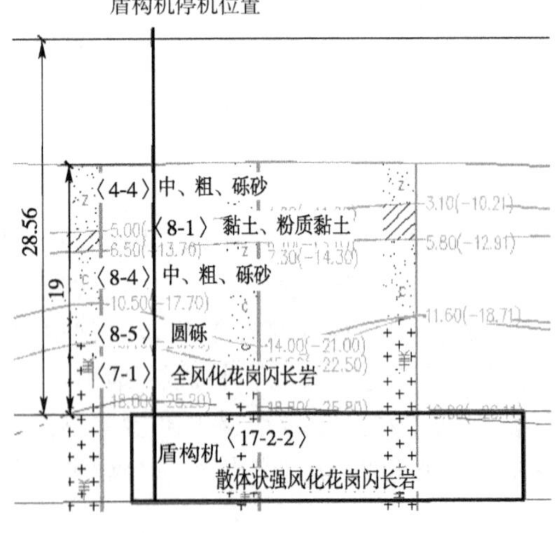

图4 开舱位置地层示意图(尺寸单位:m)

图5 开舱位置掌子面岩样图

4.2 水文情况

盾构机所处位置为海底，地层地下水量比较丰富，直接受上部松散地层空隙水的下渗补给，地下水与海水水力联系密切，水压较高。散状体强风化岩渗透系数为0.14m/d。

5 带压进舱换刀技术

5.1 进舱作业方法的选择和适用范围

通过对厦门过海隧道进舱作业的探索和研究，总结出进舱方法有：带压进舱，地层加固开舱及减压限排进舱。

(1)带压进舱

带压进舱是把压缩空气输入到气垫舱，通过气垫舱联通泥水舱保证其压力大于掌子面的水土压力以保持开挖面的土体稳定，并控制地下水的渗入。在此恒定的压力状态下，进舱作业人员用过人舱的压力与气垫舱泥水舱压力平衡后进入泥水舱进行带压工作。

(2)地层加固开舱

地层加固开舱是针对软弱富水地层，通过对掌子面及周围地层进行加固止水处理，此种方式是对需要进舱大量作业或动火割焊等操作及长时间停机工作的办法。但加固费用投入比较大，且工期较长，受地面环境限制。

(3)减压限排进舱

减压限排进舱是建立在掌子面具有一定的自稳性基础上，通过周边止水仍不能达到常压开舱，可通过控制舱内低压状态来阻止地下水和地层稳定的方法来进舱作业，优点在于可以实现较长时间带压作业。

根据实际舱内作业目标及盾构机所处位置的地质水文情况选择带压进舱作业。

5.2 带压进舱技术

5.2.1 带压进舱准备工作

(1)人员准备

由于带压进舱作业对人体及专业技术要求比较高，具有一定风险性，因此进行进舱作业人员必须是具有潜水专业(打捞局人员)或经过专业培训，并且身体指标达到要求的，才允许进舱作业，才能够确保每次带压开舱作业的安全。

(2)作业工具准备

进舱前根据进舱作业目的进行配置工具，应做仔细的分析及安排，充分考虑各种工具的到位，确保万无一失。

针对海底带压开舱还应配备海上巡视船，可对开舱位置相应海面情况进行盯控。

在地面应配备应急减压舱，来保证出舱人员的安全。

(3)盾尾密封止水及径向孔密封

为防止盾尾后部来水进入刀盘，对拖出盾尾的3~5环管片进行二次注浆，形成一道隔水封闭环。二次补充注浆先通过管片上部90°范围内以下，下部120°范围以上，左右两侧管片的二次注浆孔往地层内注浆，然后再通过顶部的注浆孔注浆，最后通过管片下部的二次注浆孔注浆，对盾构掘进造成的建筑空隙进行填充，严格控制注浆压力，观察盾尾油脂密封及铰接密封压力，对压力较小处进行油脂注入，以防浆液对密封造成损坏，同时观察舱内液位变化，液位上涨立即停止注浆，防止浆液注入舱内造成刀盘卡死，中盾设置的8个径向孔注入盾尾油脂，对盾体进行包裹从而封堵盾体周围土体来水。

(4)第一次泥膜制作

①新浆制备

采用325目膨润土:水:HS3:HS1:CMC = 150g:1000g:5g:5g:5g配比搅拌后进行4h膨化,膨化后泥浆比重1.18,黏度84s(图6、图7)。

图6 新浆制备

图7 泥浆性能测试

②泥膜建立实验

泥膜建立实验是在地面实验室取细石及出渣粗砂模拟地层构造,在实验器皿中放入新制备的泥浆,模拟盾构机气垫舱加压形式,压力设置在2.3bar左右,然后对泥浆进行稳压12h后观察泥膜闭气实验情况,测试泥膜厚度为7mm(图8~图11)。

图8 泥漠制作过程

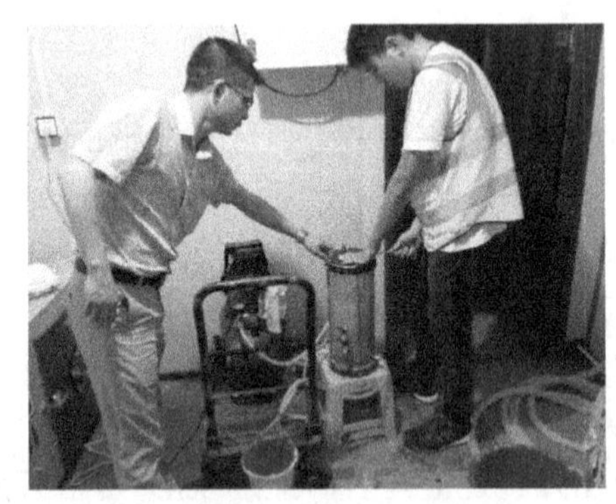

图9 泥浆加压

③泥浆置换及泥膜制作

首先对液位进行调整,打开P2.1出浆泵,将降低气垫舱液位至泥浆门上方约50cm,液位高度-2.5m。然后对置换新浆的管路进行连接,将拌制好的新浆输送到隧道砂浆运输车上,再运输至盾构机同步注浆罐内,再利用同步注浆泵,通过气垫舱与开挖舱之间的连通阀注入到开挖舱,统计新浆注入量,同时观察气垫舱液位上涨高度,待液位上涨到80%时通过P2.1泵进行排浆抽液位,通过取排浆P2.1泵出来的泥浆进行黏度测试验证高黏度泥浆是否置换完全,多次分级加压,多次循环,新浆总共注入80多方,出浆黏度在38s,气垫舱压力提高0.3bar

控制在 3.3bar 左右，稳压时间 8h，通过观察液位变化计算出浆液流失 $2m^3$ 左右，判断建膜失败。

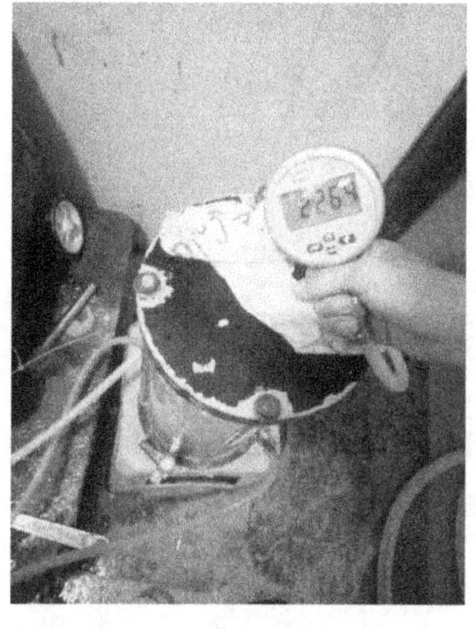

图 10　泥浆稳压　　　　图 11　泥膜形成

(5)第二次泥膜制作

①新浆制备

通过第一次的实验分析后本次泥膜建立采用两种配比：纯膨润土泥浆、添加剂泥浆。

a. 纯膨润土泥浆。采用优质膨润土(600 目)，不添加其他外加剂，膨润土：水 = 1∶5.7(图 12)。

b. 外加剂泥浆。配比为：水∶HS3∶HS1∶膨润土 = 1300∶7.5∶12.5∶50。泥浆制备完成后膨化 12h(图 13)。

图 12　纯膨润土泥浆

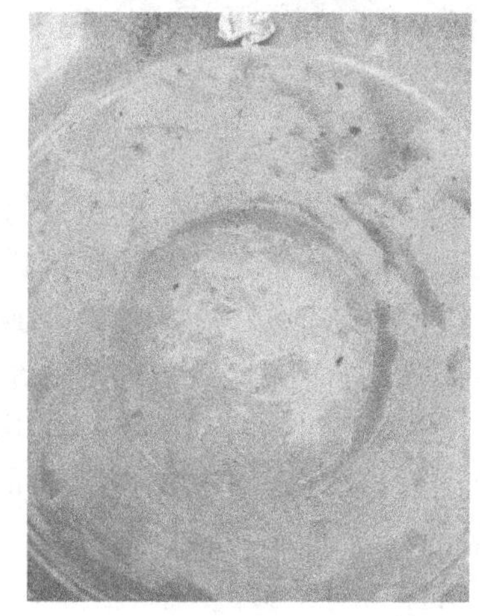

图 13　添加剂泥浆

②泥膜建立实验

泥膜实验同样在地面试验室通过对新浆液进行模拟加压实验，压力为 2.15bar，稳压时间只有短短的 25min，压力下降 0.1bar 左右，成膜厚度 2cm，泥膜实验效果非常好(图 14 ~ 图 17)。

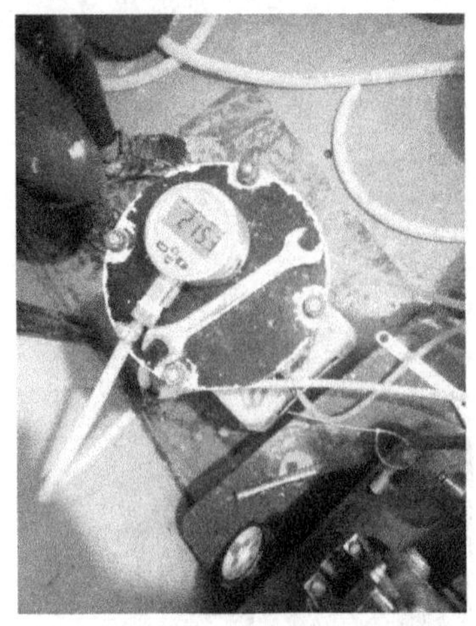

图 14　实验加压压力

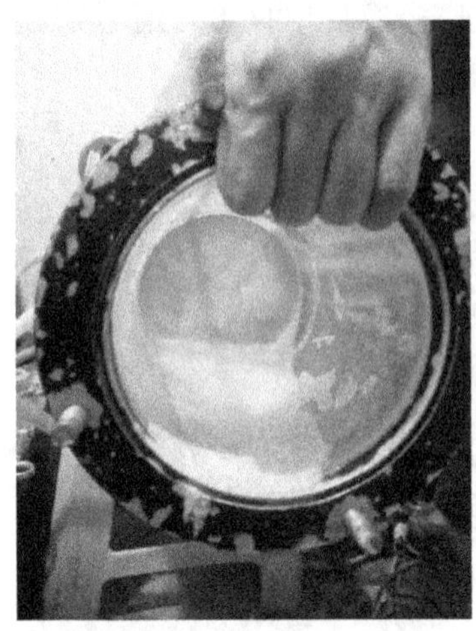

图 15　泥膜效果

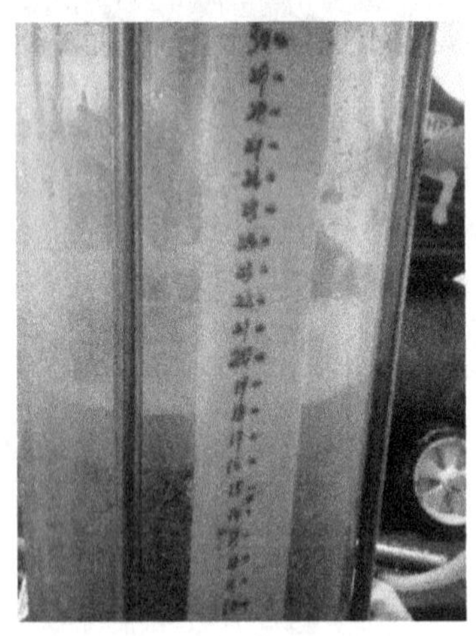

图 16　泥膜厚度

图 17　泥膜效果

③泥浆置换及泥膜制作

泥浆置换过程改用同步注浆通过气垫舱与开挖舱之间连通阀注入到泥水舱内，通过地面拌制好的泥浆泵送到砂浆车运至同步注浆灌进行小循环置换泥浆，每车砂浆车容量 $7m^3$，先采用纯泥浆进行置换，注入第一车泥浆比重 1.09，黏度 58s，气垫舱压力 3.69bar，液位为开挖舱中部以上 1.32m。第二车泥浆比，1.18，黏度 50s，气垫舱压力 3.69bar，液位高度 1.66m，通过排浆泵进行抽排至液位高度 -0.33m，测试抽出的泥浆比重 1.10，黏度 21s。第三车比重 1.1，黏度 66s，气垫舱压力 3.69bar，液位高度 1.61m，低速转动刀盘，转速 0.2r/min，抽液位，测试出浆比重 1.1，黏度 32s。第四车泥浆比重 1.12，黏度 149s，气垫舱压力 3.77bar，低速转动刀盘，转速 0.20r/min，液位高度 1.57m，进行抽液位排浆。第五车泥浆比重 1.11，黏度 160s，气垫舱压力 3.77bar，总共注浆量 $111m^3$，置换总时间 7。停止注浆，气垫舱压力压力 3.77bar。

采用外加剂泥浆进行置换泥膜挂壁，泥浆比重 1.05，黏度 177s，气垫舱压力 3.98bar，总共置换 3 车 $21m^3$，出浆比重 1.03，黏度 85s，稳压 12h 后打开联通阀降液位开始保压实验，通过保压实验压力稳定，无泄气。

此次泥膜建立通过对新浆配比的改造，采用双种泥浆形式，添加剂挂壁方式，适当提高了气垫舱压力和稳压时间来加大泥浆渗透保证泥膜厚度，进舱后观察掌子面质量效果很好，表面泥膜均匀，无开裂及漏气现象（图 18、图 19）。

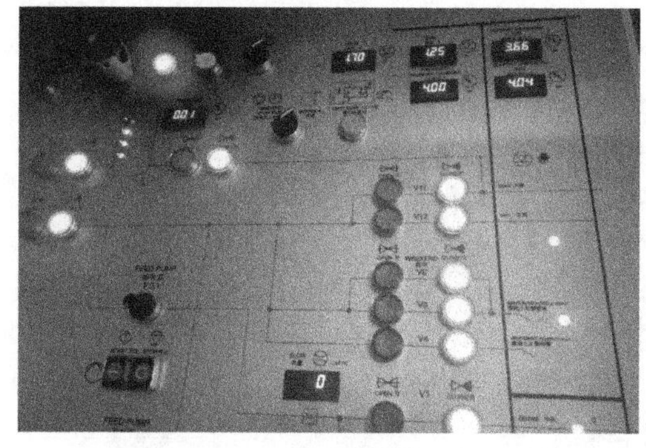

图 18　泥浆稳压压力

图 19　开舱检查泥膜形成后情况

5.2.2　带压进舱压力设定

泥水盾构带压开舱压力计算是根据开舱位置的地下水情况及地层埋深情况，计算出掌子面理论水土压力和其他部位测压力作为压力参考值。主要是通过气垫舱液位稳定时的切口环压力来确定带压开舱的工作压力，在陆域设定的压力一般高于切口环压力的 0.1 ~ 0.2bar，而在水下或者海底根据实验计算及经验，按照埋深越深和地下水越丰富设定压力越偏高，一般高于切口环理论压力的 0.3 ~ 0.5bar。

气垫舱压力 P 根据掌子面水土压力确定，其上限值 P_{max} 为静止水土压力，其下限值 P_{min} 为主动水土压力。根据朗肯土压力计算公式进行计算。根据本工程地质条件，盾构区间海底段水土压力采用水土分算。

$$P_{max} = P_1 + P_2 + P_3 = \gamma_w \times H + \sum K_0[(\gamma_i - \gamma_w) \times h_i] + 20 + \frac{R}{2} \times \gamma_{膨润土}$$

式中：P_1 ——水压力（kPa）；

P_2 ——静止土压力（kPa）；

P_3 ——变动压力，一般取 20 kPa；

γ_w ——海水的重度（kN/m^3），取 10.25kN/m^3；

$\gamma_{膨润土}$ ——膨润土液重度，取 12kN/m^3；

R——盾构开挖，取 7.02m；

K_0 ——掌子面顶部土体静止土压力系数；

γ_i ——土的重度（kN/m^3）；

h_i ——土层的厚度。

$$P_{min} = P_1 + P'_2 + P_3 = \gamma_w \times H + \sum[K_a(\gamma_i - \gamma_w) \times h_i - 2 \times c_u \times \sqrt{K_a}] + 20 + \frac{R}{2} \times \gamma_{膨润土}$$

式中：P'_2 ——主动土压力（kPa）；

K_a ——掌子面顶部土体主动土压力系数；

c_u ——掌子面顶部土体的黏聚力（kPa）。

计算气垫舱压力上限值和下限值，实际取值介于理论计算值的上、下限之间，取两者平均值。带压进舱作业时，压力值设定为：

$$P = \frac{\left(P_{max} + P_{min}\right)}{2} - \frac{R}{2} \times \gamma_{膨润土}$$

计算地层压力为3.1bar,而实际设置气垫舱压力范围3.4~3.5bar。带压进舱压力计算示意图如图20所示,带压进舱设定压力如图21所示。

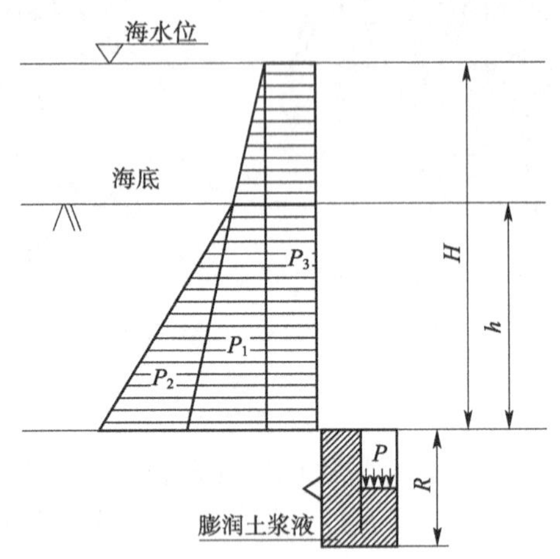

图20　带压进舱压力计算示意图

图21　带压进舱设定压力

5.2.3　带压进舱前气密性检查

(1)海面监测:通过多开舱位置对应的海面进行观察盯控,如有漏气冒浆冒泡情况,则应另外选择进舱位置,停止进舱作业确保进舱安全。

(2)泥水舱降液位:在加压泥浆泥膜制作完成后,需要对泥水舱进行降液位来减少泥水舱内的泥水,一般根据换刀位置将液位降至更换部位以下。打开气垫舱与开挖舱之间连通阀,打开盾构机底部排浆管道,先降液位至开挖舱的1/3处,观察压力的变化情况,若1h内无明显变化,液位继续降至开挖舱1/2偏下处,同时慢慢降低气垫舱压力至设定压力,波动范围控制在±10kPa。液位降至预定位置后观察压力及液位是否稳定,保证不大的波动,进行保压试验。

5.2.4　带压进舱检查

首先应该有专业技术人员一块进舱后按照操作程序,打开隔舱门,先观察掌子面地层情况,泥膜质量,及查看有无泄气情况,确认安全后方可进舱。

5.3　换刀作业

5.3.1　换刀原则

带压进舱因为压力较高,开舱频率及换刀频率多,换刀难度较大,所以必须要制订好开舱原则,按照原则进行。本项目制订的换刀原则:

(1)“大面积”换刀:为减少换刀频率,保证刀具的工作效率,每次换刀对全盘刀具进行大面积更换。

(2)“快速”换刀:由于高压条件下,为保证人员安全,及防止掌子面或前方不可预测的突发情况,要求换刀人员必须迅速利索。

(3)“短时间、多批次”换刀:进舱换刀人员实行工作时间减短,多批次人员轮换进舱换刀,通过这样保证人员安全。

5.3.2 换刀作业技术要求

换刀作业应选用身体素质好且有丰富经验人员，在换刀作业前应有针对性地对换刀人员进行交底培训。

（1）全面了解刀具的安装过程，有熟练的操作能力。

（2）全面的了解刀盘构造、刀具配置、对应关系及各种尺寸。

（3）能够迅速判断刀具情况，需不需要安装等能力。

6 结语

目前海底隧道盾构开舱经验较为缺乏，特别是富水高承压海底开舱作业的实践经验在国内更是少见，通过本工程海底高承压水开舱实践总结的经验，希望对以后类似工程有借鉴作用。

广州地铁首例复合地层长距离盾构施工“零开舱、零换刀”施工技术

何颖豪　成　彬

（广州轨道交通建设监理有限公司　广东广州　511400）

摘　要：复合地层的多样性和多变性一直是地铁盾构施工的技术难点，盾构掘进施工地层中如存在孤石、基岩、上软下硬等复合地层对盾构掘进施工影响巨大，盾构机在孤石、基岩等地层中掘进往往刀具磨损严重，常规处理办法为开舱换刀，开舱换刀作业为盾构施工重大危险源之一，全国各地盾构施工开舱换刀作业引发的安全事故常有发生，因此盾构施工过程中尽量减少开舱作业可以降低安全事故发生的概率。本文以广州市轨道交通21号线施工16标中新站—中间风井区间盾构机在复合地层掘进施工为案例，总结盾构机在长距离复合地层盾构施工中“零开舱、零换刀”的施工经验。

关键词：盾构；强推孤石；孤石爆破；开舱；换刀

1　工程概况

1.1　工程简介

广州市轨道交通21号线中新站—中间风井盾构区间位于广东省广州市增城区中新镇中部，本区间线路出中新站后，沿着广汕公路由西往东前行，掘进至中间风井后解体吊出。区间左线ZDK38 + 740.500 ~ ZDK40 + 470.162，长1729.662m（1153环1.5m管片）；区间右线YDK38 + 740.500 ~ YDK40 + 463.830，长1723.33m（1149环1.5m管片），区间左右线总长3452.992m（图1）。

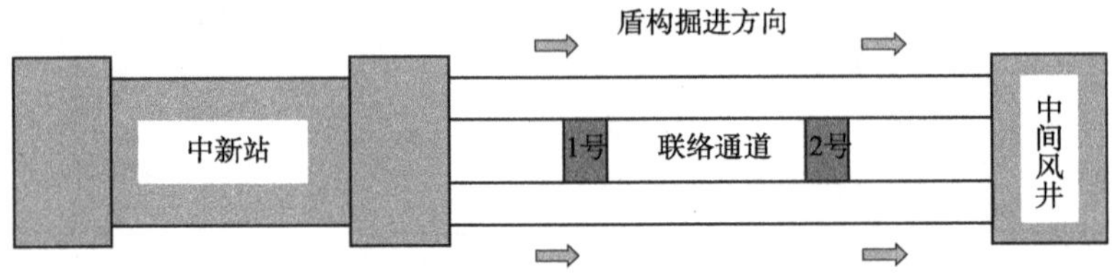

图1　施工16标中新站—中间风井盾构施工示意图

1.2　工程地质与水文地貌情况

（1）工程地质情况

中新站—中间风井区间属山前冲洪积平原地貌，根据勘察资料显示，覆盖土层为第四系松散沉积物及残积砂质黏性土，主要为冲洪积的砂、卵石、粉质黏土、淤泥质粉质黏土，厚度一般小于20m，下伏基岩为花岗片麻岩。隧道洞身围岩分级表见表1、表2，地质剖面如图2、图3所示。

作者简介：何颖豪（1988—），男，大学本科，助理工程师，广州轨道交通建设监理有限公司项目专业监理工程师。主要从事地铁建设监理工作。Email：630754043@qq.com。

左线隧道洞身围岩分级表 表1

长度(m)	主 要 地 层	综合围岩等级
1516.5	中粗砂〈3-2〉、粉质黏土〈4N-2〉、可塑花岗片麻岩残积〈5Z-1〉、硬塑花岗片麻岩残积〈5Z-2〉	Ⅵ
	中粗砂〈3-2〉、粉质黏土〈4N-2〉、可塑花岗片麻岩残积〈5Z-1〉、硬塑花岗片麻岩残积〈5Z-2〉、花岗片麻岩全风化带〈6Z〉	
	硬塑花岗片麻岩残积〈5Z-2〉、花岗片麻岩全风化带〈6Z〉、花岗片麻岩强风化带〈7Z〉	
126	硬塑花岗片麻岩残积〈5Z-2〉、花岗片麻岩全风化带〈6Z〉、花岗片麻岩强风化带〈7Z〉	Ⅴ
	硬塑花岗片麻岩残积〈5Z-2〉、花岗片麻岩全风化带〈6Z〉、花岗片麻岩强风化带〈7Z〉	
	花岗片麻岩全风化带〈6Z〉、花岗片麻岩强风化带〈7Z〉	
87.162	粉质黏土〈4N-2〉、硬塑花岗片麻岩残积〈5Z-2〉、花岗片麻岩全风化带〈6Z〉	Ⅵ
	硬塑花岗片麻岩残积〈5Z-2〉、花岗片麻岩全风化带〈6Z〉、花岗片麻岩强风化带〈7Z〉	
	花岗片麻岩强风化带〈7Z〉、岗片麻岩微风化带〈9Z〉	

右线隧道洞身围岩分级表 表2

长度(m)	隧道洞身范围主要地层	综合围岩等级
1516.5	中粗砂〈3-2〉、粉质黏土〈4N-2〉、可塑花岗片麻岩残积〈5Z-1〉、可塑花岗片麻岩残积〈5Z-2〉	Ⅵ
	中粗砂〈3-2〉、粉质黏土〈4N-2〉、可塑花岗片麻岩残积)〈5Z-1〉、可塑花岗片麻岩残积〈5Z-2〉、花岗片麻岩全风化带〈6Z〉	
	硬塑花岗片麻岩残积〈5Z-2〉、花岗片麻岩全风化带〈6Z〉、岗片麻岩强风化带〈7Z〉	
126	硬塑花岗片麻岩残积〈5Z-2〉、花岗片麻岩全风化〈6Z〉、岗片麻岩强风化带〈7Z〉	Ⅴ
	硬塑花岗片麻岩残积〈5Z-2〉、花岗片麻岩全风化带〈6Z〉、岗片麻岩强风化带〈7Z〉	
	岗片麻岩强风化带〈7Z〉	
80.83	粉质黏土〈4N-2〉、硬塑花岗片麻岩残积〈5Z-2〉、花岗片麻岩全风化带〈6Z〉	Ⅵ
	硬塑花岗片麻岩残积〈5Z-2〉、花岗片麻岩全风化带〈6Z〉、岗片麻岩强风化带〈7Z〉	
	花岗片麻岩强风化带〈7Z〉、岗片麻岩微风化带〈9Z〉	

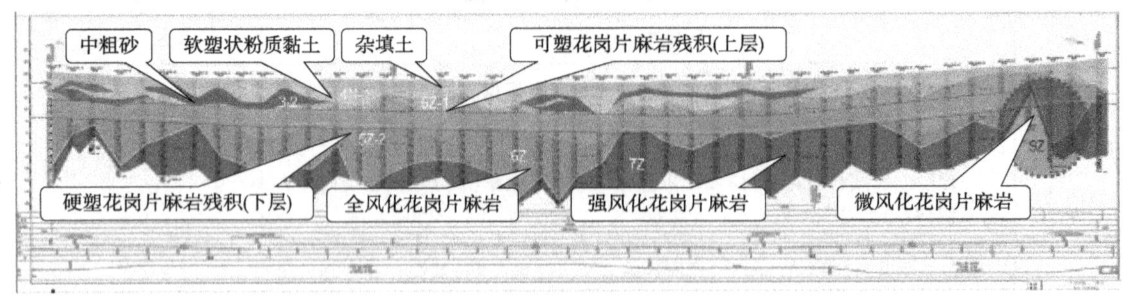

图2 区间左线地质剖面图

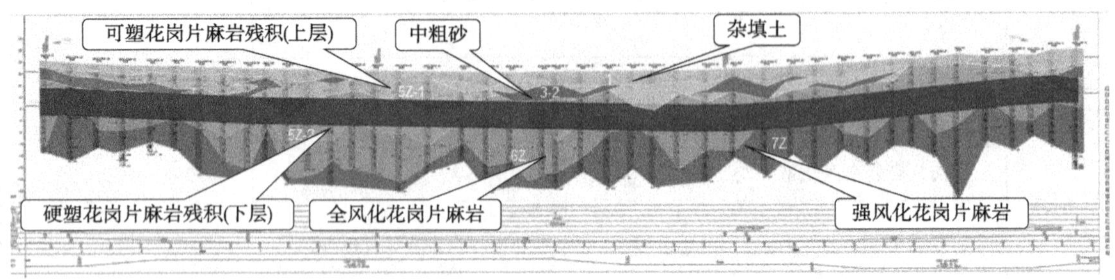

图3 区间右线地质剖面图

(2)水文地质情况

线路沿广汕公路布设,本区间线路沿线地表水体不发育,无河流、沟溪通过,地表水主要为雨季地表散流,沿线主要地层为陆相沉积层,潜水水位较浅。地下水水位埋深变化不大,稳定水位埋深为0.80~4.80m,标高为14.93~23.84m;地下水按赋存方式分为第四系松散层孔隙水、块状基岩裂隙水。其中松散层孔隙水多为潜水,局部具微承压性;块状基岩裂隙水为承压水。承压水水头变化与地下水的赋存、补给及排泄关系密切,并受季节变化影响。

2 施工技术难点

(1)中新站—中间风井区间线路长

区间左线长1729.662m,区间右线长1723.33m,区间总长3452.992m。本区间单线长度超过1700m,在沿线长距离掘进施工中,容易造成盾构机刀具磨损严重的不良后果。

(2)地质复杂,孤石分布广

施工补勘在中新站—中间风井区间共完成钻孔269个,有16个钻孔揭露到孤石,见孔率约5.95%。揭露孤石层顶标高范围为0.94~16.72m,底层标高范围为-0.56~15.92m,揭露孤石厚度范围为0.3~9.2m。揭露的孤石岩性以中风化花岗片麻岩〈8Z〉、微风化花岗片麻岩〈9Z〉为主,岩质较坚硬。14个孔孤石位于洞身范围内,对盾构施工影响较大。孤石主要发育于ZDK38+740~ZDK38+831、ZDK39+672~ZDK39+732、ZDK40+323~ZDK40+382、YDK38+773~YDK38+792、YDK40+344~YDK40+354里程段,ZDK40+323~ZDK40+342、YDK40+344~YDK40+354里程段,该段存在基岩凸起,岩石天然单轴抗压强度为95.64~128MPa,岩石强度较高,给盾构施工带来了很大的难度,盾构机在孤石及基岩凸起段施工时容易造成刀具磨损严重,且盾构机姿态控制难度大。钻孔揭示的球状风化体(孤石)见表3。

钻孔揭露球状风化(孤石)分布汇总表 表3

钻孔编号	孤石所在层位	孤石岩性	层顶标高(m)	层底标高(m)	揭穿厚度(m)	钻孔里程	相对隧道位置
MUZ4-ZXZXD-03	〈6Z〉	〈9Z〉	7.91	6.81	1.1	ZDK38 +749.396 右8.35m	底板以下
		〈9Z〉	2.01	1.11	0.9		底板以下
MUZ4-ZXZXD-05	〈7Z〉	〈9Z〉	12.14	11.39	0.75	ZDK38 +775.643 左5.37m	洞身范围
		〈9Z〉	10.84	10.09	0.75		洞身范围
		〈9Z〉	9.64	7.94	1.7		洞身范围
MUZ4-ZXZXD-05	〈7Z〉	〈9Z〉	5.64	4.64	1	ZDK38 +775.643 左5.37m	底板以下
		〈9Z〉	4.14	3.74	0.4		底板以下
		〈9Z〉	2.14	1.34	0.8		底板以下
		〈9Z〉	0.94	-0.56	1.5		底板以下
MUZ4-ZXZXD-06	〈6Z〉	〈9Z〉	12.26	11.66	0.6	ZDK38 +766.981 右6.81m	洞身范围
	〈7Z〉	〈9Z〉	8.66	8.06	0.6		洞身范围
	〈7Z〉	〈8Z〉	5.56	5.26	0.3		底板以下
MUZ4-ZXZXD-09	〈6Z〉	〈9Z〉	3.05	2.25	0.8	YDK38 +773.38 右3m	底板以下
MUZ4-ZXZXDB-006	〈5Z〉	〈8Z〉	14.29	13.99	0.3	ZDK38 +771.4 中线	洞身范围
MUZ4-ZXZXDB-009	〈7Z〉	〈8Z〉	12.45	11.55	0.9	YDK38 +792.3 左1.4m	洞身范围
MUZ4-ZXZXDB-018	〈5Z〉	〈8Z〉	13.86	12.96	0.9	ZDK38 +831.2 中线	洞身范围
	〈6Z〉	〈8Z〉	12.46	3.26	9.2		
MUZ4-ZXZXDB-114	〈6Z〉	〈8Z〉	5.88	5.08	0.8	ZDK39 +311.7 中线	洞身范围
MUZ4-ZXZXDB-186	〈6Z〉	〈9Z〉	7.08	6.58	0.5	ZDK39 +671.6 中线	洞身范围
MUZ4-ZXZXDB-196	〈7Z〉	〈8Z〉	10.05	8.15	1.9	ZDK39 +721.9 中线	洞身范围
MUZ4-ZXZXDB-198	〈6Z〉	〈8Z〉	6.98	4.78	2.2	ZDK39 +731.8 中线	洞身范围
MUZ4-ZXZXDB-265	〈6Z〉	〈8Z〉	9.45	8.15	1.3	YDK40 +073.8 右1.0m	洞身范围
MUZ4-ZXZXDB-316	〈7Z〉	〈9Z〉	11.38	10.08	1.3	ZDK40 +322.5 右2.0m	洞身范围
MUZ4-ZXZXDB-319	〈7Z〉	〈9Z〉	13.33	12.93	0.4	YDK40 +344.1 中线	洞身范围
MUZ4-ZXZXDB-321	〈7Z〉	〈9Z〉	16.72	15.92	0.8	YDK40 +353.9 左0.2m	洞身范围

(3)盾构开舱安全风险大

盾构开舱换刀作业为盾构施工重大危险源之一,由于地面、地下环境和地质等因素的影响可能造成舱内土体失稳、大量涌水和有毒气体聚集等风险,从而给舱内作业人员及相关人员和设备带来危险。本区间已选取5个拟开舱换刀位置,具体位置见表4。

盾构拟开舱换刀位置表 表4

序号	换刀点里程		备注
	左线	右线	
1	ZDK39+236	YDK39+773	右线全断面〈6Z〉 左线全断面〈5Z-2〉
2	ZDK39+894	YDK39+894	2号联络通道加固区
3	ZDK39+702	YDK40+044	通过孤石前
4	ZDK40+012		左线全断面〈7Z〉
5	ZDK40+332		通过孤石后全断面〈9Z〉

3 施工技术措施

3.1 盾构机选型及刀具配置

经过监理部对盾构机选型进行预审查,并见证对盾构机相关油液进行取样送检,最后通过盾研所审查盾构机的适应性。中新站—中间风井盾构区间左线采用一台中国铁建重工集团有限公司(以下简称“铁建重工”)6.25m土压平衡盾构机进行施工,盾构机编号DZ058。中新站—中间风井盾构区间右线采用一台海瑞克6.28m土压平衡盾构机进行施工,盾构机编号S828。

铁建重工DZ058盾构机刀盘开口率为35%,刀盘共配备109把刀具,其中包括:8把中心单刃滚刀,31把单刃滚刀,52把刮刀,12把贝壳刀,12把边缘刮刀,6把导流刀。刀盘刀具布置图如图4所示。

海瑞克S828盾构机刀盘开口率为35%,刀盘共配备116把刀具,其中包括:4把中心双刃滚刀,31把单刃滚到,52把刮刀,20把撕裂刀,8把边缘刮刀和1把超挖刀。刀盘刀具布置图如图5所示。

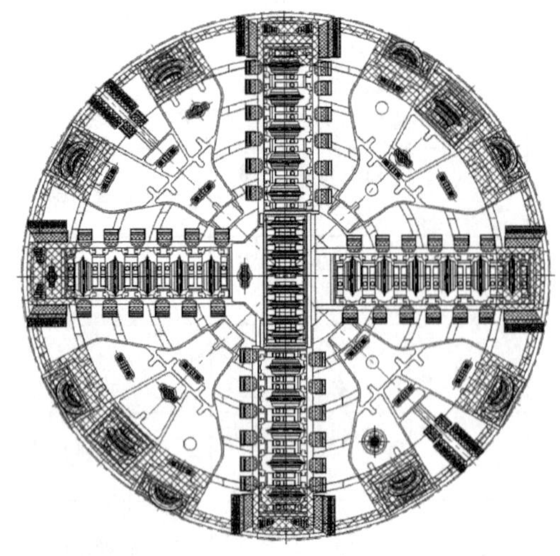

图4 铁建重工DZ058刀盘布置图

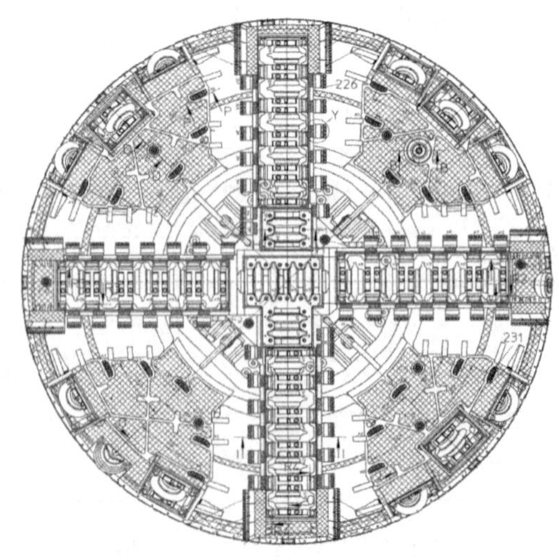

图5 海瑞克S828刀盘布置图

3.2 盾构掘进参数控制

中新站—中间风井区间隧道洞身范围常见主要地层为可塑花岗片麻岩残积〈5Z-1〉,在整段区间掘进施工中,调整适合花岗片麻岩残积层的掘进参数尤为重要,在本区间掘进施工中,承包商利用气压辅助模式进行掘进施工,带来较快的掘进施工进度,且能减少盾构机刀具的磨损程度。

盾构掘进过程中地层的突变往往很常见,积累不同地层的掘进参数供日后进行参考尤为重要,作为监理机构,监理部要每天积累记录掘进参数、掌子面地层、地面沉降监测数据等内容,发挥监理的咨询作用,在掘进遇到突发情况时,能提供较为可行的解决意见。监理工程每天巡查盾构隧道,当天填写《盾构施工监理工程师日报表》和《盾构施工记录表》,同时对第三方监测数据和施工监测数据进行对比,将盾构掘进过程的参数、地层和监测数据资料整体并存档,及时分析,对不同地层采取不同的掘进参数,形成动态掘进施工监理管理。

3.2.1 花岗片麻岩残积层盾构始发掘进控制

盾构始发段掘进过程是盾构掘进的第一个重要的阶段,这个阶段盾构机主要是切削玻璃纤维筋连续墙和端头旋喷桩加固区。这一阶段的推进,采取了小推力、低转速、慢进尺的推进原则,盾构机各项参数可控,顺利始发(图6)。掘进参数见表5。

图6 左右线盾构始发

始发段盾构机掘进参数　　表5

序号	掘进参数	第一段	第二段	第三段
		刀盘推进至掌子面	开始破除洞门至完全进入加固区	突破加固后掘进
1	推力(t)	≤600t	≤800t	≤1200t
2	刀盘转速(r/min)	0(拼装模式)	≤1.0	≤1.5
3	贯入度(mm)	0	5-8	≤20
4	掘进速度(mm/min)	5~10	5~10	≤20
5	1号螺旋机转速(r/min)	0	1~3	3~5
6	2号螺旋机转速(r/min)	0	1~3	5~7
7	1号土舱压力(bar)	0	0.2~0.9(逐渐保压)	0.9~1.2(根据埋深)
8	水平姿态前点(mm)	-10~+10	-10~+10	-10~+10
9	垂直姿态前点(mm)	10	10	10
10	仰俯角(mm/m)	2~5	2~5	2~5
11	滚动角(mm/m)	-7~10	-7~10	-7~10

3.2.2　花岗片麻岩残积层中气压辅助模式的应用

盾构机在花岗片麻岩残积层中掘进，尤其是长距离的硬塑花岗片麻岩残积层〈5Z-2〉、花岗片麻岩全风化带〈6Z〉、花岗片麻岩强风化带〈7Z〉地层中掘进，如果采用土压平衡模式，存在以下风险：

(1)土体内存在大量未完全风化的碎石及石英颗粒，对刀盘面板及刀箱磨损较大，导致刀盘钢结构磨损或者刀箱磨损导致刀具脱落影响掘进。

(2)在花岗片麻岩残积层中掘进，复合式刀盘中心开口率小，容易导致泥饼形成，如果在土压平衡模式下掘进，土舱内外大量渣土堆积，掘进过程中推力大。主动扭矩和土舱内被动扭矩大，刀盘温度持续升高，引起恶性循环导致泥饼形成。因为土舱内大量渣土堆积，土舱内壁搅泥棒及刀盘中心高压冲洗孔冲洗效果差，持续冲洗会导致土舱压力升高，或者土舱内渣土稀释导致喷涌。刀盘面板的泡沫口会因泥饼导致堵塞，或泡沫引流槽由于泥饼形成无法流动到指定位置进行土体改良，持续掘进导致整个刀盘形成泥饼从而影响正常掘进。刀箱如果形成泥饼会导致刀具偏磨也对后续掘进造成较大影响。

针对以上问题采用气压辅助模式进行掘进可有效避免上述风险，气压辅助模式主要优势如下：

(1)气压辅助模式下，土舱内渣土量少，减少了土舱内渣土堆积导致的刀盘面板内外持续磨损，渣土中的碎石及石英颗粒及时通过螺旋机输送出土舱。气压辅助模式下，盾构机在同类地层中气压辅助模式下掘进推力可降低200～300t，任然能达到60mm/min以上的掘进效率，减少了无功损耗，通过1～5号泡沫孔的气体流量调节阀，可灵活控制土舱内气体持续保持平衡，通过持续的压缩气体注入，在盾构机周围形成一个气体防护罩，地层中的水及同步注浆浆液无法到达土舱，盾尾漏水、漏浆情况得到控制，保证了同步注浆量及地层中水土流失控制，从而对地面沉降控制也起到了一定的积极作用。整个区间掘进过程中地面沉降可控，未出现一次险情。

(2)气压辅助模式下掘进，土舱内渣土存量为1/3左右，满足螺旋机土塞效应，土舱中上部为压缩空气，在土舱内壁搅泥棒注水冲洗刀盘时，可有效对刀盘及刀箱进行冲洗，气压辅助模式下掘进刀盘扭矩小，温度低，不易形成泥饼，尤其是掌子面渣土均在开挖后掉落在土舱下部进入螺旋机避免了泥饼形成的风险，尤其是刀盘中心内外泥饼不易形成，中心高压清洗口及泡沫导流槽有效，可以充分对渣土进行改良，满足施工要求。全线掘进未出现刀盘泥饼情况，刀盘无磨损，刀具无偏磨，泡沫管路全部畅通(图7、图8)。

图7　刀盘及刀具

图8　大部分刀具为均匀磨损

3.2.3 花岗片麻岩残积层盾构到达参数控制

盾构到达段为分段掘进：

(1)第一段：盾构机到端头加固区素连续墙(1138 环，切口里程：ZDK40 +452.23)。

(2)第二段：盾构机在加固区(切口里程：ZDK40 +453.03)到风井洞门玻璃纤维筋连续墙(1142 环，切口里程：ZDK40 +462.23)。

(3)第三段：盾构机刀盘破除洞门即出洞(1143 环，切口里程：ZDK40 +463.03)。

(4)第四段：盾构机盾体完全进入接收托架。

盾构机在第一段和第二段期间掘进为连续掘进，参数有所不同(表 6)。

盾构到达分段掘进参数表 表 6

序号	参 数	第 一 段	第 二 段	第 三 段	第 四 段
1	刀盘转速(r/min)	0.8 ~1.0	0.6 ~0.8	0.6 ~0.8	0
2	推力(t)	500 ~800	300 ~500	100 ~300	拼装模式推进
3	掘进速度(mm/min)	5 ~10	5 ~10	3 ~5	20 ~30
4	1 号土舱压力(bar)	0.6 ~0.8	0.6 ~0.8	0.3 ~0.5	0
5	垂直姿态前点(mm)	5 ~10	10 ~15	10 ~15	—
6	水平姿态前点(mm)	0	0	0	—
7	仰俯角(mm/m)	3 ~5	3	2 ~3	—
8	水平趋势(mm/m)	4	1 ~3	1 ~3	—
9	滚动角(mm/m)	0 ~0.5	0 ~0.5	0 ~0.5	—
10	注浆量(方/环)	6 ~8	6 ~8	6 ~8	—
11	注浆压力(bar)	3	3	3	—
12	管片连接装置	否	是	是	—
13	止水环	否	是(1138 ~1142 环)	否	—
14	封洞门双液浆	否	否	否	是(1144 ~1147 环)

3.2.4 区间未处理孤石掘进

(1)孤石段盾构施工难点

在探明孤石规模大小情况下，中新站—中间风井区间未处理掘进孤石数量为 14 处，范围集中在 ZDK38 +740 ~ ZDK38 +831、ZDK39 +672 ~ ZDK39 +732、ZDK40 +323 ~ ZDK40 +382、YDK38 +773 ~ YDK38 +792、YDK40 +344 ~ YDK40 +354 里程段。在未经过处理掘进通过孤石段，在孤石的影响下，盾构施工过程中可能出现以下问题：刀具磨损严重、刀座变形更换困难；刀盘磨损导致刀盘强度和刚度降低，刀盘变形；刀盘受力不均匀导致主轴承受损或者主轴承密封被破坏、刀盘堵塞、盾构负载加大；被刀盘推向隧道侧面的大漂石甚至导致盾构转向，偏离隧道轴线等(图 9、图 10)。

(2)区间未处理孤石在气压辅助模式掘进参数控制

以强推右线 MUZ4-ZXZXD-09 号孤石为例，补勘显示厚度 80cm，饱和抗压强度 79.3MPa，掘进 19 环正式进入孤石区域，19 环掘进过程中前期采用土压平衡模式掘进，由于孤石影响，盾构推力持续增大至 1500t，掘进速度不足 5mm/min，刀盘扭矩波动较大，从 2.0 ~3.02.0MN · m ，刀盘温度持续上升，掘进至行程 680mm 时，出现一次刀盘卡顿，经过紧急处理后，刀盘恢复使用。后续掘进中采用气压辅助模式，通过改良土体 1 ~5 号泡沫管注入泡沫及高压气体，使土舱内渣土存量降低为土舱三分之一存量，满足螺旋机土塞效应即可，盾构机推力下降至 1200t，掘进速度维持在 10mm/min，刀盘扭矩波动情况得到缓解，刀盘温度及刀盘卡顿情况未出现，在后续 20

环、21 环掘进中持续使用气压辅助模式，顺利安全通过孤石段，有效地保护了刀盘、刀具。掘进参数见表 7。

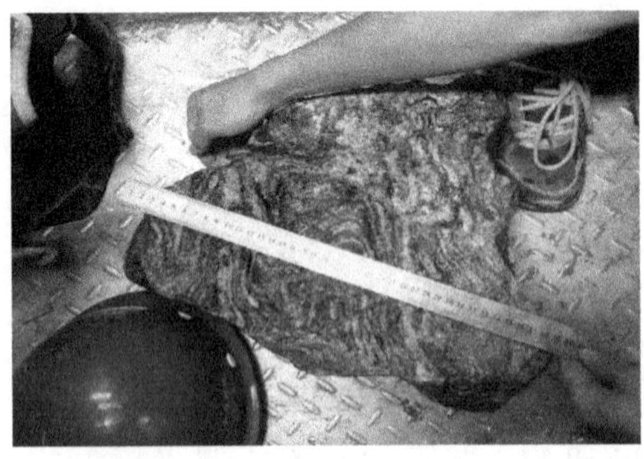

图 9　直径 38cm 孤石出渣块

图 10　渣土输送带上的孤石块

未处理孤石地层掘进参数表　　表 7

序号	掘 进 参 数	到达孤石前	掘 进 孤 石
1	推力(t)	≤800t	≤1200t
2	刀盘转速(r/min)	≤1.3	≤1.0
3	贯入度(mm)	6 ~ 10	5 ~ 8
4	掘进速度(mm/min)	≤10	5 ~ 10
5	螺旋机转速(r/min)	0.6	0.5
6	1 号土舱压力(bar)	1.1	1.0
7	水平姿态前点(mm)	-10 ~ +10	-10 ~ +10
8	垂直姿态前点(mm)	-20 ~ -30	-10 ~ -20
9	仰俯角(mm/m)	2 ~ 5	2 ~ 5
10	滚动角(mm/m)	±20	±20
11	泡沫系统	持续向土舱内补充气体，保证土舱压力波动在 0.2bar 范围内。	

3.3　区间孤石地面预处理

根据本区间孤石处理采用地面爆破施工方案，地面爆破方案效率高，且能较精准的完成孤石颗粒粉碎。以区间右线 MUZ4-ZXZXDB-319、MUZ4-ZXZXDB-321 孤石为例，2 处为地面钻孔预爆破后掘进通过的孤石，通过该两处孤石可能存在以下风险：大量碎石堆积导致螺旋机启动困难，爆破导致地层裂隙增多掘进过程中水大出现喷涌情况，爆破孔封堵不密实导致地面冒泡沫或者浆液引起地面沉降(图 11 ~ 图 14)。

图 11　孤石抽芯照片

图 12　孤石爆破后芯样

图 13　爆破炸药放置施工

图 14　孤石处理后掘进出渣渣样

3.3.1　预处理孤石掘进参数控制

在预处理孤石地层中掘进,需要进行渣土改良,泡沫 1 ~ 5 号泡沫管向刀盘前方注入泡沫原液比例为 8% ,6 号管向土舱内注钠基膨润土改良土舱内土体,地面爆破孔、检测孔全部进行封孔处理,每个孔封孔不少于 50kg 水泥。推进参数采取低转速、低推力、低贯入度的原则,防止刀盘及刀盘由于大量碎石堆积导致磨损。将刀盘转速控制在 1.0r/min,贯入度控制在 20mm 以内,推力控制在 1200t 以内,安全通过预处理孤石段,螺旋机全部深入土舱内,保持持续匀速转动,并观察扭矩变化情况。如扭矩过大需向螺旋机内注入泡沫剂增加润滑效果。同步注浆压力控制在 1.8bar 以内,防止注浆压力大导致地面爆破孔封孔失效。土舱压力需高于水土压力,用泡沫系统持续注入压缩空气进行保压,减少地层水进入土舱。掘进参数见表 8。

预处理孤石地层掘进参数表　　表 8

序　号	掘 进 参 数	到达孤石前	掘 进 孤 石
1	推力(t)	≤1000	≤1200
2	刀盘转速(r/min)	≤1.3	≤1.0
3	贯入度(mm)	30 ~ 35	15 ~ 20
4	掘进速度(mm/min)	≤30	12 ~ 15
5	螺旋机转速(r/min)	2.0	0.8
6	1 号土舱压力(bar)	1.1	1.2
7	水平姿态前点(mm)	-10 ~ +10	-10 ~ +10
8	垂直姿态前点(mm)	-20 ~ -30	-10 ~ -20
9	仰俯角(mm/m)	2 ~ 5	2 ~ 5
10	滚动角(mm/m)	±20	±20

3.3.2　针对孤石分布不均导致掘进过程中盾构机姿态难以控制特采取以下措施

(1)调整各分区推进油缸压力差,孤石掘进盾构姿态不作大的调整。

(2)根据孤石引起的盾构姿态变化,及时微调各分组油缸压力,保证盾构姿态变化趋势。

4　盾构掘进效果评价

4.1　盾构始发、到达情况

本区间右线盾构于 2016 年 3 月 27 日始发,2016 年 11 月 10 日顺利贯通,月均掘进 229.7m,

左线盾构于2016年5月28日始发,2017年2月15日顺利贯通,月均掘进201m。盾构掘进过程中周边地表及建(构)筑物安全稳定,盾构施工进度较快且隧道质量良好,受到业主及各方的好评(图15)。

图15 左、右线盾构到达

4.2 刀盘刀具磨损情况

区间左线使用的铁建重工DZ058盾构机和区间右线使用的海瑞克S828盾构机在到达后观察,刀盘完整、大部分刀具基本完好,仅部分刀具存在偏磨情况,达到了施工前的预期目标(图16)。

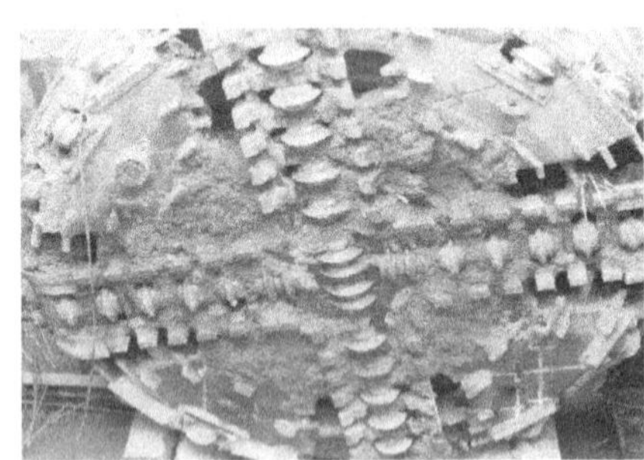

图16 左、右线盾构机刀盘和刀具

5 经验总结

在中新站—中间风井区间花岗片麻岩残积层及全、强、中风化带复合地层中掘进,盾构机选型及刀具配置是基础,盾构掘进参数控制是关键,在地面具备条件的位置可采取孤石预爆破处理,减少对盾构掘进的影响。

在地层变化及遇到孤石时设置合理的掘进参数,地层气密性条件好的情况下采用气压辅助模式进行掘进,提高掘进效率,尤其是在地面不具备预处理条件的孤石段掘进中,盾构参数的变化要实时掌握,并根据变化情况进行调整,在掘进未处理孤石时,孤石凸起的位置及形状只能通过盾构参数变化来确定,气压辅助模式下盾构机参数反馈的数据较为准确,同时在掘进过程中适当降低刀盘贯入度可以有效的防止孤石凸起对刀盘及刀具的损坏。

花岗片麻岩残积层地面稳定性较差,掘进过程中对土体的扰动及地层失水都会导致地面沉降,特别是在孤石段掘进中,地层扰动增大,沉降风险大,气压辅助模式和土压平衡模式的灵活运用也显得尤为重要。中新站—中间风井区间左线DZ058盾构机和右线S828盾构机顺利贯通,分别掘进1729m和1723m未开舱换刀,成为广州地铁史上首例复合地层长距离盾构施工“零开舱、零换刀”的区间,区间隧道贯通后刀具磨损情况良好,周边地表及建(构)筑物稳定,这些都说明以上技术措施能满足盾构施工的要求,这可为类似工程提供借鉴和参考。

软弱地层中盾构始发及掘进技术

王学龙

（广州轨道交通建设监理有限公司　广东广州　511400）

摘　要:近年来,随着我国城市轨道交通事业的蓬勃发展,盾构法隧道施工也得到了广泛的应用,随着盾构法被广泛引用盾构机施工的环境也日益变得复杂,这样就对盾构法施工的适应性提出了更高的要求。但由于目前的技术限制盾构机还不能解决所有问题,软弱地层是盾构施工中较难解决的问题,本文以深圳市城市轨道交通6号线深圳北站—梅林关站盾构区间在软弱地层中始发及掘进施工为例,对软弱地层始发及掘进技术进行总结,希望为类似工程提供参考。

关键词:上软下硬;盾构始发;掘进

1　工程概述

1.1　概述

深圳北站—梅林关站(以下简称"深—梅")盾构区间从梅林关站始发,整体呈南北走向,盾构区间需要下穿地铁4号线路基过渡段桩基、书香小学,侧穿书香门第大厦随后进入新区大道中央绿化带下,沿着中央绿化带下穿 ϕ500mm 次高压燃气管道后在U形槽吊出井吊出(图1),区间单线全长1.61km。

1.2　地质水文情况

根据地质详勘揭露的地质情况显示,在该区间盾构始发及试掘进阶段地表到洞身底部地层分布情况主要为:素填土、砾质黏性土、全风化粗粒花岗岩、强风化粗粒花岗岩、中风化粗粒花岗岩,其中洞身顶部覆土主要为素填土和砾质黏性土。按照本区间地质分布情况,盾构始发及试掘进段属于上软下硬地层。通过现场钻设的水平探孔进行验证,盾构始发端头的地质情况基本与地质报告揭露的地层情况吻合。

1.3　端头加固措施及存在的不足

深—梅盾构区间始发端头采取围护桩 + ϕ600 旋喷桩加固的措施,其中梅林关车站围护结构盾构始发洞门处的围护桩采用玻璃纤维筋,端头采用 ϕ600@450×450 双重旋喷桩进行加固,加固长度为8m,加固宽度隧道边缘外左右各3m,加固深度为到强风化地层下1m。而本工程右线施工采用的盾构机为中船25号盾构体长度为9.6m。该加固方案存在以下不足:

(1)端头加固长度小于盾构机的机体长度,不能包裹盾构机,始发过程中特别是在盾构机穿透加固体时易发地表沉降过大的情况。

(2)旋喷桩在强风化地层中成桩效果不理想,且加固深度未到达隧道底部且未采取其他有效措施对强风化中基岩裂隙水进行封堵处理,易造成洞门处漏水。

作者简介:王学龙(1984—),男,大学本科,工程师,广州轨道交通建设监理有限公司项目总监代表。主要从事地铁建设监理工作。Email:357644028@qq.com。

2 施工中出现的问题及解决措施

为了验证始发端头的加固情况以及进一步掌握地质情况本区间右线始发前在洞门范围内钻设了 9 个水平探孔，探孔呈米字型布置，钻设深度为 4m，具体情况见表 1。

水平探孔统计表　　表 1

孔号	芯样照片及描述	渗漏水照片及描述
2 号	芯样为连续的花岗岩	孔内流出清水呈线流，渗水量较大
3 号	芯样前 3m 为连续性花岗岩，后 1m 位置局部为土层	孔内流出清水呈线流，渗水量较大

由于始发端头加固方案的局限性导致对强风化地层中基岩裂隙水未能有效封堵，导致水平探孔中有清水流出，为了确保盾构始发安全随后采取了在垂直袖阀管补充注浆及洞门处水平补充注浆的补充加固措施，采取上述补充措施后水平探孔内无呈线流的地下水流出大道盾构始发条件，右线盾构于 2017 年 7 月 15 日正式始发。

2.1 地表沉降超限及地表凹陷

2.1.1 经过及处理

2017 年 7 月 29 日深—梅盾构区间右线盾构在掘进到 16 环位置时，D12263-1 地表沉降点报警，累计沉降 35.2mm，沉降速率 –24.51mm/d。经过对监测点对应位置的检查发现，在地表出现孔洞，随后立即用混凝土对孔洞进行了回填，共回填 48m 混凝土，并在地表埋设了袖阀管进行了紧急注浆处理，并在该位置重新布置了监测点，采取上述措施后，重新布设的监测点地表沉降未超限（图 1）。

2.1.2 事件原因分析

经过分析造成本次事件的原因主要是：

(1)地表出现孔洞的位置为+6环，盾构机刀盘刚出端头加固体，盾构掘进时由于土舱压力建立偏低，该环出现多出土的现象，出土量为78m^3，而在正常掘进过程中出土平均为60m^3/环左右，因此土压偏低造成多出土是引起地表沉降超限的直接原因。发现多出土后未及时采取地面注浆等补救措施导致地表出现孔洞。

(2)端头加固长度及深度不足，不能有效包裹盾构机。端头加固在盾构始发及到达施工是非常重要的，可以决定始发到达的成败。端头加固主要起到：①对土体进行加固提高土体的自稳性防止出现滑塌；②封堵地下水，防止出现涌砂涌水以及因失水造成地表沉降。而根据前文所述，本工程采取的端头加固方案存在不足，未能有效封堵基岩裂隙水，在盾构始发阶段出现了渗漏水情况。

(3)洞门长期漏水，未能及时封堵造成水土流失。右线盾构始发期间在2017年7月20日洞门2点位出现了漏水情况且流出泥水混合物(图2)，洞门出现漏水情况后未及时进行封堵，直到2017年7月26日洞门注浆完成后，漏水位置才完成止漏。

图1 地表孔洞及混凝土回填

图2 洞门处2点位漏水

(4)盾构始发阶段往往会出现同步注浆量不足的现象，二次注浆未及时跟上极易引起地表沉降。

(5)盾构在始发阶段建立土舱压力需要一个过程，在盾构始发阶段，盾构刚进入围岩进行掘进时，由于始发阶段土舱及螺旋输送机存在很大的空隙土体应力会在瞬间释放，而土舱从空舱掘进到建立土压来平衡水土压力还需要一个过程。这个过程很容易引起地面出现较大沉降，如果土体自稳性差就会引起地面塌陷。虽然本工程洞门处围护结构采用了玻璃纤维筋，但是由于地层为上软下硬地层且端头加固措施较薄弱，因此在土舱压力未建立阶段很容易发生地层失水从而引起地面沉降。

(6)本工程采用的盾构机为倒锥形，开挖直径为6.28m、盾尾直径为6.23m，因此在盾构机体与围岩之间会存在一个约30～50mm的间隙(图3)，根据不完全统计该间隙引起的地表沉降占盾构施工地表总沉降的30%～40%，由于盾构始发阶段掘进速度较缓慢，该间隙不能及时得到填充，故引起地表沉降超限。

2.1.3 后续施工采取的措施

(1)严格控制出渣量按照盾构机推进千斤顶的行程控制；提高土舱压力，土舱压力应略高于静止土压力，尽量使盾构机刀盘到达前地表有3～5mm的隆起。

围岩与盾体的间隙

开挖轮廓

盾尾

图3 开挖轮廓与土体之间的间隙

(2)盾构通过上软下硬地层时采取调整掘进速度,及时注浆等,使盾尾后隧道周边的土体及时处于三向应力状态,从而达到有效控制地层的弹塑性变形。

(3)根据地面实时监测结果进行实时控制,在管片衬砌背后及时实施同步注浆及二次注浆,尤其是对拱部120°范围加强二次注浆。

(4)盾构在曲线推进、纠偏过程中,容易对地层造成扰动及超挖,施工过程中要加强盾构机姿态的控制以减少对地层的扰动、超挖。

(5)后期施工中尽量减少盾构停机时间,做到连续均匀推进。

在采取了上述措施后,地表沉降有明显的好转,未出现地表沉降超限的情况。

2.2 地面冒气泡

2.2.1 经过及处理

2017年8月11日凌晨,在盾构掘进到43环位置时,在69环位置发生地面有泥泡涌出的现象(图4),经过现场调查发现泥泡中含有较多的泥沙。由于有泥沙随泡沫被带出,为了防止地表出现沉降,在该位置进行了地面注浆(埋入袖阀管后注入水泥浆),盾构经过该区段后地表未出现较大沉降,最大沉降量17.5mm。

图4 地面涌出的泡沫

2.2.2 原因分析

经分析造成泡沫冒出地面的主要原因如下:

(1)地质情况不良。该位置盾构隧道覆土从上而下主要为:素填土、砾砂、砾质黏性土(具体详见地质断面图),根据地质勘查报告揭示的地层特性,素填土土质松散,主要由砂砾黏性土组成,局部夹有碎块石、砖渣、混凝土等,由于土质松散盾构掘进过程中用于渣土改良的泡沫会在土舱压力作用下沿着地层中的空隙冒出地面。

(2)在进行该段掘进时,考虑到地层中黏性颗粒含量较高,为防止刀盘结泥饼,盾构掘进时采用半舱土半舱气的掘进模式,用气压代替土压来平衡地层的水土压力。当土舱内气压较高覆土较浅时(盾构掘进43环时土舱压力为1.6~1.8bar)泡沫就会从地面冒出。

2.2.3 后续采取的防治措施

(1)改变掘进模式,采用全土压掘进,减少土舱内的气压防止泡沫随地层内孔隙冒出地面。

(2)减少泡沫剂的使用量,掘进工程中通过多加水来改良渣土以防止结泥饼。

在采取了上述措施后地表再未出现泡沫冒出的现象。

3 总结及思考

通过上述案例可以看出端头加固、盾构始发阶段建立土压等对盾构施工影响都很大,本文在此进行总结,希望能为同类工程提供借鉴,并采取措施予以防治。

(1)端头加固在盾构始发及到达阶段起到非常关键的作用,能够直接影响盾构始发及到达的成败。因此在设计端头加固方案时应充分考虑加固体对盾构机的有效包裹以及端头加固体的止水性,应以安全为主要考虑因素,造价次之。

(2)盾构始发过程中从刀盘开始切削土体到建立土压平衡需要一个过程,端头加固较弱的情况下该过程很容易引起地表沉降或者塌陷,因此可以考虑采取填舱带压的始发工艺,提前在土舱内建立压力来平衡水土压力,以达到对地表沉降的控制。

(3)目前使用的盾构机大多数为倒锥形,盾构机与围岩之间存在30~50mm的间隙,该间隙引起的沉降量占总沉降量的30%~40%,因此可以采取通过盾构径向孔注入可塑性泥浆(克泥效)来填充盾构机与围岩的间隙,从而达到有效控制沉降的目的,特别是在微沉降控制部位(如穿越建构筑、运营线路等)。

(4)盾构隧道上部覆土存在较厚的素填土时,由于土体松散极易出现土舱内气体泄露造成舱压不稳定,地面冒泡沫,地面沉降控制难度大等情况,因此在这种地层掘进时要全土压模式掘进,同时要做好渣土改良防止结泥饼。

4 结语

盾构施工工法通过几十年的发展,在解决棘手问题的辅助工法已比较成熟,无论盾构始发到达、沉降控制等都已不是难以解决的问题,但往往这些已经被克服的问题还是会屡屡出现。人是施工的根本,要从管理上去重视此类问题,加强管理做到精细化管理,才能有效地避免类似情况的反复出现。

参考文献

[1] 秦汉礼. 软弱地层盾构始发施工技术[J]. 隧道建设, 2006, 26(05):15-21.

[2] 杨琼鹏. 软弱地层盾构始发及到达施工技术[J]. 隧道掘进机, 2011.

[3] 林辉, 杨国龙, 汪清. 软弱地层盾构施工土舱带压始发技术[J]. 建筑监督检测与造价, 2010(增1):44-47.

[4] 闫路, 苏华友. 深圳地铁软弱地层盾构始发技术研究[J]. 深圳土木与建筑, 2010(1):27-31.

上软下硬地层盾构掘进模式的研究

郭庆彪

（广州轨道交通建设监理有限公司　广东广州　511400）

摘　要：广州市轨道交通4号线南延段施工3标土建工程塘坑站—大涌站盾构区间采用复合式土压平衡盾构机施工。目前，关于盾构掘进比较成熟的工艺仅限于单一地层，而类似于本标段有关上软下硬地层条件下盾构掘进研究相对滞后。国内外许多在上软下硬地层条件下盾构掘进时出现不同程度的喷涌、刀盘结泥饼、刀具损坏甚至地表坍塌等现象。经本标段的现场实践，在能实现半舱气压法掘进的情况下，采用该工法进行施工，能有效地降低刀盘扭矩和刀具损坏的速度，降低喷涌和地表坍塌的风险，极大地提高掘进效率。

关键词：盾构；上软下硬；喷涌；泥饼；刀具损坏；地表坍塌；半舱气压法

1　工程概况

1.1　工程简介

广州市轨道交通4号线南延段施工3标土建工程塘坑站—大涌站盾构区间线路沿环市大道北侧道路及人行道下方设置。区间单线长约1.8km，最小曲线半径为730m。线路纵断面为V形坡，最大坡度为5.5‰。本区间周边环境较为复杂，由于位于市政道路下方，下穿管线密布，主要涉及给水、电力、煤气、电信、信息、排水等6个大管线。隧道两侧建筑物较多，其中3m范围内的建筑有7栋，15m范围内临近穿过的建筑有36栋，15m以外50m以内临近穿越的建筑有113栋。

1.2　工程地质及水文地质

根据勘察报告，塘坑站—大涌站盾构区间地层分布复杂，主要有以下三种工况：全断面软土、上软下硬、全断面硬岩。本文着重介绍上软下硬工况。例如区间200～245环，上部为〈6H〉全风化花岗岩、〈7H〉强风化花岗岩，下部为〈8H〉中风化花岗岩及〈9H〉微风化花岗岩，如图1所示。地质土层特征见表1，地层物理力学特性见表2。

200～245环地质土层特征表　　表1

层　号	岩土名称	岩性特征
〈6H〉	全风化花岗岩	呈浅黄褐色、灰绿色、灰白色等，原岩组织结构已风化破坏，但尚可辨认，局部夹强风化岩碎块，岩芯呈坚硬土柱状，遇水易崩解。标贯击数$N=31\sim50$击，平均40.1击
〈7H〉	强风化花岗岩	呈暗黄褐色、浅灰白色等，原岩组织结构已大部分风化破坏，岩芯上部多呈土状，向下渐次呈半岩半土状、碎块状，风化裂隙发育，遇水易软化、崩解。标贯击数$N=51\sim97$击，平均59.6击

作者简介：郭庆彪（1973—），男，大学本科，教授级高工，广州轨道交通建设监理有限公司项目经理。主要从事隧道及地下工程建设管理工作。Email：264359043@qq.com。

续上表

层　　号	岩土名称	岩性特征
〈8H〉	中风化花岗岩	呈浅灰红色、浅肉红色、浅黄褐色等。细粒结构,块状构造,岩质较坚硬,裂隙发育,岩芯破碎,岩芯呈碎块状、块状为主,少量短柱状
〈9H〉	微风化花岗岩	主要为华力西、燕山三期侵入细粒混合花岗岩,呈浅肉红色、浅灰红色、浅灰色等,中粒结构,块状构造,矿物成分为长石、石英、少量黑云母等。岩芯以短柱状为主,部分长柱状或块状,岩质坚硬

200~245 环隧道穿越地层物理力学参数表　　表 2

层号	岩土名称	天然重度(kN/m^3)	围岩等级	渗透系(m/d)	透水性评价	天然抗压强度(MPa)
〈6H〉	全风化花岗岩	19.1	Ⅴ	0.1	黏粒较多,弱透水	
〈7H〉	强风化花岗岩	19	Ⅴ	1	有风化裂隙,透水性中等	
〈8H〉	中风化花岗岩	25.5	Ⅳ	2	有风化裂隙,透水性中等	10~70 不等
〈9H〉	微风化花岗岩	26.6	Ⅲ	0.1	风化裂隙较少,透水性弱	20~140 不等

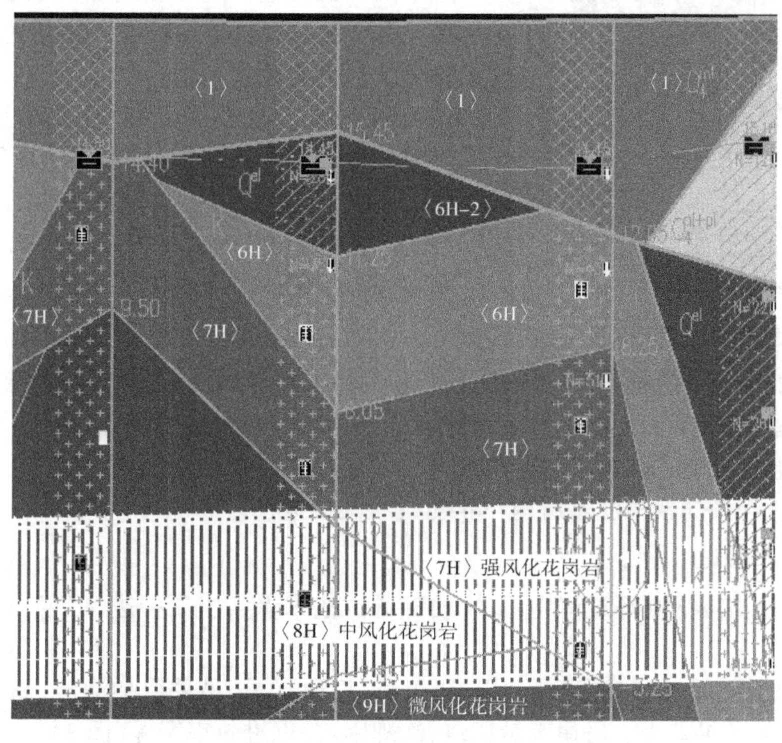

图 1　200~245 环上软下硬地层剖面示意图

2　上软下硬地层掘进

当盾构机从全断面软土向全断面硬岩掘进或从全断面硬岩向全断面软土掘进过程中,不可避免的要经历上软下硬段的掘进。上软下硬的掘进方法和掘进参数控制不当,轻者发生喷涌、刀盘泥饼,重者造成刀具损坏严重甚至地面塌陷的事故。

2.1 全断面软土或全断面硬岩掘进

2.1.1 全断面软土掘进

全断面软土掘进采取闭胸式保实土压掘进。根据土层特性计算掘进所需的土压力，在此基础上略高0.1～0.2bar，确保掌子面土体稳定。在花岗岩残积地层(〈4N-2〉或〈5H-2〉)、全断面〈6H〉地层中掘进速度在30～40mm/min，地面沉降稳定。

2.1.2 全断面硬岩掘进

全断面硬岩是指盾构掘进的整个断面都在〈8H〉或者〈9H〉地层中，围岩等级Ⅲ或Ⅳ。掌子面自稳性较好，无需建立土压，可采取敞开式掘进的方式进行，但同时要注意以下几点：

(1)掘进中根据需要适当使用泡沫(润滑、降温和改良土体)，用于改良土体和保护刀具。

(2)刀具的磨损程度可以通过施工参数的变化做出初步判断，如果出现推力过大，推进速度小，刀盘扭矩过大，盾构机姿态难以控制时，就要考虑刀具是否磨损严重，安排开舱检查刀具。

(3)刀盘转速也是影响刀具磨损的另一个因素，并且对推进速度也有一定关系。过大的刀盘转速会造成盾构机剧烈颠簸，加剧刀具磨损，过小的刀盘转速会造成掘进速度缓慢，影响施工进度。在全断面硬岩地层掘进刀盘转速选择1.7～1.8r/min较为合适。

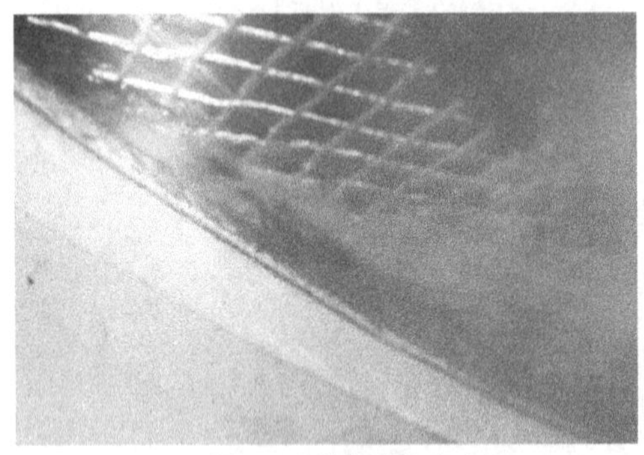

图2 土舱内后方来水

(4)做好二次注浆工作。脱出盾尾的管片3～5环的位置二次注浆采用双液浆，随着盾构掘进环环跟注，每5环左右打一道环箍，封堵盾构后方来水(后方花岗岩地层中裂隙水汇集)，减少土舱内水的来源，防止喷涌(图2)。

2.2 上软下硬地层掘进实践

由于上软下硬地层的特殊性，上部地层为软弱地层或者遇水软化地层，不能采取敞开式或者欠土压的掘进模式，否则上部土体极易坍塌，造成管线断裂、路面塌陷、建筑物开裂等事故。因此上软下硬地层只能采取保压掘进的方式。就目前来看，保压掘进的方式有三种：保实土压掘进、加泥式土压掘进(模拟泥水盾构)、半舱气压法掘进。

2.2.1 保实土压掘进

在盾构掘进200～210环过程中，采用的掘进方法未保实土压掘进，但存在以下几点严重问题：

(1)螺旋机背压基本与土舱1号土压计相当，喷涌严重，虽采取加泡沫、高分子聚合物等材料改良土体，但效果甚微。盾尾大量积渣，清理困难，掘进效率缓慢(图3)。

(2)保实土压掘进过程中，满舱的土和石头混合物，盾构推力大，刀盘扭矩大，渣温高，刀盘易结泥饼、刀具易损坏。

在掘进至210环时，渣土温度将近50℃，刀盘扭矩达4500kN·m左右，推力已逐步加到了2000t，掘进速度仅有5mm/min左右，初步判断刀盘泥饼，部分刀具损坏。加压进舱检查：舱内温度高，刀盘所有的开口及回转中心(4根牛腿中间)均结满泥饼，部分刀具损坏(图4)。

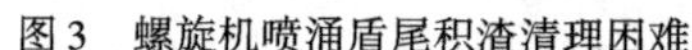

图3　螺旋机喷涌盾尾积渣清理困难

图4　210 环加压进舱检查掌子面泥饼

(3)上软下硬地层开舱清泥饼换刀困难,耗费时间长,耽误工期。从做泥膜开始,至换刀结束至少要 10 个工作日。采取保实土压掘进,泥饼和刀具损坏频率高,耽误的时间长。

2.2.2　加泥式土压掘进

加泥式土压掘进是指在盾构掘进前通过盾构机上的膨润土注入系统向土舱内注入膨润土浆液,在保证土舱内土压稳定的前提下,置换出舱内将近一半渣土,然后在掘进过程中逐步注入膨润土。以达到降低渣温和刀盘扭矩、改善舱内土体流动性和和易性的目的。

该工艺在理论上可行,但膨润土需求量大,且受现场膨润土浆液制作(膨润土需充分发酵,达到比重和黏度的要求,占用场地大)和运输(水平运输只有 1 个浆车 $6m^3$ 掘进一环需跑好几个来回)的限制,本次只试推一环,效果未充分体现。

2.2.3　半舱气压法掘进

采取半舱气压法掘进的前提条件是,在保证掌子面土体稳定的气压下,地面不能被击穿。地勘资料显示盾构上部覆土有较厚的〈6H〉全风化花岗岩地层和〈5H-2〉残积地层,且覆土厚度约 13m,应能保证地面不被击穿。

(1)自动保压

铁建重工盾构机自带自动保压装置,掘进前可将自动保压装置调试好。本地段埋深 13m,1 号土压传感器可保至 1.3bar,从而靠气压阻挡盾构机四方来水。压力不可太高否则将会引起地面隆起。

(2)渣土置换

掘进前需置换舱内的渣土。螺旋机出土,同时打开保压装置进行压气作业,保证舱内土压稳定在 1.3bar 左右,直至舱内土体置换出一半,置换结束标准:土舱上部 3 个土压计均稳定显示在 1.3bar 时结束。

(3)掘进施工

正常掘进前先螺旋机不出土,闷推 10cm,以便将土舱内剩余的水与渣土充分搅拌。按照此方法掘进施工,喷涌现象没有再次发生,渣土呈流塑状。

(4)同步注浆及二次注浆

内为半舱渣土,同步注浆压力过高则会导致浆液流进掌子面,从而影响推进及注浆效果,因此注浆浆量由 $3.5m^3$ 降至 $2m^3$,掘进过后进行水泥浆二次注浆填充管片与土体间隙。同时每隔 5 环用双液浆做一环隔水环。

通过更换半舱气压法掘进,在 211 ~ 245 环的掘进比较顺利,基本无喷涌现场,掘进速度

20～30mm/min，达到掘进 4～5 环/日，盾构机直接进入全断面硬岩，地面沉降稳定。

3 结语

通过上述实践，在上软下硬地层掘进中，在能实现半舱气压法掘进的情况下，采用该工法进行施工，能有效地降低刀盘扭矩和刀具损坏的速度，降低喷涌和地表坍塌的风险，极大地提高掘进效率。

参考文献

[1] 刘建国. 深圳地铁盾构隧道施工技术与经验[J]. 隧道建设，2012，32(1)：72-87.

[2] 蔡辉. 土压平衡盾构在砂层中掘进的渣土改良技术[J]. 隧道建设，2015，35(9)：928-934.

[3] 宁士亮. 富水砂层盾构渣土改良技术[J]. 铁道建筑技术，2014(3)：98-102.

[4] 张耘获，乐贵平，苏艺. 盾构刀具的磨损及检测措施[J]. 市政技术，2008，26(5)：417-419.

[5] 潘庆明. 全断面硬岩及地层转换时地铁盾构隧道掘进参数分析与优化控制[J]. 铁道建筑技术，2013(8)：21-26.

[6] 吕瑞辉，王光辉. 盾构刀具磨损规律及减耐磨措施研究现状分析[J]. 隧道建设，2012(增2)：49-54.

[7] 张公社. 南京长江隧道盾构刀具设计改进及工程应用研究[J]. 国防交通工程与技术，2009，7(4)：39-44.

[8] 邓彬，顾小芳. 上软下硬地层盾构施工技术研究[J]. 现代隧道技术，2012，49(2)：59-64.

[9] 崔玖江. 盾构隧道施工风险与规避对策[J]. 隧道建设，2009(04)：7-26.

[10] 程林飞，许建飞，谭娇. 填海区盾构掘进难点控制[J]. 隧道建设，2012，32(增1)：71-74.

[11] 李志军，高波，王光伟. 土压平衡盾构在复合地层中带压进舱施工技术[J]. 都市快轨交通，2014，27(5)：70-75.

[12] 冯欢欢，杨书江. 成都地铁 4 号线砂卵石地层土压平衡盾构施工技术[J]. 隧道建设，2014(3)：274-279.

北京地铁狭窄场地盾构分体始发施工技术浅析

李　斌

（北京住总集团有限责任公司轨道交通市政工程总承包部　北京　100028）

摘　要：本文以北京地铁16号线工程屯佃站—永丰站区间盾构隧道为例，针对工程中出现的狭窄场地内盾构分体始发施工技术进行研究。根据始发井的结构尺寸、周边环境条件、盾构主机与后配套设备的结构尺寸及经济性选择盾构分体始发方案，通过优化场地规划，满足分体始发需求。针对盾构分体始发工艺，盾构主机与后配套连接要安全可靠，确定了合理的反力架、始发架、负环的结构和安装方法，并制订了相应的出土规划。盾构始发过程中，制订了科学合理的土压力、同步注浆、掘进速度、出土量、推力、扭矩等掘进参数，保证了盾构分体始发的顺利进行。

关键词：盾构；狭窄场地；分体始发

1　引言

盾构机始发通常是从已经建好的车站或者专为盾构始发而修建的竖井，北京市常用的盾构机及后配套设备长约76m，车站长度可以满足盾构机整体始发要求，一般采用整体始发，而竖井较短盾构机一般采用分体始发，且短竖井比长竖井更容易施工、更安全，适用于繁华城市中狭窄的施工场地，具有节省工程投资等优点，但也有一些不足，如设备技术要求比正常始发高，始发施工难度更大，在相同配置下出土效率没有长竖井高。

盾构始发是盾构施工的关键环节之一，其主要内容包括：安装盾构始发托架、盾构机组装、调试、安装反力架及洞门密封止水装置、安装负环管片、盾构机试运转、盾构通过洞口密封止水装置后进行注浆回填、盾构掘进与管片拼装等。

盾构始发方式分为整体始发和分体始发两种。整体始发是指将盾构主机和全部台车安装在始发井下，盾构始发掘进时带动全部台车一起前进的施工技术。分体始发是指将盾构主机与全部或者部分台车之间采用加长管线连接，盾构主机与全部或者部分台车分开前行，待初始掘进完成后再将盾构主机与全部台车在隧道内安装连接进行正常的掘进[1-3]。

2　工程概况

2.1　工程概述

屯佃站—永丰站区间，起于上庄路与北清路十字交口处东北象限的屯佃站东端，出屯佃站后，沿北清路路北绿地内以地下方式由西向东敷设，止于位于规划永丰西四街与北清路十字交口处东侧北清路正下方的永丰站。区间设联络通道两座（其中一座兼做泵房），施工竖井三座。区间覆土厚度约为7.1～15.9m。

左线在屯佃站—L3竖井采用盾构法施工，区间长1349.259m，盾构从屯佃站始发，在L3施

作者简介：李斌（1985—），男，大学本科，工程师。目前主要从事盾构工程施工和管理工作。Email：libin850501@163.com。

工竖井接收吊出;右线在屯佃站—L1 竖井采用盾构法施工,区间长1220.100m,盾构从L1 施工竖井始发,在屯佃站接收吊出。区间右线出屯佃站后以 2‰坡度下坡,在里程右 BK7 +980.000 处转而以 8‰坡度继续下坡,在里程左 BK8 +403.779 处到达低点,之后以 6.489‰坡度上坡,到达 L1 施工竖井。区间结构采用平板式单层预制钢筋混凝土管片衬砌,衬砌环外径 6000mm,内径 5400mm,管片宽度 1200mm,管片厚度 300mm。

区间设置起止里程右 BK9 +144.000 ~ 右 BK9 +074.000(70m)为盾构始发段,本文研究的主要内容是 L1 竖井狭窄场地内的盾构分体始发技术,标段位置示意如图 1 所示。

图1 标段位置示意图

L1 施工竖井结构为两层框架结构,内净空为 8m × 12m,顶板(后浇)厚 0.7m,地下一层侧墙厚 0.6m,地下二层侧墙厚 0.8m,中板(后浇)厚 0.4m,底板厚 0.9m,预留盾构吊装孔洞为 7m × 11m。初支采用 350mm 厚的 C20 网喷混凝土及格栅钢架组成联合支护。L1 竖井结构剖面图如图 2 所示。

盾构机选型采用日立 6150 型盾构机,主机长度 8.64m,后配套台车等设备长度达 68m,辐条式刀盘,开挖直径 6.18m,开口率 51.3% 。盾构主机结构图如图 3 所示。

2.2 工程地质和水文地质

始发段隧道埋深变化比较平直,上覆土层厚约 11.51 ~ 12.92m,顶板所在土层主要为粉质黏土③$_1$ 层,修正后围岩分级均为Ⅵ级,围岩稳定性差。隧道结构所在土层主要为粉质黏土③$_1$层,土层修正后围岩分级为Ⅵ级,土石可挖性等级以Ⅱ级为主。隧道结构基底基本位于粉质黏土④中,局部位于粉细砂④$_3$ 层中,整体分布连续均匀。沿线土层特征见表 1,始发端头隧道上覆土层力学参数见表 2。

沿线土层特征一览表 表 1

沉积年代	地层代号	岩性名称	岩土性状
人工填土层(Q^{ml})	①	粉土填土	黄褐色,松散 ~ 稍密,湿,含草根、砖渣,连续分布
	①$_1$	杂填土	杂色,松散 ~ 稍密,湿,含房渣土、砖渣、灰渣、生活垃圾、部分地段为卵石填土,连续分布
新近沉积层(Q_4^{2+3al})	②	粉土	黄褐色 ~ 灰色,中密,湿 ~ 很湿,高 ~ 中高压缩性,含姜石、少量螺壳、有机质,局部夹粉质黏土薄层,连续分布
	②$_1$	粉质黏土	黄褐色 ~ 灰色,软塑 ~ 硬塑,高 ~ 中高压缩性,含少量碳质碎屑、有机质,腐殖质、分布孔洞,孔洞直径 0.5 ~ 1.0mm,孔洞中充水,局部夹粉土、细砂薄层、连续分布

续上表

沉积年代	地层代号	岩性名称	岩土性状
第四纪全新世冲洪积层（Q_4^{al+pl}）	③	粉土	褐黄色～灰色，密实，很湿，中～中低压缩性，含云母，有机质，连续分布
	$③_1$	粉质黏土	褐黄色～灰色，软塑～硬塑，中～中高压缩性，含少量有机质，螺壳碎片、腐殖质，分布孔洞，孔洞直径0.5～1.0mm，孔洞中充水，局部夹粉土薄层，连续分布
	④	粉质黏土	褐黄色～灰色，硬塑，中～中低压缩性，含氧化铁、少量云母、螺壳碎片、腐殖质，分布孔洞，孔洞直径0.5～1.0mm，孔洞中充水，局部夹粉土、细砂薄层，连续分布
	$④_2$	粉土	褐黄色～灰色，密实，很湿，中～中低压缩性，含云母、氧化铁、姜石，部分不连续
	$④_3$	粉细砂	褐黄色，中密～密实，饱和，低压缩性，含云母、氧化铁，分布不连续
第四纪晚更新世冲洪积层（Q_3^{al+pl}）	⑥	粉质黏土	褐黄色～灰色，硬塑，局部软塑，中～中低压缩性，含氧化铁、少量云母、有机质，局部夹粉土薄层，连续分布

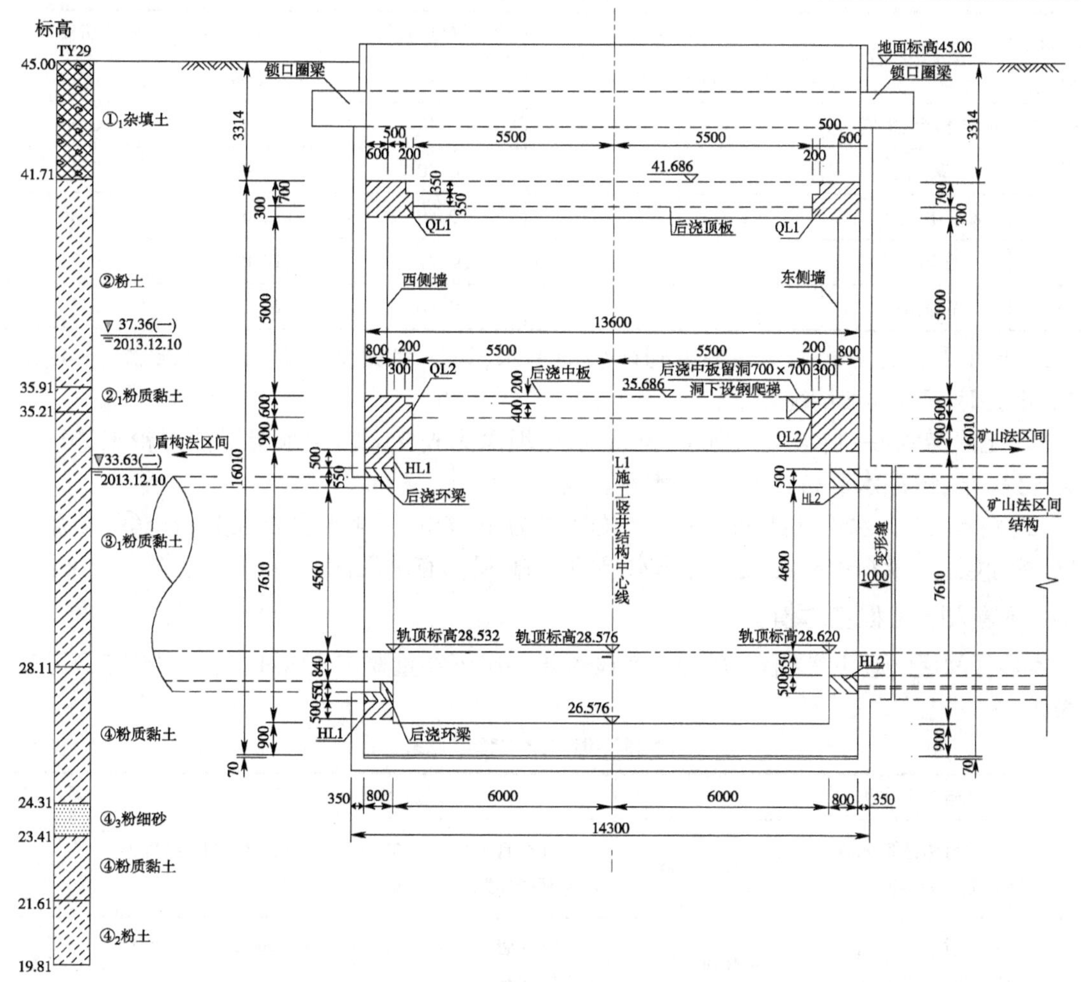

图2　L1竖井结构剖面图（尺寸单位：mm，标高单位：m）

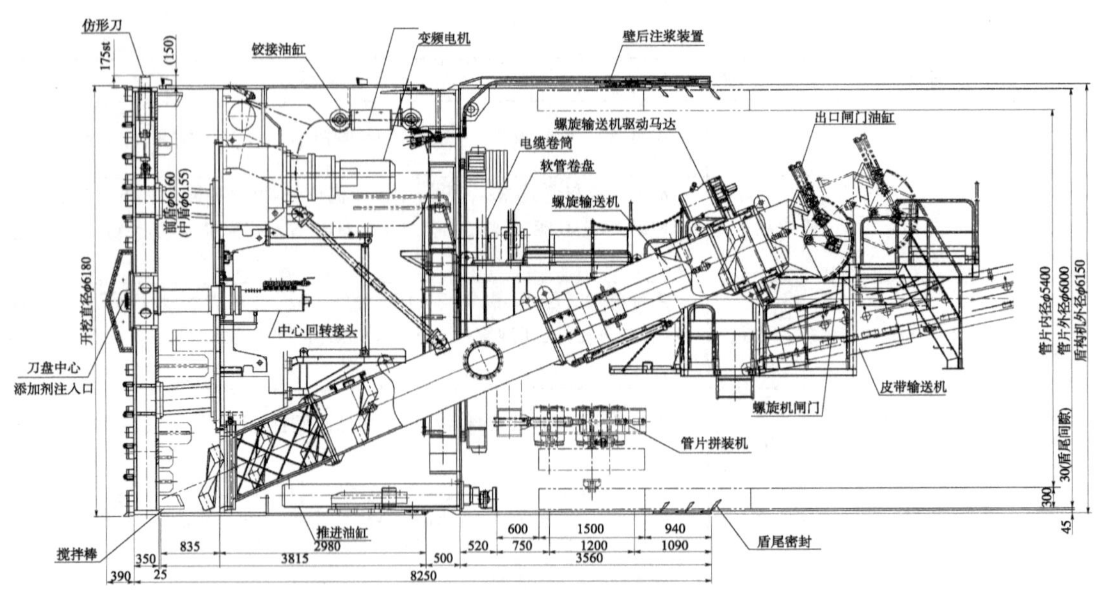

图3 盾构机主机结构图(尺寸单位:mm)

始发端头隧道上覆土层力学参数表 表2

地层编号	岩性名称	固结快剪		静止侧压力系数	重度	始发端头土层
		黏聚力 c(kPa)	摩擦角 φ(°)	k_0	γ(kN/m)	h(m)
①	粉质黏土、素填土	10	10	0.40	17.5	0.34
①$_1$	杂填土	0	10	0.40	17.0	2.12
②	粉土	14	20	0.40	19.6	5.86
②$_1$	粉质黏土	29	17	0.41	19.8	0.83
③$_1$	粉质黏土	29	17	0.38	20.0	2.36

L1竖井盾构始发端头实际测量到两层地下水,地下水类型分别为上层滞水(一)、潜水(二),各层地下水详细情况如下:

(1)上层滞水(一):水位标高37.36m,水位埋深为6.95m。含水层岩性为粉土②层及粉质黏土②$_1$层,该层水分布较为连续,水量较大。

(2)潜水(二):水位标高33.63m,水位埋深为10.68m。含水层岩性为粉土③、粉质黏土④层、粉土④$_2$层及粉细砂④$_3$层,受隔水层的影响,局部有承压性。

2.3 环境风险工程基本情况

本段区间沿线地下管线多,盾构始发段需要多次下穿重要市政管线,始发段环境风险工程见表3。

始发段环境风险工程汇总表 表3

序号	风险工程名称	里程	风险工程基本状况	风险工程
1	右线盾构法区间垂直下穿DN500燃气管	左BK9+094	该管线管顶标高约38.71m,埋深约5.42m,区间结构与管线净距约5.13m	二级
2	右线盾构法区间垂直下穿DN500燃气管	左BK9+096	该管线管顶标高约38.71m,埋深约3.59m,区间结构与管线净距约5.12m	二级

续上表

序号	风险工程名称	里　　程	风险工程基本状况	风险工程
3	右线盾构法区间垂直下穿D800雨水管	左BK9+101	该管线管内底标高约41.11m，埋深约2.22m，区间结构与管线净距约7.98m	二级
4	右线盾构法区间垂直下穿D800污水管	左BK9+108	该管线管内底标高约38.32m，埋深约5.04m，区间结构与管线净距约5.15m	二级
5	右线盾构法区间垂直下穿DN400上水管	左BK9+113	该管线管顶标高约42.61m，埋深约1.58m，区间结构与管线净距约9.01m	二级

对于上水管、中水管及燃气管变形控制要求：沉降量≤10mm，斜率≤0.002，最大沉降速率≤2mm/d；污水管、雨水管变形控制要求：沉降量≤20mm，斜率≤0.003，最大沉降速率≤2mm/d。风险控制措施主要是盾构自身控制，因此盾构分体始发阶段的施工技术至关重要。

3　盾构分体始发方案的选择

(1)盾构分体始发选择依据

在L1竖井盾构始发时，竖井后有120m的矿山法隧道可以作为反向隧道使用，无专门出土口，盾构始发和出土均在L1竖井空间内，因此不能采用整体始发，只能采取分体式始发，在桥架处断开。盾构在盾构井始发时将全部6节后配套台车放置在反向隧道内，盾构主机在盾构井内，盾构主机与台车通过加长管线连接，配套桥架暂时不安装，运输管片采用临时悬臂桥架。

(2)始发场地规划

根据车站始发端的施工场地进行地面布置，主要包括地面浆液搅拌站、管片堆场、集土坑、龙门吊、电瓶车充电间、材料堆放、各种管路等。

L1竖井临时施工占地总面积1109m^2，其中L1竖井148m^2，管片堆场140m^2(可存放11环管片)，集土坑128m^2(可储存562m^3渣土，11环出土量)，砂石料厂45m^2，泥浆搅拌站40m^2，轨道、走道板等周转材料占地38m^2，循环水泵24m^2，龙门吊轨道梁占地85m^2，充电间22.5m^2，施工道路438.5m^2。盾构始发施工场地平面布置如图4所示。

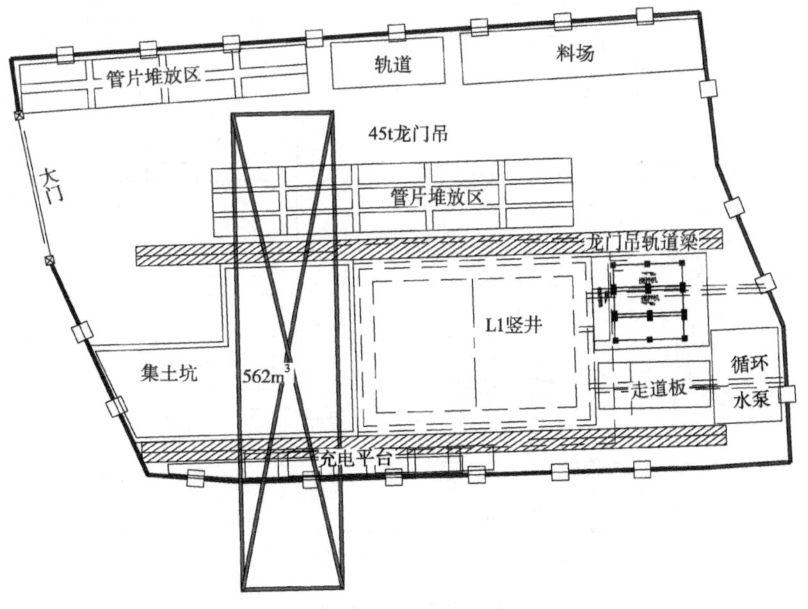

图4　L1竖井盾构始发施工场地平面布置图

4 盾构分体始发工艺

(1)盾构机与后配套设备安装与连接

右线盾构及后配套设备下井安装顺序为:6 号 ~1 号台车及桥架→盾构主机下井组装(中盾、前盾、螺旋机、尾盾、刀盘)→盾构主机就位→台车间连接(分体)→盾构始发掘进→分体始发转换为整体始发→盾构正常掘进。

盾构主机与台车之间连接的所有油管、信号线、泡沫管及注浆管等管线约需加长 100m,加长管线通过手拉葫芦悬吊在 L1 竖井井壁上,共采用 8 个手拉葫芦,盾构主机左右两侧各 4 个。管线在隧道内采用悬臂吊钩吊悬挂。负环安装两环后,在管片上 2 点位置设置第一个悬挂吊带的 5t 手拉葫芦,管线由吊带中穿入跟进,每隔 10m 设置一处,推进时由相关人员实时挪拽管线,维持盾构机正常工作。

(2)始发架、反力架、负环确定

竖井结构内部净空 12m×8m,吊装作业孔 11m×7m,由于盾构井空间的限制,不能整体始发,采用的始发架分两段,分别为 7m 和 4m,盾构主机下井前先将两段发射架安装好,盾构在下井后先不安装反力架,在凿出钢格栅和洞门后,盾构前移进洞门,当盾构主机推进洞门后,拆除后面 4m 长的始发架,安装反力架。负环采用整体拼装,共 6 环,0 环 800mm 进入洞内,如图 5 所示。

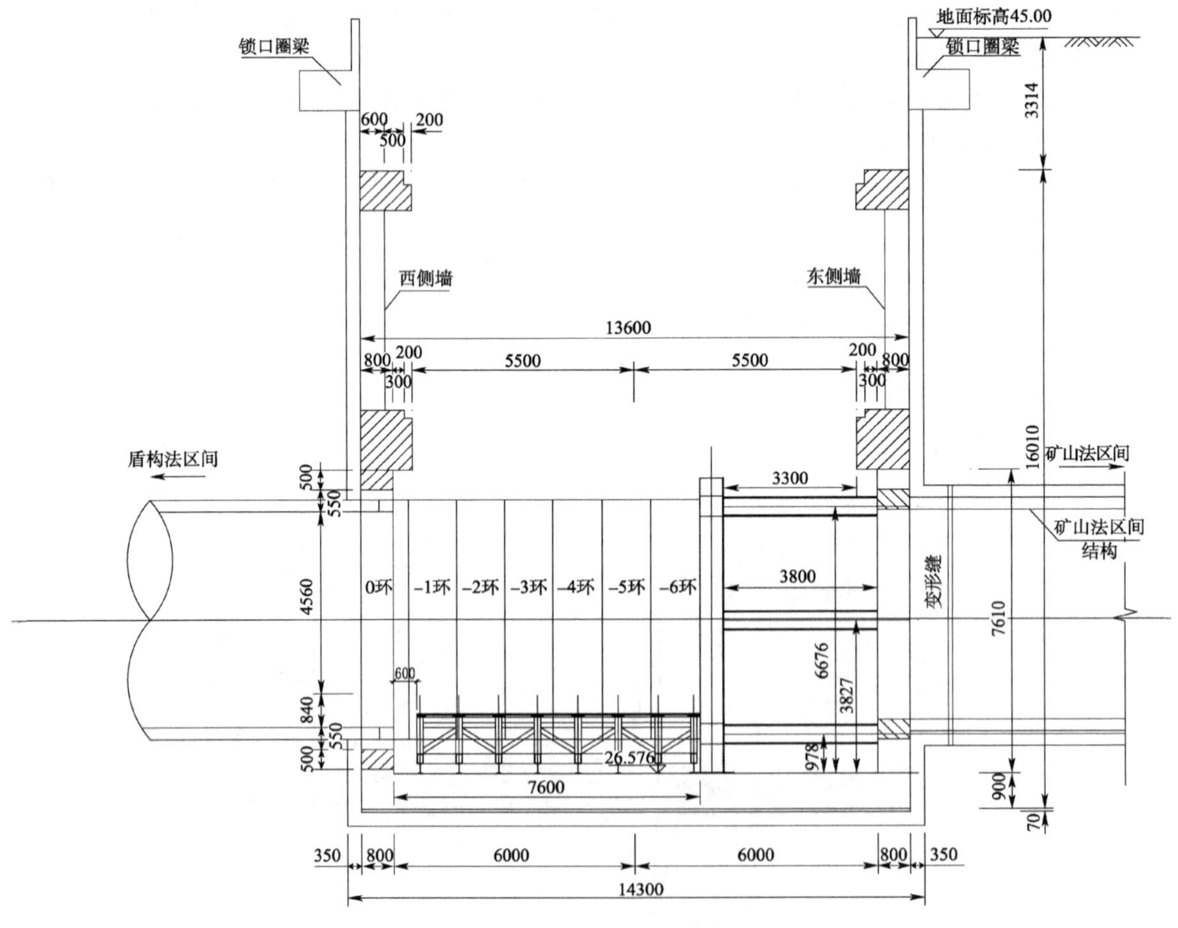

图 5　盾构始发架、反力架、负环布置图(尺寸单位:mm)

(3)出土规划

盾构分体始发阶段在螺旋输送机封门口处出土,现场预制土斗,刚开始掘进时,螺旋输送机伸出反力架1.95m,土斗吊装作业空间1.35m,考虑板车尺寸,预制土斗长×宽×高尺寸为1m×1.4m×1.2m,容积1.68m^3,掘进1.95m之后,土斗尺寸调整至长×宽×高尺寸为3m×1.4m×1.2m,容积5.04m^3。

5 盾构始发的实施

5.1 盾构机组装、调试

盾构机在井下分段拼装完成后,以盾构各部件设备的机械性能技术指标为依据,进行盾构调试、验收,确保盾构机处于良好工作状态,车架行走正常。盾构的调试及试运转验收分两个阶段进行:第一阶段是车间总装验收,该阶段工作是对设计、制造质量及主要功能进行调试验收;第二阶段是井底调试验收,在盾构吊到井底后按照验收大纲对总装质量及各种功能进行检查、验收工作。

5.2 掘进参数设置

(1)土压力

①按静止土压力进行计算:$p_0=K_0\cdot\gamma\cdot H$,经计算为0.83bar。

②按主动土压力进行计算:$p_0=\gamma\cdot H\cdot\tan^2(45-\varphi/2)-2c\cdot\tan(45-\varphi/2)$,经计算为0.78bar,地面荷载20kPa,则盾构始发端头掘进土压力控制在0.98~1.03bar。

(2)同步注浆

①注浆压力设定

同步注浆时要求压入口的压力大于该点的静止水压及土压力之和,做到尽量填补而不是劈裂。注浆压力过大,管片外的土层将会被浆液扰动而造成较大的后期地层沉降及隧道本身的沉降,并易造成跑浆。而注浆压力过小,浆液填充速度过慢,填充不充足,也会使地表变形增大。通过计算,同步注浆压力选择为2~3bar。

②注浆量的控制

每推进一环的建筑空隙为:

$$Q=\pi({D_1}^2-{D_2}^2)\frac{L}{4}$$

式中:D_1——刀盘外径,本工程为6.18m;

D_2——管片外径,本工程为6.0m;

L——管片宽度,本工程为1.2m。

每环的压浆量一般为建筑空隙的130%~180%,$Q=2.7\sim3.7m^3$。

(3)浆液配合比

根据以往在北京地区的地铁施工经验,本次盾构注浆配比及注浆量、注浆压力拟采用以下数据,并在施工前进行试验确定。同步注浆材料配比见表4。

每环同步注浆材料配比　　表4

水泥(kg)	粉煤灰(kg)	膨润土(kg)	砂(kg)	水(kg)	外加剂
400	1850	100	3500	3000	按需要根据试验加入

(4)盾构掘进速度

初始段掘进速度将控制在4.8m/d左右,并将推进速度控制在25~35mm/min。

(5)掘进出土量控制

根据公式 $V_{虚}=K\pi D^2L/4$ 计算每环出土量,式中,K 为土体综合松散系数,取决于土质、盾构掘进参数、土体改良情况等。盾构穿越土层为粉质黏土③$_1$ 层,根据施工经验取值为1.2。

因此,盾构每掘进1.2m,出土量为:$V_{虚}=K\pi D^2L/4=43.2\text{m}^3$。

(6)盾构掘进所需最小推力计算

盾构正常掘进最小推力由盾构与地层之间的摩擦阻力 F_1、刀盘正面土压力 F_2、盾尾密封与管片之间的摩阻力 F_3、切口环贯入地层的贯入阻力 F_4、盾构掘进时后配套牵引力 F_5 等组成。分体始发时的最小总推力为 $F=F_2+F_3+F_4=8032\text{kN}$,盾构整体掘进隧道后 $F=F_1+F_2+F_3+F_4=13117\text{kN}$。

(7)盾构掘进所需最小扭矩计算

盾构配备的扭矩由刀盘的切削扭矩 M_1、刀盘自重产生的旋转反力矩 M_2、刀盘的推力荷载产生的旋转阻力矩 M_3、密封装置产生的摩擦力矩 M_4、刀盘前表面上的摩擦力矩 M_5、刀盘圆周面上的摩擦反力矩 M_6、刀盘背面的摩擦力矩 M_7、刀盘开口槽的剪切力矩 M_8、刀盘土腔室内的搅动力矩 M_9 等九部分组成。经计算盾构所需最小扭矩为:$M=2475\text{kN}\cdot\text{m}$。

5.3 施工注意事项

(1)盾构机始发前,切口进入帘布后,需先在密封舱内利用螺旋机反转的方式填充黏土或人工浆液约30m^3,防止始发后端头井外侧地表塌陷。同时为避免刀盘上的刀头损坏洞口密封装置,在刀头和密封装置上涂抹黄油以减少摩擦力。盾尾钢刷中必需充满盾尾油脂。当盾尾脱出工作井壁后,调整洞圈止水装置中的弧形板,并与洞门特殊环管片焊接成一体,以防止土体从间隙中流失而造成地面的塌落。

(2)盾构机始发后,初始掘进为试推进阶段。

盾构始发后必须穿过6m宽的加固区。盾构穿越加固区时推进速度控制在0~1cm/min。为减少刀盘切削困难,可适当向土舱注入泡沫或膨润土,增加渣土的润滑性,提高土体的塑流性,同时密切注意,刀盘扭矩和土舱压力的变化情况,一旦发现突然降低,可以认为刀盘已出加固区域。

盾构从盾构井始发后,由于盾构土压为零,因此,在盾构脱离加固区后,须注意建立土压,防止多出土,采取向盾构土舱内注入膨润土的方法平衡工作面的水土压力,利于施工。

6 结论

根据始发井的结构尺寸、周边环境条件、盾构主机与后配套设备的结构尺寸及经济性选择盾构分体始发方案,优化场地规划。针对分体始发工艺,盾构主机及后配套设备要保证安全可靠,科学设计反力架、始发架、负环的结构和安装方法,并制订针对性的出土规划。在盾构始发过程中,设置科学合理的掘进参数,保证盾构分体始发的顺利进行。确定的施工技术要求及参数主要为:

(1)控制推进推力,避免推力过大导致反力架变形、倾斜;降低刀盘扭矩,防止刀盘穿越端头加固段时出现卡刀盘现象;低速掘进,并严格控制出土量,严禁超挖。

(2)确定始发段盾构掘进参数,主要是土压力0.98~1.03bar,平均推进速度25~35mm/min,

出土量 43.2m^3,同步注浆量 2.7 ~ 3.7m^3,刀盘扭矩油压 130 ~ 150bar,刀盘转速 0.6 ~ 0.8r/min,推力 8032 ~ 13117kN。

参考文献

[1] 乐贵平. 盾构工程技术问答[M]. 北京:人民交通出版社,2013.

[2] 陶龙光,刘波,侯公羽. 城市地下工程[M]. 北京:科学出版社,2011.

[3] 刘海峰,古力. 盾构机分体始发技术[J]. 广州建筑,2004(3):39-41.

[4] 王刚. 北京地铁 8 号线鼓楼大街站—什刹海站区间盾构冬季下穿平瓦房区分体始发施工技术[J]. 隧道建设,2013,33(12):859-865.

[5] 刘金峰. 武汉轨道交通 6 号线马钟区间盾构机分体始发施工技术[J]. 石家庄铁路职业技术学院学报,2015,14(1):45-53.

盾构机拆除技术与施工组织

贾云飞

（北京住总集团有限责任公司轨道交通市政工程总承包部　北京　100028）

摘　要：盾构机是盾构法施工中的主要施工机械。其施工过程需要先在隧洞某段的一端开挖竖井或基坑，将盾构机吊入安装。盾构机从竖井或基坑的墙壁开孔处开始掘进并沿设计洞线推进直至到达洞线中的另一竖井或隧洞的端点拆除吊装。在盾构工程施工中，盾构机的组装、拆除技术是盾构施工的基本条件和保障，对隧道工程建设的进度和质量起着决定性的作用。随着地铁施工线路的增加和通车时间的缩短，给盾构施工工期带来了很大的压力，对盾构机的组装和拆除在时间上提出了更高的要求。本文主要结合海瑞克盾构机拆除的做法，介绍经过优化改进的盾构机拆除技术及相关经验。

关键词：盾构机；拆除；组织

1　引言

近年来，随着我国经济持续快速发展与城市化水平的提高，城市地铁、公路隧道、综合管廊等地下工程建设大量展开，盾构法在隧道施工中安全、高效、对环境影响小等优点得到广泛应用。在北京地铁建设中，盾构机首次应用于地铁五号线的区间隧道施工，并在以后的地铁工程中得到大规模使用，每台盾构机在使用寿命周期中面临多次安装及拆除，安拆技术正确、有效实施，能够保证盾构机的稳定运行。本文以北京市地铁16号线永丰站—永丰南站区间盾构机拆除为例，对盾构机拆除技术进行浅析。

2　工程概述

北京地铁16号线永丰站—永丰南站区间使用海瑞克 ϕ6250 铰接式土压平衡盾构机进行施工，盾构机由永丰站始发至永丰南站后，开始进行拆除工作。盾构机总质量约460t，尺寸大，质量大，需要分体拆除吊装，盾构机解体后主要部件分体数量为12件，其中最大部件重约92t，见表1。

ϕ6260 盾构部件列表　　表1

序号	名　　称	外形尺寸（mm）	重量（t）
1	刀盘	ϕ6260×1000	50
2	盾构机前盾	ϕ6250×2800	92
3	盾构机中盾	ϕ6250×3100	85
4	盾尾	ϕ6230×3650	20
5	拼装机（带行走梁）	5000×4300×3600	16

作者简介：贾云飞（1986—），男，大学本科，工程师。目前主要从事地下工程施工和管理工作。Email：88206988@qq.com。

续上表

序号	名　称	外形尺寸(mm)	重量(t)
6	拼装机承载梁	4670×2270×2100	7
7	螺旋输送机	12150×1460×1300	20
8	桥架	13000×4900×3800	13
9	1号台车	10400×4850×4000	39
10	2号台车	10500×4000×4000	45
11	3号台车	9000×4500×4000	30
12	4号台车	9000×4600×4000	37

3　拆机前的准备

(1)从箱式变压器接电,用3根$50mm^2$(主线)和2根$25mm^2$(地线和零线)的重型橡套软电缆(即$YC3\times50mm^2+2\times25mm^2$)将电源引至盾构机拆机用电处,在盾构机拆机井口安装配电箱一只。在拆机前将盾构机所有需要拆卸的电缆和液压管路进行标识,确保管线标识不缺、不漏、清晰明确。

(2)凿除永丰南站洞门,安装洞门密封,安装盾构机接收架,汽车吊占位铺设路基板,清除站台内部所有杂物。在洞口准备气割设备、电焊机、液压千斤顶、液压管线的堵头、吊耳和顶推支座、工具箱存放配件、堵头和螺栓,准备柴油、抹布等清洗材料,如图1所示。

图1　拆机前的准备

(3)保证地面及井口、井下、站台内部有足够的照明,便于夜间作业。

(4)盾构组装现场准备足够的消防器材,如干粉灭火器、消防水管等。

(5)在井下准备一个100kVA容量的动力配电箱,供盾构焊接等设备使用。电箱满足三级配电、二级保护要求,做到四个一。

(6)准备一些常用机具,如扳手管钳、千斤顶、钢丝绳、梯子、安全带、焊机、割刀、麻绳、长卷尺、大锤、手电筒、自喷漆、记号笔等,明细见表2。

(7)成立拆机小组。

①组长1名,主要负责拆机时各方面的协调、沟通工作,及时准确的安排拆机工作。

②机械工程师1名,主要负责对盾构机机械部分的拆除步骤进行合理的安排。

③电气工程师1名,主要负责对盾构机电气部分的拆除进行合理化建议和指导。

④电焊工4名,主要负责吊耳和顶推支座的焊接。

⑤机械工 8 名,主要负责执行机械工程师的安排进行盾构机机械部分的拆除和管路的布置工作。

⑥电工 4 名,主要负责对盾构机电气部分的拆除和盾构机线路的布置工作。

⑦材料员 2 名,主要负责对拆除的盾构机配件、螺栓等进行清点和回收工作。

⑧拆机小组共分为白昼两个班组,24h 进行拆机工作。

拆机常用工具表 表 2

序号	名　称	数量	规格和备注
1	2000N·m 液压扳手	1 套	配 46、50、55、65 套筒
2	套筒扳手	2 套	大号;配 46、50、55、65 套筒
3	套筒扳手	2 套	小号;配 14 ~ 36 套筒
4	梅花打击扳手、开口扳手	各 2 套	36、46、50、55
5	开口扳手	2 套	17、19、22、24、27、30、32、36、41、46、50、55、60、70
6	活动扳手	4 套	250mm、300mm、375mm、450mm
7	管钳	3 把	400mm
8	内六角扳手	2 套	0 ~ 10mm 套件;12mm;14mm;
9	尼龙吊带	2 根	3t 用 × 2m
10	钢丝绳	24	15mm × 2m/4m 各 6 根 12mm × 2m/4m 各 6 根
11	钢丝绳	6	15 ~ 16mm × 8m
12	钢丝绳	6	25mm × 6m
13	D 型及弓形卸扣	各 6	9t、12t;JB 8112—1999
14	卸扣	各 6	5t、3t、2t
15	CO_2 保护焊机	2 套	使用 1.2;1.4mm 药芯高张力焊丝
16	弧焊机、氧乙炔	若干	各 2 套
17	液压千斤顶	各 2	30t、50t、10t
18	手拉环链葫芦	2 台	10t × 6m 链条
19	手拉环链葫芦	4 台	5t × 6m 链条
20	手拉环链葫芦	各 4 台	3t、2t
21	手扳葫芦	4 台	1.5t × 3m 链条
22	液压泵站	1 套	配 100t 油缸 2 根;可分别同时操作
23	万用表	2	2 位半精度
24	电工胶带	若干	
25	电工工具		
26	热粘防水胶带	若干	
27	生料带	若干	
28	工业凡士林	5kg	
29	大锤	2	
30	手锤	2	
31	大小撬杆	各 2	
32	塑料扎带	若干	200mm、300mm、400mm、500mm

4 盾构机接收及清扫

盾构机上接收架前,首先确定刀盘位置,将刀盘旋转至适合吊耳焊接的位置后将盾构推进至接收架。此时及时清理洞口及刀盘内部的泥土。当安装完最后1环管片后,将推进油缸行程伸至最大后停止推进,并进行洞门注浆。盾构机接收进站后彻底清扫盾构机及后配套设备。

5 确定盾构机拆机计划和方案

从盾构机上接收架开始,计划4d完成盾构机拆除工作,具体方案见表3。

盾构拆机计划表 表3

时间		工作内容
第一天	白班 (早8:00—晚8:00)	(1)盾构机上接收架; (2)焊接刀盘吊耳,盾尾吊耳; (3)拆除皮带、皮带被动轮、管片输送机; (4)拆除刀盘保护帽; (5)用液压扳手拆除刀盘螺栓; (6)拆除桥架之前的线路
	晚班 (晚8:00—次日8:00)	(1)焊接盾尾吊耳,焊接顶推支座; (2)拆除桥架之前的线路; (3)用液压扳手拆除刀盘螺丝; (4)拆除铰接定位销
第二天	白班 (早8:00—晚8:00)	(1)吊刀盘; (2)焊接中盾吊耳; (3)做桥架支撑; (4)拆完桥架前所有线路; (5)拆除桥架前所有油管; (6)拆除拼装机V形梁
	晚班 (晚8:00—次日8:00)	(1)用液压千斤顶将前盾、中盾顶到最前方; (2)用液压扳手拆除中前盾连接螺栓; (3)焊接前盾吊耳; (4)拆除部分螺旋机螺栓
第三天	白班 (早8:00—晚8:00)	(1)将吊耳全部焊接完毕,进行探伤实验; (2)将螺旋机螺栓全部拆除; (3)将螺旋机拆除平放在板车上; (4)吊盾尾; (5)吊拼装机
	晚班 (晚8:00—次日8:00)	(1)用液压扳手拆完全部中前盾螺栓; (2)用液压千斤顶将中前盾分开50cm; (3)吊中盾并翻身; (4)吊前盾并翻身; (5)在接收架上铺设台车轨道和电瓶车轨道

续上表

<table>
<tr><th colspan="2">时　间</th><th>工作内容</th></tr>
<tr><td rowspan="2">第四天</td><td>白班
（早8:00—晚8:00）</td><td>(1)吊螺旋机;
(2)吊桥架;
(3)吊1号台车并拆除皮带架子及台车轮子;
(4)吊2号台车并拆除皮带架子及台车轮子;
(5)吊3号台车并拆除皮带架子及台车轮子</td></tr>
<tr><td>晚班
（晚8:00—次日8:00）</td><td>(1)吊4号台车并拆除皮带主动轮及台车轮子;
(2)收拾工具,清理现场,拆机完毕</td></tr>
</table>

6　盾构拆机

(1)吊耳及顶推支座的焊接

在刀盘、前盾、中盾及盾尾原来吊耳的位置进行焊接,也可以在原吊耳位置前后10cm左右进行焊接,但必须确保吊耳位置对称平衡。每个吊耳焊接时要保持连续性,不得随意停止。焊接时采取保温措施和敲击释放应力。吊耳焊接完后,进行探伤试验,确定吊耳焊缝合格后方可起吊。然后在盾壳和接收架上焊接顶推支座,如图2所示。

图2　焊接后的吊耳

(2)盾构机管线的拆除

①拆管片拼装机管线。拆除与主机、桥架连接的水管和风管、泡沫管和膨润土管,把管线留在主机和桥架上并固定,准备一个干净油桶,接漏出的液压油,拆与主机、桥架相连接的油脂管、液压油管,用堵头堵住接头,防止泥、水等杂物进入液压油管,管线拆除后留在主机和桥架上。

②拆桥架管线。拆除与主机上连接的水管和风管、泡沫管和膨润土管,把管线留在桥架上并固定,同时用塑料薄膜扎住接口处。拆除与主机上相连接的油脂管、液压油管,用堵头堵住两边接头,管线留在桥架上。松开台车上皮带架、风筒的固定螺栓,取出内部滚筒,风筒仍然留在台车上。

③拆除刀盘内管线。拆除回转中心上的泡沫管、膨润土管,把管线留在主机上并固定,同时用塑料薄膜扎住接口处。然后拆除与回转中心相连接的油脂管、液压油管,用堵头堵住接头,管线留在主机上。

④拆除后配套台车管线。把台车上油箱内的液压油排尽,用空压机产生的气体将水循环管路里的水排尽并保证管路内部干燥。拆除与桥架连接的水管和风管、泡沫管和膨润土管,拆与桥架相连的油脂管、液压油管,用堵头堵住接头。拆除1号与2号台车之间、2号与3号台车间水管和风管、泡沫管,拆除3号与4号台车间的水管和风管,用塑料薄膜扎住接口处。松开台车上的皮带架、风筒的固定螺栓,取出内部滚筒,风筒仍然留在台车上。

(3)主机与桥架分离

用管片车及型钢做成临时支撑,撑住桥架前部。拆卸主机与桥架之间的拖拉油缸,用电动车带动后配套台车后移20m后，安装4个档轨器。

(4)后配套台车电气系统拆除

拆除桥架前的电缆接头，将电缆收到主机室旁边的走道，盘好并捆扎。拆除1号台车与其他台车连接电缆的接头，将电缆收到主机室旁边的走道盘好并捆扎。拆除2号台车与其他台车连接电缆的后接头，将电缆收到2号台车右侧尾部平台盘好并捆扎。拆除3号台车与4号台车连接电缆的前接头，将电缆收到4号拖车盘好并捆扎。

(5)刀盘拆卸并吊出

割除刀盘前部螺栓保护帽上的钢筋，并拆除保护帽。用液压扳手松掉刀盘前部连接螺栓并取出保存好。300t汽车吊进场并挂好钢丝绳，稳起刀盘，用液压扭力扳手松掉刀盘后部连接螺栓(吊机应受2～3t)并取出。用两个3t倒链将刀盘向前拉动，定位销脱离后，起吊刀盘并放置在地面枕木上。安装刀盘专用吊具，300t汽车吊与100t汽车吊配合将刀盘翻转并装车运至临时存放地。

(6)主机前移

顶推支座的位置在左右两侧和接收架的顶推支座对应，用100t油缸将主机前移至站台极限位置，前盾紧贴站台，以方便吊装。

(7)螺旋输送机拆卸

拆除管片拼装机底部V形梁，轨道延伸至管片拼装机位置。各用1个10t的倒链挂住螺旋输送机的前部和中部吊耳，后部吊耳用钢丝绳挂在300t汽车吊上，用1个5t的倒链将螺旋输送机前部吊起拉紧，然后拆卸螺旋输送机前部的固定螺栓及中部销轴，慢慢的拉升倒链将螺旋输送机拉出来，利用10t倒链进行吊点转移，将输送机抽出，平放在两台管片车上，推入洞内10m。

(8)盾尾拆除

拆除铰接油缸销子和连接油管并封堵，拆除盾尾紧急密封气管，拆除注浆管路，拆除铰接密封压板及密封条，用5t倒链将盾尾向后拉出，用300t汽车吊及100t汽车吊将盾尾吊出地面并翻转后装车运存放场地。

(9)管片拼装机的拆除

拆除前后移动油缸销轴将油缸固定，安装管片拼装机专用吊具，拆除管片拼装机后部端梁及两侧刮板，用钢丝绳将管片拼装机挂好并将吊索微微起吊，用2个1.5t倒链向后移动，导向轮退出后起吊，用100t汽车吊和300t汽车吊配合翻身后装车运至存放场地。

(10)管片拼装机轨道梁的拆除

用钢丝绳及两个5t倒链挂好轨道梁，用液压扭力扳手拆卸轨道梁连接螺栓，起吊轨道梁装车并运送到存放场地。

(11)中盾吊出

拆卸人舱链接螺栓，并将人舱后移，固定焊接，拆卸底部铰接油缸，安装翻身吊耳于铰接油缸销轴上，300t汽车吊挂好钢丝绳，用液压扳手拆卸中盾与前盾的连接螺栓，用顶推支座和顶推油缸将中体向后拉出至定位销脱离。起吊中盾并在地面用100t汽车吊配合翻身装车，运出至存放场地。装车前在结合面涂抹油脂并封闭后垫于方木上。

(12)前盾吊出

前盾后移，前部结合面涂抹油脂并封闭，300t汽车吊起吊前盾并在地面与100t汽车吊配合翻身、装车，运送至存放场地。

(13)接收架上铺设钢轨并延伸

以洞口钢轨高度为基准,向站台方向铺设轨枕、轨道,将轨道线延伸到站台内。

(14)螺旋输送机吊出

螺旋输送机前移,100t 汽车吊配合 300t 汽车吊与水平 30°角将螺旋输送机吊出,吊出后运送至存放场地。

(15)桥架吊出

桥架及后配套前移,台车前后放置挡轨器,拆卸与 1 号台车的销轴连接,并把销轴留在 1 号台车上,并吊出装车,用 100t 汽车吊配合 300t 汽车吊与水平 40°角将桥架吊出。

(16)后配套台车的吊出

将 1 号至 4 号台车间相连的拉杆拆除,销子仍留在拖车上,后部两个水管卷筒及台车后面的平台、支架、储风筒起吊装置,一次将 1 ~4 号台车从竖井内吊出,拆除台车轮对。

把台车放置在平板汽车上。拆除台车上部的皮带支撑架,取下放在台车内部。拆除风筒及其连接,并做好标记,放在台车内部固定。将 1 ~4 号台车一次运至存放场地。

7 结语

盾构拆机是盾构施工完成后,盾构退场的必经程序。拆机使用汽车吊进行吊装,拆机顺序为主机—桥架—拖车,拆机前做好管线的标识。制订合理的工艺流程和技术方案,才能确保安全快速高效地完成拆机工作,从而大量节省人力和物力,节约施工成本。

参考文献

[1] 王梦恕. 中国盾构和掘进机隧道技术现状、存在的问题及发展思路[J]. 隧道建设,2014,34(3):179-187.

[2] 何川,封坤,方勇. 盾构法修建地铁隧道的技术现状与展望[J]. 西南交通大学学报,2015,50(1):97-109.

[3] 吕传田,刘东亮. 盾构机的组装和拆卸技术[J]. 建筑机械化,2005(6):46-48,52.

盾构小半径曲线旁穿既有建筑物施工技术

郑　巍

（北京住总集团有限责任公司轨道交通市政工程总承包部　北京　100028）

摘　要：本文以北京地铁16号线某工程为例，针对盾构施工过程中小半径曲线段轴线偏差难以控制，近距离旁穿既有建筑物变形控制要求严格等问题。通过设定试验段，采取有效的施工技术措施，确保了施工的顺利进行，可为其他类似工程提供参考和借鉴。

关键词：盾构；小半径曲线；建筑物；轴线控制；沉降控制

1　引言

目前我国城市轨道交通建设正处于快速发展时期，全国有30多个城市正在进行地铁规划、建设，其中盾构法在区间隧道施工中以安全、高效、对环境影响小等优点得到广泛应用。2000年，盾构法首次应用于北京地铁五号线建设中，并在以后的地铁工程中得到大规模使用，而城市中建筑物众多密集，地下管网纵横交错，穿越既有建筑物、管线等给盾构施工带来了一定的困难。盾构掘进对隧道周围土体产生扰动和流失，引起地表沉降对上部建筑物造成影响，而在小半径曲线推进时对土体扰动较大，更容易引起沉降。另外，北京地铁16号线为提高运力，将原来的B型车改为A型车，又由于A型车的供电方式不同，对盾构成型隧道高程偏差有更高的要求。根据北京市轨道交通盾构隧道工程施工质量验收标准规定，盾构成型隧道轴线平面和高程偏差允许范围为±50mm，偏差合格率≥80%。因此，保证既有建筑物、道路、管线等风险源的安全稳定，成型隧道质量创优，是盾构施工中的关键。本文以北京地铁16号线永丰站—永丰南站区间隧道为例，结合盾构在小半径曲线旁穿既有建筑物，对盾构掘进中的施工技术进行浅析。

2　工程概述

2.1　工程概况

北京地铁16号线永丰站—永丰南站区间为盾构法施工，区间位置如图1所示。区间线路出永丰站后由西向东敷设，在北清路与永丰路的交叉处以350m曲线半径转角，转而沿永丰路由北向南敷设，到达永丰南站。区间右线设计全长1052.8m，区间左线全长1073.286m，设置1处联络通道。隧道内径为5400mm，外径为6000mm，管片宽度为1200mm。区间覆土深度为9.8～13m。区间选用海瑞克396土压平衡盾构机，被动铰接，最小转弯半径250m，转弯环管片楔形量为48mm。

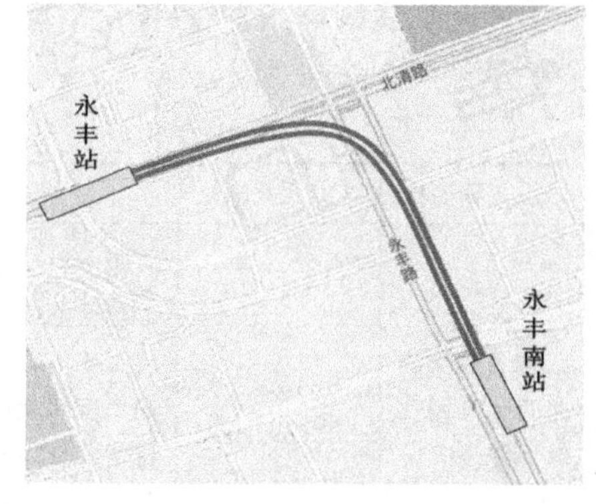

图1　永丰站—永丰南站区间示意图

作者简介：郑巍（1982—），男，大学本科，高级工程师。目前主要从事地下工程施工和管理工作。Email：123417166@qq.com。

2.2 工程地质和水文地质

本区段土层由上而下依次为人工填土层、新近沉积层、第四纪全新世冲洪积层、第四纪晚更新世冲洪积层。隧道顶板所在土层为粉土②层、粉质黏土$②_1$层，隧道结构所在土层主要为粉质黏土$③_1$层，局部位于粉细砂$②_3$层及粉细砂$③_3$，隧道基底基本位于粉质黏土$③_1$层及粉质黏土$④_1$层。地下水类型为上层滞水（一）、潜水（二），均位于隧道结构底板以上。区间隧道穿越地质剖面如图2所示。

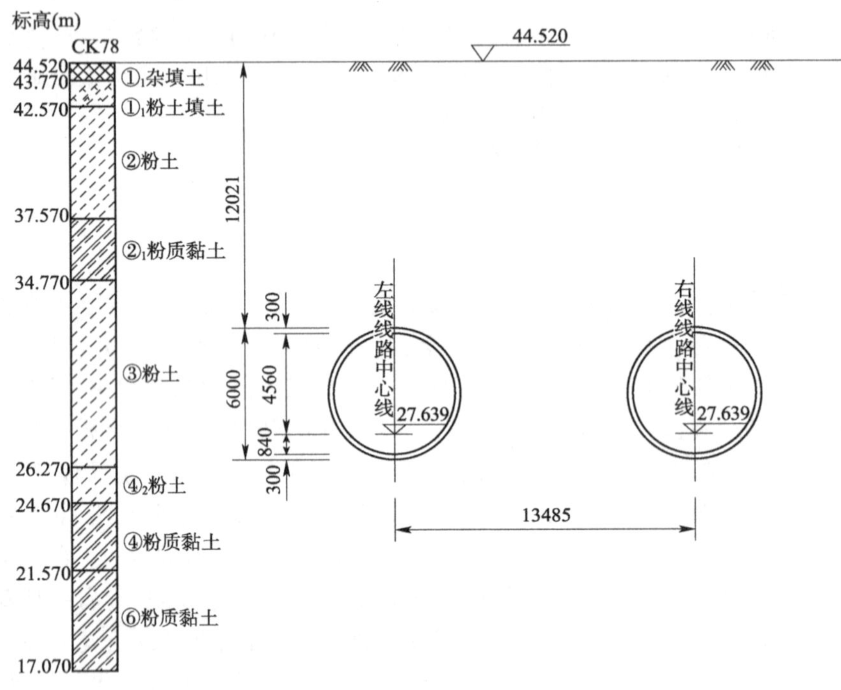

图2 区间隧道穿越地质剖面图（尺寸单位：mm）

2.3 工程风险源

区间右线侧穿用友软件办公楼一级风险源。风险源的基本情况见表1，与区间结构的位置关系如图3、图4所示。

风险源基本情况汇总表 表1

风险工程名称	里程范围	风险基本状况描述
右线盾构法区间侧穿用友软件办公楼	右 BK10+160~BK10+200	用友软件办公楼位于永丰路主干道交汇处，东面紧邻永丰路，主体结构为4层钢筋混凝土框架—剪力墙结构，有一层地下室，地下室层高5m，首层及2层层高5.1m，其余均为4.2m。基础采用独立基础加防水板的形式，局部剪力墙筒体部位采用筏板基础，防水板厚度0.3m。地下沉庭院部分，因抗浮需要，采用钢渣混凝土配重。区间结构侧穿用友软件办公楼东北角，该处为该办公楼局部剪力墙筒体部位，基础为0.6m厚的筏板基础，区间结构与楼基础水平净距约5.14m，竖向净距约6.62m，与下沉广场挡墙净距为2.625m

2.4 存在的主要问题

盾构机在$R=350$m曲线段内穿越用友软件办公楼一级风险源，根据以往对A型地铁列车限界控制以及穿越一级风险源的施工经验，总结出在盾构掘进过程将面临以下主要问题：

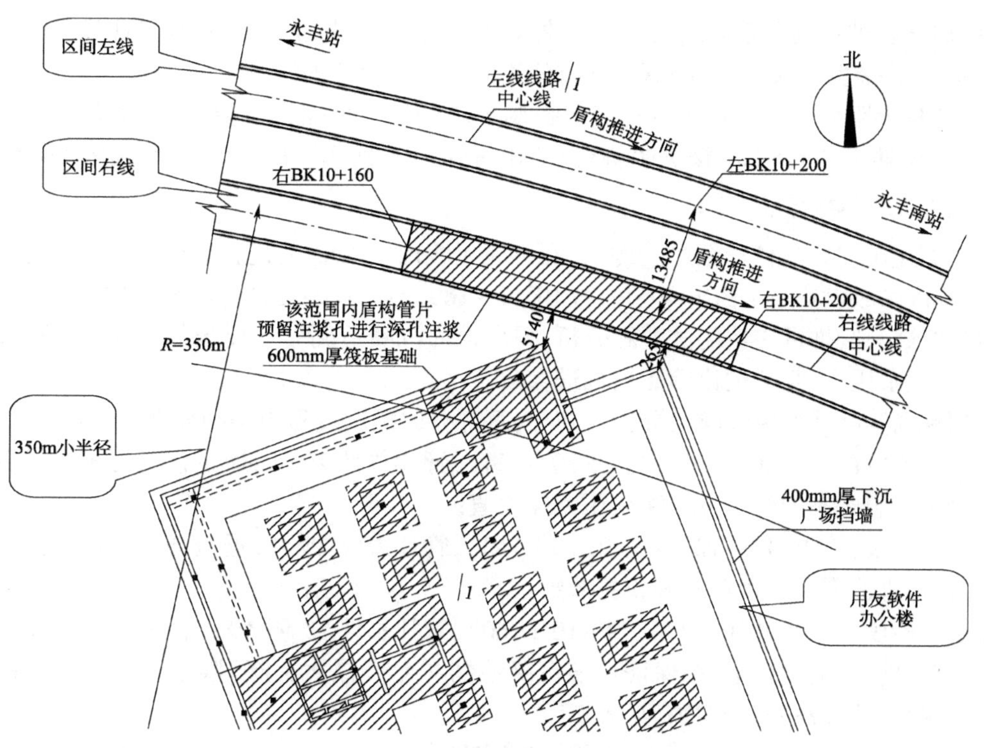

图3　区间线路侧穿用友软件办公楼平面位置图

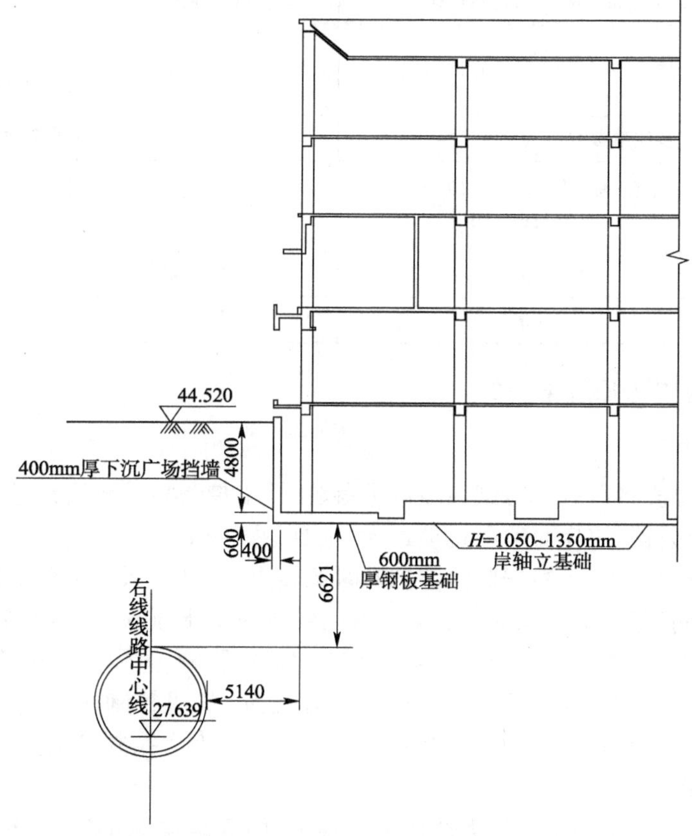

图4　区间线路侧穿用友软件办公楼剖面图(尺寸单位:mm)

(1)曲线段轴线偏差难以控制。由于曲线掘进时,盾构机千斤顶推力与管片之间形成了一定的夹角,拼装完的管片向外偏移,导致隧道向外偏离设计轴线。

(2)盾构近距离旁穿既有建筑物变形控制要求严格。根据设计要求,地面及楼房基础沉降量≤10mm,隆起量≤5mm,楼房倾斜≤0.001,最大变形速率≤1mm/d,挡墙倾斜≤0.001。

3 试验段掘进参数分析

盾构侧穿用友办公楼一级风险源前,在穿越里程前方60m处进行试验段推进。根据地质情况,试验段区域设在右BK10+100~右BK10+160,与用友办公楼区域地层情况相近。

通过对试验段推进参数的试验和分析,得出地面沉降达到设计要求的土压、推进速度、同步注浆量、注浆压力、浆液配比等盾构掘进参数。

根据现场实际情况将试验段分为3部分,每部分的掘进过程中得到如下目标:

第1试验段(右BK10+100~右BK10+124),管片总计20环,通过该部分掘进得到使地表沉降处于理想状态的注浆量和注浆压力经验值;

第2试验段(右BK10+124~右BK10+142),管片总计15环,通过该部分的掘进得到盾构总推力、推进速度及刀盘扭矩等相关参数;

第3试验段(右BK10+142~右BK10+160),管片总计15环,该试验段为综合试验段。

通过对试验段的试掘进,在保证地表沉降控制在允许最大沉降(隆起)值以内的基础上,得出盾构穿越风险源的掘进参数,见表2。

试验段掘进参数经验参考值 表2

推力(kN)	推进速度(mm/min)	刀盘转速(r/min)	刀盘扭矩油压(bar)	土压力(bar)
8000~13000	35~45	0.8~1.2	150~180	上土压力:1.3~1.5 停机压力:1.5~1.7
同步注浆参数			二次补浆参数	
浆液配合比	水泥:粉煤灰:膨润土:砂:水=3:18:1:32:30		浆液配合比	水泥:水=1:1
注浆量(m^3)	3.9~5.2		注浆量(m^3)	1.2~1.5
注浆压力(MPa)	0.2~0.3		注浆压力(MPa)	≤0.4MPa

4 盾构旁穿办公楼段施工技术

(1)掘进参数

盾构穿越风险源段将重点参考试验段掘进参数,严格控制相关盾构推进参数,确保盾构稳定、匀速通过用友办公楼,避免对地层扰动过大,主要参数如下:

土压力:合理设置土压力,根据监测数据及时调整土压力值,保证土压平衡,以减少对土体的扰动。土压力控制值为:上土压为1.3~1.5bar,停机时上土压为1.5~1.7bar。

推进速度:盾构推进速度对地面的沉降变形有明显的影响,过快的推进速度将增加对土体的扰动,产生较大的地表沉降,应保证推进速度均匀、稳定,速度控制在35~45mm/min。

刀盘转速、推力:刀盘转速控制范围为0.8~1.2r/min,推力控制范围为8000~13000kN。

(2)盾构出土量

严格控制出土量,避免出土量过大造成地层损失,引起地面变形,计算理论出土量为每环36.80m^3,土体松散系数经验值为1.2,海瑞克盾构出土量应该控制在36.80×1.2=44.16m^3以内。实际施工过程中,应及时观察土体状况、监测数据确定出土量。

(3)注浆控制

由于盾构机外径大于盾构隧道结构外径,隧洞周围形成130mm的建筑空隙是造成地面沉降的直接因素。盾构施工中注浆施工是盾构侧穿用友办公楼控制地表沉降的关键,应保证同步注浆量和推进速度的协同一致等。

同步注浆:理论计算每环的开挖空隙为3m^3,每环的注浆量一般为开挖空隙的130% ~ 180%,确定每环的同步注浆量应控制在3.9 ~5.4m^3,同步注浆压力控制在0.2 ~0.3MPa。

二次补浆参数:每两环进行一次二次补浆,采用单液水泥浆,补浆位置为管片两侧上半圆范围,在盾尾后6 ~8 环开始。二次补浆量为1.2 ~1.5m^3,补浆压力控制在4bar以内,以注浆压力控制为准,浆液配合比为1:1。

(4)土体改良

采取合适的地层改良措施,改善土体的流塑性、保持进出土顺畅,采取措施如下:采用泡沫添加剂,通过先期试验段确定合适的泡沫添加剂配合比为3.5% ~4.5%,以达到最优的土体改良效果。

(5)盾尾密封

通过加大盾尾油脂压注入量来防止浆液通过盾尾流失,油脂采用优质油脂,计划每掘进1环使用一桶42kg油脂。

(6)轴线控制措施

通过控制盾构机姿态来控制隧道轴线,每环推进前根据上一环的报表来调整推进参数,主要控制手段如下:①调整分区油压;②千斤顶编组;③控制推进速度;④调整相邻管片转角,控制盾尾间隙量;⑤更换注浆位置;⑥调整控制土压;⑦使用盾尾“铰接”装置。

盾构推进过程中注意姿态变化随时调整,保证姿态,纠偏量控制在5mm/环;盾尾间隙小于50mm时采用左、右环进行纠偏;当轴线偏差达到±20mm时橙色预警,需技术、测量人员及时配合施工、盾构司机进行第一时间纠偏;盾构机姿态垂直姿态调整为 -70 ~ -80mm。

应根据上一环的报表、千斤顶左右长度差及当前推进环的设计轴线变化,来判断盾构现状是否将完成预计的纠偏量;正确使用盾构机铰接装置,保证盾构机外侧紧贴土体,控制超挖量为最小值;在管片脱出盾尾前对相应的管片螺栓进行复拧紧,提高其抵抗切向力的能力,减少管片错台及隧道管片整体位移量。

(7)径向注浆加固

在盾构自身参数控制下,采取一定的专项加固措施,保证建筑物沉降及倾斜在设计安全允许范围内。在盾构通过后,通过壁后注浆孔向用友软件办公楼方向径向注浆,注浆浆液采用水泥水玻璃双液浆。加固范围为隧洞外侧3m,隧洞全拱360°,扩散半径为0.5m,浆压力控制在0.5 ~0.8MPa。断面加固图如图5所示。

5 监测分析

用友办公楼周边设置11个监测点位,如图6所示。为便于分析,在众多监测数据中选取具有代表性的地表沉降进行分析,选择距离隧道较近的JGC1 -04 ~ JGC1 -08监测点数据。在盾构旁穿用友软件办公楼过程前、中、后(2014年10月30日 ~2014年12月10日)进行了21次数据监测,2次/d,办公楼沉降监测曲线如图7所示,地表最大累计变形量5.71mm,满足变形控制标准,保证了地面既有建筑物的安全稳定。

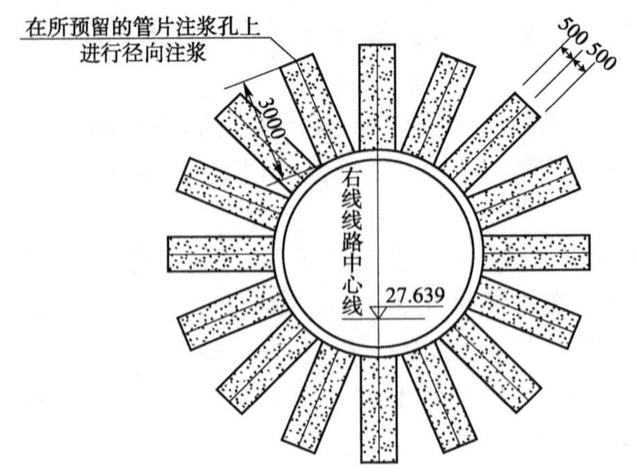

图5　隧道径向注浆加固横断面图(尺寸单位:mm)

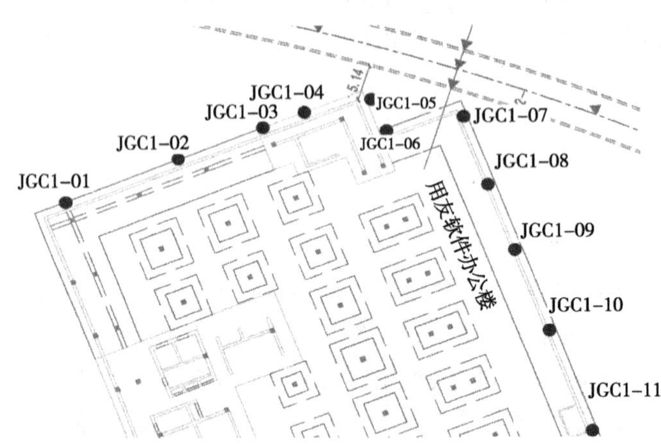

图6　用友办公楼建筑物沉降监测点布置平面图(尺寸单位:m)

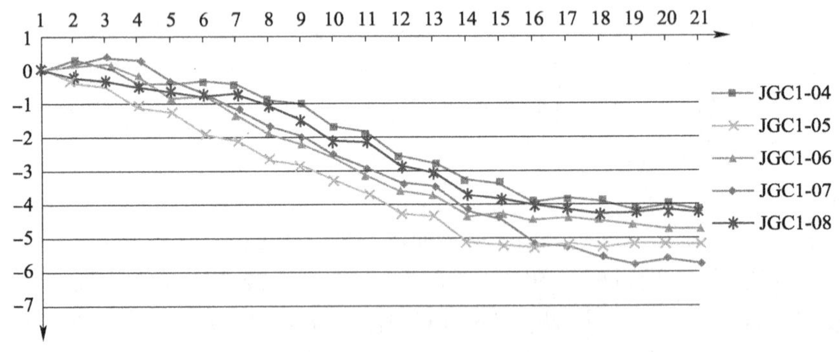

图7　用友办公楼沉降监测曲线图

针对轴线控制,加强对VMT导向系统的复核,严控各项掘进参数,及时调整盾构姿态,管片拼装后及时测量,小曲线半径掘进时每2环一测,成功将隧道中心线偏差控制在±20mm之内,有效地实现了质量控制目标。

从沉降监测曲线可知,由于刀盘挤压作用的影响,地表有较小的隆起;当盾构掘进经过监测点位时,由于刀盘切削土体扰动产生一定的沉降,需严控出土量;盾构通过后,由于土体失去盾构支撑,地表沉降变形速率较大,应保证同步注浆压力和注浆量;盾构通过后,隧道经过二次补浆和径向注浆加固,沉降趋于稳定。

6 结语

通过本次盾构小曲线半径顺利旁穿既有建筑物的工程实践,总结施工技术如下:

(1)设立试验段掘进

在穿越风险源之前通过对试验段的掘进,得到可靠的土压、推进速度、同步注浆量、注浆压力等经验参数,将对后期的穿越风险源具有重要的指导作用。

(2)盾构推进时的沉降控制

盾构推进时,建立土压平衡,保证土舱压力,控制出土量,控制同步注浆的压力、注浆量与掘进速度的协同作用,确保管壁后的空隙充满,减小隧道围岩径缩、地层沉降,根据地层变化及时调整推进参数,确保地层损失降至最小,从而有效控制地层的弹塑性变形。

(3)盾构曲线段轴线控制

施工中对盾尾间隙、千斤顶行程、左右油压差等影响盾构姿态的各项因素及时调整,保证成型隧道轴线水平偏差在 ±20mm 之内,实现了工程质量创优。

参 考 文 献

[1] 乐贵平. 盾构工程技术问答[M]. 北京:人民交通出版社,2013.

[2] 陈强. 小半径曲线地铁隧道盾构施工技术[J]. 隧道建设,2009,29(4):448-449.

[3] 陶龙光,刘波,侯公羽. 城市地下工程[M]. 北京:科学出版社,2011:251-253.

钢板接收盾构机空推平移技术研究与应用

赵志龙　朱英伟　周建伟　杨芳盛　徐　桩

（中建交通建设集团有限公司　北京　100161）

摘　要：地铁隧道盾构施工，大型吊装设备受场地内地面或空间站立条件影响，盾构机在接收过程中，通常不能够在接收端井口吊出，需要采取空推和平移的方式移动至合适的位置拆解吊出。本文以长春地铁2号线某工程盾构接收案例为背景，提出了采用钢板+导轨接收、平移、空推技术。实践表明，该技术与采用基座或导台接收相比，具有施工简便、节省成本、材料设备需求少等优点；与单纯的钢板法相比，具有安全系数高、可靠性好、空推速度快等优点。

关键词：盾构接收；钢板+导轨；平移；空推

1　工程概况

长春地铁2号线BT08标包括两站一区间，即世纪大街站，世纪大街站—东方广场站区间，东方广场站。区间左、右线均为盾构法施工，左、右线设计起讫点里程范围均为K39+17.862～K39+992.257，设计范围左右线长度分别为974.36m和974.395m（区间左线在里程K39+945.737处存在短链0.035）。采用2台盾构机进行隧道掘进，从世纪大街站东端头始发，自西向东掘进，计划到达东方广场站西端后拆解吊出。

东方广场站西侧扩大端处上方存在66kV架空高压电线，此高压线每排4根，上下共设置3排，距地面最近的高压线距离为13.5m。围挡内设有1座高压线塔，高压线塔中心距离基坑南侧钻孔桩外边为17.5m，高压线已确定无法迁改。因此，该处不具备盾构机拆解吊装条件，需将盾构机空推平移至隧道轨排井位置将盾构机吊出（图1）。

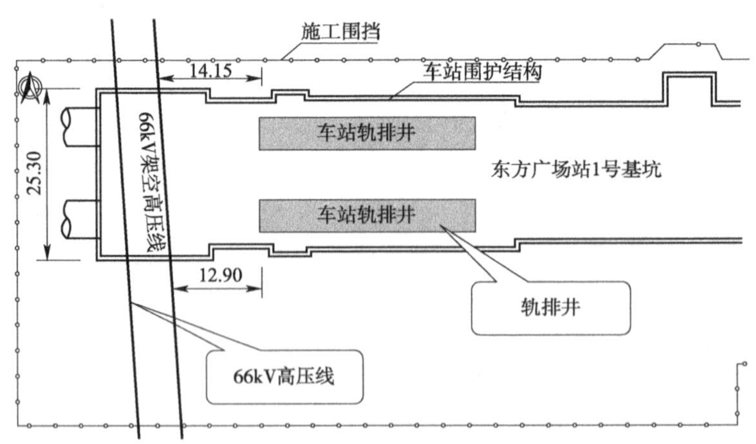

图1　东方广场接收端平面布置示意图（尺寸单位：m）

作者简介：赵志龙（1988—），男，北京交通大学本科，工学学士，工程师，市政二级建造师。主要从事城市轨道交通施工与技术管理工作。Email：804288569@qq.com。

2 接收技术分析

根据东方广场接收端底板、侧墙的尺寸以及盾构机与车站的空间位置关系，计划采用钢板+导轨的形式进行接收。井口第一段钢板采用双层钢板，下层钢板焊接固定于底板预埋件，上下两层钢板可相对滑动。盾构机推上上层钢板后，需将盾构机前端连同上层钢板向车站中心方向平移。平移完成后，盾构机继续向前空推至第二段钢板和第三段钢板，空推距离约26m，行至车站轨排井位置进行拆解、吊出。

2.1 扩大端及空推段(正常段)的车站设计变更

确定采用钢板+导轨平移及空推施工方案后，提前对车站的尺寸尤其是正常段底板的标高进行了技术复核。车站正常段中板原设计尺寸与底板间的净距为6010mm，盾构机的外径为6280mm，不满足盾构机通过的空间要求，且盾构机下缘与正常段底板面高差为720mm，高差过大，盾构机很难空推通过。在车站底板施工前与设计单位沟通、商讨，最终变更设计方案：采用将空推段的底板降低700mm浇筑的方案，待盾构机拆除完成后，再采用C20混凝土进行回填，同时，在盾构机出洞前对扩大端的下沉段回填至设计标高(图2、图3)。

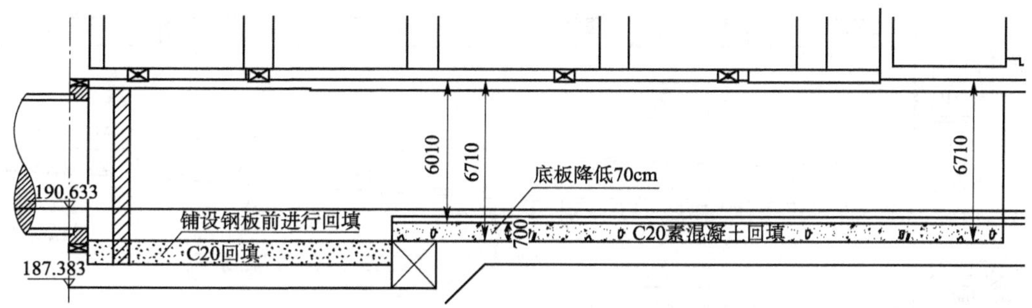

图2 底板设计变更示意图(尺寸单位：mm)

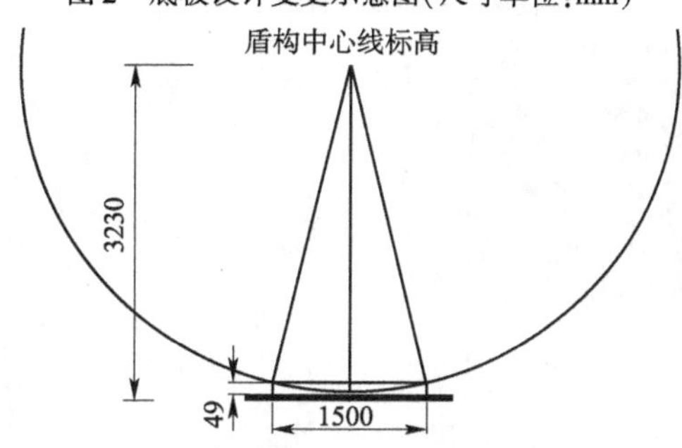

图3 盾构中线与回填面标高示意图(尺寸单位：mm)

2.2 接收钢板及导轨设计

(1)为保证盾构机到达后能够安全平稳地空推和平移，本次设计采用钢板+导轨的组合形式。由于受车站水平空间的影响，对第1段(达到段)接收钢板进行了可平移设计，钢板采用国标12000mm×2500mm×20mm或者大于20mm厚度的钢板，导轨选用43kg/m钢轨。

(2)根据空推距离要求，采用3段12m长国标钢板进行铺设，第1段为2块钢板叠加，下层钢板通过焊接固定于事先做好的底板预埋件上，上层钢板与下层钢板叠合，2层钢板之间抹黄油润滑。第2段与第3段钢板沿第1段钢板平移之后的角度布置，并与底板上事先做好的预埋件焊接牢固。

(3)钢板上铺设导轨,导轨采用钢轨形式,2 条钢轨的中心距 1 500mm,对称于盾构机到达实际中心线铺设。采用焊接压板对轨道进行固定(压板的一段焊接在钢板上,另一侧压在轨道上),内侧压板间距 300mm,外侧压板间距 400mm。轨道两侧加焊防翻转"7"字立板,立板间距 500mm,与焊接压板间隔布置(图 4、图 5)。

(4)在底板浇筑前,每段钢板位置设置 8 ~ 10 块预埋件。覆盖在底板上的钢板需与预埋件焊接固定。

(5)为保证盾构机推上第 1 块钢板后,前端能够顺利平移,要求保证 2 块钢板间平整,无杂物、凹凸、焊渣等,并预先在 2 层钢板间涂抹黄油。有关资料显示 2 块钢板在有润滑的情况下,静摩擦系数在 0.1 ~ 0.12 之间。本工程取盾体的总重量为 300t,静摩擦系数取 0.12,则盾体在平移时所需的推力为 36t,考虑到环境因素选用 100t 液压千斤顶。

(6)为保证钢板在 100t 液压千斤顶顶推受力位置的刚度,对该位置的钢板设置加劲肋。

(7)为保证盾构机能够平稳推上钢轨,在出洞位置 2 块钢板之间的导轨以及同一块钢板上的 2 根钢轨的前方钢轨设置坡面,坡面的高度 50 ~ 101mm,长度 300mm。

(8)为保证空推过程平顺,在导轨轨面抹黄油进行润滑。

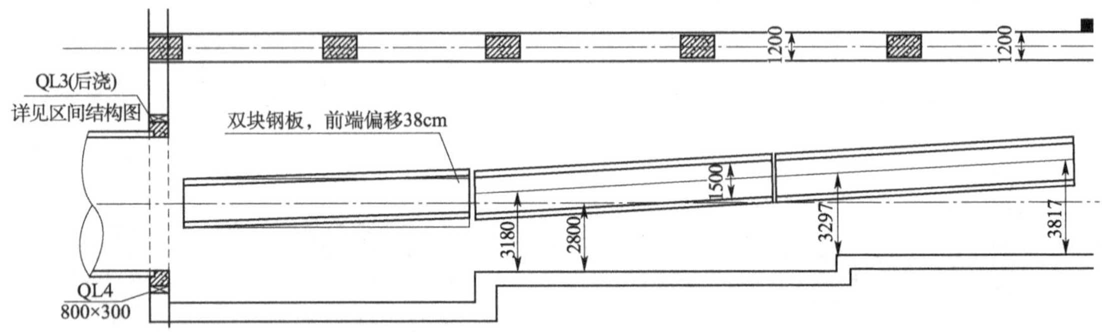

图 4　接收端钢板铺设示意图(尺寸单位:mm)

图 5　轨道及压板布设示意图

2.3　洞门引轨设置

洞门环梁长度 800mm,盾构机出洞门后还需要跨过 500 ~ 800mm 的集水坑,盾构机前盾重心靠前容易发生扎头,为保证其出洞后不出现"扎头"现象,需在洞门环梁设置引轨,引轨一般采用 43kg/m 轨制作,长度在 300 ~ 400mm 之间,高度根据洞门的大小和盾构机外径的关系以及洞门和盾构机与设计轴线的偏差来确定。长春地铁 2 号线 BT08 标世纪大街站—东方广场站区间右线,在洞门浇筑与盾构机掘进偏差不计的情况下,洞门钢环的半径为 3 310mm,盾构机前端的半径为 3 140mm,则引轨的高度为 170mm,2 条引轨与洞门圆心的夹角约为 60°(图 6)。

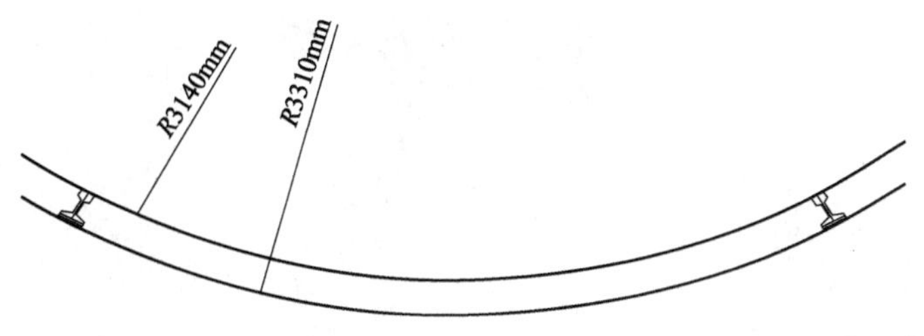

图6 引轨设计示意图

2.4 盾构机出洞推上引轨

长春地铁2号线BT08标右线盾构机顶桩后，实测盾构机前端姿态，水平+11mm，垂直+26mm，误差在允许范围内。引轨选用170mm高引轨(43kg/m钢轨下焊钢板)，引轨长度400mm，坡面长度200mm。为确保刀盘进入洞门环梁之后能够继续旋转，引轨摆放时，非坡面端紧贴洞门环梁外侧(洞门帘布位置)。

盾构机破桩出洞，下方破碎桩体和渣土清理完成后盾构机推上引轨(图7)。

图7 盾构机出洞清理后推上引轨

2.5 盾构机推上第1段钢板后平移

盾构机整体推上第1段钢板后，切断固定上层钢板的挡块，确保切口平整无阻力。在刀盘位置采用100t液压千斤顶顶推上层钢板，推进过程中观察油压、推力以及上层钢板的变形情况。如发生推力突增或钢板发生变形则停止顶推，检查钢板间是否有焊渣、凸起等障碍物影响顶进，清除障碍后恢复顶进，直至盾构机前端向左平移380mm停止。之后，对上层钢板与下层钢板的搭接位置重新焊接固定。

2.6 盾构机空推至轨排井位置拆解

(1)盾构机在第1段钢板顶推到并将钢板焊接牢固后，将第2段和第3段钢板沿第1段钢板的走向铺设固定于底板上，之后安装和固定钢轨。继续拼装管片并空推，直至到达吊装位置解体。

(2)空推时采用下部3块A型管中的1块提供反力，盾构机下部3组千斤顶顶推管片向前行进。

(3)推进过程中，导轨抹黄油进行润滑。

(4)匀速推进，推进速度不超过100mm/min。

(5)空推过程中盾构机两侧严禁站人。

盾构机空推过程如图8所示。

图 8　盾构机空推过程

3　结语

实践证明,采用钢板 + 导轨进行接收、平移和空推技术克服了盾构接收端由于客观条件限制不能直接吊装的难题,有效地降低了施工成本,且施工效率高、安全、稳定。在今后的盾构隧道施工中,盾构机的始发和接收还会受到各种场地条件和客观因素的制约,在不影响施工质量的前提下,始发和接收需要结合施工现场实际条件进行优化和创新。

参考文献

[1] 施仲衡. 地下铁道设计与施工[M]. 西安:陕西科学技术出版社,1997.

[2] 田海波. 复杂条件下盾构接收综合技术研究[J]. 现代隧道技术,2017,54 (1):198-203.

[3] 刘建国. 深圳地铁盾构隧道施工技术与经验[J]. 隧道建设,2012,32 (1):72-87.

[4] 崔青玉,陈寿根,李茂文. 盾构机下落平移施工设计研究[J]. 四川建筑,2011,31 (2):170-171.

[5] 赵洪岩,赵俊兰. 浅析复杂场地盾构机井下平移吊装施工技术[J]. 北方工业大学学报,2015,27 (1):75-79.

[6] 钟志全. 无吊装条件下的盾构机平移过站[J]. 建筑机械化,2009,30 (12):59-61.

泥水盾构泥浆循环再利用技术研究

刘晓正　庞　林　曹金鼎

（中建交通建设集团有限公司　北京　100161）

摘　要：本文通过试验，研究得出可利用改良后的泥水盾构废弃泥浆作为同步注浆料，充分发挥弃浆的循环利用价值，减少弃浆对环境的影响，降低工程成本，可为同类工程提供参考和借鉴。

关键词：泥水盾构；废弃泥浆；同步注浆料；循环利用

1　引言

泥水平衡盾构一般采用专用的泥浆处理系统进行循环泥浆的制备、分离，但泥渣循环、分离后，仍存在大量废弃泥浆，施工场地往往因狭窄无法大量存储，同时外运成本太高，必须进行有效处理。目前，泥浆分离工艺主要是传统沉淀法。传统沉淀法适用于泥浆沉淀速度快，而且有容积较大的沉淀池进行三级或者多级沉淀的情况。要结合现场地质条件，按照盾构掘进速度，明确每日泥浆处理量和每小时泥浆处理量，确定泥浆分离系统的功率，并对整个系统各个部分进行标准化设计，将设备和各个联动系统的功率相一致，以达到整个系统自动同步、处理效率能够满足施工要求。因此，需要考虑废弃泥浆再循环利用的可能性，以减少泥浆的处理。本文通过试验，研究得出可利用改良后的泥水盾构废弃泥浆作为同步注浆料，充分发挥弃浆的利用价值，减小弃浆对环境的影响，降低工程成本。

2　研究技术路线

本研究目的是提供一种能利用改良后的泥水盾构废弃泥浆作为同步注浆料，该浆液应具有价格低廉、凝结时间长、流动性高等优点。拟制作单液和双液两种同步注浆料。

本研究的操作步骤如下：

（1）用挖掘机取泥水盾构废弃浆液，送入称量系统称重。

（2）将称重后的泥水盾构废弃浆液送入自动搅拌机加以搅拌。

（3）在搅拌过程中按比例添加其他组份材料：单液浆添加砂、水泥、粉煤灰和水，双液浆添加水泥、水和水玻璃。

（4）充分混合搅拌，单液浆搅拌时间不得少于 5 ~ 10min，双液浆混合搅拌均匀后马上入模。

（5）对试块进行养护，达标后送检。

研究技术路线如图 1 所示。

作者简介：刘晓正（1989—），大学本科，学士，助理工程师。目前主要从事盾构施工技术质量管理工作。Email：1066018055@qq.com。

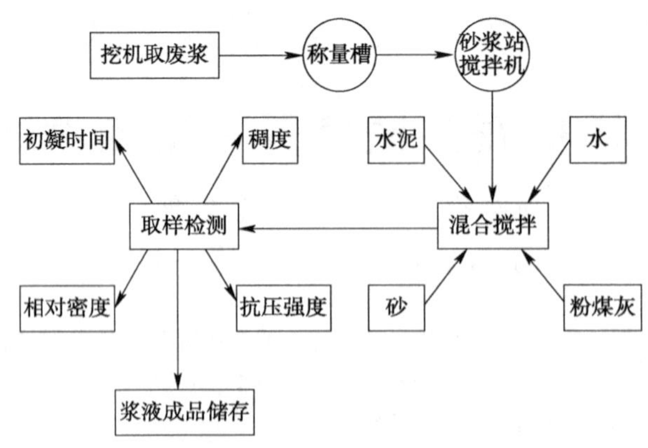

图1　研究技术路线示意图

3　同步注浆浆液特点及试验配比确定

3.1　单液水泥砂浆特点

(1)优点:材料来源丰富、价格低廉、结石体强度高、抗渗性能好、单液注入方式、工艺简单、操作方便。

(2)缺点:可注性较差,而且水泥砂浆凝固时间长,容易流失造成浆液浪费,易沉淀析水、强度增长慢、结石率低、稳定性较差。

3.2　单液水泥砂浆试验配比

单液水泥砂浆拟定试验配比见表1。

单液水泥砂浆拟定试验配比表　　表1

配比方案	废弃泥浆(%)	砂(%)	水泥(%)	粉煤灰(%)	水
配比一	35	35	10	15	余量
配比二	40	30	8	15	余量
配比三	40	40	5	5	余量
配比四	47	33	5	10	余量
配比五	60	20	10	5	余量

3.3　水泥-水玻璃双液浆特点

浆液的凝胶时间可准确控制在几十秒至几十分钟范围内,固结体的抗压强度达5～10MPa;凝结后结石率可达100%;结石体的渗透系数为10^{-3}cm/s。

采用双液方式注入,施工工艺较单液复杂,但其注浆效果、初凝时间等是单液浆无法比拟的。

3.4　双液浆试验配比

双液浆拟定试验配比见表2。

双液浆拟定试验配比表　　表2

配比方案	水灰重量比	水泥浆、水玻璃体积比	废浆(%)	水玻璃浓度(%)
配比一	1:1	20:1	30	100
配比二	1:1	30:1	20	100

续上表

配比方案	水灰重量比	水泥浆、水玻璃体积比	废浆(%)	水玻璃浓度(%)
配比三	1:1	30:1	30	100
配比四	1:1	30:1	40	100
配比五	1:1	40:1	30	100

4 浆液取样检测

根据初步拟定的两种浆液不同实验室配比，分析浆液的胶凝时间、7d 抗压强度、28d 抗压强度、浆液稠度等性能指标，确定施工配比；再根据工程应用情况，调整优化浆液性能参数，确定浆液最终施工配合比，减少废弃泥浆的处理或排放。

浆池取浆情况如图 2 所示，各试验室配比如图 3 所示。

图 2　浆池取浆

图 3　配比一～五取样图

5 浆液性能检测

将配置好的砂浆按照《建筑砂浆基本性能试验方法》(JGJ/T 175—2009)中规定的方法进行稠度、密度、凝结时间和抗压强度试验。实验结果见表 3、表 4。

单液水泥砂浆基本性能统计表　　表 3

配比方案	初凝时间(h)	抗压强度		稠度(s)	密度(g/cm³)
		7d(MPa)	28d(MPa)		
同步注浆液	3	0.5	0.7	36	1.93
配比一	4	0.8	2.0	35	1.91
配比二	8	—	—	34	1.93

续上表

配比方案	初凝时间(h)	抗压强度		稠度(s)	密度(g/cm³)
		7d(MPa)	28d(MPa)		
配比三	12	—	—	32	1.95
配比四	3	0.5	0.7	36	1.92
配比五	2	—	—	43	1.94

双液浆基本性能统计表 表4

配比方案	初凝时间	抗压强度		稠度(s)	密度(g/cm³)
		7d(MPa)	28d(MPa)		
同步注浆液	1min	1.5	2.0	36	1.45
配比一	40s	1.7	3.3	35	1.44
配比二	46s	4.0	2.5	34	1.46
配比三	57s	2.0	2.2	32	1.45
配比四	1min5s	1.2	2.0	36	1.43
配比五	1min22s	1.5	2.3	43	1.44

6 浆液性能结果分析

6.1 单液浆性能结果分析

实验结果表明,单液水泥砂浆配比一至配比五中:配比二、三和五强度不符合要求;配比四28d强度相对较低,与配比一相比配比四比较符合盾构施工同步注浆浆液性能要求。

6.2 双液浆性能结果分析

试验结果表明:五种试验配比均可使用,只是各种参数的调整带来性能结果的变化,可针对不同地质情况实时调整浆液配比,如普通地层选用配比四,软弱地层等特殊情况使用配比一或配比二,这样更有利于安全、高效、节能。

通过试验发现,在水灰比不变的情况下,水玻璃与水泥浆体积比的变化对浆液的流动性几乎没有影响,但是对初凝时间有着巨大的影响;废浆所占比例变化对初凝时间几乎没有影响,但是对固结强度影响较大。

7 结语

《产业弃物在土建工程中的再利用》一书中介绍了日本产业弃物在土建工程中的再利用实例,其中包括泥水平衡盾构机施工弃浆的再利用,该施工弃浆主要用于直接回填后开挖站、改良路基垫土或流动改良底垫土。书中也提到"……泥水盾构功法废弃泥水(一次处理泥水和二次处理泥水的混合体)的改良工法,因改良处理土用途的不同而异……"。

与现有技术相比,泥水平衡盾构施工弃浆再利用是采用泥水盾构废弃泥浆制备同步注浆料,充分发挥了弃浆的利用价值,减少了弃浆对环境的影响,而且大大降低了注浆浆液的材料成本。与正常制作的浆液相比,在达到同样性能要求的前提下,成本只是正常成本的0.5~0.75倍。此外,采用泥水平衡盾构泥水弃浆再利用注浆浆液具有多种材料组份,各组分配比合理,因而性能较好,其相对密度大、保水性高、不存在离析现象,具有较好的流动性,浆液泵送顺畅、充填性好、施工方便,具有较高的性价比。

参 考 文 献

[1] 杨志伟,石从黎,张克. 搅拌站废弃泥浆循环利用方法的研究[J]. 粉煤灰,2012,24 (4):25-27.

[2] 周路鸣. 盾构废弃泥浆再生利用技术研究[J]. 建筑安全,2016 (8):6-8.

[3] 孔玉清. 大直径泥水盾构弃渣中的优质泥浆再利用研究[J]. 铁道建筑,2016 (10):75-78.

泥水平衡盾构直接切削玻璃纤维筋进出洞施工技术

曹金鼎　庞　林　韩维畴　刘晓正

(中建交通建设集团有限公司　北京　100161)

摘　要:随着城市化进程的加快,开发地下空间成为发展城市交通的必然趋势,盾构法在城市轨道交通发展中得到广泛应用。在佛山市南海区新交通1标土建工程中采用泥水平衡盾构直接切削玻璃纤维筋进出洞,避免了人工凿除围护结构,降低了施工风险。本文针对泥水平衡盾构在始发、接收中直接切削玻璃纤维筋进出洞施工技术要点进行了分析和研究,该技术在全封闭式配有硬岩切削刀具的盾构始发、接收中应用前景广阔。

关键词:泥水平衡盾构;始发、接收;玻璃纤维筋

1　工程概况

佛山市南海区新交通1标土建工程,施工范围起于蠕岗站,止于康怡公园站,地下线长3.681km,其中2.2km采用盾构法施工,使用两台日本三菱泥水平衡盾构。盾构进出洞共12次,均采用了盾构直接切削玻璃纤维筋进出洞施工。玻璃纤维筋洞门示意图如图1所示。

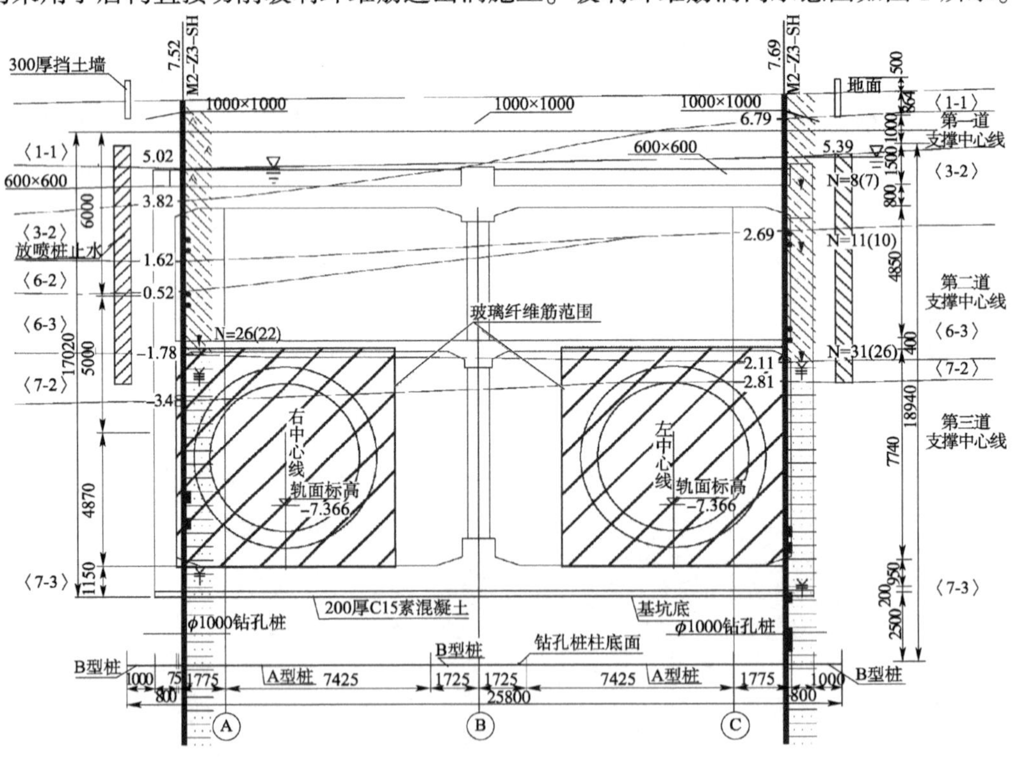

图1　玻璃纤维筋洞门示意图(尺寸单位:mm)

作者简介:曹金鼎(1984—),男,本科,工程师。目前主要从事城市轨道交通施工与管理工作。Email:907307688@qq.com。

2 施工工艺流程

施工工艺流程如图2所示。

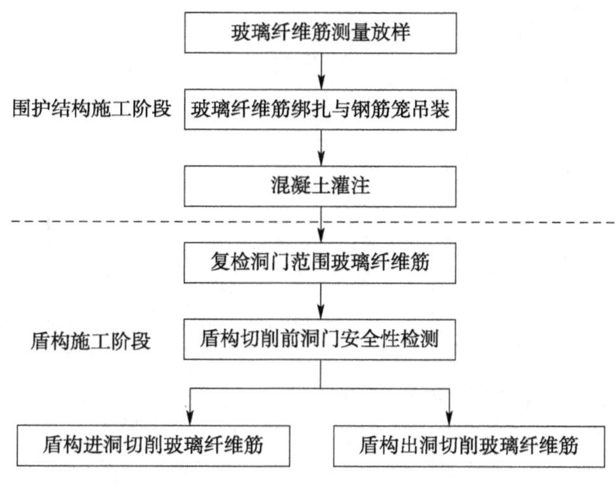

图2 施工工艺流程图

3 操作要点

3.1 玻璃纤维筋测量放样

(1)熟悉设计图纸中玻璃纤维筋的长度,然后参考成孔(槽)过程的误差范围,在下料玻璃纤维筋时,预留一定富余量。

(2)在专用的钢筋笼加工平台上加工钢筋笼。在加工时,要在重要位置画出控制标记,如各个预埋件、加强筋的位置;尤其要标注出洞门位置,以控制玻璃纤维筋定位。

复核玻璃纤维筋与普通钢筋的搭接长度,必须满足《混凝土结构设计规范》(GB 50010—2010)规定的要求。玻璃纤维筋下料必须同时满足两个要求,一是设计图样要求和围护结构成孔(槽)时的误差,二是《混凝土结构设计规范》(GB 50010—2010)规定的"同直径螺纹钢筋锚固长度和搭接长度的1.25倍"的要求。玻璃纤维筋与普通钢筋的搭接关系如图3所示。

3.2 玻璃纤维筋绑扎与钢筋笼吊装

(1)在加工平台上做好架立筋位置标记和洞门范围标记。

(2)按图样要求制作架立筋,洞门范围内的架立筋必须采用玻璃纤维筋。

(3)先安装好洞门范围的玻璃纤维筋部分,再分别向两端绑扎普通钢筋,玻璃纤维筋与普通钢筋搭接部分仍采用钢丝绑扎,搭接区段内,不能有普通钢筋焊接接头,如图4所示。

(4)安装螺旋筋,洞门范围内的螺旋筋仍采用玻璃纤维筋,绑扎螺旋筋时,螺旋筋与主筋的交点100%绑扎;塔接区段内,螺旋筋则采用普通钢筋,交点按梅花式点焊。

(5)吊装钢筋笼。吊装过程与普通钢筋笼一致。钢筋笼起吊时,吊点不得布置在玻璃纤维筋范围内,在吊点位置上,对钢筋笼加强圈再加焊十字撑。钢筋笼起吊时,采用三点起吊,起吊过程中必须系绳索进行人力控制,禁止钢筋笼晃动。钢筋笼插入孔内后,检查其顶端高度是否符合设计要求,然后用槽钢穿入吊耳,将其搁置在护筒上,如图5所示。

3.3 混凝土灌注

(1)安装导管前要检查并确认导管密封严密,内壁光洁无渣。导管安放好后,其底部与孔底距离约500mm。导管内安放隔水塞,确保管内不进水和初灌成功率,检查隔水塞及其安放是否符合设计要求。

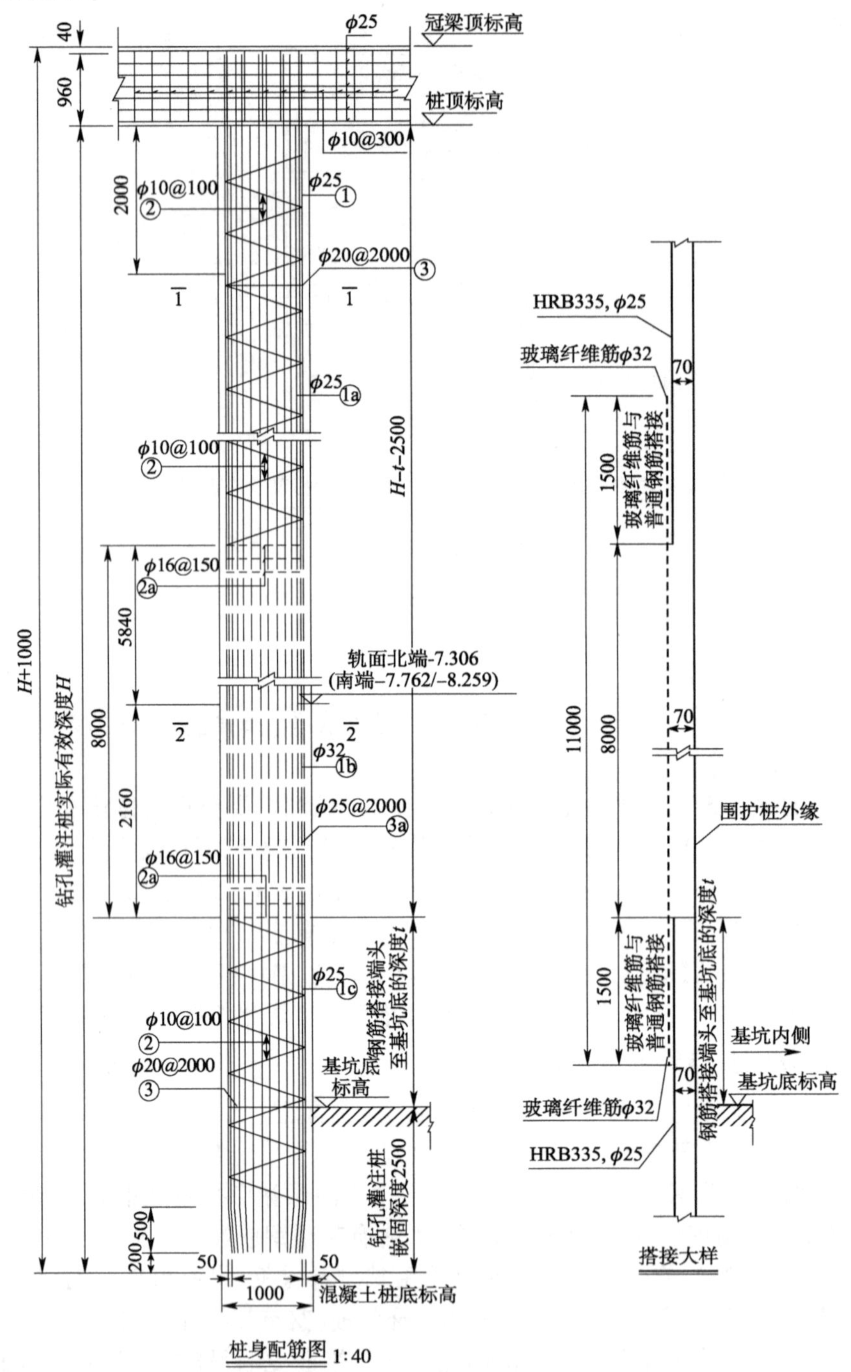

图3　围护结构玻璃纤维筋钢筋笼示意图(尺寸单位:mm)

(2)围护结构采用商品混凝土,灌注前现场至少要有2辆混凝土车等候,运输能力要保证混凝土灌注过程不中断。浇筑前,要在现场测试混凝土坍落度,坍落度保持在18~22cm。

(3)灌注前再次检查孔底沉渣。进行二次清底时,清底时间不少于30min。

(4)二次清底后,马上进行混凝土灌注。混凝土初灌时,保证第一斗混凝土灌满,确保能够充分排出泥浆，导管底板埋入混凝土不小于1m。灌注过程中，孔内混凝土面上升速度控制在2～4m/h，导管埋深控制在2～6m。超灌高度保持在0.5～1.0m，确保凿去浮浆后的围护结构顶标高及混凝土强度符合设计要求。

图4　玻璃纤维筋绑扎

图5　玻璃纤维筋笼吊装

(5)由于玻璃纤维筋重量只有普通钢筋的25%，在混凝土灌注过程中容易产生上浮现象。为了避免钢筋笼上浮，要从混凝土灌注和钢筋笼加固两个方面采取抗浮措施，一方面，在灌注混凝土时，要检查孔内清孔情况达到要求，孔底不得有大量沉渣；在混凝土灌注全过程，必须控制混凝土在初凝时间以内；灌注速度要控制在4m/h以内，太快容易产生钢筋笼上浮；导管及时上提，及时拆管，埋管深度不超过6m，避免混凝土向上带动钢筋笼；另一方面，在钢筋笼顶部用槽钢穿过吊点，槽钢两端与护筒点焊在一起，利用护筒和地层摩擦将钢筋笼压住。

3.4　复检洞门范围内的玻璃纤维筋

(1)盾构机进出洞时会有正常施工偏差，所以检查洞门时，检查范围要比盾构机直径大30cm左右。

(2)切削洞门前，搭设稳固脚手架施工平台，平台车站底部和侧墙连结、顶紧。采用风镐，人工凿除围护结构保护层，直至玻璃纤维筋完全暴露在外。

(3)认真检查洞门范围内的玻璃纤维筋情况。如果发现普通钢筋侵入洞门，则要报告设计、业主、监理单位研究，按照侵入的数量，采取专项方案排除钢筋，比如：侵入数量极少的情况，可以用水平抽芯方法将钢筋切断；侵入数量多的情况下，则需要全面加固并开凿洞门，如图6、图7所示。

图6　开凿后的玻璃纤维筋

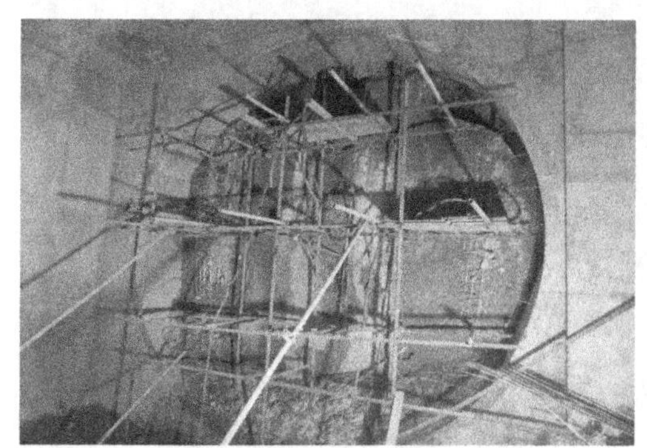

图7　检测洞门范围玻璃纤维筋

3.5　洞门安全性检测

(1)地面垂直取芯,检查加固体的强度。

(2)在洞门范围进行水平探孔。水平探孔位置分别是洞门上、中、下部至少各 1 个,探孔深度要打穿围护结构,再进入加固体 50 ~ 100cm。探孔完成 24h 后,观测渗水量,渗水量不超过设计要求,则可以进行盾构机洞门切削。

(3)如果采用旋喷桩、搅拌桩等加固方式时,要先进行地面垂直取芯,然后再进行洞门内水平取芯,两种检查方式均合格后才能进行下一道工序;如果采用注浆加固方式的加固体,一般只进行水平挖孔检测渗水量即可。

3.6　盾构始发时切削玻璃纤维筋

(1)进行盾构机组装调试,该项目盾构始发及接收均采用钢套筒进行。

(2)检查盾构机的位置、姿态、基座(钢套筒)、反力架,偏差要在规范允许范围内;检查盾构各个系统性能达到正常,水、电、气、水平运输、垂直运输系统正常运作,避免盾构机切割洞门之后长时间停留。

(3)焊接旋转装置,以抵抗切割围护结构时刀盘产生的扭矩。

(4)安装第一环负环管片。

(5)盾构始发前需要对钢套筒进行密封试压,确保钢套筒密闭性。

(6)盾构机刀盘抵达掌子面,建立泥浆循环,开始切割玻璃纤维筋混凝土。推力均匀、缓慢增加;切割玻璃纤维筋混凝土过程中,记录推力和刀盘扭矩,如果发生参数突然大幅增大时,则必须停机查找原因;切割过程中,安排专人检查防旋转装置,发现旋转装置变形,要立即停机加固。

(7)盾构机完成一个掘进长度后,迅速安装第二环负环管片。

(8)按正常掘进程序完成掘进,直至盾构机完全进入土体,但暂不同步注浆。

(9)当盾尾与围护结构距离到达 3 ~5m 后,将洞门位置的开挖面和管片之间的间隙封闭,在车站内水平注双液浆快速封闭洞门。

(10)正常掘进。

采用钢套筒始发盾构机吊装如图 8 所示,钢套筒封闭及填砂试压如图 9 所示。

图 8　钢套筒始发盾构机吊装

3.7　盾构到达时切削玻璃纤维筋

(1)盾构到达前 100m 时,必须复测洞门中心位置,以及用陀螺仪复测盾构机位置。计算洞门与盾构机之间的偏差,重新调整盾构机姿态。

图 9　钢套筒封闭及填砂试压

（2）安装接收钢套筒，并检查安装密闭质量。

（3）盾构切口环开始进入加固体时，逐步降低推力、降低掘进速度、降低开挖面压力。

（4）盾构切口环切削玻璃纤维筋时，要匀速，缓慢进行；精确计算刀盘里程；切割玻璃纤维筋混凝土过程中，要全过程记录总推力和刀盘扭矩，如果发生参数突然大幅增大时，则必须停机查找原因。

（5）盾构机完全进入钢套筒内，管片拼装至洞门位置，迅速封闭洞门管片与开挖面之间的间隙，注双液浆加固。

盾构机切削洞门排渣如图 10 所示。

图 10　盾构机切削洞门排出的渣样

4　结语

玻璃纤维筋作为盾构始发接收洞门围护结构的一种新材料，与传统的钢筋混凝土围护结构相比，盾构机能够直接切割玻璃纤维筋进行始发和接收，避免了洞门开凿过程中土体坍塌风险，能有效保证周边建（构）筑物和管线的安全，值得推广应用。

参考文献

[1] 宋旱云，刘军，周洪. 玻璃纤维筋在地铁盾构施工中的应用[J]. 北京建筑工程学院学报，2014，30(2)：32-36.

[2] 刘军，原海军，李京凡，等. 玻璃纤维筋在盾构工程中的研究与应用[J]. 都市快轨交通，

2014,27(1):81-85.
[3] 孙慧. 纤维筋混凝土在盾构隧道进发口的应用研究[D]. 武汉:华中科技大学,2007.
[4] 刘军,荀桂富,王芳,等. 盾构始发与接收时顶力的数值模拟研究——以北京地铁 15 号线某盾构直接切削玻璃纤维筋桩工程为例[J]. 隧道建设,2016,36(3):264-269.
[5] 金鑫,刘军,周洪,等. 玻璃纤维筋在地铁盾构始发中的应用[J]. 北京建筑大学学报,2016,32(1):52-58.
[6] 孙德新. 洞内始发盾构区间工程玻璃纤维筋施工技术[J]. 信息化建设,2015 (11):279-280.

泥水平衡盾构机带压开舱施工技术研究与应用

曹金鼎　刘晓正　庞　林

（中建交通建设集团有限公司　北京　100161）

摘　要：本文详细介绍了广东省佛山市南海区某泥水平衡盾构工程，在施工过程中频繁出现环流不畅、掘进推力大、扭矩增大等情况，为保证工程的安全顺序进行，采用了带压开舱技术进舱更换刀具及清理障碍物，实施效果良好，可为同类工程提供参考。

关键词：泥水平衡盾构；WSS 注浆；衡盾泥；带压开舱

1　引言

随着城市地铁兴建，盾构机的应用范围也越来越大，尤其在富水地层掘进时，泥水平衡盾构机得到了广泛应用。盾构机在地层中掘进时，如仅依据勘察资料进行参数控制，但因地勘钻孔直径较小，数量较少，不能完全反映地层情况，从而对盾构掘进造成一定安全隐患。广东省佛山市南海区某泥水平衡盾构工程，盾构始发于夏西站，经佛山一环高架桥，穿越锚索区后，突遇联兴桥，穿越桥桩基后，盾构机频繁出现环流不畅、掘进推力大、扭矩增大等情况，经过多次开采石箱发现有旋喷桩钻杆、刀盘刮刀、钢筋及少量锚索钢绞线等滞碍物，为保证剩余工程安全顺利完成，需要带压进舱更换刀具及清理舱内滞碍物。

2　施工特点

泥水盾构机带压开舱施工保压措施采用地面注浆加固 + 衡盾泥建泥膜，其特点如下：

（1）地面注浆加固采用 WSS 工法实施，WSS 工法采用 AB 液（水玻璃和磷酸）和 AC 液（水玻璃和水泥浆）两种浆液对地层进场止水和加固处理。

（2）AB 液具有良好的止水性，能够调节固化时间，浆液固化后不收缩、对地下水无污染，是一种绿色环保材料。

（3）AC 液具有强度高的特点，同时也能够调节凝固时间，能够有效控制地层的沉降。

（4）衡盾泥用于掌子面泥膜的建造，以黏土为主要成分，具有良好的和易性和黏附性，能够隔水保气，泥膜稳定性高。

3　工作原理

泥水盾构机停机后，首先对前盾、中盾及泥水舱内注入衡盾泥，一方面可起到隔水的效果，另一方面，能够防止 WSS 注浆时，浆液渗透到盾体，引发盾体抱死问题。完成盾体密封后，对盾尾后管片施作止水环，确保盾尾隔水性，防止地下水通过盾尾涌向刀盘区域，同时进行 WSS 地面注浆加固，将刀盘区域封闭，隔离地下水的同时，也能够对土体进行加固处理，达到稳定地层的目的。最后，通过逐级加压、借用泥水舱压力，将盾体后移 5 ~ 8cm，留出刀具拆卸空间。

作者简介：曹金鼎（1984—），男，本科，工程师。目前主要从事城市轨道交通施工与管理工作。Email：907307688@qq. com。

最后,进行泥水舱的保压试验,试验满足规范要求后,进行舱内作业。

泥水盾构带压开舱施工工艺流程如图1所示。

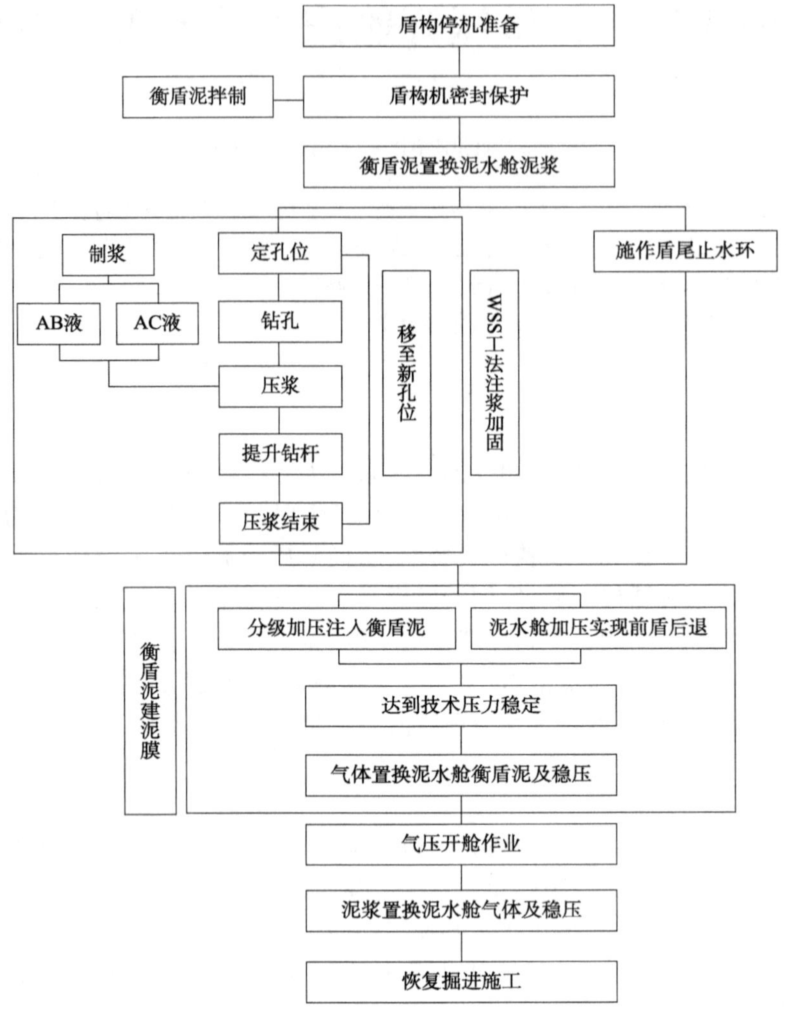

图1 施工工艺流程图

4 施工操作要点

4.1 盾构机停机准备

(1)在盾构机停机前将盾构机铰接千斤顶打开并伸长,伸长值控制在80~120mm。

(2)掘进结束50mm前,应先停止壁后同步注浆系统运转并进行管路清洗。

(3)若切口水压较低,应先适当减小排泥泵转速或者增大进泥泵转速,同时将保压泵切换到自动模式,严禁采用推进千斤顶的方式提升切口压力。

(4)若盾尾不漏浆、不漏泥,应停止盾尾油脂泵运转;若盾尾漏浆、漏泥,应继续进行盾尾油脂注入,直至盾尾不漏浆、不漏泥后,再停止盾尾油脂泵运转。

(5)停机前记录好盾构机显示姿态数值,由测量人员进行复核,停机过程中时刻注意盾构机姿态的变化。

(6)为了有效掌控WSS注浆加固及衡盾泥建泥膜过程中地面沉降及隆起情况,作业前,在盾构影响区域地面布置监测点，并根据地面监测状况及时将盾构机泥水舱压力控制在合理范围内。同时，为后续衡盾泥置换泥浆、衡盾泥分级加压、气浆置换和开舱检查提供监控信息。

(7)地面监测点布置在刀盘前后左右各10m范围内，每5m布置一个监测断面，每个断面布置5个监测点，如图2所示，布置完成后及时采集初始值，准备监测。

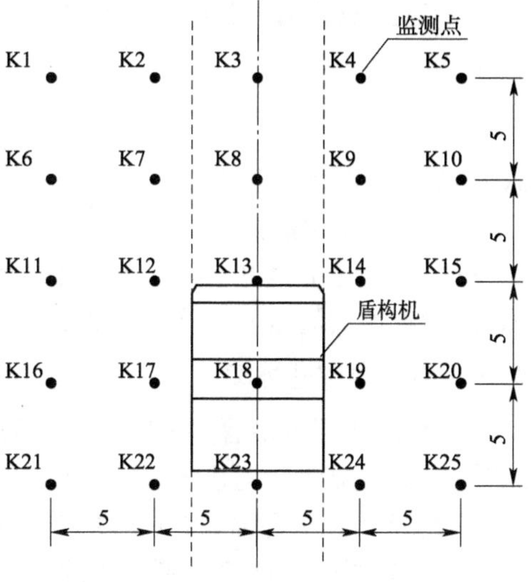

图2　监测点位布置图(尺寸单位:m)

4.2　盾构机密封保护

盾构机盾体使用衡盾泥进行密封保护。

(1)衡盾泥拌制

①衡盾泥A液拌制

a.配比:衡盾泥A液配比(质量比)为A粉:水=1:2.2，每次搅拌$2m^3$，加料顺序为先放水再放A粉。

b.搅拌:衡盾泥A液采用射流混浆装置充分搅拌均匀(一般控制在25~30min)，直至无干粉结团颗粒(即无悬浮颗粒)为止，搅拌完成后无需膨化。

②衡盾泥A液与B液混合

a.配比:衡盾泥配比(质量比)为A液:B液=15:1。

b.搅拌:A液和B液混合时以喷淋形式混合，直至混合物呈现果冻状为止。

(2)盾壳外注衡盾泥密封保护

通过前盾盾体径向孔多点位注入衡盾泥充分填充开挖直径与盾体间空隙。注入时，从下至上注入。

盾体径向衡盾泥注入量$Q_{衡}$计算如下:

$$Q_{衡}=\frac{\pi}{4L}(D_1{}^2-D_2{}^2)$$

式中:L——盾体全长(m);

D_1——刀盘开挖直径(m);

D_2——盾体外径(m)。

(3)盾尾注衡盾泥密封保护

利用同步注浆系统，向盾尾注入衡盾泥，并将同步注浆管路充满，保护注浆管路及盾尾，注浆压力不超过0.25MPa。

4.3　衡盾泥置换泥水舱泥浆

(1)首先要保证置换完全性，其次要控制掌子面及刀盘上方土层稳定，同时防止注入压力过大或者过小影响地层稳定，以免影响后续保压效果。

(2)置换泥浆前，利用泥水舱壁上高点位注入孔注入衡盾泥，将泥水舱压力调整至气压开舱设定值。

(3)泥水舱压力达到设定值后进行缓慢置换，置换时以注入量和排出量相等原则进行双向控制，直至排浆管排出泥浆衡盾泥含量95%以上为止。置换过程中泥水舱压力控制偏差在

气压设定值 ±0.1bar 之间。衡盾泥置换泥浆量 $Q_{衡}$ 计算公式如下：

$$Q_{衡}=\frac{\pi}{4LD^2}$$

式中：L ——泥水舱长度(m)；

D——泥水舱内径(m)。

(4)在置换过程中，观察置换出的浆液，如有大量含泥沙的泥浆排出时，应停止泥浆的排出，然后继续向泥水舱内注入衡盾泥提高泥水舱内压力，稳压 2h 后再次进行置换。

4.4 施作盾尾止水环

为阻止地下水沿管片外间隙渗入到盾构机开挖面及泥水舱，减少盾构带压开舱过程中泥水舱回水量，施作盾尾止水环，同时起到气压作用下的保压效果。

(1)施作止水环前，将同步注浆管路充满比较黏稠的浆液，保护注浆管路及盾尾。

(2)在盾尾后 4~8 环通过管片吊装孔注入双液浆(水泥浆 + 水玻璃)封堵管片与土层间隙，每环至少从 4 个点位注入双液浆施作止水环。双液浆注入完成后，在相应管片上开孔检查，保证止水环止水密封效果。

(3)施作止水环注浆顺序为从盾尾后第 4 环向第 8 环进行，初凝时间控制在 2~3min，注浆压力控制在 0.2~0.25MPa，每环注浆量取同步注浆量的 30%，计算公式如下：

$$V=\frac{\pi}{4KL({D_1}^2-{D_2}^2)}$$

式中：V ———一环注浆量(m^3)；

L ——环宽；

D_1——开挖面直径；

D_2——管片外径；

K——扩大系数。

(4)注浆前进行试验，确定双液浆浆液配比，注浆过程中根据现场情况对配比进行调整。双液浆配比参考如下：

①A 液：水灰比(质量比)=1:1。

②B 液：水玻璃波美度采用 23~26°Bé。

③A 液：B 液(体积比)=1:1。

(5)施作盾尾止水环注浆实行注浆压力控制为主，注浆量标准为辅，即当注浆压力达到设定值时，可停止注浆。在注浆过程中应注意观察泥水舱内压力变化情况，如有变化应停止注浆，并低速转动刀盘，防止浆液固结刀盘。

4.5 WSS 注浆加固

WSS 注浆加固范围为刀盘前、后各 3m，隧道结构两侧各 1.5m。刀盘前方 3m 范围内加固深度为隧道结构顶 5m 至隧道结构底以下 1m。刀盘后方 3m 范围内加固深度为隧道结构顶至以上 5m，盾构机两侧加固至隧道底板标高以下 1m。加固体上部与淤泥层搭接，下部与强风化泥岩搭接，确保地层隔水、隔气性。

(1)WSS 注浆加固范围平面及布孔如图 3 所示。

(2)WSS 注浆材料及浆液配比见表 1。

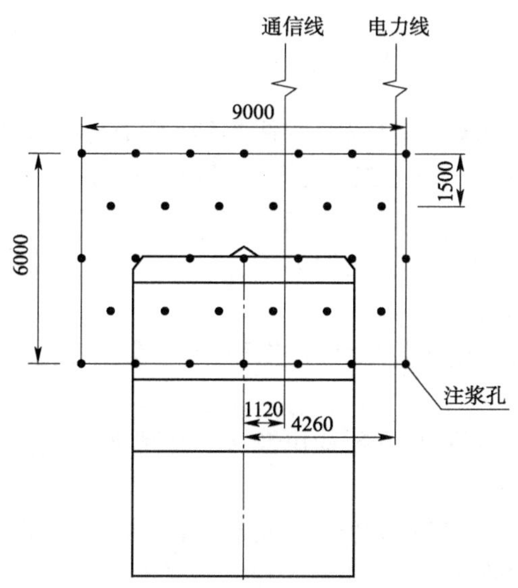

图3　WSS注浆加固范围平面及布孔图(尺寸单位:mm)

WSS注浆材料及浆液配比表　　表1

名　　称	材　　料	体积(m^3)
A液	水玻璃	1
A液	稀释剂	0.9
B液	磷酸	1
B液	稀释剂	10
C液	水泥	1
C液	水	0.7

浆液可分为悬浊型(由A液和C液组成,简称AC液)和溶液型(由A液和B液组成,简称AB液)两种。AB液强度较低,但止水效果好,AC液强度较高。注浆孔上部采用AC液,下部采用AB液,不同浆液的加固深度范围根据实际情况确定。

(3)注浆参数

①初步拟定注浆参数见表2,施工中注浆参数应根据现场情况试桩进行适当调整、优化,以满足施工要求。

注浆参数表　　表2

名　　称	参　　数	备　　注
浆液扩散半径	1~1.5m	
凝胶时间	AC液20~40s,AB液10~20s	根据注浆深度情况调整
注浆压力	动态调控注浆	泥水舱压力不超过4bar
土体平均注入率	30%~40%	体积比

②注浆压力控制2MPa,注浆时地面实时与洞内进行沟通,泥水舱压力不能超过4bar。

③注浆过程中不宜转动刀盘。

4.6 衡盾泥建泥膜

(1)分级加压注入衡盾泥

在气压开舱压力设定值基础上分阶梯、升级加压,每个梯级 0.2bar,共分五级加压。每个阶梯压力在动态保压注入情况下稳压 2h,在第 5 级加压过程中,可在泥水舱壁注入孔多点位注入衡盾泥,该级泥水舱压力动态稳定持续 8h。分级加压过程中可以低速转动刀盘(0.1 ~ 0.5r/min,转半圈),以保证注入和渗透的均匀性。

(2)泥水舱加压实现前盾后退

为保证带压作业时良好的密封效果和开挖面稳定,需在刀盘与开挖面之间制造一道隔水隔气泥墙。

①当分级加压第 5 级开始前,打开盾构机铰接千斤顶液压锁,然后开始进行第 5 级分级加压,利用舱内压力使前盾后退。

②盾构后退过程中确保泥水舱压力无大波动(+0.1bar),每次将油缸缩回 1cm 时稳压 30min,以此类推直至铰接回收 5 ~ 8cm。

(3)气体置换泥水舱衡盾泥及稳压

为达到人员进舱作业条件,在气压作用下置换出原泥水舱内衡盾泥,提供作业空间,同时对泥水舱进行保压检验,确保泥水舱内气体空间压力的稳定。操作过程中应注意:

①检查设备运行状况。

②气浆置换时,开启自动保压系统,在衡盾泥稳压压力值(气压开舱压力设定值 +1bar)基础上,分阶梯、降级减压,每个梯级 0.2bar,直至达到开舱压力(误差 ±0.1bar)时为止。每个阶梯压力在动态保压情况下稳压 2h,最后一级降压后稳压 6h。

③在最后一级稳压过程中,试验人员要记录工作空压机的启动频率,若供气量小于供气能力的 10% 时,开舱气压能在 6h 内无变化或不发生大的波动时(±0.05bar),表明保压试验合格。

④打开泥水舱壁 3、9 点及以下位置阀门,排出泥水舱内衡盾泥,同时低功率转动 P2 泵。为防止 P2 泵排出衡盾泥产生负压破坏衡盾泥泥膜的整体稳定性,置换 $5m^3$ 后,打开泥水舱壁 12 点位阀门检查置换位置。保压观察 2h,稳定无变化后再继续排泥至 3、9 点位。然后再次开启上部球阀检查泥水舱内置换位置,保压观察 2h,稳定无变化后再继续排泥至排浆口位置,在自动保压稳定 6h 后进行舱内气体检测,满足要求后,组织人员进舱。

⑤在气浆置换时,不应转动刀盘,避免损坏泥膜。

⑥在气浆置换过程中,要时刻观察置换出的浆液,如伴有泥沙排出,须重新建泥膜。

4.7 气压开舱作业

(1)确保盾构机设备安全运行。

(2)人闸检查并进行无人模拟实验。

(3)对舱内气体进行检测。

(4)人舱加、减压过程中须按照规范要求进行操作。

4.8 泥浆置换泥水舱气体及稳压

(1)当泥水舱气压作业完成后,泥水舱内存有大量的压缩空气,需要用膨润土泥浆将泥水舱内气体全部置换。

(2) 打开 P1 泵低速运转,向泥水舱输送膨润土浆液,同时打开人闸顶部的平衡阀缓慢释放压缩空气，尽可能减小泥水舱压力波动，直至人闸顶部平衡阀溢出泥浆后，关闭平衡阀。

4.9 恢复掘进施工

泥水舱内气体置换完成后，建立盾构泥浆循环，并且缓慢转动刀盘(1r/min)泥浆循环维持30min左右，将泥水舱内残留的衡盾泥排出。在泥浆循环正常后，打开盾构推进系统，恢复盾构掘进施工。

5 实施情况

通过总结以往泥水盾构带压开舱施工经验，对刀盘上方沉降情况进行监测，同时结合空压机启动频率对舱内保压效果进行监测，为盾构带压开舱的顺利进行提供了数据支持与安全保障，极大地降低了盾构带压开舱的安全风险。在实施过程中，各项工作衔接有序，物资供应充足，设备无故障运行，有利于缩短工期；地面加固、泥膜建造及保压效果良好，均给盾构带压开舱的顺利进行提供了保障。

开舱时掌子面情况如图4所示，开舱刀具更换如图5所示。

图4 开舱时掌子面情况

图5 开舱刀具更换

参考文献

[1] 张宁，姚占虎，朱伟，等. 泥水盾构带压开舱时泥膜性质对其闭气性的影响研究[J]. 现代隧道技术，2015，52 (4)：62-67.

[2] 闵凡路，姜腾，魏代伟，等. 泥水盾构带压开舱时泥浆配制及泥膜形成实验研究[J]. 隧道

建设,2014,34(9):857-861.

[3] 姜腾,朱伟,闵凡路,等. 泥水盾构开舱时的泥膜闭气性能及改性方法[J]. 地下空间与工程学报,2014,10(3):504-509.

[4] 姜腾,夏鹏举,闵凡路. 泥浆性质对泥水盾构泥膜闭气性影响试验研究[J]. 现代隧道技术,2016,53(2):134-140.

[5] 曾跃平. 盾构带压开舱作业控制要点[J]. 福建建设科技,2016(3):66-69.

[6] 薛利群,张国光. 隧道盾构带压开舱作业中的潜水技术应用研究[J]. 交通科技,2015(4):101-104.

[7] 刘培洪. 盾构机带压开舱处理异物施工技术[J]. 铁道建筑技术,2017(5):90-91.

泥水平衡盾构穿越锚索区施工技术

曹金鼎　刘晓正　庞　林　韩志亮

（中建交通建设集团有限公司　北京　100161）

摘　要：近年来，泥水平衡盾构应用于富水地区隧道施工中，由于城市建筑物集中，且其基坑围护结构施工工艺复杂，隧道施工区域内难免存在锚索，从而加大盾构施工风险和施工技术难度。盾构在锚索区掘进时，一方面需严格控制地面沉降量，合理控制切口压力，保证盾构开挖面稳定；另一方面需加强盾构机掘进速度监测，间接判断刀盘磨损情况。本文依托佛山市南海区新型公共交通系统试验段盾构工程，在施工过程中对盾构穿越锚索区施工技术进行创新，解决了泥水平衡盾构穿越锚索区的难题，并有效减少了刀具的磨损，保证了盾构在穿越锚索区后的正常施工，取得了良好的经济与社会效益。

关键词：泥水盾构；锚索区；设备适应性改造

1　施工特点

（1）对锚索区调查，根据锚索与盾构开挖面关系，采取有效方法在盾构穿越前对锚索区进行预处理。

（2）对盾构机闸阀、采石箱等设备进行适应性改造，保证施工安全顺利进行。

（3）采用优质泥浆，选用合理的配比，通过环流系统将刀盘前方的锚索障碍物携至采石箱。

（4）在施工前检查泥水循环系统各项参数并记录，结合地质条件设定泥浆循环系统压力值，发现异常时，及时开启采石箱观察情况。

（5）盾构机在掘进中间隔时段改变刀盘旋转方向，减少锚索对刀盘的缠绕趋势。

（6）定时启用环流系统逆送模式，避免锚索钢绞线进入管道，降低管道堵塞频率。

2　工作原理

在盾构施工前，对锚索区进行预处理，先采用高压旋喷桩对土体进行加固，加固完成后采用旋挖干钻孔排除锚索；再对盾构机采石箱进行适应性改造，一方面防止锚索通过采石箱堵塞管路，一方面使得锚索便于清理；最后在施工中采用优质泥浆、选用合理的配比进行环流，将刀盘前方的锚索障碍物携至采石箱；掘进期间，定时改变刀盘旋转方向，减弱锚索对刀具的缠绕，预防刀盘刀具的磨损；对各设备参数进行监测，一旦某设备参数异常，立即停止掘进，对设备进行检查维修，及时处理，保证设备正常安全运行；同时，在施工中合理设置切口压力，加强对地表沉降的监测，建立数据预警机制，及时有效地进行同步注浆，将地表沉降控制在允许范围内。

作者简介：曹金鼎（1984—），男，本科，工程师。目前主要从事城市轨道交通施工与管理工作。Email：907307688@qq.com。

3 施工操作要点

3.1 锚索影响区调查

(1)根据锚索设计图纸,确定锚索影响范围及锚索与隧道开挖面的位置关系。

(2)施工前,对锚索影响区域进行补勘,进一步查明此区域的工程地质条件和水文地质条件。

(3)施工前,对锚索影响区域周边环境进行调查,采集地面监测初始值,实施动态信息化施工管理。

施工工艺流程如图1所示。

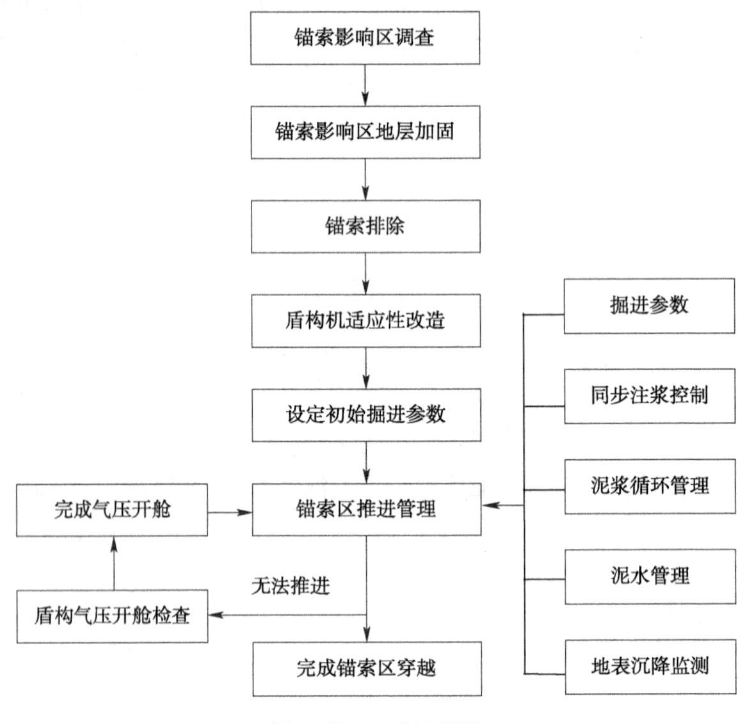

图1 施工工艺流程图

3.2 锚索影响区地层加固

(1)根据锚索区域地质条件,对地层进行加固,保证锚索排除时土体稳定。

(2)在隧道线路中心线两侧各6m范围内施作旋喷桩加固,加固深度进入隔水层1m,加固形式如图2所示。

(3)旋喷桩注浆采用P. O. 42. 5水泥,水泥浆液的水灰比为0. 8 ~ 1. 2,水泥浆液压力大于20MPa。

3.3 锚索排除

(1)在锚索处理区地层加固后、盾构施工前,对盾构施工影响区域内的锚索进行拔除。

(2)采用旋挖钻干钻孔进行排索,钻孔至设计锚索地下1m。

(3)旋挖干钻孔在垂直于隧道方向的线路左、右轮廓线及中线布设3排,每排沿隧道方向的钻孔交叠密布。

(4)锚索排除施工完成后,竖井采用水泥土进行回填,水泥与土的体积配合比为1:8,竖井回填完成后采用双管旋喷桩进行复喷处理。施工完成28d以后，对旋喷桩进行抽芯取样检验，无侧限抗压强度不得小于1.0MPa，渗透系数应小于1.0×10^{-5}cm/s。

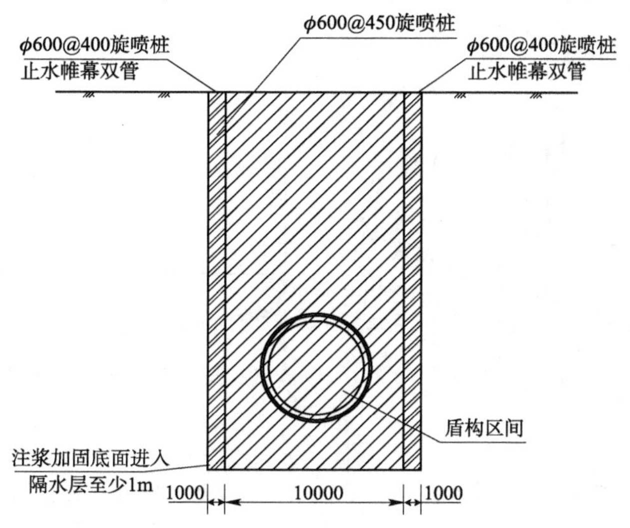

图2　锚索处理区地层加固剖面图(尺寸单位:mm)

3.4　盾构机适应性改造

虽然在施工前采取了锚索排除措施，但实际排除量约占理论量的90%，还有10%锚索残留在地层中，且原地层全为旋喷桩加固后的地层，盾构掘进过程中切削下的水泥块都将对盾构施工造成影响。为保证盾构施工顺利安全进行，特实施盾构机的适应性改造。

3.4.1　管路安装闸阀

在采石箱与土舱排浆闸阀间安装一道手动闸阀，排浆闸阀因锚索被卡、损坏，或开采石箱清理锚索时可关闭此闸阀，以保证盾构机前方切口环的压力稳定性，避免土舱失压地层失稳，导致地面沉陷。

3.4.2　采石箱改造

为防止残留锚索钢绞线进入排浆泵造成泵壳及叶轮损坏，且锚索进入后续管路堵塞位置难以确定，清理难度较大，特对采石箱的容积与内部结构进行改造，保证盾构正常掘进施工。

(1)将原椭圆形采石箱改成矩形;在有限空间里最大限度增大采石箱容积，减少开采石箱次数，减短盾构停机时间，保证盾构机以最短时间穿越锚索区。

(2)采用双舱隔断结构，两舱中间增设锚索隔离网，同时双开门清理，提高后续管路隔离效果与采石箱清理效率。采石箱内部结构如图3所示。

(3)采石箱内底板由里往外设置15°坡度，有利于采石箱内滞排物的清理，如图4所示。

3.5　设定初始掘进参数

在穿越锚索区前，结合锚索区所在地层情况、锚索排除残留量及地层加固水泥块等因素，设定合理的掘进参数，以保证盾构机在锚索区域的平稳运行。

(1)掘进速度:10～20mm/min。

(2)刀盘转速:1.3～1.5r/min。

(3)总推力:8000～9000kN。

(4)刀盘转矩:700～800kN·m。

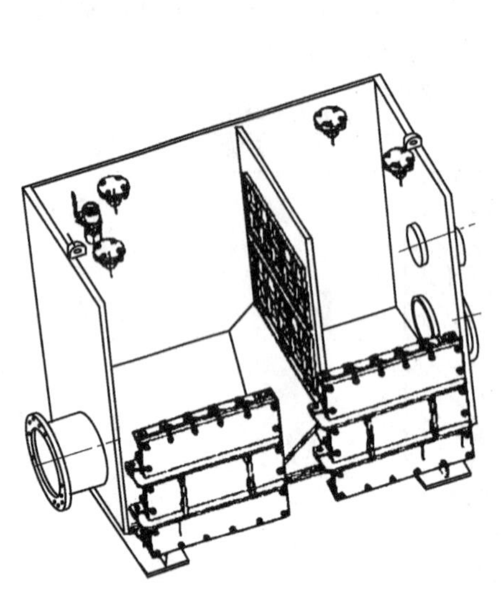

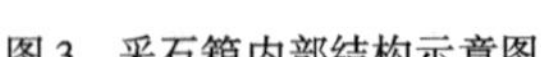
图3　采石箱内部结构示意图

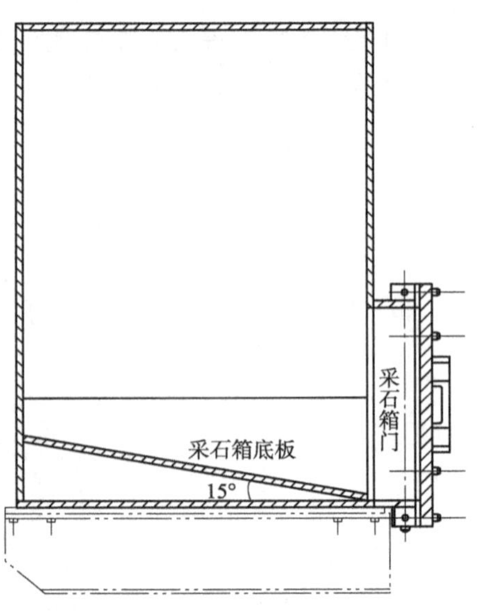

图4　采石箱底板设置坡度

(5)泥浆参数:采用优质泥浆进行环流,增大进浆浆液黏度值,提高泥浆的携渣能力,便于将钢绞线排出。泥浆参数见表1、表2。

膨润土造浆配比表(占水百分比)　　表1

水	黏　土	CMC	膨润土	烧　碱
1	按照相对密度要求加入	0.03% ~0.05%	10%	0.4% ~0.5%

制备泥浆的性能指标　　表2

项　次	项　目	性能指标	检验方法
1	相对密度	1.2 ~1.25	泥浆比重计
2	黏度	25 ~35s	苏式漏斗法
3	含砂率	<5%	含砂量法
4	胶体率	>95%	量杯法
5	失水量	30mL/30min	失水量仪
6	pH 值	7 ~9	pH 试纸

(6)泥水压力设定。在泥水加压式盾构施工中,加在开挖面上的力,即用泥水使开挖面保持稳定的力,通常应与作用在开挖面上的土压在对抗中保持平衡,水压与开挖面上含水土体的垂直作用的重力和土的内摩擦角大小有关。切口水压设定为:切口水压 $=P_0+(0.01\sim0.02)$ MPa,式中,P_0 为水土压力,等于自然状态下盾构机头部2/3高度处的压力。

(7)同步注浆参数确定。

①浆液配比。根据锚索区工程地质和水文地质条件、浆液材料及性能、周边环境要求等确定浆液配比为($1m^3$):水泥(150kg),细砂(625kg),粉煤灰(400kg),膨润土(75kg),水(475kg)。

②注浆量确定。同步注浆应密实填充管片与地层间空隙,根据锚索区工程地质和水文地质条件,注浆量控制在理论建筑空隙的190% ~250%,每掘进一环同步注浆量理论值可按下式计算:

$$V_{浆}=\frac{\pi}{4L(D_1{}^2-D^2)}$$

式中：$V_{浆}$——每掘进一环管片的同步注浆量(m^3)；

L——环宽(m)；

D_1——盾构开挖直径(m)；

D——管片外径(m)。

③注浆速度。注浆速度与掘进速度相匹配，并在掘进一环的时间内完成设定注浆量的注入，同步注浆速度可按下式计算：

$$v_{浆速}=v_{掘速}\times\frac{V_{浆}}{L}$$

式中：$v_{浆速}$——同步注浆速度(L/min)；

L——环宽(m)；

$v_{掘速}$——盾构掘进速度(mm/min)；

$V_{浆}$——每掘进一环管片的同步注浆量(m^3)。

3.6 锚索区掘进管理

掘进前，对盾构机设备易损件提前储备，如闸阀(手动闸阀和电控闸阀)、泥浆泵叶轮、泥浆管(软管)、泥浆泵联轴器、传感器等，保证在设备损坏情况下能及时更换。盾构推进是一个均衡、连续的施工过程，推进管理是一个系统的管理，中央控制室是系统管理的中枢，在锚索区掘进中要密切注意各个施工参数的变化情况，合理调整掘进参数。

3.6.1 掘进参数管理

(1)刀盘转速及旋转方向控制：由于锚索区中仍有10%锚索残留，预防有锚索缠绕刀盘时，刀盘转速过快造成刀齿崩掉。同时，在掘进过程中间隔时段改变刀盘转向，可以有效防止锚索过度缠绕在刀盘上。

(2)掘进速度控制：预防盾构在锚索处理地层加固区掘进时，产生过多的大直径水泥块堵塞管路；以及在泥浆环流不畅时，掘进速度过快，容易在泥水舱内堆积渣土，增加对泥浆环流不畅的影响。

(3)总推力控制：控制刀具贯入度，尽可能减少大直径水泥块的产生，防止钢绞线卡管排浆不畅时，大直径渣土无法正常通过，长时间堆积会使排浆管堵死。

(4)刀盘扭矩管理：刀盘扭矩的变化能直接反映出锚索对刀盘缠绕的程度，根据转矩变化可以及时对掘进参数进行调整，避免锚索对刀盘过度、过多缠绕。如锚索在刀盘上缠绕过多，会减小刀盘开口缝隙，影响盾构排渣。

(5)密切关注排浆泵吸口水压：排浆泵吸口水压变化，直接反映出排浆泵前端管路是否通畅。如吸口水压变为负值时，表明排浆泵前端管路已经堵塞，此时应立即停止推进，清理堵塞管道，防止长时间堆积造成管道堵死，增加清理难度。

(6)盾构姿态：盾构平面轴线偏差及高程宜控制在+20mm之内，减少纠偏，降低对土体的扰动。

3.6.2 同步注浆控制

(1)注入口压力应大于该点静止水压及土压力之和，尽量控制为填充注浆而非劈裂注浆。

(2)注浆压力可设定为：注入口处地层侧压力0.1～0.2MPa。

(3)注浆压力不应太高,否则,在盾构始发时会损坏洞口密封装置,在掘进时,会损坏盾尾刷、管片等。

(4)注浆压力不超过 0.5bar,太高时应查明原因,并采取针对性措施。

(5)采取双向控制。当注浆量不足理论值 190% 但注浆压力增大≥1.5bar 时,应停止注浆,避免地表隆起或漏浆;当注浆量超过理论值 250% 但注浆压力不变时,应停止注浆,查看是否有空洞,并及时进行二次补浆。

3.6.3 泥浆环流管理

(1)盾构在锚索区掘进时,应以稳定开挖面为主,缓慢掘进。

(2)切口水压力应根据静止土压力计算值设定,盾构掘进过程中切口水压波动值应控制在 ±0.02MPa 之间,以保证开挖面土体稳定。

(3)定时启动环流系统逆送模式,减少锚索钢绞线进入管道,降低管道堵塞频率。

(4)掘进环流过程中,保证管路流通顺畅,并记录正常环流时采石箱前泵的压力、转速等参数,初步确认锚索钢绞线、水泥块堵塞,及时开启采石箱观察清理。

(5)出渣量应与理论出渣量相符,禁止超排超挖。

3.6.4 泥水管理

(1)在掘进时加强泥浆检查,及时调整泥水指标。

(2)泥水处理系统因故需要较长时间停机时,应待循环后进行泥水指标复测,然后进行掘进。

3.6.5 地表沉降观测点监测

(1)盾构进入锚索区前应对施工影响区域内的地下管线和地面建筑物进行详细调查,根据实际情况确定数据监测方案。

(2)严格按照有关技术规范、标准进行施工全过程跟踪监测,日常监测范围为盾构机切口前 50m 至盾尾后 50m 内的监测点,监测频率应不少于 2 次/d,出现异常情况或经过重要管线、建(构)筑物时应加大监测频率。

(3)监测成果要及时反馈至施工技术部门,施工技术部门应对监测数据进行分析,并在此基础上及时调整盾构施工参数或者采取必要的施工技术措施。

3.7 盾构气压开舱检查

在盾构穿越锚索处理区时,还可能因原锚索处理不到位导致盾构无法掘进施工,则需采用气压开舱的方式清理舱内滞排物、疏通泥浆管路及闸阀、检查或更换刀具以及清除刀盘上附着的残留锚索。

在掘进过程中,当刀盘转矩持续大于 3000kN·m、掘进速度小于 5mm/min,泥浆环流不畅(排浆管口处被堵塞,逆洗无法解决),出现结泥饼征兆时,根据以上施工参数综合判断,确定具体停机开舱位置,进行带压开舱作业。

3.7.1 开舱准备工作

在盾构气压开舱检查前,首先做好盾构机停机准备工作;接着进行盾构机密封保护,用衡盾泥置换泥水舱泥浆;再施作盾尾止水环,同时,为保证泥水舱内建泥膜时地层气密性效果,进行地面注浆加固;然后,为保证气压开舱作业的密闭性和防水效果,采用衡盾泥建泥膜;最后,进行气压开舱作业。作业中应确保安全,待存在问题处理完成后恢复掘进施工。地面注浆加固和泥水舱内建泥膜的目的和方法简述如下：

(1)地面注浆加固：目的是通过地面注浆加固，使盾构刀盘周围土体固结稳定，增强气压开舱的地层保压性。

(2)泥水舱内建泥膜：目的是在隧道开挖面形成泥皮，减少气压开舱时气体的泄漏并将地层中的水隔离，使土体稳定。

3.7.2 气压开舱作业

(1)舱内作业要求

①舱内作业时，人舱与泥水舱之间闸门必须保持敞开。

②滞排物及锚索清理。

③检查、更换刀具。

(2)注意事项

①开舱后先观察掌子面、切口环的稳定情况，经判断稳定后，再进入泥水舱作业。

②开舱前及施工过程中，确保现场形成安全通道。

③进入舱内的施工人员不得超过3人。

④所有电器开关都应装在舱外，防止开启时产生电火花。

⑤泥水舱内用于照明的灯具必须使用安全防爆类型，照明所使用的电压不得超过24V，输电线路必须使用密闭电缆，严禁使用绝缘不良的电线或裸体线输电。

⑥电路导线均应装在金属管道内，不要暴露，以保护电路导线的绝缘性不因腐蚀、摩擦、割裂等而受到损坏。

4 结语

通过总结泥水盾构穿越锚索区施工工艺，对盾构施工进行技术分析，设置各设备参数预警值，加强设备参数管理及巡视，预防设备损坏，为掘进参数优化及泥浆制备提供了相关经验，降低了盾构在锚索区施工的安全隐患，保证了盾构在锚索区施工的安全、顺利实施。通过该施工技术穿越锚索区，一般无需对盾构进行开舱清理及刀具检查工作。该技术能够有效缩短施工周期，降低施工风险，保证锚索区顺利穿越，可为今后类似工程的施工提供借鉴，社会效益和经济效益显著。

参考文献

[1] 乔海洪. 盾构在施工过程中遇到锚索的处理方案比选[J]. 铁道建筑技术,2016(4):44-48.

[2] 王森. 城市轨道交通盾构隧道穿越大厦地下室锚索的处理方案比选[J]. 城市轨道交通研究,2012(6):104-108.

[3] 廖杰荣,刘文静,王青,等. 盾构隧道穿越洲际广场锚索区的施工措施[C]// 2011中国盾构技术学术研讨会论文集,2011:102-104.

富水砂层双螺旋土压平衡盾构施工技术

王立军　刘江浩　翟梁旭　牛宝强　杨召亮

（中建交通建设集团有限公司　北京　100161）

摘　要：哈尔滨市轨道交通2号线江北大学城站—哈尔滨北站区间主要穿越为粉砂、细砂、中砂地层，室内土工试验地层渗透系数为1.50～6.93×10^{-3}cm/s。根据勘探结果揭示，勘探深度内场地地下水分层为孔隙潜水层、承压水层，该地层属强透水层，富含地下水。本工程原设计采用泥水平衡盾构进行施工，经过对地层进行研究并结合企业施工经验，决定采用双螺旋土压平衡盾构施工，并成功摸索出了富水砂层双螺旋土压平衡盾构施工技术要点，对类似地层施工具有积极的指导作用和良好的借鉴价值。

关键词：土压平衡盾构；双螺旋输送机；富水砂层；喷涌

1　引言

随着我国城市基础设施建设的不断发展，盾构法应用越来越广泛。不同地层因性质差异面临着不同的困难和工程风险。针对富水砂层，一般适用于泥水平衡盾构施工，但限于场地条件和气候条件，也可采用土压平衡盾构机施工。对于土压平衡盾构穿越富水砂层施工，可能发生螺旋输送机喷涌、刀具损坏或刀盘抱死、地面过大沉降或坍塌等风险，危及施工与周边环境安全，处理也异常困难，需要采取辅助性措施予以解决。

2　工程概述

哈尔滨市轨道交通2号线一期工程土建工程江北大学城站—哈尔滨北站区间，由哈尔滨北站出发，沿利民西三道街到江北大学城站，整个区间呈南北走向。区间设计里程范围为SK0＋572.752～ SK2＋587.633，其中，区间左线全长2025.679m（含10.698m长链），右线全长2014.981m。区间穿越地层主要为粉砂〈2-2〉、细砂〈2-3〉、中砂〈2-4〉的全断面富水砂层。原设计采用泥水平衡盾构进行施工，鉴于本工程可能存在冬期施工，且哈尔滨冬期气候条件极其恶劣，经过对地层进行研究并结合企业施工经验，决定采用双螺旋土压平衡盾构施工，投入本区间工程施工的盾构机为经过双螺旋改造的卡特彼勒RME246SE系列28100、28300盾构机，盾构机外径为6280mm，盾体总长85000mm，盾构总质量570t。

3　双螺旋输送机改造

将原有单级螺旋输送机改造为双螺旋输送机，具体如下：

（1）将原有一级螺旋输送机进行拆解、清理、修复。把后闸门连同闸门油缸等中部闸门法兰后方的部件一并拆除。螺旋输送机保留及拆除部分如图1所示。

作者简介：王立军（1983—），男，本科，学士，工程师。主要从事盾构施工管理工作。Email：25104904@qq.com。

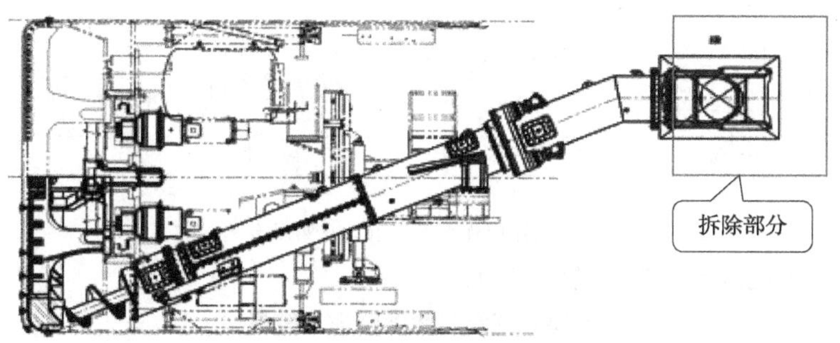

图1　螺旋输送机保留及拆除部分示意图

(2)调整皮带机长度。将原皮带机保留尾部收料段,在其后部顺次减掉2节,使收料段安装在2号台车上,缓存床靠近1号台车连接座位置。原有皮带机的皮带长度需要相应切短,重新硫化并张紧。皮带机调整示意图如图2所示。

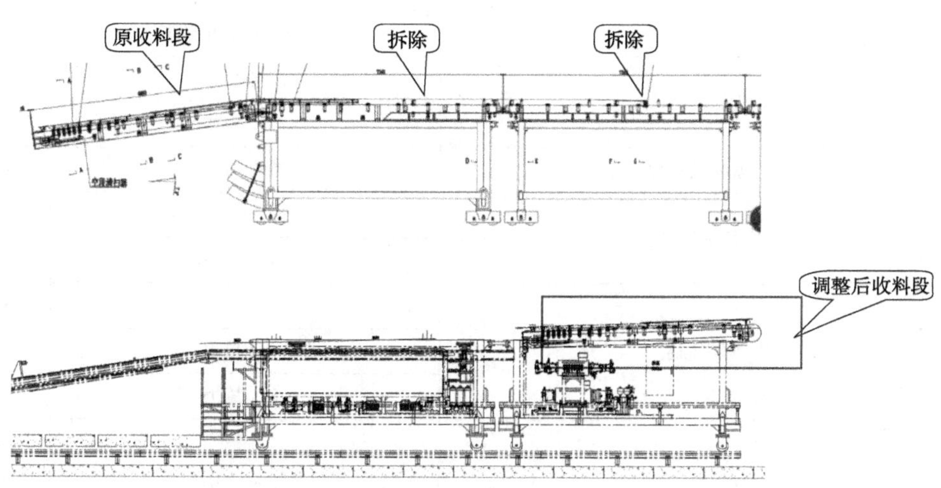

图2　皮带机调整示意图

(3)改造1号台车,加强台车结构,并焊接能够支持两级螺旋输送机的支撑架体。

(4)增设1台二级螺旋输送机,并与原有一级螺旋输送机通过球型铰连接。并在1号台车上方安装2个滑动支座,如图3、图4所示。

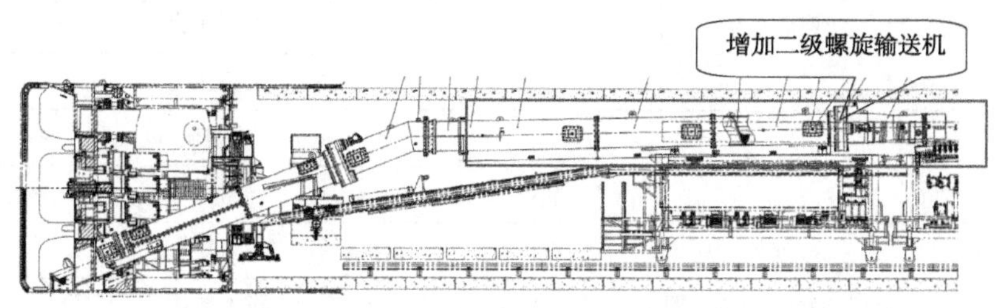

图3　二级螺旋输送机示意图

(5)双螺旋输送机可以满足隧道250m半径水平转弯,300m纵向转弯。设备配备1道中部闸门、1道后闸门,可以分别调整两道闸门的开口率来满足出渣量的控制。在后闸门前端还安装有应急排水口,可在突发涌水状况下关闭后闸门,由该排水口进行应急排水。

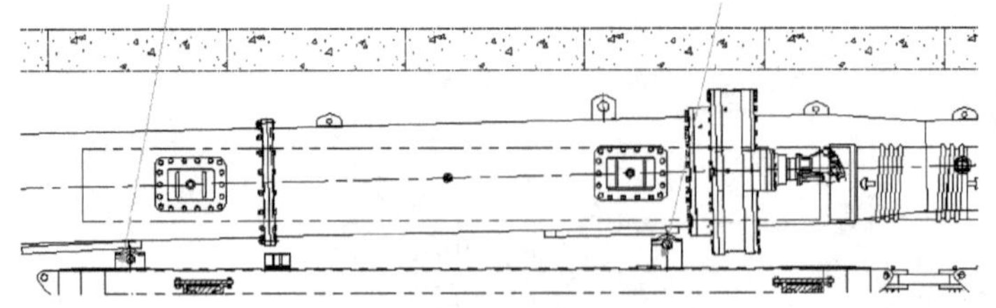

图4　二级螺旋输送机滑动支座示意图

(6)双螺旋输送机改造性能参数见表1。

双螺旋输送机改造性能参数表　　表1

序号	项目内容		参　数
1	二级螺旋机	总长度	15.54m
		出渣量	450t/h
		转速	0～22r/min
		额定扭矩	220kN·m
		一级、二级螺旋间的连接方式	螺栓把合
2	螺旋机筒体	筒体内径	850mm
		筒体外径	914mm
3	螺旋机叶片	叶片高度	283mm
4	螺旋机轴	螺旋轴长度	13.5m
		螺旋轴外径	245mm
5	闸门油缸	行程	370mm
		推力(单根)	130kN
		工作压力	207bar
6	液压泵	流量	720 L/min
		工作压力	241bar
7	动力电机	功率	200kW
		冷却方式	水冷
		控制方式	变频启动
8	液压马达	扭矩	
		工作压力	241bar
		最高压力	241bar
9	减速机	减速比	15.6
		扭矩	18.9kN·m
10	减速器	扭矩	290kN·m
11	闸门油缸行程传感器	压力范围	0～21MPa
12	土压传感器	压力范围	0～1MPa
13	压力传感器	压力范围	0～34MPa
14	增加双螺旋后对应的首段皮带输送架的设计、改造	倾斜角度	水平放置

4　双螺旋土压平衡盾构控制要点

4.1　渣土改良控制

全断面富水砂层中掘进施工,渣土改良主要采用泡沫剂和膨润土浆液组合的形式。既能有效降低刀盘扭矩,起到对刀具的保护作用,保障长距离富水砂层的掘进要求;同时对砂土和易性和流动性进行改良,减少喷涌及沉降不可控的风险。

(1)泡沫剂控制参数

结合以往泡沫剂使用经验及现场盾构机泡沫观察孔实地发泡情况检查,确定泡沫注入参数为:原液掺比 2% ~3%,发泡倍率 20 ~30 倍,混合液注入流量(6 路合计)300L/min,注入率 25% ~30%。

(2)膨润土浆液参数

膨润土遇水后形成悬浊性浆液,具有黏滞性、保水性及润滑性,同时具备一定携渣能力,可增加砂层中含泥量,同时补充细颗粒含量。膨润土选用一级钠基膨润土,马氏漏斗黏度≥25s,吸水率(2h)≥300%,膨胀指数≥15mL/2g,吸蓝量≥26%。

由技术人员对进场的膨润土进行试拌制,利用车站基坑与隧道同高程开挖上来的渣土进行渣土改良试验。通过试验发现:膨润土浆液黏度控制在 40 ~50s,具有良好的泵送性,按照体积比 1:5 掺入渣土,渣土改良效果最佳。

4.2　双螺旋出渣控制

通过对螺旋输送机进行双螺旋改造,在富水砂层掘进时,调节两级螺旋输送机的相对转速来形成土塞,调节第一级螺旋输送机底部土压,达到与土舱内土压的动态平衡。当土舱内土压过大时,可通过交替开关一二级螺旋机闸门,循环进渣出渣来实现易喷涌地段连续安全掘进目的。在盾构掘进过程中,如发现一级螺旋机底部压力传感器显示压力较高,超过土舱内压力,同时在打开螺旋机出土闸门有泥砂涌出的迹象时,及时采取如下操作:

(1)及时调整二级螺旋机转速,使之转速小于一级螺旋转速,使得一级螺旋排出渣土堆积至两级螺旋之间及二级螺旋机筒体内,形成土塞效应,以阻止土舱内砂土自由流出,可有效防止喷涌情况的发生。

(2)若采取前项操作仍无法缓解喷涌情况,立即关闭一、二级螺旋机闸门,同时向盾构机土舱和螺旋机内注入高黏度膨润土浆液等,提高筒体内砂土黏度及流塑性,以保持土舱压力正常;然后,打开二级螺旋出渣口闸门,排出二级螺旋输送机内渣土,并关闭;再打开一级螺旋输送机出渣口闸门,使渣土进入二级螺旋输送机,关闭一级螺旋输送机出渣口闸门,利用二级螺旋输送机排出;循环以上操作,直至土舱压力达到正常值。

4.3　掘进参数控制

(1)土压平衡控制

盾构穿越全断面富水砂层时地层从上往下依次为杂填土层、粉质黏性土层、粉砂层、细砂层、中砂层及黏土层,特点为从上到下颗粒由细到粗分布,故要注意压力平衡和上下均衡。

(2)推进速度控制

在穿越全断面富水砂层过程中,盾构推进速度不宜过快,以 30 ~50mm/min 为宜,推进过程速度保持稳定,确保盾构均衡、匀速地穿越,减少盾构推进对前方土体造成的扰动,防止地表沉降。

(3)土压控制

盾构在全断面富水砂层掘进时,根据地层及埋深情况采用土压平衡模式掘进,土舱压力控制在理论压力的110%~120%。

(4)出土量控制

在盾构穿越全断面富水砂层过程中,应将出土量控制在理论值的95%~100%,严禁超挖。

(5)同步注浆控制

盾尾注浆压力主要受地层水土压力的影响,注浆压力的设定以能填满管片与开挖土层的间隙为原则,并在施工过程中通过测试和试验来确定和优化参数。考虑地层为富水砂层,浆液填充系数取值为1.8~2.0,注浆作业与盾构推进同步进行,其注入速率应与掘进速度相适应。

(6)管片拼装

在盾构进行管片拼装状态下,由于千斤顶的收缩,必然会引起盾构机前方应力减小,因此,在盾构推进结束之后要立即拼装,防止正面土体坍塌,对隧道和环境造成影响。在拼装管片时尽量减少回缩千斤顶的数量,以满足管片拼装即可。在管片拼装过程中,应当安排最熟练的拼装工进行拼装,减少拼装的时间,缩短盾构停顿的时间,减少土体沉降。拼装过程中发现前方土压力下降,可以采取螺旋机反转的措施,即将螺旋机机内的土体反填到盾构机前方,起到维持土压力的作用。拼装结束之后,应当尽可能快的恢复推进,减少上方土体的沉降。

(7)盾构纠偏量

盾构进行平面或高程纠偏过程中,必然会增加建筑空隙,因此盾构穿越全断面富水砂层过程中,将盾构姿态尽可能地调整至最佳,并且保持良好的姿态掘进,同时增加盾构姿态测量频率至每环2次,做到"勤纠、少纠",减少单次盾构纠偏量和纠偏次数。

(8)信息化施工

富水砂层盾构掘进过程中,根据需要将地面变形监测数据、隧道变形监测数据等迅速地传达给值班人员。跟踪监测时,技术人员对地面监测数据进行综合分析,得出结论及时通过电话传达给盾构工作面,以实时采取合理的措施。

(9)二次注浆

盾构在全断面富水砂层掘进时,由于富水砂层中地下水丰富,浆液流动性较大、容易扩散,同步注浆容易有不足的地方且地表容易沉降,故通过管片中部的注浆孔进行二次补注浆,补充同步注浆未填充部分和体积减少部分,减少盾构机通过后土体的后期沉降,减轻隧道的防水压力,提高止水效果。二次注浆采用水泥浆和水玻璃溶液的双液浆,要求水玻璃波美度原液不低于35Be′,按照水泥与水玻璃溶液1:1进行配取,凝结时间控制在45~60s,每间隔3~4环进行二次补浆,注浆量控制在1.5~2.0m^3,注浆压力控制在2.0~4.0bar。

5 结语

本文从土压平衡盾构双螺旋输送机改造、应用及渣土改良等方面入手,系统的阐释了全断面富水砂层双螺旋土压平衡盾构施工方法,并在全断面富水砂层盾构掘进中得到印证。与传统土压平衡盾构相比,通过双螺旋输送机使用、渣土改良及盾构掘进参数的控制,有效地避免了喷涌、刀具磨损引起的地面过大沉降、坍塌和富水砂层更换刀具等风险,实现了富水砂层土压平衡盾构高效、安全、高质量的穿越施工,提高了盾构施工工效、施工质量和安全性。与传统泥水平衡盾构机比,土压平衡盾构不需泥水分离设备及泥浆处理场,避免在哈尔滨等极度寒冷地区冬期施工的防冻保温问题,降低了施工成本,拓展了土压平衡盾构施工的适用范围,具有良好的社会效益、经济效益和环境效益。

参考文献

[1] 张成. 双螺旋输送器与喷涌的有效预防及处理[J]. 都市快轨交通,2009(03):2-4.

[2] 张敏. 扩展土压平衡盾构在含水地层中的适应性[J]. 现代隧道技术,2003(5):4-6.

[3] 程卫民. 日本在砂层中的长距离盾构法隧道施工技术[J]. 人民长江,1994(4):45-46.

[4] 江玉生,陈东,王春和,等. 土压平衡盾构双螺旋输送机力学机理简析[J]. 隧道建设,2007(6):15-18.

[5] 秦建设,朱伟. 盾构施工中气泡应用效果评价研究[J]. 地下空间,2003(3):350-353.

[6] 李向红,傅德明. 土压平衡模型盾构掘进试验研究[J]. 岩土工程学报,2006,28(9):1101-1105.

复杂地层中泥水平衡盾构掘进技术

张　磊　王　乐

（中国石油天然气管道局第四工程分公司　河北廊坊　065000）

摘　要：近年来，盾构法作为一种非开挖施工技术在城市地铁、传输管道穿越江河施工中得到了广泛应用，针对江河底部强透水的复杂地质条件，泥水盾构有着不可替代的优势。河床底部地质复杂，卵石、砂层、硬岩等分布极为广泛，且软硬交界的次数比较频繁，盾构穿越的难度也很大。在国内盾构施工中，软硬不均、软硬交互地层等上部土体较软、自稳性差，下部硬度大、自稳性好的岩石，对盾构操作的要求截然不同，一旦操作失误，在掘进过程中极易发生超挖、地表大范围沉降等危险。本文针对上述问题，从泥水盾构的掘进模式、掘进参数等各种措施入手，展开深入研究，摸索出一套适用于软硬交界地层的掘进方案，为西气东输二线长江盾构隧道的提前贯通奠定了坚实基础，同时为今后该地层施工提供了借鉴经验。

关键词：泥水平衡盾构机；软硬交界地层；泥水加压平衡模式

1　引言

近年来，盾构法作为一种安全、快速、环保的隧道开挖工法，在我国的城市地铁、天然气管道、城市管道和水利等工程项目中得到了广泛运用。该工法适宜在较单一的软土、软岩地层或砂层及其互层的地层中掘进，而在软硬不均、软硬交互且岩石强度差异大等典型的上软下硬地层中应用盾构法修建隧道相对复杂。盾构工程师必须及时对各项掘进参数和技术措施进行有效调整，从而保证掘进过程的安全、平稳，以及工具设备的有效利用。

目前，国内外对于土压平衡盾构机在各种复杂地层，尤其是针对孤石、软硬不均、软硬交界的地层进行了详细的探讨，对于盾构机的掘进参数、姿态控制、如何顺利通过该段地层进行了深入的研究，而对于泥水盾构在此类地层的研究相对较少，也不够深入。本文依托西气东输二线长江盾构工程，就泥水平衡盾构机在软硬交界地层中的掘进技术进行了研究。

2　工程概况

长江盾构工程作为西气东输二线东段的重点控制性工程，在江西省九江市和湖北省武穴市之间穿越长江，隧道水平长度为2590m。隧道建成后，铺设一条直径1219mm，压力10MPa的天然气管道。工程投入的设备为德国海瑞克公司生产制造的AVND3080AH泥水加压平衡式盾构机。该设备主机连机总长为11.2m，开挖直径3805mm，刀盘最大转速为3.4r/min，最大输出扭矩力1540kN·m，最大推力11661.6kN，衬砌管片内径3080mm，厚230mm。

隧道穿越的地质主要有泥质砂岩、中粗砂、中细砂、粉细砂和粉质黏土，根据地质勘察ZK20号、ZK21号、ZK22号探孔所揭露的地层显示，隧道需穿越泥质砂岩向砂层的过渡段约100m，其中上部砂层砂质较均匀，夹粉土、粗砂透镜体，呈灰色，松散～中密，饱和，颗粒级配不

作者简介：张磊（1981—），男，大学本科，工程师。目前主要从事盾构、顶管施工技术与管理工作。Email：271443266@qq.com。

良，颗粒形状以亚圆形为主，主要矿物成分为石英、长石，见少量云母碎片，黏粒含量小于5%，具近水平状构造层理性；下部的中等风化泥质砂岩呈紫红～暗红色，粉砂质结构，泥质胶结，节理裂隙较发育，岩芯较完整，以柱状、短长柱状为主，敲击易碎，失水易碎裂折断。RQD值在50～90范围内，天然抗压强度平均值13.2MPa，土石等级为V级。

隧道穿越纵断面如图1所示。

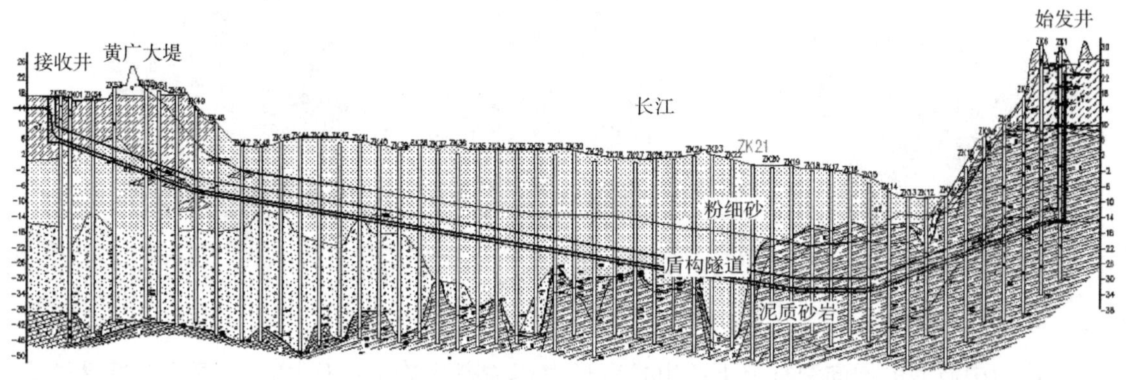

图1 隧道纵断面图

3 盾构机在软硬交界地层的掘进现状

盾构机穿越ZK20号探孔后，掘进参数和姿态等逐渐出现一系列异常，主要表现如下。

3.1 推进、铰接油缸压力增大

推进油缸总推力由泥质砂岩中的5500kN逐渐增大至10000kN，临近推力极限(11661.6kN)。

铰接油缸拉力由正常的10kN增加到2200kN，临近铰接拉力的极限(2800kN)。

导向油缸作用力为5200kN左右，无明显变化。推进、导向、铰接压力变化图如图2所示。

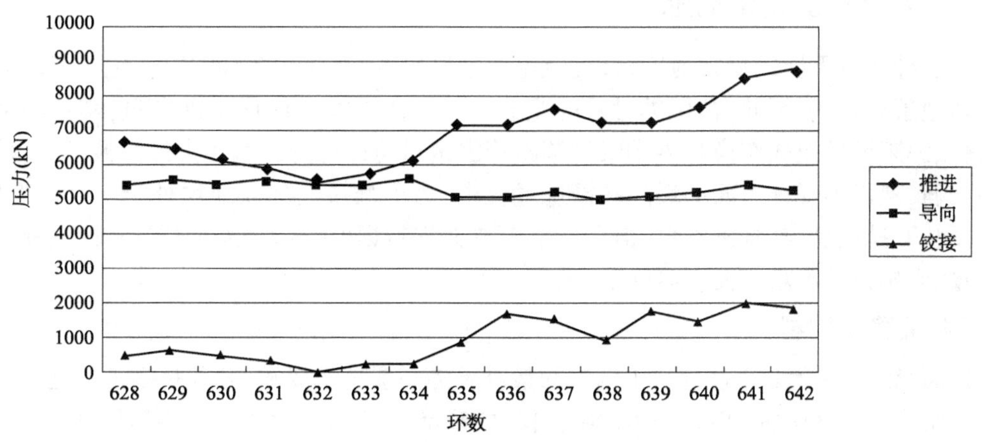

图2 推进、导向、铰接压力变化图

3.2 推进速度降低

泥质砂岩中，盾构机平均推进速度为20mm/min，随着油缸压力的增加，推进速度出现较大转折，先是增大至30mm/min，随后推进速度逐渐降低至5mm/min以下，直至推进较为困难。

3.3 出渣情况

泥水处理系统分离的渣土中由原来泥、砂比例相当，到砂的含量逐渐增加，且含有砾石、中粗砂，如图3所示。同时出渣量也逐渐增加，由原来的16m^{3}增加到18m^3，开始呈现超挖现象。

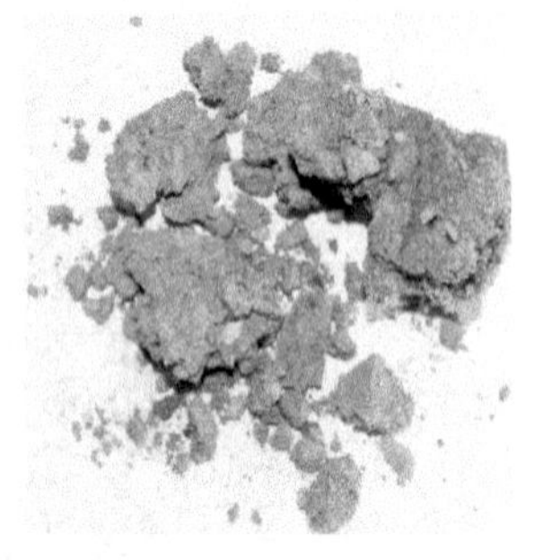

图3 泥质砂岩和砾石

3.4 V形掘进姿态

前盾与中盾间的导向油缸上下两组长度最大相差高达76mm，盾构机严重偏离掘进轴线，整体姿态呈现V形(图4)，且调整难度极大。

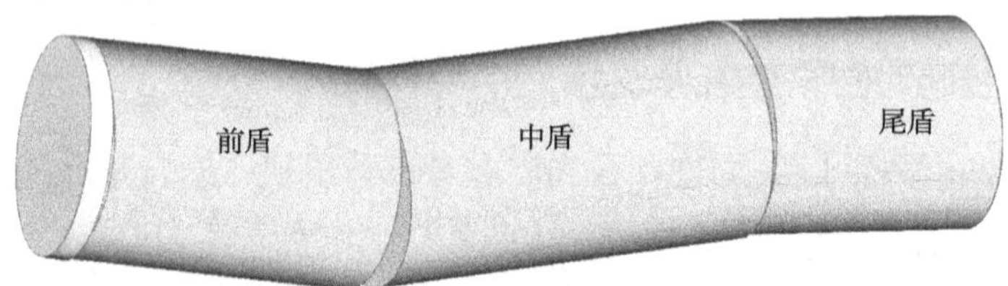

图4 V形掘进姿态

根据上述状况分析，初步认定盾构机掘进地层为中等风化泥质砂岩向砂层过渡的软硬交界面。

4 软硬交界地层的掘进措施

针对这种上软下硬的复杂地质条件，经过对地质岩性和实际情况的分析，主要考虑如何稳定上部软地层开挖面，因此，在掘进时采用泥水加压平衡模式和优化掘进参数，避免因推进速度的变化、泥浆循环模式切换和供排浆量调整等因素对切口处的泥水压力产生波动，造成开挖面压力失衡，从而出现开挖面坍塌。在掘进过程中，为了维持上部软地层处于一个稳定状态，我们主要从开挖面稳定、掘进参数、信息共享三方面进行研究，成功解决了在上软下硬地层中的掘削量、盾构机姿态难以控制等问题。

4.1 开挖面稳定控制

开挖面稳定是在上软下硬地层中掘进的最重要的一项技术要求，尤其是本工程地质交界面下部为泥质砂岩，自稳性强，而上部为砂层，自稳性较差，在受扰动后极易发生坍塌和超挖，因此，在掘进时应按照软地层掘进模式控制，依靠设备自身的泥水加压平衡模式，设定合适的泥水压力，形成具有良好护壁性能的泥膜来稳定开挖面，确保砂层掘进不发生坍塌和超挖情况。

4.1.1 掘进模式的选择

九江长江盾构工程所投入的设备为德国海瑞克公司生产的AVND3080AH泥水加压平衡

式盾构机，在应对软硬交界地层时可选择该设备特有的复合模式，即泥水加压平衡模式，该模式特别在针对大粒径卵石、砂层、透水性强、黏性地层、软硬交界地层中掘进起着重要作用。

泥水平衡主要凭借泥水压力来抵抗开挖面的土压力和水压力，以保持开挖面的稳定，通过在开挖舱内注入适当压力的泥浆，使其在开挖面形成泥膜，支撑正面土体，并由安装在正面的大刀盘切削土体表面泥膜，与泥水混合后形成高密度泥浆，然后由排浆泵及管道把泥浆输送至地面处理。在该模式中，泥膜的形成至关重要，当泥水压力大于地下水压力时，泥水按达西定律渗入地层，形成与地层土壤间隙成一定比例的悬浮颗粒，被捕获并积聚于土壤与泥水的接触表面形成泥膜。随着时间的推移，泥膜的厚度不断增加，渗透抵抗力逐渐增强，当泥膜抵抗力远大于正面土压时，产生泥水平衡效果。

加压模式为通过气压调节舱内的压缩空气压力并将该压力传至泥水，并调节泥水高度，以此平衡开挖舱外界的水土压力，而气压由压缩空气控制单元调节。气垫模式的压力分布如图5所示。

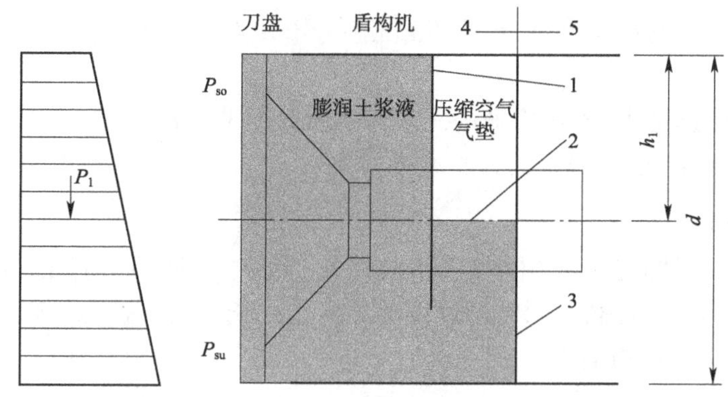

图5　气垫模式压力分布

1-分割挡板；2-膨润土液位；3-压力舱板；4-支承区域；5-处于外界压力作用区域；P_{so}-顶部悬液液压力；P_{su}-底部悬浮液压力；P_1-空气压力；h_1-气垫高度；d-盾构直径

4.1.2　泥水压力控制

在掘进过程中，根据盾构机所处位置的覆土厚度和水位情况，计算出上部软弱地层（砂层）的开挖面切口处的水土压力理论值约为2.4bar，因此将气压设定为2.7~2.9bar，确保在掘进模式和旁通模式两者互相转换时切口泥水压力波动范围控制在0.1~0.2bar。

另外，在掘进过程中要注意观察切口处泥水压力的变化情况和气压调节舱内的液位变化，及时对气压做出调整。

4.1.3　泥水性能

泥水是将分散在水中具有吸水后明显呈膨润性质的黏土矿物质悬浮液作为主要成分，并添加分散胶溶剂、加重剂及其他调泥剂，根据需要调节相对密度、黏度、塑变值、胶凝强度，使其成为一种可塑流体。泥水盾构使用泥水的目的除了靠泥膜稳定开挖面，防止塌方，还需将切削下来的渣浆流畅地运往地面，经泥、渣分离后循环利用。

在上软下硬的地层中，泥水的性能主要为：

（1）泥水密度

为保持开挖面的稳定，即把开挖面的变形控制到最小限度，泥水密度应比较高。从理论上讲，泥水密度最好能达到开挖土体的密度。然而，高密度的泥水会引起泥浆泵超负荷运转以及泥水处理困难,低密度的泥水形成泥膜速度较慢,对开挖面稳定不利。因此,在选定泥水密度时,必须充分考虑土体的地层结构,在满足设备运行能力的前提下提高泥水的密度。

(2)含砂量

在强透水性土体中,泥膜形成的快慢与掺入泥水中砂粒的最大粒径以及含砂量(砂粒重/黏土颗粒重)有密切的关系,这是因为砂粒具有填堵土体孔隙的作用。为了充分发挥这一作用,砂粒的粒径应比土体孔隙大而且含量适中。

(3)泥水黏性

泥水必须具有适当的黏性,以达到以下效果:

①防止泥水中的黏土、砂粒在泥水室内的沉积,保持开挖面稳定。

②提高黏性,增大阻力防止溢泥。

③使开挖下来的弃土以流体输送,经后处理设备滤除废渣,实现泥、渣分离。

(4)泥水流速

为满足长距离渣土输送要求,泥水的流速应控制在 160 ~ 210m/min 之间。

(5)其他参数

在上软下硬地层掘进中,要求所采用泥浆黏度为 25 ~ 35s,密度为 1.15 ~ 1.2 g/cm^3,pH 值为 9 ~ 10,失水量小于 100mL,泥浆的失水造壁性要好。

4.2 掘进参数控制

对于上软下硬地层掘进应遵循“切口压力稳定、低推力、低刀盘转速、匀速推进、减小扰动、保证注浆”的原则进行控制。同时通过调整导向油缸长度、推进压力等,优化盾构机姿态,避免盾构机呈 V 形姿态往前掘进。

4.2.1 刀盘转速

在上软下硬地层中掘进,上部砂层自稳能力差,所需切削扭矩极低,而下部泥质砂岩硬度较高,刀具受力较大,尤其是砂层与泥质砂岩的交界面处对刀盘、刀具的损伤严重,因此,掘进时尽量避免刀具遭受过大的瞬时冲击荷载,同时为了降低刀盘对地层的扰动,应适当降低刀盘转速,提高刀盘扭矩,转速宜控制在 1.5 ~ 2r/min。

4.2.2 掘进速度

较高的掘进速度对泥水的输送能力、泥水分离设备的处理能力等方面提出了较高要求,而较低的掘进速度又存在超挖的风险。为了保证刀具的贯入度和适应泥水分离设备处理要求。因此,在过渡段地层掘进时的掘进速度应控制在 15 ~ 30mm/min。

4.2.3 油缸推力

砂层刀具的切削扭矩较小,施加较小的推进力即可获得较高的掘进速度,然而泥质砂岩恰恰相反。因此,在该地层掘进时,推进油缸推力可根据以下原则确定:

(1)根据刀盘实时扭矩选择合适的推力,保障刀具得到最小自转扭矩,防止刀具偏磨。

(2)满足适当掘进速度,将刀具贯入度控制在 10 ~ 15mm/r。

(3)根据软硬地层的比例,合理分配推进油缸油压分布,即降低上部油缸压力,增大底部油缸压力,且最大压差不宜超过 100bar,防止过大的翻转扭矩造成盾构 V 形掘进姿态。顶进油缸分布如图 6 所示。

(4)满足刀具最小扭矩、掘进速度的前提下,尽量降低推进油缸压力。

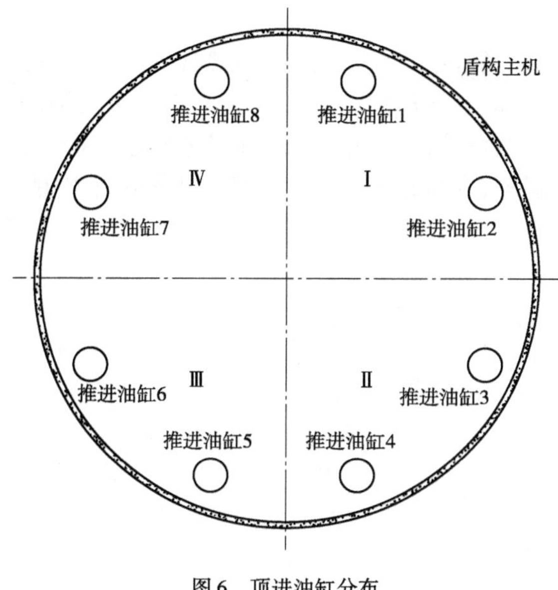

图6　顶进油缸分布

4.2.4　盾构机姿态控制

盾构机良好的姿态能有效减小盾构机在掘进过程中的摩阻力和减少对地层的扰动，使盾构机能更好的在上软下硬地层中掘进。盾构机姿态的调整主要在以下几方面进行控制：

(1)在满足掘进速度要求的情况下，降低盾构机推力。

(2)避免快速纠偏，造成盾构机呈过大的蛇形状态前进，使推力加大。

(3)调整各推进油缸的油压并通过调节油缸行程来控制盾构机姿态。

(4)合理调节各组导向油缸的差值，并通过导向油缸的压力差来稳定盾构机姿态。

4.2.5　背填注浆

管片背填注浆既能及时地防止地层变位又能对盾构机的整体实施保护。在上软下硬地层中，管片背面存在的间隙，既有管片下部脱离盾尾存在的间隙，也可能是地层应力的释放或集聚引起地层微略变形。为了填充管片背部存在的间隙，同时保持盾构机外部的润滑，通过盾尾注入一定比例的浆液，注浆量满足以下公式并合理掌握注浆压力，使注浆量、注浆流量与推进速度等施工参数形成最佳参数匹配。

$$V = \frac{\pi\alpha(d_1^2 - d_2^2)}{4}$$

式中：V——注浆量；

d_1——开挖面的直径；

d_2——管片的外径；

α——注浆率，取1～1.5。

4.2.6　信息畅通

盾构操作手需密切关注油缸压力、刀盘扭矩、推进速度等主要掘进参数，及时与泥水处理人员保持沟通，随时掌握出渣情况，防止超挖。同时根据开挖面的地质情况随时调整掘进参数。

5 结语

本文以西气东输二线长江盾构工程为依托,对盾构掘进过程中掘进参数和姿态异常进行了深入的分析,认定地层由泥质砂岩层向砂层过渡是引起诸多问题的原因。在保证安全的前提下,项目部通过采取恰当的掘进模式、科学的调整掘进参数等措施,为盾构机成功穿越上软下硬的交界面地层提供了保障,并取得了260m/月的国内较高平均月掘进长度。同时,摸索出一套泥水加压平衡盾构机在应对软硬交界地层的掘进模式,可为今后的盾构穿江越河提供借鉴。

富水砂层泥水平衡盾构施工关键技术

庞　林[1,2]　刘晓正[1,2]　曹金鼎[1,2]　韩志亮[1,2]　韩维畴[1,2]

（1.中建交通建设集团有限公司　北京　100161；2.佛山南海新型公共交通试验段1标　广东佛山　528000）

摘　要：本文依托广东省佛山南海1标工程，对泥水平衡盾构在富水砂层中始发、掘进、接收等施工中的关键技术进行了系统分析和研究，通过严格控制掘进参数，保持开挖面稳定，有效地控制了地表沉降，避免土体扰动对周边环境产生影响。

关键词：泥水平衡盾构；富水砂层；密闭钢套筒

1　泥水平衡盾构施工简介

1.1　施工特点

（1）采用密闭钢套筒，直接切削围护结构玻璃纤维筋进出洞，在盾构始发与接收阶段即达到了泥水平衡状态，降低了施工风险。

（2）依靠泥水舱内的泥浆在隧道开挖面形成泥漠，泥浆压力可以均匀作用在地层开挖面上，可有效控制开挖面稳定，施工安全性高。

（3）依靠泥浆在隧道开挖面形成的泥漠可以有效抵抗水土压力，能适应高水压的地层条件，同时采用泥浆循环，无需对特殊土体再次进行改良，能适应各种地质条件，应用性广。

（4）土舱内充满泥浆，可对刀盘、刀具起到润滑降温作用，延长刀盘、刀具使用寿命。

（5）采用管道机械输送泥浆，管道占用空间小，管道内的泥浆能起到一定的降温作用，隧道内温度低，渣土通过密封管道进行外排，隧道内无粉尘或特殊气味，施工作业环境好。

1.2　使用范围

泥水平衡盾构适用于富水软土、软岩至硬岩地层，尤其是含水率较高的砂质、砂砾石层、围岩破碎的软硬交替地层、地表沉降要求严格以及周边环境复杂、建（构）筑物及管线众多的闹市区。

1.3　工作原理

泥水平衡盾构施工工艺原理是采用密闭钢套筒始发及接收盾构，并利用改进的软土刀具的配置方案切削玻璃纤维筋围护结构，在始发与接收阶段均保证泥水平衡；把各项性能指标符合施工条件的泥浆，通过流体输送系统，注入盾构机泥水舱，与刀盘切削下来的泥土混合后，经流体输送设备输送至泥水处理设备，将土粒或岩屑与泥水分离，并将部分有利用价值的泥浆通过性能调整，再次注入泥水舱，不断循环使用，如图1所示；通过控制泥水压力使注入泥水舱的泥浆在开挖面形成一层抗渗性泥膜，使泥水舱内的泥水压力与开挖面的水土压力平衡，有效控制地表变形。泥水盾构施工工艺流程图如图2所示。

作者简介：庞林（1984—），男，黑龙江哈尔滨人，本科，工程师。主要从事盾构施工与技术质量管理工作。Email：51786569@qq.com。

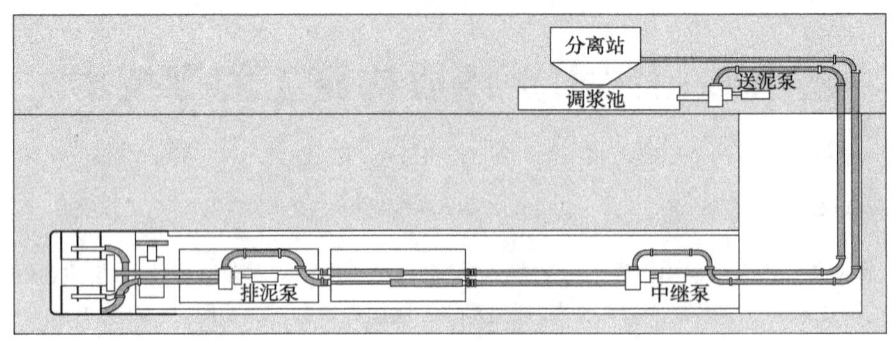

图1　施工工艺原理图

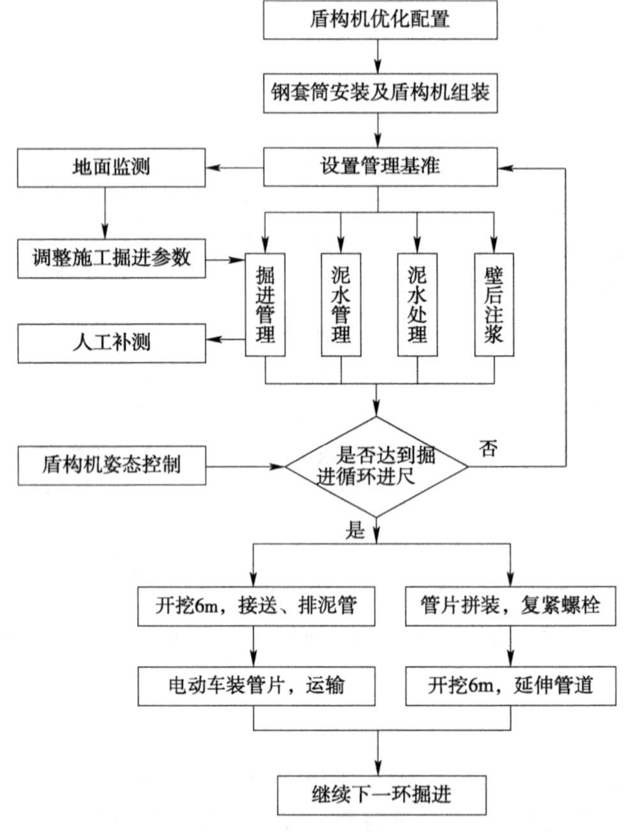

图2　施工工艺流程图

2　工程概述

南海新型公交系统试验段1标项目施工范围起于岗站，止于康怡公园站，地下线长3.681km，其中2.2km采用盾构法施工。盾构机采用2台日本三菱泥水盾构，盾构进出洞共12次，左右线各3进3出。隧道结构为钢筋混凝土结构，隧道结构外径6000mm，隧道结构内径5400mm。

盾构隧道主要穿越软弱地层，主要处于淤泥质土层、细砂、中砂、强风化泥岩。盾构隧道所在主要地层为松散第四系土类孔隙水，地层富水性较好，透水性中等。

3 泥水盾构施工关键技术

3.1 密闭钢套筒始发

为确保富水地层泥水盾构始发安全,采用密闭钢套筒代替基座始发。即盾构机主机安装在钢套筒内,通过钢套筒这个密闭的空间提供平衡掌子面的水土压力,盾构机在钢套筒内实现安全始发掘进,钢套筒始发示意图如图 3 所示。盾构机盾体放入钢套筒后,进行盾体之间焊接。钢套筒在下井之前已对钢套筒进行割口处理,开口示意图如图 4、图 5 所示。

图 3 钢套筒始发示意图

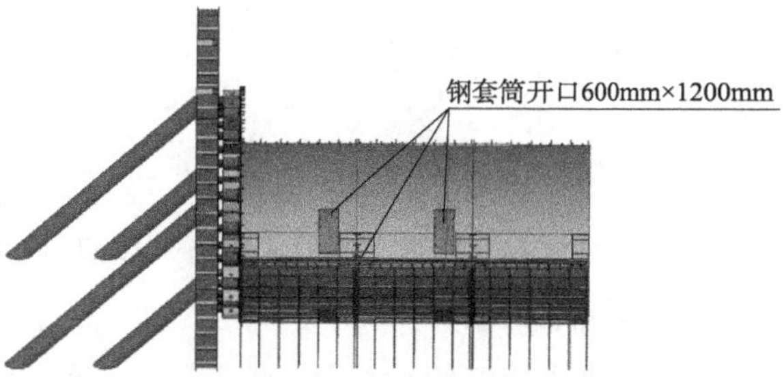

图 4 钢套筒开口位置

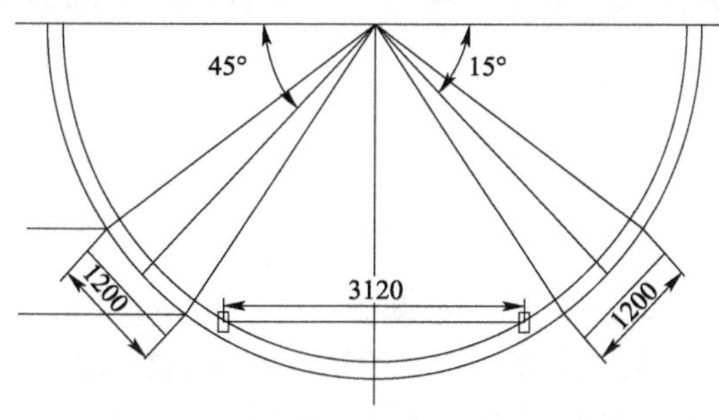

图 5 钢套筒开口尺寸图(尺寸单位:mm)

钢套筒两侧各需开口两处,开口大小为 600mm × 1200mm。采用图 4 所示开口位置和尺寸仅需将盾体左右各旋转 45°即可实现对盾体的焊接。

盾构机翻转采用 120t 液压千斤顶,千斤顶伸长总长度为 1.2m 左右,盾构机下井之前在钢套筒内滑轨上和盾壳外侧涂抹润滑油,为以后翻转减少摩擦力。盾构机组装完毕后先将盾壳上部所有焊缝焊接完成,然后利用钢套筒开口处在盾壳上焊接反力墩,用液压千斤顶顶住反力墩进行慢慢翻转,翻转 45°后对未焊接部位进行焊接,完成以后反方向翻转 90°后对另外一半未焊接部位进行焊接,直至完成。待加固完成后再次进行反方向翻转 45°(与第一次翻转方向一样),利用平移千斤顶将盾构机前移至刀盘能转动的位置。

3.2 钢套筒接收

泥水平衡盾构出洞时止水密封是盾构顺利进出洞掘进的基本条件。由于盾构工作井一般在车站主体结构施工中对周围土体有不同程度的扰动,以及进出洞隧道覆土较浅等不利工况条件,若盾构进洞门密封不好,盾构将遇到许多不利情况。因此,在泥水平衡盾构进洞时同样采用密闭钢套筒进行盾构机接收。

3.3 反力架及支撑安装

反力架的安装采用类似常规盾构始发、接收反力架安装方式，反力架紧贴钢套筒后盖，冠球部分不与反力架接触，而且其与盾构机始发、接收时反力架的最大不同之处是：它不是与后端盖的平面板直接接触传递力，而是通过基准环内 20 个千斤顶传递力（这样能通过调整各千斤顶的长度来更好地保证到反力架各处都能与基准环顶紧，消除了平面之间贴不紧造成受力不均匀的影响）。反力架与后盖板的平面图如图 6 所示。

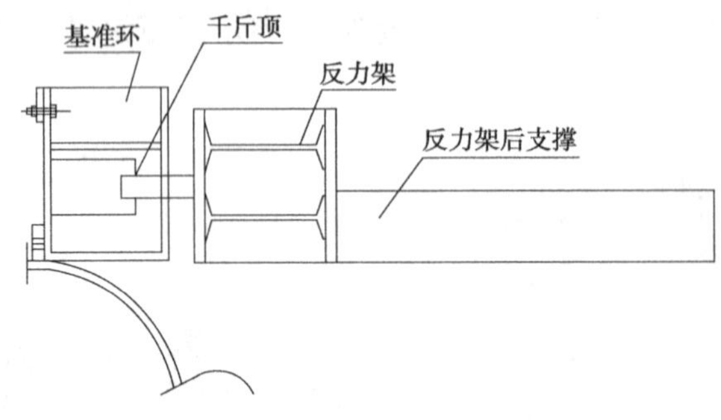

图6 反力架与后盖板的平面图

3.4 盾尾注浆封堵

盾构机进入钢套筒后，即可通过管片二次注浆孔注入双液浆封堵盾尾与洞门圈梁之间的环形间隙，确保封住洞门结构位置，防止钢套筒揭盖以后洞门周围涌水涌砂的发生，保证盾构机顺利进洞。

4 泥水盾构施工操作要点

4.1 设置管理基准

根据隧道工程地质及水文地质情况设定掘进参数（盾构推力、刀盘转速、掘进速度等）、泥浆管理指标（相对密度、黏度、压力、流量等）及壁后注浆参数（配比、注浆压力、注浆量等）等主要管理基准。同时，在施工中根据地层的实际情况不断调整，使整个系统保持良好状态。施工管理程序如图 7 所示。

4.2 泥水管理

泥水管理就是对泥浆质量的控制，即对泥浆四大要素的调整，四大要素为：最大颗粒粒径及粒径分布、泥浆密度、泥浆黏度和泥水压力。

4.2.1 泥浆性能指标

泥浆的性能是泥水盾构施工的关键指标之一，泥浆密度的提高，可以使停止掘进时刀盘舱泥浆损失量较低，泵站功耗较以往可降低 10% ~15%，同时可以降低管路的磨损。但过高的泥浆相对密度也容易造成渣浆泵、振动筛、驱动电机负荷过大而增加故障率。泥浆基本性能指标见表 1。

泥浆基本性能指标 表 1

序　号	项　目	性能指标	检验方法
1	相对密度	1.1 ~ 1.3	泥浆比重计
2	黏度	18 ~ 28s	500mL/700mL 漏斗法

续上表

序　号	项　目	性能指标	检验方法
3	含砂率	<5%	含砂量法
4	胶体率	>95%	量杯法
5	失水量	30mL/30min	失水量仪
6	泥皮厚度	1~3mm/30min	失水量仪
7	pH 值	7~9	pH 试纸

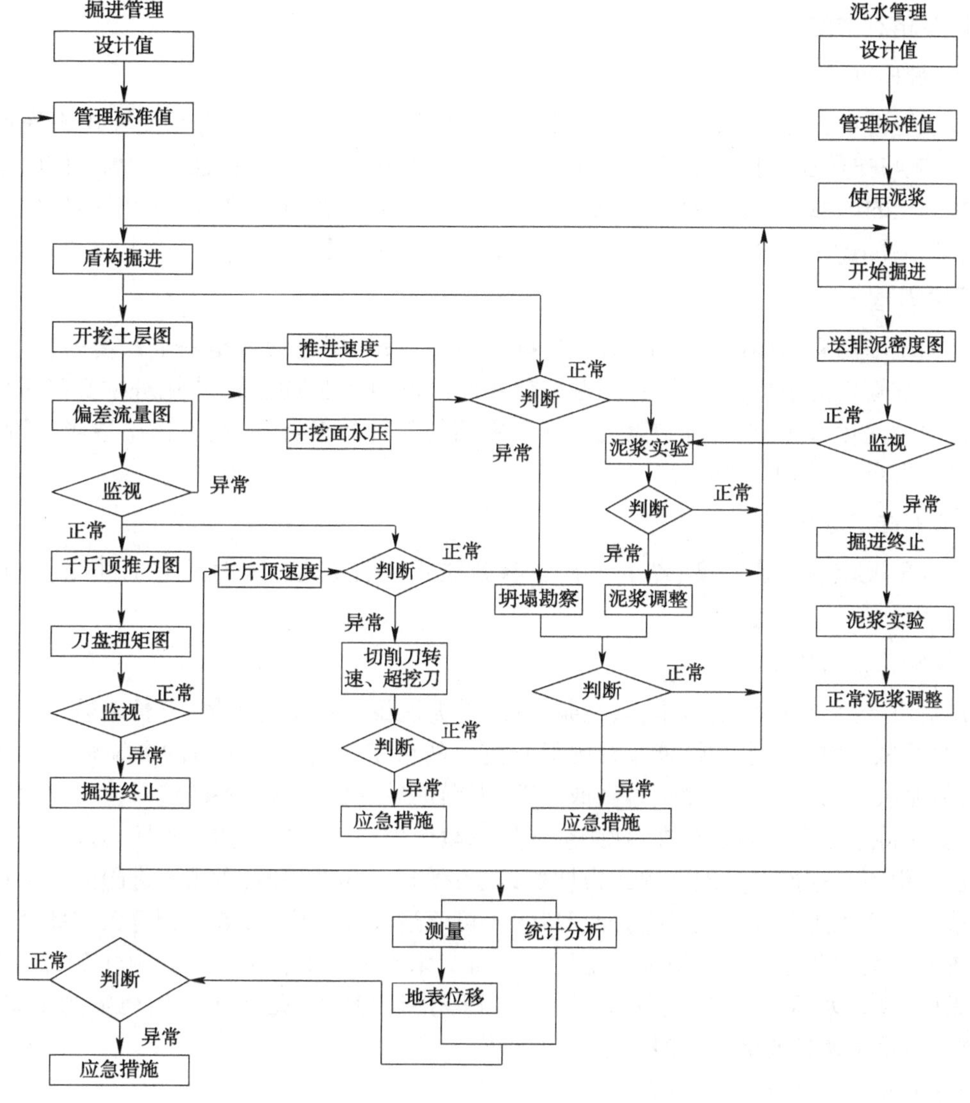

图7　施工管理程序图

4.2.2　泥浆配合比

盾构始发初期要配制大量的工作泥浆,工作泥浆的配制分2种,即天然土泥浆和膨润土泥浆,前者成本低,但在天然黏土中或多或少存在一些杂质、粉细砂等,故质量不太高;后者成本高,但泥浆的质量可以得到保证。基本配比参考如下:

(1)天然土泥浆配合比(质量比)

天然黏土:CMC:纯碱:水 =400:2.2:11:700。

(2)膨润土泥浆配合比(质量比)

膨润土:CMC:纯碱:水 =250:2.2:11:850。

4.2.3 泥浆的检查和调整

在具体实施中,要配备试验室和专门技术人员,每隔 2 环对泥浆进行测定,一旦发现泥浆劣化,要及时进行调整,也要根据土质的不同及时对泥浆密度加以调整。泥浆相对密度的调整要确保调整槽内装有已完成一次处理作业的适量泥浆,再向槽内稀释水或 50% 浓度的泥浆,调整成送浆相对密度。

4.2.4 泥水压力管理

切口水压设定:在泥水平衡盾构施工中,加在开挖面上的力,即用泥水使开挖面保持稳定的力,通常应与作用在开挖面上的土压在对抗中保持平衡,水压与开挖面上含水土体的垂直作用的重力和土的内摩擦角大小有关。切口水压设定为:切口水压 $= P_0 + (0.01 \sim 0.02)$ MPa,式中,P_0 为水土压力,等于自然状态下盾构机头部 2/3 高度处的压力。

4.3 掘进管理

泥水加压平衡盾构掘进是一个均衡、连续的施工过程,掘进管理是一个系统的管理,中央控制室是系统管理的中枢,在盾构每环掘进前要发出正确无误的指令;在掘进中要密切注意各个施工参数的变化情况;在掘进结束后根据采集到的各种数据进行分析,做出适当的调整,准备下一环的指令,具体工作如下。

4.3.1 掘进前下达指令

切口水压设定→泥浆密度、黏度等技术参数设定→注浆量、压力设定→进泥、排泥流量设定。

4.3.2 控制开挖面的稳定

通过对盾构掘进速度、切口水压、泥浆密度、排泥流量等数据的采集、分析来监视开挖面稳定情况,并通过调整泥水各项性能指标确保开挖面的稳定。泥水舱压力的提高将有利于泥膜的形成,但泥水压力不应无限制地过高或过低,泥膜前后的任何压力差的绝对值的增大都对开挖不利,要保持这层泥膜始终存在,就必须保持水舱压力略大于盾构前的水压力。泥水压力的增加会使作用于开挖面的有效支撑压力增加,但不得超过其上限值,否则推进阻力增大造成推进困难或击穿覆盖土层,泥水舱压力即切口水压可通过计算得到,参数的调整仅在此范围内调整。掘进速度变化和送排泥管道增长是切口水压变化的主要干扰源。在影响开挖面土体稳定的诸因素中(切口水压、掘进速度、泥水性能指标等),切口水压是影响土体稳定的主要因素。因此,进行泥水平衡控制的主要对象是切口水压。

4.3.3 泥水加压和循环系统控制

(1)泥水加压和循环系统中央管理控制内容主要包括送排泥泵的启动和停止、送排泥流量、送排泥泵的转速、盾构掘进状态和旁通状态的送排泥管水压以及盾构机掘进时的送泥水压的控制等。

(2)掘削出来的土通过排泥管排出,由仪器测定送泥水和排泥水的差,通过计算求出实际出土含量,即干砂量。将流量仪和压差密度计等仪器安装在送泥竖管和排泥竖管中,测量管内的流量和密度。根据土粒相对密度值算出土粒含量,从排泥流量和送泥流量的差值计算出出土量(原则上是计算每一环的掘进削出土量)。对照钻孔资料计算的量的差值进行判断,了解异常情况,但俩者的值未必是相同的,最终还是要对俩者加以对比作出推定。

(3)泥水平衡盾构进、排浆流量控制。

(4)在泥水加压和循环系统控制中,任何一个指令的产生都要考虑到相互之间的综合关系,有时从环境报表上反映的问题很多,这时就要先抓住主要问题逐一化解,切不可全盘调整,一步到位,那样会使问题更加复杂化。

4.3.4 送排泥过程中问题的处理

(1)正常掘进时,当开挖面泥水压力不断增加时,可能的原因就是掘进速度过快导致泥水系统中渣石量增加而造成排泥量降低,这时可提高排浆泵的转速、加大出渣量,适当降低进浆泵的转速,减少进浆量,或者降低掘进速度,直至停止掘进以便排尽渣石;若开挖舱泥水压力较小时,可提高进浆泵的转速,提高进浆量,降低排浆泵的转速、适当减小排浆量,但必须保证顺利排渣,当某一泥浆泵进口压力急剧下降或出口压力急剧升高时,可能是该管路发生了堵塞,这时马上关闭送泥泵,降低各排泥泵排量直到关闭(不要突然关闭,以防产生冲击),关闭旁通阀及排泥管路上所有闸阀,等待处理。

(2)停止开挖时,应先排尽开挖面渣石,然后打开管路旁通阀 V6,再关闭 V1 ~ V5,运行一段时间后,方可关闭所有泥浆泵。运行时间由流速和距离来确定。

(3)管路堵塞后,首先是人工进行处理,疏通后从旁通阀开始依次打开各闸阀,并打开排气孔排尽空气。

(4)盾构在施工中可能出现大块岩石,设计在开挖舱底部的锥形破碎器能将大块岩石破碎,以保证排出石块的最大粒径不超过 80mm。

4.4 泥水处理

泥水处理主要包括泥浆分离和泥浆压滤。

4.4.1 泥浆分离

泥浆分离是通过机械对输出的泥浆进行处理,其主要目的是:对输出的泥浆进行筛分处理,将泥浆中粒径大于 20μm 的颗粒渣土分离出去。将分离后的泥浆环流到回流池内,对回流池内的泥浆进行调整,形成满足掘进要求的新浆,泵送至盾构泥水舱内进行利用。泥水处理流程如图 8 所示。

(1)一级处理把泥水中包含的粒径 74μm 以上的砂砾成分通过细筛和旋流器加以分离,渣料含量小于 30% 。

(2)二级处理把泥水中包含的粒径 45μm 以上的砂砾和通过更细的细筛和旋流器加以分离。

(3)可根据环境设计选配泵送系统,保证泥浆以合理流量及压力输送至一级除渣化系统的预筛器内,当盾构机在砂砾石层或中砂层掘进时,泥浆经除砂化系统后可以满足要求。这时可转换出浆口阀门,净化后泥浆可直接进入泥浆回浆槽,并由制浆系统的高速制浆机在泥浆调制后泵送回井下。当盾构机在粉土层掘进时,一级除砂净化系统不足以把泥浆相对密度及含砂量降至合理范围内时,可转换出浆阀门使泥浆进入二级除砂净化系统。二级旋流除砂器可将泥浆中剩余的 45μm 粒径以上的砂质清除。二次除砂后的泥浆由出浆口自动流入泥浆回收槽,经调浆泵送回井下。

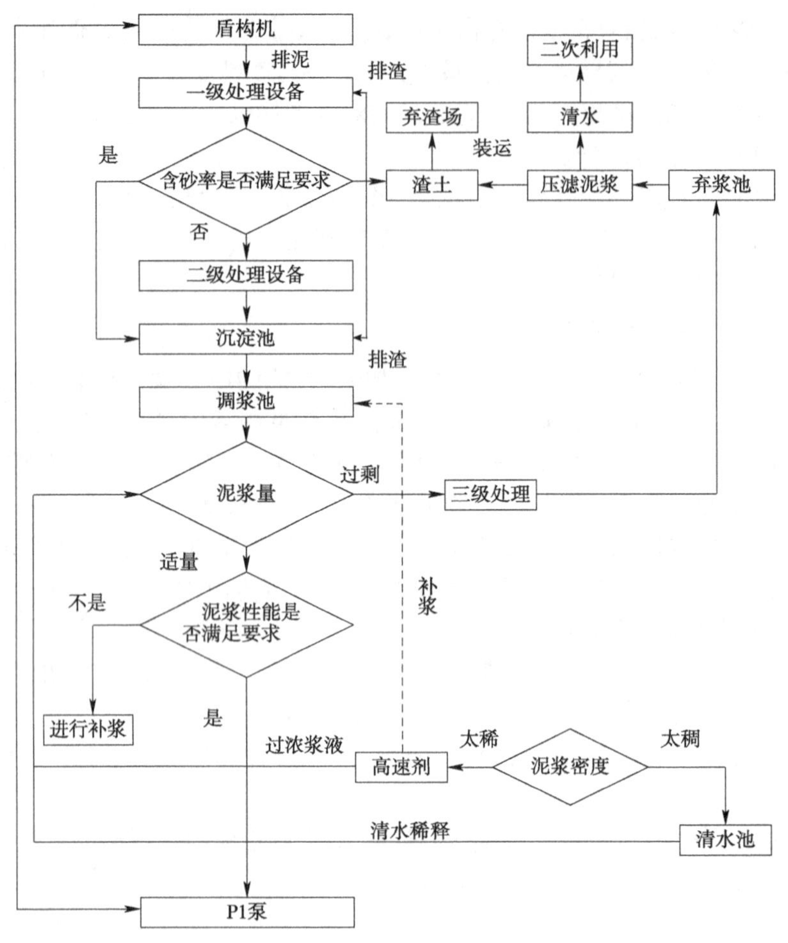

图8　泥水处理流程图

4.4.2　泥浆压滤

经多次循环后的泥浆含细颗粒较多,相对密度较大,携渣能力较低,通过化学药剂的调配,经过压滤系统,变成泥饼进行外运。

5　结语

泥水平衡盾构的施工技术要点基本类同于其他盾构,相对于富水砂层等特殊地层中有着明显的优势,能够解决其他盾构在特殊地层中施工所存在的困难,在一定程度上能推动城市轨道交通的发展。本文对泥水平衡盾构始发、接收进行优化配置,降低施工风险;掘进过程中对周围土体扰动小,地表沉降控制好,社会效益、环境效益良好;采用了集成化、立体化程度较高的泥水分离系统设备,并在施工地质条件改变时,对其进行优化与技术改造,提高了分离效率,拓宽了设备的适用范围,实现了在城市中心工程施工过程中泥水污染达标排放及绿色施工的目标。

参 考 文 献

[1] 李章林. 超大直径泥水平衡盾构施工时建筑物保护技术研究[J]. 地下空间与工程学报,

2011,07（增1）:1470-1473.
[2] 孙丽梅. 软土地层泥水平衡盾构施工数值模拟分析[D]. 成都:四川大学,2006.
[3] 陈乔松,刘德智,杨军宁,等. 泥水平衡盾构机刀盘泥饼形成机理及防治技术[J]. 长沙铁道学院学报(社会科学版),2011,12(2):214-215.
[4] 田桂满. 越江隧道泥水平衡式盾构机施工技术初探[J]. 人民长江,2009,40(6):69-71.
[5] 陈浩. 泥水平衡盾构施工中的盾尾密封保护技术探讨[J]. 中国高新技术企业,2015(31):118-119.
[6] 翟志国. 泥水盾构施工技术[J]. 水科学与工程技术,2009(2):76-79.
[7] 罗鑫. 大直径泥水平衡盾构近距离下穿污水管施工技术[J]. 建筑施工,2009,31(8):672-674.
[8] 薄利. 泥水处理技术在泥水盾构隧道施工中的应用[J]. 隧道建设,2007,27(6):66-70.

盾构始发洞门双帘布密封洞门的应用

李小斌　付　成

（北京国建工程监理公司　北京　100048）

摘　要：呼和浩特地铁1号线土建一期土建二标呼钢东路站—西龙王庙站盾构区间，左线盾构始发至洞门时出现大量涌水涌砂，由于地质条件差，采用水平注浆加固导致洞门地下连续墙胀裂，土体加固效果不理想；而右线盾构始发采取洞门双帘布密封始发，确保了盾构始发成功。

关键词：盾构始发；双帘布密封

1　引言

呼和浩特地铁1号线一期工程起始于西二环路站，位于西二环与新华西街的T形路口，线路沿新华西街走行，后进入新华大街至白塔站，长度21.970km，其中地下线长18.42km，高架线3.25km，过渡段0.3km，地下线均由盾构施工。土建02标呼钢东路站（不含）—西龙王庙站左右线盾构区间，左线盾构于2017年5月23日开始始发推进，始发前对端头土体进行旋喷桩ϕ800@600加固，但加固失败，后采用袖阀管和洞门水平注浆加固；由于地质条件差施工效果不理想，因工期要求盾构继续，当始发进入土体4m时螺旋机发生涌水涌砂，最终盾构从始发到洞门漏水封堵完成用时将近一个月。右线盾构始发采取洞门双帘布密封始发，确保了盾构始发成功。

2　工程概况

本区间从呼钢东路站东端引出后沿新华西街地下敷设，在巴彦淖尔南路与新华西街十字路口的西龙王庙站结束。区间起点里程YAK8+517.100，终点里程YAK9+721.175，区间全长1198.65m，线路纵向坡度呈V字形，线路最大纵坡20.959‰，区间隧道底板埋深16.7～23.1m，覆土厚度10.5～16.9m，呼钢东路站洞门处10.5m，地下水埋深6～8.5m，呼钢东路站洞门处7.8m。呼钢东路站始发端头从上至下为杂填土、素填土、细砂、圆砾、粉质黏土、细砂、中砂、粉土、粗砂等。

3　双帘布钢环外加环加工制作

预留洞口直径6700mm，洞门钢环内径为6660mm，外径7000mm，帘布内径为5640mm，外径为7000mm，盾构机刀盘直径6420mm，盾壳直径6400mm，管片外径6200mm。

设计盾构双帘布外加环整圆由四部分组成（图1），各部分之间由法兰连接，法兰板宽400mm，高120mm，中间开设ϕ20孔（图2），各法兰板用M18×80螺旋或配置相同的定位销连接。盾构双帘布外加环尺寸内径为6680mm，外径为6920mm，宽为400mm，连接洞门钢环螺旋

作者简介：李小斌（1990—），男，大专学历，初级职称。目前主要从事地铁工程监理工作。Email：729565680@qq.com。

孔洞直径位置与洞门钢环预留孔洞一致；内侧翻板（图3）与外加环钢连接在一起，外侧翻板（图4）与外加钢环板连接在一起（图5），在中间的圆环上预留6个油脂管 $\phi50\times5\times300$mm，在两螺旋孔的中间焊接筋板（图6）加强圆环，筋板宽360mm，高100mm。

材料：钢板Q235B，厚20mm，焊缝需连续不渗漏，焊缝高度为10mm，焊条为E50和E43系列，盾尾油脂泵2台（图7），空气压缩机1台，油脂管长度根据油脂泵摆放位置计算。

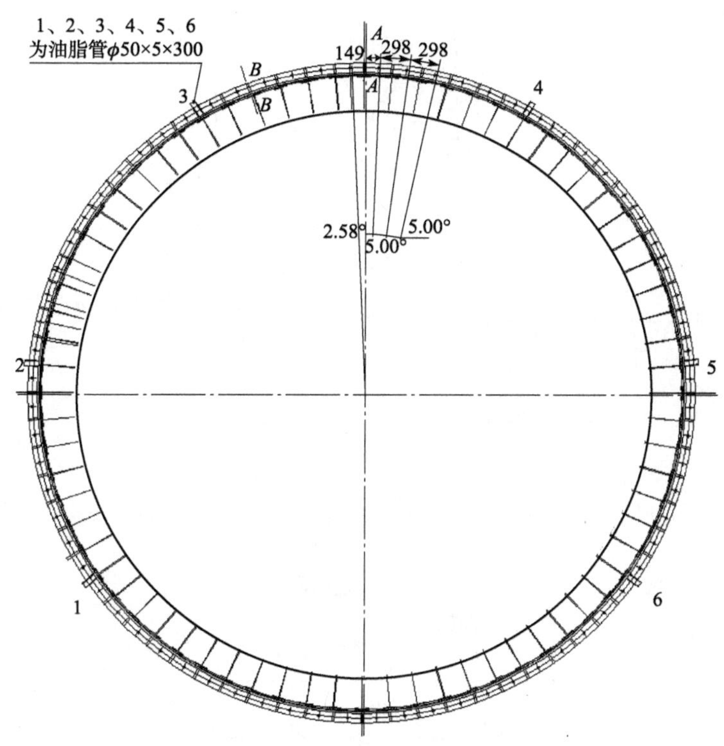

图1　盾构双帘布外加环图（尺寸单位：mm）

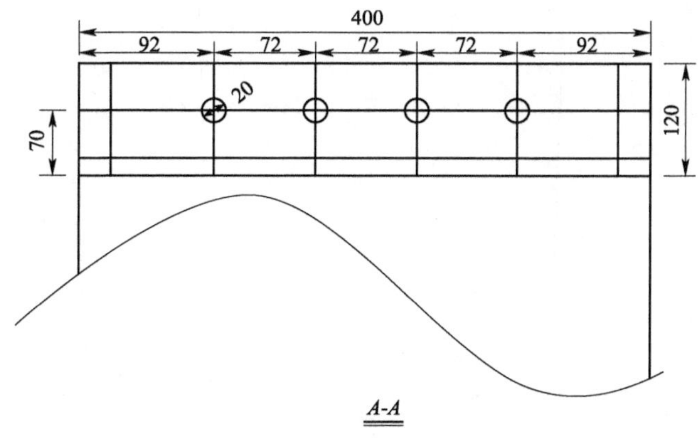

图2　法兰板（尺寸单位：mm）

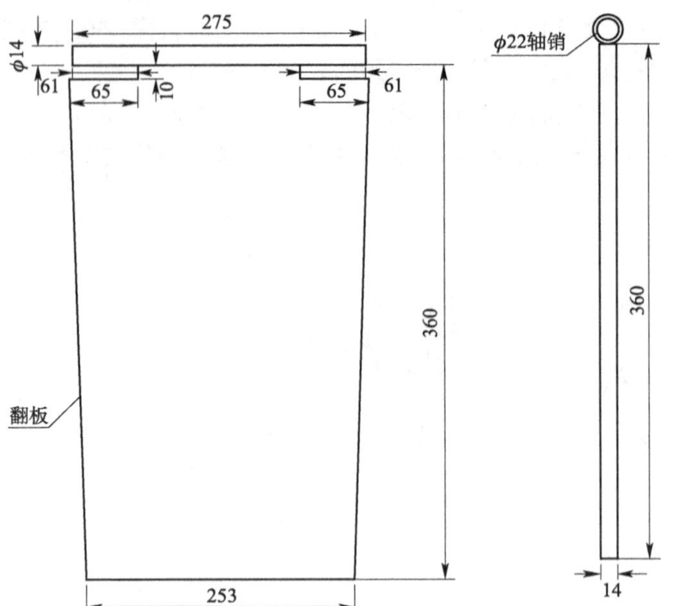

图 3　内侧翻板(尺寸单位:mm)

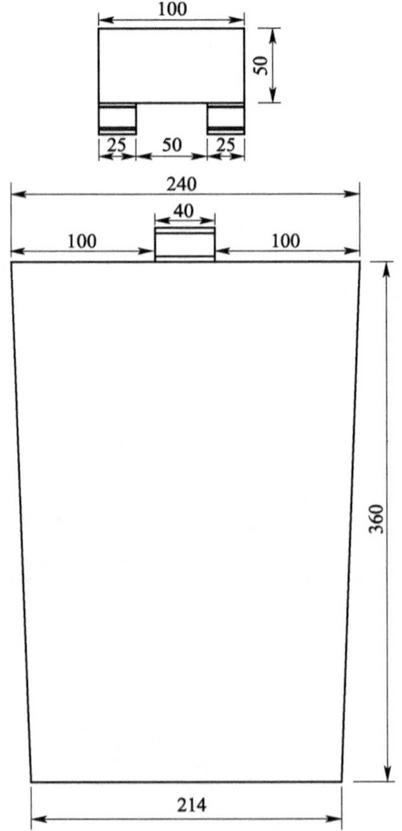

图 4　外侧翻板(尺寸单位:mm)

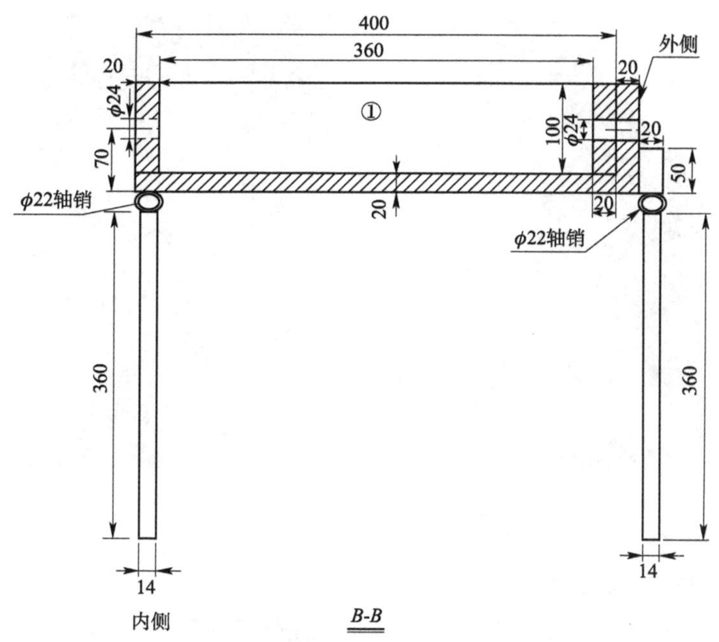

图5　翻板安装图(尺寸单位:mm)

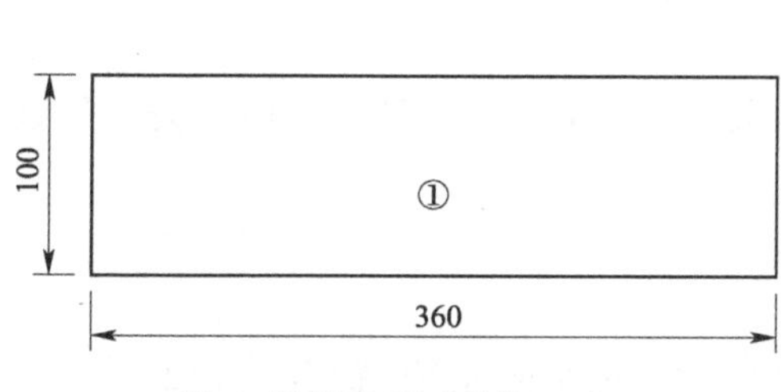

图6　筋板图(尺寸单位:mm)

图7　油脂泵

4　双帘布及钢环外加环安装

盾构机始发时,始发井端墙预留孔洞直径为6700mm,盾构机外径为6400mm,当盾构机前体进入端墙后,端墙与盾构机前体机壳间形成150mm的空隙。为防止在始发掘进时土体、水从空隙处流出,设置双帘布密封装置。洞门双帘布密封是由2块帘布橡胶板、2块折叶式翻板、钢环外加环等组成(图8)。安装顺序为:洞门圈预埋钢环(车站施工时已预埋)→安设双头螺栓→内侧帘布橡胶板→钢环外加环及内侧翻板→垫圈→螺母→钢环外加环上双头螺栓→外侧帘布橡胶板→圆板环及外侧翻板→垫圈→螺母。

(1)检查螺栓丝扣,安装双头螺杆,双头螺杆安装时必须确保栓接牢固。

(2)双头螺杆栓接好后,安装内侧帘布橡胶板,安装好帘布橡胶板后同时安装钢环外加环及内侧翻板,并用垫圈及螺母将帘布橡胶板与钢环外加环固定。

(3)继续在钢环外加环上安装双头螺杆,在安装外侧帘布橡胶板的同时安装外侧圆板环及外侧翻板。

图 8 洞门双帘布密封安装图

(4)最后固定好圆环板上的轴销螺母。

安装洞口密封及盾构始发时应注意:

(1)盾构机头外壳表面不得有凸出物,以免撕裂帘布橡胶板。

(2)盾构始发推进时,在内外侧帘布橡胶板上涂抹润滑油,查看内侧折叶翻板朝向里边,外加钢环内双帘布之间底部可以注入部分油脂。

(3)在盾构机切口环进入洞门圈后,及时查看外侧折叶翻板是否松动,及时进行调整紧固,使其下折叶翻板边缘全部接触盾壳、压好帘布橡胶板,以保证能有良好的密封效果。

(4)刀盘顶到土体,盾壳和双帘布形成一个密封体时,持续地注入油脂,直到双帘布之间全部充满,才可继续盾构掘进。

(5)在盾尾尾刷完全进入折叶翻板后再次调整翻板位置,使其下边缘完全压在管片外弧面上,若未完全压紧,必要时进行压板加固。

5 应用效果及评价

盾构始发掘进前,洞门破除时保护好双帘布和外加钢环,空气压缩机和 2 台油脂泵就位,进行油脂管道压力测试,确保其连接牢固,盾壳与双帘布空隙用盾尾油脂充满后方可正式掘进土体。掘进土体过程中 2 台油脂泵持续进行油脂注入,注入的压力控制在 15MPa,在盾尾尾刷进入外侧翻板时,加大 2 台油脂泵的注入压力至 20MPa,并检查外侧折叶翻板的边缘是否完全压在管片外弧面上。

右线盾构于 2017 年 8 月 15 日始发掘进,始发前对端头土体进行旋喷桩 ϕ800@600 加固,但加固失败,后采用洞门水平注浆加固,由于地质条件差且水平注浆压力控制不到位,地表出现隆起,洞门地下连续墙出现胀裂,因洞门存在破裂风险未继续进行水平注浆,通过水平探孔检测发现洞门土体加固效果并不理想。通过渣土改良,并对盾尾进入加固区土舱进行保压,螺旋机喷涌现象得到解决,其中采用双帘布盾构始发,洞门未出现漏水,比较顺利地进行了盾构始发。

6 结语

随着城市地铁的发展,地铁盾构施工越来越多,由于地下水丰富,承压水高,盾构始发风险较大,使用盾构双帘布始发能有效地降低该风险发生的概率。

参 考 文 献

[1] 乐贵平，贺少辉，罗富贵，等. 北京地铁盾构隧道技术[M]. 北京：人民交通出版社，2012.
[2] 赵俊. 盾构进出洞施工关键技术[J]. 施工技术，2008，7(2)：101-105.
[3] 傅鹤林，董辉，邓宗伟，等. 地铁安全施工技术手册[M]. 北京：人民交通出版社，2012.

盾构机姿态调节控制技术

周法庭

（中铁十一局集团城市轨道工程有限公司　湖北武汉　430074）

摘　要：本文结合广州地铁8号线某区间盾构法隧道施工中出现的隧道成型问题，总结了有关经验，就盾构掘进姿态控制、轴线纠偏等控制要点进行初步探讨。

关键词：盾构法地铁隧道；盾构姿态控制；轴线偏差；盾构姿态调节；盾构纠偏

1　引言

盾构法隧道施工中盾构机的姿态控制简言之就是通过调整推进油缸的几个分组区的推进油压的差值，并结合铰接油缸的调整，使盾构机向着轴线方向前行，盾构机的三个关键节点(切口、铰接、盾尾)尽量保持在轴线附近。以隧道轴线为目标，根据自动测量系统显示的轴线偏差和偏差趋势把偏差控制在设计范围内，同时在掘进过程中进行盾构姿态调整，确保管片不破损及错台量较小。

测量系统的主要参数有：盾首(刀盘切口)偏差：刀盘中心与设计轴线间的垂直距离；盾尾偏差：盾尾中心与设计轴线间的垂直距离；趋势：指按照当前盾构偏差掘进，每掘进1m产生的偏差，单位为mm/m；滚动角：指盾构绕其轴线发生的转动角度；仰俯角：指盾构轴线与水平面间的夹角。

地铁施工成型隧道轴线偏差、管片的质量问题一直是困扰盾构隧道施工的技术难题。

2　工程地质及水文地质条件

广州地铁8号线北延段A区间左线起止里程为ZDK27 +250.600 ~ ZDK28 +794.400，长1551.963m；右线起止里程为YDK27 +250.600 ~ YDK28 +794.400，长1543.8m。区间最小曲线半径450m，最大纵坡为20‰。

本工程所采用的盾构机为德国海瑞克S371/S372土压平衡式盾构机，盾构机外径6250mm，管片拼装后平均盾尾间隙约为75mm，采用被动连接式铰接油缸拉伸控制转弯时盾尾间隙。盾构机本身为直线形刚体，不能与曲线完全贴合，曲线半径越小则纠偏量越大，纠偏灵敏度越低，轴线就越难控制；盾构机掘进时，总是在蛇形前进，难免出现姿态偏差；由于拐弯弧度大，需要左侧油缸和右侧油缸形成一个很大的推力差才能满足盾构机转弯的要求，致使左右两侧的油缸推力可调范围很小，从而可用于姿态调整的油缸推力调整量很小，所以加大了隧道轴线控制和纠偏的难度。同时，转弯段盾构施工参数需要经过计算并结合地质条件、施工经验等因素综合考虑后方可确定。

作者简介：周法庭(1989—)，男，大专，盾构技术主任。现主要从事地铁工程施工技术与管理工作。Email：204556586@qq.com。

3　盾构法施工盾构方向控制

通过调节分组油缸的推进力与油缸行程从而实现盾构的水平调向和垂直调向。不同的盾构油缸分组不同，分组的数量越多越利于调向。所有的油缸均以自由的方式对调向最为有利（图1）。

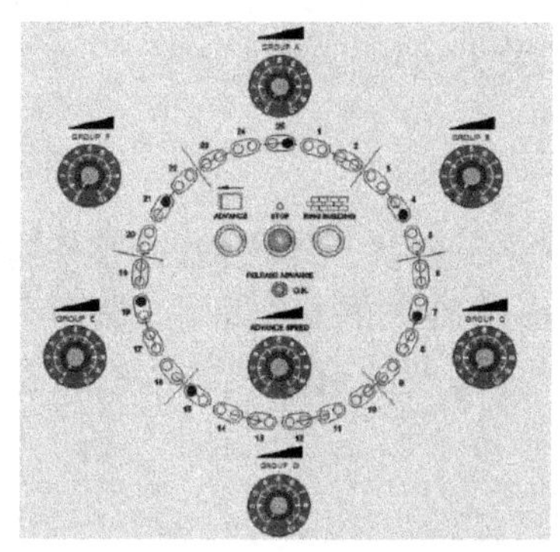

图1　盾构机分区调节旋钮及千斤顶示意图

3.1　控制要点：以盾尾位置为控制点

例如在盾构通过富水岩层时，管片已上浮和旋转，因此需要提前对盾构头部姿态做出调整，一般情况下会通过人工测量反馈一定的上浮量，将垂直姿态适当的下调一定的比例，如上浮100mm时，需将整体姿态下调50mm。确保盾尾管片的姿态在控制轴线允许偏差范围内。

3.2　调节量控制

一般情况下掘进调节量在5mm/m以内较为合理，线形最佳，特殊情况下，可根据线路的转弯半径提前进行调节。例如在左转时，进入转弯曲线前，需提前向左边进行适当的偏移。因此主司机必须提前掌握整个线路的走向及趋势，确保方向能够更加缓和地调整。

3.3　趋势调节

趋势一般情况下不能太大，否则会造成急于纠偏的现象，大趋势变化由大方位变化而来。趋势要与管片楔行量调整大小匹配，在管片能够调整的范围内进行调向。也就是要跟着管片方向进行调向。反之则容易使管片与盾尾卡死，铰接力及行程会增加。

3.4　油缸行程差

一般情况下油缸行程差不大于40mm，在特殊情况下油缸行程差值也不要大于60mm。油缸行走的差值，直接反映了调向的快慢，例如左边的油缸行程比右边的行程多行走50mm，那么方向将向右边偏移，一般情况下调节行走行程的差值不大于管片调形量，例如管片楔行量为38mm，那么每环最大的调节行程差控制在38mm以内较为合适，否则过快的调向会造成卡盾现象。

3.5　铰接控制

对于被动式铰接来说，铰接基本处于自由的状态，切口及盾尾的姿态趋势决定了铰接的位置状态，一般来讲，如果切口和盾尾的位置状态控制的好的情况下，则铰接的位置状态也会比较理想，如果铰接位置偏离施工轴线较小，则不需要做刻意的调整，只需要使切口保持在施工轴线附近进行推进，再控制好盾尾的姿态，则铰接也可以回到施工轴线的附近，但如果铰接偏离施工轴线比较大，则需要通过调整推进方法进行调整，一般采取梯形推进的方法进行调整，即以靠近施工轴线的趋势推进一段距离,然后再以平行施工轴线的趋势推进一段距离。

3.6　速度与调向的关系

掘进速度的快慢与调向也有直接的关系,在一般情况下,速度慢对调向更为有利,因此在调向困难时,一定要放慢掘进速度以确保方向可控,并且每掘进 300～500mm 的油缸行程,观察盾构姿态的变化是否与调节的方向一致。如果行程差在增大而方向没有任何变化或向相反的方向移动,那么需立即停机并将情况及时反馈至相关人员进行测量核定。

4　影响盾构机姿态及隧道轴线的主要因素

在进行盾构法隧道施工中,由于盾构机是始终悬浮于原状土体之内的,整条隧道必须一次成型,不具有调整性,所以在施工中必须事先分析好影响施工的主要因素,从而确定相应的解决方案,以保证隧道的整体成型质量,其中对盾构机姿态及隧道轴线的影响又是最主要的因素,需要进行系统地分析给出具体的解决方案。

4.1　隧道设计轴线的影响

隧道的总体设计除了要满足地铁运行的使用要求外,对于盾构法施工,还应在设计中充分考虑盾构法施工的特点,发挥盾构法施工的长处,保证施工的顺利高效进行。

4.2　隧道穿越地层的地质状况的影响

盾构机在掘进中,所穿越的地层直接影响到盾构机及隧道的整体受力情况,尤其是在两种不同的地层间进行掘进时,盾构机的受力情况更加复杂,掘进中的姿态控制更加困难,所以在施工中,要对隧道穿越地层的地质情况进行系统地分析,事先确定施工方案,以保证施工的顺利进行。

4.3　隧道测量的影响

在隧道掘进过程中,测量的准确性及精确性是至关重要的,它直接决定了盾构机的掘进方向,所以在施工中应保证测量的万无一失,并经常进行复测,对现有测量成果进行及时调整,保证隧道轴线的正确性。由于管片上浮或旋转造成测量系统出现问题,此时主司机要密切注意油缸行程差值的变化以及线路是否正确,在发现异常时要及时反馈至相关人员对测量系统进行校核。重庆地铁 5 号线就出现过由于管片上浮和旋转引起的测量系统误差问题。

4.4　隧道管片形式的影响

管片的不同形式对隧道的掘进有着不同的影响,目前国内的管片设计多采用锲行量一样的通用环和标准环(直线环)、左转弯环、右转弯环等形式,一般设计方会出具隧道的整体管片排列图,但根据具体的施工情况会做出相应的调整,同时根据管片的不同拼装方式(主要有通缝拼装和错缝拼装),确定相应的施工方案。

4.5　刀具更换方面的影响

一般情况下盾构设备的最小转弯半径曲线是要求在全盘新刀的情况下模拟的,因此在掘进前就要考虑刀具更换的位置确定相应的更换方案,以确保能够顺利的通过曲线段。

4.6　铰接形式方面的影响

不同形式的盾构机其原理也有微少差别,就土压平衡式盾构机而言,其区别主要表现在铰接形式上。目前的盾构机主要存在两种类型的铰接形式,一种是以日本、法国等国家生产的盾构机为代表,采用的是主动式铰接形式,俗称"死铰",这种形式的铰接,一般设置在盾构机的中段(称之为“支承环”),每组铰接油缸的液压回路是独立的,可以独立操作,一般情况下是处在锁定状态的,盾构机的前后部分在铰接锁定状态下采用螺栓及销轴的机械连接,盾构机的前后部分不会产生相对运动,是一个固定的整体,就像没有铰接一样,只有在盾构机偏离轴线较大或处于小半径曲线的掘进中,才有必要打开铰接,但铰接的打开度需要提前计算,然后按计算值将铰接打开到所设定的角度后,将铰接锁定,然后再进行推进。另一种是以德国生产的盾构机为代表,采用的是被动式铰接形式,俗称“活铰”,这种形式的铰接一般设置在盾构机的前段与盾尾的连接处,每组铰接油缸的液压回路是互相连通的,保持有相同的油缸压力,在推进过程中可以进行“放松”和“拉紧”操作,一般情况下处于“锁定”状态,但其锁定状态与主动式铰接的锁定有着本质的区别,不是靠硬性机械连接,而是靠闭合液压回路的进出油路来起到锁定作用,每组铰接油缸的液压回路还是保持互相连通,受外力较大的铰接油缸行程会相应的逐渐伸长,受外力较小的铰接油缸行程会相应缩短。

4.7 其他方面的影响

在掘进中,影响盾构机姿态及隧道轴线控制的因素还很多,主要包括地下水及地下不明物、隧道自身游离偏移等,都需要在具体施工中根据具体情况进行分析解决。

5 盾构掘进姿态控制技术

5.1 滚动控制

刀盘的转速主要由地层的软硬情况来确定,一般情况下硬岩采用高转速,因此滚动角变化也会很快,这时要及时调整转向,每掘进一定的行程将进行刀盘的换向以确保滚动值在正确的范围内,不同的地层滚动值变化快慢也不同,其受到盾壳与地层间的摩擦力的影响,一般情况下每一环都要进行几次换向,300 ~ 500mm 须换向一次,滚动值一般控制在 ±5mm/m 以内,特殊情况下不要超过 ±10mm/m。同时在掘进过程中如果发生一边转向掘进较快时请注意刀具磨损的情况。

5.2 盾构上下倾斜与水平倾斜

5.2.1 倾斜量应控制在 2% 以内

滚动角控制在 ±10mm/m 以内,滚动角太大盾构不能保持正确的姿态,影响管片的拼装质量。可翻转刀盘来减小。

5.2.2 通过推进油缸的调整逐步纠正

盾构机切口位置的控制可以通过调节几个推进油缸区域推进压力的差值来进行调整,当两腰的推进压力基本相同时,盾构切口平面会保持向前,若两腰的推进存在差值时,则盾构切口将产生调向的趋势,盾构方向左偏时,提高左侧的油缸推力,盾构方向下偏时,提高下边的油缸推力,反之亦然。一般在进行直线段顶进过程中,应尽量使盾构机切口的位置保持在施工轴线的 -10 ~ +10mm 范围之间,当盾构机姿态不好需进行纠偏时,可以适当放大切口位置范围,但也应尽量控制在施工轴线的 -20 ~ +20mm 范围之间,最大不应超过 30mm,以免对盾构机的姿态造成进一步破坏。

5.3 具体情况下的姿态控制

5.3.1 直线段的姿态控制

在进行直线段推进时,应尽量控制切口位置保持在施工轴线 -10 ~ +10mm 之间,最大控

制在施工轴线 -20 ~ +20mm 之间,左右两侧的推力应始终保持一致,并根据实际刀盘受力情况作微小调整,使两侧油缸行程保持一致,左右油缸行程差值最大不应超过 50mm,合理控制铰接及盾尾位置,使之位置偏差亦控制在 -20 ~ +20mm 的偏差范围之内,如出现超出偏差范围的情况,应及时进行纠偏处理,纠偏时切口的位置亦要保持在 -20 ~ +20mm 的偏差范围内,严禁在纠偏过程中过大的调整切口位置,造成后续推进中的姿态失控;铰接油缸的行程应始终控制在 30 ~80mm 的范围之内,并且左右的铰接油缸行程差值不应超过 10mm,如果出现超出偏差范围的情况,应及时进行纠偏处理,以保证铰接部位能够起到正常的保护调整作用,避免铰接部件局部受损。

5.3.2 圆曲线段的姿态控制

在进行圆曲线段的推进时,应提前计算好左右油缸行程的超前量。超前量的值可以通过计算求出,也可以通过 AutoCAD(计算机辅助设计)绘图直接量取。在推进过程中,切口的控制中心应向着圆曲线的圆心方向作出一定量的偏移。偏移量的大小视圆曲线的半径大小而定,半径越小偏移量越大,推进中应控制切口位置保持在设定的控制中心附近,正常施工时的误差不应超过 -10 ~ +10mm,最大应控制在 -20 ~ +20mm 之间,左右两侧的油缸推力应始终保持有一定的差值,并根据实际的刀盘受力情况进行微调,使两侧油缸行程差值与提前计算得出的超前量的值保持一致,左右油缸行程差值与超前量之间的最大误差不应超过 10mm。按照设计给出的曲线段的管片排列图进行管片选型拼装,并视具体的施工情况进行管片处理,通过楔形传力衬垫对管片姿态进行微量调整,并控制好环面平整度及开口度。合理控制铰接及盾尾位置,盾尾的控制中心应向着圆曲线的圆心方向有一定量的偏移,偏移量的大小视圆曲线的半径大小而定,半径越小偏移量越大;盾尾(铰接)的控制中心应向着背离圆曲线圆心的方向有一定量的偏移,偏移量的大小视圆曲线的半径大小而定,半径越小偏移量越大,推进中应控制盾尾及铰接位置保持在设定的控制中心附近,位置偏差亦控制在 -20 ~ +20mm 的偏差范围之内,如出现超出偏差范围的情况,应及时进行纠偏处理,纠偏时切口的位置亦要保持在 -20 ~ +20mm 的偏差范围之内,严禁在纠偏过程中过大的调整切口位置,造成后续推进中的姿态失控;铰接油缸的行程应始终控制在 40 ~100mm 的范围之内,如果出现超出范围的情况,应及时进行纠偏处理,以保证铰接部位能够起到正常的保护调整作用,避免铰接部件的局部受损(图 2、图 3)。

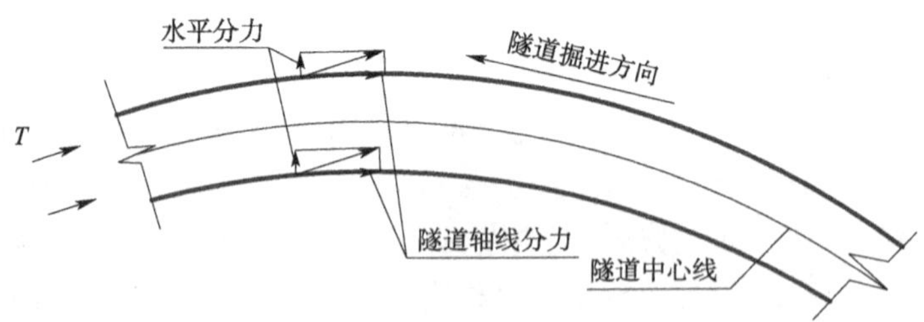

图 2 圆曲线转弯管片受千斤顶推力示意图

5.3.3 竖曲线上的姿态控制

竖曲线上的姿态控制相对比较简单,主要控制好盾构的坡度变化,在进行直线段推进时,应尽量控制切口位置保持在轴线附近,正常施工时的误差不应超过 -10 ~ +10mm,最大应控制在 -20 ~ +20mm 之间,同时控制盾构机坡度与设计轴线纵坡基本保持一致,最大误差不应超过 2% ,应根据实际盾构坡度值调整好上下两组推进油缸的推进油压,使盾构机的坡度保持在稳定的状态下,并根据实际的刀盘受力情况进行微小调整,使上下油缸行程保持一致。

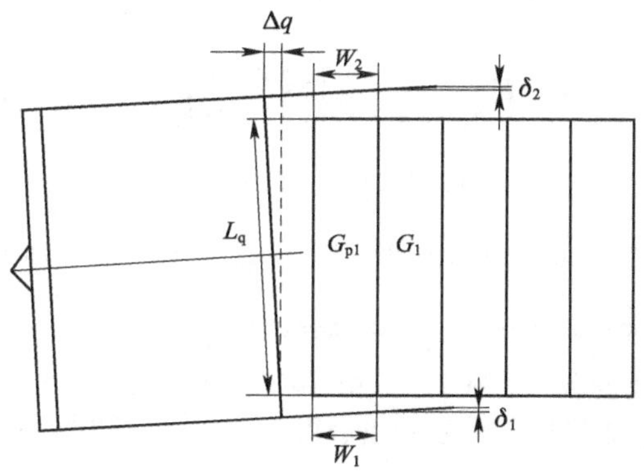

图3 曲线段隧道中心线与管片中心线

5.3.4 上下地层软硬不均且存在圆曲线的路段掘进控制

当开挖面存在上下软硬地层不均时,为防止盾构机机头下垂,一般情况下要保持上仰姿态,掘进时注意上下两端及左右两端的油缸行程差,一般控制在40mm以内,特殊情况下不超过60mm。

5.3.5 左右地层软硬不均且存在圆曲线段的线路掘进控制

当存在左右地段软硬不均且又处于圆曲线时,盾构机的方向控制将会比较困难。在此情况下,可适当降低掘进速度,合理分配各区域油缸压力。必要时,可将水平偏移角放宽至10mm/m,以加大盾构调向力度。当以上操作均无效时,可通过换刀作业增加开挖面的方式来调整方向。因此在盾构过圆曲线段前,一方面要提前进行方向调整,另一方面要在合适的地点进行换刀作业,确保能够顺利通过。

6 结语

盾构姿态控制直接影响到成型隧道的质量。复合地层长距离、小半径曲线隧道盾构施工中,易造成隧道偏离设计轴线及成型隧道管片破损严重等情况,故需严格控制各组千斤顶推力,选择合适的铰接千斤顶、合理的管片,以保证成型隧道质量。

参考文献

[1] 洪开荣,吴学松.盾构施工技术[M].北京:人民交通出版社,2009.

[2] 周文波.盾构法隧道施工技术及应用[M].北京:中国建筑工业出版社,2004.

[3] 谭忠盛,洪开荣,万姜.软硬不均地层复合盾构的研究及掘进技术[J].岩石力学与工程学报,2006,25(2):3945-3952.

盾构下穿既有线铁路控制技术

杜殿逵　阮应书

（中铁十一局集团城市轨道工程有限公司　湖北武汉　430074）

摘　要：在城市轨道交通盾构施工中，盾构下穿既有线铁路施工属于一级风险源，由于铁路涉及重大公共安全，对路基和轨道变形及沉降要求严格，施工过程中控制要求高。本文从盾构下穿南环线铁路施工的技术参数、控制措施入手，提出了盾构下穿既有线铁路安全质量管控要点，并给出注意事项。

关键词：盾构施工；既有线铁路；控制技术

1　工程概况

武汉市轨道交通8号线三期野芷湖站—中间风井区间左线下穿的第三处铁路为南环线上行线轨道，盾构下穿进出路基范围为957～967环。

根据现场调查，铁路路基轨道及排水设施等良好，铁路路基运营情况正常，既有线路情况如下：下穿南环线上行线铁路K0＋713～K0＋729路基段为有砟轨道，混凝土轨枕，道床饱满，线路状态良好。K0＋713～K0＋729段为圆曲线段，曲线半径300m，纵向坡度0.1‰。对应铁路区间为余家湾站至南湖站。铁路等级Ⅰ级，设计速度120km/h（图1）。

图1　下穿南环线上行线（K0＋720）区段现状
（隧道从南环线上行线12号接触网柱两侧穿越）

隧道下穿南环线上行线于K0＋720处侧穿12号接触网柱，12号接触网柱位于左右线隧道中间，与左线隧道外皮水平净距为4.52m，与右线隧道外皮水平净距为3.9m（图2、图3）。

区间隧道下穿南环线上行线K0＋720处铁路两侧各存在6根信号电缆，埋深均为1.2m，位于坡顶网外（图4）。

为保证铁路运营安全，盾构施工前对盾构掘进影响范围内的运营铁路路基进行地表注浆加固，加固深度为路基填料底至下部进入硬塑黏土层不小于0.5m。加固范围为国铁中心线以外7m，盾构隧道结构线外6.0m。

在轨道两侧向轨道下方斜向打设注浆管，注浆管呈梅花形布置，间距1.5m×1.5m。靠近铁路线最近的一排注浆孔按距铁路股道中心线2500mm控制。浆液采用1∶1水泥浆液，加固深度为自铁路路肩以下12m。袖阀管浆液扩散半径不小于0.8m，共布置383个注浆孔（图5～图7）。

下穿段盾构位于550m半径左转圆曲线内，垂直方向为上坡凸曲线段，曲线半径为5000m，967环达到最高点。

作者简介：杜殿逵（1987—），男，本科，工程管理部副部长。现主要从事盾构工程施工与技术管理工作。Email：dudiankui@163.com。

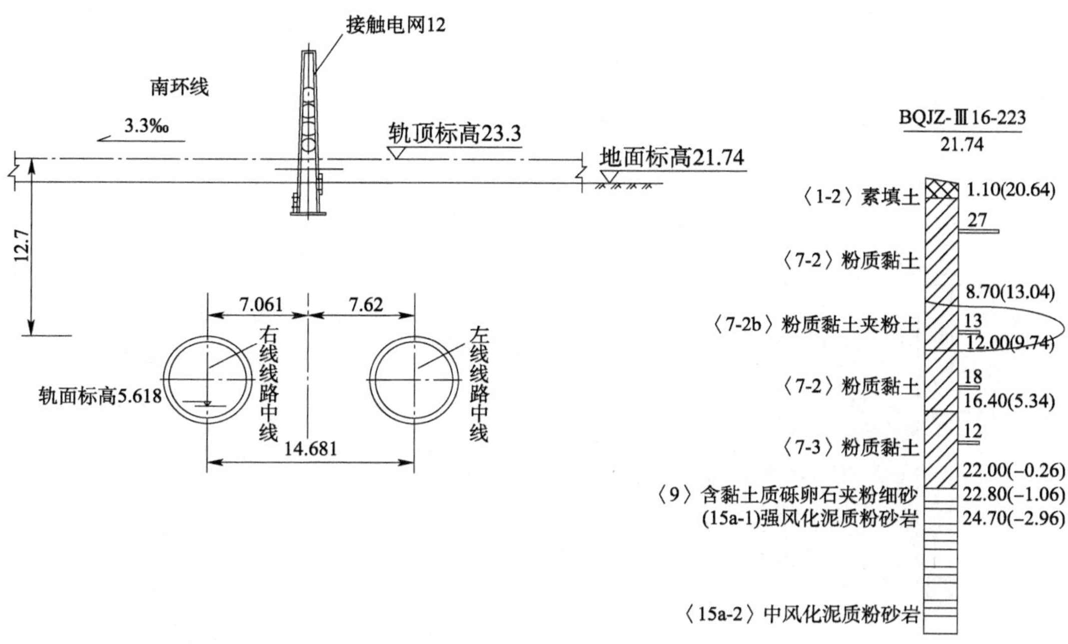

图2　下穿南环线上行线(K0+720)铁路区段剖面关系图(尺寸单位:m)

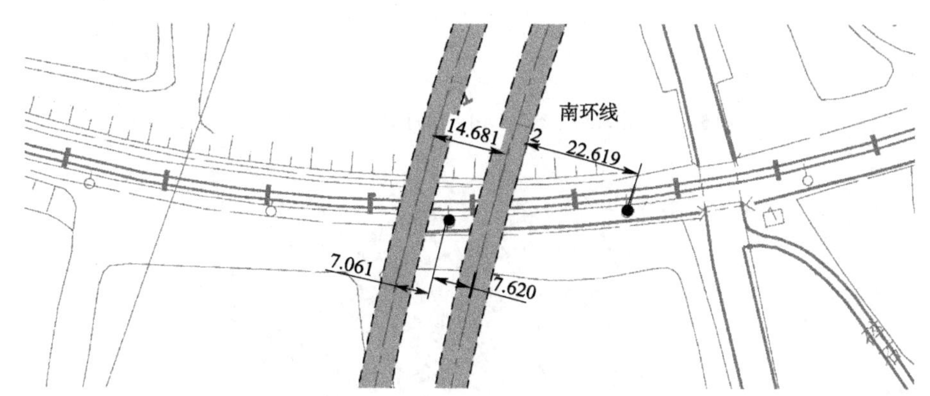

图3　下穿南环线上行线(K0+720)接触网柱与隧道平面关系图(尺寸单位:m)

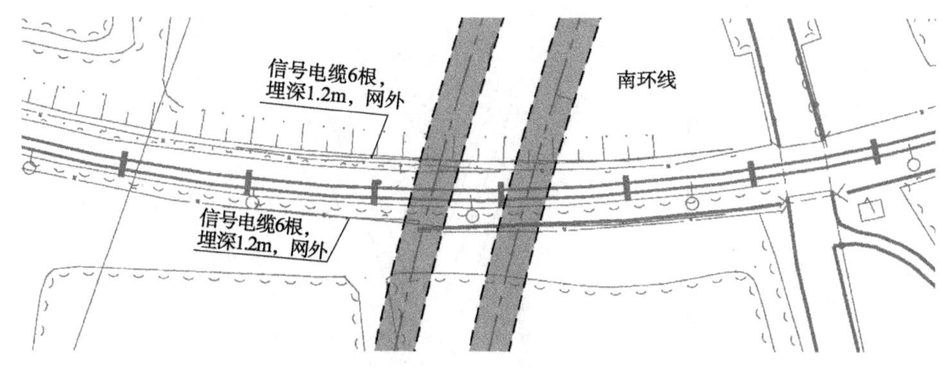

图4　下穿南环线上行线 K0+720 处电缆平面示意图

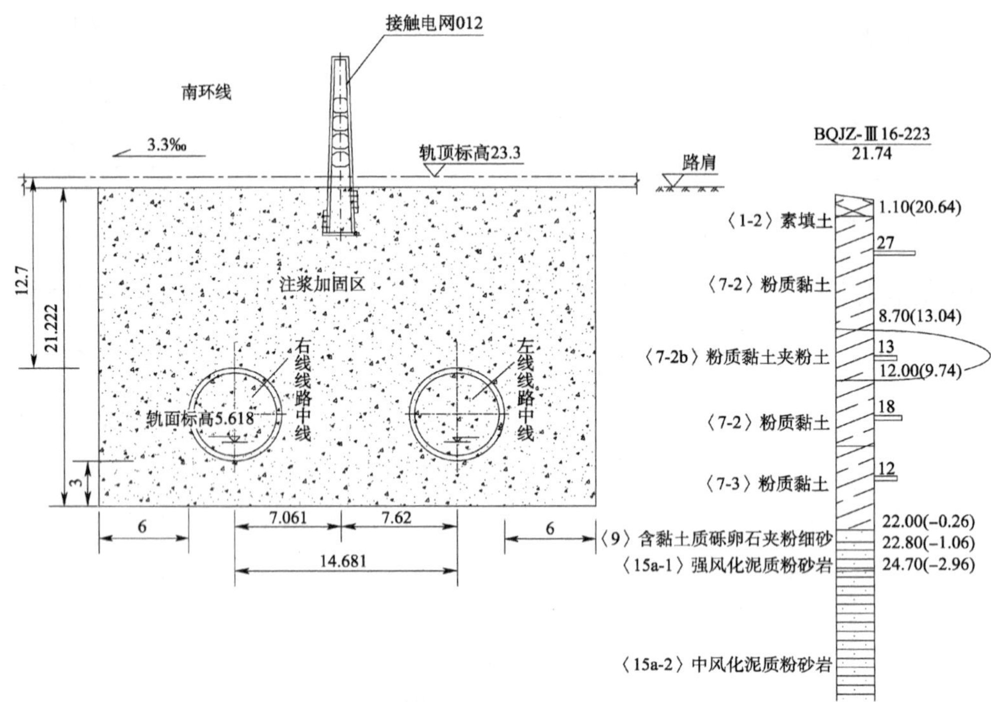

图5　下穿南环线上行线(K0+720)加固剖面图(尺寸单位:m)

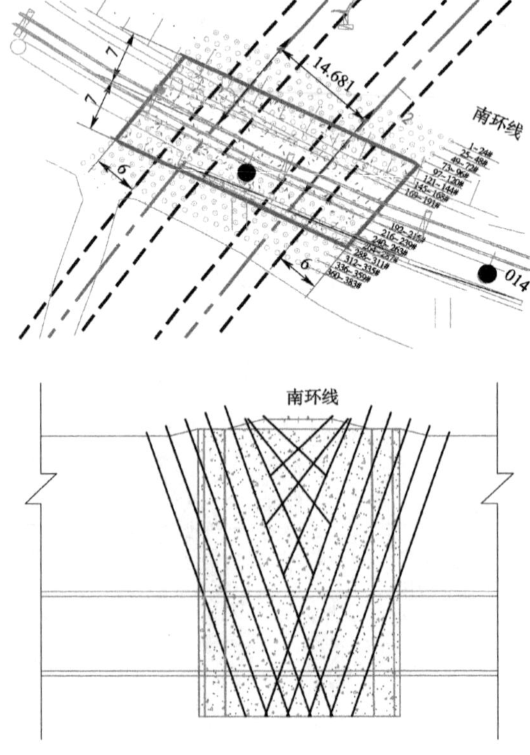

图6　区间隧道下穿南环线上行线(K0+720)段路基加固图(尺寸单位:m)

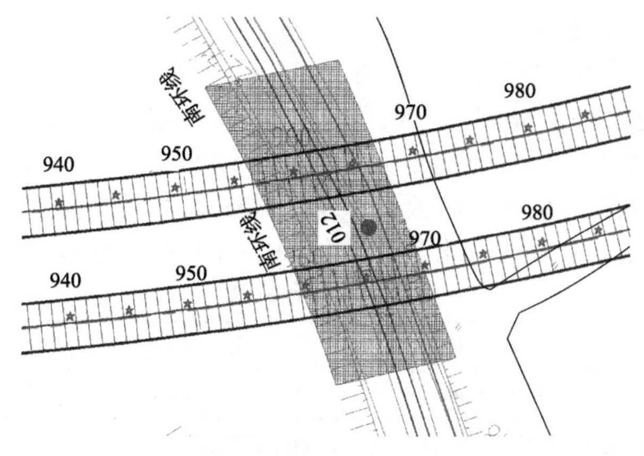

图7　下穿段施工平面图

2　掘进控制措施

2.1　地质参数

下穿铁路段主要地层为〈7-2〉粉质黏土，黄褐～褐黄色，呈饱和、硬塑状态，低压缩性。含氧化铁，铁锰质结核及条带反应，光滑，干强度高，韧性高。其厚度2.3～19.5m，埋深0.4～12.4m。该层在右CK35+700.000～右CK37+200.000范围分布（图8）。

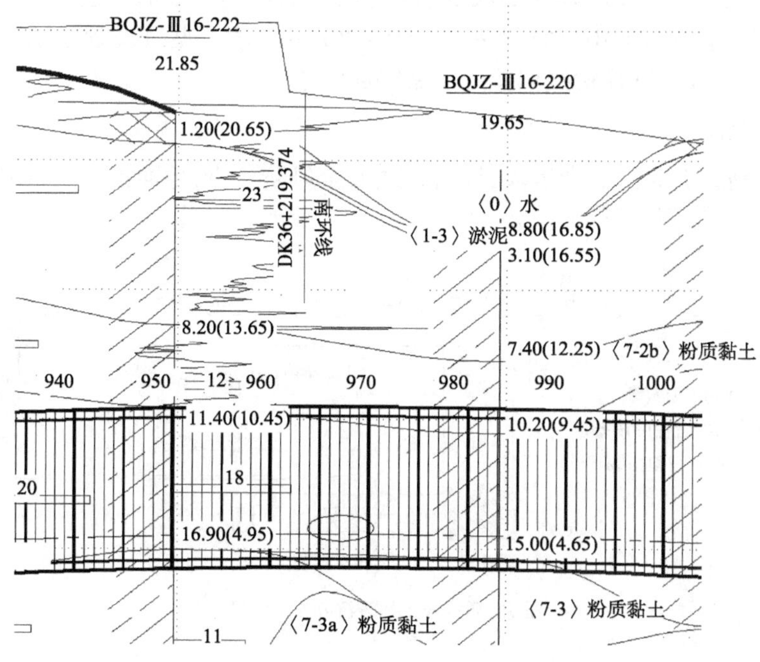

图8　左线下穿南环线上行线路段地质剖面图（单位：m）

2.2　掘进参数控制

土压主要取决于刀盘前的土体压力，以1号传感器土体压力为准，可按下式计算：

$$P_1 = k_0 \gamma h$$

式中：P_1——土舱内土压力；

k_0——侧压力系数，取0.33；

γ——土的重度，取 19.0kN/m^3；

h—— 为对应 1 号传感器位置，埋深约 13m。

根据盾构机的掘进位置及相应的情况，可选取相应的参数代入上式，下穿钢轨段代入公式得土舱压力为 815kPa(0.82bar)。土舱压力根据理论计算及试验段施工地质情况等，在盾构穿越过程中，依地面监测报表反馈的信息及时进行调整。由于铁路路基所处位置隧道拱顶埋深是变化的，因此对应不同阶段理论计算得到的土压不同，参见表 1。

掘进主要参数列表 表 1

刀盘转速(r/min)	推力(kN)	土压(bar)	出土量(1.5m 管片)(m^3)
1.0～1.3	900～1400	0.82±0.1	57～60

土舱压力以 1 号土压传感器为控制标准，波动幅度应尽量控制在 ±0.1bar 以内。

掘进过程中为了保持土压稳定，尽量减小土压波动，必须保持各项参数平稳，同时降低泡沫系统气体的流量，如无法控制可停用泡沫气体，采用纯液体改良渣土。

2.3 盾构姿态控制

盾构水平方向处于 550m 半径左转圆曲线段，盾构水平姿态前点宜保持在 -30～-50mm 之间，水平中点宜保持在 -30～0mm 之间，确保能够满足纠偏需求的同时，保证成型隧道的贴合。

垂直方向盾构机处于 9.4‰的上坡变坡段，根据前期掘进经验，垂直方向前点宜保持在 -10～10mm 之间，垂直方向中点宜保持在 -50～30mm 之间。掘进过程中根据管片成型姿态情况及时调整，保证成型管片轴线偏差处于 ±50mm 内。

2.4 地面沉降控制

鉴于下穿铁路具有重大安全风险，针对上述安全风险分析，地面沉降的控制主要体现在地面沉降的 5 个阶段，如图 9 所示。

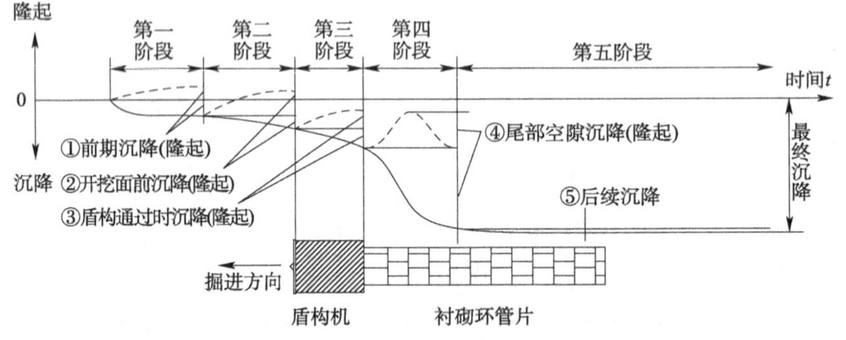

图 9 盾构施工地表沉降 5 个阶段

2.4.1 前期沉降

前期沉降主要来自于盾构掘进过程土压或者推力的不当，造成前方土体形成挤压或者失压引起的沉降，因此主要控制掘进过程的推力和土压，超前监测，随时根据监测变化情况反馈指导参数的调整。

2.4.2 掘进过程中的沉降

掘进过程中的沉降主要来自土压的控制和是否超挖土体，掘进过程中严格控制土压、出土速度、刀盘转速等，保证各项参数的平稳，控制掘进速度在 30～50mm/min 之间，并且及时进行监测反馈从而指导土压的调整。掘进过程中严格控制螺旋机转速的平稳，防止超挖；严格按照要求量测、计算，控制出渣量。

2.4.3 掘进过程中盾体上方的沉降

进行设备改造，将同步注浆其中3根注浆管路做三通改装，将每根管路一分为二，在保证4根管路同步注浆的基础上，增加在1和11点位径向孔匀速注入惰性浆液和盾尾后方1~11点位注入惰性浆液，在保证盾体不被裹住的情况下及时填充盾体上方的间隙。惰性浆液配合比见表2。

惰性浆液配合比 表2

材料	消石灰	粉煤灰	膨润土	砂	水
每方浆液用量(kg)	90	415	50	800	360
材料型号		二级	钠基	细砂(细度模数1.6~2.3)	天然水

径向孔位于前盾(ϕ6450)上方，则每掘进一环(1.5m)需要的惰性浆液用量 V_1 为：

$$V_1 = 1.5 \times 3.14 \times (3.24 \times 3.24 - 3.225 \times 3.225)\text{m}^3 = 0.46\text{m}^3$$

注浆压力与土压相同(保持地面沉降稳定的同时，确保浆液不会被打入刀盘前方，造成浆液浪费和土压波动)。惰性浆液填充盾体上部空隙如图10所示。

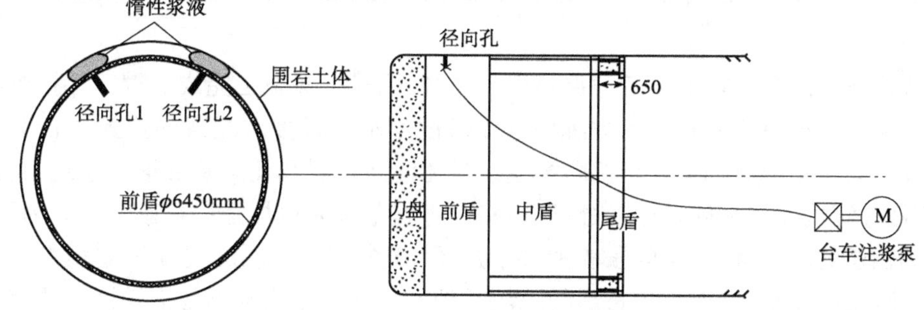

图10 惰性浆液填充盾体上部空隙

2.4.4 脱出盾尾衬砌环管片上方沉降

(1)同步注浆

1.5m管片背部理论建筑空隙(即理论注浆量)为：

$$V_0 = 1.5 \times 3.14 \times (3.24 \times 3.24 - 3.1 \times 3.1)\text{m}^3 = 4.18\text{m}^3$$

取1.3~1.8的扩散系数，则每环同步注浆量为：

$$V_2 = (1.3 \sim 1.8)V_0 = 5.4 \sim 7.5\text{m}^3$$

注浆压力取1.2倍的静止土压力，即1.8~2.4bar，实际操作过程中根据地面监测情况及时进行调整。

(2)二次注浆

掘进过程中盾尾后方倒数第3~5环管片上部注入惰性浆液，惰性浆液的注入量和注浆压力根据地面沉降反馈情况进行选择，注浆压力应不大于同步注浆压力。二次注浆示意图如图11所示。

(3)三次注浆

为了稳定盾尾后方沉降，在盾尾倒数8~10环管片顶部开孔注入双液浆及时填充管片顶部间隙，及时控制沉降。采用少量多点的方式进行施工，具体注浆量和注浆压力根据地表沉降参数和管片变形情况进行调整。双液浆的配比参数见表3。

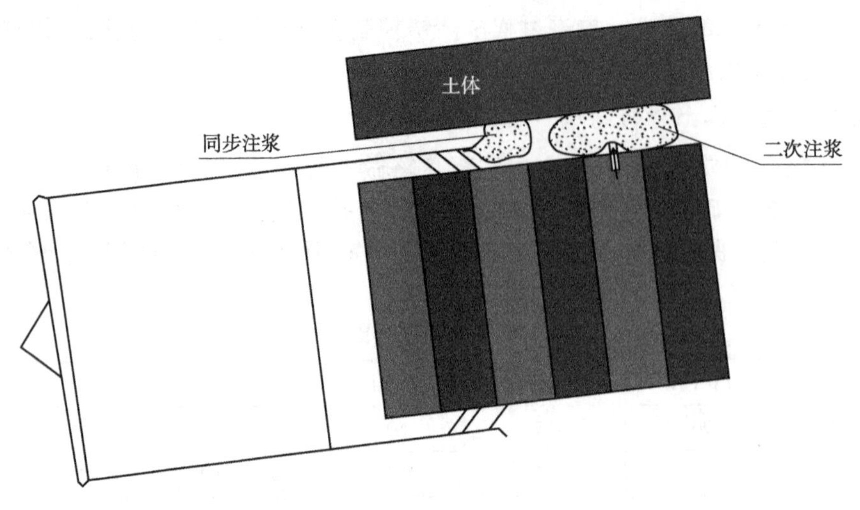

图11　二次注浆示意图

双液浆材料参数和配比　　表3

浆液名称	水玻璃	水灰比	稳定剂	减水剂	A、B液混合体积比
双液浆	35Be′	0.8～1.0	2%～6%	0～1.5%	1:1～1:0.3

2.4.5　后续沉降控制

下穿铁路施工监测应在下穿后方保持同步监测，同时下穿施工完成后继续保持监测，直至后方沉降稳定后方可停止监测。后方沉降主要通过4次或者多次注浆的形式进行填充，可以采用单液浆和双液浆填充间隙进行沉降控制。具体注浆位置和注浆参数取决于地面沉降监测数据，并应做好洞内注浆加固：下穿铁路区段对应里程范围采用加强型衬砌管片。为了减小盾构穿越引起轨道的后续沉降，本区段管片共增加了10个注浆孔。盾构施工过程中，可通过这些注浆孔及时二次注浆，确保盾构背后间隙填充密实。同时还应根据地面轨道沉降监测情况，若沉降过大或未稳定，则可通过增设的注浆孔对隧道周边1～3m范围地层进行补偿深孔注浆，以减小隧道施工引起的地面沉降和工后沉降。

(1)注浆方式及范围。采用花管注浆，由管片注浆孔打入，注浆管长度为3m，注浆范围为0～360°，如图12所示。

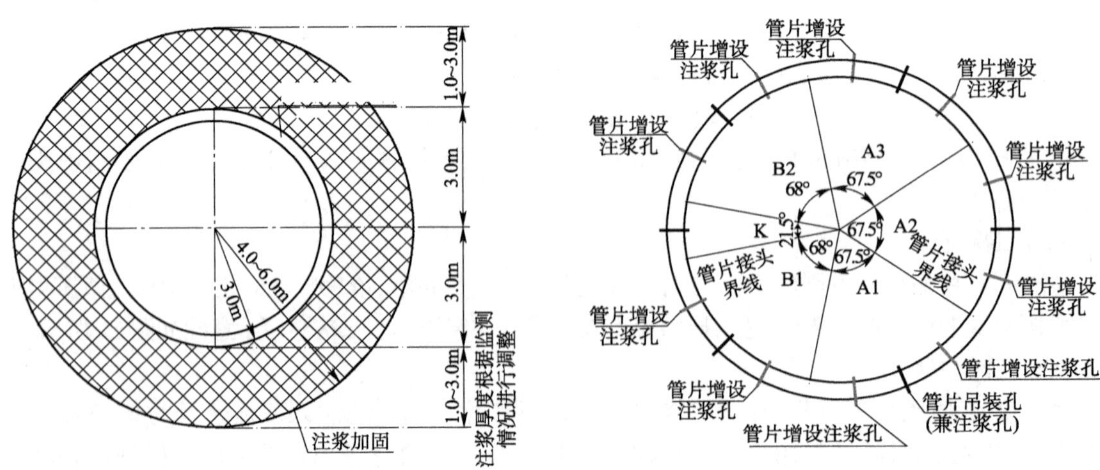

图12　管片注浆加固及注浆孔布置图

(2)浆液采用水泥-水玻璃浆液,注浆压力为0.5~1.0MPa,注浆压力、浆液配比、进浆速度、持续时间根据现场试验结果进行调整,加固区的土体应具有良好的均匀性、自立性,无侧限单轴抗压强度0.8MPa,渗透系数小于1×10^{-8}cm/s。

(3)注浆后期采用高标号防水砂浆回填钻孔,进行防水密封处理。

2.4.6 地面沉降控制标准

(1)根据铁路相关规范和设计要求,对影响范围内铁路设施进行动态跟踪监测,主要项目包括:①轨面变形;②道床路基变形;③两接触网立柱沉降差;④拉线基础;⑤架空线杆沉降;⑥立柱顺、横线路方向偏斜;⑦涵洞。

在盾构穿越前完成铁路范围内所有铁路线及建筑物变形监测点布设,盾构掘进前应提前通知监测单位进行初始值监测。

(2)确定铁路轨道的变形沉降警戒值。铁路部门为了确保铁路运行安全,对直接关系铁路运行安全的线路沉降设定了隆起允许幅度,并制定了标准和具体的要求,见表4。

铁路设施沉降和变形控制标准 表4

监 测 项 目	单日预警值	单日报警值	累计累报警值
轨面变形(mm)	±2	±3	±6
道床路基变形(mm)	±2	±3	±6
两接触网立柱沉降差(mm)	2	4	10
立柱顺、横线路方向偏斜	0.1%	0.2%	0.5%
涵洞(mm)	1	2	3

以上述标准作为施工管理的量测控制警戒值,进行三纵预警状态制定和处理,严格控制(表5)。

地面沉降三级预警和处理表 表5

预警级别	预警状态描述	预 警 处 理
黄色预警	$0.6\leq F<0.75$	发生黄色预警时,监测组和施工单位应加密监测频率,加强对地面和建筑物沉降动态的观察,尤其应加强对预警点附近雨污水管和有压管线的检查和处理
橙色预警	$0.75\leq F<0.85$	发生橙色预警时,除应继续加强上述监测、观察和处理外,应根据预警状态的特点进一步完善针对该状态的预警方案,同时应对施工方案、开挖进度、支护参数、工艺方法等进行检查和完善,在获得设计和建设单位同意后执行
红色预警	$0.85\leq F<1.0$	发生红色预警时,除应向设计、施工、监测、整理等单位报警外还应立即采取补强措施,并经设计、施工、监理和建设单位分析和认定后,改变施工程序和设计参数,必要时应立即停止开挖,进行施工处理

注:F=实测值/容许值。

当实测数据出现任何一种预警状态时,施工单位应立即向建设、设计、监理和其他相关单位报告,监测数据及时和设计、监理、铁路部门及相关单位共享,以便采取下一步措施。

2.5 管片质量控制

及时做好各项参数的记录、分析,做好盾尾间隙、超前量、管片收敛度等参数的测量和汇总分析,做好管片选型工作,及时采取措施进行控制。垂直方向盾构机在软土层中极易出现头部向下沉的情况,注意控制姿态,姿态调整应缓纠慢纠,纠偏过程中压差不得过大(控制在20MPa以内)。

每5环测量一次管片姿态,每次测量的管片区域须足够大,同时在测量过程中勤复核、勤搬站，确保及时发现问题，及时采取措施控制盾构机姿态和成型管片姿态不会超过控制值。

3 施工总结

由于本次下穿环境较为特殊，外界形势严峻，且面临春运期间施工，因此本次下穿铁路对沉降控制要求将会更高，地表沉降变形速率和累计变形量均须稳步控制。借鉴右线下穿经验，此处埋深较浅，地层具有一定的自稳性，但极易出现隆起的现象，因此掘进过程中严格控制土压上限不能高于理论计算值（掘进完成停机时保压至理论值），掘进过程中以土压低于理论值 0.02MPa 进行控制（图 13），出现沉降及时补浆，出现隆起及时开孔泄压，确保变形速率不超过 2mm/d，累计沉降或隆起控制在 ±6mm 以内。

最终经过精确的控制于 2018 年 3 月 14 日下穿南环线完成，单次变形控制在 -1 ~ 1.5mm/d之间，累计沉降控制在 -0.6 ~ 1.2mm，如图 14、图 15 所示，图中 N - 表示左线上方监测点，N + 为右线上方监测点。

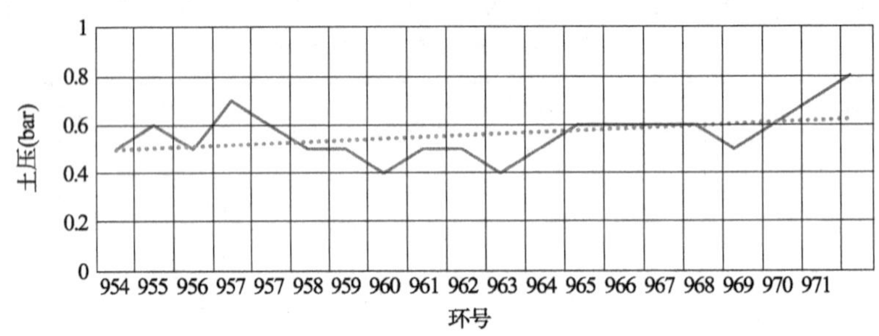

图 13 左线下穿南环线铁路段掘进土压控制

武汉轨道交通 8 号线三期工程野芷湖站—黄家湖地铁小镇站区间日报					
监测单位	中南勘察设计院（湖北）有限责任公司				
测试日期	2018/3/11				
测试时间	24:00				
点号	本次变化值(mm)		累计变化值(mm)		备注
	水平位移	沉降	水平位移	沉降	
N +0	0.4	0.4	-0.4	0.4	南环线
N +1	0.4	-0.5	0.0	-0.6	
N +1A	0.2	-0.2	-0.1	-0.1	
N +2	-0.2	-0.4	-0.6	-0.3	
N +2A	0.0	-0.5	-0.8	0.3	
N +3	—	—	-0.4	-0.2	
N +4	—	—	0.0	-0.7	
N -1	-0.3	-0.1	-2.8	2.6	
N -1A	0.1	0.1	-1.2	3.6	
N -2	0.3	0.69	1.9	2.9	
N -2A	0.0	0.8	0.5	3.8	
N -3	0.8	-0.5	4.4	2.5	
N -4	0.0	0.0	0.9	2.5	
计算：宋团结　复核：汉武军　负责人：代仁平					

图 14 下穿前地面沉降数据

武汉轨道交通 8 号线三期工程野芷湖站—黄家湖地铁小镇站区间日报					
监测单位	中南勘察设计院(湖北)有限责任公司				
测试日期	2018/3/15				
测试时间	04:00				
点号	本次变化值(mm)		累计变化值(mm)		备注
	水平位移	沉降	水平位移	沉降	
N+0	1.2	1.2	0.4	1.2	南环线
N+1	0.8	1.5	0.9	0.4	
N+1A	0.0	0.0	-0.1	-0.6	
N+2	0.8	1.1	0.4	0.6	
N+2A	0.0	0.0	-0.7	-0.5	
N+3	0.8	0.9	0.9	0.0	
N+4	0.6	1.3	0.8	-0.1	
N-1	0.0	0.0	-3.2	2.9	
N-1A	0.0	0.0	-2.1	3.4	
N-2	-0.3	1.1	1.0	4.8	
N-2A	0.0	0.0	-0.3	3.9	
N-3	0.0	0.0	3.4	5.2	
N-4	0.6	-0.7	0.9	3.0	
计算:宋团结　复核:汉武军　负责人:代仁平					

图 15　下穿完成经过二次注浆稳固后沉降数据

4　结语

本文从盾构下穿既有铁路线各项施工技术和安全质量控制措施入手,针对地面沉降控制的 5 个阶段,分别讨论制订了详细、全面可靠、可操作性强的控制措施,有效保证了下穿既有铁路线施工的地面沉降可控,保证了铁路的重大安全和成型隧道的质量,具有广泛的参考和借鉴价值。

上软下硬地层泥水盾构施工技术

赵东红

（中铁十一局集团城市轨道工程有限公司　湖北武汉　430074）

摘　要：本文结合广州地铁8号线白云湖站—亭岗站区间直接式泥水盾构在上软下硬地层施工情况，通过掘进情况分析采取优化掘进参数、进行设备改造等一系列措施，保证了泥水盾构在上软下硬地层掘进过程中地表沉降可控，堵管发生率最大限度降低和盾构掘进的连续、稳定、安全地推进。

关键词：泥水盾构；掘进参数；设备改造；上软下硬

1　引言

盾构已经越来越多地使用在城市地下隧道施工中。随着技术的进步，设备制造能力的提升，盾构机在复杂地层中使用范围越来越广，但复杂地层中的施工难度问题亟须解决。

2　工程概述

2.1　工程概况

白云湖站为广州地铁8号线北延段终点站，白云湖站—亭岗站区间隧道长度：左线起止里程为ZDK29+028.701~ZDK30+127.571，区间左线长1095.374m（短链长3.496m）；右线起止里程为YDK29+028.701~YDK30+127.889，区间右线长1096.697m（短链长2.491m）；左右线中心线间距：10.73~24.23m；隧道覆土厚度最小约7.5m，最大约13.8m；平面最小曲线半径分别为400m、450m，坡度为-6‰~28‰，区间呈“人”字坡。

2.2　工程地质

本区间在始发端白云湖站前端为上软下硬地层，长约120m。岩石单轴抗压强度在23.6~76.9MPa，平均49.1MPa。

上软下硬地层从地表至隧道底部主要穿越：Q_1素填土、〈4-2B〉河源相沉积淤泥质土、〈4N-2〉可塑状粉质黏土、〈3-1〉粉细砂、〈3-3〉砾砂、〈9C-2〉微风化灰岩。其中灰岩侵入隧道轮廓线深度为0.5~2m不等，岩层起伏变化大。此段地层物理力学性质见表1。

2.3　水文地质

地下水主要以第四系松散孔隙水和基岩裂隙水、岩溶水为主。其中第四系松散孔隙水主要赋存于冲洪积粉细砂〈3-1〉、中粗砂〈3-2〉和砾砂〈3-3〉，其含水性能与砂的形状、大小、颗粒级配及黏粒含量等有密切关系。

勘察范围内所有孔均遇见地下水，测得混合稳定水位埋深为0.9~2.90m。

作者简介：赵东红（1987—），男，本科，盾构技术主任。现主要从事地铁工程施工与管理工作。Email：1196897137@qq.com。

白云湖站—亭岗站区间左线上软下硬地层物理力学性质 表1

岩土分层	岩土名称	时代与成因	渗透系数 K（cm/d）	静止土压力系数 K_0	天然密度 ρ（g/cm³）	黏聚力 c（kPa）	孔隙比 e	状态
〈1〉	填土	Q_4^{mc} Q_{3+4}^{al+pl}	2		1.65			欠密实
〈3-1〉	粉细砂		4.5	0.33	1.81			松散
〈3-2〉	中粗砂		6.0	0.3	2.00			稍密
〈3-3〉	砾砂		6.7	0.30	2.03			中密
〈4-2B〉	淤泥质土		0.001	0.67	1.7	11.42	1.236	
〈4N-1〉	粉质黏土（流塑～软塑）		0.01	0.50	1.88	23.47	0.834	软塑
〈4N-2〉	粉质黏土（可塑）		0.01	0.50	1.99	23.47	0.678	可塑
〈9C-2〉	微风化灰岩		2～8		2.5			

3 泥水盾构上软下硬地层施工难点

白云湖站—亭岗站区间上软下硬地层灰岩侵入隧道0.5～2m。根据以往盾构施工经验此种地层盾构掘进对刀具磨损比较严重，掘进过程中刀具损坏时需要及时开舱更换，换刀作业施工存在一定风险。

图1 间接式泥水盾构碎石机

本区间选用铁建重工直接式泥水平衡盾构机，开挖直径6280mm，进浆管直径250mm。排浆管分为两部分：第一部分从泥水舱到采石箱管路直径为300mm，第二部分从采石箱到地面泥水分离设备管路直径为200mm。盾构机设计初考虑到直接式泥水平衡盾构机没有碎石机（图1），因此在上软下硬地层掘进中刀盘切削较大石块容易堵塞排浆管路，因此在刀盘面板上增加格栅确保盾构掘进过程中进入泥水舱的石块最大粒径不超过250mm。

盾构机经过刀盘格栅改造后，在上软下硬地层掘进过程中进入泥水舱较大粒径的石块数量减少但是依然存在，导致环流携渣时经常堵塞管路。相比间接式泥水盾构，直接式泥水盾构控制精度低。管路堵塞会瞬间造成切口水压波动（波动范围±0.5bar），引起掌子面失稳造成地表隆起或沉降。

因此，研究解决直接式泥水盾构在上软下硬地层掘进控制，确保盾构掘进的连续性及地表沉降控制具有重要的工程实践意义。

4 参数控制

4.1 推进参数控制

（1）掘进速度

上软下硬地层掘进速度不宜过快，否则会造成刀具的损坏及大块渣土引起堵管的发生，影响施工进度。根据施工经验及分离设备出渣情况，速度控制在10～15mm/min之间。掘进过程中如果产生的大块渣土较多，环流不畅时可再适当降低掘进速度，控制在5～10mm/min。

（2）刀盘转速

在掘进速度一定的情况下，提高刀盘转速可以降低贯入度，确保刀盘可以将岩石切削成小块便于携带。根据施工现场掘进情况分析,刀盘转速由1.3r/min提高到1.8r/min。通过对分离设备初筛出渣情况进行分析,渣样颗粒直径变小,达到了预期效果。

4.2 环流参数控制

(1)流量控制

本区间泥水盾构进浆管直径250mm,排浆管直径200mm,由临界流速确定 Q_1Q_2,以及流速 v_1 和 v_2,临界流速用杜兰德公式计算。

$$v_L = F_L\sqrt{2gD\frac{G_s-\gamma}{\gamma}} \tag{1}$$

式中:v_L——临界沉淀流速(m/s);

D——管路直径(m);

G_s——固体相对密度,取2.7;

γ——浆液相对密度,取1.1;

g——重力加速度,取9.8m/s^2;

F_L——常数(送泥侧取0.76,排泥侧取1.35)。

由杜兰德公式计算得出:进浆临界速度:$v_{L1}=1.81$m/s,排浆临界速度 $v_{L2}=3.22$m/s;根据临界速度得出进浆临界流量 $Q_1=v_{L1}\pi D_1^2/4=320\text{m}^3/\text{h}$;排浆临界流量 $Q_2=v_{L2}\pi D_2^2/4=364\text{m}^3/\text{h}$。根据理论计算结果,在掘进过程中必须确保进浆流量不低于320m^3/h,排浆流量不低于364m^3/h,掘进过程中才不会发生渣土沉降现象。为了提高携渣能力,实际掘进过程中进浆流量控制在400m^3/h。结合白云湖站—亭岗站区间现场施工情况分析,上述流量控制满足要求。

(2)切口水压控制

泥水盾构掘进过程中,通过进浆泵把地面调整池的浆液输送至开挖面形成泥膜,然后把刀盘切削下来的渣土通过排浆泵输送至地面泥水分离设备进行渣浆分离。因此合理科学地设置切口水压保持掌子面的稳定是泥水盾构掘进的前提。

泥水盾构掘进开挖面切口泥水压力理论计算主要考虑地下水压力 p_1(kPa)、静止土压力 p_2(kPa)、主动土压力 p_4(kPa),被动土压力 p_3($p_3=20$kPa)、根据工程地质及水文参数,用以下公式可计算出本段开挖面的切口泥水压力。

切口泥水压力上限值:

$$p_{max}=p_1+p_2+p_3=\gamma_w h+K_0[(\gamma-\gamma_w)h+\gamma(H-h)]+20 \tag{2}$$

切口泥水压力下限值:

$$p_{min}=p_1+p_4+p_3=\gamma_w h+K_a[(\gamma-\gamma_w)h+\gamma(H-h)]-2c_u K_a^{0.5}+20 \tag{3}$$

式中:K_0——静止土压力系数,$K_0=0.5$;

K_a——主动土压力系数,$K_a=0.3$;

γ、γ_w——土的重度、水的重度;

c_u——黏聚力,$c_u=9$kPa。

施工过程中先根据上式进行切口水压理论计算,同时结合掘进过程中监测数据进行微调,确保地表轻微隆起,但同时保证不发生冒浆现象。

(3)进排浆压力差控制

根据环流统计情况分析,机内环流畅通情况下进排浆压力差在0.4bar左右,切入泥水舱开始掘进过程时进排浆压力差在0.5bar左右。上软下硬地层掘进过程中,采石箱石块积累过程中影响排浆，排浆不畅造成流量异常，从而进排浆压力变大甚至堵管情况时有发生，造成切口水压瞬间升高影响地表稳定性。根据现场监测及堵管发生参数控制分析，压力差为0.8bar时就立即停止掘进，切入机内旁通模式进行环流携渣，待恢复正常后再开始掘进，如果压力差持续不变，则需停机清理采石箱后再恢复掘进。

(4)泥浆参数控制

本区间上软下硬地层泥浆参数控制为：泥浆密度1.18～1.25g/cm^3，黏度23～25s，满足较快形成高质量的泥膜护壁、稳定开挖面，同时便于携渣的要求。

4.3 注浆控制

(1)同步注浆

根据刀盘开挖直径及管片外径计算出盾尾脱出管片后一环的理论注浆量。本区间采用1500mm管片，刀盘开挖直径6280mm，管片外径6000mm。经计算得出本区间理论注浆量为4.05m^3，填充系数为1.5～1.8，即每环注浆量控制在6.0～7.3m^3。根据地表监测情况最后确定每环注浆量控制在7m^3，压力控制在静水压力的1.5～2.0倍。

(2)二次注浆

同步注浆过程中存在浆液收缩后，管片缝隙出现渗漏水情况，需要对渗漏水部位进行二次注浆堵漏。二次注浆水灰比取1:1，初凝时间控制在35s，压力控制在3.0MPa。二次注浆过程中需要专人盯控管片，发现管片出现错台迹象时立即停止注浆。

4.4 姿态控制

本区间上软下硬地层掘进过程中，通过盾构姿态及后期管片人工姿态复核数据对比分析得出，此地层掘进过程中管片水平姿态比较平稳，垂直姿态在脱出盾尾后普遍存在上浮现象。根据数据分析每环上浮5cm左右，为了确保隧道最终成型质量，在掘进过程中垂直姿态控制在−40～−50mm之间，同时加大上部两根同步注浆管注入量。每环按上下2:1的比例模式进行注浆。在隧道顶部跟踪二次注浆，控制管片的上浮量。

5 设备改造

通过对施工过程中堵管原因的分析，掘进过程中产生的大块渣土进入采石箱后，因其形状呈扁平状，最小直径小于200mm，环流过程中容易从采石箱进入200mm的排浆管中堵塞管路。因此，防止进入采石箱的大块渣土再次进入200mm排浆管是解决堵管的最后措施。根据采石箱的内部空间，在采石箱靠近出口侧加焊格栅，格栅长宽各为110mm，斜对边长度为156mm(小于管路直径200mm)，如图2、图3所示。

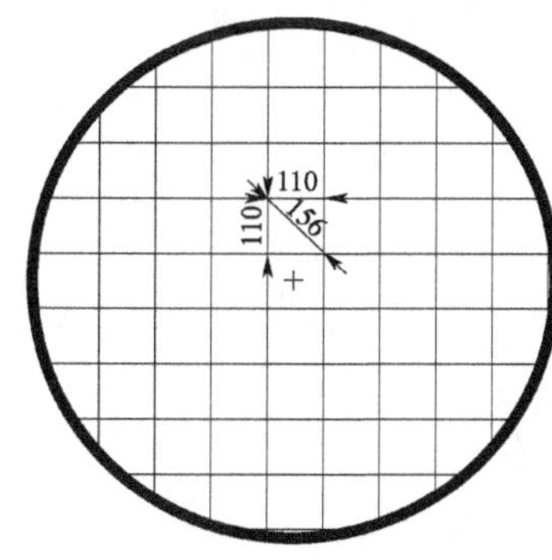

图2 采石箱加焊格栅示意图(尺寸单位:mm)

图3 采石箱加焊格栅后效果图

本区间对采石箱改造后大大降低了掘进堵管的发生,提高了施工的连续性。同时要特别注意每次清理完成采石箱后,都要对采石箱格栅进行检查,发现焊接脱落的及时补焊。

6 结语

在本区间直接式泥水平衡盾构上软下硬地层掘进过程中需要维持切口水压的稳定,关键在于环流参数的控制,盾构司机掘进过程中对参数变化的敏感性要高,根据现场掘进情况及时对参数进行微调,发现异常情况需要及时切换模式,避免堵管造成切口水压大的波动,甚至击穿地表造成地表不均匀沉降及塌方事故。上软下硬地层掘进过程中岩溶裂隙水丰富时,要加强盾构姿态控制,及时跟踪同步注浆及二次注浆,确保隧道成型质量。

参考文献

[1] 郭莹,郭承侃,陆尚谟. 土力学[M]. 大连:大连理工大学出版社,2003.

[2] 贾航,杜闯东,王文杰. 富水软弱地层浅埋大直径泥水盾构施工技术[J]. 隧道建设,2009, 29 (3): 347-350.

[3] 罗子强. 地铁盾构隧道渗漏原因及处理措施[J]. 科学之友,2010,15(2):69.

[4] 沈征难. 盾构掘进过程中隧道管片上浮原因及控制[J]. 现代隧道技术,2004, 41 (6).

小半径曲线盾构掘进安全质量控制技术

阮应书

（中铁十一局集团城市轨道工程有限公司　湖北武汉　430074）

摘　要：在地铁隧道盾构施工中，半径小曲线段掘进，质量安全控制比较困难，稍有不慎便会出现质量安全事故，造成重大经济损失。本文从小半径曲线盾构掘进的技术参数、质量安全控制措施入手，分析了小半径曲线盾构掘进的控制技术，提出了注意事项和管控措施。

关键词：小半径曲线；盾构掘进；主动铰接；被动铰接；管片选型

1　工程概况

野芷湖站—中间风井区间起于野芷湖站，区间下穿三环线、巡司河、洪山区李桥村及京九、京广铁路干线至中间风井。野芷湖站—中间风井区间右线全长1779.1m，约1218环（1.2m×155环+1.5m×1063环），左线全长1773.9m，约1213环（1.2m×150环+1.5m×1063环），采用盾构法施工。区间线间距为13.0~23.0m，线路平面最小曲线半径为350m。

本区间为盾构隧道，采用N字形坡，从野芷湖端头出发，线路沿2‰下坡逐步变坡至9.1‰，坡度下行至线路第一处最低点后以9.4‰上行至线路中间最高点，后以10‰坡度下行至中间风井，结构内墙面里程为右CK36+600.000（左CK36+593.168），结构覆土厚10~21.9m。区间设联络通道3座，里程分别为1号联络通道兼泵房右CK35+4414.000（左CK35+419.810）、2号联络通道右CK36+012.000（左CK36+016.224）、3号联络通道（中间风井中心里程）右CK36+610.000（左CK36+599.000）。

1.1　区间线路曲线参数

野芷湖站—中间风井区间平、竖曲线特征点及对应环号对照表见表1、表2。

野芷湖站—中间风井区间平面曲线特征点及对应环号对照表　　表1

序号	位置	交点编号	曲线要素	ZH点里程	对应环号	YH点里程	对应环号	YH点里程	对应环号	HZ点里程	对应环号
1	右线	右JD1	右转 $R=$ 350	右DK34+769.222	未至端墙	右DK34+829.222	7	右DK34+905.702	71	右DK34+965.702	121
2		右JD2	右转 $R=$ 400	右DK35+001.372	151	右DK35+066.372	195	右DK35+289.681	344	右DK35+354.681	388
3		右JD3	左转 $R=$ 550	右DK35+916.993	762	右DK35+986.993	809	右DK36+448.552	1117	右DK36+518.552	1163

作者简介：阮应书（1988—），男，本科，盾构技术主任。现主要从事盾构工程施工与技术管理工作。Email：943697626@qq.com。

续上表

序号	位置	交点编号	曲线要素	ZH 点里程	对应环号	YH 点里程	对应环号	YH 点里程	对应环号	HZ 点里程	对应环号
4	左线	左 JD1	左转 $R=350$	左 DK34 + 745.810	未至端墙	左 DK34 + 805.810	未至端墙	左 DK34 + 880.120	51	左 DK34 + 940.120	101
5		左 JD2	左转 $R=400$	左 DK34 + 990.091	143	左 DK35 + 055.091	188	左 DK35 + 276.162	355	左 DK35 + 341.162	419
6		左 JD3	左转 $R=550$	左 DK35 + 915.982	762	左 DK35 + 985.982	808	左 DK36 + 447.541	1116	左 DK36 + 517.541	1163

野芷湖站—中间风井区间竖曲线特征点及对应环号对照表 表 2

序号	位置	交点编号	曲线要素	起点里程	对应环号	变坡点里程	对应环号	终点里程	对应环号	坡度变化
1	右线	凸曲线 1	$R=5000$	右 DK34 + 882.396	52	右 DK34 + 900.000	66	右 DK34 + 918.400	82	2%下坡→9.1‰下坡
2		凹曲线 2	$R=5000$	右 DK35 + 368.612	397	右 DK35 + 415.000	428	右 DK35 + 461.388	458	9.1%下坡→9.4‰上坡
3		凸曲线 3	$R=5000$	右 DK36 + 176.640	936	右 DK36 + 225.000	968	右 DK36 + 273.352	1000	9.4%上坡→10‰下坡
4	左线	凸曲线 1	$R=5000$	左 DK34 + 882.468	53	左 DK34 + 900.000	68	左 DK34 + 917.368	82	2%下坡→9.1‰下坡
5		凹曲线 2	$R=5000$	左 DK35 + 374.864	401	左 DK35 + 421.000	432	左 DK35 + 467.140	463	9%下坡→9.4‰上坡
6		凸曲线 3	$R=5000$	左 DK36 + 176.640	936	左 DK36 + 225.000	968	左 DK36 + 273.356	1000	9.4%上坡→10‰下坡

1.2 区间管片注浆孔增设情况

区间 350m 小半径曲线段采用 1.2 环宽管片，部分位置 A、B 型管片每块均增设 2 个注浆孔，即每环增设 10 个注浆孔，再加上每环的 6 块管片的吊装孔每环共 16 个注浆孔（表 3、表 4）。管片增设注浆孔位置示意图如图 1 所示。

区间左线隧道管片增设注浆孔表 表 3

线别	起点里程	终点里程	环数	每环注浆孔个数	备注
左线	左 DK34 + 820.169	左 DK35 + 000.169	120	16	洞身穿越淤泥层，下穿三环线高架桥
左线	左 DK35 + 000.139	左 DK35 + 856.000	571	16	下穿李桥村三期在建小区；南环线（NK1 + 605）；南湖—大花岭上、下行联络线；上桥村房屋群
左线	左 DK35 + 906.000	左 DK36 + 000.000	63	16	下穿京广铁路下行线
左线	左 DK36 + 011.724	左 DK36 + 020.724	6	16	2 号联络通道
左线	左 DK36 + 050.000	左 DK36 + 130.000	54	16	下穿房屋
左线	左 DK36 + 194.000	左 DK36 + 250.000	38	16	下穿南环线（NHK0 + 650）
左线	左 DK36 + 364.000	左 DK36 + 394.000	20	16	下穿房屋

续上表

线别	起点里程	终点里程	环数	每环注浆孔个数	备注
左线	左 DK36 +430.000	左 DK36 +591.068	108	16	下穿京广铁路上行线;袁家屯民宅;风井
左线	左 DK36 +613.067	左 DK36 +616.067	2	16	区间风井兼盾构接收井与区间连接处
左线	左 DK36 +953.552	左 DK36 +962.552	6	16	4 号联络通道兼泵房
左线	左 DK37 +394.552	左 DK37 +403.552	6	16	5 号联络通道
左线	左 DK37 +889.450	左 DK37 +892.450	2	16	车站与区间连接处

区间右线隧道管片增设注浆孔表 表 4

线别	起点里程	终点里程	环数	每环注浆孔个数	备注
右线	右 DK34 +821.793	右 DK35 +007.793	124	16	洞身穿越淤泥层,下穿三环线高架桥
右线	右 DK35 +007.793	右 DK35 +870.000	575	16	下穿李桥村三期在建小区;南环线〈NHK1 +605〉;南潮 ~ 大花岭上、下行联络线;上桥村房屋群
右线	右 DK35 +900.000	右 DK35 +995.000	64	16	下穿京广铁路下行出
右线	右 DK36 +007.500	右 DK36 +016.500	6	16	2 号联络通道
右线	右 DK36 +060.000	右 DK36 +100.000	27	16	下穿房屋
右线	右 DK36 +195.000	右 DK36 +250.000	37	16	下穿南环线〈NHK0 +650〉
右线	右 DK36 +418.000	右 DK36 +599.000	121	16	下穿京广铁路上行线;袁家屯民宅;风井
右线	右 DK36 +621.000	右 DK36 +624.000	2	16	区间风井兼盾构接收井与区间连接处
右线	右 DK36 +954.000	右 DK36 +963.500	6	16	4 号联络通道兼泵房
右线	右 DK37 +395.500	右 DK37 +405.500	7	16	5 号联络通道
右线	右 DK37 +725.000	右 DK37 +825.000	67	16	侧穿武汉学院
右线	右 DK37 +889.448	右 DK37 +892.448	2	16	车站与区间连接处

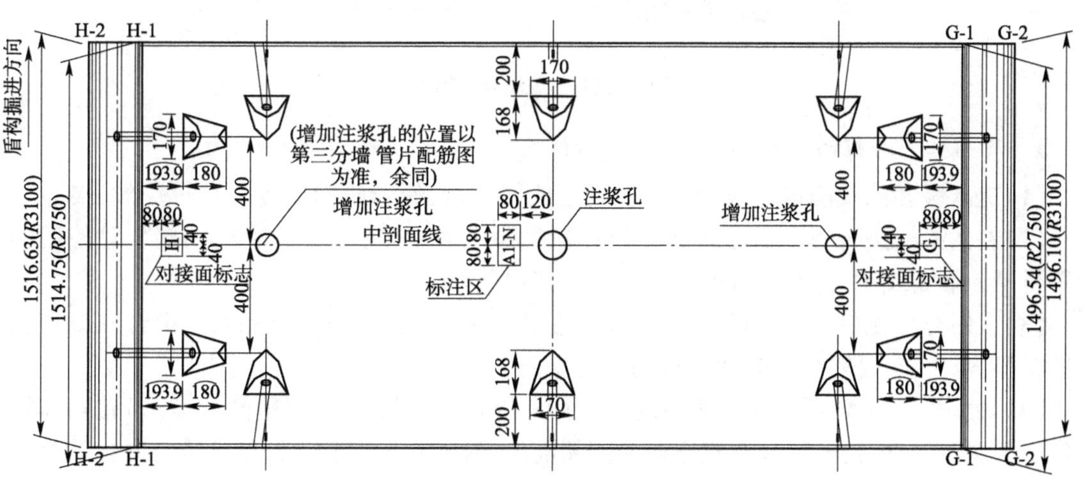

图 1 管片增设注浆孔位置示意图(尺寸单位:mm)

2 掘进参数控制

2.1 姿态控制

2.1.1 在平曲线段掘进时盾构机导向系统控制标准及要求

(1)曲线半径250~500m时,左偏曲线盾构机水平姿态宜控制在-30~-50mm范围内,右偏曲线盾构机水平姿态宜控制在+30~+50mm。

(2)曲线半径大于500m时,左偏曲线盾构机水平姿态宜控制在-20~-50mm范围内,右偏曲线盾构机水平姿态宜控制在+20~+50mm。

2.1.2 在竖曲线段掘进时盾构机导向系统控制标准及要求

(1)凹、凸曲线垂直姿态宜控制在±20~±50mm。

(2)凹、凸曲线控制好盾构机爬坡和下坡俯仰趋势,在竖曲线中段盾构机垂直姿态凹曲线宜控制在+30~+50mm,凸曲线宜控制在-30~-50mm(图2)。

(3)在曲线上盾构机水平趋势向线形相反方向不应大于40mm,直线段盾构机垂直姿态应控制在±50mm以内。

(4)若盾构机轴线与设计要求偏差超出±50mm,应停机并组织项目部相关人员召开技术会议进行分析,制订纠偏处理方案,经批准后方可恢复掘进。

(5)盾构掘进过程中纠偏应采取"缓纠、慢纠"的原则,每环纠偏量不应超过4mm。

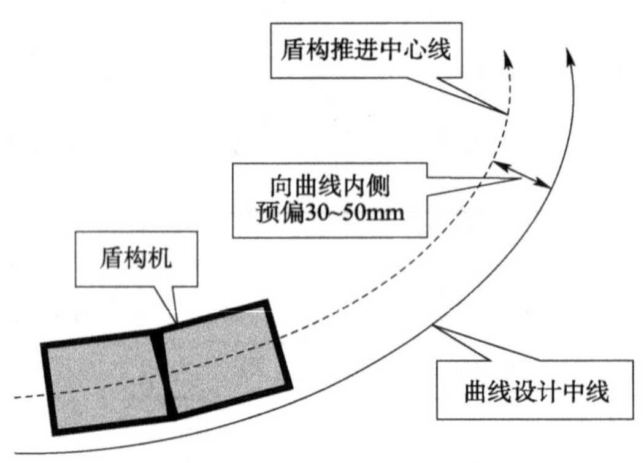

图2 盾构掘进纠偏示意图

2.1.3 盾构机姿态控制及纠偏,须采取的措施

(1)进入缓和曲线前控制盾构机姿态处于曲线内侧,便于盾构机转向时的姿态控制。

(2)在盾构机进入小半径曲线前提前打开盾构机主动铰接装置,利用铰接装置使盾构机尽量与设计轴曲线贴合,保证盾构机有一定的转向趋势。

(3)及时分析掘进数据,选取适当的盾构机方位角范围,使盾构机保持与设计曲线相当的前进趋势,避免较大偏差,及时调整盾构机姿态。

(4)做好管片选型工作,合理控制管片趋势,管片水平方向外侧稍微超前,即右侧油缸行程略小于左侧油缸行程;计算垂直方向两侧超前量,对管片坡度和设计坡度进行对比调整。

(5)加密导向系统移站,小半径曲线段每个班至少测量一次管片姿态,一般控制在每掘进10~20环移站一次,保证盾构机姿态测量的准确性,避免全站仪与棱镜距离过远无法搜索目标棱镜或测量过程中姿态频繁跳动。

(6)在强度较高的地层中开启仿形刀,对转弯半径内侧围岩进行超挖,为盾构机转向提供空间。因本区间为软土地层,超挖对盾构机转向影响不明显,故未采取此措施。

2.2 铰接的控制

盾构机设置铰接部分,使盾构切口至支撑环、支撑环至盾尾都形成活体,不仅增加了盾构的灵敏度,还可以在推进时减少超挖量,同时使推进分力和曲线段轴线贴合,确保了曲线施工的推进轴线控制,大大改善了管片外弧碎裂和管片渗水等(图3)。根据盾构推进千斤顶在盾构机上固定位置的不同,铰接装置可分为主动型和被动型两种。

(1)主动型铰接装置。依靠铰接千斤顶的主动伸缩使得盾构机前后部分发生弯折。盾构推进千斤顶固定在盾构机的后部,推进千斤顶的推力作用在盾构机的后部,再通过铰接千斤顶传递到盾构机前部。

(2)被动型铰接装置。依靠外力使铰接千斤顶伸缩,从而使盾构机前后部分发生弯折。盾构推进千斤顶油缸的后端顶在盾构机的前部,油缸的前部搁置在摆动支承上,推进千斤顶的推力直接作用在盾构机前部。铰接角度:

$$\alpha \approx \gamma = \frac{1}{2}\beta = \frac{1}{2}(L_1 + L_2) \times \frac{180}{\pi R}$$

式中:L_1、L_2——铰接前后盾体的长度($L_1 + L_2$ = 盾体总长);

R——曲线半径;

α——盾构机在小半径曲线上的铰接角度;

β——盾体长度在转弯曲线上对应的圆心角;

γ——圆心角的一半(α 略大于 γ),此角度应小于盾构机自身的最大铰接角度。

通过固定铰接千斤顶行程差来固定盾构机的铰接角度,从而使盾构机适应相应的曲线半径。铰接千斤顶行程差 = 千斤顶最大行程差 ×(左右铰接角度)/最大左右铰接角度。

铰接装置是便于盾构机进行弯道掘进的装置。盾构机主体的支承环分为前筒和后筒两部分,并通过12根铰接千斤顶连接,总推力31800kN,最大有效行程200mm,可根据需要使前筒和后筒弯曲。在顶部、底部两处设有滚动止动销,可防止前筒和后筒相互滚动。最大铰接角度为左右1.5°、上下0.5°。请勿进行超过该铰接角度的铰接作业。进行铰接操作时,请先将所有铰接千斤顶伸出25mm以上,然后再开始铰接动作。前筒和后筒的嵌合部装有铰接密封,可防止地下水、土、砂进入。铰接密封间的油脂为自动注脂(图4)。

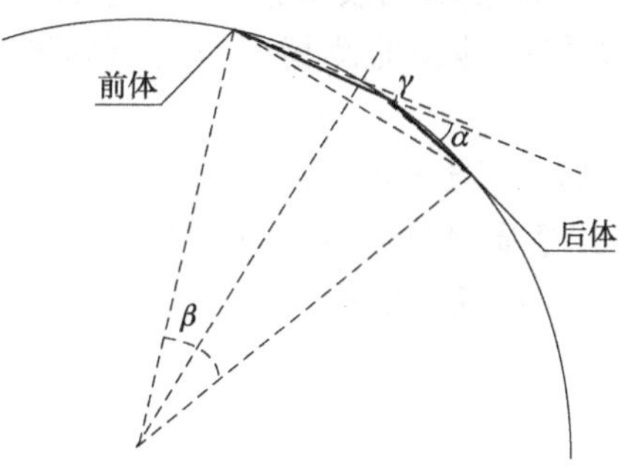

图3　铰接角度贴合曲线示意图

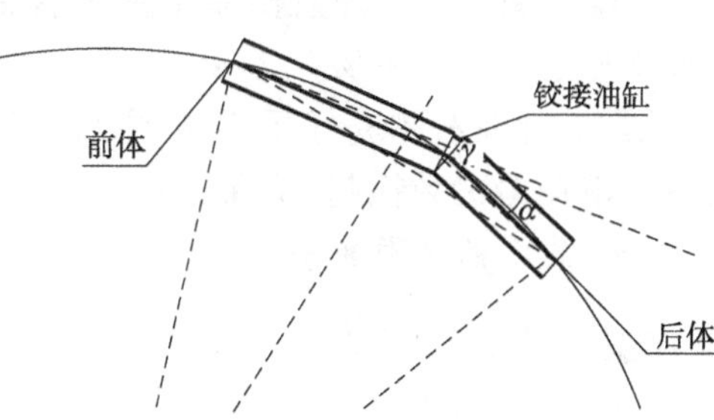

图4　盾体贴合曲线时铰接油缸展开情况示意图
(取内侧油缸行程为0)

各半径曲线铰接角度和行程差贴合理论参考值见表5。

各半径曲线段铰接角度和行程差贴合理论参考值　　表5

曲线方位	曲线半径（m）	理论贴合铰接角度 α	铰接设计极限转弯角度	铰接行程差（mm）
水平方向	350	0.77°	1.5°	103
	400	0.67°	1.5°	89
	550	0.49°	1.5°	65
垂直方向	5000	0.054°	0.5°	7

2.3　管片趋势控制

(1)水平方向转弯段管片趋势稍大于盾构机趋势,即右侧油缸行程略小于左侧油缸行程;垂直方向通过量取管片超前量和盾构机趋势进行对比,调整使二者保持一致。

(2)在小半径圆曲线掘进过程中,管片受到外侧分力作用,土体具有蠕变特性以及出现水平方向土体压力不均,管片在长时间承受千斤顶水平分力的情况下,管片会向外侧整体移动。

小半径曲线段掘进管片位移量 δ 可用下式表达:

$$\delta = P\zeta = \frac{T}{R}\zeta$$

式中:T——盾构机推力的反作用力;

P——土体对管片侧面的附加应力;

R——转弯半径;

ξ——变形系数。

由上式可知,当盾构机的推力越大时管片侧向位移也越大,当掘进的转弯半径越小时管片侧向位移也越大,掘进过程中在满足各项参数的前提下应尽量降低掘进速度,减小推力。

2.4　注浆控制

(1)在设计圆曲线外侧额外增加同步注浆量,同时保持右侧注浆压力略大于左侧注浆压力,一方面可以充分填充盾构掘进时产生的超挖量,另一方面可以抑制管片向曲线外侧位移。左右两侧注浆比例可根据管片姿态确定。

(2)控制掘进速度在50mm/min以内,以保证同步注浆的填充效果,控制好盾尾油脂量的使用,确保盾尾不漏浆。如漏浆需采取措施控制,同时根据地面监测情况及时调整同步注浆量,必要时及时进行二次注浆。

(3)每隔10环在右侧进行开孔,补注双液浆,固定管片,防止侧移侵限。

(4)从浆液质量参数抓起,确保原材料质量合格、拌浆质量和浆液运送过程中的参数变化情况满足要求,禁止私自添加任何添加剂造成浆液品质参数发生变化。

3　管片拼装

3.1　管片点位选择原则

(1)熟悉线路参数(适合隧道设计线路),即盾构机管片去拟合设计线路走向(正常阶段);在纠偏段时管片选型要拟合盾构机的纠偏线路(表6)。

管片通缝和错缝拼装点位规律列表　　表 6

上环点位	本环可拼点位(错缝)					本环可拼点位(通缝)										
1	3	6	9	12	15	1	2	4	5	7	8	10	11	13	14	16
2	4	7	10	13	16	2	3	5	6	8	9	11	12	14	15	1
3	5	8	11	14	1	3	4	6	7	9	10	12	13	15	16	2
4	6	9	12	15	2	4	5	7	8	10	11	13	14	16	1	3
5	7	10	13	16	3	5	6	8	9	11	12	14	15	1	2	4
6	8	11	14	1	4	6	7	9	10	12	13	15	16	2	3	5
7	9	12	15	2	5	7	8	10	11	13	14	16	1	3	4	6
8	10	13	16	3	6	8	9	11	12	14	15	1	2	4	5	7
9	11	14	1	4	7	9	10	12	13	15	16	2	3	5	6	8
10	12	15	2	5	8	10	11	13	14	16	1	3	4	6	7	9
11	13	16	3	6	9	11	12	14	15	1	2	4	5	7	8	10
12	14	1	4	7	10	12	13	15	16	2	3	5	6	8	9	11
13	15	2	5	8	11	13	14	16	1	3	4	6	7	9	10	12
14	16	3	6	9	12	14	15	1	2	4	5	7	8	10	11	13
15	1	4	7	10	13	15	16	2	3	5	6	8	9	11	12	14
16	2	5	8	11	14	16	1	3	4	6	7	9	10	12	13	15

(2)适应盾构

机的姿态,保证推进油缸行程差及盾尾间隙满足要求(根据盾构机姿态、千斤顶的行程差来计算管片的姿态,根据管片姿态与盾构机姿态计算管片脱出盾尾时的盾尾间隙),盾尾间隙标准值为70mm,须保证任意盾尾间隙不得小于55mm,行程差不得大于60mm。

(3)量取管片超前量,计算管片坡度,从而贴合隧道竖曲线。

3.2　管片选型的一般规律

根据区间管片构造,*K* 块中心线位置为最短点,则管片选型整体规律可总结为:哪里盾尾间隙最大,*K* 块拼装在哪里(根据点位选择就近点位亦可);哪里油缸行程最短,*K* 块拼装在哪里(根据点位选择就近点位亦可)。二者的选择取决于本环重点调整哪一项,或者取二者中间的点位,二者兼顾调整。

3.3　管片的楔形量

区间管片采用1.2m和1.5m两种管片,1.2m管片用在350m小半径曲线上,1.5m管片用在400m和550m转弯半径曲线上,管片厚度为350mm,最大楔形量为40mm,为等腰楔形(双面楔形)。

楔形量的调整反映在油缸的行程差上,最终调整的是盾尾间隙。如图5所示,取管片周边任一点 A,AH 为该点位楔形量的一半,A' 和 H' 分别为 A 和 H 在 GF 上的投影点。图中 $EF=20\text{mm}$ 等于最大楔形量的一半,管片半径 $R=3100\text{mm}$,管片直径 $D=6200\text{mm}=GF$,则根据 $\triangle GA'H' \backsim \triangle GEF$ 有:

$$\frac{A'H'}{GH'} = \frac{EF}{GF} \Rightarrow A'H' = \frac{EF}{GF}GH' = \frac{20\text{mm}}{D}GH'$$

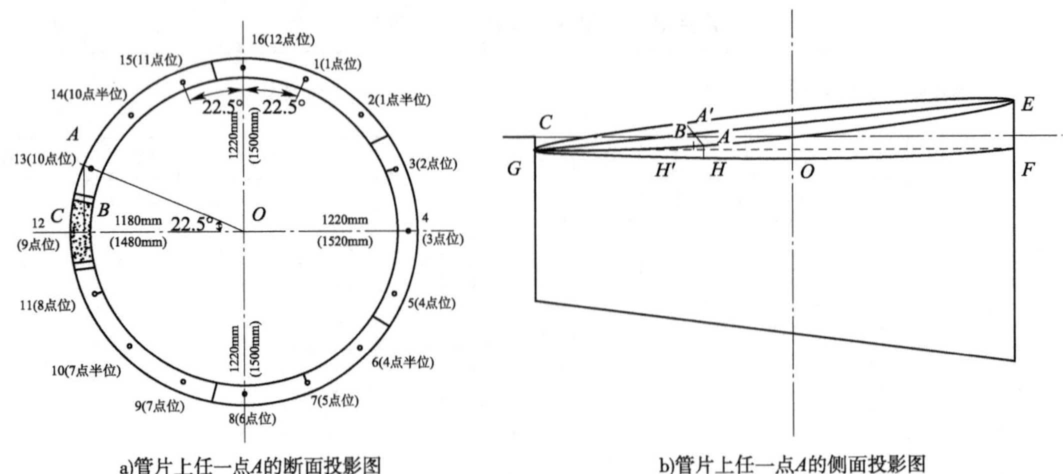

图 5　管片楔形量计算

而 GH 的投影 GH' 等于 BC，即 $GH' = BC = R - R\cos\angle AOB$，则 A 点的楔形量 X 为：

$$X = 2AH = 2 \times 20 \div 6200 \times (3100 - 3100\cos\angle AOB)$$
$$= 20 \times (1 - \cos\angle AOB)$$

根据点位分布，$\angle AOB = n \times 22.5°$（$n$ 可以取 0、1、2、3、4、5、6、7、8、9、10、11、12、13、14、15、16），则相应计算出当 K 块拼装在 12(9 点位)时对应各点位的楔形量，如图 6 所示。

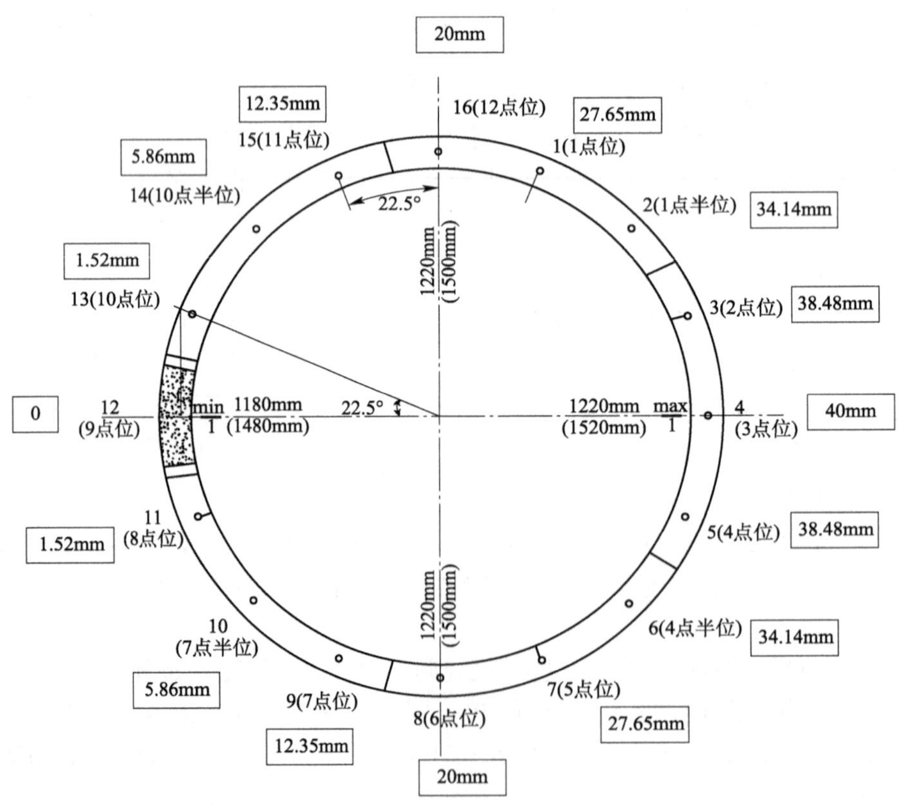

图 6　管片各点位的楔形量分布图

1.2m 管片按照 K 块拼装在同一位置模拟得到极限转弯半径 $R=189126$mm，满足 350m 小半径转弯需求；竖曲线半径为 5000m，也满足要求（图 7）。

1.5m 管片按照 K 块拼装在同一位置模拟得到极限转弯半径 $R=235626$mm，满足 400m 和 550m 转弯半径需求；竖曲线半径为 5000m，也满足要求（图 8）。

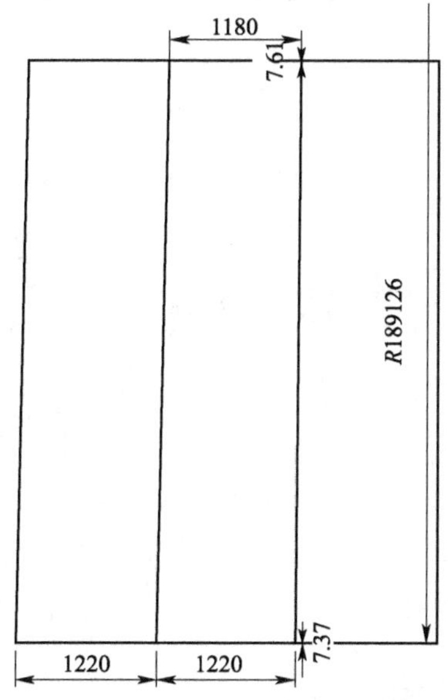

图 7　1.2m 管片理论极限转弯半径模拟（尺寸单位：mm）

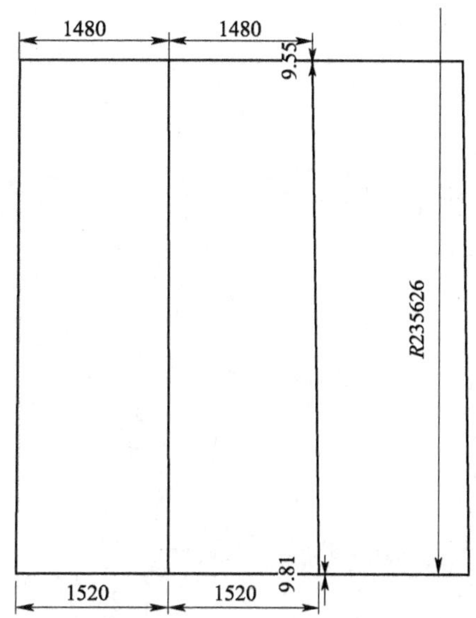

图 8　1.5m 管片理论极限转弯半径模拟（尺寸单位：mm）

3.4　区间线路管片模拟及点位选择

（1）1.2m 管片在 350m 半径左转圆曲线上的模拟如图 9 所示，得到管片适应楔形量为 $1211-1189=22\text{mm}<40\text{mm}$，满足转弯需求（主要讨论水平曲线）。

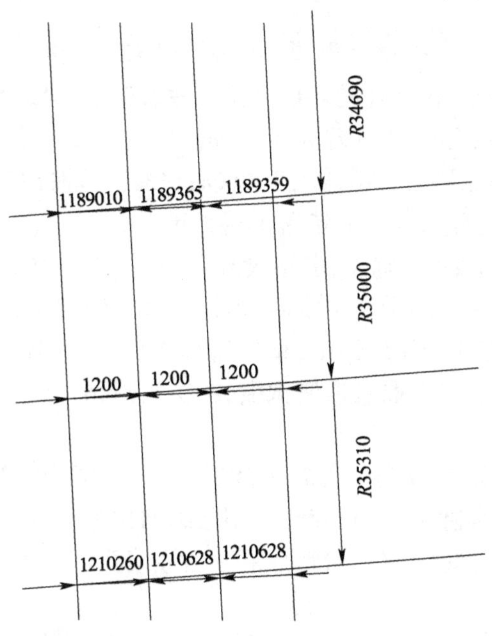

图 9　1.2m 管片在 350m 半径圆曲线上的模拟（尺寸单位：mm）

(2)1.5m 管片在 400m 半径左转圆曲线上的模拟如图 10 所示，得到管片适应楔形量为 1512 − 1488 = 24mm < 40mm，满足转弯需求（主要讨论平曲线）。

(3)1.5m 管片在 400m 半径左转圆曲线上的模拟如图 11 所示，得到管片适应楔形量为 1508 − 1492 = 16mm < 40mm，满足转弯需求（主要讨论平曲线）。

因此，参考管片各点位楔形量，转弯段管片 *K* 块基本集中拼装在左侧 9、10、11、12（较少）、13、14、15 点位。

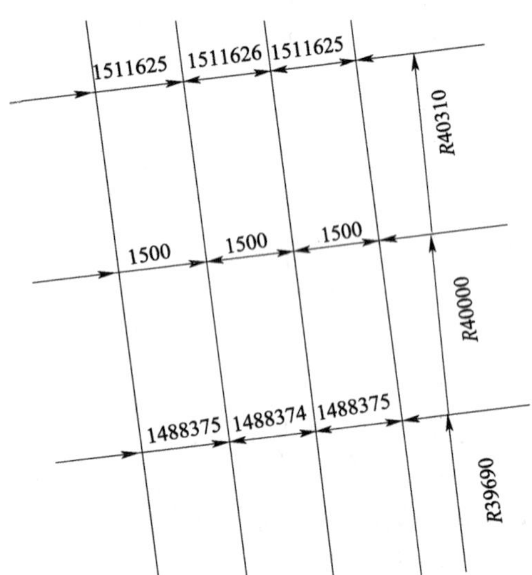

图 10　1.5m 管片在 400m 半径圆曲线上的模拟（尺寸单位：mm）

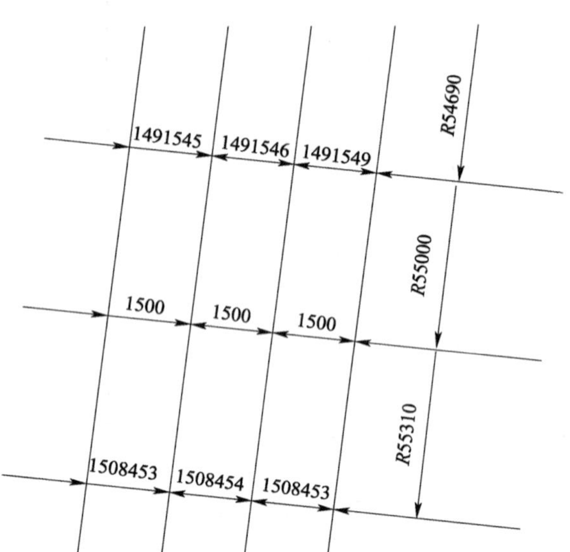

图 11　1.5m 管片在 550m 半径圆曲线上的模拟（尺寸单位：mm）

3.5　注意事项

(1) 严禁调整任意块管片的相对位置，即块与块之间的顺序。

(2) 整环拼装的允许误差，相邻环的环面间隙为 ≤2.0mm，纵缝相邻块间隙为 ≤2.0mm；成环后内径偏差 ±2.0mm；衬砌环外径偏差为 +6.0mm、−2.0mm；拼装过程中同环块与块之间错台不得大于 5mm，环与环之间错台不得大于 6mm；拼装完成脱出盾尾后，成型管片同环块与块之间错台不得大于 10mm，环与环之间错台不得大于 15mm。

(3) 管片运输至盾尾进行拼装前，用水将管片、盾尾清洗干净，首先使用管片拼装机拼装拱底相应的一块，拼装前将相应的千斤顶收回，再进行管片的定位、螺栓的连接。螺杆拧紧后，再将拼装成型的管片所对应的千斤顶伸出，顶住管片块，依次循环，拼装剩余标准块、邻接块、封顶块，并提前用封顶块标准尺量取封顶块宽度，在拼装封顶块时，保证封顶块搭接 3/5，再顶推纵向插入。

(4) 针对小半径曲线上隧道纵向位移较大间距，建议在隧道靠近开挖面后 50 ~ 60m 范围内的管片设置加强肋，以增强隧道纵向刚度，控制其纵向位移。加强肋采用[22a 槽钢，用钢板焊接成型或者采用钢丝绳，用螺栓将其与管片的预留注浆孔进行连接，从而将隧道纵向连接起来，以加强隧道纵向刚度。

(5) 严格按照要求做好螺栓复紧，按制度规定的次数、拧度执行，每天进行检查。

4 其他问题控制措施

4.1 管片易错台、破损、渗漏

可采取如下措施：

(1)盾构机左右区推力差不得过大，若维持盾构机沿设计曲线需要较大力推差时，需考虑盾构机方位角及管片趋势是否需要调整，正常情况下，左右推力差不宜大于3000kN。另外，力差调整时不宜突然加大或释放推力。

(2)提高管片拼装精度，避免管片拼装过程中产生错台及破损；做好螺栓复紧工作，减小管片拖出盾尾后的位移及变形。

(3)合理控制盾尾间隙，小半径转弯时，一般控制曲线内侧盾尾间隙略大于外侧盾尾间隙，同时均匀控制上下部盾尾间隙。

(4)做好管片的自防水工作。管片防水粘贴合格后方可投入使用，在拼装前应检查待拼装管片及上一环已拼装管片的止水条是否完好清洁，管片外侧是否破损等。

(5)适当控制浆液及盾尾油脂质量，并保证足够的用量，在管片外侧形成防水防线。

4.2 电动车易脱轨或擦碰盾构机台车

可采取如下措施：

(1)做好电动车日常巡检与维保工作，针对电动车轮子易磨损的情况，提前备足配件，及时检修。

(2)加强对电动车轨道的巡检，轨道卡簧脱落或轨枕变形时应及时修整。

(3)在转弯段，应保证外轨面高于内轨面，高差不宜超过10mm。轨面高差异常时，及时通过葫芦或千斤顶等进行调整，然后用 $\phi12$ 的圆钢连接轨枕，必要时将轨枕与下部管片螺栓连接固定，避免轨道整体偏移。

4.3 盾构机连接桥易变形，皮带输送易掉落渣土

可采取如下措施：

(1)日常巡检时注意观察连接桥的受力状况，合理调整连接桥末端的活动间隙；盾构机掘进时合理选择刀盘转向，控制盾构机侧滚处于 $\pm1.5°$ 以内，减小连接桥受到环向作用力的影响。

(2)及时调整各节皮带架的相对位置，使皮带整体接近隧道曲线；适时调整皮带刮泥板，必要时在皮带出渣口增加一道刮泥板。

(3)及时清理皮带架等皮带下部结构上堆积的渣土。

4.4 管片姿态测量和地面监测要求

(1)根据公司中心2017年7月14日半年工作总结视频会再一次强调要求，在淤泥质地层和半径小于或等于350m地段，管片每5环测量一次。本区间始发段满足两个条件，必须每5环进行一次测量，特殊情况下须每环测量一次，并汇总数据，及时分析管片变化规律，并采取相应的控制措施。后续400m半径和550m半径段每10环测量一次管片姿态(图12、图13)。

(2)掘进过程中应勤搬站、勤复核，确保各项数据的准确性和精确性。

(3)派专人进行地面巡视，加大地面监测频率，及时反馈数据，及时指导参数的调整。

图 12　区间左线 350m 小半径曲线段成型隧道

图 13　区间右线 350m 小半径曲线段成型隧道

5　结语

盾构施工小半径曲线段掘进中安全质量控制风险大,好的技术预控措施是规避风险的根本保障。

小半径曲线段盾构始发盾构机的轴线定位

阮应书

（中铁十一局集团城市轨道工程有限公司　湖北武汉　430074）

摘　要：在地铁隧道盾构施工中，盾构始发轴线定位通常是仁者见仁，智者见智，但在曲线段上始发，尤其是小半径曲线段始发，一个是否合理的始发盾构机轴线将决定盾构始发的成败。本文重点对小半径曲线段盾构始发时盾构机水平，使用垂直轴线定位方法进行分析，制订选取原则，进行结果论证，并给出施工注意事项。

关键词：小半径曲线；盾构始发；盾构机；轴线定位

1　平面水平轴线定位

1.1　盾构始发

盾构始发是指盾构在安装始发竖井内，自盾构主机开始定位安装完成，刀盘向前推进贯入围岩，沿设计线路向前掘进，直至具备拆除负环条件为止。一般分为负环管片拼装、端头加固体掘进、试掘进三个阶段。

由于盾构始发端头加固体段（一般大于或等于盾体总长）强度高，围岩稳定，刀盘开挖直径一般仅大于前盾盾体直径 2 ~ 3cm、大于中盾直径 3 ~ 4cm、大于盾尾直径 4 ~ 5cm，盾体与围岩间隙极小，仅在 1 ~ 2.5cm 之间，并且盾体完全进入洞门之前，盾体始终处于在托架上滑行阶段。因此，盾体在加固体内可纠偏角度极小，不适宜纠偏。若强行纠偏，在不开仿形刀（超挖刀）的前提下极易导致尾盾卡在加固体内，从而须强行脱困，存在盾体变形、始发托架移位、大推力脱困致反力架失稳等重大安全风险；同时若始发段轴线定位不当，会造成盾构机进入自然土体时会存在较大应纠偏趋势，掘进过程中会造成极大的纠偏难度，同时极易带来较大的质量问题，尤其是在小半径曲线段始发，始发轴线定位不当会造成重大安全质量事故。

鉴于上述因素，始发洞门内割线段范围一般取盾体长度（加固体长度一般和盾体长度一致）。

案例：武汉市轨道交通 8 号线三期工程野芷湖站—黄家湖地铁小镇站区间盾构施工。

本区间共采用 4 台盾构机，分别从野芷湖站大里程端和黄家湖小里程端始发，向中间风井掘进完成后吊出，野芷湖始发站右线处于左转 350m 曲率缓和曲线、左线处于左转 350m 半径圆曲线段；黄家湖站左右线均位于 1000m 右转缓和曲线段上（表 1、表 2）。盾构始发段盾体与周围围岩间隙极小，且盾体位于始发托架上滑行，不具备纠偏条件，因此为了保证盾构机出加固体后能够满足纠偏需求，始发过程的轴线定位显得尤为重要。

作者简介：阮应书（1988—），男，本科，盾构技术主任。现主要从事盾构工程施工与技术管理工作。Email：943697626@qq.com。

野芷湖站—中间风井区间平面曲线特征点及对应环号对照表　　表1

序号	位置	交点编号	曲线要素	ZH点里程	对应环号	HY点里程	对应环号	YH点里程	对应环号	HZ点里程	对应环号
1	右线	右JD11	左转 R = 350	右DK34 + 769.222	未至端墙	右DK34 + 829.222	7	右DK34 + 905.702	71	右DK34 + 965.702	121
2		右JD2	右转 R = 400	右DK35 + 001.372	151	右DK35 + 066.372	195	右DK35 + 289.681	344	右DK35 + 354.681	388
3		右JD3	左转 R = 550	右DK35 + 916.993	762	右DK35 + 986.993	809	右DK36 + 448.552	1117	右DK36 + 518.552	1163
4	左线	左JD1	左转 R = 350	左DK34 + 745.810	未至端墙	左DK34 + 805.810	未至端墙	左DK34 + 880.120	51	左DK34 + 940.120	101
5		左JD2	右转 R = 400	左DK34 + 990.091	143	左DK35 + 055.091	188	左DK35 + 276.162	335	左DK35 + 341.162	419
6		左JD3	左转 R = 550	左DK35 + 915.982	762	左DK35 + 985.982	808	左DK36 + 447.541	1116	左DK36 + 517.541	1163

野芷湖站—中间风井区间竖曲线特征点及对应环号对照表　　表2

序号	位置	交点编号	曲线要素	起点里程	对应环号	变坡点里程	对应环号	终点里程	对应环号
1	右线	凸曲线1	R = 5000	右DK34 + 882.396	52	右DK34 + 900.000	66	右DK34 + 918.400	82
2		凹曲线2	R = 5000	右DK35 + 368.612	397	右DK35 + 415.000	428	右DK35 + 461.388	458
3		凸曲线3	R = 5000	右DK36 + 176.640	936	右DK36 + 225.000	968	右DK36 + 273.352	1000
4	左线	凸曲线1	R = 5000	左DK34 + 882.468	53	左DK34 + 900.000	68	左DK34 + 917.368	82
5		凹曲线2	R = 5000	左DK35 + 374.864	401	左DK35 + 421.000	432	左DK35 + 467.140	463
6		凸曲线3	R = 5000	左DK36 + 176.640	936	左DK36 + 225.000	968	左DK36 + 273.356	1000

以野芷湖站—中间风井区间右线使用的大冶有色重装001#盾构机为例：该盾构机刀盘开挖直径为6460mm，前盾外径6440mm，中盾外径6430mm，尾盾外径6430mm（图1）。

1.2　平面轴线定位控制条件

盾构始发轴线通常存在两种形式：割线和切线。

盾构在曲线上掘进由于管片受到向外侧分力，会造成管片的外向侧移（图2），因此掘进时轴线姿态须控制在曲线内侧，但同时又需要保证盾构机进洞时盾体位于轴线中心点，以保证洞门密封装置的密封效果（图3），因此就带来了割线始发的概念，从严格意义上讲盾构曲线段始发均应采用割线始发。

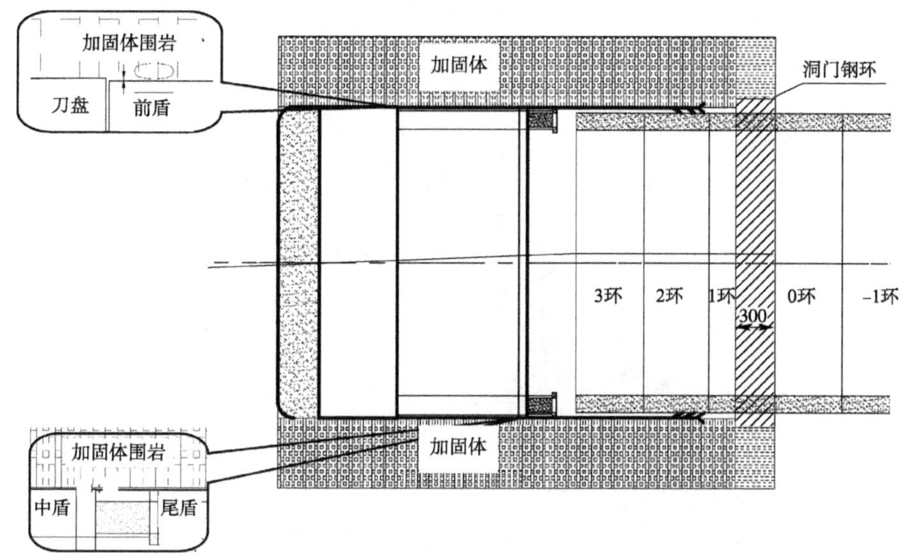

图1　盾构机处于加固体内位置模拟(尺寸单位:mm)

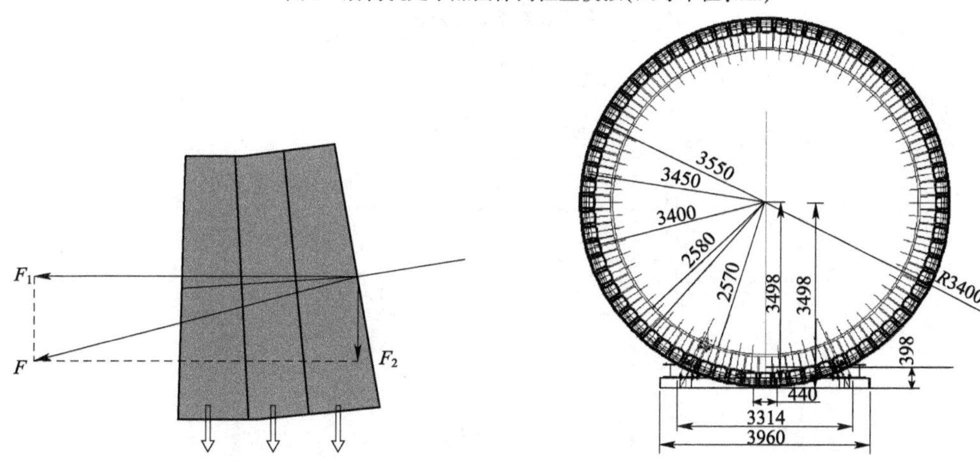

图2　曲线始发管片受力分析

图3　始发洞门密封装置示意图(尺寸单位:mm)

由于一般车站墙面和始发井口后端墙面均与隧道曲线洞门点截面平行,即墙面洞门中心点在隧道曲线的切线与始发井口同轴,割线始发必然带来盾构机、始发托架、反力架等的轴心线与端墙面存在不垂直现象,始发掘进时盾构机的反作用力不能垂直作用在后端墙面上(图4),会带来反力架水平方向的侧移失稳现象。因此也就有了切线始发的概念,用以保证在某些特殊情况下——始发推力较大、反力架侧向加固困难时反力架的安全。

在小半径曲线段,若采用切线始发将会造成轴线偏差大的质量安全事故,但当曲线半径足够大时,轴线偏差造成的影响可以忽略,相比于反力架水平方向侧移的可控制性而言,小半径曲线下的割线始发就显得尤为重要,通常综合取舍:始发曲线半径不小于2000m时采用切线始发(图5),始发曲线半径小于2000m时采用割线始发(图6)。

严格意义上讲,只有在盾构机完全脱离始发托架且铰接缝过加固体后方可保证尾盾部分不会因纠偏失当造成卡壳现象,方具备纠偏条件。但考虑到刀盘至铰接缝约6m、4~5环的距离,在满足要求的纠偏措施下,一般可将开始纠偏的位置放宽:在小半径段,取刀盘出加固体时刀盘中心前点与设计轴线重合;在稍大半径段取盾构机脱离托架时刀盘前点和洞门中心点为洞内割线段。

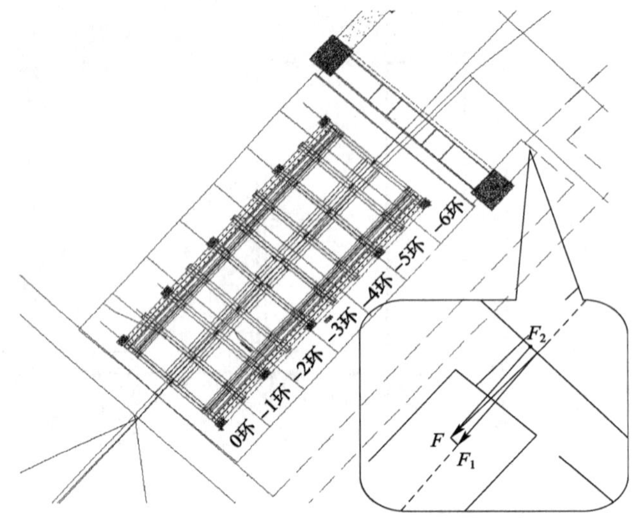

图4　反力架后支撑受力分解图

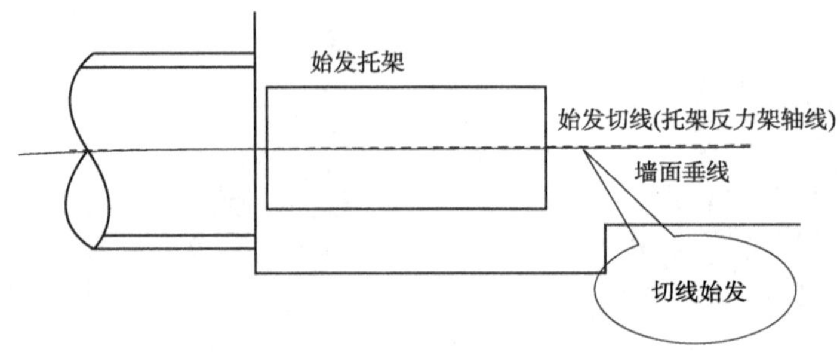

图5　切线始发示意图

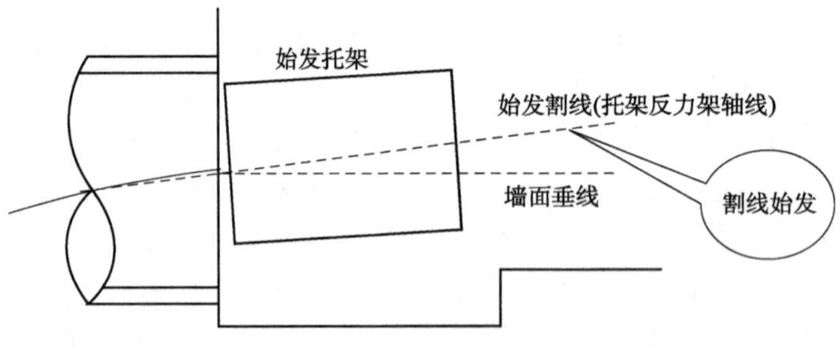

图6　割线始发示意图

因此,盾构始发轴线定位通常须遵循以下条件:

(1)刀盘出加固体时刀盘中心前点与设计隧道轴线重合或者在内侧。

(2)永久性结构管片(区别于负环和0环)部分不得存在轴线偏差超控制值,一般情况下不得超过±50mm,特殊情况下不得超过±100mm。

(3)须考虑车站预埋洞门钢环的中心点位置和底板标高(托架一旦确定,底板标高直接影响轴线前点的标高),确保刀盘进入洞门帘布时刀盘中心不得偏心过大,从而造成密封装置失去密封效果。

(4)保证盾构机后配套部分能够顺利通过侧墙面和反力架框架,不会造成刮擦。

(5)反力架作用力轴线与墙面反作用力轴线直间夹角不宜过大,如不能满足,则须采取可靠的加固措施,确保反力架水平方向的稳定性。

1.3 平面水平轴线的确定

1.3.1 割线始发轴线确定

根据上述控制条件,可以确定一个端点,即加固体边缘(一般加固体长度略等于盾体长度,亦可取以盾体长度为半径的圆与设计轴线的交点为端点)与隧道线路设计轴线的交点。但过此点割线有无数条,当仅存在1条或者2条能够满足要求时(图7),如何根据控制条件进行取舍呢?

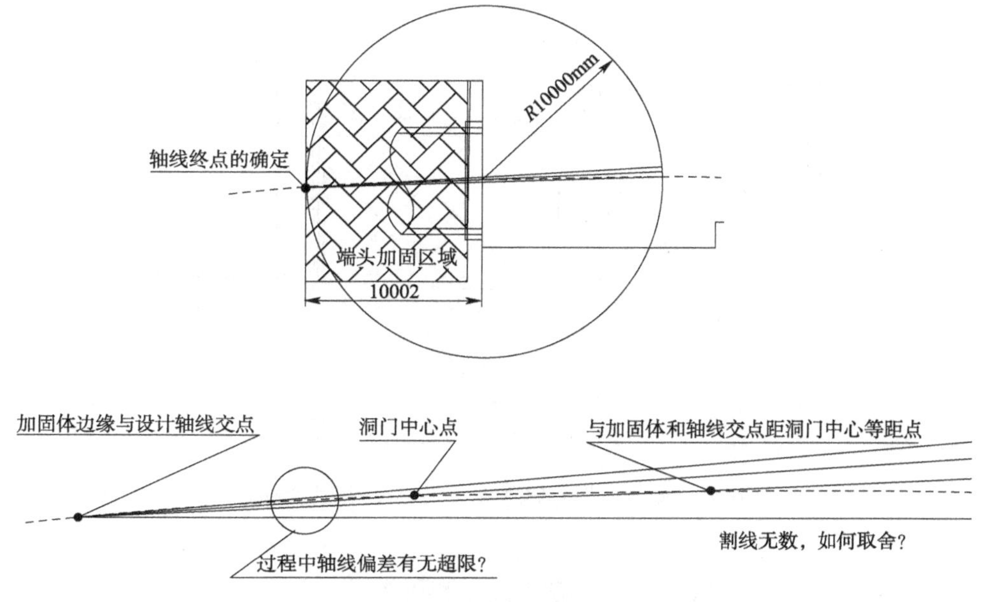

图7　始发割线分布示意图(尺寸单位:mm)

鉴于区间始发段线路半径均较小,须采用割线始发。终点端点已经确认,根据控制条件,管片姿态不得超限和刀盘进入洞门须保持在洞门中心点这两个硬性条件是选取第二个端点的关键。先进行割线的初步选取,后再根据车站结构特点进行微调。

割线的初步确定:区间端头加固的范围为距离端头10m左右,以10m为半径作圆,与隧道设计轴线的交点即为终点,取洞门中心点(严格意义上应取洞门钢环中心点方可保证洞门进入帘布时才位于中心)两点连线,后反向延长至车站内(图8),并做线路两侧两条距离50mm辅助线进行复核是否存在超限,若超限须以终点为圆心进行割线旋转,与内侧50mm距离辅助线的交点即为新确认的割线(图9)。

若未超限,则进行下一步验证,验证割线与车站侧墙面的距离是否满足后配套部分的行走,最后进行综合取舍。

(1)野芷湖站—中间风井区间:野芷湖站右线采用大冶001号盾构机,后配套最低最宽处为操作室,距中心线2.39m,初步割线距墙面2.36m,恰好能够满足要求;左线轴线距墙面2.8m,也满足需求,因此左右线均采用此初步确认的割线进行平面定位(图10)。

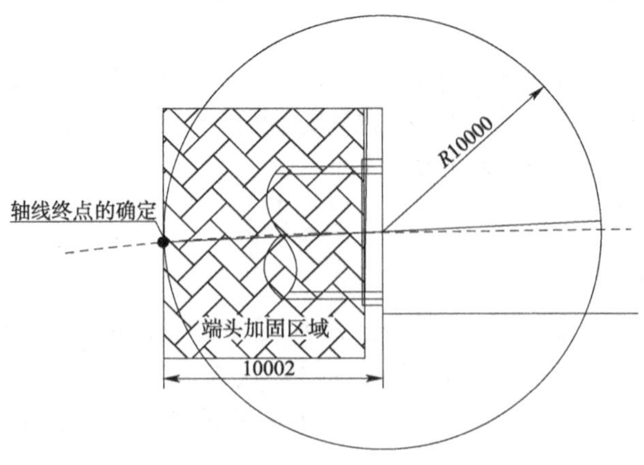

图 8　割线的初选取示意图(尺寸单位:mm)

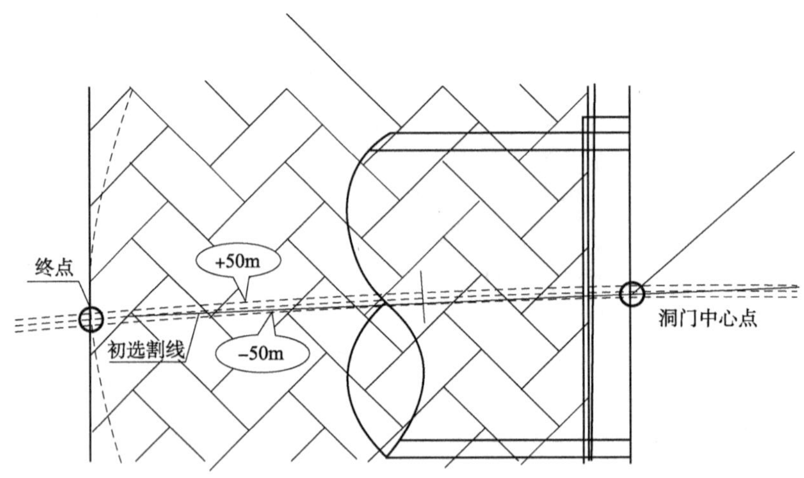

图 9　割线段成型隧道管片轴线超限与否检验示意图

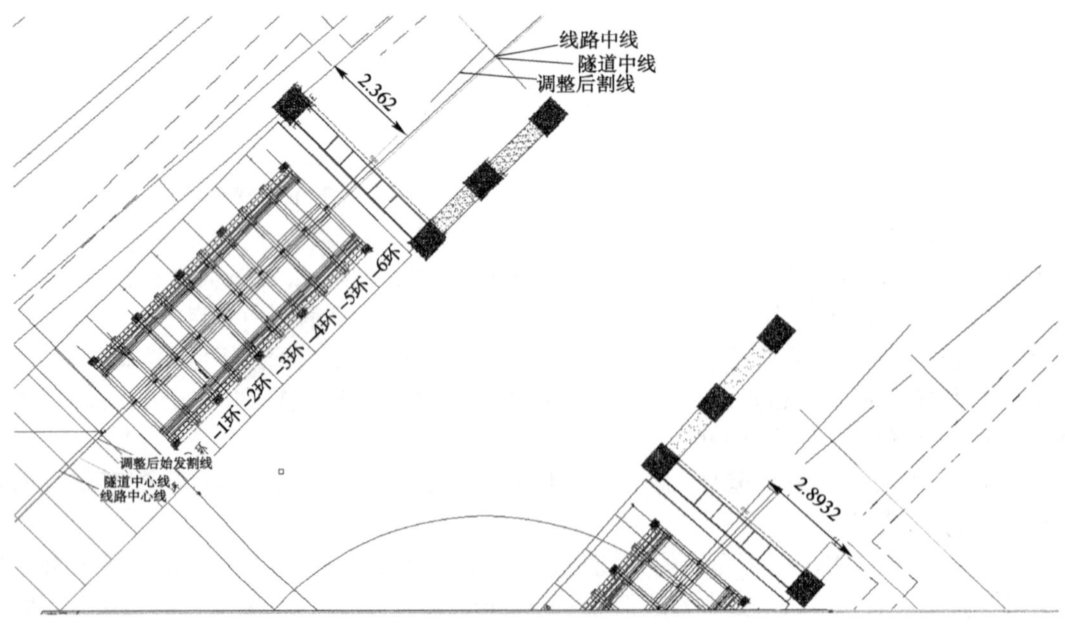

图 10　后配套设备与车站主体结构间净空验证图(尺寸单位:m)

(2)黄家湖地铁小镇站—中间风井区间:采用铁建重工 DL157 和 DL156 两台盾构机(尺寸参数相同),根据前述方法进行割线初步模拟(洞内取盾体长度),如图 11 和表 3 所示。

DL157 运输尺寸重量表 表 3

序号	名　称	外形尺寸(长×宽×高)	重量(t)	备　注
1	刀盘	6440×6440×2903	约 65	含回转接头
2	前盾	6410×6410×3400	约 90	含主驱动
3	中盾	6400×6400×3020	约 95	含推进油缸
4	尾盾	6390×6390×3680	约 35	
5	管片拼装机	5360×5000×4100	约 22	含托梁
6	连接桥	12618×4875×3300	约 18	
7	一号拖车	10450×4680×3740	约 22	含 600mm 走台
8	二号拖车	9450×4550×3280	约 39	含 600mm 走台
9	三号拖车	7950×4430×3280	约 21	含 600mm 走台
10	四号拖车	7950×4430×3280	约 18	含 600mm 走台
11	五号拖车	9450×4640×3280	约 18	含 600mm 走台
12	六号拖车	11990×4800×3280	约 18	含 600mm 走台
13	螺旋输送机	13100×1520×2150	约 27	
14	通风系统		散件	

通过对比发现,盾构机连接桥侧边距中心为 2437mm,左线刚好满足要求,右线则相差 22.9cm,不满足要求,需要调整(图 12)。

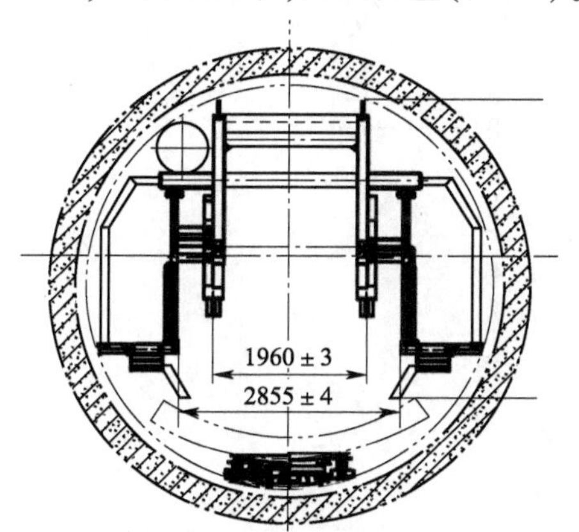

图 11　DL156/157 盾构机
(尺寸单位:mm)

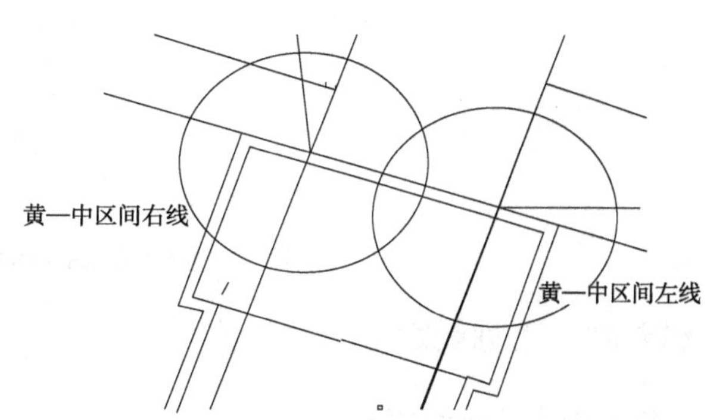

图 12　黄—中区间盾构机后配套与车站结构净空关系验证图

经过中间段偏差的核实,左右线均无轴线偏差超出 ±50mm 的点,因此左线即按照此割线进行始发平面轴线定位,右线须进行重新调整:以加固体边缘线与隧道轴心线交点为圆心取割线进行旋转,最终在保证正环管片姿态不超出 +50mm 的前提下,保持洞门中心点轴线偏差 40mm 时的割线,此时侧墙拐角距轴线的距离为 2.307m,与需要的 2.437m 仍相差 13cm,但考虑到此始发井较长,后端面距反力架存在近 2m 的距离,因此考虑在台车铺轨过程中将轨道向右侧适当偏移 13cm;以保证连接桥的空间,同时兼顾了台车过反力架的安全性,因此最终的定位如图 13 所示。

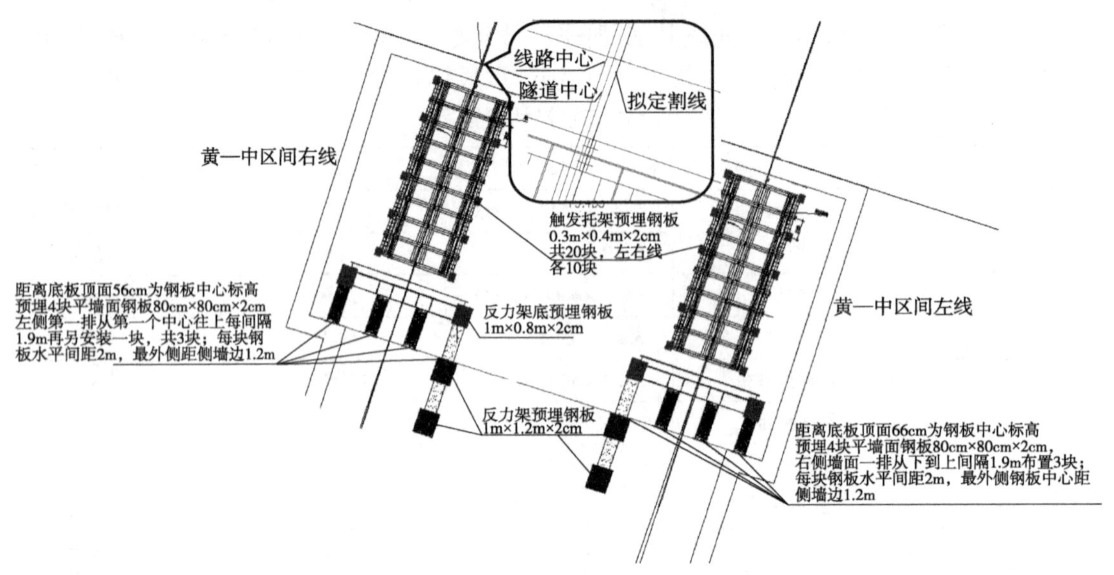

图 13　黄—中区间最终修正水平定位轴线(尺寸单位:m)

1.3.2　切线始发轴线定位

通常车站墙面与洞门中心点所在的曲线切线垂直,因此在大半径曲线段始发时水平轴线定位简单明了:洞门端前点与洞门中心重合,轴线与墙面端面垂直即可(图 14)。

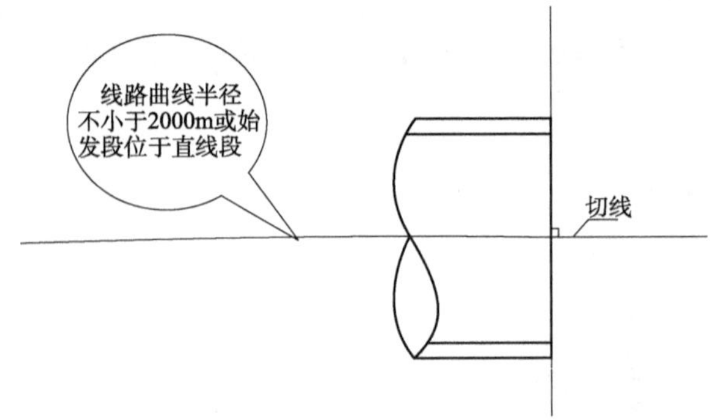

图 14　切线始发水平轴线定位示意图

2　纵断面水平轴线定位

2.1　纵断面水平轴线要素

纵断面水平轴线要素有:洞门端面与轴线交点的标高和轴线坡度。

2.2　纵断面水平轴线洞门面点的确定

在盾构机选定的情况下,纵断面水平轴线洞门面点即轴线前点的影响因素有成型管片姿态的保证、洞门预埋钢环中心点的偏差、始发托架(基座)的尺寸、始发井底板的标高、始发段隧道设计竖曲线。

2.2.1　成型管片姿态的保证

在黏土层、高含水率淤泥质地层、全断面岩层或者其他自稳性较强或含水率高等不良地质中,成型隧道管片极易出现上浮现象,上浮量可达 10 ~ 14cm,因此在此类地层控制管片上浮措施中,都会采取降低掘进过程中的轴线偏差,即保持隧道中心线路下方 30 ~ 50mm 的轴线进行掘进,因此此类地层中始发,需考虑降低轴线前点标高,但一般盾构始发,盾体重心过托架前端后,姿态会出现一定的叩头现象,一般前点会下沉 10 ~ 20mm,加固质量差时会下沉 30 ~ 50mm,甚至更多,须充分纳入考虑范围(如图 15)。

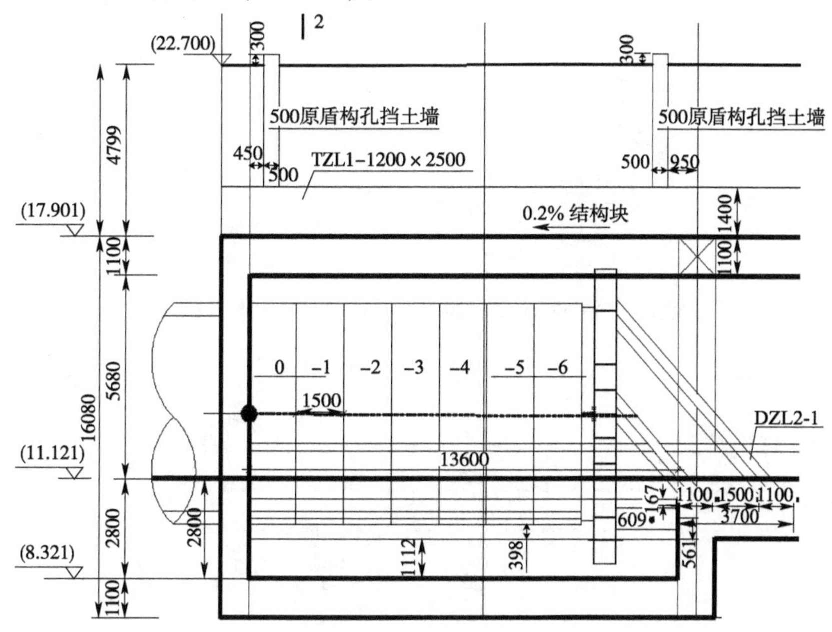

图 15　纵断面轴线选取示意图(尺寸单位:mm)

2.2.2　洞门预埋钢环中心点的偏差

本标段洞门预埋钢环设计直径为 ϕ6800mm,刀盘直径分别为大冶 001 号开拓者 ϕ6460mm、海瑞克 S734ϕ6480mm、铁建重工 DL157 和 DL156ϕ6440mm,刀盘进入洞门钢环时周围间隙仅分别为 170mm、160mm、180mm。轴线定位前须对洞门钢环中心坐标进行复核,计算出预埋钢环的实测中心点与设计轴线洞门中心点的偏差值,根据轴线偏差值进行合理的拟定轴线前点标高控制范围,以保持满足成型隧道管片姿态不超限的前提下,尽量保证刀盘进入洞门钢环时不会存在较大的偏心现象,从而使得洞门密封装置失效,造成重大安全风险。

2.2.3　始发托架的尺寸复核

始发托架进场后须及时进行尺寸复核,并及时进行 CAD 模拟,大致确定是否能够满足要求(图 16)。

由于前盾直径较中盾、尾盾大,且刀盘较重,因此盾体放置在托架上时,轴线前点标高取决于前盾部分的尺寸。需对盾体、中心距托架底板高度、盾体是否接触托架结构等进行核验(图 17)。

2.2.4　底板面的标高

根据上述条件最终确定的底板标高(洞门前端),一般都需要进行一定量的回填,但在施工过程中,底板的平整度很难保证,若出现超控制值时处理起来更加困难,且始发托架结构在组装、吊装过程中也会存在一定的偏差或者变形,因此底板在回填处理过程中,在满足上述条件的前提下适当降低 3 ~ 5cm,便于托架精确定位时进行微调。对于存在的缝隙,3 ~ 5cm 时可以用 5 ~ 50mm 钢板进行塞垫处理。

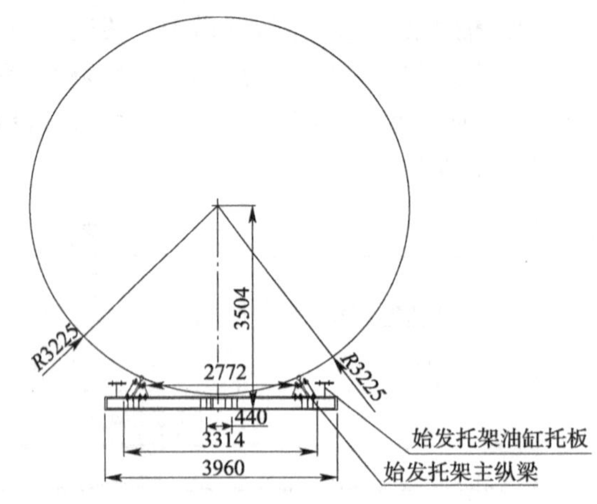

图 16　托架、盾体与洞门位置关系示意图(尺寸单位:mm)

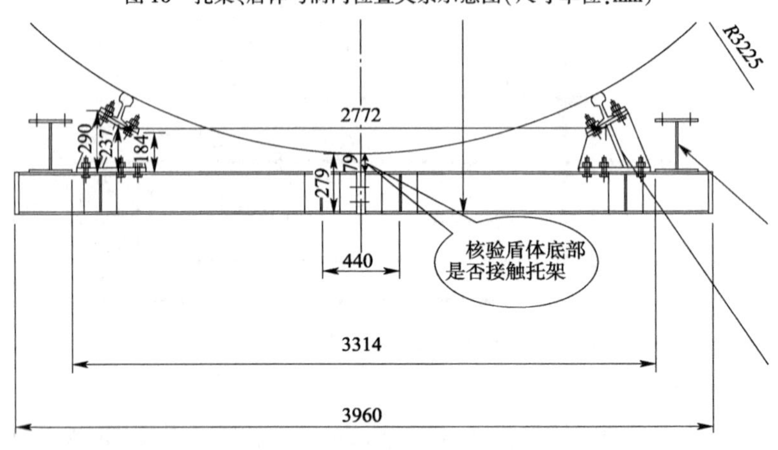

图 17　盾体与托架净空关系验证示意图(尺寸单位:mm)

2.2.5　始发段隧道设计竖曲线

通常盾构始发段竖曲线均为直线,或上坡或下坡,其处理方法与水平曲线的割线处理相同,但又有不同之处,竖直方向由于盾构机受自重作用进洞过程会稍有下沉或抬高现象,视曲线坡度情况,通常上坡段抬高 2 ~ 5cm(图 18),下坡段降低 0 ~ 2cm(图 19)。

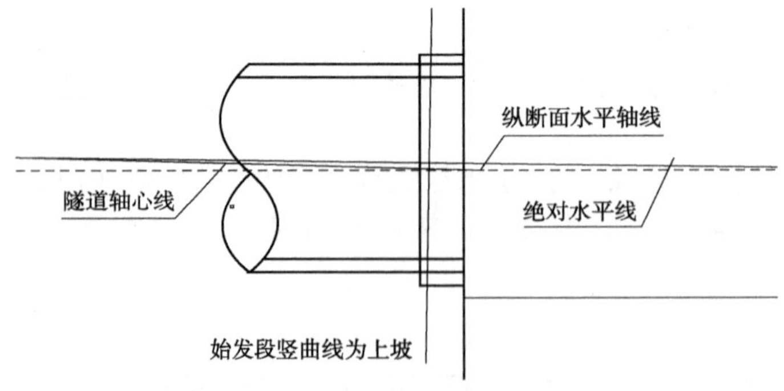

图 18　上坡段始发纵断面轴线定位示意图

2.3　纵断面水平轴线坡度的确定

纵断面水平轴线坡度的确定取决于盾构机自放置在托架上的坡度、始发段竖曲线、端头加固情况和始发段地质情况等。

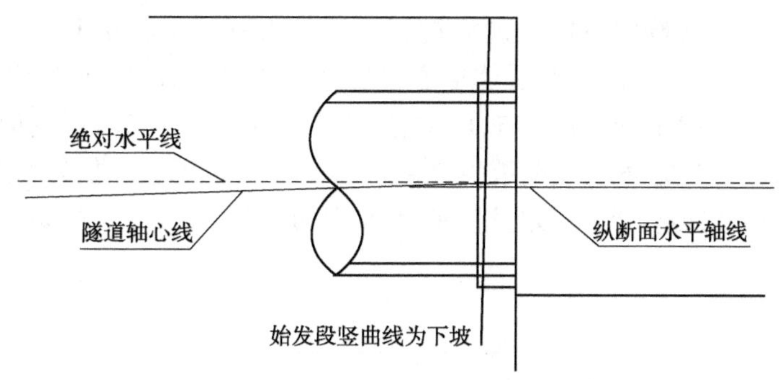

图 19 下坡段始发纵断面轴线定位示意图

2.3.1 盾构机自放置在托架上的坡度

为了保证盾体在土体内掘进行走的顺利和纠偏的需要，一般盾体的设计均采用从前盾～中盾～尾盾直径逐步减小的形式。因此盾构机放在始发托架上自身轴线便存在一定的坡度，本标段大冶盾构机自带1‰坡度(图20)。

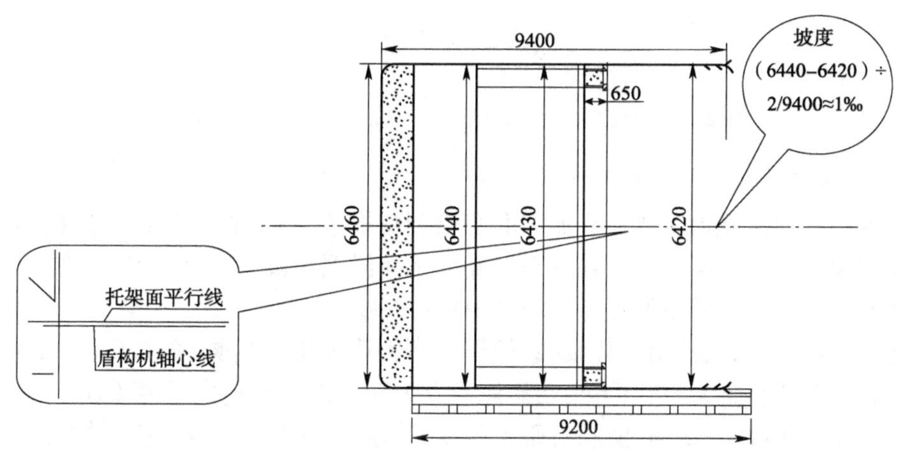

图 20 野芷湖站—中间风井区间右线盾构机纵断面轴线定位示意图(尺寸单位:mm)

2.3.2 始发段竖曲线

当在上坡段时，由于盾体本身受自重进洞段会下沉，在适当抬高前点的基础上须保持一定的抬头趋势，原则上保持盾构机刀盘穿出加固体时，竖直方向前点不得低于轴线以下(图21)。

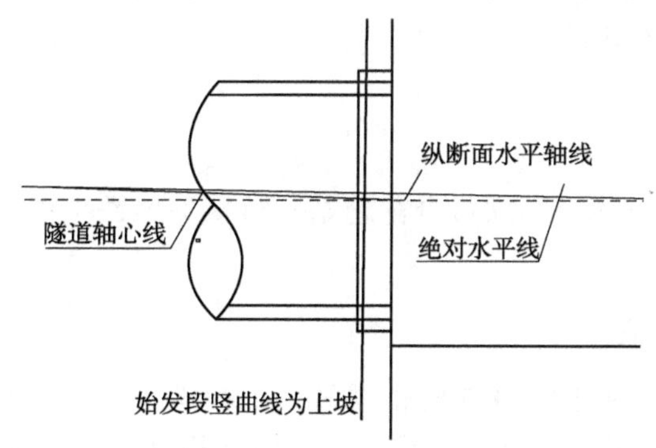

图 21 盾构机上坡段始发纵断面定位洞门端端点选取示意图

当始发段为下坡段时，按照盾构机进洞过程一般会栽头1～2cm，理论上后点会上翘1～2cm，坡度变化应在3‰左右。但此时盾体重心过托架端头，后点同时下沉约1cm，考虑到铰接的作用，则盾构机坡度一般下降2‰左右，因此，盾构始发坡度在－2‰以内时宜保持托架绝对水平放置始发（图22）。当始发段线路坡度在－2‰以下时，考虑栽头始发，但始发托架始终保持与设计轴线存在2‰的坡度差（如始发竖曲线坡度为－3‰，则始发托架考虑定位在－2‰，以此类推）。

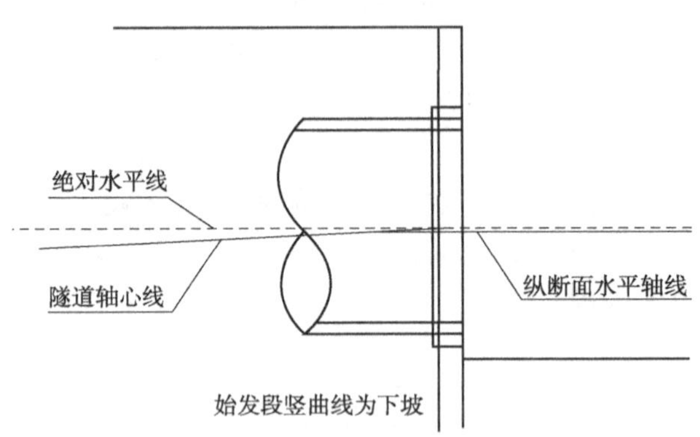

图22　盾构机下坡段始发纵断面定位洞门端端点选取示意图

2.3.3　端头加固情况和始发段地质情况

在端头地质较为松软地段或端头加固取芯检测情况不达标时，建议在上述控制条件下适当抬升始发托架的坡度1‰～2‰；在华东区高含水率淤泥质段，由于盾构机存在上飘的风险，建议在上述条件下适当降低始发托架的坡度1‰～2‰。

在上述条件确定后，模拟出盾体轴线，根据负环管片拼装的要求，确定反力架的位置，保持反力架中心轴线与盾体轴线重合即可，当盾尾与反力架基准环相距大于半环管片距离时，考虑将反力架轴线向下平移1～2cm，使脱出盾尾管片下掉后能保持在与反力架同轴位置。

2.3.4　盾构机放栽头和下沉措施

当盾构始发段地质承载力不足或者端头加固深度不满足要求时，盾构机中心脱离托架前端将会发生栽头（叩头）现象，或者整体进入后发生整体下沉，造成安全质量事故，因此通常采用在洞门钢环内安装内导轨进行预防控制，内导轨焊接在洞门钢环内表面，两侧与托架两侧轨道同轴线，高度略低于托架轨道面延伸面2～3cm，同时内导轨长度不得过长，从而影响刀盘转动和洞门帘布的密封效果（图23）。

3　结论检验

以武汉市轨道交通8号线三期项目野芷湖站—黄家湖地铁小镇站区间4台盾构机始发轴线定位为例。

3.1　进洞前姿态人工模拟

盾构轴线定位完成后，通过CAD对野芷湖站—中间风井区间小半径曲线始发段理论姿态进行人工模拟（表4、表5），并对既定轴线定位后的盾构机导向系统显示姿态（图24、图25）进行对比，并无较大差异。

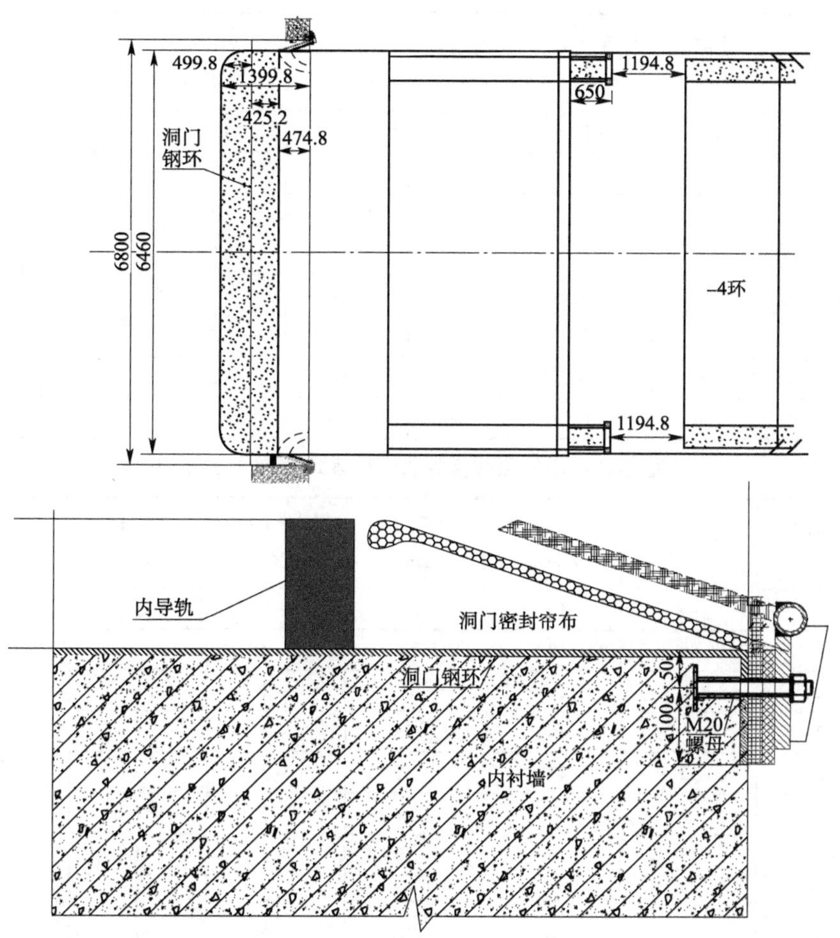

图23　洞门内导轨安装示意图(尺寸单位:mm)

野芷湖站—中间风井区间左线始发段姿态人工模拟　　表4

管片环号	垂直后点(mm)	垂直前点(mm)	水平后点(mm)	水平后点(mm)	水平前点(mm)	设计轴线坡度(‰)	盾构机轴线坡度(‰)	备　注
-6	-32	-4	238	188	26	-2	1	盾尾内拼装,盾构机没移动
-5	-32	-4	238	188	26	-2	1	
-4	-28	2	230	180	20	-2	1	托架上滑行段,无纠偏
-3	-24	7	190	140	0	-2	1	
-2	-20	10	140	90	-16	-2	1	
-1	-16	12	95	45	-27	-2	1	
0	-10	14	56	16	-38	-2	1	
1	-7	12	26	-24	-37	-2	1	
2	-4	10	0	-30	-32	-2	1	

续上表

管片环号	垂直后点（mm）	垂直前点（mm）	水平后点（mm）	水平后点（mm）	水平前点（mm）	设计轴线坡度(‰)	盾构机轴线坡度(‰)	备　注
3	0	8	-16	-34	-30	-2	1	刀盘宽出加固体，开始按照每环4mm纠偏
4	4	4	-27	-36	-34	-2	1	
5	6	0	-38	-37	-38	-2	1	
6	4	-4	-37	-38	-42	-2	1	
7	0	-8	-32	-34	-46	-2	1	
8	-4	-12	-23	-30	-50	-2	1	
9	-8	-16	-10	-26	-54	-2	1	
10	-12	-20	0	-24	-58	-2	1	

野芷湖站—中间风井区间右线始发段姿态人工模拟　　表5

管片环号	垂直后点（mm）	垂直前点（mm）	水平后点（mm）	水平前点（mm）	设计轴线坡度(‰)	盾构机轴线坡度(‰)	备　注
-6	-32	-4	198	7	-2	1	托架上滑行段，无纠偏
-5	-32	-4	198	7	-2	1	
-4	-28	2	183	0	-2	1	
-3	-24	7	152	-23	-2	1	
-2	-20	12	110	-32	-2	1	
-1	-16	16	73	-37	-2	1	
0	-10	18	46	-39	-2	1	
1	-7	22	24	-36	-2	1	
2	-4	25	6	-30	-2	1	
3	0	29	-11	-21	-2	1	刀盘穿出加固体，开始纠偏
4	4	30	-23	-9	-2	1	
5	7	32	-32	-5	-2	1	按照每环纠偏4mm开始纠偏
6	12	28	-39	-9	-2	1	
7	16	24	-36	-13	-2	1	
8	18	20	-30	-17	-2	1	
9	22	16	-21	-21	-2	1	
10	25	12	-9	-24	-2	1	

3.2　盾构实际掘进导航系统显示姿态记录

野芷湖站—中间风井区间左线采用海瑞克S734盾构机为被动型铰接，掘进进洞段水平姿态趋向较小能够满足成型管片不超限的要求，垂直方向由于进洞后为淤泥地质，盾构机存在小幅度下掉，但在内导轨的保障下，并未下掉过多，管片未超限，均满足要求(图26)。

野芷湖站—中间风井区间左线采用大冶有色重装001号盾构机为主动型铰接，掘进进洞段水平姿态趋向较大但能够满足姿态平稳且成型管片不超限的要求，垂直方向由于进洞后为淤泥地质，盾构机存在小幅度下掉，但在内导轨的保障下，并未下掉过多，管片未超限，均满足要求(图27)。

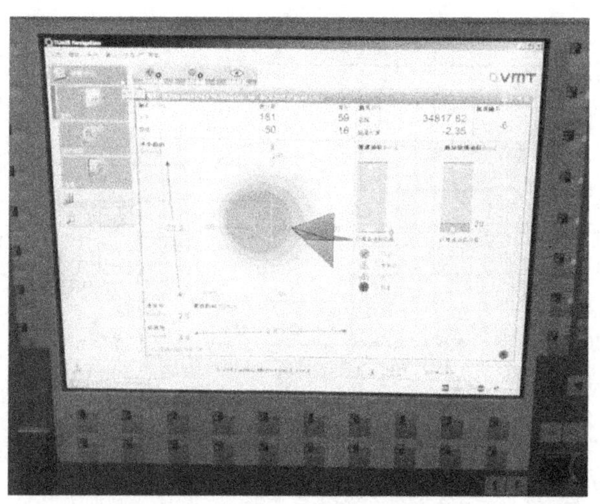

图 24　左线盾构机定位后导向系统姿态

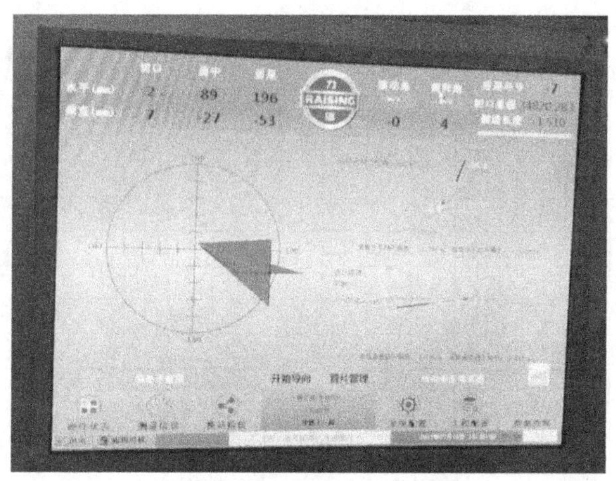

图 25　右线盾构机定位后导向系统姿态

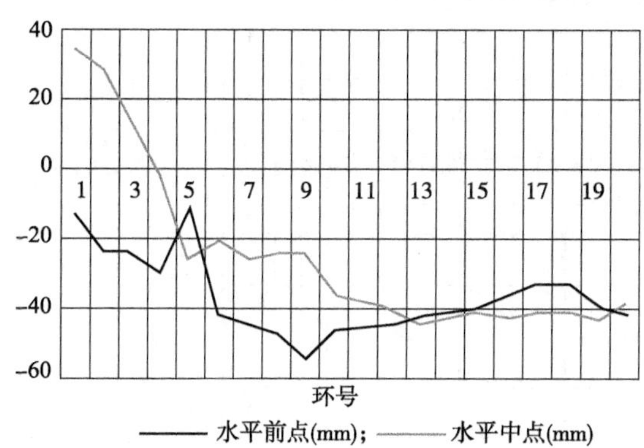

a)左线盾构始发进洞水平姿态记录

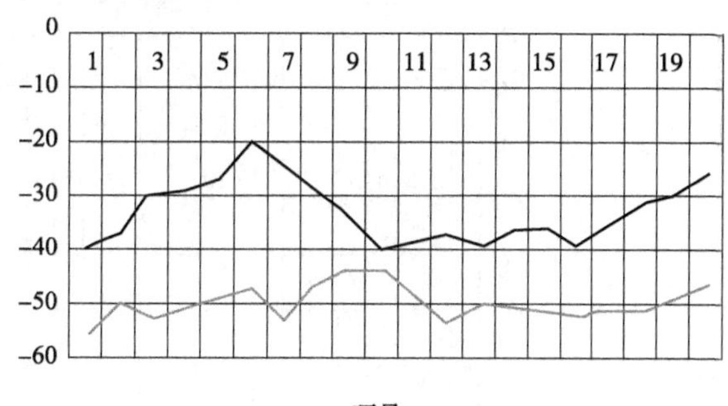

b)左线盾构始发进洞段垂直姿态记录

图 26　左线 S734 盾构机始发进洞段导向系统显示姿态记录

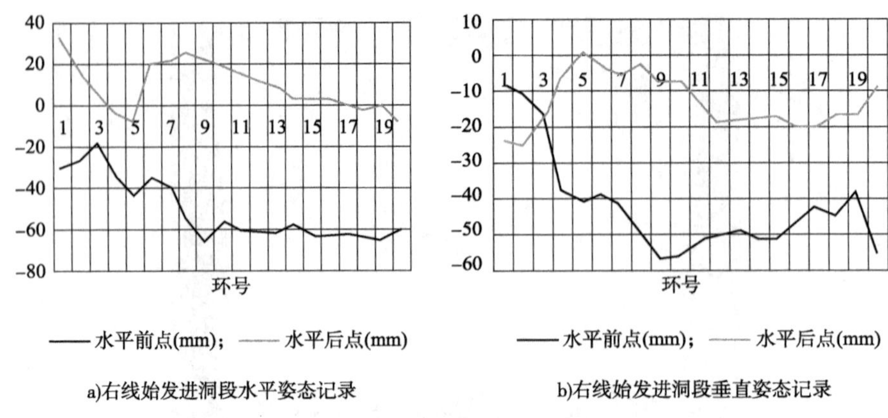

图 27　右线大冶 001 号盾构机始发进洞段导向系统显示姿态记录

3.3　成型隧道管片姿态

野芷湖站—中间风井区间左右线均是位于 350m 半径左转曲线段始发，根据上述轴线定位方式定位盾构机始发，后期姿态可控，且始发段成型隧道姿态满足规范要求，控制在 ±50mm 以内（图 28、图 29）。

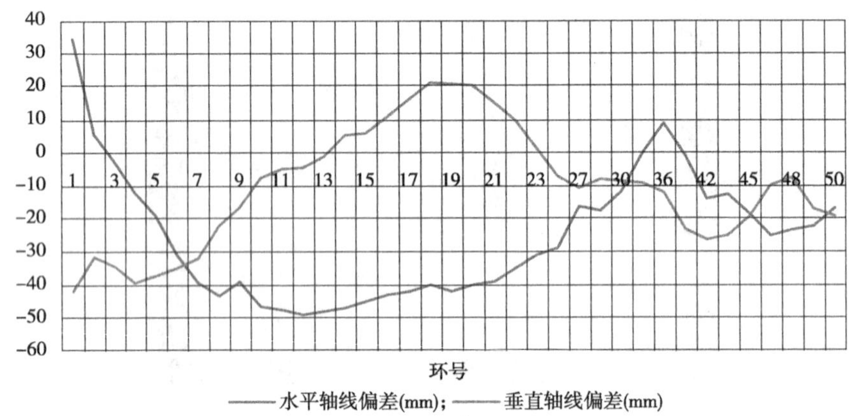

图 28　野芷湖站—中间风井区间左线始发进洞段管片成型姿态记录

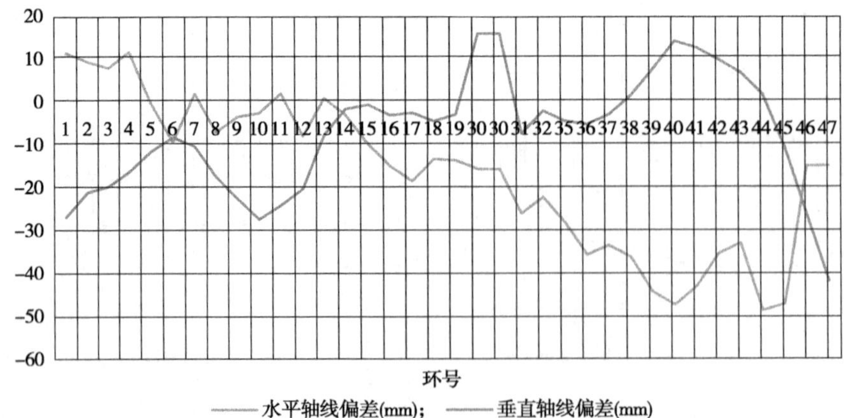

图 29　野芷湖站—中间风井区间右线始发进洞段管片成型姿态记录

黄家湖地铁小镇站—中间风井区间采用铁建重工 DL156/157 盾构机，为被动型铰接，控制规律同海瑞克 S734，区间盾构始发段均位于 1000m 半径右转曲线上，半径相对较大，同样采用上述轴线定位始发，控制相对难度不大，过程中能够较好的拟合理论姿态，成型隧道管片姿态均控制在 ±35mm 以内，满足规范要求。

4 结语

本次小半径曲线盾构始发轴线定位措施具体，可操作性强，理论与案例相结合，区间小半径曲线始发既有主动铰接类型的盾构机，又有被动铰接类型的盾构机，非常典型，具有代表性，为后续行业领域内类似小半径曲线盾构始发提供参考，为曲线段盾构始发尤其是小半径曲线盾构始发提供了可靠的质量保证。

严寒地区盾构冬期施工技术

王立军　刘江浩　翟梁旭　牛宝强　杨召亮

（中建交通建设集团有限公司　北京　100161）

摘　要：哈尔滨市轨道交通 2 号线江北大学城站—哈尔滨北站区间位于哈尔滨市呼兰区，地处北纬 44°04′～46°40′，全年无霜期 150d 左右，结冰期 190d 左右，每年从 10 月末开始冻结，至翌年 3 月中旬开始融化，冬期平均温度 -20℃左右，最大冻结深度 2.05m，标准冻结深度 2m。原计划不进行冬期施工，考虑到业主对施工工期的要求并结合企业施工经验，决定采用相关保温措施进行冬期施工，并成功摸索出了严寒地区盾构冬期施工技术，对类似地区施工具有积极的指导作用和良好的借鉴价值。

关键词：盾构；严寒地区；冬期施工

1　引言

随着我国城市基础设施工程建设的不断发展和扩大，盾构法应用越来越广泛。我国幅员辽阔，不同地区因地理位置差异面临着不同的施工困难和工程风险，对于中高纬度严寒地区盾构冬期施工，可能发生管线冻结、浆液拌制效果差、龙门吊等机械设备使用异常、管片胶条粘贴不牢、渣土冻结等施工隐患，处理也异常困难，影响施工进度与质量。

2　工程概况

哈尔滨市轨道交通 2 号线一期土建工程江北大学城站—哈尔滨北站区间，由哈尔滨北站出发，沿利民西三道街到江北大学城站，整个区间呈南北走向。区间设计里程范围为 SK0 + 572.752～ SK2 + 587.633，其中，区间左线全长 2025.679m（含 10.698m 长链），右线全长 2014.981m。区间工程施工工期为 2017 年 6 月至 2018 年 3 月，2017 年 10 月底～2018 年 3 月底为区间冬期施工阶段，冬期阶段最低气温 -35℃，平均气温 -20℃左右，冻结深度 2m。投入本区间工程施工的盾构机为经过双螺旋改造的卡特彼勒 RME246SE 系列 28100、28300 盾构机，盾构机外径为 6280mm，盾体总长 85000mm，盾构总重 570t。

3　严寒地区盾构冬期施工控制要点

3.1　砂浆站保温控制

（1）砂浆站暖棚法保温

在原有砂浆站的基础上，建扩大暖棚进行砂浆站保温，扩大暖棚将现有砂浆站、膨润土站、砂场、水泥库、膨润土库全部包含在内，扩大暖棚长约 34m、宽约 22m、高约 12m，外部材料主要为彩钢夹芯板。暖棚内采取暖气供热保证安全，将市政热力管线引致暖棚内，并布设暖气片供热，在砂浆站布设暖气 40 组（每组设置暖气片 20 柱），并备用 2 台 35kW 暖风机进行供热，确保供热效果，保证冬期施工的顺利进行。

作者简介：王立军（1983—），男，本科，学士，工程师。主要从事盾构施工管理工作。Email：25104904@qq.com。

当地经验数值热工计算:建筑总面积 $35\times22=770m^2$,需设置暖气片 770 柱。

设置暖气组数:每组暖气为 20 柱,770/20 =38.5 组,取 40 组。

在砂浆站设置暖气 40 组,可保证砂浆站内温度达到 5 ~ 15℃。

(2)拌浆注意事项

①浆液随拌随用,储存时间不宜过长。浆液车上的残余砂浆及时洗净以免冻结,严禁使用已经冻结的砂浆,不得以水掺入冻结砂浆内重新搅拌使用。在放浆过程中,尽量将浆液排净,然后清洗拌浆罐和放浆管,防止浆液冻硬后堵塞阀门和放浆管。

②在浆液当中加入 2% 防冻剂。同时加强时间控制,保证 30min 内浆车进入隧道。

③严格控制拌浆量,满足使用量即可,避免存放时间过长。

④将水罐内放置 40kW 的加热棒,对水进行预加热,保证水的温度和浆液的温度。

⑤冬期施工期间应与砂石料供应商及时协商,提前将砂料进场储存于暖棚内,避免室外存放过久导致砂料冻结成块,影响拌浆效果。

3.2 材料保温及管片防水材料粘贴控制

在冬期施工前,哈尔滨北站主体结构顶板已施工完成,鉴于哈尔滨冬期地面气温过低,冬期施工材料不宜露天存放在地面,同时为了方便材料倒运,项目部在车站顶板回填完成后建(长 48m × 宽 24m × 高 4m)两柱三跨结构封闭暖棚存放相关材料,暖棚外部主要材料为彩钢夹芯板。暖棚内引入市政供热管线布置暖气供热,每组暖气间距 4m,左右对称布置,共计 30 组,可保证暖棚内温度为 10 ~ 20℃。并配备消防器材避免相关安全隐患。

暖棚内设置管片防水材料、管片螺栓、油脂及泡沫存放小隔间,其余位置用于存放管片,中间预留一条主通道供叉车行驶,叉车出入口采用活动岩棉篷布帘子封闭。顶板暖棚平面布置示意如图 1 所示。

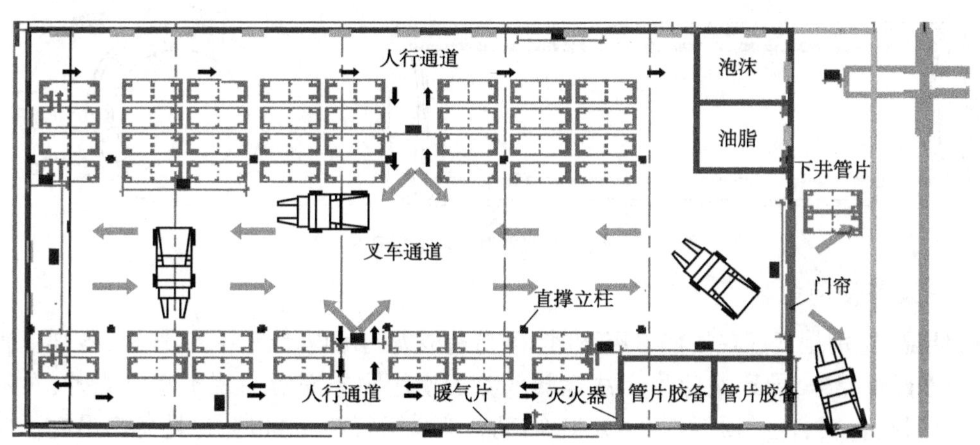

图 1 顶板暖棚平面布置示意图

(1)油脂(EP2/HBW/盾尾油脂)、泡沫保温

①存放在顶板暖棚专门存储泡沫、油脂的库房,库房内采用市政供热管线供暖,并配备一台热风机备用。

②为防止油脂在吊装、运输过程中冻结,增设油脂伴热带。

③泡沫中由厂家加入适量抗冻剂。

(2)管片存放及保温

①管片存放于顶板暖棚内,可存储 24 环左右,暖棚供热采用市政供热管线供暖。

②存放于暖棚内的管片采用叉车叉入与叉出,叉出后及时吊装下井,避免在地面长时间停留,影响管片胶条粘贴效果。

③要吊装下井的管片,最顶层一片,吊装孔需做好覆盖,避免进水、进雪堵塞。

(3)防水材料

管片防水材料、管片螺栓等置于顶板暖棚专门存储的库房内,暖棚内采用市政供热管线供暖。

(4)管片防水材料粘贴

①提前将管片叉入暖棚内蓄温一天,待温度达到暖棚内室温时,再进行管片防水材料粘贴,以保证粘贴质量。

②粘贴用管片防水材料必须是在暖棚内蓄温一段时间的,要求表面干燥、干净整洁。

③在运输中,如果有管片止水条脱落,在隧道内到达拼装区后再重新粘贴,避免在洞口粘贴因温度低而影响效果。

3.3 管线保温控制

管线包括生活用清水管、污水管及施工用进水管、回水管、砂浆输送管、膨润土输送管。

(1)生活用清水管、污水管进行地下埋设,管道深埋2m以上,冬期来临前,做好管路的排查、维修工作,做到整条管路不滴、不漏。各种管路的闸阀井及消防井加盖保温盖板(10cm泡沫和5cm水泥板)。

(2)施工用各种输送管道通过设置两道伴热带,外侧包裹保温材料,包裹完毕后再缠绕防水带保温。接头处保温材料用专用胶水粘接。管线保温材料布置如图2所示。

(3)井下管路保温布置到隧道内前100m,防止近洞口处管路因温度过低被冻结。

(4)砂浆输送管路设置两条,备用一条。

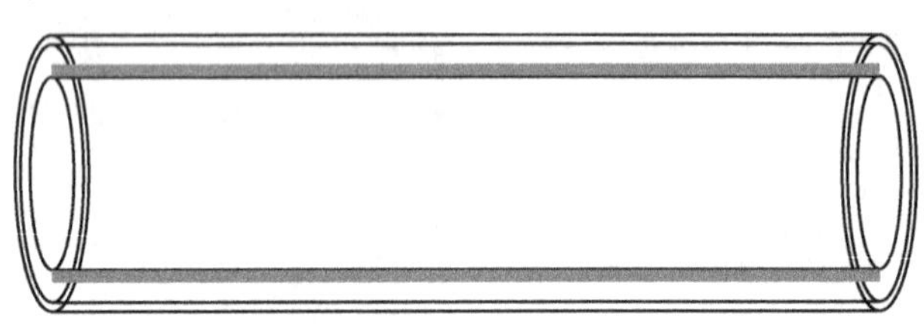

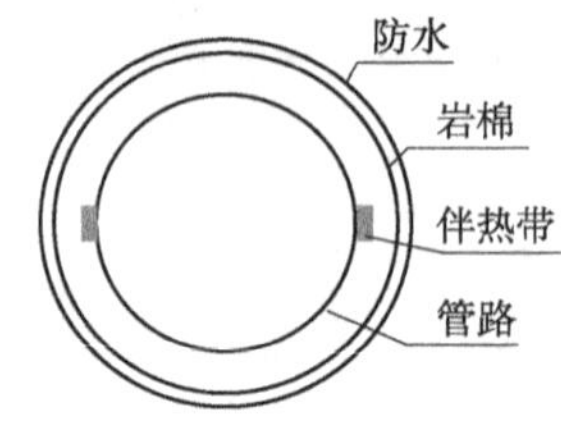

图2 管线保温材料布置图

3.4 机械设备使用控制

(1)低温(特别是气温在-15℃以下时)极易造成龙门吊电动葫芦、钢丝绳、各部位轴承及其润滑油等部位受冻,导致龙门吊无法运转。除了使用防冻润滑油及耐寒电缆外,在不作业(出土、下放材料)时,也必须每隔1~1.5h启动并至少运行5min,以此保持龙门吊有一定的热度。每天派专人负责对龙门吊轨道清雪除冰,并进行巡视,防止脱轨,保证龙门吊正常行走。另外,需提高对龙门吊电机轴承、钢丝绳及各部件的检修及保养频率,以确保施工安全。

(2)考虑到45t龙门吊钢材结构冬期施工适用性问题,使用龙门吊时吊件重量不应超过30t,且2个龙门吊单独使用,一台龙门吊主要用来吊运渣土,另一台主要用来吊运管片,以保证冬期施工吊装安全。

(3)盾构施工洞内采用电瓶车有轨运输,一台盾构机施工配备两列电动运输列车。正常温度施工期间,一列电瓶运输列车配两组电瓶可满足正常的周转使用,一组电瓶充满电时间约为20h,可使用时间约为48h。冬期低温条件下,电瓶充电比较困难,往往出现“虚电”状态,一组电瓶充满电耗时约为28h,使用10~12h就需要更换再次充电,而且很容易损坏,每次更换电池需要2h,为此,每列电瓶运输列车均另外增加了一组电瓶才满足现场施工需要,增加了施工用电而降低了施工效率及电瓶的使用寿命。

(4)不使用的机械应停放在向阳背风处或应急库房内,并应加设防寒罩。

(5)各种机械、叉车必须按规定更换冬期用润滑油、燃油、液压油,加防冻液的叉车要注意防冻液的类型及特点,不得用错,以防冻坏叉车。

(6)为确保冬期能够正常施工,对龙门吊、搅拌机、运输车场等室外设备使用适用于低温的油脂。

3.5 渣土运输控制

(1)提前与相关单位协调好出渣线路的问题,建立绿色或特殊的专用出渣线路,并在场地外增设临时出渣场。

(2)集土坑内渣土及时外运,保证连续出渣,集土坑内渣土储存时间不应超过2h。

(3)为避免集土坑内渣土冻结,应在12h内用挖掘机对渣土进行翻倒。

(4)每次在运输渣土车装渣土前,必须给车厢四周满贴塑料薄膜。

(5)渣土坑一旦发生冻结现象时,首先使用喷洒融雪剂的方式处理渣池内的冻块,并伴随反铲松动渣土出土;若渣土冻结较硬,喷洒融雪剂效果不理想时,采用破碎机直接破碎冻渣土后外运。

3.6 盾构掘进控制

在地面配套设施及材料得到保证后,需要通过盾构掘进控制才能保证盾构冬期施工连续高效进行。盾构掘进主要通过以下三个方面控制:

(1)螺旋输送机出渣控制

通过调节两级螺旋输送机的相对转速来形成土塞,确保第一级螺旋输送机土压,达到与土舱内土压的动态平衡,通过交替开关一二级螺旋机闸门,循环进渣出渣来有效实现防止喷涌。

(2)渣土改良控制

通过进行渣土改良,向刀盘前通过注入膨润土及泡沫,增加砂土黏度,防止砂水分离,使土体易于排出,出土量可控,避免造成地面过大沉降或隆起;通过向土舱内注入高浓度膨润土浆液提高工作面密封性能和土压稳定性,以此来有效提高掌子面均匀可控的支撑压力和稳定性;在发生喷涌时,通过向螺旋输送机内加入膨润土,增加渣土的流塑性,使渣土易于排出,降低了施工成本和施工风险;在进行渣土改良时,通过对渣土改良材料进行合理的选择及配比,将渣土改良效果改善至最佳。

(3)掘进参数控制

采用合理的掘进模式——土压平衡模式掘进,并在掘进过程中控制好盾构推力、土舱压力、出土量、同步注浆等各项盾构掘进参数,确保顺利完成富水砂层掘进工作。

4 结语

本文从冬期施工中砂浆站保温控制、材料保温及管片防水材料粘贴控制、管线保温控制、机械设备使用控制、渣土运输控制及盾构掘进控制等方面入手,系统地阐述了严寒地区盾构冬期施工方法,并在严寒地区哈尔滨项目盾构掘进施工中得到应用。与类似严寒地区盾构传统施工工艺相比,通过采取相关保温措施,保证了冬期各项设备正常运行,解决了严寒地区盾构冬期掘进施工连续性问题,有效避免了地面沉降及坍塌的风险,实现了严寒地区冬期盾构高效、安全、高质量的穿越施工,提高了盾构施工工效,缩短了施工工期。同时,为严寒地区盾构冬期施工拓展了可能性,具有良好的社会效益、经济效益和环境效益。

参考文献

[1] 李永明. 严寒地区富水砂层盾构施工关键技术[J]. 城市建设理论研究,2013(19):1-2.

[2] 吴狄,高墅. 浅谈盾构隧道冬季施工技术[J]. 低温建筑技术,2017,39(5):144-146.

[3] 庞前风,江龙. 高寒地区冬季盾构始发施工技术[J]. 铁道建筑技术,2015(7):29-33.

砂卵石地层盾构穿越重叠重大风险源施工技术

郑永军

（北京城乡建设集团有限责任公司　北京　100079）

摘　要：盾构法施工以其安全、经济、环保及快速成型等众多优点，已成为大多数地铁工程隧道施工的首选。但盾构并不是万能的，如果我们放松了管理，有可能会带来不可预见的风险和事故。北京地铁8号线三期大红门桥站—和义站区间需要在砂卵石地层穿越多个重叠重大风险源，在北京地铁建设领域尚不多见。为了解决盾构顺利穿越重叠重大风险源施工难题，施工单位采用了优化盾构设备选型，通过研究一种新型泥浆快速膨化装置辅以优质泡沫改良土壤，依据监控量测结果不断优化调整盾构施工参数，采取一系列的补注浆措施严格控制地表沉降，最终确保了盾构顺利穿越此长距离连续重大风险源，各项指标均优于控制标准，从而得出采取以上措施切实可行，可以确保盾构安全穿越重叠风险源施工。

关键词：砂卵石地层；盾构；重叠风险源

北京地铁8号线三期大红门桥站—和义站区间全长2.2km，是8号线三期及南延全线标段中最长，也是最难的一段。在2.2km的区间中，需要在砂卵石地层连续穿越近400m长的大红门桥区，桥区不仅包含南四环路和南苑路大红门桥两个一级风险源，还包含丰双铁路特级风险源，同时矿山法联络通道也位于此区域内，这种一级和特级风险源重叠在一起的情况，在北京地铁建设领域尚不多见。南四环路和南苑路为北京市主干路，丰双铁路为重要的运货通道，交通繁忙，对变形控制要求极其严格。为保证盾构顺利穿越连续重大风险源，确保8号线三期2018年底通车目标，施工中采取了盾构选型、渣土改良、注浆控制、推进参数、沉降控制等较为先进的技术质量措施，保证了盾构自身结构施工质量和周边环境的安全，同时为后期联络通道的施工变形留够了充足的余量，并成文以指导类似盾构连续穿越风险源法施工，对一般隧道穿越风险源施工也具有很好的指导意义。

1　工程概况

1.1　设计情况

北京地铁8号线三期大红门桥站—和义站区间线路北起大红门路与南苑路相交路口处的大红门桥站，线路出站后从南苑路西侧穿南四环路绕过大红门立交桥，然后向南苑路路中靠拢，中间穿过双丰铁路、久敬庄站人行天桥和义农场北铁路等环境风险，到达和义西里南街与南苑路相交路口北侧的和义站。区间长度为2.2km，采用盾构法施工。区间穿越地层主要为卵石⑤层，卵石一般粒径20～60mm，最大粒径约为150mm；地层无水，隧道覆土厚度9.86～23.4m，管片外径6m、厚0.3m、环宽1.2m。

1.2　穿越风险源情况

盾构区间隧道在400m范围内侧穿一级风险源大红门桥，其内部包含一级风险源大红门

作者简介：郑永军（1984—），男，学士，高级工程师。主要从事地铁盾构施工技术管理工作。Email：dungou@126.com。

挡墙、大红门桥永南路立交、大红门桥跨四环高架、四环站南人行天桥和四环站北人行天桥,同时穿越一级风险源南四环路及特级风险源双丰铁路。大红门挡墙为路肩式装配式钢筋混凝土挡墙,墙面板为扶壁式,高度 H_1 为 1～6.75m,基础采用 C25 混凝土现场浇筑墙背面回填砂性土。大红门桥桥桩基为钻孔灌注桩,上承单柱预应力盖梁,大梁为预应力混凝土简支 T 梁。南四环路现况该段道路为四幅路形式,主路为四上四下双向八车道,路面采用直线一面坡型路拱。双丰铁路为双线电气化铁路,60 轨,道床形式为有砟轨道,东西走向,右线距双丰铁路 F6 框架箱涵桥水平最小净距为 2m,穿越范围存在五个接触网杆,1 座高柱信号机。南苑路大红门桥区及南四环路交通流量大,其中大红门挡墙还在近几年雨季出现过挡墙滑移,交通中断现象;双丰铁路为北京市货物运输大动脉,同时作为多个铁路线的联络通道,地位十分重要。具体位置如图 1 所示。

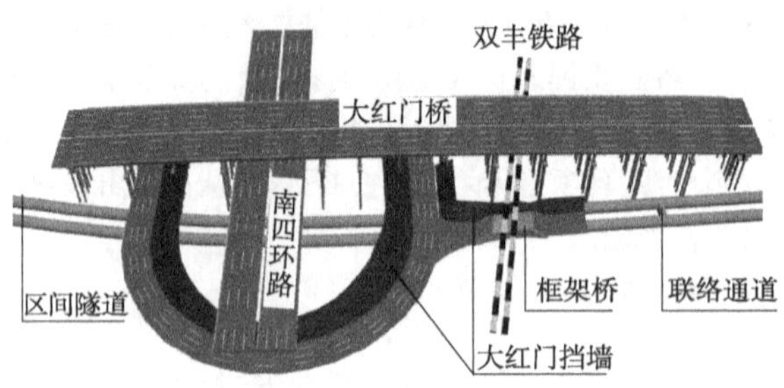

图 1　盾构连续穿越重叠风险源示意图(BIM 模型)

2　施工重难点分析

(1)大红门桥区及四环路为北京市主干道路,交通流量大,且在近几年出现过挡墙滑坡现象,结构出现松动,对沉降控制要求严格。

(2)运行铁路规范对轨道及路基沉降要求极其严格,必须采取相应施工保障措施,保证盾构施工时地面及铁路沉降满足要求。

(3)下穿双丰铁路处隧道右线距离既有框架桥水平距离为 2m,盾构隧道结构顶与框架桥底板净距为 8.65m。框架桥下车流量繁忙,必须确保框架桥安全,对框架桥的变形控制要求严格。

(4)双丰铁路、大红门桥、四环路、及大红门桥挡墙四个重大风险源交错重叠、紧邻布置,相互影响,后期还有矿山法联络通道的施工,对地层沉降要求更加严格,盾构机掘进时需严格控制掘进参数,增加同步注浆量并及时进行回填注浆。

(5)盾构隧道在下穿部分区段上方为卵石及粉细砂地层,自稳能力较差,在施工过程中必须防止操作不当引起的局部坍塌,对盾构施工过程中地层稳定的控制要求十分严格。

3　主要施工措施

3.1　盾构机选型

盾构机选型的原则主要有技术先进性、对地层的适应性、符合线路及管片结构设计、自身安全可靠经济性、盾构厂家业绩和技术服务以及配套材料的安全环保性,工期保证性等。

依据以上工程特点及重难点分析,所选盾构机必须具备砂卵石地层适用性,即具有大推力、大扭矩、螺旋及刀具高耐磨、刀盘开口率大、刀盘分层布置重型撕裂刀、中心布置鱼尾刀、具备高性能的渣土改良设备等特性;具备 350m 半径小曲线上施工,即具备良好的铰接系统、精密的测量导向系统、超挖刀的配置等;满足重叠重大风险源地层变形控制毫米级别沉降要求即能够有效控制注浆,具备同步注浆、二次补浆及多次补浆功能。结合以上要求,通过专家论证最终确定本区间右线采用1台华遂通加泥式土压平衡盾构机,左线采用1台小松加泥式土压平衡盾构机掘进施工。

3.2 建立BIM模型

BIM技术是目前广泛应用于工程设计、施工领域的重要信息化工具,在地下工程施工中可以充分利用BIM的可视化、协调性、模拟性等,确保方案科学合理,施工安全可靠。

盾构穿越桥区施工前利用专业软件建立盾构隧道与风险源位置关系及数据模型。利用BIM模型可直观、准确、超前地进行施工环境分析,清晰地显示了各风险源的重叠交错情况以及相关参数信息,并依据盾构穿越进度随时可以对参数进行更新。这首先验证了穿越方案的可行性,同时也为穿越提供多个风险源互相交错影响的实时变形数据分析指导。

3.3 穿越前风险源加固处理

对于特级风险源双丰铁路,左右线盾构区间下穿影响范围内轨道进行扣轨加固,对接触网杆及信号灯杆进行支撑加固防护,同时衬砌管片改为加强型,其主筋型号调整为ⳁ22的HRB400钢筋,管片连接螺栓由5.8级改为6.8级。

穿越前完成大红门桥及四环南北人行天桥与隧道一倍洞径范围内的基础的地面注浆加固,注浆加固采用深孔注浆,注浆浆液采用单液浆水泥浆。注浆孔采用垂直钻机打设,孔间距为0.5m,排间距为0.8m,注浆扩散半径不少于0.5m,注浆压力保持0.4~0.6MPa,并随时注意地层情况,及时调整注浆参数。

3.4 主要掘进参数控制

(1)渣土改良

砂卵石地层对改良剂膨润土的黏稠度要求较高,传统的膨润土泥浆在制备时,需要场地大,搅拌时间和静置发酵时间较长,而隧道左右线施工时都是全时段作业,不能满足泥浆使用需求。因此,为解决传统的泥浆制备结构无法满足盾构施工对泥浆的制备速度与数量的需求的技术问题,确有必要提供一种泥浆快速膨化的施工方法,以克服现有技术中的所述缺陷。在集团公司支持下,由我本人带头针对此问题进行科技攻关,最终发明了一种新型泥浆快速膨化装置,并获得国家专利授权。该装置包括安装在膨润土棚的膨润土泥浆搅拌罐、安装在设备间的离心泵、配套电动机、离心泵、配套电动机、空压机以及露天布置的膨润土泥浆储存罐。膨润土经过膨润土搅拌罐的初步搅拌形成泥浆后,在膨润土泥浆储存罐中储存过程中通过压缩空气对膨润土泥浆进行二次搅拌,加快膨润土泥浆的反应速度,大大缩短膨润土泥浆的搅拌时间和静置等待时间,同时减少了施工占地,提高了施工效率。

砂卵石地层还必须辅以泡沫剂改良土体的流塑性,对泡沫稳定性、泡沫强度、发泡性能等指标要求非常高。好的泡沫能够起到降黏、止水、润滑、降扭及保压的效果。项目前期采用某国产泡沫虽然价格较低,但其发泡倍率小于10倍,半衰期不到10min,渣土改良效果不佳,泥水离析严重,导致土压、推进速度不稳定,扭矩经常超负荷直至停机,甚至出现了地表变形过大等现象。经过我与厂家技术人员积极沟通,进行大量的现场泡沫性能改良对比试验,及时反馈土体改良状况,最终更换为强度和稳定性更好的泡沫。该泡沫在改良25min后依然保持较好的发泡效果,泡沫颗粒均匀分布在砂砾颗粒之间,起到了润滑和支撑作用,土舱压力稳定,出渣效率也明显提高,同时泡沫用量明显降低。

(2)土舱压力控制

在设定土压力时主要考虑地层土压、地下水压及预备压力。根据太沙基理论及日本村山理论计算地层土压力。计算所得穿越地段土舱上压力为0.08～0.1MPa，施工过程中严格土压力控制，压力偏差不超过±0.02MPa。

(3)出土量控制

保持精确出土计量，确保出土不超量，防止出现地层变形过大或者塌方现象。在下穿施工过程中，将对出渣量控制进行专门技术交底，严格进行贯入度的控制，合理优化螺旋转速、推进速度等参数。计算出土量时考虑松散系数取1.15，实际出土量控制在理论的98%～100%之间，以维持一定土压力，保证盾构正面土体的稳定。

(4)掘进速度控制

盾构推进速度与出土速度相匹配，保持土压力值稳定。实际推进时推进速度控制在35～40mm/min，，既可以避免速度过慢导致刀盘在风险源下方长时间扰动停留，又能够保证同步注浆充分均匀的注入。穿越期间控制推进速度保持平稳，尽量减少对周边土体的扰动。

(5)姿态控制

在盾构掘进过程中，以各区域千斤顶的行程、油压以及流量控制盾构前进方向，发现偏差时及时调整千斤顶的编组和各区域千斤顶的行程、流量及油压。在曲线段掘进时，通过严格的计算来确定衬砌的超前量，合理利用铰接千斤顶，提高盾构掘进过程中轴线的控制能力；利用盾构机的区域油压可调整这一特点，改变千斤顶的合力位置，加强对盾构坡度和隧道轴线的控制；加强管片选型工作，确保盾构水平及垂直姿态均控制在30mm以内。

3.5 注浆施工控制

本工程同步注浆采用单液浆，初凝时间按照特级风险控制标准调整至小于4h，结实率大于90%，注浆压力控制在0.13～0.2MPa；同步注浆量按照盾构施工管理规定的要求，一级风险源不低于1.8V(V是正常注浆量体积)，特级风险源不低于2V，由于本工程穿越重叠风险源，沉降控制要求极其严格，故注浆量均按照2V计算，左线注浆量约为6.5m^3，右线注浆量约为4.1m^3。二次注浆一般在管片脱出盾尾3～5环后进行，环环补浆，补浆采用水泥水玻璃双液浆，凝结时间小于30s，注浆压力控制在0.35～0.45MPa。

在穿越丰双铁路相应范围内以及桥梁距离隧道一倍洞径内的桩基对应每环管片增加10处预埋壁后注浆孔，在二次补浆完成后继续通过壁后注浆孔进行径向注浆，注浆浆液采用双液浆，注浆管采用DN32(t=3.25mm)，L=3m水煤气管加工成花管注浆，再次确保穿越风险源和周边环境安全。

3.6 施工监测控制

由于穿越区间风险源交错重叠分布，施工互相影响，沉降控制极其严格，其中铁路轨面沉降最大不能超过10mm，相邻两股钢轨水平高差不得超过4mm，框架桥沉降甚至控制标准为1mm，桥梁基础沉降不超15mm，挡墙沉降不超过10mm。为保证既有铁路及大红门桥区的行车安全和正常运营同时为后期联络通道施工留出沉降余量，在盾构穿越一级风险期间，加大监测频率至每日3次；对特级风险实施全天24h的监控，对主要监控项目中部分有代表性的测点采用远距离自动化监测系统。监测数据及时计算、分析和整理，并把分析结果以图表的形式及时反馈技术负责人，用于优化盾构施工参数，指导盾构掘进施工。经过全体参施人员的努力，盾构顺利穿越重叠风险源区，各项控制指标均优于设计要求。

3.7 其他控制措施

(1)穿越前对风险源进行详细的勘察和评估,制订施工计划,报请有关产权单位取得批准,要制订有效的安全措施,切实保证行车及人身安全。

(2)在盾构穿越前设置掘进试验段,取得最优施工参数,主要包括盾构掘进姿态、总推力、扭矩、土舱压力、渣土改良、注浆量及出渣量等,并形成总结报告,为下穿提供参考。

(3)在穿越前对盾构机推进系统、泡沫系统、运输设备等进行全面检修,确保盾构机以最佳状态穿越。

(4)下穿前对隧道轴线进行复测,确保盾构机沿着设计线路推进。调整盾构机姿态至最佳,避免盾构机下穿时频繁纠偏。

(5)穿越前严格按照关键节点施工前条件核查管理办法进行核查,核查通过方可进行穿越施工。

(6)做好施工应急预案,开展应急演练。

4 结语

在砂卵石地层盾构连续长距离穿越重叠重大风险源过程中,施工单位采用了 BIM 技术指导地下工程施工的方案制定和过程管理,穿越前严格按照要求对风险源进行了加固处理、强化了盾构掘进施工参数的控制、对泡沫添加剂进行了优化改良,同时创造性地发明了一种泥浆快速膨化结构装置,大大改善了渣土改良效果、严格采取同步注浆和二次补浆控制措施,利用管片预埋注浆孔及时进行径向补注浆并辅以严格的施工监控量测措施,能够确保盾构安全顺利地穿越重叠风险源群。作为北京乃至国内罕见的盾构长距离穿越重叠重大风险源案例,该工程采取的一系列措施可供相关单位盾构连续穿越风险源施工借鉴,同时对一般隧道穿越风险源施工也具有很好的指导意义。

参考文献

[1] 中华人民共和国国家标准. GB 50446—2017 盾构法隧道施工及验收规范[S]. 北京:中国建筑出版社,2017.

[2] 包厚仁. 复杂设计线形及地质条件下盾构连续穿越重大风险源施工技术[J]. 城市建设理论研究,2015(14):1787-1789.

[3] 付款峰. 地铁盾构工程穿越市政设施风险源施工控制技术[J]. 铁道建筑技术,2014(9):55-61,100.

西安地铁富水砂层刀盘适应性浅析

乔　龙

（中国铁建十六局集团有限公司　北京　100018）

摘　要：本文根据全断面富水砂层的地质特点，参考西安地铁1号线二期工程的盾构施工情况，有针对性的对土压平衡盾构在富水砂层中的刀盘适应性进行分析和总结，并为以后类似工程的施工提供技术参考和指导。

关键词：富水砂层；土压平衡；刀盘；适应性

1　工程概况

1.1　工程简介

森林公园站—沣东路站区间位于世纪大道扶苏路至沣东路段，线路沿世纪大道地下敷设，在世纪大道与扶苏路交汇处设置森林公园站，线路向东延伸到沣东路站。区间起点里程YDK0 +851.001，终点里程YDK1 +570.967，右线长度719.967m，左线长链5.294m，长725.261m。

区间为盾构区间，埋深10～13m。区间附属结构包括一个联络通道兼废水泵房，联络通道设置里程为YDK1 +196.587（图1）。

图1　森林公园站—沣东路站区间线路平面图

1.2　地质情况描述

森林公园站—沣东路站区间场地地形总体东高西低，呈缓坡状，勘探点地面高程384.11～384.98m，高差0.87m。现状为世纪大道道路，双向八车道，路中心线及两侧快慢车道均设置绿化带，车流量大，为连接西安咸阳两地的枢纽，交通繁忙。

勘探点地面高程384.11～384.98m。高差0.87m。隧道主要穿越地层为细砂和中砂层，局部夹杂有粉质黏土。该地区地下水水位埋深10.9～12.6m，水位高程372.29～372.47m，基本呈西高东低的趋势（图2）。

作者简介：乔龙（1984—），男，大学本科，工科学士，高级工程师。目前主要从事盾构施工技术及管理工作。Email：42407029@qq.com。

图2 森林公园站—浐东路站区间地质钻孔取芯

1.3 水文地质描述

森林公园站—浐东路站区间水位埋深10.6～12.7m，水位高程371.80～373.87m；测得该地区地下水水位埋深10.9～12.6m，水位高程372.29～372.47m。基本呈西高东低的趋势。覆盖层为第四系松散层，含水层主要为强透水的中粗砂层，潜水含水层厚度大于50m。

2 盾构施工情况

2.1 左线施工情况

2.1.1 左线施工概况

盾构区间左线长725.261m，管片环宽1.5m，共483环。

盾构机原刀盘为复合面板式刀盘，整体开口率为37%，开口率较小，无法满足富水砂层中的盾构施工要求(图3)。左线施工前对原刀盘进行了相应改造，改造后的刀盘整体开口率约为42%，尤其是中心开口由22%增大至40%，以满足富水砂层中的盾构施工(表1)。

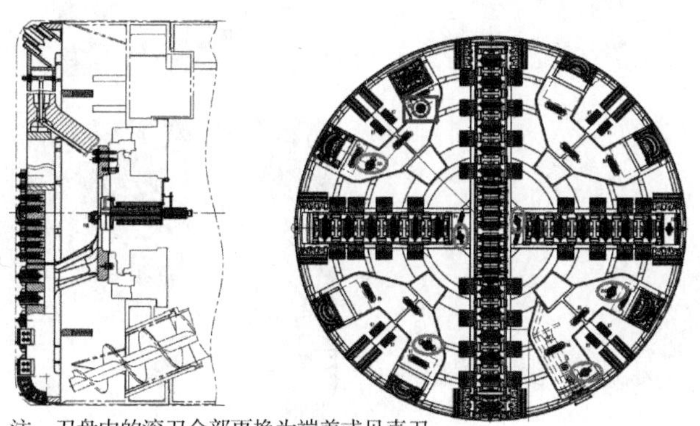

注：刀盘中的滚刀全部更换为端盖或贝壳刀。

图3 左线盾构刀盘图

左线刀盘配置 表1

序　号	配置名称	数　量	刀高(mm)	刀间距(mm)
1	端盖式贝壳刀	39	175	90
2	切刀	40	140	150
3	边缘刮刀	8	140	

续上表

序　　号	配置名称	数　　量	刀高(mm)	刀间距(mm)
4	保径刀	12		
5	泡沫注入口	6		
6	磨损检测器	1		

2.1.2　左线施工存在的问题

(1)针对本区间地层,盾构始发前虽对刀盘进行了相应改造,增大了整体开口率,但对于富水砂层中的盾构施工要求来说还是相对较小。刀具切削下来的渣土不能顺畅的排除,加上渣土改良效果不能持续的维持在良好状态,渣土中夹杂的部分黏土极易产生泥饼糊住刀盘开口,导致扭矩增大,推进速度缓慢,掘进时间加长。长时间的掘进切削造成掌子面和舱内渣温急剧升高,在丰富的地下水作用下,渣土更易产生泥饼糊住刀盘开口,从而形成恶性循环。

(2)由于刀盘部分开口在推进过程中被糊死,导致渣土只能通过部分开口进入土舱;在顶力的作用下,渣土则会通过刀盘外缘与前盾的空隙进入土舱,从而造成刀盘外缘产生严重磨损。刀盘开挖半径的变小,导致盾体无法顺畅的通过刀盘开挖的净空,而是靠盾体在顶力的作用下挤开土体向前移动,从而造成摩擦阻力增大,导致推进速度锐减。速度的降低则会大大降低施工功效,推进时间的增长进一步加大了刀盘外边缘的磨损,从而形成恶性循环(图4)。

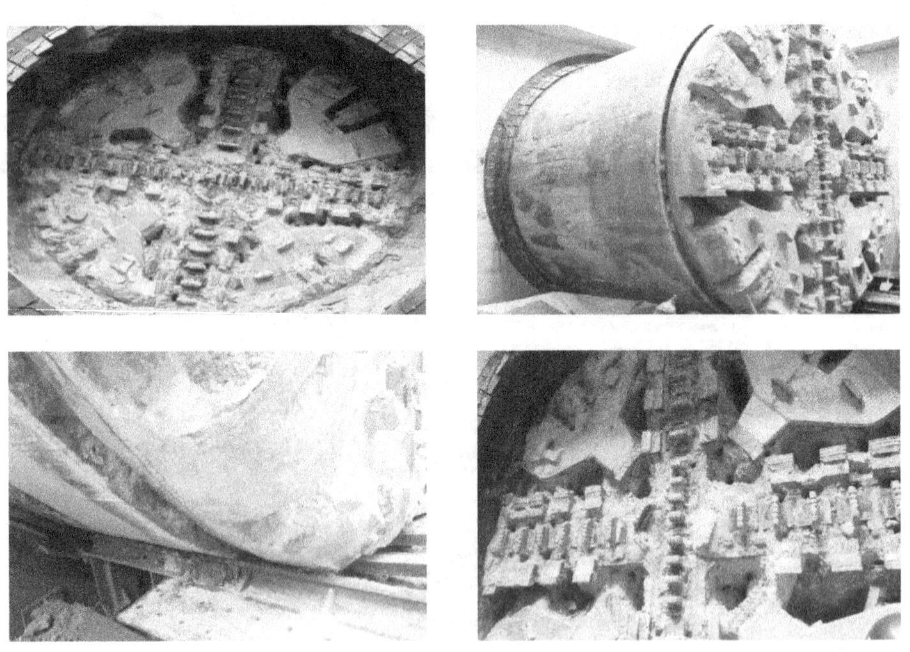

图4　左线盾构出洞后刀盘图

2.2　右线盾构施工情况

通过总结区间左线的施工经验,刀盘开口率较小是导致施工功效低的主要原因,渣土改良效果不佳为次要原因。针对区间左线施工中存在的问题,加工新刀盘用于右线施工(图5、图6)。

盾构区间右线长719.967m,管片环宽1.5m,共480环。

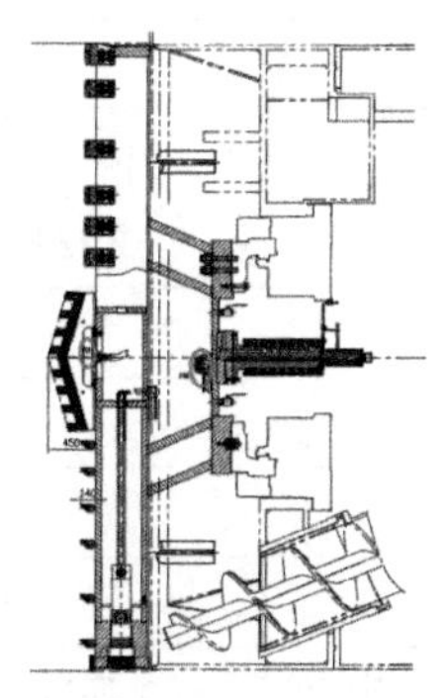
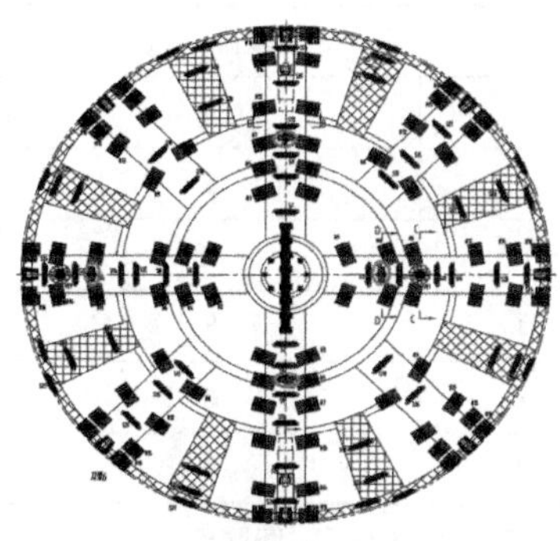

图5　右线盾构刀盘配置图

图6　右线盾构刀盘出厂图

2.2.1　新刀盘参数

新刀盘开口率为56%，尤其增大了中心位置的开口率，减小渣土进入土舱的阻力，保证渣土更为顺畅的通过螺旋输送机排出（表2）。

新 刀 盘 配 置　　表2

序　号	配置名称	数　量	刀高(mm)	刀间距(mm)
1	中心鱼尾刀	1	450	
2	弧形贝壳刀	34	140	90
3	平底贝壳刀	28	140	90
4	切刀	72	110	150

续上表

序　　号	配置名称	数　　量	刀高(mm)	刀间距(mm)
5	边缘切刀	8	110	
6	超挖刀	2	超挖量 50mm	
7	保径刀	16		
8	横向保径刀	8		
9	泡沫注入口	6		
10	磨损检测器	2		

注:刀盘外缘面板、刀座和大圆环外周加焊耐磨网格。尤其重点加强大圆环外周(耐磨环)的耐磨保护,保证盾构开挖直径,减小推进阻力和油缸推力。

2.2.2 渣土改良系统的改造

(1)掘进过程中定期检查,保证泡沫发泡效果;不间断地关注每路泡沫管路的压力变化,出现堵塞迹象及时疏通,避免管路堵塞无法疏通。

(2)泡沫管路安装单向阀,泡沫喷嘴处做好耐磨及防堵塞保护。

(3)恢复被动搅拌棒的冲刷作用。

(4)通过舱壁上的预留球阀,引两路管路至易发生堵塞的牛腿位置进行冲刷,冲刷管口做成鸭嘴形以提高冲刷压力和防止管路堵塞;冲刷管路通过槽钢反扣焊接保护。

2.2.3 右线施工存在的问题

更换新刀盘后施工功效相比左线明显提升,但在施工过程中仍存在需要提高和解决的问题:

(1)刀盘中心开口率相对较小,线速度也最小,渣土易产生泥饼糊住开口。施工中需对面板中心泡沫进行重点跟踪,保证泡沫管路通畅和良好发泡效果;中心增设膨润土或高压水管路进行冲刷,保证渣土能顺利通过中心开口,避免开口糊死。

(2)加强刀盘径向、横向保护刀及刀盘外缘的耐磨保护。

通过右线盾构出洞后可发现,刀盘外缘磨损最为严重,径向保护刀均磨损殆尽,横向保护刀磨损也极为严重,故后续施工时需有针对性地对刀盘外缘耐磨进行重点加强(图7)。

3 盾构施工刀盘适应性分析总结

经过对本区间双线盾构施工进行对比分析,富水砂层中的盾构刀盘适应性分析总结如下:

(1)刀盘整体开口率控制在55%～65%之间;刀盘转动过程中,刀盘中心的线速度最小,为保证渣土能顺畅地通过开口进入土舱,这就要求刀盘中心位置的开口率要尽可能的大。

(2)面板正面的刀具配置时,要确保不同类型刀具的高差,高差控制在20～30mm之间即可;同时做好刀具和刀座的耐磨保护,以保证盾构施工中的磨损可控。

(3)做好刀盘面板尤其中心位置的渣土改良管路喷口保护。喷口处设置单向保护装置,保证渣土不会进入管路造成堵塞,从源头上确保渣土改良系统的良好性能。

(4)做好刀盘外缘和保径刀的耐磨保护。中细砂对刀盘外缘钢结构及刀具的磨损非常严重,施工前需对刀盘外缘加贴耐磨钢板并打耐磨焊,从而形成整圈耐磨环,对刀盘外缘进行重点保护。由于刀盘外缘的线速度最大,刀具的磨损量也就最大,故对周边刀具尤其保径刀进行重点保护;刀具加设耐磨性好的合金加以保护,并对刀座采用耐磨焊丝打耐磨网格(可参照图8耐磨环形式进行加强)。

图7　右线盾构出洞后刀盘图

图8　刀盘耐磨环参考图

通过西安地铁1号线二期工程中盾构在富水砂层的施工情况分析和总结,得出了该地层中盾构施工对刀盘适应性的具体要求,为后续类似地层中的施工提供了相应技术参考,指导后续施工。

参 考 文 献

[1] 常心毅.富水砂层盾构施工技术探讨[J].现代城市轨道交通,2016(06):49-52.

[2] 夏志刚.浅埋富水全断面砂层盾构施工渣土改良初步研究[J].四川建材,2016,42(03):130-132.

[3] 唐卓华,徐前卫,杨新安,等.富水砂层盾构掘进渣土改良技术[J].现代隧道技术,2016,53(01):153-158.

[4] 申会宇.砂层盾构机刀盘刀具磨耗分析及措施[J].山西建筑,2015,41(26):218-219.

气囊式盾尾密封在地铁盾构工程中的应用

卢艳伟[1]　陈振溢[1]　李安清[2]

（1. 北京城乡建设集团有限责任公司　北京　100067；2. 北京建工京精大房工程建设监理公司　北京　100044）

摘　要：本文结合北京地铁16号线稻香湖路站—屯佃站区间左线隧道施工，通过分析钢丝刷盾尾与气囊式盾尾的特点，详细介绍气囊式盾尾密封的设计、工作原理以及现场应用情况。气囊式盾尾密封装置能有效的解决钢丝刷盾尾密封的压力控制和各种漏浆等问题，节约了成本，保证了工程的顺利进行和施工质量，取得了较好效果。

关键词：盾构；钢丝刷盾尾；气囊式盾尾

1　引言

盾构掘进过程中存在到达前、到达时、过程中、管片脱离盾尾时、盾构通过后等多阶段沉降，其中沉降控制最难的是在管片脱离盾尾时。施工中一般采用单液浆或双液浆填充管片和土体间隙。但也存在诸多问题：单液浆凝固时间长，不能及时起到填充空隙的作用，注浆压力也不能超过盾尾密封压力，无法有效控制沉降；双液浆因其流动性较强，盾尾密封压力达不到要求时亦无法进行有效填充，无法有效控制沉降。

随着隧道向更深层的发展，现有的盾尾密封形式压力只能承受0.3MPa，对于深层隧道施工，无法满足压力要求，如何解决承压水盾构掘进的问题也迫在眉睫。

气囊式盾尾有效的解决了盾尾密封的压力问题，保证同步注浆压力能够达到设定值，而且解决了常规盾尾漏浆问题，为施工创造了更好的环境，有效控制地表沉降或隆起，能够保证盾构顺利通过各种风险源。同时为盾构在更深地层承压水层中的掘进问题提供参考，使盾构施工向深层地层空间迈进奠定了基础。

2　工程概况及工程地质情况

2.1　工程概况

北京地铁16号线稻香湖路站—屯佃站区间起于位于稻香湖路与北清路十字路口东北象限的稻香湖路站，区间出稻香湖站后在北清路路北绿地下方由西向东敷设，先后下穿东埠头排水渠及大寨渠，到达位于上庄路与北清路十字交口处东北象限的屯佃站。

左线区间隧道总长2007.921m，有$R=3000$m的平面曲线。出稻香湖路站后以2‰坡度上坡，之后以4.4‰坡度下坡，到达低点之后以4.537‰坡度上坡，到达屯佃站，整段区间采用盾构法施工，盾构先后从稻香湖路站始发，在屯佃站接收，中间设区间联络通道两座，风道一座。

区间结构采用平板式单层预制钢筋混凝土管片衬砌，衬砌环外径6000mm，内径5400mm，管片宽度1200mm，管片厚度300mm，衬砌环向分6块。采用2台盾构机为日本石川岛ϕ6.14m

---

作者简介：卢艳伟（1978—），硕士，高级工程师。主要从事地铁隧道工程施工和技术管理工作。Email：41189848@qq.com。

加泥式土压平衡盾构机在左右线分别进行隧道掘进施工。右线盾构机掘进中常发现盾尾多处漏浆,注浆压力很低,注浆量也很少。由于盾尾的漏浆使注浆量不足,注浆压力偏低,地表沉降超限,影响了施工进度和施工质量。项目经过认真分析和查找原因,采取了切实可行的措施,在左线采用气囊式盾尾,取得了不错的效果,保证了工程顺利进行。

2.2 工程进展情况

本区间上覆土层厚约12.16~17.07m。隧道顶板所在土层主要为粉质黏土③$_1$层,局部位于粉质黏土②$_1$层,修正后围岩分级均为Ⅵ级,稳定性差,易坍落。区间隧道结构所在土层主要为粉质黏土③$_1$层及粉质黏土④层,局部穿越粉土④$_2$夹层。区间隧道结构基底基本位于粉质黏土④层,局部位于粉质黏土③$_1$层及粉土④$_2$层。

3 盾尾气囊密封的适应性

结合该标段地层条件,可进行盾尾气囊密封的有利条件如下:

(1)本段区间所在场地第四纪地层分布较平稳,第四系覆盖层厚大于100m,整个场地位于冲洪积平原地貌,没有高大边坡,不存在岩体崩塌、开裂、滑坡和土体边坡失稳等造成的地震地质灾害问题。沿线无软土分布,不会有软土震陷所造成的灾害。除部分分布有填土和新近沉积土外无其他特殊性岩土;而且无断裂构造穿过本段线路,沿线也无断裂构造迹象,地层条件良好,利于盾构掘进施工,同步注浆压力小,对盾尾密封压力要求低。

(2)盾构区间所在土层深度范围内,共观测到三层地下水,主要为上层滞水(一)、潜水(二)、层间水(三),其中上层滞水(一)位于结构顶板一倍洞径以上,潜水(二)基本位于区间结构顶板附近,层间水(三)基本位于区间结构底板以下地下水少,出现涌水等风险小。

(3)盾构区间除下穿东埠头排洪渠、大寨渠,河内有水,河底无衬砌,对地下水有补给作用。渠底以粉质黏土②$_1$层(渗透系数0.5m/d)为主,结构距东埠头排洪渠底约7.61m、距大寨渠底约11.14m,属于二级风险源,地面无其他重大风险源。

(4)区间设风道一座,为明挖三层双柱三跨框架结构,结构内净空尺寸为28m(长)×23.2m(宽)×20.0m(高),便于设备的检修。

4 钢丝刷盾尾与气囊式盾尾密封的特点

4.1 钢丝刷盾尾密封

4.1.1 钢丝刷盾尾密封介绍

一般常用的盾尾密封型式为三层钢丝刷盾尾密封,焊接在盾尾处。三层盾尾刷形成两个腔室,盾构推进中同时向腔室内注入盾尾油脂,起密封及润滑的作用。钢丝刷盾尾密封实体如图1所示。

4.1.2 钢丝刷盾尾密封特点

根据盾构施工经验总结及盾构推进过程中发生的问题,该盾尾密封型式存在以下缺点:

(1)使用寿命短,一般为一个区间段(约1.5km左右)。

(2)密封压力低(约为0.3MPa),密封效果不理想,易漏浆。

(3)安装焊接及割除工作繁琐,时间长。

(4)反复焊接及割除过程中易致盾尾处变形,影响管片拼装质量。

图 1　钢丝刷盾尾实体图

4.2　气囊式盾尾密封

4.2.1　气囊式盾尾密封介绍

该密封装置由两层充气橡胶气囊和一层钢丝刷件组成。两层密封件用螺栓固定于盾尾处。气囊起到密封盾尾与管片之间间隙的作用。在两层气囊之间的腔室内注入膨润土泥浆，起润滑作用。

4.2.2　气囊式盾尾密封特点

该密封装置与一般的盾尾密封装置相比具有以下优点：

(1)安装简便,用螺栓固定,对盾尾圆度等无影响。

(2)气囊密封压力高,且充气压力可调节,完全满足盾构施工要求。

(3)该密封装置可重复使用。

5　气囊式盾尾密封的设计和工作原理

5.1　密封装置设计

5.1.1　气囊设计

气囊材料采用橡胶材料,具有耐磨、耐压、耐油、耐腐蚀等特点,能够满足盾构施工条件下对盾尾密封的要求。橡胶层内布置五层条纹布,增加气囊充气时的抗拉伸性,气囊盾尾剖面如图 2 所示。

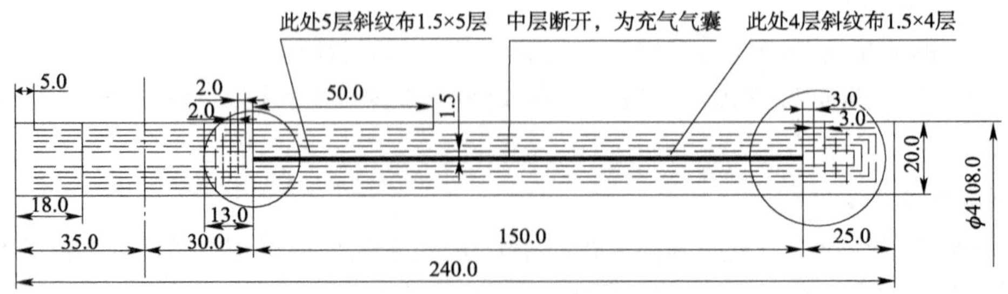

图 2　气囊盾尾剖面图(尺寸单位:mm)

气囊的端头打孔,通过螺栓固定于盾尾处。同时在气囊的侧边设置两处充气嘴,在需要时对气囊充气,调整气囊的工作压力,如图 3、图 4 所示。

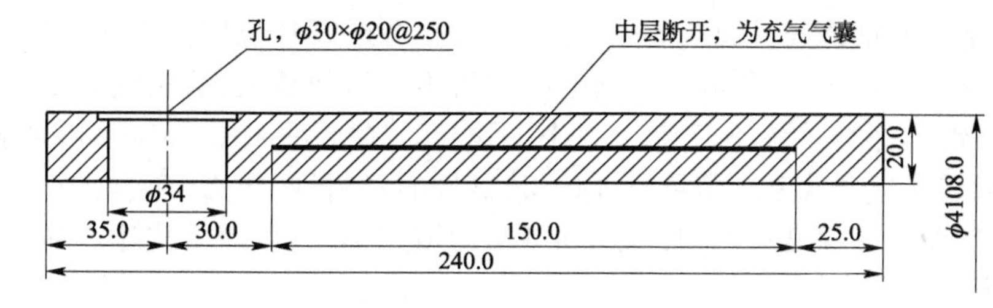

图3　气囊盾尾连接孔位图(尺寸单位:cm)

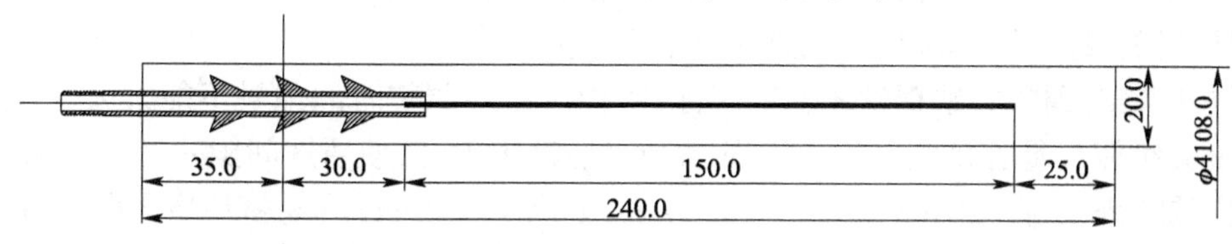

图4　气囊盾尾充气孔图(尺寸单位:cm)

5.1.2　技术要求

(1)拉伸率为7% ~10%。

(2)疲劳次数为10000次。

(3)使用温度为 -20 ~60℃。

(4)橡胶材料要求防水、耐油、耐磨、有一定硬度。

(5)充气膨胀后断面宽度不小于10cm。

5.2　工作原理

该气囊式密封装置的工作系统如图5所示,系统主要由充气及压力保持部分和泥浆减阻部分组成。充气部分设置调压阀和压力表,根据盾构掘进条件实时调整气囊的密封压力。减阻部分设置泥浆存储罐,通过气压将泥浆压入两气囊间的腔室。泥浆注入的压力亦可以调节。

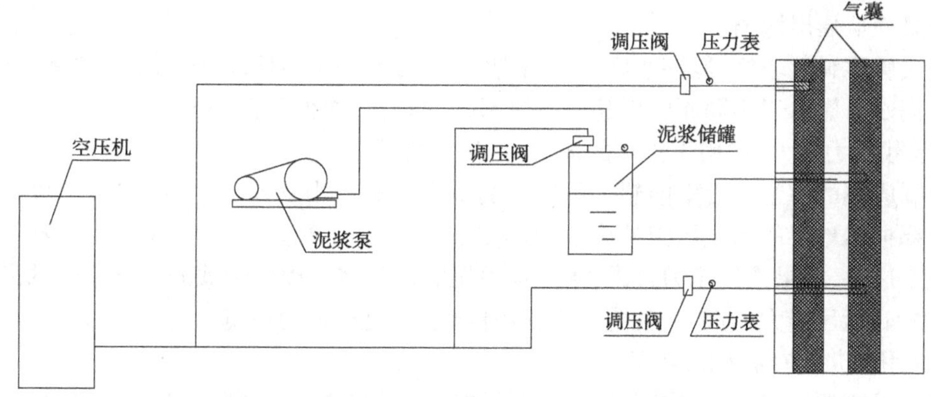

图5　气囊式密封装置工作系统图

6　工程应用效果

气囊式盾尾密封在北京地铁16号线稻香湖路站—屯佃站区间左线隧道的成功应用,解决了如下工程技术难题。

(1)气囊式盾尾密封能可靠控制压力,能有效控制地表变形。

盾构施工同步注浆过程中,如对填充材料施加的压力过大,会造成一部分浆液流入到隧道土体中,并由此造成浆液流失,而且,如果压力过大,会造成管片或周围土体变形;如果对浆液施加压力过小,注浆量较小,管片和土体间的间隙得不到有效填充,会引起地面沉降。又由于钢丝刷盾尾密封性不好,会导致压力忽大忽小,不能有效控制注浆量,从而影响地表变形,对周围环境不利。而采用气囊式密封型盾尾,由于其良好的密封性,压力变化均匀,注浆过程中压力稳定,注浆量以及注入速度较均匀,能达到较高的填充率,可以使盾构隧道施工过程中有效地控制地表变形。

(2)可以有效解决多种原因引起的盾尾漏浆的问题。

引起盾尾漏浆的原因有很多,主要有以下几个方面:

①盾构机姿态调整导致钢丝刷变形超标,盾构机姿态调整时纠偏量不能太大,一般1m纠偏量为5mm,纠偏过量容易使盾构机出现"蛇形"前进现象,致使盾尾间隙一边大一边小,间隙大的一边容易漏浆。盾尾间隙一般不小于35cm,如果小于35cm容易挤坏盾尾刷,造成尾刷钢丝超过其弹性变形,止浆失效而漏浆。

②管片拼装出现椭圆形,管片拼装后标准为圆形,由于管片拼装操作手的熟练程度不够,将管片拼装成横向的椭圆形,致使管片和盾尾部分地方间隙超标造成漏浆。另一方面由于管片拼装成椭圆形,增大了管片之间止水条外缘纵缝的宽度,尾刷末端正好到达上一环管片,此时尾刷就正处在该环管片上,由于注浆压力都很大,而纵缝开口度 $d>6$mm,纵缝处的油脂无法承受浆液的压力,就形成一个渗漏通道,造成盾尾漏浆。

③由于工人对管片拼装不熟练,造成管片错台严重,特别是在纵缝错台产生后,使得盾尾刷无法紧密包裹在整环管片,很容易形成浆液渗漏通道。虽然盾构推进时盾尾油脂舱内有盾尾油脂填充纵缝,但在较高的注浆压力作用下,极有可能将油脂冲脱而击穿盾尾刷,造成盾尾漏浆。

④盾尾密封损坏或质量有缺陷,盾尾刷密封装置受偏心管片过度挤压后产生塑性变形而失去弹性,或盾尾刷制造时质量有缺陷,承载力不够,致使盾尾刷密封性能下降,在注浆压力作用下导致浆液从盾尾漏出。

气囊式盾尾弹性较好,能够适应周围结构的变化,由于压力可调,跟周围结构密贴良好,基本解决了钢刷盾尾由于不同原因引起的盾尾漏浆的问题,取得了良好的效果。

(3)承载压力增大,适用于更深的地层、更复杂的环境。

钢丝刷盾尾的注浆压力不能超过盾尾刷的最大承载压力0.5MPa。在PLC上设定注浆最大压力时要根据地层的水土压力计算来确定注浆压力。如果注浆压力过小,克服不了水土压力注浆注不进去,如果注浆压力过大,会击穿盾尾刷而漏浆。而气囊式盾尾能承受的最大压力能达到1MPa,承压能力的提高,就能适应更深的地层,更复杂的环境。

(4)使用泥浆,节约成本、环保。

常规在盾构掘进过程中,盾尾刷与管片的摩擦消耗的油脂,速度过快则注入盾尾的油脂在单位时间内不能满足其消耗量,若不及时调整油脂泵注脂率,则盾尾刷内的油脂量和注入油脂的压力不够及时密封盾尾,势必造成密封效果减弱;气囊式盾尾采用泥浆代替油脂,不仅质量能得到保证,而且采用泥浆就地取材,施工方便,操作简单,节约成本,同时不污染环境,在节能、降噪方面有很好的优势。

带式压滤机在黏土地层泥浆处理中的应用技术及效果分析

武慧韬

（中国铁建十六局集团北京轨道交通工程建设有限公司　北京　101100）

摘　要：在泥水盾构施工中，泥浆处理设备的选型是影响盾构施工的关键因素。由于郑州地层黏土层极细颗粒占比高，压滤处理系统的选型和运行格外重要。为此，结合河南豫机城际铁路某项目的工程特点，提出采用新型压滤处理设备进行泥浆三级处理，加强高效压滤和滤液的回收利用，可为以后类似地层的泥浆处理设备选型和设计提供参考。

关键词：泥水盾构；带式压滤机；泥浆处理

1　引言

泥水盾构在黏性土地层中施工仅靠泥水分离设备难以将土体中的微细颗粒进行彻底分离，这时通常需要增加压滤设备对土体中的微细颗粒进行处理；郑州新郑机场至郑州南站城际铁路项目首次在泥水盾构施工中采用带式压滤机，相对于常规的板框式压滤机，带式压滤机具有功耗低、占地面积小、设备简单易维护等优点，在本工程中实践使用取得良好效果。

2　工程概况

2.1　工程概况

豫机城际铁路一标自郑机城际铁路设计终点 DK39 + 403.418 引出，向东以地下铺设方式走行于规划东进场公路北侧，于机场构筑物北侧设韩庄站（乘降所），继续向东下穿滨河西路（规划）、南水北调工程、滨河东路（规划）、会展路（拟建），出地面后上跨东进场公路（规划）和省道 S102，至郑州南站城际场 DK50 + 200，正线全长 11.144km（双线）。区间示意图如图 1 所示。

2.2　地质概况

地层情况从上至下依次为粉砂、粉土、粉质黏土、细砂层，具体地层情况如图 2 所示，盾构隧道洞身大部分处于粉质黏土层中，局部地段穿越粉砂、细砂，地质情况统计见表 1。隧道拱顶埋深 10.26 ~ 31.07m，洞身基本处于潜水-承压水中。

作者简介：武慧韬（1989—），男，大学本科，工程师。目前主要从事超大直径盾构施工管理、盾构设备维护工作。Email：385095406@qq.com。

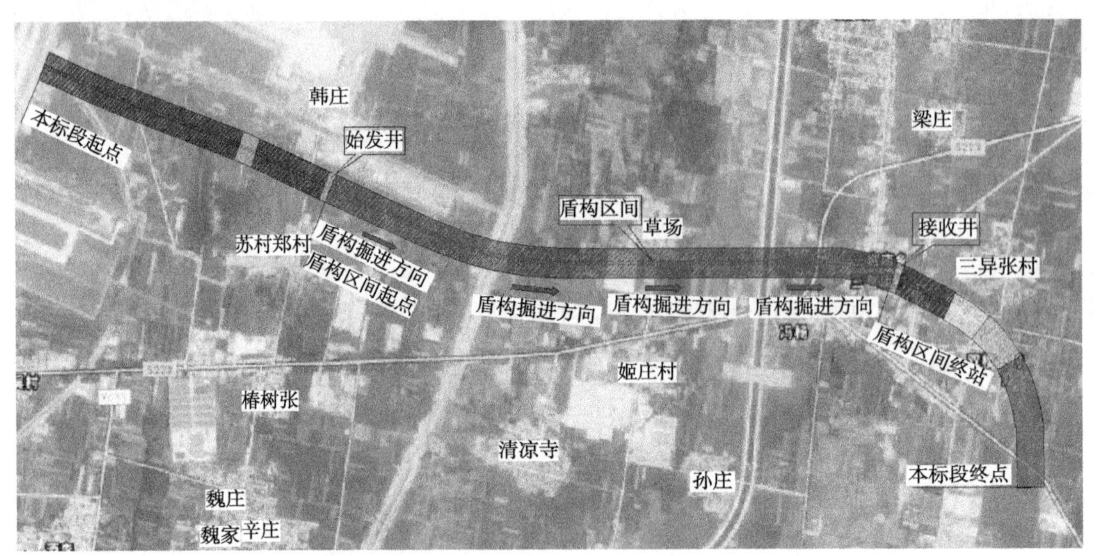

图1　盾构区间示意图(部分)

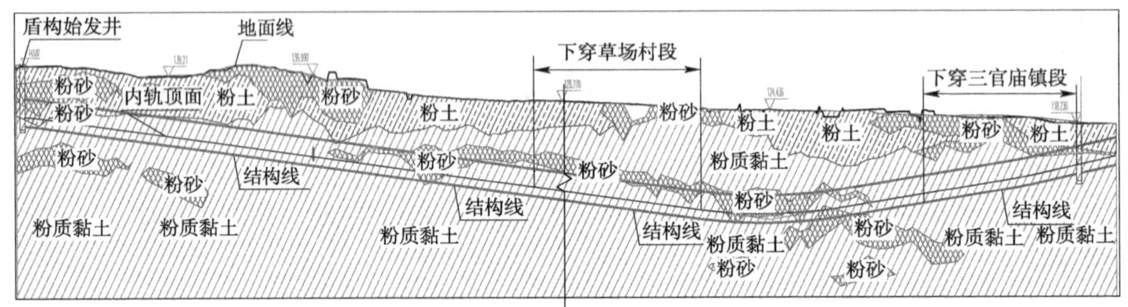

图2　地质纵断面图(部分)

盾构隧道地质情况统计表　　表1

序号	里　程	区段长度(m)	主要地层	主要地层特性	地上建筑物
1	DK41+733 ~ DK41+979 (始发井段)	246	②$_{44}$粉砂、②$_{34}$粉土、②$_{22}$粉质黏土	(1)②$_{44}$粉砂:天然含水率24.5%; (2)②$_{34}$粉土:天然含水率19.9%; (3)②$_{22}$粉质黏土:天然含水率21.8%	农田
2	DK41+979 ~ DK43+921 (黏土层段)	1942	②$_{22}$粉质黏土、②$_{23}$粉质黏土、②$_{54}$细砂、③$_{23}$粉质黏土、③$_{24}$粉质黏土(半成岩)	(1)②$_{22}$粉质黏土:天然含水率21.8%; (2)②$_{23}$粉质黏土:天然含水率22.6%; (3)②$_{54}$细砂:天然含水率23%; (4)③$_{23}$粉质黏土:天然含水率21.2%	农田
3	DK43+921 ~ DK44+816 (下穿南水北调主干渠)	895	③$_{23}$粉质黏土、③$_{24}$粉质黏土(半成岩)、②$_{54}$细砂	(1)③$_{23}$粉质黏土:天然含水率21.2%; (2)③$_{24}$粉质黏土(半成岩); (3)②$_{54}$细砂:天然含水率23%	草场村1~3层民房;南水北调主干渠

续上表

序号	里　　程	区段长度(m)	主 要 地 层	主要地层特性	地上建筑物
4	DK44 + 816 ~ DK45 +4 20（黏土层段）	604	②$_{22}$粉质黏土	②$_{22}$粉质黏土：天然含水率 21.8%	三官庙镇1～3层民房
5	DK45 + 420 ~ DK45 +5 50（盾构接收浅覆土段）	130	①$_{43}$粉砂、②$_{22}$粉质黏土	(1)①$_{43}$粉砂：天然含水率 19.6%； (2)②$_{22}$粉质黏土：天然含水率 21.8%	三官庙镇1～3层民房

2.3　泥水分离设备概况

本区间采用一台开挖直径 12.81m 的泥水盾构机进行施工，环宽 2m，每环理论出渣量 257m^3，日均进尺 12～16m，施工参数见表 2。泥水分离设备由威猛公司生产的 3 套 WZX-1000 泥水处理系统功能单元组成，主要由预筛分器单元、一级旋流除砂单元、二级旋流除泥单元、三级压滤单元、振动筛分脱水单元，见表 3。泥浆最大处理量能达到 3×1200m^3/h，设备以泥浆处理量 1000m^3/h 的设备为基本单元进行组合并联，也可以根据其他工程的具体要求进行系统拆分或重组，具有较强的工程适用性。

盾构施工参数明细表　　　　表 2

名　　称	参　　数	备　　注
盾构直径 D(m)	12.8	
环长(m)	2.0	
隧道截面积(m^3)	128.6	
送泥管径(mm)	450	
排泥管径(mm)	450	
进浆密度(g/cm^3)	<1.20	
盾构最大送浆流量(m^3/h)	2400～2500	
排浆密度(g/cm^3)	1.20～1.40	
盾构最大排浆流量(m^3/h)	2500～2600	
每环出渣量(实土)(m^3/h)	257.2	
每环出渣量(虚土)(m^3/h)	334.36	系数 1.3

泥水处理功能单元明细表　　　　表 3

序　号	名　　称	数量	功率(kW)	备　　注
1	WZX-3000 泥水分离设备	1	1440	2 用 1 备
2	压滤单元	1	253	共 3 单元
3	制浆系统	1	49	
4	调浆系统	1	159	
5	PLC 集中控制系统	1	15	
6	流量和密度测量模块	1	0	
7	照明系统	1	10	
合计		7	1926	

3 带式压滤机工作方案

3.1 工程特点

(1)根据新郑机场—郑州南站隧道区间颗粒分析报告,粉质黏土地层10μm以下颗粒所占比例大(≈45%),地层中会产生大量的细微颗粒进入浆池,造成浆池的相对密度、黏度等指标上升过快,从而产生大量废弃浆液,会对盾构掘进速度产生影响,因此后续废浆三级压滤的配套要求高,这是本工程施工的主要难点。

(2)对于泥浆相对密度的快速增高,通过加水稀释虽然可以快速降低泥浆的相对密度,但同时对于泥浆中固有的特性,比如黏性、塑性等关键指标也会随之降低,对稳定开挖面不利。不论加新浆或是化学药剂以提升泥浆性能,都会极大提高项目部施工成本。

(3)当泥浆中开始加入清水稀释泥浆,就必然产生大量的弃浆。而弃浆的后续处理,由于弃浆成本及场地限制等因素是泥水盾构施工中普遍难以解决的难题。

综合以上等原因,豫机城际一标项目在第三级采用压滤设备对泥浆相对密度进行调整。

3.2 压滤处理工艺

泥浆进入混凝池后,经渣浆泵泥浆打入压滤机中,期间通过加一定配比的药剂后经过混料器后将药剂与泥浆充分混匀,上到压滤机后经重力脱水,高压压榨脱水形成含水率约80%的泥饼落入传送带后运到渣料场。经重力脱水区的水质比较清,再加上冲洗滤布的水质也比较清,这两部分水混合后经清水泵泵入沉淀罐沉淀,沉淀泥浆可排入混凝池,清水可用来配制药剂和冲洗泵用水。高压压榨脱水和冲洗水比较混浊,含泥量大,可排入沉淀池,经加药和三级沉淀后清水回用于配药和冲洗泵,沉淀泥可排入混凝池或者直接用挖掘机挖出来运输,处理工艺流程如图3所示。

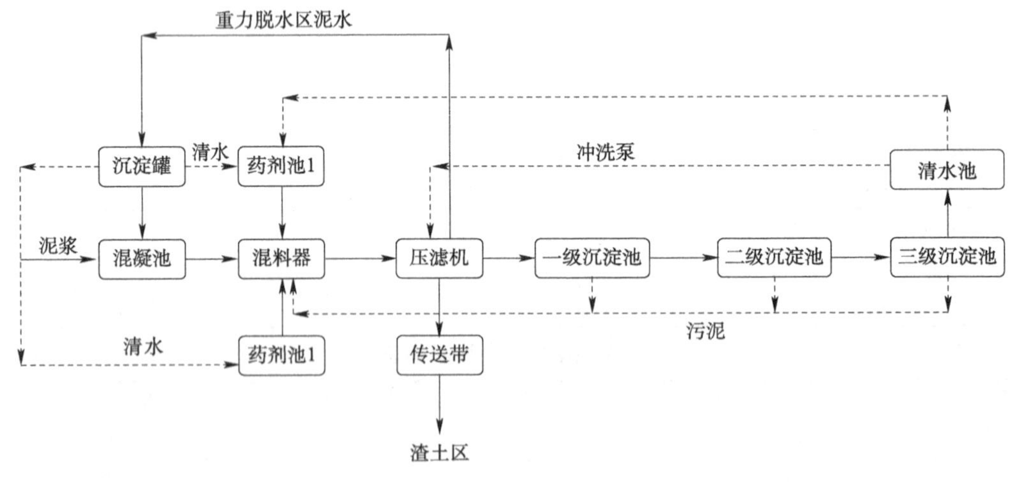

图3　压滤机工艺流程图

3.3 带式压滤机

泥浆经压滤机由于处理之后形成的是泥饼和清水,清水的回收可以降低泥浆相对密度,对黏度的降低也有明显的效果。压滤废浆处理方式,不仅对降低泥浆相对密度和黏度都有效,同时,泥浆被压滤后的泥饼含水率较低,更加便于外运,如图4所示。

带式压滤机在泥水盾构施工中使用尚属首次,本工程共采用3台2.5m宽带式压滤机,单机处理能力 260～300m³/d，见表4；该设备广泛用于各种泥浆和物料的脱水处理，带式压滤机相比于传统的板框式压滤机具有连续生产、稳定性高、故障率低、能耗低、处理量大、脱水效果好、操作维护简单、容易清洁等优点。

图4　带式压滤机现场安装图

压滤系统功率参数表　　表4

参数名称	参数值	参数名称	参数值
压榨功率	4kW	处理量	260～300m³/d
浓缩功率	1.5kW	设备质量	10t
水、泥浆和药剂混合装置	5.5kW	外形尺寸	7000mm×3300mm×2500mm
上料渣浆泵功率	7.5kW		
冲洗装置	7.5kW		
总计	26kW		

3.4　工作原理

带式压滤机脱水过程可分为重力脱水、楔形区预压脱水及压榨脱水三个阶段，如图5所示。

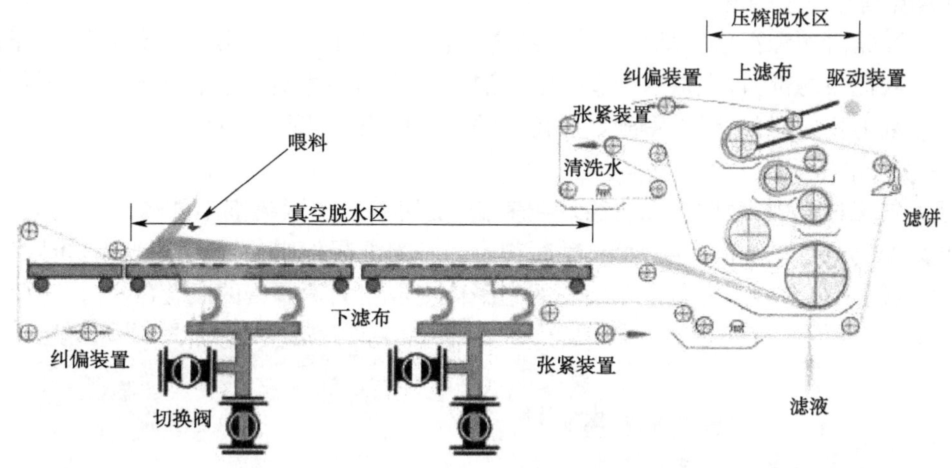

图5　带式压滤机工作原理示意图

(1)经过预处理絮凝后的泥浆均匀送入网带时，泥浆随滤带向前运行，游离态水在自重作用下下落到污水池，重力脱水的主要作用是脱去泥浆中的自由水，使泥浆的流动性减小，为进一步挤压做准备。重力脱水后的泥浆流动性几乎完全丧失，随着带式压滤机滤带的向前运行，上下滤带间距逐渐减少,物料开始受到轻微压力,并随着滤带运行,压力逐渐增大。

(2)重力脱水后的泥浆流动性几乎完全丧失,随着带式压滤机滤带的向前运行,上下滤带间距逐渐减少,物料开始受到轻微压力,并随着滤带运行,压力逐渐增大,楔形区的作用是延长重力脱水时间,增加絮团的挤压稳定性,为进入压力区做准备。

(3)物料脱离楔形区就进入压力区,物料在此区内受挤压,沿滤带运行方向压力随挤压辊直径的减少而增加,物料受到挤压体积收缩,物料内的间隙游离水被挤出,此时,基本形成滤饼,继续向前至压力尾部的高压区经过高压后滤饼的含水率可降至最低。在设备最上端,滤带分离,经刮板和自重的影响,滤饼脱落,掉落到渣土场。

4 带式压滤机技术要点

4.1 絮凝药剂配置

不同的泥浆性质,选择絮凝剂的种类和加入量相差很大;一般来说,泥浆颗粒细小,会导致药剂消耗量的增加,泥浆中有机物含量和含咸度高,也会导致药剂用量加大。另外,泥浆的固相所占比例越高,药剂消耗量越大。

(1)絮凝药剂配置

本项目采用有机高分子絮凝剂,聚丙烯酰胺(PAM)作絮凝剂材料。絮凝剂注水时间融合时间大约要30min,在搅拌泵和罗茨风机的同步配合工作下完成一个药池的药剂配置,完成时间至少需要30min。

因本项目选用2500mm宽度带式压滤机,单机处理量260~300m^3/d,日均处理量800~900m^3/d;待压榨泥浆需要1:1添加药水进行稀释絮凝,絮凝药剂0.5~1mg/L,见表5。

絮凝剂配比表 表5

泥浆:药水	药剂:水	药剂
1:1	0.05%~0.1%:1	聚丙烯酰胺(PAM)

(2)絮凝剂与泥浆的混合

为了保证絮凝剂和泥浆中悬浮颗粒的的充分接触,利用文丘里效应和螺杆泵增压使药剂能够直接泵入泥浆内部,再在输送管道上增设混流管不但使絮凝剂和泥水混合的更加均匀还提高了絮凝剂的反应时间,可以得到更加良好的絮凝效果,如图6所示。

(3)助凝剂的使用

在掘进施工过程中,地质情况往往复杂多变,使用单一的絮凝剂不能得到好的絮凝效果,往往需要添加助凝剂来提高絮凝效果;助凝剂本身不起混凝作用,而是通过调节和改善絮凝体的结构,可以使无机絮凝产生的松散细小的絮凝体变成粗大而紧密的矾花(图7)。

图6 药剂用螺杆泵示意图

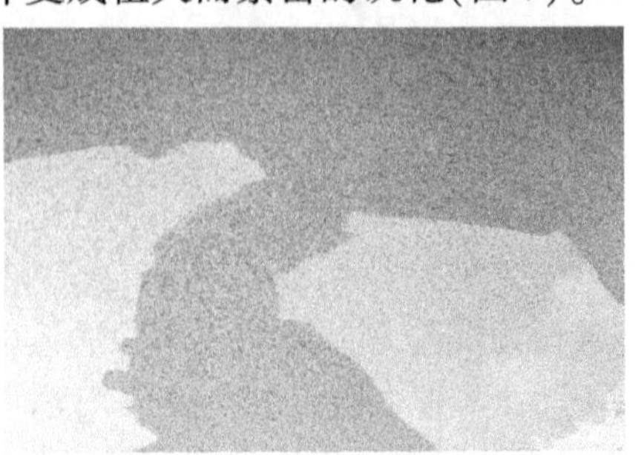

图7 絮凝剂作用后效果图

4.2 竖流式沉淀池

竖流式沉淀池又称立式沉淀池，池体平面图形为圆形或方形，泥浆由设在沉淀池中心的进水管自上而下进入池内（管中流速应小于 30mm/s），管下设伞形挡板使废水在池中均匀分布后沿整个过水断面缓慢上升（对于泥浆一般为 0.5～0.7mm/s，沉淀时间采用 1～1.5h），悬浮物沉降进入池底锥形沉泥斗中，澄清水从池四周沿周边溢流堰流出。堰前设挡板及浮渣槽以截留浮渣保证出水水质。池的一边靠池壁设排泥管（直径大于 200mm）靠静水压将泥定期排出。竖流式沉淀池的优点是占地面积小，排泥容易，缺点是深度大，施工困难，造价高（图 8）。

图 8　竖流沉淀池示意图

竖流式沉淀池中，水流方向与颗粒沉淀方向相反，其截留速度与水流上升速度相等，上升速度等于沉降速度的颗粒将悬浮在混合液中形成一层悬浮层，对上升的颗粒进行拦截和过滤。因而竖流式沉淀池的效率比平流式沉淀池要高。

4.3 脱水剂使用

脱水剂又称为调理剂，如图 9 所示，仅在带式压滤机压榨阶段使用；脱水剂在与水充分混合后直接泵入滤布上，如图 10 所示，与泥浆的混合时间只有几十秒。投入脱水剂后，可以大大加速泥浆的浓缩过程，改善过滤脱水效果。

与无机脱水剂相比，有机脱水剂的加药量小，形成的絮体粗大，但絮体强度较低，比无机形成的絮体更容易被破坏，而且絮体一旦被破坏，不论采用何种脱水剂，都不能再回复到原来的状态，因此带式压滤机一般采用有机脱水剂聚丙烯酰胺系列。

图 9　脱水剂罐示意图

图 10　脱水剂作用位置示意图

4.4 冲洗水

在带式压滤机工作过程中,经常出现泥饼含水率较高的情况,造成在泥饼运输过程中严重掉泥,不符合环保要求,主要原因有以下两点:

(1)滤布冲洗不彻底导致的,当滤布冲洗不彻底,会造成堵塞,进而导致滤水受阻,造成泥饼含水率偏高。

(2)经过脱水后滤布渗漏的微量泥渣长期粘附在重力脱水带的筋条中,清洗时不能冲洗到位,造成中部滤带通道堵塞,导致中间泥浆脱水困难,泥饼含水率高。

为此项目部为压滤设备单独设置无塔供水罐,如图 11 所示。保证水量充足并安装立式多级离心清水泵做冲刷泵,将滤布冲洗水压力由 0.6MPa 提高到 0.8MPa,并且在滤带进入重力脱水区前加装一条管道后,泥浆脱水得到明显改善,降低了泥饼的含水率。

4.5 滤带调整气缸

滤带的张力通过气缸来实现如图 12 所示,使整条滤带保持恒定的张力(目前使用 0.5MPa),同时不会因进浆量的变化而引起张力的变化。为了方便管理及操作,压滤机就在滤带压辊上设置限位及自动纠偏的空气控制系统,对于宽滤带还配有自动泥浆进料装置确保泥浆均匀的走入滤带,从而保证过滤效率并延长滤带使用寿命。

图 11 无塔供水罐示意图

图 12 滤带张紧气缸示意图

4.6 滤带带速

滤带带速对泥浆脱水有较大程度影响,当进浆含水率较高或泥浆与药剂混合效果不充分时应降低带速,延长重力脱水的滤水时间,防止泥浆从压榨带两侧挤出,正常情况下调整带速为 4 ~6m/min,脱水效果良好,如图 13、图 14 所示。

图 13 压滤效果图

图 14 压滤出渣效果图

5 压滤方式对比

压滤设备的功用就是在黏性土层旋流筛分设备不能分离出足够的固相，不能将泥浆相对密度还原到掘进初期的低值时，进行彻底的固液分离，通过分离出足够的低含水率（23% ~ 27% 以下）干土、回收足够的低浓度（50mg/L 以下）滤液，将泥浆相对密度还原到掘进初期的所需值。而泥水盾构施工往往是采用板框式压滤机或将板框式压滤机与离心机配合使用；针对本工程技术特点，首次在泥水盾构施工中采用带式压滤机进行三级沉淀处理，其特点对比见表6。

压滤设备特性比对表　　表6

类　别	工作特点	优　势	缺　点	适用范围
板框式压滤机	（1）间歇脱水； （2）液压过滤	（1）滤饼含固量高； （2）固体回收率高； （3）药剂消耗少	（1）间歇操作，过滤能力低； （2）基础设备投资大	（1）其他脱水设备不适合的场所； （2）需要减少运费等费用
带式压滤机	（1）连续脱水； （2）机械挤压	（1）机器制造容易，附属设备少，能耗低； （2）连续操作，管理方便，脱水能力大	（1）使用的有机药剂价格较高，运行费用高； （2）脱水效率较板框式压滤机略低；	特别适用于无机泥浆的处理
离心机	（1）连续脱水； （2）离心力作用	（1）基础建设少，投资小；设备结构紧凑； （2）不投加或少投加化学药剂，处理能力大，效果好；总处理费用较低，自动化程度高，操作简便，卫生	（1）国内多为进口，价格高； （2）电力消耗大，泥饼中含有砂砾，噪声污染大	（1）不适用于密度差很小或液相大于固相的泥浆脱水； （2）粒径需大于0.1mm

6 结语

经过郑州新郑机场至郑州南站铁路项目施工实践，带式压滤机可以满足开挖直径 12.81m 泥水盾构机日均掘进 16m 施工的泥水处理需求，单台设备日均处理能力 260 ~ 300m^3，带式压滤机可以连续生产、具有稳定性高、故障率低、能耗低、处理量大等优点，较好地完成了本项目对泥浆处理的需要，为国内同类工程中泥水盾构施工中压滤设备选型提供一定参考经验；其中总结如下：

（1）泥水处理中心是泥水盾构施工中关键的后配套，直接决定着施工的成败，而泥水处理设备的选型至关重要；在施工实践中，必须根据项目的实际情况进行配置，将设备选型的适应性放在首位。

（2）带式压滤机效率略低于板框式压滤机，但其相对于板框式压滤机，其具有造价低、占地面积小、噪声小、能耗低等优点；在一定场地限制的情况下采用带式压滤机可以增加设备台数，提高效率。

（3）合理的药剂配置是压滤施工成败的关键，地质情况不是一成不变的，这就要求在施工中对应不同地质情况合理配置药剂才能最大限度地提高施工生产效率。

曲线管幕机在超大地下空间工程中的应用和探索

蒋鹏鹏　冯　猛　龚廷民

（中铁工程装备集团有限公司　河南郑州　450016）

摘　要：首先介绍曲线管幕工法这种新型的超大地下空间施工工法，论述曲线管幕工法的的国内外研究现状。其次，本文对专用于曲线管幕工法施工的曲线管幕机进行整机系统介绍，分析曲线管幕机始发接收时的要点。最后，对曲线管幕工法在超大地下空间中相关施工工艺进行介绍，并对其应用和前景进行展望。

关键词：曲线管幕工法；曲线管幕机；超大地下空间工程应用；施工工艺

1　引言

随着隧道建设朝深度化方向发展，主隧道与闸道分叉合流结合部开挖、现有隧道扩挖等超大断面地下空间工程的技术需求随之增加。虽然城市隧道多采用盾构法施工，但是在主副隧道分叉、合流等断面复杂多变的情况下，盾构工法不再适用，有些情况即使能够适用，成本也非常高昂。对于超大地下空间工程若采用传统的明挖或者人工暗挖的施工方式，对地面环境扰动大，支护费用成本高昂，安全性差，同时不利于在交通量大、地下建筑物密集的大城市中施工。

曲线管幕工法是一种用曲线管幕机沿一定的曲线将钢管节顶进到土体中，钢管节之间依靠锁扣密封或在注浆、冷冻技术等辅助工法的配合下，形成具有止水性能的超前支护，然后再开挖施工主体结构的新型暗挖施工技术，适用于埋深浅、跨度大、地下水丰富等地质条件复杂的超大地下空间工程。不同于直线管幕，采用曲线管幕法可以减少钻孔数量，形成更大范围的封闭开挖空间，更易形成压力拱，提高施工安全性，并保证成孔精度。

2　曲线管幕工法国内外研究现状

曲线管幕工法起源于日本，目前该工法在日本的应用最为广泛，经过多年的发展，日本在装备研发与施工工艺方面已积累了丰富的经验。图 1 ~ 图 4 均为日本研发的专用于曲线管幕施工的设备。表 1 为日本曲线管幕工法施工案例。

管幕工法虽然已经逐步成熟，国外也有很多相关案例，但在国内，只有直线管幕工法在我国首都机场跑道下穿工程、港珠澳拱北口岸隧道等几个项目得到成功的应用，而曲线管幕工法还处于技术研究阶段，没有相关施工案例。

作者简介：蒋鹏鹏（1990—），女，本科，学士，工程师。目前主要从事特种掘进设备设计研发工作。Email：15136241639@163.com。

图1　ϕ845 曲线管幕机

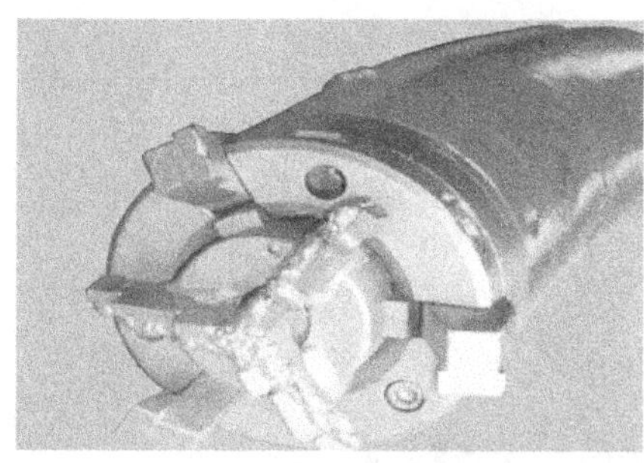

图2　小口径曲线管幕设备

图3　隧道扩大型曲线管幕机

图4　矩形曲线管幕机

曲线管幕工法施工案例　　表1

序号	工程名称	施工地点	单条隧道掘进里程(m)	顶进根数(根)	曲线半径(m)	钢管外径(mm)	地质条件	隧道断面图
1	中央环状品川线盾构隧道(北行)U形转弯路工程	东京都品川区	10	26	8	267.4	泥岩	图5a)
2	伴随神户市地铁建设的NTT隧道障碍物移除工程	兵库县神户市中央区(交叉路口正下方)	10.65	106	4	267.4	砂夹黏土层(洪积层)	图5b)
3	东北主线王子车站站内首都高速道路新建工程(飞鸟山隧道)支护铺设工程	JR东日本王子车站正下方	18	16	8	267.4	砂土(最小埋深3m)	图5c)
4	首都高速公路中央环线新宿线SJ22工区(2-1)富之谷出口隧道工程	涉谷区富之谷一丁，二丁，上原一丁目	19.2	76	16	267.4	砾石层	图5d)

a)

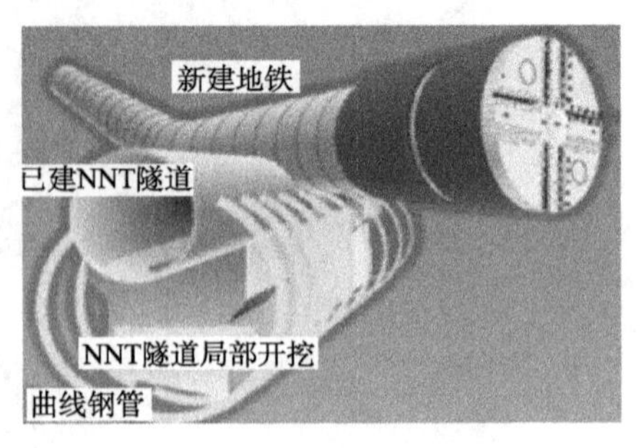

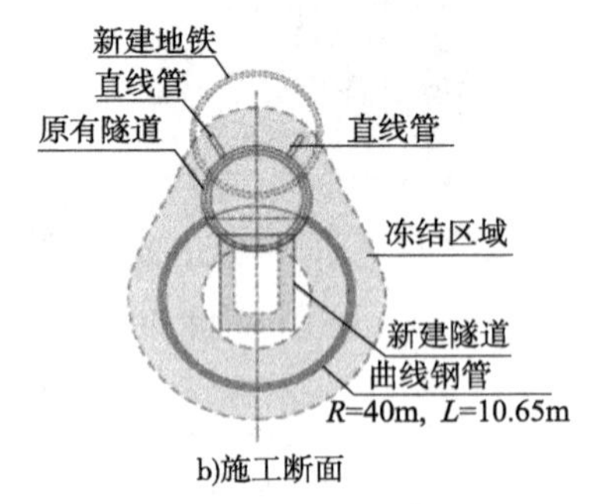

b)施工断面

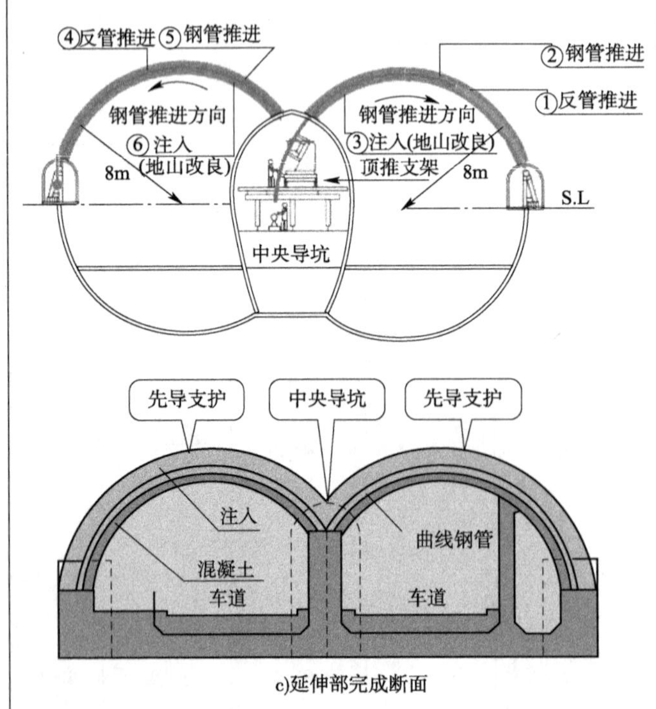

c)延伸部完成断面

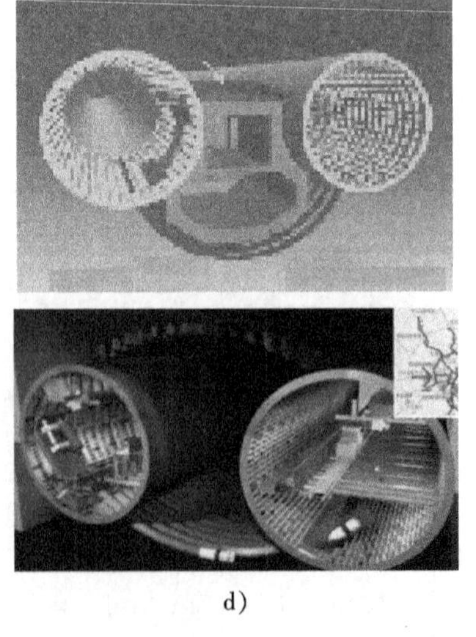

d)

图5　隧道断面图

3 曲线管幕机整机系统及工作原理介绍

曲线管幕机施工状况图,如图6所示,主要构成为:①始发入口;②下部支撑架,起到钢制管节位置控制及固定的作用;③顶推装置,安装在确定位置,为设备提供顶推力,并限制顶进隧道曲率半径;④曲线管幕主机,集刀盘、驱动、纠偏、出渣系统于一体,对土体进行开挖;⑤钢制管节;⑥接收装置。

曲线管幕机工作原理和顶管机类似,顶推装置均放在始发洞口处,提供顶推理使管节随主机一同向前顶进。为了保证开挖面稳定,在曲线管幕机始发和接收时需对开挖面进行加固,并进行洞门密封。管幕的每环管节为钢结构,始发侧及接收侧位置处均为订制管片,如图7所示,包括特制筋板、钢制反力板及可切削材料。曲线管幕机始发时,将特制筋板拆除,钢制反力板预留有管幕机通过孔,安装始发管,始发管内安装有密封钢丝刷,起到洞门密封的作用,曲线管幕机刀盘对可切削材料进行切削破除,可切削材料一般为玻璃纤维筋填充砂浆,起到洞门的作用,可以抵抗高水压、土压。

曲线管幕机在接收时采用接收管接收,接收位置处管片与始发位置相同,在接收时,接收管与管片之间形成密闭空间,往接收管中填充砂浆,并保证一定压力,用于抵抗高水压及土压,在接收完成后往接收洞门位置注入砂浆,撤去主机及接收管,完成接收步骤。

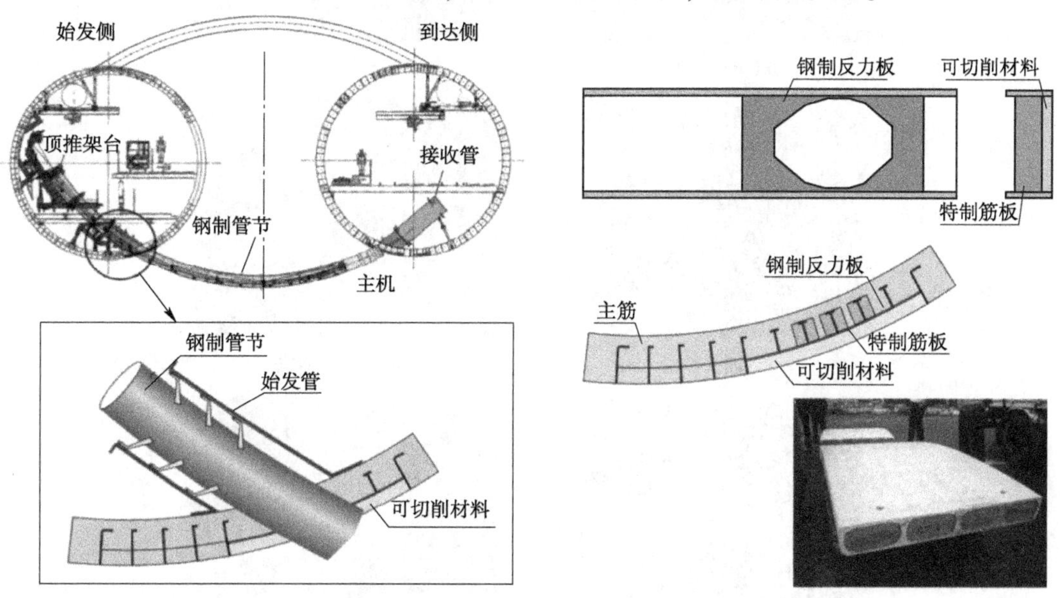

图6 曲线管幕机施工状况图

图7 特制管片结构

4 曲线管幕工法应用及施工工艺

4.1 曲线管幕工法在超大地下空间工程中的应用

由于曲线管幕能够形成超前支护,具有安全、施工灵活性高等特点,在地下空间开发领域应用广泛,如图8所示,曲线管幕工法的主要用途如下:

(1)避开地下管线障碍物。如果施工隧道轴线上遇到障碍物,可利用该工法施工绕过障碍物,或在障碍物周边形成支护,对障碍物进行破除。

(2)盾构地下对接。在进行超长距离隧道施工时,两台盾构同时从两侧始发,如果两台盾构在对接接收时存在不具备施作接收井或施作接收井风险较高的情况，利用该工法，可以实现两台盾构的地下对接，同时大大提高对接的安全性和施工效率。

（3）地下空间扩展。当原有隧道空间不满足使用情况，需要对其进行扩径时，可利用该工法，使用圆形曲线钢管或者矩形曲线钢管形成管幕，作为预支护，快速实现隧道的扩径开挖。

（4）异形隧道构筑。由于一些异形隧道断面的特殊性，无法选用常规盾构或者异形盾构法施工，可利用该工法，进行预支护开挖，完成异形隧道构筑。

（5）地下快速路结合、分流部开挖。地下快速路作为快速路网的重要组成部分和重要补充，起到引导和分流快速交通系统的作用，一些快速路规划时未考虑到进出口处车辆的交汇和分流，需要重新规划施工时，可利用该工法，进行交汇和分流部的开挖。

（6）地铁车站建设。利用已建好的两条地铁隧道，用曲线管幕机搭建管幕，结合冷冻工法或者管幕间利用锁扣进行止水，形成超前支护，然后进行开挖，完成地铁站台的施工建设。

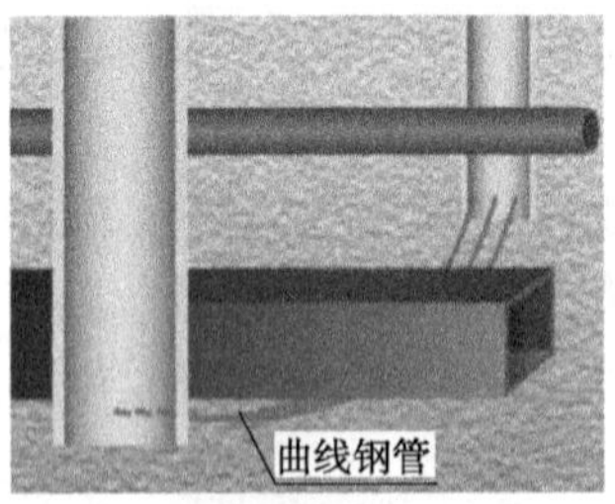

a)避开地下障碍物

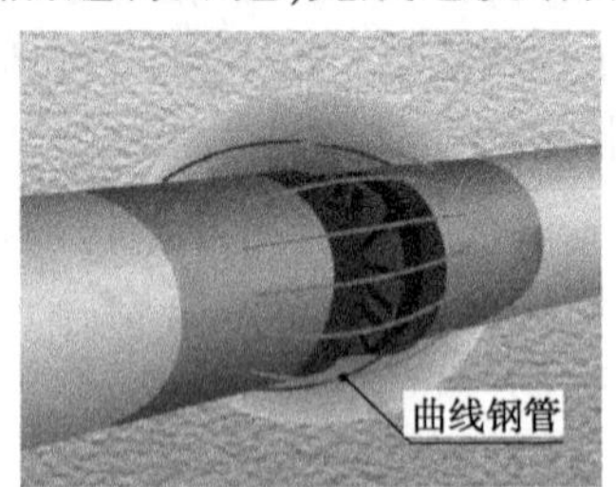

b)盾构地下对接

c)隧道扩挖

d)异形隧道构筑

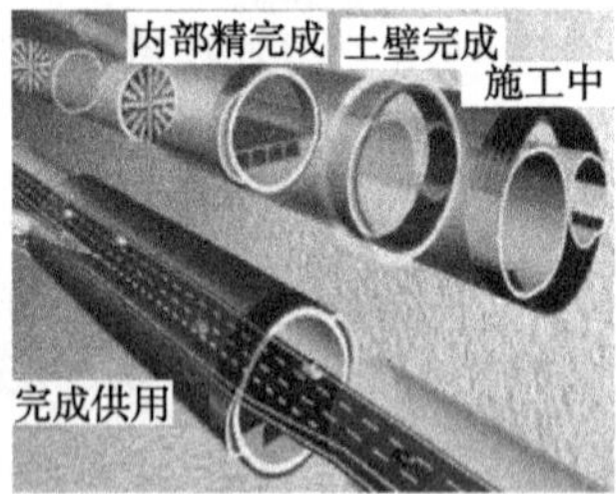

e)隧道结合、分流部扩挖

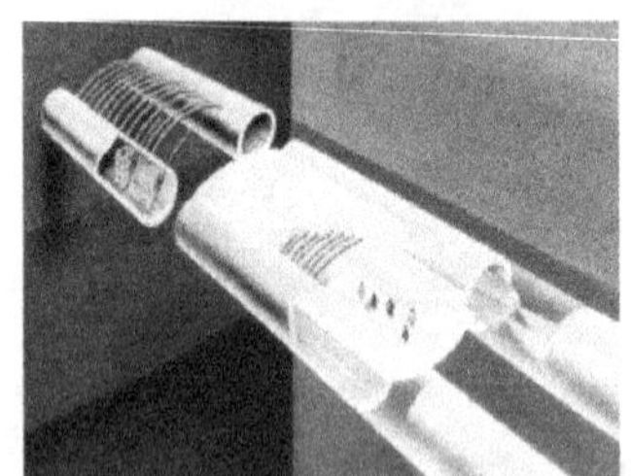

f)地铁车站建设

图 8　曲线管幕机主要用途

4.2　曲线管幕施工工艺

曲线管幕工法可以在不同的工程中应用，但主要的施工工艺基本类似，下面以在两条地下快速路交汇处的施工为例，介绍曲线管幕机施工工艺，如图 9 所示，主要施工步骤如下：

（1）使用盾构法施工两条初始隧道，从一侧建造始发基地。

（2）在规定的地方安装顶推装置，将曲线管幕机主机和钢管焊接，并安装到顶推装置上，分别进行上下曲线管幕的顶进。

(3)完成上下曲线管幕隧道群施工。

(4)对上下管幕进行连接,并在空隙处填充砂浆。

(5)采用冻结工法或注浆对地层进行改良,对管幕进行止水。

(6)撤去管幕内管节,进行内部土体的开挖。

(7)对隧道进行支护衬砌。

(8)隧道施工完成,进行装饰通车。

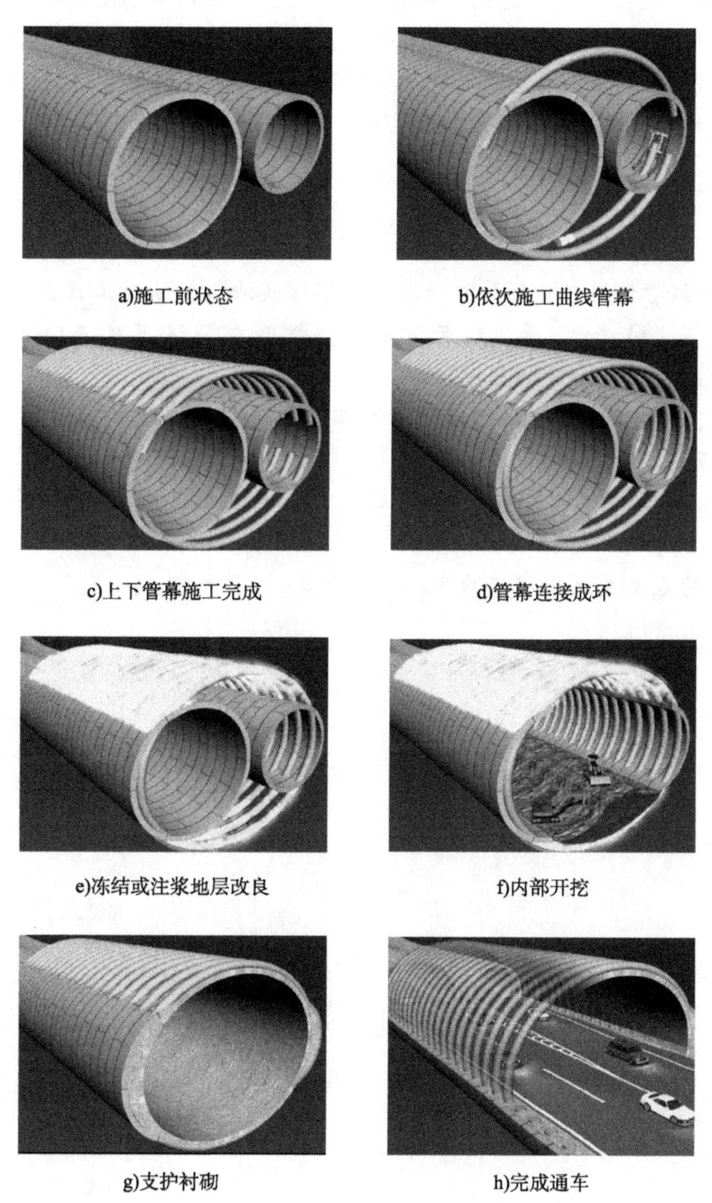

a)施工前状态　b)依次施工曲线管幕

c)上下管幕施工完成　d)管幕连接成环

e)冻结或注浆地层改良　f)内部开挖

g)支护衬砌　h)完成通车

图9　曲线管幕施工工艺

上述施工工艺中运用到了管幕冻结法辅助工艺,是为了在管幕钢管节之间形成冻土帷幕以达到止水的目的。管幕冻结法旨在降低施工对地面活动及地下通道的影响,又可提供临时挡土与隔水的作用,采用冻结完全止水的方法,使大断面异形截面非开挖构筑成为可能,微型曲线管幕机能够在已施工完毕的盾构隧道内施工,在非开挖的情况下为地下隧道汇合、交汇提供了新的解决工法。

5 结语

对于采用传统施工工法进行超大地下空间工程施工的方式将因为社会环境的影响,逐步被取代,新的施工工法也将相继被研发。曲线管幕工法作为一种超大地下空间工程开发的新工法,其使用比较简单的设备就能进行管幕施工,同时支护强度高、施工灵活性强,因此具有很强的工法适用性和应用前景。虽然曲线管幕工法在日本已得到推广和应用,但在国内,关于曲线管幕工法及相关的冷冻施工工艺均未有相关标准,国内施工案例也较少,只待装备技术与施工工艺的进一步完善,必将得到快速的推广应用。

参考文献

[1] 村松泰. 使用曲线管棚连接并列盾构隧道的泵室修筑法[J]. 基础工程,36,(6),81-83 ,2008.
[2] 李兴高, 袁大军, 周江天, 等. 超长管幕在浅埋暗挖隧道下穿机场跑道施工中的应用[J]. 铁道建筑, 2014, (2): 67-69.
[3] 张鹏, 潘建立, 刘应亮, 等. 拱北隧道曲线顶管管幕施工关键技术[J]. 隧道建设, 2016, 36(8): 968-975.
[4] 李剑, 李志宏, 胡向东. 管幕冻结暗挖工法冻结止水效果分析[J]. 地下空间与工程学报, 2015, 11(3): 751-758.
[5] 李剑. 管幕冻结施工工法研究与应用[D]. 西安:长安大学, 2015.

地下停车场掘进机建造技术与展望

范　磊　谌文涛　肖　威　蒋鹏鹏

（中铁工程装备集团有限公司　河南郑州　450000）

摘　要：本文根据城市化快速发展下的地下停车场施工要求，针对水平地下停车场非明挖施工、竖直地下停车场大深基坑施工，分别介绍了具体掘进机建造实施方案，简述了用于其分体组合式矩形顶管机、竖井掘进机等地下停车场施工掘进机设备的组成、工作方式及设计特点，同时重点论述了两类掘进机械化施工地下停车场的方法以及特殊施工技术要点。此外，讨论了现有的掘进机设备在地下停车场建设中的适用性及优缺点，并对地下停车场掘进机施工的发展提出了几点思考，为未来地下停车场修建提供参考。

关键词：地下停车场；新工法；矩形顶管机法；竖井掘进机法

随着城市化的快速发展，城市可用地面积越来越少，而居民私家车保有量正迅速增加，为了解决城市汽车“行车难，停车难”问题，充分利用地下空间变得十分迫切。地下停车场是城市地下空间利用的重要组成部分。目前大规模地下空间的开发均有停车场的规划，充分利用地下空间建设停车场对缓解城市道路拥挤具有十分重要的作用。由于地下停车场的建设往往集中在人口密度较大的城市中心或者老城区，目前普遍采用的明挖施工方式，需要征用大量的工程用地，施工噪声大，工作环境差。由于老城区的建筑密度较高，可供使用地上空间资源有限，并且涉及拆迁工作巨大，不具备明挖法进行施工的条件。因此，发展占地面积小以及适应暗挖法施工的自动化设备是目前解决城市停车难的有效途径之一。

1　地下停车场机械化建造技术概述

1.1　矩形顶管法施工

目前水平地下停车场多采用明挖法施工，其横断面形状多为大跨度矩形，而采用矩形顶管机施工能够使施工断面利用率达最大化，同时矩形顶管机施工不需要大量拆迁和开挖地面，能够在既有市政设施、建筑物下方进行施工（图1），且施工方案灵活、占地面积小、无噪声、无尘土，是地下停车场机械化施工较为理想、经济的建设方案。

图1　地下停车场应用示意图

1.1.1　装备组成及设备特点

矩形顶管机由切削系统、盾体、出渣系统、顶推系统等部分组成，设备依靠顶推系统的推力推动盾体与管节向前掘进，最大推进速度达40mm/min；采用皮带机或螺旋输送机出渣；盾体采用前后铰接连接，能够实现纠偏和调向功能。矩形顶管机设备组成如图2所示。

作者简介：范磊（1986—），男，大学本科，工程师。目前主要从事隧道与地下工程装备设计与研发工作。Email：5221@163.com。

设备采用全自动控制,工程进度快,施工效率高,工人劳动强度低。由于地下停车场的空间结构布置受制于地面建筑物布局的影响,设计往往面临差异较大的截面约束条件,为适应不同截面尺寸要求的地下停车场的施工要求,研究开发分体组合式矩形盾构机能有效降低设计、制造及施工的成本(图3)。

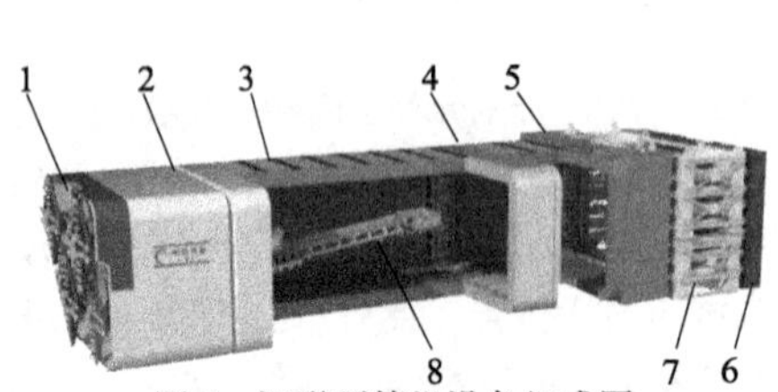

图2　矩形顶管机设备组成图

1-刀盘;2-盾体;3-管节;4-中继间;5-顶铁;6-后靠墙;7-主顶油缸支架;8-皮带机

图3　分体组合式矩形顶管机

矩形顶管施工覆土深度最小可达0.4h(h为顶管机高度),且对地面扰动小,沉降能够控制在5mm左右,并且可以做到相邻隧道零间距施工。因此,采用矩形顶管法建造地下停车场是一种即安全又高效的施工工法。

1.1.2　施工工序及施工要点

地下停车场施工首先需在停车场建造区域两端设置始发井与接收井,并将施工横向断面分割成若干顶进单元并进行依次掘进(图4),采用A、B型管片支护(图5)。

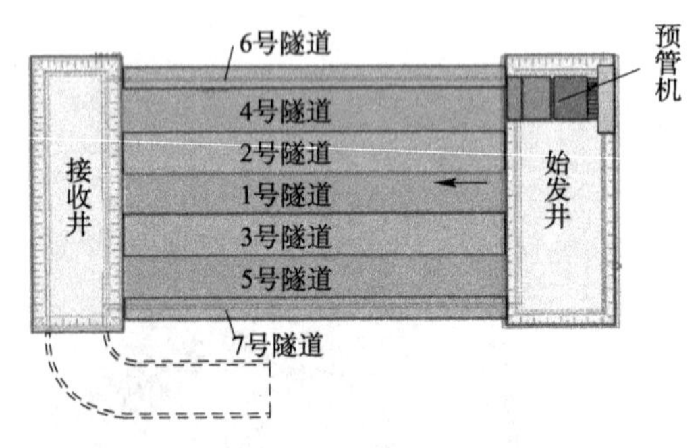

图4　地下停车场顶管法施工示意图

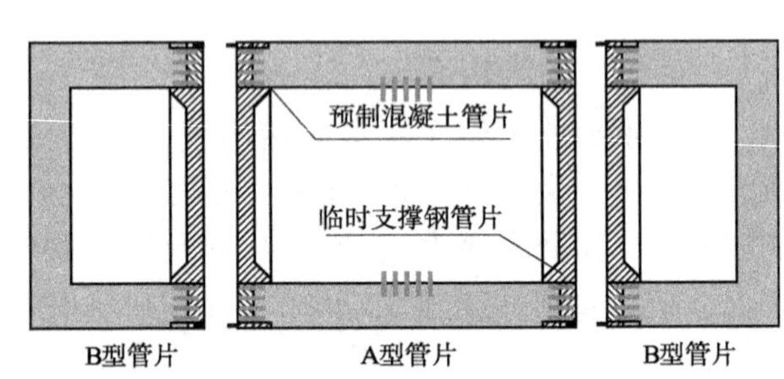

图5　预制管片结构示意图

具体施工工序为:顶进1号隧道;顶管机接收转场,同时施工1号隧道内部的梁柱体系;顶进2号顶管隧道并施工2号隧道内部的梁柱体系;利用转场、始发的空档,拆除1号与2号管节之间的钢侧壁(图6);3号隧道始发顶进,同时处理1号与2号隧道之间顶板与底板的节点;施工3号隧道内部的梁柱体系;…;1号隧道至5号隧道施工完成之后,设备解体分成两个小顶管施工6号、7号隧道,处理节点,形成最终的结构如图7所示。

施工中关键控制要点为:地表沉降与零间距施工,由于施工覆土较浅,顶管机在掘进时应精确控制土舱压力以及螺旋输送机出渣量,同时为了实现零间距施工,应实时对主机姿态进行测量,利用铰接调向系统对姿态进行调整。

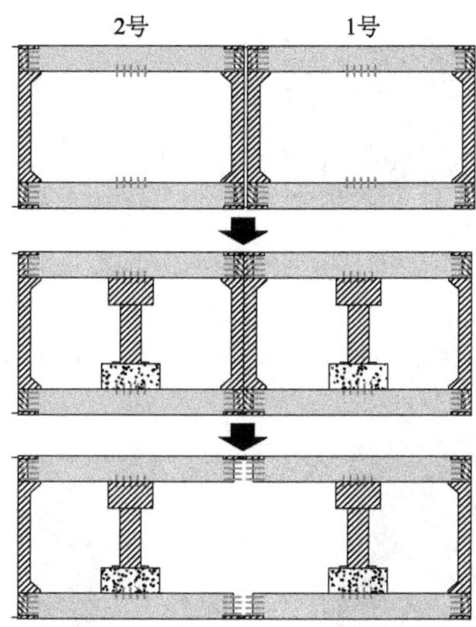

图6　隧道间施工工序

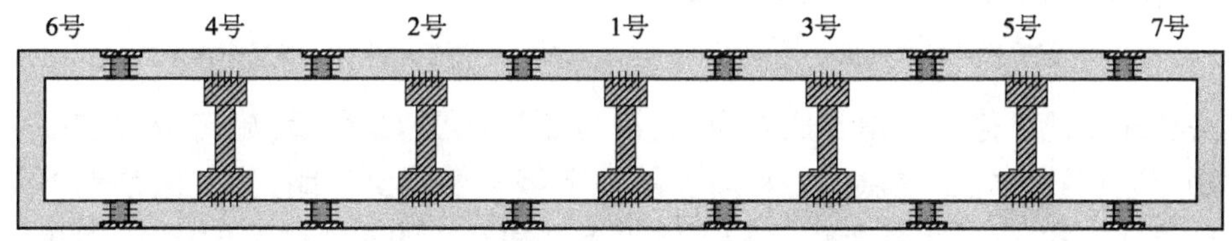

图7　顶管施工最终成形结构示意图

1.1.3　矩形顶管机施工停车场案例

目前该施工技术已应用于中铁装备郑州基地地下停车场项目，停车场规模 36.2 × 85.85m，占地面积 3267m²，建成后可提供 92 个停车位。车库共设置两个停车单元，每个停车单元包括两侧的停车区与中间的行车道；车辆停车区、出入口及坡道的最小净高按照 2.3m 设计，梁下净高控制在 2.45m，板下净高控制在 3.25m，规划如图 8 所示，地面规划示意如图 9 所示。

中铁装备郑州基地用于地下停车场施工的装配式矩形顶管机（5.74m × 5.02m），由两台相同的分体矩形顶管机（2.87m × 5.02m）组装而成（图 10），每台分体矩形顶管机可单独掘进，满足地下停车场施工需求。停车场共设置两个停车单元，每个停车单元包括两侧的停车区与中间的行车道，采用两种不同的开挖断面，中部（管节 2 ~ 6）采用装配后的矩形顶管机（5.74m × 5.02m）进行顶进施工，两侧（管节 6、管节 7）采用单体矩形顶管机（2.87m × 5.02m）进行掘进，各个管节之间相邻部位采用可拆卸钢结构组成，待相邻管节顶进完成后，做纵梁及立柱结构，再拆除型钢支撑结构，进而形成大断面的地下停车场。管节如图 11 所示，采用混凝土与钢制侧壁组合而成。

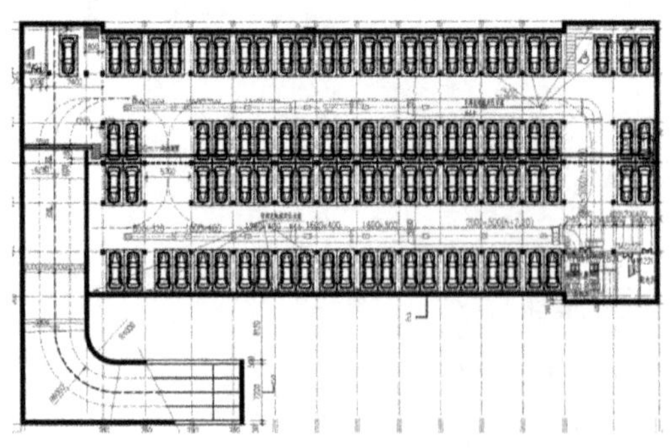
图8 地下停车场规划示意图

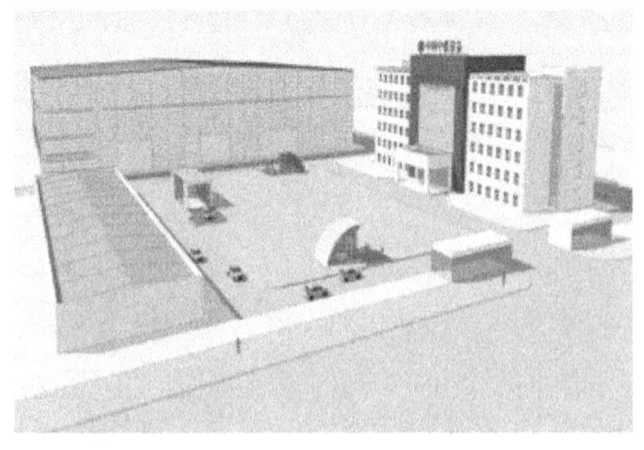
图9 地下停车场地面示意图

图10 组合式矩形顶管机

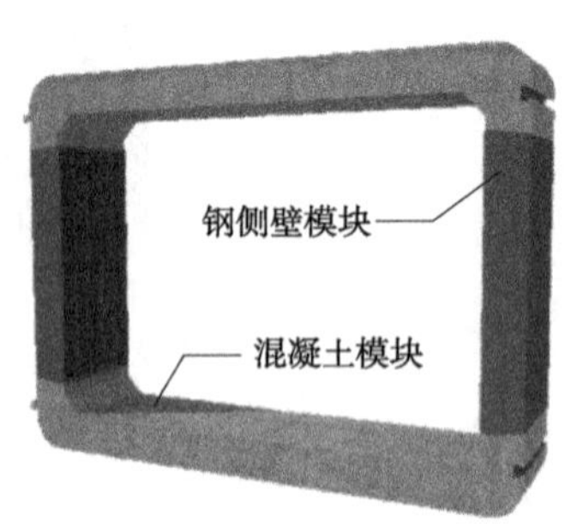

图11 管节结构形式

该工法在郑州地下停车场得到成功应用,设备始发如图12所示,施工成形如图13所示。地下停车场矩形顶管机施工提供了一种新型的地下停车场建设思路,该工法是地下停车场施工应用的首创性技术,也是新装备引领新工法地下空间开发的一次重要的尝试,有助于解决城市老城区停车难、地面交通拥堵等现象。

图12 设备始发

图13 矩形顶管机施工地下停车场成形示意图

1.2 竖井掘进机法施工

竖井掘进机法在地下停车场施工主要应用在立式停车塔建设领域,停车塔(图14)以其占用地面面积小,车辆入库方便,可避免车辆丢失和损坏等优势,正在被大城市的市中心商业区采用。而地下立式停车塔,能够节约城市空间,提升车辆停放安全性。针对地下停车塔建设要求,目前应用于塔式地下停车场的竖井施工方法主要为VSM下沉式竖井掘进法。

1.2.1 装备组成及施工工艺特点

VSM 下沉式竖井掘进法采用的铣挖式沉井钻机(图 15)主要包括撑靴机构、驱动臂、铣削头及出渣循环系统等部分组成,设备施工时,依靠撑靴部分固定机身,驱动臂带动铣削头对沉井底部进行开挖。该设备适用于软土、软岩、富水等地层。

图 14 塔式地下停车场示意图

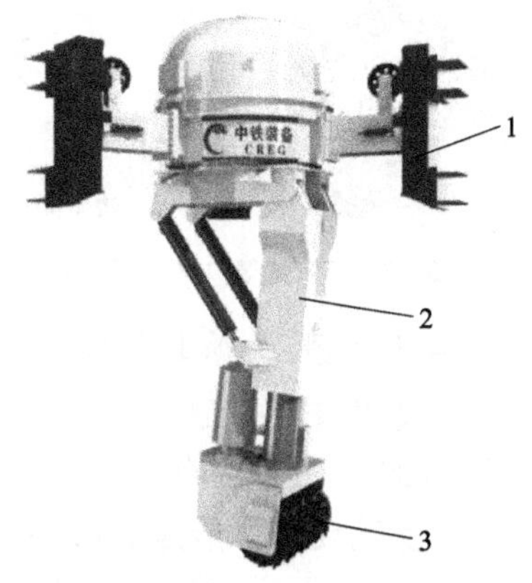

图 15 铣挖式沉井钻机

1-撑靴机构;2-驱动臂;3-铣削头

下沉式竖井施工法(图 16),采用铣挖式沉井钻机对预制管节刃角下方土体进行开挖,并在井壁提拉装置的配合下使预制管节整体下沉同时完成竖井开挖与支护,该工法出渣采用泥水泵送的方式。

施工工序为:铺设混凝土基环、安装刃脚→安装井壁提拉沉降装置→安装底部井壁→安装固定支座;安装挖掘装置,设备提拉装置→安装液压、泥浆管路、控制管路及辅助装置。

该工法边挖边对沉降井壁进行支护,支护及时,井壁下沉速度可调;人员和设备安全度高,施工人员无需井下作业;机械化作业,工作人员少;利用泥浆排渣,井筒泥浆平衡内外压力,无需降水、无需冷冻,杜绝突泥涌砂,施工质量高;掘进过程无需通风排水,施工费用底;挖掘完毕,即可同步成井,速度快;适应地层广泛,土层和破碎岩层,硬岩均可应用;开挖面小,占用场地小,可在狭小区域施工;具备安全可靠、操作简单方便、施工成本低、质量可控。

图 16 下沉式竖井施工示意图

竖井施工是挖掘和井壁衬砌相结合的一个过程。遥控式竖井掘进机在充满地下水的竖井中将泥土破粹并输送到地面,同时,用预制管片将井壁进行衬砌。该技术可保护施工场地周边的地下水位不会发生明显下降,附近的建筑物也不会遭受损害,是一种可控式竖井施工工艺。

1.2.2 施工案例

下沉式竖井施工工法已经应用到国外部分项目中(图 17),但尚未应用于停车塔领域,目前该工法施工地下停车场的方案已经成熟,直径 11m,深 65m 的竖井,每层放置四辆车,可提供 90 个停车位(图 18)。

图 17　下沉式竖井施工现场图

图 18　塔式地下停车场施工效果图

1.3　地下停车场机械法施工面临的问题

(1)矩形顶管机施工问题

矩形顶管机施工过程中存在的主要问题为:施工标准化欠缺;顶管正上方土体整体破坏情况缺乏理论研究,需要进一步建立沉降控制规律;零间距或者小间距施工洞门密封需要进一步优化以增加减摩剂注入量,减小顶推摩擦力与顶推力。

(2)竖井法施工问题

目前主要面临技术问题、市场问题、产业化问题等。铣挖式沉井钻机施工半径 11m,深度 65m 方案在存车量与实用性上还有一定的缺陷。立体车库在我国起步较晚,缺乏完整的国家标准和行业规范,市场环境秩序混乱且产业链不完善,市场竞争力较弱。

2　未来发展趋势

目前,传统施工工法正逐渐被安全、高效、环保的机械化施工方法所取代,自动化施工设备需求量逐渐增加。地下停车场施工设备处于起步阶段,未来将朝着更加多样化、安全高效的方向发展。例如采用可回收式矩形顶管机,省去顶管接收井,减少开挖量,增加设备的适应性;采用更大断面矩形顶管机和竖井钻机,以满足双层停车场或者多层停车场施工要求;采用更加灵活的设备组合方式以适应多样性地下停车场建设。

3　结语

目前地下停车场机械化施工较为成熟的技术为矩形顶管机施工法和竖井铣挖钻机施工法,矩形顶管机施工地下停车场工法是世界首创性新工法,适应性强、组合式顶管机可适应不同断面的停车场施工要求,满足用同一种设备开挖不同断面的施工要求,能够对既有市政设施、建筑物下进行停车场施工,具有较高的安全、环保等特性;铣挖式沉井钻机用于地下立体停车库建设,具有安全可靠、操作简单方便、占用空间小、施工成本低、质量可控等优势,并且可适应不同断面直径的车库开挖。两种机械化施工方法目前尚处于起步阶段,设备机施工工艺尚有优化空间,未来随着地下停车场需求逐渐增多,施工装备将朝着更加多样化、安全高效的方向发展。

参 考 文 献

[1] 谭忠盛, 王梦恕, 王永红,等. 我国城市地下停车场发展现状及修建技术研究[J]. 中国

工程科学，2017，19(6)：100-110.
[2] 周健南，李刻铭，吴鹏，等. 关于地下停车场建设的思考[J]. 地下空间与工程学报，2004，24(3)：370-372.
[3] 杨艳红. 浅谈城市地下停车场[J]. 天津城建大学学报，2006，12(4)：241-244.
[4] 贾连辉. 矩形顶管在城市地下空间开发中的应用及前景[J]. 隧道建设，2016，36(10)：1269-1276.
[5] 彭立敏，王哲，叶艺超，等. 矩形顶管技术发展与研究现状[J]. 隧道建设，2015，35(1)：1-8.
[6] 雷宏权，隆威. 浅议矩形顶管在城市地下工程中的应用[J]. 江西建材，2017(3)：89-89.
[7] 曹宝飞. 沉井法在复杂基坑支护中的应用[J]. 山西建筑，2006，32(20)：104-105.
[8] 荆国业，刘志强，韩博. 竖井掘进机钻井工艺及装备研究[J]. 中国煤炭，2018(5).
[9] 刘志强. 竖井掘进机凿井技术及装备研究[J]. 中国矿业，2017，26(5)：137-141.

直接铺管施工技术研究与工程应用

王　乐

（中国石油管道局工程有限公司第四分公司　河北廊坊　065000）

摘　要：随着非开挖技术的不断发展、创新，新的非开挖工法——直接铺管工法也应运而生。该工法结合了微型隧道和水平定向钻两项工法的特点，在利用隧道掘进设备施工隧洞开挖的同时利用推管设备将预制好的管道同步铺设，隧洞施工与管道铺设同步进行。该工法占地少、速度快、可回退，适用于油气管道、电力隧道、水利水电、市政等各行业在砂层、淤泥、黏土、卵砾石、岩石等地层的管道穿越施工作业，适用管道直径范围在800～1500mm之间。作为一种全新的非开挖穿越施工技术（直接铺管技术）首次被引入国内，并于2017年在国内完成了复杂条件下陕京四线无定河穿越项目中成功应用。该工法在定向钻施工场地受限、管道出入土两点落差较大、管道埋深较浅、盾构顶管施工费用较高时，有一定优势，将成为非开挖领域盾构、顶管、定向钻施工工法外的有力补充，为国内非开挖施工提供一种新思路。

关键词：直接铺管；非开挖；复杂条件

1　引言

直接铺管施工技术及其装备作为近年来国际非开挖领域的新技术、新设备、新工法，在定向钻施工场地受限、管道出入土两点落差较大、管道埋深较浅、盾构顶管施工费用较高时，有一定优势。该工法在孔洞施工的同时，管道同步敷设，因其施工程序简便、占地面积少等特点，在国外得到越来越广泛的应用。该工法适用于砂层、淤泥、黏土、卵砾石、30MPa以下岩石地层。在德国、荷兰、意大利、英国、法国、美国、加拿大、泰国等国家已经率先应用该技术，完成了管道穿越工程70余项，管道一次穿越距离超过了1400m。现在直接铺管法仍在不断地改进施工工艺，提升技术水平，扩大应用领域。

2016年，该技术在我国得到了项目实践的成功试验验证，并于2017年在陕京四线管道工程无定河穿越项目上得到了推广应用。

2　工艺原理

直接铺管（Direct Pipe）其工艺原理是利用泥水平衡式隧道掘进机进行孔洞开挖，通过泥水循环携带渣土运至地面；待穿越管段预先焊接并完成防腐补口后，与掘进机尾部以焊接的方式连接；推管机布置在入土侧，用夹持装置夹紧管道，利用摩擦力，在油缸的作用下，向前推进管道及设备。随着掘进机不断向前开挖，管道不断地被推管机推入地层，当孔洞开挖完成，管道安装同时完成。直接铺管示意如图1所示。

作者简介：王乐（1981—），男，学士，高级工程师。主要从事盾构、顶管、直接铺管施工技术与管理工作。Email：286272703@qq.com。

图 1　直接铺管示意图

3　项目概况

陕京四线管道工程无定河穿越位于内蒙古乌审旗与陕西交界的毛乌素沙漠，采用直接铺管工法穿越施工。始发竖井和接收竖井均为矩形结构，采用钢板桩工法施工，其中始发竖井23.7m(长)×6.5m(宽)×4.8m(深)，接收竖井9.5m(长)×4.5m(宽)×13m(深)，竖井施工和管道穿越全部位于细砂层。穿越管道直径1219mm，以6°(10.5%)入土始发，出土角度为0°，管道穿越曲率半径1825.5m，穿越水平长度为423m，穿越纵断面如图2、图3所示。穿越段管道外防腐层采用加强级3LPE，补口部位采用带配套环氧底漆的带底漆辐射交联聚乙烯热收缩带+环氧玻璃钢防护层。该项目有以下特点：

(1)轴线落差大：穿越施工的管道从一侧山上直接穿越至河谷下13m位置出土，落差超过40m，施工中泥水压力0.4MPa，施工难度大。

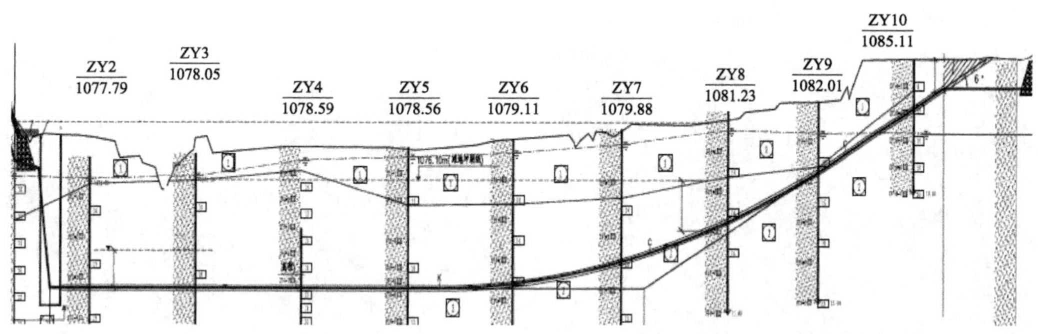

图 2　无定河直接铺管穿越纵断面图

图 3　直接铺管线路图

(2)穿越地质复杂:穿越位于毛乌素沙漠,轴线全程为细砂,细砂受施工扰动极易对管道造成抱管,施工风险大。

(3)施工温度低:项目所在地冬季最低温度低于 -20℃,对于施工中的泥水系统、液压系统等都需要特殊处理方能满足施工要求。

4 设备选型

直接铺管施工的关键设备为掘进机和推管机,施工时设备选型具体如下。

4.1 掘进机选型

直接铺管施工时,超挖直径宜比管道直径大 80 ~ 150mm。根据陕京四线输气管道管径 1219mm 的要求,选择设备开挖直径为 1325m 的掘进机头。根据地层勘测成果,穿越地层主要为细砂层,掘进机头配置适宜砂层的软土刀盘,机头扭矩不小于 120kN · m。同时设备应具备以下功能(图 4):

(1)动力强劲,能够适应复合地质条件施工,以防地层突变。

(2)具备自动纠偏及自动测量装置。

(3)掘进机宜配备自动注浆控制系统。

(4) 配置推进段,以防砂层设备抱死。

4.2 推管机选型

推管机推力主要为克服直接铺管机掘进迎面阻力、管壁与岩土之间的摩阻力、管道与泥浆之间的粘滞力以及管道屈曲产生的摩阻力。根据计算以及以往项目经验,计算推力为 200t 左右,考虑到大坡度施工设备出现故障回拔时需要较大的推力,且推管机应具备一定推力的安全储备,采用不小于 500t 推力的推管机(图 5)。

图 4 直接铺管掘进机

图 5 直接铺管推管机

5 关键技术

5.1 隧道掘进技术

直接铺管掘进机类似于泥水平衡式顶管机原理,施工中所有的泥水管道、注浆管路、施工电缆、输送小车及轨道等供应管线均采用支架形式布置于所穿越的管道内部。采用直接铺管法穿越江河施工时的隧道轴线一般为类似于定向钻的纵向曲线设计,直接铺管也可以进行三维曲线管道施工。施工可以设置接收井也可以直接顶出地面。

5.2 管道推进技术

管道推进施工是通过推管机的管道夹持装置(夹紧器)对穿越管道夹紧后,在液压油缸

(推进油缸)的作用下,向前推进管道和设备。推管机一般固定于始发工作井内,需要在水平与竖直方向进行锚固,为了提高施工效率,推管机的油缸尽量选择较大行程。可实现管道穿越入土角度在0°~15°之间变化,使得管道穿越工程设计和施工具有更大的操作范围。

管道在掘进机的引导带动和推管机的推动下,可以顺利按照既定的穿越轴线完成管道铺设。

5.3 测量控向技术

直接铺管采用陀螺仪导向(UNS测量系统),包括ELS电子镭射系统、HWL软管水位高度测量系统和GNS陀螺仪系统。ELS激光靶目标精度为±1mm,HWL液位测量仪测量误差小于20mm,GNS陀螺仪对磁北极的准确度为± 3mrad(毫弧度)。当接收点位如有接收井时,施工中需要人员进入管道内进行连续测量以确保隧道贯通精度,人工辅助测量后的UNS系统千米误差可控制在±20mm。

5.4 润滑减阻技术

直接铺管施工与顶管施工有着相似的润滑减阻。施工时,需要通过设备盾壳布置的多道注浆和洞门密封上的注浆孔同步注浆,在管道与地层的空隙形成一个良好的润滑浆套,保护管道的防腐层,降低管道施工摩阻系数。

5.5 管道回拔

当掘进前方遇到障碍物不能通过、管道防腐层损伤超过标准、设备出现故障人员不能进入或不能检修、管道轴线超过设计规定不能调整控制等故障时需要将管道和设备进行整体回拔,回拔施工时需要向刀盘前的孔洞注入泥浆,填充孔洞,避免塌孔。回拔过程中应该重点关注洞门密封、管道防腐套或保护套。

6 工程应用效果

无定河直接铺管项目管道穿越施工7d,管道推进平均速度约为每天60m,最高施工速度89m/d。施工中由于管道落差大、泥水压力高超出了设备承压设计能力造成了泥浆进入设备而故障停机,对设备和管道进行了整体回拔在地面进行处理后再行施工。管道推进施工时最大推力为200t,在管道回拔时最大回拔力达到了400t。管道穿越完成后对防腐层完整性采用馈电法进行了电导率测试,质量合格,防腐层完好。该项目的成功实施为国内细砂层直接铺管施工积累了经验。

7 拓展应用

直接铺管技术还在定向钻工程抢险、定向钻套管铺设、陆海管道或深海排污施工等领域得到更广泛的应用。

7.1 定向钻工程抢险

在定向钻施工发生塌孔或者钻杆断裂时,用于定向钻工程抢险。

欧洲某油气管道采用定向钻穿越一条长507m,直径42″的管道,当定向钻扩孔径至62后,河床底部卵石层孔洞发生坍塌,采用AVN800型直接铺管机连接管道推入定向钻已完成的扩孔内,将管道中间部位135m坍塌孔洞直径扩至54″,顺利完成了施工任务。

7.2 定向钻套管铺设

为定向钻施工提供可回收的直接铺管机机头,为不稳定地层定向钻施工铺设钢套管。

2012 年美国新泽西至纽约延长线管道施工采用定向钻工法穿越某条河流，由于入土点有部分卵石层，难以有效形成孔洞，采用了 AVN800 型带折叠式刀盘机头的掘进机焊接直径 48 英寸的管道完成了 85m 的套管铺设。当套管就位后，掘进机刀盘折叠回收，掘进机整体被拉出(图 6)。

图 6　可回退式刀盘

7.3　陆海管道或深海排污施工

采用直接铺管法可以进行陆海管道施工，也可以完成城市污水深海排泄或江中取水等施工，施工完成时需要在水中对设备进行接收。

2009 年在德国 Brine，直径 48 英寸长 283m 的管道需要从陆地穿越至海中，穿越轴线曲线半径 1400m，管道防腐层为 PE-HD，穿越地质为砂、粉土、黏土、卵石和枯木，采用直接铺管法完成了管道穿越任务。由于采用了可回缩式刀盘，施工结束后掘进设备整体被拉回。

7.4　推管机用于定向钻工程提供助力

采用直接铺管推管机可以为定向钻提供辅助的回拖力，更安全的铺设较大直径、较长距离的管道。通常情况下将推管机布置于管道回拖场地一侧进行助推，配合入土场地定向钻设备回拉。

2009 年俄罗斯 Energoperetok 公司施工中亚管道时采用定向钻法穿越土库曼斯坦 AMU 河，管道穿越长度 1800m，管径 1422mm。为了增加保险系数，施工时采用 1 台 HK400M 定向钻机回拖管道，另外一侧安装 HK750PT 型推管机助力管道推进，整个项目工期 6 个月，于 2010 年 2 月完成整个施工任务。

7.5　推管机用于管道损坏或卡死退回取出

和定向钻管道助力原理一样，采用推管机可以用于损坏管道的退回取出。

在欧洲某定向钻管道穿越施工中，长 860m 直径 1219mm 的管道回拖一半时管道卡死，由于停留时间较长，未回拖段孔洞可能坍塌，最终决定采用 HK750PT 型推管机在管道后部进行管道回退，成功将卡死在地层的管道取出。

7.6　推管机用于建成隧道内管道安装

采用推管机可以用于建成隧道内的管道安装，在地面提前预制好需要铺设的管道，在管道外侧固定滚轮或在隧道内布置滚轮用于管道的导向和支撑。

2007 年，印度东气西输管道工程 GODAVAR 河采用两台顶管机对穿的方法完成 2400m 隧道建设。为了在雨季来临前快速完成管道安装，隧道内固定了支撑管道的滚轮，在地面采用推管机夹将全部管道推入隧道内部，整个推管过程只用了 5d，完成管道安装后对隧道内进行低强度控制性混凝土浇筑。

8 结语

作为一种全新的非开挖施工方法——直接铺管法,可以满足管道穿越江河、湖泊、山体、道路等障碍物。由于其具有工序少、速度快、占地少、适应地质广等优越性,同时在定向钻工程抢险、陆海管道和深海排污等方面的拓展应用,该技术将会越来越受到非开挖行业的青睐。

参考文献

[1] 贾春磊,潘月宇,袁勇,等. 水平定向钻顶管结合工法的可行性分析[J]. 地质科技情报,2016(2):15-19.

[2] 张健,万谦译. 管线直接铺设技术[J]. 非开挖技术,2013(2):141-146.

[3] 刘广仁,常喜平,王乐. 复合地层纵向曲线顶管施工技术[J]. 地质科技情报,2016(2):67-70.

[4] 李万才. 大口径长距离顶管工程注浆减摩技术[J]. 管道技术与设备,2000(6):11-13.

[5] 丁传松. 直线及曲线顶管施工中的顶推力研究[D]. 南京:南京工业大学,2004.

小棱镜测量技术在管片姿态测量中的应用

麻新民

（北京建工土木有限公司　北京　100015）

摘　要：本文以北京市轨道交通14号线阜通西站—望京站区间盾构隧道土建工程为实例，介绍了如何在隧道内以及盾构机上的有限空间内用小棱镜测量管片姿态的情况，对小棱镜测量技术的方法、工作效率和成果精度以及适用条件进行分析，可为同行业提供参考与借鉴。

关键词：小棱镜测量；管片姿态；精度

1　工程概况

本工程为北京市轨道交通地铁14号线阜通西站—望京站区间盾构隧道。区间隧道为圆形隧道，隧道外径为6.0m，内径为5.4m，衬砌是由6块钢筋混凝土管片拼装而成，管片厚度为0.3m，宽度为1.2m。区间线路位于广顺北大街道路下方，沿线地势平坦。线路包含半径为$R=400$m、$R=600$m的两段曲线，其中右线起止里程为K42+657.250～K43+374.920，长链3.133m，右线长度为720.803m；左线起止里程为K42+637.250～K43+372.085，长链20.544m，左线长度为755.379m，双线合计1476.182m。本区间设置一处联络通道，位于右K43+071.253（左K43+085.829）处。区间隧道在望京站附近需下穿15号线区间既有盾构隧道，最小净距1.9m。区间埋深较大，区间平面情况如图1所示。

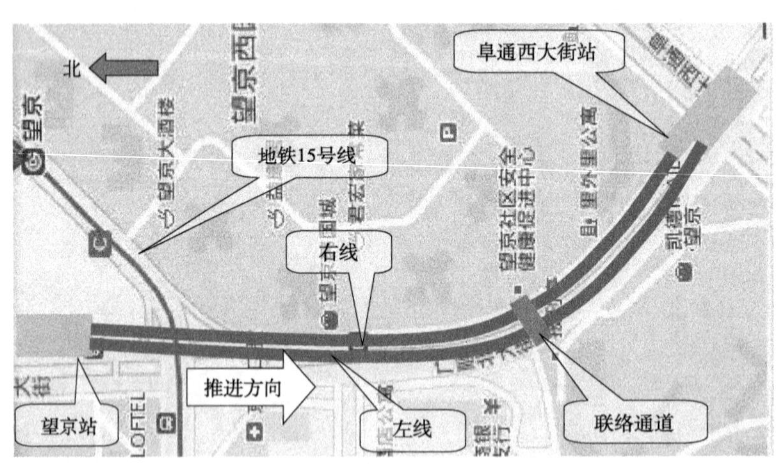

图1　盾构区间平面图

2　小棱镜测量技术简介

小棱镜测量技术是基于小棱镜小巧、精度高、便于携带而且组装方便的特点，多用于测点

作者简介：麻新民（1983—），男，大专，测绘工程师、测量高级技师。主要从事盾构施工现场测量管理工作。Email：youxinren2526@163.com。

位置空间狭窄、对精度要求高,且圆棱镜无法到达又无合适的反射介质可供免棱镜测量时的一种有效的、可靠的测量方法。

小棱镜测量技术是基于相位法测距原理,在一台TCR类型的全站仪测距端头内部,安装有两个光路同轴的发射管,提供两种测距方式。红外(IR)测距方式和红外可见激光(RL)测距方式。其中红外(IR)测距方式发射的波长为780nm,精度 $\pm(2\text{mm}+2\times10^{-6}D)$($D$为实际测量距离),单棱镜测距离可达3000m。红外可见激光(RL)测距方式发射的波长为670nm,精度 $\pm(3\text{mm}+2\times10^{-6}D)$,单棱镜测距离可达5000m。本工程采用有棱镜红外(IR)测距方式,仪器具体设置如图2所示。

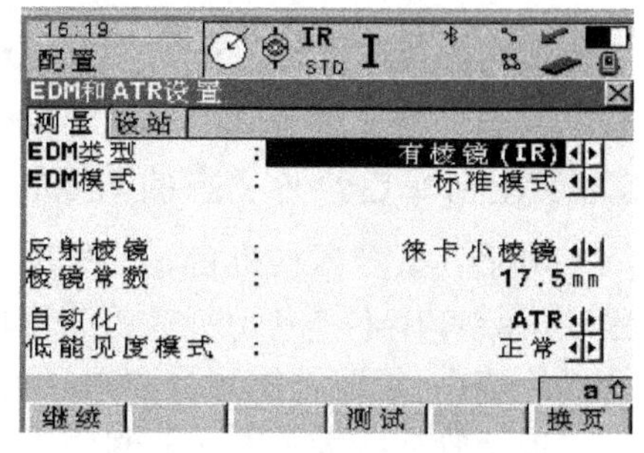

图2　红外(IR)测距

3　管片姿态测量目的

在盾构掘进过程中,刚拼装的管片还没有进行注浆加固,因此,管片经常发生位移现象,有时位移量很大,特别是上浮。位移量大,常常引起管片限界超限。本工程左右线均需下穿15号线既有盾构隧道,右线的隧道上方又有一条电力管沟。因此为了保证盾构顺利安全通过风险源,防止管片超限,除要提高控制测量和导向系统的精度外,还要每天测量管片姿态,确定管片的位移趋势,并采取相应措施尽量减小管片位移。同时,管片测量还能起到复核导向系统的作用。

施工中为了防止管片上浮,管片姿态通常是1环1测,如管片上浮量控制的很好,上浮量 $\leq\pm1$cm时,可以2环一测。每天测量都要求复核前一天5环左右的管片,而且尽量测到最前面拼装好的管片上,这样最能反映管片上浮量以及采取其他方法控制管片姿态的上浮情况。

4　仪器配备及特点

本工程管片姿态待测点位于盾构隧道上方,隧道为圆形内直径5.4m,测点布置的位置比较特殊,并且光线不好,不利于安放圆棱镜,测点处又无合适的反射介质可供免棱镜测量施测。因此,需选择带激光指向并且具有目标自动设别功能的全站仪加小棱镜的方法。目前地铁测量多采用徕卡TCA1200系列全站仪,本工程采用此系列徕卡TCA1201R400+全站仪。

徕卡TCA1200+系列全站仪将高精度、多功能及GNSS定位系统的软硬件精巧集成在一起。TCA自动型全站仪具有自动照准、锁定跟踪、联机控制等功能。TCA应用ATR模式自动目标识别,当全站仪发送的红外光被反射棱镜返回并经全站仪内置的CCD相机判别接受后,马达就驱动全站仪自动转向棱镜,并自动精确测定;由于全站仪自动精确照准,减少了人员照准误差等,提高了观测精度。在LOCK模式下,能自动锁定反射棱镜,即使棱镜的移动速度达到5m/s时(100m处),信号也不会中断。利用跟踪测量模式能实时测得动态数据。其测距性能在市场上同级别产品中性能是最好的,它在有棱镜模式时的测距精度为 $\pm(1\text{mm}+1.5\times10^{-6}D)$,免棱镜模式时的测距精度为 $\pm(2\text{mm}+2\times10^{-6}D)$。

5　管片姿态的测量方法

5.1　台车上管片姿态的测量方法

管片姿态的测量通常是在运送管片车进去卸管片与补浆的同时进行的,此时因为有电瓶车挡住台车下面有限的测量空间，所以必须寻求在盾构机上面测量管片姿态的方法，如图3所示。

本工程是用一根长1.2m的水平尺取中间点并打孔安装上小棱镜，作为测量工具，用全站仪测量水平尺中间的小棱镜得到坐标，再利用三角高程方法测出小棱镜高，输入全站仪后测得的三维坐标即为所需管片姿态的实际坐标。

5.2 出台车后管片姿态的测量方法

由于各型号盾构机台车的长度不同，要提前计算拼装管片多少环后管片脱离台车。本工程在拼装管片49环后，所拼装的管片即脱离台车。由于各种原因，在推进过程中未能及时测量管片姿态，需要补测管片姿态时可采用如下方法进行测量。

根据管环的内径5.4m，制作一铝合金尺，尺长3.6m(可根据实际情况调整长度)，铝合金标尺长最好接近内径。在尺中央，装上一个小棱镜，即制成测量工具，如图4所示。首先用三角高程的方法测量出小棱镜高，然后根据管环、铝合金尺、小棱镜的尺寸，就可以计算出实际管环中心的三维坐标。

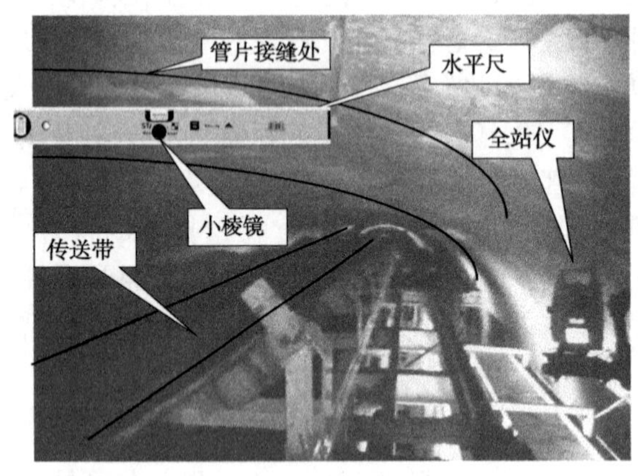

图3 盾构台车上面测量空间

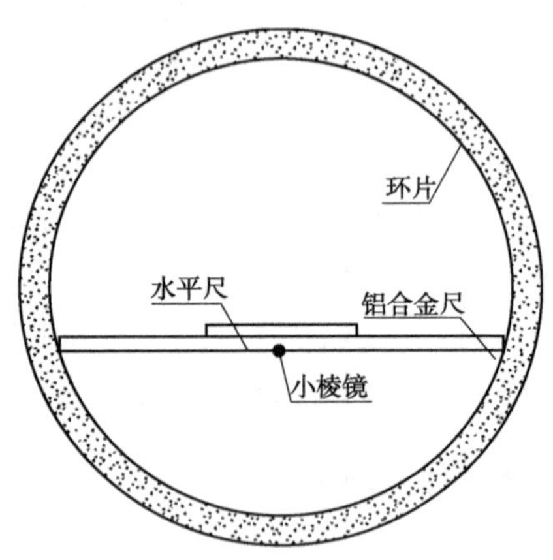

图4 管片姿态测量工具

测量时，首先用水平尺把铝合金尺精确整平，然后用全站仪测量出铝合金尺上小棱镜中心的三维坐标。在实际施工中，一般采用测量管片的环底高程，推算管片的圆心高程以及与设计比较后的差值。这样做法的好处在于可以用水准仪快速检核每环管片环底高程的误差。每次测量管片姿态时，均应重叠5环已经稳定了的管环以便进行坐标方位的检核。

6 施测过程

6.1 复测测站点坐标

根据车站报验过的已知导线点布设隧道内部导线并定期进行复测。由导线点复测测站点和后视点坐标与高程，然后利用复测过的测站点和后视点设站。

6.2 三角高程法测得小棱镜高

台车上小棱镜高的测量方法：首先有两个棱镜常数相同的小棱镜，一个安装在水平尺上，一个安装在30cm长的铝合金棱镜杆上。其次使水平尺的两端都靠在两环管片接缝处，然后调整水平尺高低，使水平气泡居中。居中后测得水平尺上棱镜高程为z_1，同时用30cm长的棱镜杆也立到此处测得高程为 z_2,则由三角高程公式得水平尺上的棱镜高 h 。多测几环求出平均值,本工程测量 10 环取 h 的平均值为 $h = +0.097$m(表 1)。由此棱镜高所求得的高程为管顶高程。

$$z_1 + h = 0.40 + z_2$$

$$h = 0.40 + z_2 - z_1$$

式中,0.40m = 30cm 长的棱镜杆 0.30m + 头 0.05m + 自身高 0.05m。

棱镜高对照表 表 1

环号	7	8	9	10	11	12	13	14	15	16	17
z_1(m)	18.783	18.786	18.783	18.777	18.779	18.785	18.795	18.807	18.820	18.827	18.840
z_2(m)	18.480	18.482	18.479	18.474	18.475	18.482	18.492	18.504	18.516	18.523	18.537
h(m)	0.097	0.096	0.096	0.097	0.096	0.098	0.097	0.096	0.097	0.096	0.097

注:h 的平均值 = 0.097m。

因盾构机台车上方光线不好,为方便操作需两人配合使用,一人打手电照明,一人看水准气泡。同理测量出铝合金尺上小棱镜高,以便测量出台车后管片姿态时使用。

6.3 利用全站仪测点

在隧道导线点上架设仪器,整平对中。然后进行测站设置,如输入测站坐标、后视点坐标、定向等,按以下操作步骤进行:

(1)在程序的测量界面,按 F3(设站)。

(2)将光标移至已知点作业,用导航键选择已知点所在的作业。

(3)将光标向下移到定向方法,用导航键选择采用的定向方法。

(4)将光标向下移到测站号,用导航键选择采用的测站点的点号。

(5)按 F1(继续)进入下一窗口,选择后视点的点号;此时仪器会显示计算方位和计算平距,将仪器对准后视按 F2(测距),可以看到平距差及高差,用于评价定向质量。如定向质量合格则按 F1 确认定向,则定向成功。

输入需要测量的管片环号 001,将刚才所测的棱镜高(台车上棱镜高为 $-h = -0.097$)输入全站仪,如图 5 所示。按 F1 则徕卡 TCA1201 全站仪即开始测量每环管片接缝处点的坐标与高程,直接保存在全站仪 CF 卡上。测量完所有能测到的管片姿态后导入计算机再计算。这种方法既省时省力又达到了无纸化操作,也提高了测量精度。

CF 卡为全站仪上的一存储卡,其内存为 256MB,通常情况下可以存储 42000 个测量点,这样足以满足我们一整天的测量存储量。

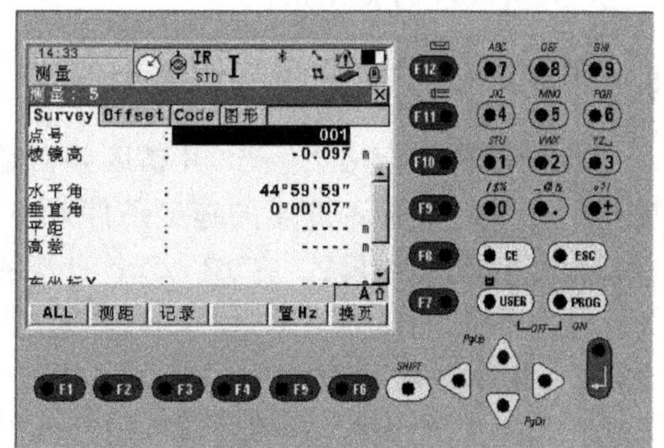

图 5 全站仪管片测量设置

6.4 数据传输及计算

每天测完管片姿态,要及时将数据上传到计算机,由于 TCA1201 全站仪的记录格式为 ASCⅡ码,需使用 LEICA Geo Office 软件将其转化为我们需要的三维坐标格式,然后进行内业数据处理,将导出的坐标与设计线路中心线坐标输入 CAD 进行对比,标出偏差并制成表格报给生产经理,生产经理会根据管片姿态数据调整盾构机掘进参数。

7 保证精度的方法

7.1 隧道内控制测量

随着盾构机的不断掘进及隧道的延伸,在隧道洞口附近的控制点已不能满足施工测量的要求,为满足施工测量的精度要求,在隧道内布设一条支导线,并随着盾构机的延伸而不断地前延。

以竖井联系测量的井下控制点为支导线的起始边,沿隧道掘进方向布设支导线,洞内导线控制点应布设在隧道两侧的衬砌环片上,如图6所示。为减小大气折光的影响,导线点采用交叉前延。点位做在管片上,采用强制对中的方法,对中点如图7所示。在通视条件允许的情况下,直线段导线边长150m左右,曲线段导线边长100m左右布设一点。以联系测量建立的基线边为起算依据,1″级全站仪观测4测回(左、右角平均值之和与360°的较差应≤4″),测距往返观测各2测回。为保证支导线的成果更准确可靠,在隧道的两侧布设两条支导线交叉前延。

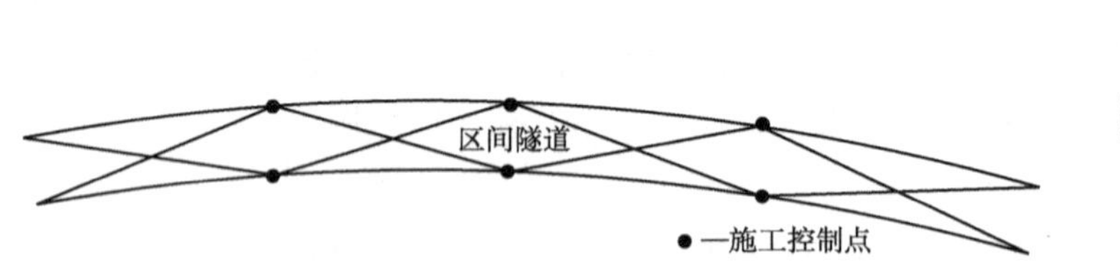

图6 区间隧道内导线点布设示意图

图7 强制对中点设置示意图

洞内高程测量以联系测量传递在洞口的水准点为依据,沿隧道每隔100m左右布设一个固定水准点,采用国家二等精密水准测量方法,测量闭合差≤ $\pm 8\sqrt{L}$mm(L为全程长度,单位:km)的精度要求进行施测。

7.2 盾构管片姿态测量精度要求

根据《盾构法隧道施工及验收规范》(GB 50446—2017)要求,在衬砌环完成壁后注浆并脱出车架后应进行管片测量,内容包括衬砌环中心坐标、底部高程、水平直径、垂直直径和前端面里程,测量误差为±3mm。

8 短距离小棱镜测量的误差分析

小棱镜测量应用于生产,其精度如何是人们最关心的问题,特别是在隧道内潮湿、光线暗、噪声以及一些其他不理想的施工条件下进行。为此我们在隧道内做了一些固定点,分别用圆棱镜和小棱镜两种模式,在IR状态:有棱镜测量模式,用红外光配合棱镜测距,采集了两组数据。由于所测的距离不超过100m,斜距的气象改正、加乘常数改正、倾斜改正、投影改正都非常小,其影响忽略不计。

首先我们用大棱镜和三脚架架设大棱镜做对照组。其次测量人员手扶小棱镜和小对中杆的方法,测量三次取平均值作为实测数据,采集到的平距数据见表2。

数据对照表 表2

点号	1	2	3	4	5	6	7	8
大棱镜平距(m)	20.3742	36.4514	42.3126	56.5384	61.3834	72.1781	86.5114	97.2573
小棱镜平距(m)	20.3740	36.4515	42.3124	56.5386	61.3831	72.1778	86.5111	97.2569
ΔD(mm)	-0.2	+0.1	-0.2	+0.2	-0.3	-0.3	-0.3	-0.4

由表 2 可以看出，TCA1201 全站仪有棱镜测量的平距与小棱镜测量的平距基本一致，ΔD 最大为 -0.4mm，相对精度为 4.0×10^{-6}，其误差很小，满足测量精度要求。

9 结语

小棱镜测量技术通过在北京地铁管片姿态测量中的应用，体会到了其在施工中解放了生产力，提高了工作效率。特定条件下，方便安装在各种工具上，组合起来测量非常实用。

若在工程中采用在盾构机下面测量管片姿态的方法，那么就需要管片车与注浆车都在外面等待测量完成才能进入到盾构机内注浆与运送管片。另外盾构机下面需要协调较多施工人员，测量人员需站在轨道上进行测量，轨道上因为出土会泥泞不堪，稍有不慎就容易被人触碰甚至损坏仪器，且测量占用正常推进时间过长，不利于生产。

采用盾构机上面测量管片姿态的方法，打浆、运送管片和测量可同时进行，几乎同时完成，互不影响，不耽误推进，提高了工作效率。综上所述，小棱镜测量技术的主要优点：

(1)测量不仅适用于平地同时也适用于特定空间，如盾构机上、管道内、通风口等狭窄处。

(2)测量准确，节省人力物力，节约时间，提高了工作效率。

(3)适用于有限空间放样、测地形图，方便、轻巧、快捷。

(4)全站仪可用于三角高程的测量。

(5)棱镜安装在大坝、桥梁、高层建筑物、边坡、隧道、地铁、车站、基坑、砂浆站、厂房等建筑物或构筑物上，可用于测量建筑物或构筑物的水平位移。

小棱镜测量技术虽然有多方面的优越性能和先进性能，但不是万能的，特别是棱镜立的平不平直接关系到测量的精度问题，仪器不可能改变它，也不可能完全适应。每种测量设备都有自身的特点和适用范围，因此，作业人员应充分了解此技术的特性，采取必要的措施，扬长避短，才能更好地发挥先进技术设备的优势，取得良好的观测成果。

参考文献

[1] 张正禄. 工程测量学[M]. 武汉:武汉大学出版社,2013.

[2] 中华人民共和国国家标准. GB/T 50308—2018 城市轨道交通工程测量规范[S]. 北京:中国建筑工业出版社,2017.

黄土地质隧道盾构施工渣土改良技术

李志刚

（中铁工程装备集团机电工程有限公司　河南郑州　450016）

摘　要：在铁路隧道黄土地质土压平衡盾构施工中，开挖面支撑的土砂具有十分重要的作用，通过对开挖渣土的改良，用以满足土压平衡盾构的需求。本文依托蒙华铁路白城隧道，对砂质新黄土地层渣土改良技术加以研究，找出了最佳渣土改良方案，对类似地层盾构施工有一定的借鉴和指导作用。

关键词：黄土；土压平衡盾构；渣土改良；铁路隧道

1　引言

随着盾构工法辅助施工技术逐渐完善，盾构施工已逐渐应用到铁路隧道中，在盾构施工中，渣土的改良和管理越来越引起人们的注意。在掘进过程中，渣土的流动性、止水性、流塑性对盾构的掘进效率及经济效益影响很大，同时也影响到盾构机的使用寿命及管片拼装质量。铁路隧道砂质新黄土地层如何进行渣土改良至关重要，渣土改良的成功，直接影响到盾构机的掘进速度、掘进模式、掘进成本。

2　工程概况

白城隧道位于陕西省靖边县内，隧道全长3345m，隧道进口设计202.4m明洞，出口设计99m明洞。为时速120km单洞双线电气化重载煤运铁路隧道，隧道最大埋深为81m。白城隧道全段位于直线上，隧道设计纵坡为人字坡，坡度依次为4.5‰、3‰、-3.112‰。隧道洞身范围内地层主要为第四系上更新统风积层（Q_3^{eol}）砂质新黄土，地表为第四系全新统风积层（Q_4^{eol}）粉砂、细砂。勘测期间，未见地下水，地下水位于隧道洞身以下。

3　渣土改良重要性

蒙华铁路白城隧道采用的盾构机为土压平衡式盾构，其特点是用开挖出的土砂作为支撑开挖面稳定的介质，因此，要求作为支撑介质的土砂具有良好的塑性变形、软稠度、内摩擦角小及渗透率小。由于一般土壤不能完全满足这些特性，所以要进行改良，其技术要点是在刀盘前部和泥土舱中注入水、膨润土泥浆、黏土、聚合物或泡沫等混合添加材料，经强力搅拌，改善开挖的土砂塑性、流动性，降低渣土的透水性。

渣土改良系统已成为盾构法施工的一个重要组成部分，对盾构法隧道施工的发展有着深远的影响。在蒙华铁路白城隧道盾构施工过程中，针对陕北地质砂质黄土这一特点，防止因扭矩变化过大、掌子面失稳带来的施工难题，渣土改良至关重要。

作者简介：李志刚（1990—），男，大学本科，工程师。目前从事盾构施工技术服务与管理、轨道交通装备管理服务工作。Email：lizhigang@ cresc. cn。

4 渣土改良国内外现状

土压平衡式盾构机通常采用膨润土泥浆和泡沫作为改良剂。通过泡沫剂改良的渣土,泡沫自然消解后,渣土基本能恢复原状;通过膨润土泥浆改良的渣土,在某些发达国家被认定为污染物,其处理价格昂贵,膨润土泥浆注入需用大型设备生产相当数量的膨润土泥浆,站用大面积场地。在日本和欧洲等发达国家,用发泡剂取代膨润土泥浆,尤其当盾构通过透水性较强的砂土、含有少量黏土、粉砂细屑的砾石层时,应用发泡剂优于应用膨润土泥浆。

5 黄土地层渣土改良技术

5.1 渣土改良剂的选择

在盾构机掘进时,向开挖面、土舱等处加注改良添加剂,其具体功能如下:

(1)对于湿陷性地层,一方面止水,另一方面可以改善渣土和易性。

(2)在砂质新黄土地层中,可以起到支撑作用而且可以改善土的流动性。

(3)在黏性较大的土层,可以防止渣土附着刀盘和土舱室内壁,另一方面,由于改良剂中的微细气泡可以置换土颗粒中的孔隙水,因而可以达到止水效果。

膨润土:能增加渣土的黏滞性、不透水性、改善刀盘、刀具、螺旋输送机的工作环境,改善螺旋输送机和土舱内渣土的性能,便于渣土的流动和运输。需要较大的备制与运输空间。

发泡剂:适用面较广,改善渣土性能,便于流动及运输,本工程为大断面盾构,采用发泡剂能较好解决渣土积舱问题,且运输使用便捷,消泡后渣土能恢复原来状态。

水:本工程无地下水,渣土较干,单纯加入膨润土和泡沫剂改良效果较差,注入适量的水,可解决渣土较干问题。

高分子聚合物:使刀盘前方土体均匀,加大坍落度,降低土的渗透系数,起到隔绝水的作用,降低刀盘扭矩,减少机具磨损,防止泥饼等,但较多产品具有污染性。

土压平衡式盾构机所采用水、膨润土泥浆和泡沫作为改良剂。通过泡沫剂改良的渣土,泡沫自然消解后,渣土基本能恢复原状;通过膨润土泥浆改良的渣土,在某些发达国家被认定为污染物,其处理价格昂贵,膨润土泥浆注入法需用大型设备生产相当数量的膨润土泥浆,站用大面积场地。在日本和欧洲等发达国家,用发泡剂取代膨润土泥浆,尤其当盾构通过透水性较强的地层时,应用发泡剂优于应用膨润土泥浆。

本工程选取发泡剂和水作为渣土改良剂。

5.2 渣土改良方案

5.2.1 盾构机类型

用于蒙华铁路白城黄土隧道的盾构机为中铁工程装备集团设计制造的中铁“268 号”异形土压平衡盾构机,开挖盾构外轮廓高 10950mm、宽 11900mm,最大推力 13948t,开挖面设置刀盘 9 个,单个刀盘最大驱动扭矩 3044kN · m,采用双螺旋输送机出土,连续皮带机运渣,配置 1 套泡沫机注入系统。

5.2.2 渣土改良方案试验

通过试验确定渣土改良方案。

(1)在蒙华铁路白城隧道始发前,对掌子面土体进行取样。

取 10kg 原状土,通过恒温箱对渣土加热,使水分蒸发,测量渣土中的含水率为 12%,相对密度约 1.5g/cm³。

取 10kg 土样放入搅拌机内搅拌,记录初始扭矩为 31.36N(图 1)。

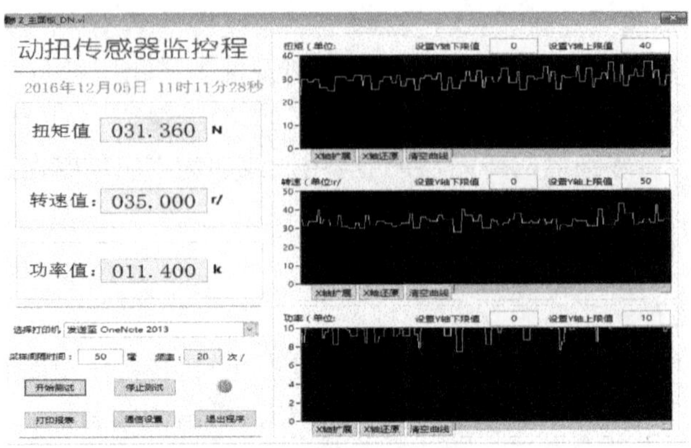

图 1 原状土搅拌扭矩

(2)根据渣土的吸水性加入适量的水(实际加水 2L,约占渣土 30%),记录扭矩为14.72N,测试坍落度为 2.5cm(图 2)。

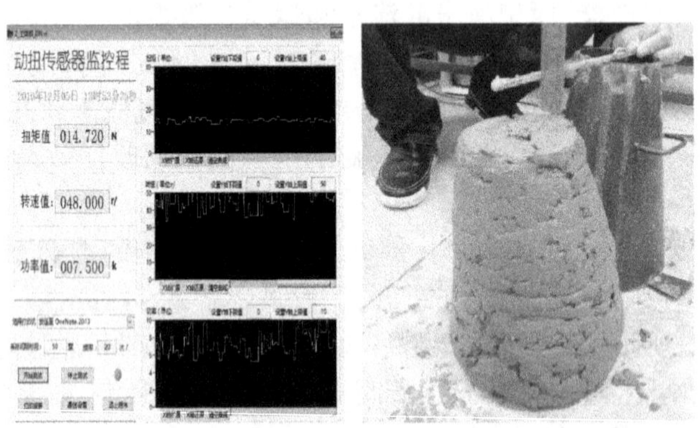

图 2 加入水后扭矩和坍落度

(3)将土样重新置于搅拌机内,注入 2.4L 泡沫(泡沫剂掺比 3%),约土样的 35%,记录扭矩为 9.28N,测试坍落度为 12cm(图 3)。

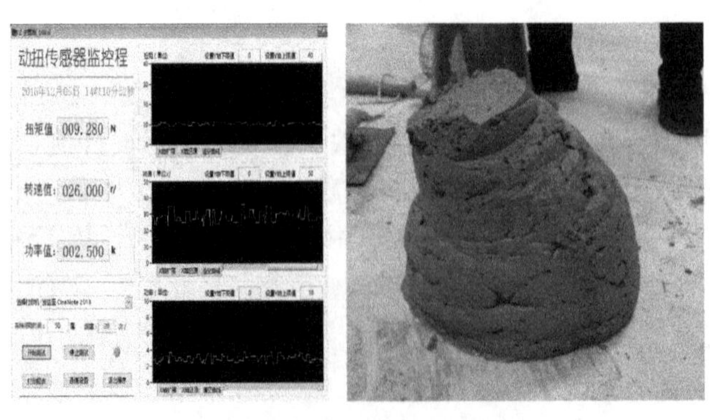

图 3 加入水和泡沫剂后扭矩、坍落度

试验显示,加入水和泡沫剂后,扭矩和坍落度明显变化,证明加入水和泡沫剂可行。

5.2.3 最优掺量确定

(1)掺水量

重复上述试验步骤,称取 12kg 散状土样,不掺加泡沫剂,只添加水,分别测试不同掺水量时的坍落度,渣土坍落度随着掺水量的增多而变大,扭矩随着掺水量的增多而变小(图 4、图 5)。

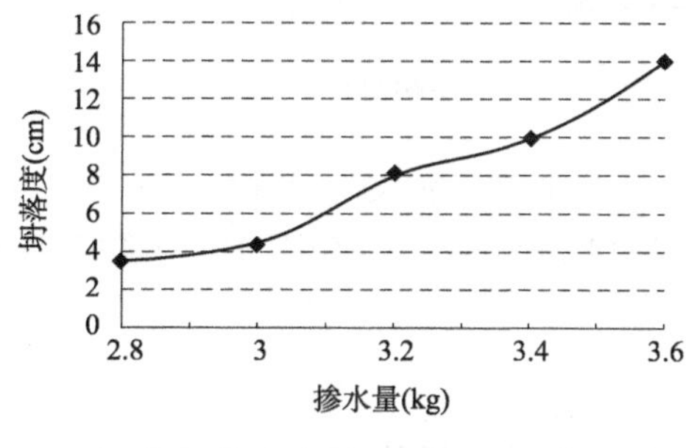

图 4 掺水量对坍落度影响曲线

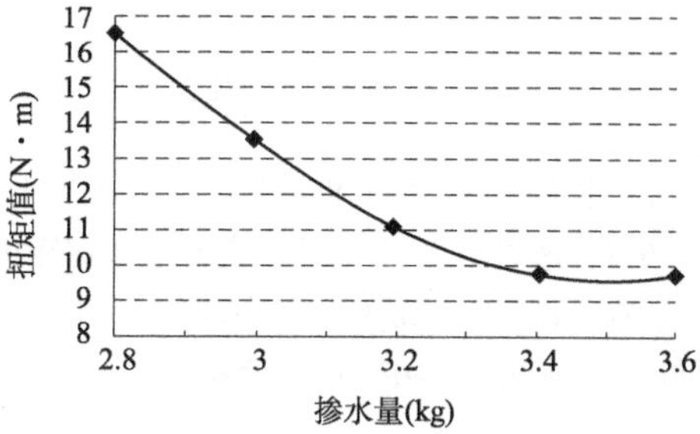

图 5 掺水量对扭矩影响曲线

(2)泡沫剂掺量

重复上述试验步骤,称取 13kg 散状土样,添加 2.6kg 水,分别测试不同泡沫剂掺量时的坍落度,渣土坍落度随着泡沫掺量的增多而变大,扭矩随着泡沫掺量的增多而变小(图 6、图 7)。

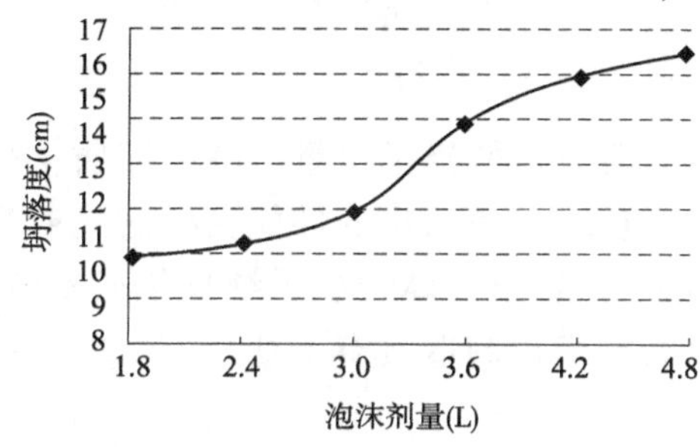

图 6 泡沫剂掺量对坍落度影响曲线

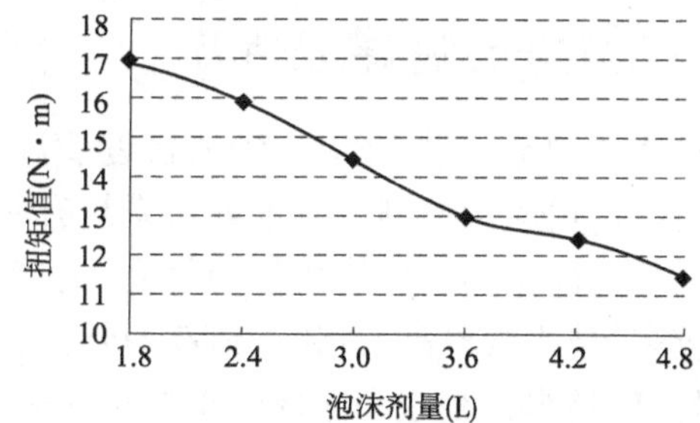

图 7 泡沫剂掺量对扭矩影响曲线

6 试验结论及建议

针对该土样,根据沈阳鑫山盟应用技术实验室的系列实验以及得出的相关数据可以总结得出如下结论:

(1)注入土样 30% 水后,扭矩明显下降,但功率波动较大,坍落度值小,所以单纯注水,不能将渣土改良出较理想的状态。

(2)加入 35% 的泡沫后,扭矩进一步下降,功率、扭矩平稳,坍落度值较为理想。

(3)该土样可以改良到较好状态,实际应用时可根据现场情况(实际含水率)和出土状态(切削土块大小)适当调整水与泡沫的注入率。

参考文献

[1] 王明胜. 复杂地层中盾构法隧道渣土改良技术[J]. 地下空间与工程学报,2007,3(增2):1445-1447.

浅谈盾构机再制造

张洪涛　马晓峰

（中建交通建设集团有限公司盾构事业部　北京　100161）

摘　要：本文阐述了盾构机再制造的概念及特点，并详细阐述了盾构再制造的流程。以一台某品牌盾构再制造过程为例，分析了在再制造过程中应用的再制造技术，主要应用的部件及系统；并分析了盾构机再制造的经济和社会效益，提出了发展建议。

关键词：盾构机；再制造；性能指标

随着国内基础设施建设规模的不断扩大，国内盾构机的总量快速增长，据不完全统计，目前国内盾构机的总保有量超过1500台，其中至少有20%接近或者已经达到使用寿命或者性能指标偏低，无法满足工程的需要。通过应用再制造技术，使再制造盾构的性能指标达到甚至超越原新品的性能指标，具有巨大的经济效益和环境效益。

1　盾构机再制造的概念及特点

盾构机再制造，是指在对达到或接近设计使用寿命或性能指标严重下降的旧盾构机经过检测、评估，通过应用再制造技术或者系统升级性再造技术，使旧机的性能指标达到或者超越原新品时的性能指标。盾构机作为集光、电、液、传感、信息于一体大型系统化集成专业设备，具有系统多、技术含量高、设备价值高等特点，所以盾构机再制造具有专业多、领域广、技术难度高等特点，是绿色制造和循环经济典型代表。

2　盾构机再制造流程

通常情况下，盾构机再制造工艺流程如图1所示。

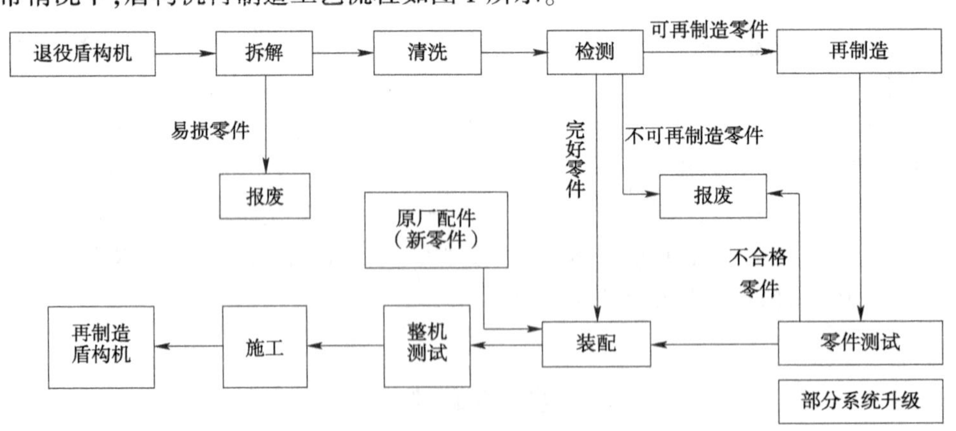

图1　盾构机再制造工艺流程

作者简介：张洪涛(1978—)，男，学士，高级工程师。目前主要从事盾构施工管理和设备管理工作。Email：htzhang717@163.com。

（1）全面拆解退役盾构机，拆解中直接淘汰旧盾构机中各种油、气、水橡胶管路、各种密封、滤芯、中小轴承等易损零件，一般这些零件因磨损、老化等原因不可再制造或者没有再制造价值，装配时直接用新品替换。同时要剔除明显损坏且不可修复的零件。

（2）清洗拆解后保留的零件。根据零件的用途和材料，选择不同的清洗方法，如高温分解、草酸稀释清洗、超声波清洗、振动研磨、液体喷砂、干式喷砂等。

（3）对清洗后的零件进行严格的检测判断，检测后的零件可分为三类：一类是可直接用于再制造盾构机装配的零件，主要包括电机、液压总成、主油箱、各结构件等，这类零件 80% 以上可直接应用；一类是可再制造修复的失效零部件，主要包括推进油缸、主驱动轴承、减速器、各系统泵及马达、阀组等，这类零件可再制造率一般达 80% 以上；另一类直接报废，更换新部件。

（4）失效零件的再制造加工，对失效零件的再制造加工可以采用多种方法和技术，如再制造修理尺寸法、附加零件恢复法（镶套修理法）、表面覆层与表面镀层相结合的再制造技术、表面涂层再制造技术。部件的性能达到或者超越新品；或者采用机加工技术重新某一部件，使其达到装配要求的尺寸。

（5）将全部检验合格的零部件与加入的新零件，严格按照新品生产要求装配成再制造盾构机。

（6）对部分系统进行升级型再制造，重新设计或采用新选型号设备替换高故障率的部件及系统，以实现盾构机的功能或性能的升级，满足新环境的要求。

（7）对再制造盾构机进行整机性能指标测试，确认达到或者超过新盾构机的性能质保。

（8）将再制造发往需要的地铁施工现场，通过实践检验再制造盾构的性能。

上述 8 条是盾构机再制造过程也是循环经济和绿色制造过程，完全符合循环经济的“3R”原则（Reduce，Reuse，Recycle）。

3 盾构机再制造技术概述

由于盾构机再制造涉及的系统较多，部件种类较多，部件恢复的要求各异，总体来说首先恢复尺寸要求，再要恢复性能指标要求。下面以某品牌设备的整机再制造为例介绍再制造技术的应用情况。本台盾构服役年限超过 13 年，机器的性能指标较新机偏差较大，部分系统的配置已经不能满足现在施工需求，需要系统、全面地进行再制造。应用的再制造技术主要有再制造修理尺寸法、附加零件恢复法（镶套修理法）、表面覆层与表面镀层相结合的再制造技术、表面涂层再制造技术。

3.1 再制造修理尺寸法

盾构机主轴承通常为三排圆柱滚子组合型的回转支撑，它在工作状态、承载力、材质等方面不同于普通的回转支撑，是整个盾构机核心关键部件。经过多年的使用，主轴承在性能指标方面主要表现为径向游隙、跳动，轴向游隙、跳动存在不同程度的增大；在物理性能的表现通常为滚道表面有压坑、疲劳层，且存在不同程度的锈蚀，滚动体外径及端面表面有锈蚀。针对主轴承的滚道面和滚动体锈蚀的程度通常采用再制造修理尺寸法，即修磨滚道面、修磨滚动体或者根据新的尺寸要求，加工新的滚动体，再制造前后性能指标对比见表 1 。

再制造修理尺寸法在盾构机再制造中可广泛应用于刀盘、螺旋机、前盾土舱等结构件磨损后尺寸恢复。在本机再制造过程中对刀盘、螺旋机尺寸的恢复过程中在满足恢复原有尺寸的基础上，采用了两种复合型耐磨材料，耐磨性较新品更强。

主轴承再制造前后性能指标 表1

检测项目	轴承外径	轴承内径	轴承高度	齿顶圆直径	外圈总高	内圈高度
测量数据(mm)	ϕ2825 ±0.8	ϕ2170 +0.21	325 -0.07	ϕ2948	280	300
检测项目	轴向游隙	径向游隙	轴向跳动	外径向跳动	内径跳动	齿节圆跳动
出厂数据	0.1	0.24	—	—	—	—
再制造前	0.1	0.19	0.06	0.14	0.2	0.35
再制造后	0.1	0.11	0.03	0.12	0.14	0.33

3.2 附加零件恢复法(镶套修理法)

本盾构机刀盘支撑法兰与主驱动连接处设置了一道端面密封，用于防止泥砂进入轴承内，在长期运转过程中因与土砂接触，法兰的密封位极易出现磨损。该法兰盘宽度为740mm，厚度为40mm的圆环，外周、内周磨损区域宽度分别为90mm、60mm，最深处磨损达10mm，焊接过程中局部过热，易产生变形。综合考虑部件的变形量、焊接后的法兰盘的平整度、光洁度，最后采用附加零件恢复法(镶套修理法)即先对磨损部位进行车削，形成规则的凹槽，后在槽内镶嵌圆环，采用二氧化碳保护焊焊接固定，最后进行车削、抛光。最后经现场实际检验，该部件修复光洁度、平整度均达到新品标准。该再制造技术在盾构机再制造中对受热易产生变形的部件具有重要的意义。

3.3 表面覆层与表面镀层相结合的再制造技术

盾构机内轴类、活塞杆类、筒类部件较多，该类部件主要表现为表面磨损、腐蚀或者因硬物磕碰，表面有浅坑、划痕。该类部件的再制造常采用冷焊与电镀相结合的再制造技术，恢复尺寸、光洁度。本台盾构再制造过程中，对中心回转轴、推进油缸活塞、活塞杆、液压油泵密封位磨损处均采用表面覆层与表面镀层相结合的再制造技术。具体为部件整体退铬，对磨损处采用高铬耐磨耐腐蚀合金焊丝进行修复、磨削，最后整体镀铬。通过这两种表面修复技术的结合，修复部位的硬度、耐磨性能均较之前提高，整体部件镀铬后，部件表面光洁度、部件的尺寸均不低于新品，达到了再制造的效果。表面覆层和镀层技术相结合的再制造技术在盾构再制造过程中是一种便捷、高效、经济的再制造技术。

3.4 表面涂层再制造技术

螺旋机泵 K3VG180 摇摆跑道拉伤，摇摆座的修复方式基本与摇摆架相同，重新喷涂一层新型复合材料(跑道表面的黑色物质)，主要起耐磨和减磨的作用，经试验验证，其耐磨性比以前提高至少5倍。该表面再制造技术可广泛应用于非承重、往复运动的部件位置。

4 盾构再制造的经济和社会效益

以该台盾构再制造为例，采购一台该配置的新盾构机约2400万元，整机再制造的费用不足新机的四分之一，而性能指标超越了原新机时的指标。单台盾构整机再制造可节省钢材300余吨，按标准煤计可节煤近400t，可减少400万m^3废气排放，烟尘80t。按照每年1500台盾构中有20%达到或者接近使用寿命，按照以每年15%的比例进行再制造，每年再制造的数量为45台盾构机,每年节钢、节煤、减少有害气体的排放均以万吨计,经济效益非常可观,可有效减少对有害气体的排放。

根据国家《中国制造2025》提出了“大力发展再制造产业,实施高端再制造、智能再制造、在役再制造,推进产品认定,促进再制造产业持续健康发展”的战略任务要求,盾构机再制造从循环经济角度,从推进再生资源的利用角度,也是一种绿色经济、绿色制造;它是发展循环经济、扩大内需和环境保护的重要途径之一,也是绿色制造的重要组成部分;盾构机再制造将成为我国“十三五”期间绿色制造和循环经济方面推动的重点工作之一。

5 对盾构机再制造发展的几点建议

(1)盾构机再制造与再制造技术相辅相成:将成熟的再制造技术应用到盾构机再制造领域,不但可以扩大再制造技术应用的领域,解决盾构机再制造的技术瓶颈,而且对促进再制造技术的发展亦具有重要意义。

(2)盾构机再制造对部件国产化促进:通过再制造在重点领域的关键技术方面的研究,带动盾构部件的国产化试验和开发工作,加速推进盾构的全面国产化;亦可通过国产化,优化设备性能和配置,提高设备适应性。

(3)标准的规范和引领:目前盾构机再制造缺乏相应的标准和规范,给盾构机再制造的质量控制带来一定难度,迫切需要一个标准和规范来引领该行业健康发展。

高分子聚合物在沈阳砂砾地层土体改良中的应用

宋洪雁

（沈阳鑫山盟建材有限公司　辽宁沈阳　110032）

摘　要：本文主要介绍了沈阳地铁10号线某标段的土体改良案例，该标段地层主要以砾砂、圆砾为主，无水，卵石含量较大。项目采用泡沫剂与高分子聚合物联用的土体改良添加剂方案，获得了良好的改良效果，同时节约了改良材料成本，避免了人力、场地、设备的增加及配置，可为类似工程提供参考。

关键词：高分子聚合物+泡沫剂联用；土体改良；砂砾地层

1　项目背景

沈阳地铁10号线某标段以砾砂、圆砾为主，无水，卵石含量较大。本项目采用北方重工新购盾构机，盾构机刀盘为面板式、开口率约45%。该项目风险源较多，小半径转弯始发，下穿卫工明渠、大埋深市政管线、住宅楼房、侧穿卫工明渠桥等多处风险源，对盾构机推进过程中的土体改良要求极高。

2　土体改良方案

沈阳地区以砂砾地层为主，基本的土体改良方式以泡沫剂+膨润土为主。项目邀请沈阳鑫山盟建材有限公司技术人员共同探讨土体改良方案。根据项目部所购买的膨润土质量、现场场地条件等限制，制订出泡沫剂与高分子聚合物联用的土体改良添加剂方案。具体为：

（1）泡沫为主，打到刀盘前方，增加渣土的和易性及流塑形。

（2）辅助1.0‰浓度高分子聚合物溶液打到刀盘前方，具备一定稠度，可以起到比膨润土更好的携渣效果，同时增加渣土的润滑性。

3　实施后推进效果

盾构机平均每环推进时间24min，拼装时间28min。设备在正常掘进期间创造了平均日掘进超过15环、20d掘进400m，6月份掘进516环，单日最高掘进22环的佳绩，且盾构机在通过各风险源期间沉降控制得非常理想。

3.1　材料添加比例、选材要求及推进数据

材料添加比例、选材要求及推进数据见表1。

材料添加比例、选材要求及推进数据　　表1

泡沫剂及聚合物性能要求	泡沫剂半衰期＞20min，发泡佳；高分子聚合物1‰，水溶液黏稠度＞60s	
掘进环数	177～179环	由于处于风险源（幼儿园）下方，故掘进参数较正常掘进稍有偏差

作者简介：宋洪雁（1987—），女，工程师，实验室主任。主要从事盾构施工改良材料的产品性能检测、室内应用实验以及实际应用理论指导工作。Email：shy_an@126.com。

续上表

泡沫剂及聚合物性能要求	泡沫剂半衰期 >20min,发泡佳;高分子聚合物 1‰,水溶液黏稠度 >60s	
原液掺比	1.5%	经验证盾构机泡沫系统设置值与实际值基本相符
发泡倍率	约 13 倍	由于泡沫系统中实际发泡倍率考虑到土舱压力及地质埋深,故实际值比设置值偏大,但不影响发泡效果
原液用量	约 40 L/环	由于泡沫系统混合液流量不能调节,故造成混合液流量稍大,使原液用量稍大
聚合物浓度聚	约 1‰	
聚合物用量	约 4kg	使用水瓢添加聚合物,1 瓢水约 1.3kg,每环需添加 3 瓢水,约 4kg
上部土	1.0 ~ 1.1 bar	由于处于风险源(幼儿园)下方,故上部土压保压值略高
实际掘进时间	约 25min	
实际平均速度	约 50mm/min	
扭矩	2500 ~ 3000 kN · m	
推力	约 18000 kN	
刀盘转速	1.3r/min	
改良状态描述	渣土连续、均匀、和易性较好,渣土中可见明显泡沫;扭矩较低,速度稳定,掘进参数较好	

3.2 两种土体改良方案对比

使用泡沫剂与高分子聚合物土体改良方案与使用泡沫剂与膨润土土体改良方案对比情况见表 2。

两种土体改良方案对比 表 2

对 比 项 目	使用泡沫剂及高分子聚合物土体改良	使用泡沫剂及膨润土土体改良 (根据沈阳地区经验估算)
单环改良材料成本	40L 泡沫剂约 250 元; 4kg 聚合物约 120 元; 环综合改良材料成本约 370 元	40L 泡沫剂约 250 元; 400kg 膨润土约 240 元; 环综合改良材料成本约 490 元
使用特点	聚合物直接由设备上膨润土罐搅拌输送,方便快捷,不占用场地	膨润土需占用地面一定面积场地存放,同时发酵需要一定设备及时间,发酵效果亦难以保证。且需配置人员用于膨润土制备,需管路及泵输送至设备

根据以上数据,高分子聚合物与泡沫剂联用的改良方案单环能够节省约 120 元改良材料成本。同时聚合物使用极其方便,避免了人力、场地、设备的增加及配置。

4 结语

通过本项目使用高分子聚合物进行土体改良的成功应用,可以得出在细颗粒含量极少的沈阳地区砂砾地层,高分子泡沫剂与聚合物从土体改良效果、推进参数表现以及经济成本等方面,均与传统的泡沫剂 + 膨润土改良方式具有优势。高分子聚合物 + 泡沫剂联用的改良方式在砂砾及砂卵等砂质地层拥有更为广阔的应用空间,值得类似地层推广及进一步研究应用。

“克泥效”材料在土压平衡盾构施工中的应用

张岩涛

（福建中天交通工程技术服务有限公司　福州　350000）

摘　要：本文介绍了“克泥效”材料在土压平衡盾构始发、接收、沉降控制、停机保压、辅助开舱、喷涌处理及空洞填充等方面的应用，并列举了一些典型案例。今后加强“克泥效”材料工程力学特性方面的研究，以期获得更广泛的应用，为盾构工程施工保驾护航。

关键词：“克泥效”；土压平衡盾构；沉降控制；盾构始发；保压

1　“克泥效”材料简介

“克泥效”材料是由合成钙基黏土矿物、胶体稳定剂和分散剂合成的粉剂材料。该材料与一定比例的水拌合成浆液后，与水玻璃按一定比例混合搅拌，胶结成不易被水稀释、有一定支撑力、低强度的永不凝固的黏土。

2　“克泥效”在盾构施工沉降控制中的应用

2.1　盾构施工过程中的5个沉降阶段分析

盾构施工过程中土体沉降一般分为5个阶段，如图1所示。

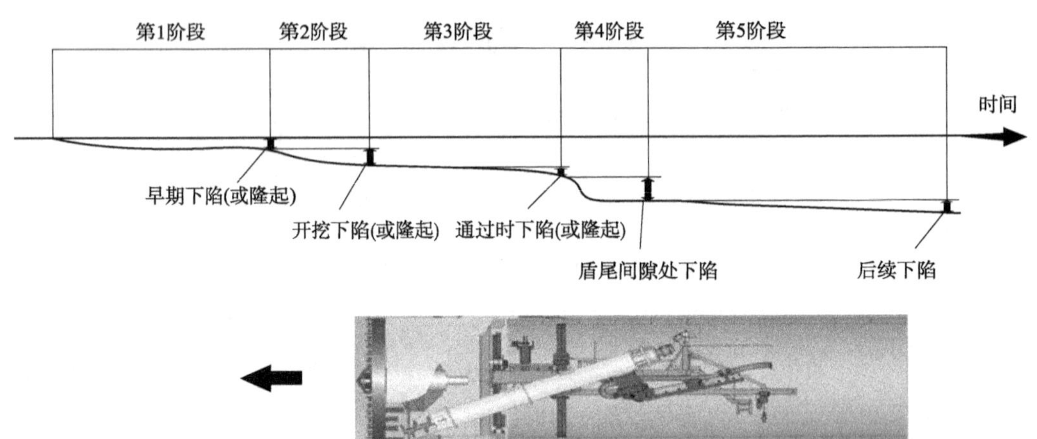

图1　盾构施工土体沉降5个阶段

（1）第1阶段沉降：先行沉降。盾构到达前，因土压力波动、地下水位下降等因素产生的固结沉降。

（2）第2阶段沉降：盾构到达时。盾构到达时，土压或者泥水压不足或者过高，引起开挖

作者简介：张岩涛（1975—），男，大学本科，福建中天交通工程技术服务有限公司常务副总经理。Email：2483057936@qq.com。

面土体弹塑性变形，造成地层的隆起或下陷。

(3)第3阶段沉降：盾构机通过时。盾构机开挖直径大于盾尾直径，造成盾构机掘进过程中壳体外会产生间隙，从而使盾构机壳体上方土体发生沉降；此外，围岩土体之间剪切的错动，也会发生沉降。

(4)第4阶段沉降：盾构机盾尾脱出管片时。由于围岩土体失去支撑后，管片背后没有及时注入浆液或者注入的饱和度不够，导致间隙沉降。

(5)第5阶段沉降：后期沉降。前期土层扰动固结引起的沉降；同步注浆散失引起的沉降。

2.2 盾构机通过时的沉降分析与“克泥效”的应用

众所周知，在盾构施工过程中，盾构机外壳外表面因为开挖存在间隙(图2)。该间隙会引起土体沉降，尤其是软弱地层浅覆土施工或盾构机下穿构筑物时，为减少上方土体扰动，在间隙填充一些材料可以控制土体的沉降，这些填充材料应具备以下特征：

图2 盾尾间隙

(1)材料必须有良好的流动性。如材料缺乏良好的流动性，就无法流淌到盾构机外壳所有的间隙，不能进行对盾构机外壳进行有效包裹。而如果用塑性材料直接向盾构机外壳外间隙压注，材料只能在盾构机外壳径向周围扩散，注入压力难以控制，容易造成土体隆起。尤其在下穿基础差的风险源时，土体隆起的危害会大于土体沉降的危害。

(2)材料填满间隙后，应具有一定支撑力，以支撑住土体的下沉。但强度要低，如果强度高，会大幅度增加盾构机推力甚至卡住盾构机。

(3)材料胶结成塑性体后应具有一定的防水性，不易被水稀释。

(4)需要有一定润滑性，减少土体之间剪切的错动，减小盾构机推力。

“克泥效”材料能够完全满足上述要求，其特点和优势如下：

(1)“克泥效”是一种双液注浆材料，在施工时，先将“克泥效”粉料与水按一定比例拌合成浆液，然后与水玻璃边混合边向盾构机外壳间隙进行填注，填注后4~5s开始塑化胶结。因此，材料在填注时流动性很强，极易对盾构机外壳间隙进行有效填充。

(2)在填注20~30s后“克泥效”材料开始塑化胶结成塑状黏土，产生一定的黏度和支撑强度。在应用于沉降控制时，“克泥效”胶结后的黏度一般可通过配比调整在300~350dPas，其黏度相当于牙膏(300dPas)和发蜡(400dPas)，但支撑强度不高，不会造成盾构机主驱动扭矩的增加，更不会卡住盾构机外壳。

(3)塑化胶结后的“克泥效”材料不易被水稀释，且具有一定润滑性，有利于盾构机的掘进。

(4)盾构机外壳外的材料填充，有效的阻隔了同步注浆串浆到刀盘；盾构机壳体外形成的克泥效泥膜会随着盾构机的掘进一直保留，减少了同步注浆的浆液渗透到土层中，使同步注浆能达到更好的防沉降效果，从而达到辅助第四阶段的沉降控制效果。

“克泥效”注浆设备如图3所示。

图3 “克泥效”注浆设备

2.3 工程应用

台湾桃园机场捷运 CU02A 标位于桃园县大园乡，东起南崁溪东侧之明挖覆盖隧道，穿越南崁溪后进入桃园机场下方，穿越东、西滑行道并经过一、二航站及塔台等，西至埔心溪西侧明挖覆盖隧道，全长约 5 km 皆为地下工程，其中包含 3 座地下车站站体挡土开挖、10 条盾构隧道(上、下行各 5 段)及 5 处明挖覆盖隧道。该项目采用 8 台 6.24m 土压平衡盾构机施工。下穿机场跑道段卵砾石地质，水位为 -8m，隧道顶部覆土约 25m。

盾构正常掘进时，前方和中心沉降量在 1.3mm 左右；掘进到 57 环时由盾构机中盾 12 点位置的径向孔注入“克泥效”材料，经过 15 环左右的盾构机壳体填充，沉降值控制在 0.2 ~ 0.3mm。

“克泥效”材料使用前后盾构前方沉降量和中心沉降量如图 4、图 5 所示。

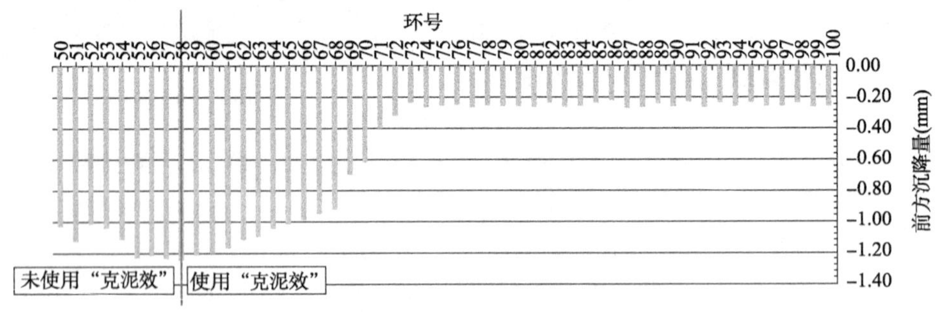

图4 “克泥效”材料使用前后盾构前方沉降量

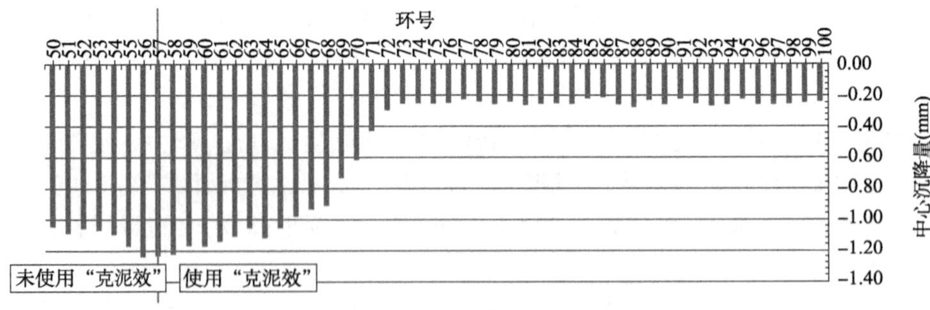

图5 “克泥效”材料使用前后中心沉降量

3 “克泥效”在盾构始发中的应用

在软弱地层进行盾构隧道施工过程中，盾构机始发阶段，刀盘刚进入土层进行破岩，土体应力在瞬间得到释放，而土舱从空舱掘进到建立主动土压力来平衡水土被动压力还需要一个过程，此时，土压处于不断调整的阶段，在土压调整过程中，未能建立真正的土压平衡。因而，在始发阶段极易造成土体“不稳”,出现大量的涌砂、涌水现象,影响始发质量,严重者可能造成盾构机被掩埋。

“克泥效”因为其有排水效果、易于泵送、有支撑力、胶结后压缩比小等特性,在软弱地层中,可以利用“克泥效”作为盾构始发前的土舱建压(图6);洞门钢箱内采用双层帘布设置,钢箱外预留注浆孔(图7)进行“克泥效”注浆保压。

天津地铁5、6号线盾构始发曾采用“克泥效”材料进行保压,基本程序如下:

(1)当盾构机刀盘紧贴掌子面时,盾构机停止掘进;通过盾构机土舱加泥孔向土舱注入“克泥效”;土压建立数据可以通过刀盘顶部和底部土压合力的平均值计算得出。

(2)通过钢箱注入孔向盾壳与洞门钢圈以及掌子面的空隙部位注入“克泥效”,全部注满为止,以防水从洞门向外溢出,同时有效压住洞门钢箱第二道止水板,使之与盾壳处于密闭状态。

(3)钢箱内注满“克泥效”。

(4)盾构机开始始发,掘进过程中,通过盾构机前盾径向孔注入“克泥效”,填充盾构机壳体外因刀盘开挖产生的间隙。

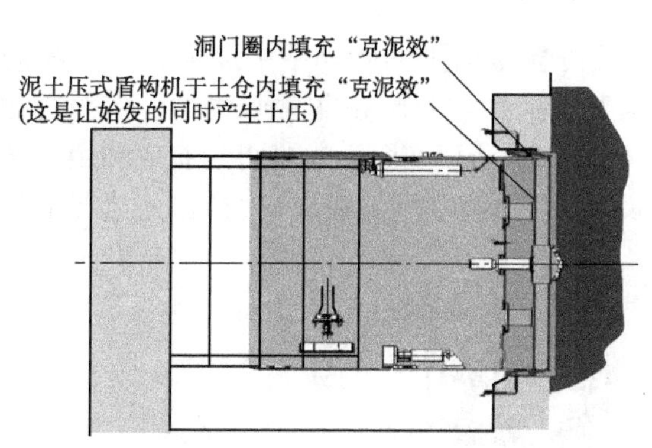

图6 “克泥效”材料用于盾构始发前的保压

图7 钢箱外预留注浆孔

4 “克泥效”材料用于盾构长期停机时的保压

在土压平衡盾构工法中,保持开挖面土压是非常重要的。盾构机的掘削一旦停止,土压平衡工法中的土压保持就无法像泥水加压工法般容易。此时,会考虑使土舱土压跟加泥泵来进行连动以保持所需的正常泥土压。在软弱地盘,加泥材料会有超量注入发生的可能性,这是由于挖掘面的前方土质松软所造成的。此时,为了达到土舱内的土砂改良以及改善开挖面前松软土质的目的,可将“克泥效”注入土舱内 ,并启动切削刀头回转,进行土砂搅拌,这将能够有效地实现土压的保持。

有的施工现场在盾构掘削停工之前,会在靠近螺旋机位置的注入口处或土舱的注入口处注入“克泥效”,这样做除了可以让土舱内部获得完全的填充外,也能确保再掘削时施工的顺利进行。注入“克泥效”的原因在于:当盾构处于停工阶段,螺旋机闸门处会出现少量漏水,土砂会逐渐沉淀后堆积在土舱的下半部,一旦遇到开挖面的崩坏或再度开挖,会造成切削刀或螺旋机扭矩超负荷。若使用“克泥效”进行填充,将能很好地提升施工性。

5 “克泥效”材料在盾构机姿势控制中的应用

在软弱地层或由于盾构机的长度或重量不平衡而导致栽头向下，在此情形下，若是勉强扬起机头角度的话反而会导致地质下沉更大。在通常情况下，盾构机会根据所选定的千斤顶来控制姿势并进行掘进。可是，有时因周边地质松软或盾构机机器自重的影响，使得盾构机头部发生叩头状况，遇到这种情况，即使操作千斤顶或使用铰接装置，控制也相当困难。此时，可用高黏性的“克泥效”从盾构机下方(前盾比如5点钟或者7点钟方向的径向孔)注入，调整盾构推进油缸上部和下部的参数，经多环掘进后可以调整盾构姿态。

6 “克泥效”材料在盾构机达到止水时的应用

盾构机在进入加固区之前，一边向四周注入“克泥效”一边掘进，这是因为盾构机刀盘开挖在盾构机壳体外形成了间隙，此间隙容易形成水道，造成通常说的“后方来水”，“克泥效”可以有效封住该水道并且可以避免盾构机壳体上方沉降。

盾尾进入加固区，若采用的是同步单液注浆，可以停止注浆，改成早强型双液注入，迅速把管片与加固区胶结在一起。

7 “克泥效”材料在盾构机空洞填充及防止喷涌时的应用

土压平衡盾构的施工过程中，在沉泥、黏土成份含量极少的砂砾层中经常会发生喷涌现象，为了应对这样的情形，施工中添加高浓度、高黏性的加泥材料是非常必要的。但普通的高黏度的加泥材料很难被搅拌，也很难被运送较长的距离，所以实际上很难得到有效利用。此时“克泥效”作为有助于长距离运送并只在注入前才混合的高黏度加泥材料，在任何情况下都能使用，从而克服喷涌状况(图8、图9)。

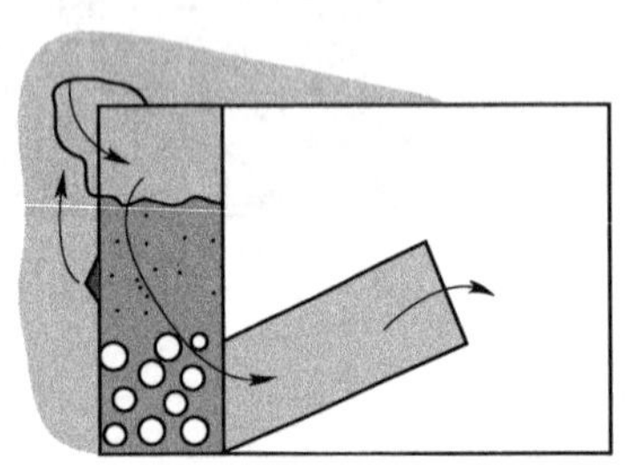

图8　水量过多时添加可以防止喷涌

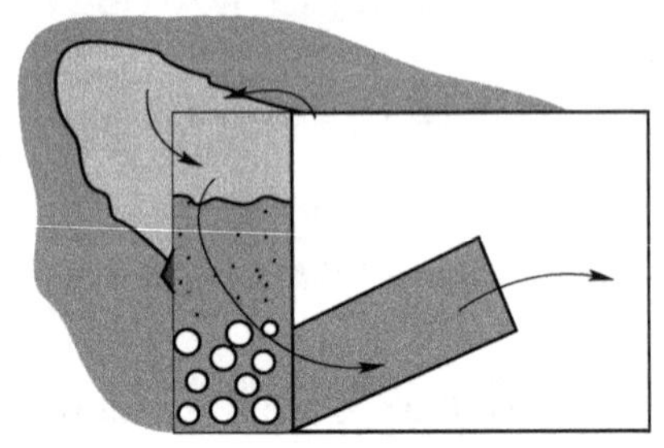

图9　空洞过大时添加可以防止下陷

8 结语

“克泥效”材料近两年来在国内土压平衡盾构始发、接收、沉降控制、停机保压、辅助开舱、喷涌处理及空洞填充等方面都得到了很多应用。与此同时，我们也看到了其中的不足，比如在“克泥效”材料工程力学特征方面，还需要有更多的研究，以期获得更广泛的应用。

海瑞克盾构机泡沫系统升级改造分析

魏　勇

（北京建工土木工程有限公司　北京　100015）

摘　要：在城市轨道交通隧道盾构施工中，泡沫系统是影响土压平衡盾构土体改良、刀盘扭矩和掘进速度的重要组成部分。本文以济南轨道交通 R3 线一期土建施工某盾构区间工况和地质条件为依托，对投入施工的海瑞克 S-542、S-543 两台盾构机泡沫系统升级改造和现场调试情况进行分析，可为其他盾构机泡沫系统升级改造提供借鉴和参考。

关键词：盾构机；泡沫系统；升级改造

1　引言

目前我国城市轨道交通行业已经进入蓬勃发展期，尤其是众多二线城市也将城市轨道交通做为改善出行的重要手段。土压平衡盾构机因其设备技术领先、施工速度快、对施工场地和周边环境影响低等优势已在轨道交通施工中被广泛应用。但是土压平衡盾构机对地质的适应性较差，尤其是在黏土和粉砂地层，摩擦系数大，经常造成刀盘“结泥饼”，螺旋输送机出土困难，刀盘刀具磨损加剧等现象。对盾构机多地层施工适应能力提出了更高的要求，其中泡沫系统做为重要的土体改良措施，在施工过程中其稳定性和适应性起着尤为重要的作用。

济南轨道交通 R3 线一期土建施工六标盾构区间裴家营站—济南新东站（不含）—滩头站区间，隧道主要处于⑨$_1$ 粉质黏土层和⑩$_1$ 粉质黏土层，在这种地层中掘进时，盾构机极易造成刀盘“结泥饼”、扭矩和总推力增大、螺旋机扭矩增大等现象。根据以往经验，不同的土质需要不同的土体改良方法与之适应，同时也为了降低刀盘扭矩和总推力，原有的泡沫系统升级改造势在必行。

S-542、S-543 做为海瑞克早期制造的盾构机型，原有的泡沫系统采用的是经典的“一拖多”形式。由 2 号台车的一台水泵和一台原液泵（变频驱动型螺杆泵）分别将水和泡沫原液注入并联的 5 根混合液管路中，再按照倍率注入压缩空气经过发生器混合产生泡沫，然后注入到刀盘面板前和螺旋机筒舱内实现土体改良。系统压力在 5 ~ 8bar 范围之间。原泡沫系统原理如图 1 所示。

系统包含的主要组成部件：

（1）一台水泵，额定功率 7.5kW，流量 133L/min。

（2）一台变频原液螺杆泵，额定功率 0.37kW，最大流量 5L/min。

（3）五根混合液管路（含流量计、控制阀、止回阀、发生器等）。

操作室人机界面可以分别设定每根管路的原液浓度（2.5% ~5%），通过设定混合液流量和发泡倍率（FER）实现手动和半自动模式；也可以分配每根管路泡沫量占比以及注入率（FIR = 注入泡沫总量/开挖渣土体积）来实现自动模式。虽然 PLC 中通过流量计和流量调节阀（SPC 控制

作者简介：魏勇（1985—），男，本科学历，初级职称。现主要从事盾构设备维护保养工作。Email：42129449@ qq. com。

单元)进行了大量的逻辑控制,但在实际使用中,很难对每根管路实现精确流量控制,同时也制约了参数设定的范围。尤其是当某根管路出口压力过大时,会通过并联管路分散到其他压力较低的管路,容易造成泡沫出口堵塞。由于泡沫出口分布位置不同,相应的设定流量和管路压力也有区别。例如为了防止中心刀位置结泥饼,设定的混合液流量要适当增大。在以往的施工中,出现过混合液流量大于200L/min时,若某根管路出口压力较大,流量将明显降低的情况。

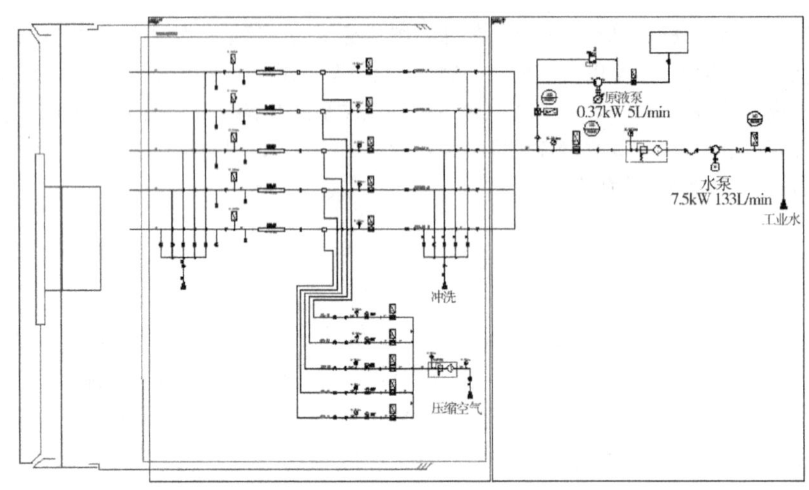

图1　原泡沫系统原理图

2　泡沫系统升级改造措施

为了实现良好的土体改良效果和精准的泡沫控制,对两台海瑞克盾构机泡沫系统进行了升级改造。改造的原则是通过提前完成原液与水的混合,再通过单独的混合液泵进行发泡,实现管路的单独控制,就是我们俗称的“单管单泵”,这也是目前国内新产盾构机已经普遍使用的泡沫系统。改造后的泡沫系统如图2所示。

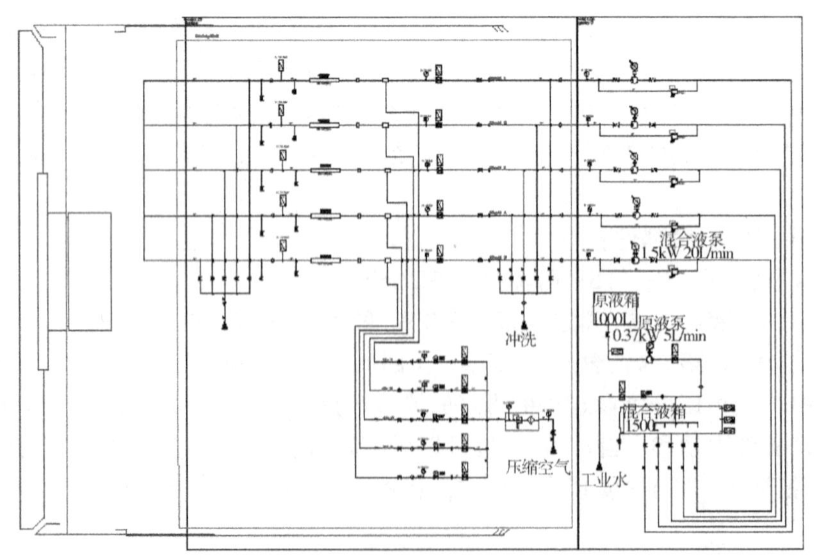

图2　改造后泡沫系统原理图

改造部件：

(1)1.5m^3 混合液箱(含 3 个液位控制传感器)。

(2)1 个补水控制阀(替换掉原有的水泵)。

(3)5 台混合液泵(变频驱动,额定功率 1.5kW,流量 20L/min)。

(4)1 台电器控制柜(含 5 台变频器,型号 pDriveMXeco 4v1.5)。

(5)取消原混合液管路 5 个液体控制阀。

除了硬件的改造还需要对 PLC 程序、组态、电气连接进行改造。首先对新增的 5 台变频器通过 Profibus 现场总线组态建立连接,增加相应的 PLC 程序段,实现变频器的 PID 控制(图 3)。根据混合液管路流量,计算出需要的混合液目标值,通过 0~10V 控制信号远程控制混合液泵变频器驱动,完成泡沫混合液匹配。每根管路设置独立的混合液泵最大的优点是提高了混合液流量上限,确保每根管路的流量稳定性。同时取消了混合液管路流量控制阀,可以避免控制阀开度调整延迟和不稳定的情况。

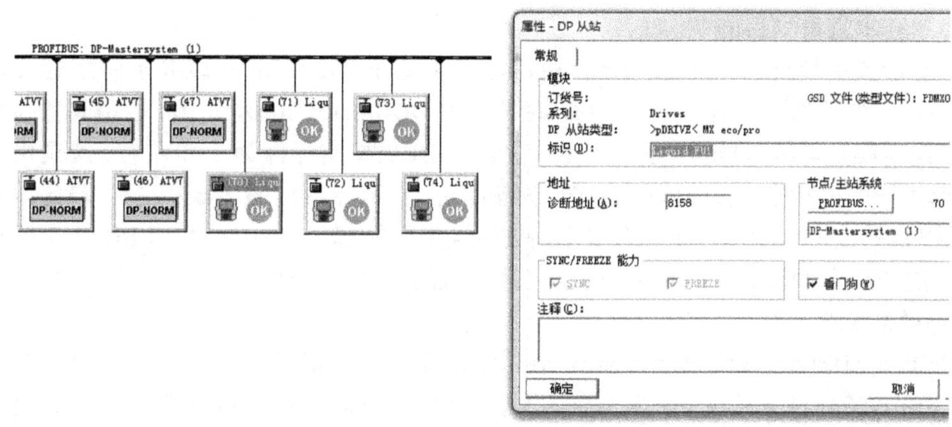

图 3　混合液泵变频器从站组态

此外,增加了一个 1.5m^3 的混合液箱,分别由补水控制阀和原液泵向箱体内注入水和泡沫原液,提前完成混合液稀释。混合液箱安装了 3 个液位传感器,做为补水控制阀和原液泵的启停触发条件。当泡沫系统工作时,混合液箱液位低于中间液位,即触发补水控制阀和泡沫原液泵对混合液箱进行注入。当混合液箱液位达到上限位时,触发补水控制阀和原液泵关闭条件,停止注入。需要注意的是补水速度必须要大于消耗速度即 5 根混合液管路的总流量,否则会因混合液箱触发下限位,造成泡沫系统停机。

在现场调试过程中,发现调整泡沫浓度和发泡率等参数都无泡沫喷射。在线监控 DB40.DBD80(补水流量计)和 DB40.DBD76(原液流量计)发现补水控制阀只有完全打开和完全关闭两个有效状态,完全打开时流量达到了 330L/min,而原液流量受泵送能力限制最大只有 5L/min,浓度只有 1.5%,远远低于正常的 2.5% ~5% 设定范围。考虑泡沫原液性能,需要设定浓度要高于 3% 才能达到理想的发泡效果。

最理想的解决办法是更换一台泵送能力在 15L/min 以上的原液泵。由于调试时间比较紧迫,决定尝试通过修改 PLC 程序中补水控制阀的开度(图 4),匹配正常范围浓度的泡沫混合液,来达到理想的混合液浓度和发泡效果。

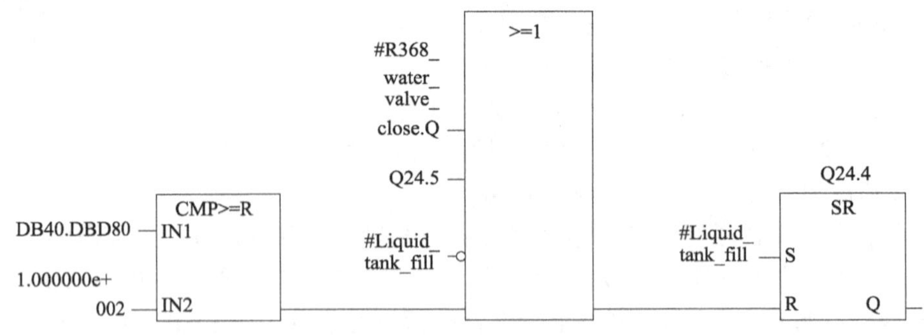

图 4 补水控制阀打开控制程序

DB40. DBD80-补水流量实际值;#R368_water_valve_close. Q-补水控制阀关闭触发;#Liquid_tank_fill-混合液箱液位下限位;Q24. 4-控制阀开启输出信号;Q24. 5-控制阀关闭输出信号

程序巧妙的利用了 S7-300 中 SR 触发器复位优先的原理,设置了多个置位控制阀动作的条件。根据现场要求,增加一个"或"的条件,即实际流量大于某个数值时,置位控制阀开度,来实现控制补水流量的目的。

根据混合液用量需求,5 根管路混合液目标值不低于 20L/min,所以要求补水速度不能低于 100L/min。为了测试发泡效果,程序暂时设定为 DB40. DBD80 达到 100 控制阀置位停止开度增大。经过反复测试,设定目标值为 100,DB40. DBD80 实际值为 110 左右(这是由于控制阀电动机动作延迟造成的),DB40. DBD76 为 4.7 左右,泡沫浓度为 4.3% 左右,设定发泡率为 10 时,从观察孔放出的泡沫效果已经比较理想;设定目标值为 150,DB40. DBD80 实际值显示 170 左右,泡沫因含量较低堆泡不明显;设定目标值改为 90 时,DB40. DBD80 实际值显示为 95 左右,发泡效果相当不错。

新建 DB24. DBD96 取代固定目标值 100,作为混合液流量目标值。可以通过工控机预设的 DB24. DBD2004(泡沫浓度)计算出泡沫混合液流量目标值,即可以实现补水阀开度的自动调节。

实际调试中,泡沫原液的可用范围在 3.5% ~5% 之间。经过一段时间的观察,泡沫系统在正式掘进过程中反应良好,有效地降低了刀盘扭矩和螺旋机扭矩,渣土的改良效果有效提升了掘进速度。每根泡沫管路独立性更强,且不易堵塞。稳定的发泡能力降低了泡沫原液的损耗。

3 结语

由此可见,盾构机的升级改造不是简单的堆砌和更换,需要明确改造目标,充分了解设备的性能,同时需要兼顾现场条件和成本控制,灵活运用 PLC 程序完成新设备组件的匹配和适应性。

本文在旧型盾构机向主流盾构机泡沫系统配置改进过程中,通过优化 PLC 程序,提高了泡沫系统的精确控制,实现了盾构掘进施工的高效性和经济性,可为类似地质条件或旧型盾构机升级改造提供了借鉴和参考。

人工地层冻结法及其在盾构隧道区间联络通道施工中的应用

方江华　张兆龙　王文兵

（北京住总集团有限责任公司　北京　100101）

摘　要：人工地层冻结法是煤矿在含水不稳定地层中凿井最常用的方法。近年来，其工程应用范围越来越广，并已成为地铁工程软弱含水地层中施工联络通道、盾构始发接收端头土体加固以及隧道抢险、修复和其他地层加固方法难以应用时的主要工法。冻结技术的实质内容可概括为三大循环（冷媒剂循环、制冷剂循环和冷却水循环）、三大工序（钻孔、冻结和开挖构筑）、三种钻孔（冻结孔、测温孔和卸压孔）和三个冻结阶段（积极冻结期、维护冻结期和解冻恢复期）。

关键词：盾构隧道；联络通道；冻结法；三大循环

1　基本原理

人工地层冻结法，又称冷冻法，是在地下工程开挖前，先在欲开挖地下工程周围打一定数量的钻孔，孔内安装冻结器，然后利用人工制冷技术，将低温冷媒通过冻结管送入地层，使地层中的水结冰，把天然岩土变成冻土，把要开挖土体周围的地层冻结成封闭的连续冻结帷幕，以抵抗地压和水压，并隔绝地下水和开挖体之间的联系，然后在形成封闭连续冻结帷幕的保护下，进行地下土方开挖和施作永久支护的一种特殊地层加固方法。其实质是利用人工制冷临时改变岩土性质以固结地层。1883 年，在德国阿尔巴里煤矿首次成功采用冻结法建造井筒。

人工地层冻结法加固地层分为直接式（消耗型制冷剂系统）和间接式（循环冷媒系统）。

直接式冻结法，所用制冷剂主要有液氮或固体二氧化碳溶于酒精后的液体。液氮最低温度可达 -190℃左右，而后者最低温度可达 -79℃左右，这时冻结帷幕可在很短时间内（如几小时）形成。它们既是制冷剂，也是冷媒。用泵直接把这种液体泵入地层的冻结管内，另一端排出已同地层发生过热交换的尾气。干冰和液氮冻结对于处理一些工程事故和在高大建筑物下施工，具有速度快、操作方便和冻结帷幕承载力大等优点，成本也更高。

间接式冻结系统主要包括冷冻站系统和地层冻结系统两部分。冷冻站系统主要有压缩机、节流阀和冷凝器；地层冻结系统有冷媒（盐水）泵和冻结管等。两个系统由蒸发器组合在一起。这种系统的制冷剂一般分为液氨（氨压缩机）和氟利昂（螺杆机组）两种。为了环保及安全，在市政工程中多用氟利昂制冷剂，冷媒多用氯化钙溶液（盐水），这种方法中，冷媒温度一般为 -20 ~ -35℃。

2　适用性

地铁施工中，主要是在盾构区间隧道联络通道施工和盾构始发接收端头土体加固时使用

作者简介：方江华（1973—），男，硕士，副教授、高级工程师，国家一级注册建造师。目前主要从事城市地下工程技术管理、咨询与服务工作。Email：jhfang73@126.com。

冻结法。另外，在地铁隧道涌水、坍塌等事故修复和盾构穿越江河湖底隧道中盾尾刷更换等情况时也有应用。该法适用于松散的不稳定的冲积层、裂隙性含水岩层、松软泥岩、含水率和水压特大的岩层，基本可适用于任何地层。

3 三大循环、三种钻孔和三个冻结阶段

3.1 三大循环

冻结帷幕的形成依赖于三大循环系统：冷媒剂循环、制冷剂循环和冷却水循环。

冷媒剂（盐水）循环：盐水吸收地层热量，然后将热量传递给蒸发器中的液态制冷剂。该循环系统由盐水箱、盐水泵、去路盐水干管、冻结器（冻结管）及回路盐水干管组成。冻结器是低温盐水与地层进行热交换的换热器，盐水流速越快，换热强度就越大。根据工程需要可采用正反两种盐水循环系统，正常情况下用正循环供液。为了观察盐水在冻结管中是否漏失，应在去、回路盐水干管和冻结器进出口处安装流量计。

制冷剂（氨或氟利昂）循环：气态制冷剂经压缩机压缩成过热蒸气进入冷凝器冷却，形成高压液态，经节流阀流入蒸发器，液态制冷剂在蒸发器中吸收盐水热量气化相变成气态制冷剂。

冷却水循环：冷却水在冷凝器中吸收制冷剂热量，并通过冷却塔（或冷却水池）散发给大气。图1为冻结法三大循环系统，图2为区间联络通道现场冻结站布置。

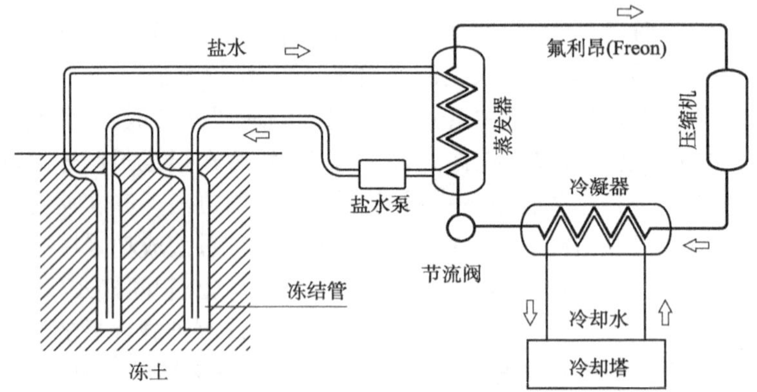

图1 冻结法三大循环系统

图2 区间联络通道现场冻结站

3.2 三种钻孔

冻结法施工所需钻孔按用途大体分为三种：冻结孔、测温孔和卸压孔，有时还应根据工程需要布设水位观测孔。

冻结孔：冻结孔一般靠近地下工程的边缘布置，孔内安装有冻结供液管、回液管和管盖，待全部钻孔安装完成后，便可与冻结站引出来的冷媒剂（盐水）干管联通。钻孔过程中，冻结孔成孔质量要求非常高，不仅直接影响冻结帷幕的质量，甚至影响冻结法施工的成败，所以，控制和检测冻结孔质量非常关键。

测温孔：为确定冻土墙的厚度和开挖时间，在冻结帷幕内必须打设一定数量的测温孔（9～10个），根据测温孔实测数据，推算出冻土发展的速度及在该冻结时间内的冻土发展半径，从而算出冻结帷幕厚度，再根据成冰公式或用作图法得出冻结帷幕平均温度。若各个部位的冻结帷幕厚度和平均温度均达到设计要求，即可进行开挖。

卸压孔：为减少冻结施工对已建隧道及周围环境的影响，可在冻结影响区域内布设冻结卸压孔（2～4个），在泄压孔孔口安设压力表，实际显示冻胀力变化情况。通过连续监测，及时判断冻结帷幕的形成，并直接释放冻胀压力。

3.3 三个冻结阶段

冻结法施工土体冻结过程，按时序一般可划分为积极冻结期、维护冻结期（消极冻结期）和解冻恢复期三个阶段。

（1）积极冻结期：从冻结系统运转正常开始到冻结帷幕达到设计厚度的时间，称积极冻结期。积极冻结期盐水温度为－28～－30℃，联络通道及泵站设计积极冻结时间为45～50d，要求冻结孔单孔流量不小于5m³/h；积极冻结7d盐水温度降至－18℃以下，积极冻结15d盐水温度降至－24℃以下，去回路温差不大于2℃；开挖时盐水温度降至－28℃以下。如盐水温度和盐水流量达不到设计要求，应延长积极冻结时间。

（2）维护冻结期：开挖构筑时期需部分供冷，维护冻结帷幕，称维护冻结期或消极冻结期。在积极冻结过程中，要根据实测温度资料判断冻结帷幕是否交圈和达到设计厚度，同时要监测冻结帷幕与隧道的胶结情况，测温判断冻结帷幕交圈并达到设计厚度且与隧道完全胶结后，可进入维护冻结阶段。维护冻结期温度应不高于－28℃，冻结时间贯穿联络通道开挖和主体结构施工始终。

（3）解冻恢复期：停止冻结3～7d后，完成冻结孔封孔且结构混凝土达到设计强度85%时，进入恢复解冻期。此期间应进行充填注浆和融沉注浆，注浆过程立足信息化，根据监测的沉降变化及时跟踪注浆，以控制融沉。

4 盾构隧道区间联络通道冻结工艺流程

冻结法施工一般分钻孔、冻结、开挖构筑三大工序。地铁隧道盾构区间联络通道冻结法施工总工艺流程如图3所示。

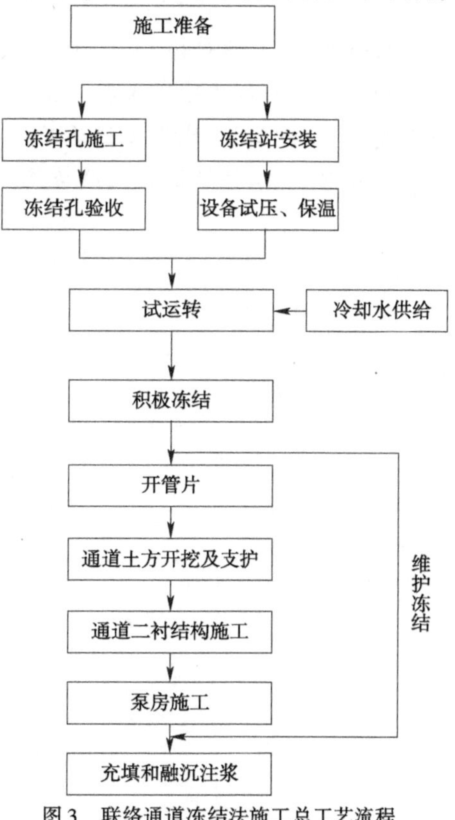

图3 联络通道冻结法施工总工艺流程

5 区间联络通道满足开挖条件的参数指标

区间联络通道开挖施工过程中，由于冻土帷幕边界条件极为复杂，冻土帷幕可能存在薄弱环节，一旦在开挖时冻土帷幕发生漏水，冻土帷幕将融化，将会发生灾难事故。为此，联络通道开挖前必须进行验收，判断是否具备开挖条件，满足开挖条件的参数指标见表1。

区间联络通道满足开挖条件的参数指标 表1

<table>
<tr><th colspan="2">项　目</th><th>参数/现场情况</th><th>备　注</th></tr>
<tr><td colspan="2">安装隧道支撑及防护门</td><td></td><td>以及应急材料配备齐全</td></tr>
<tr><td colspan="2">联络通道及隧道的通信设施齐备</td><td></td><td></td></tr>
<tr><td colspan="2">冻结帷幕平均温度</td><td>-10℃（冻结壁与管片交界面平均温度≤-5℃）</td><td>通过成冰公式计算</td></tr>
<tr><td colspan="2">冻结帷幕厚度</td><td>不小于通道处2.1m、喇叭口处1.5m</td><td>通过测温资料计算</td></tr>
<tr><td rowspan="2">盐水温度</td><td>积极期</td><td>-28℃ ~ -30℃（盐水最低温度）</td><td rowspan="2">用测温仪监测</td></tr>
<tr><td>维护期</td><td>≤-28℃</td></tr>
<tr><td rowspan="2">盐水去、回路温差（包括各支路）</td><td>积极期</td><td>2.0℃以内</td><td>冻结至设计温度时</td></tr>
<tr><td>维护期</td><td>1.0℃以内</td><td></td></tr>
<tr><td rowspan="2">卸压孔</td><td>交圈前</td><td>静水压力</td><td rowspan="2">通过压力表观测</td></tr>
<tr><td>交圈后</td><td>剧增0.15~0.3MPa</td></tr>
<tr><td>探孔</td><td>开挖前</td><td>距冻结孔≥1.0m，深度0.5m，不少于2个，探孔内无涌砂、涌水现象且结霜情况良好</td><td></td></tr>
</table>

参 考 文 献

[1] 陈湘生. 地层冻结法[M]. 北京：人民交通出版社，2013.

[2] 杨平，张婷. 城市地下工程人工冻结法理论与实践[M]. 北京：科学出版社，2015.

[3] 姜玉松，方江华. 地下工程施工技术[M]. 武汉：武汉理工大学出版社，2008.

[4] 马芹永. 人工冻结法的理论与施工技术[M]. 北京：人民交通出版社，2007.

盾构施工监测系统在地铁施工中的应用

罗建利[1]　贺泊宁[1,2]　邢　茜[1]　周　刚[1]

(1.中国铁建重工集团有限公司　湖南长沙　410100;2.华中科技大学　湖北武汉　430074)

摘要:在城市轨道交通工程飞速发展的背景下,盾构施工监测系统能实时显示盾构机施工状况,便于管理者实时掌握施工情况,能为加强安全管控、降低施工风险提供帮助。本文以长沙地铁盾构施工监测系统的建设情况为例,介绍了盾构施工监测系统的硬件组成、网络结构、系统功能,经实际使用,效果较好。

关键词:盾构机;远程监控;施工监测

1　系统建设背景

城市轨道交通工程的盾构施工基本上都具有施工现场分散、参建方多、监测数据量大、监测数据与现场信息的分析与预警实时性较差等特点。因此,为了能够提高盾构施工管理与控制的工作效率,提高监测数据、工程进度与现场盾构机施工信息等的传递速度、实现对城市轨道交通工程盾构施工的日常综合监测与应急辅助决策,迫切需要建立城市轨道交通工程的盾构远程监测系统,作为城市轨道交通工程建设盾构施工日常管理与应急辅助决策管理的重要工具与手段,实现盾构机数据信息、监测信息、视频信息等信息的快速传递与集中管理。

目前,依据长沙市总体规划和综合交通规划,长沙市轨道交通线网(地铁)由12条线路组成,总长约456km,预计2020年,长沙轨道交通通车里程将达234.3km,投资强度大、建设任务重、施工工期紧,预计未来5年,在长沙市同时施工的盾构机将超过50台,建设盾构施工监测系统对做好盾构机施工中的安全风险监测、管理,规避盾构施工安全风险,确保轨道交通工程安全、顺利建成意义重大。

2　系统的组成

2.1　硬件组成及网络结构

长沙地铁建设盾构施工监测系统需要能实现所有线路的信息承载网络间的互通,监测系统作为统一管理平台,对各站点的视频信息、盾构机数据进行处理及转码,统一调控、发布,并可实现手机客户端对盾构机数据的统一浏览。

盾构施工监测系统架构由三部分组成:工地前段系统、传输网络、指挥中心,如图1所示。

作者简介:罗建利(1974—),男,博士,高级工程师。目前从事电气自动控制、计算机应用、技术管理和轨道交通装备研发工作。Email:luojianli@ crchi. com。

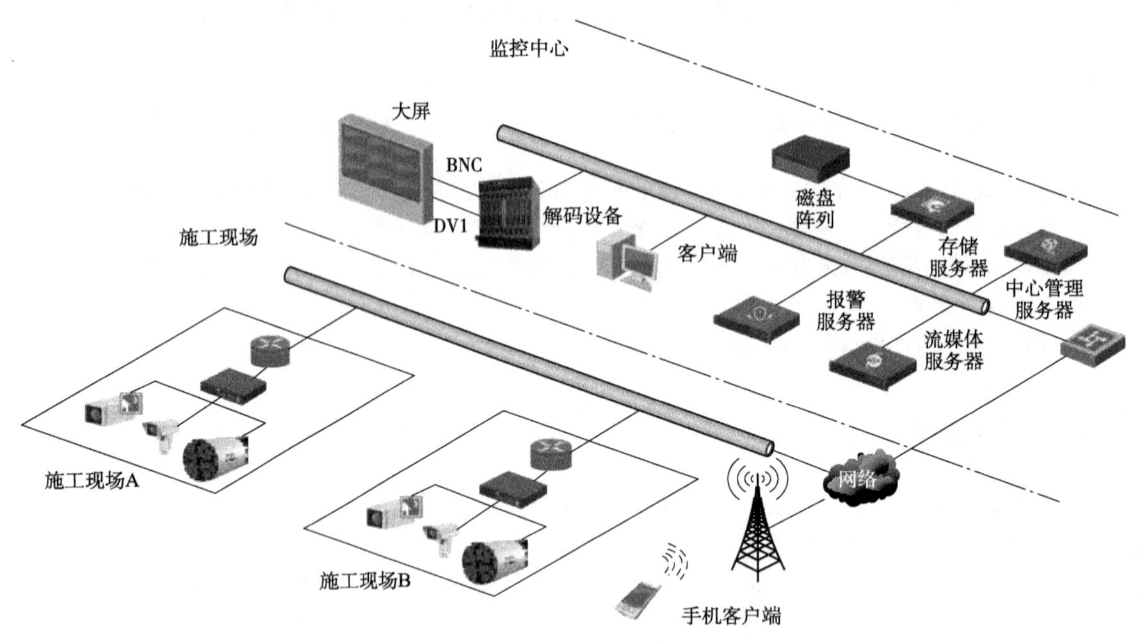

图1　硬件组成及网络结构

2.1.1　工地前端系统

工地前端系统主要负责现场图像采集、录像存储、传感器数据采集和网络传输。

前端监测设备主要包括:分布安装在盾构机上的高清红外模拟摄像机、高清网络摄像机和网络硬盘录像机,以及PLC、工控机,用于对盾构施工的全天候图像监测、数据采集和安全防范,满足对现场监测可视化、报警方式多样化和历史数据可查化的要求。

2.1.2　传输网络

工地和指挥中心之间可采用租用运营商专线传输方式,专线方式带宽、网络安全有保证,网络稳定,通过软件预览的实时图像数据效果清晰,能实现数据稳定可靠的传输。

2.1.3　指挥中心

指挥中心是本系统的核心所在,是执行日常监测、系统管理、应急指挥的场所。内部署盾构机监测管理平台,包括数据库服务模块、管理服务模块、接入服务模块、报警服务模块、流媒体服务模块、存储管理服务模块、Web服务模块等,它们共同形成数据运算处理中心,完成各种数据信息的交互,集管理、交换、处理、存储和转发于一体,是视频监测系统、盾构监测管理系统能稳定、可靠、安全运行的先决条件。支持随时抽查全部视频监测资源、盾构机数据,接收报警信息,查阅各类统计数据,实现管理的高度集中化,做到管控一体集中处理。平台支持分布式部署,当系统容量较大时,能够有效降低局部服务器性能和网络带宽压力,提升系统的稳定性。各级视频资源和盾构机监测数据通过监测管理软件进行解码后,投放到指挥中心大屏上。指挥中心如图2所示。

图2　指挥中心

2.2　系统功能

盾构监测管理系统实现了对盾构施工远程实时监测和全过程分析，并将盾构施工过程中产生的数据存储(一般以具体某个区间线路为一个对象，按照时间、环号为单位，进行数据记录)其主要功能有：传输和存储盾构机施工过程中的各项实时数据，清晰显示盾构区间重大风险源，实时形象显示盾构施工过程中的姿态和纠偏量，实时形象显示工程进度，盾构施工参数的全部数据进行查找、统计和分析。同时可以时间或环号的形式对盾构施工过程中的盾构机参数、材料消耗、导向等参数数据进行统计和查询，并可通过图形或报表的形式查看。具体说明如下：

2.2.1　监测界面

监测界面(图3)包含盾构施工相关的各项参数信息及视频监测实时画面，通过监测界面可快速、准确的了解当前盾构机运行的各相关参数数据及状态。监测数据是风险预警中心通过专网采集到的盾构机控制室的实时操作数据，分类如下：

(1)环境数据：进水压力、进水温度、围岩数据、空气质量等。

(2)施工数据：人员信息、进尺数据等。

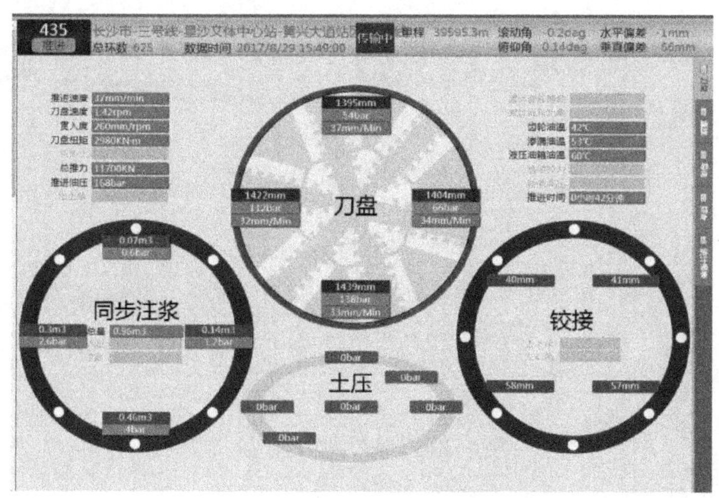

图3　监测界面

(3)状态数据:主机数据、刀盘数据、螺旋机数据、皮带机数据、主驱动数据、润滑密封数据、水系统数据、泵站数据等。

(4)导向数据:TBM 姿态、里程数据等。

(5)视频数据:皮带机视频、拼装机视频、出渣口视频等。

(6)预警数据。

2.2.2 地质风险预警

系统可自动导入盾构机掘进线路地质剖面图(图 4、图 5),并在剖面图中明确标识出地质状况(断层、涌水、岩爆、浅埋等地质风险点)及预设重点风险管控点位。施工过程中系统可以根据施工进度对施工过程中不同的地质风险进行动态提醒,确保盾构机安全掘进。

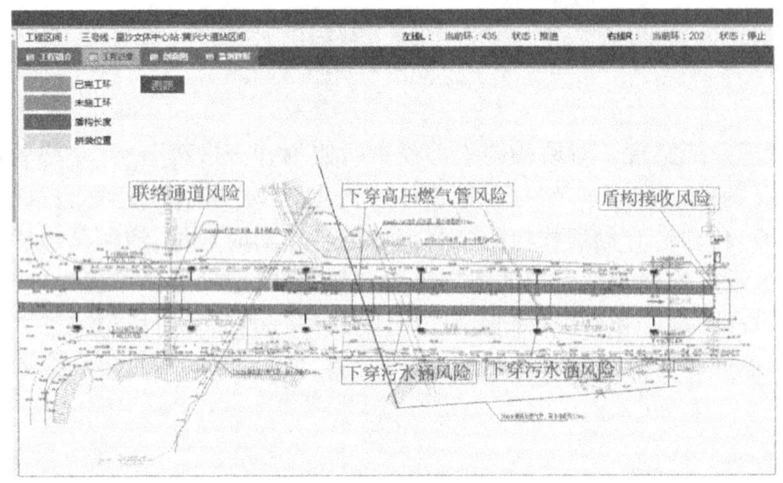

图 4 地质平面图

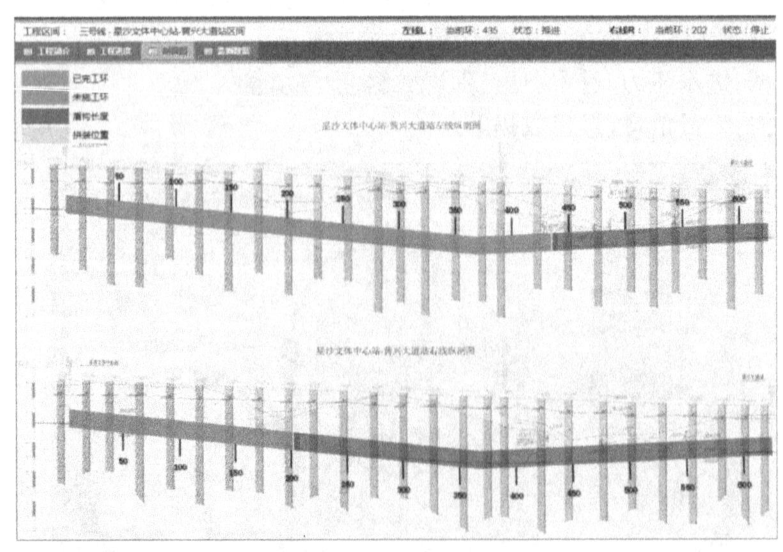

图 5 地质剖面图

2.2.3 偏差姿态预警

系统对掘进时的盾构机的水平、垂直偏差,俯仰、滚动姿态进行预警提示(图 6)。

	东坐标	北坐标	海拔
前	105459.15m	46500.88m	23.89m
中			
后	105463.31m	46500.49m	23.91m

刀盘纠偏量（单位：mm/环）

	环号	水平	垂直
1	111	-8	7
2	110	-2	-7
3	109	-7	-6
4	108	-2	1
5	107	6	-5
6	106	6	-2
7	105	10	7
8	104	8	-2
9	103	-2	1
10	102	-18	-1

	俯仰角	方位角	水平偏角	竖直偏角	水平偏差	垂直偏差
前	0.01deg	-0.22deg			-6mm	-29mm
中					10mm	-29mm
后						

图6　偏差姿态预警

2.2.4　进度提示

系统可对施工进度进行提示，当单日、月累、年累、合计进度与预设进度差值过大时（包括过快或过慢）进行进度提示。同时可以按每环、每天自动统计材料消耗、时间利用率（图7）。分析施工中影响施工进度的环节，优化施工过程，提高施工效率。

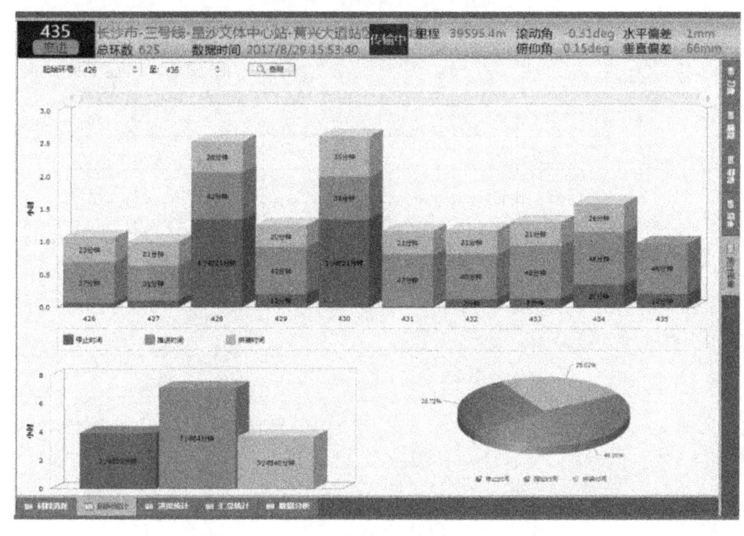

图7　时间利用率

2.2.5　预警

系统可以对盾构机核心部件预警功能，根据相关部件在施工中采集的信息动态分析部件状态及掘进参数的预警信息，以便科学维护、维修盾构机核心部件，在降低施工成本的同时提高风险管控能力。同时，通过对掘进过程的数据进行积累，对掘进参数与当前工况匹配性不一致时进行预警。

3　下一步的展望

从2017年3月以来，目前已经完成长沙地铁监测中心建设，同时完成了3、4、5号线约40个工地的视频接入和盾构机数据接入。监测中心围绕城市轨道交通工程建设盾构远程监测，对提高盾构施工管理的效率和水平,保证地铁建设过程中盾构机处于可控状态,确保地铁工程又好又快的建设提供了支持。

下一步盾构施工监测系统的建设将紧密围绕适合城市轨道交通工程建设规模、风险特点与管理模式,作为城市轨道交通工程建设开展安全风险管理信息化的重要工具,对采集的盾构施工数据进行挖掘分析,建立智能的施工风险预警模型和盾构机核心部件的预警模型,为盾构施工管理提供信息载体与科技手段。

参考文献

[1] 邵济舟. WinCC远程监控系统在盾构机上的应用[J]. 微型机与应用,2012,31(17):87-88,91.

[2] 孟祥波,徐受天,马强. 基于互联网的盾构远程实时监控系统开发[J]. 隧道建设,2012,32(02):256-260.

[3] 杨志勇,江玉生. 盾构施工风险监控系统的研发与应用[J]. 市政技术,2012,30(06):17-19.

[4] 刘峰,龚国芳,石元奇,等. 基于自适应控制技术的盾构掘进监控系统[J]. 工程设计学报,2010,17(04):302-306.

一种新型土体改良聚合物研究及工程应用

侯德超　于伟鹏　宋洪雁

（沈阳鑫山盟建材有限公司　辽宁沈阳　110032）

摘　要：砂质及砂砾、砂卵地层的特点为颗粒粒径较大，内摩擦角较大。针对该地层一般应用泡沫降低颗粒间的内摩擦角，同时利用膨润土来补充细颗粒来进一步起到润滑携渣作用。本文介绍一种新型土体改良聚合物（SP），在水中溶解后可形成粘稠液体，具有增稠性、润滑性、保水性等性能，可替代膨润土应用于砂砾、砂卵地层的土体改良，并结合工程实例对土体改良效果做了深入系统分析。

关键词：SP聚合物；土体改良；膨润土；砂砾砂卵地层

1　SP聚合物的性能及特点

SP聚合物为一种水溶性聚合物，在水中溶解后可形成均匀、连续的胶状体，使水溶液具有一定的黏度，具有增稠性、润滑性、保水性、静电分散性、绿色环保等性能。

该SP聚合物具有溶解速度快的特点，30min溶解率达85%以上，与水形成均匀、连续的水溶液。溶解时与大量的水作用形成胶状体，呈网络结构增加了介质的黏度，起到保水、增稠的作用。另外形成的胶体质地细腻，光滑，流动性极强，能够起到润滑作用。

SP聚合物通常都带有阴性电荷，溶解后可电离出大量带负电荷的离子，这些负电荷离子可吸附在渣土颗粒的表面上，使渣土表面带有相同的电荷，而其余带相反电荷的离子自由扩散到周围液体介质中去，形成一个带电离子的扩散层，这样便产生双电层结构，并具有一定的电位。当渣土颗粒相互接近时，由于带相同电荷的颗粒产生排斥，形成静电斥力，从而使颗粒间保持一定的距离，可防止颗粒团聚而达到分散效果。

2　细颗粒含量极少地层的常见改良方法及相关局限性

细颗粒含量极少地层，多为砂质及砂砾、砂卵地层。该地层特点为颗粒粒径较大，内摩擦角较大。针对该地层特点，传统的改良思路多为以泡沫降低内摩擦角的同时，需利用膨润土来补充颗粒间细颗粒来进一步起到润滑携渣作用。

但在实际使用中，起到润滑携渣作用的膨润土因进货材质很难把控，且即使材质优秀的膨润土需要至少24h发酵才能达到使用要求，结合改良制浆设备占用大量场地、人力等因素，使得很多施工单位不具备条件达到制备要求。同时在北京、沈阳等大粒径砂砾、砂卵地层的盾构施工中，经常遇到推进困难、扭矩过高的问题，纠其本质多为改良中膨润土使用达不到改良要求。便捷的、更有效的土体改良工法及材料在这类地层中有着较为广阔的需求。

SP聚合物在以往盾构施工经验中，多用于为富水地层止水。通过对SP聚合物本质性能的深入研究，发现其有更多的性能可以很好地满足无水砂砾、砂卵地层的施工，并可以代替膨

作者简介：侯德超（1987—），男，工程师，市场服务经理。主要从事盾构施工辅助材料研发及工程应用工作。Email：hdc543@163.com。

润土的作用。

3 SP 聚合物代替膨润土的应用可行性分析

3.1 较好的黏度

SP 聚合物可根据地层对水溶液黏度的要求调整掺量，常用掺量一般为 0.06% ~0.15%，可根据实际出土情况调整，表 1 为常用掺量的黏度数据。

SP 聚合物不同掺量的黏度数据 表 1

掺量	0.06%	0.1%	0.15%	0.2%
黏度	35s	1min3s	1min35s	1min58s

表 2 为实验室应用 SP 聚合物模拟改良实验效果。模拟改良实验采用砂土 600g，加入配置好的 SP 聚合物溶液，机械搅拌 20min。

SP 聚合物的泥浆黏度及对砂土改良效果 表 2

SP 聚合物与清水用量(g)	泥浆黏度(s)	20min 后渣土性状
0.06 + 100	65	砂土松散、分散
0.08 + 100	84	砂土变稠，有一些分散
0.10 + 100	110	砂土像混凝土、石头和颗粒全部包裹在一起
0.12 + 100	140	砂土像混凝土、石头和颗粒全部包裹在一起

综合上面两个实验数据可以得出，SP 聚合物随着配合比提高，拥有非常好的黏度特性，当 SP 聚合物加入到砂石中，这种长链 SP 聚合物分子就会吸附在渣土颗粒的表面形成高分子膜，当这些颗粒相互碰到一起时，SP 聚合物分子就将颗粒黏结在一起形成网络结构，从而将砂土颗粒包裹在一起，可判定拥有不错的携渣能力，以及掌子面松散土体的泥膜建立、土舱压力建立能力。

3.2 更好的润滑性

由于 SP 聚合物水溶液所形成的胶体质地滑润，可降低土体之间的阻力，且由于自身带电作用，使得离子之间由于电荷的排斥作用，在外力作用下会产生相对运动，而非我们简单理解的纯粹粘连作用，因此在改良过程中会起到一定的润滑作用。表 3 采取砂土改良模拟实验，通过测试搅拌机工作电流，判断搅拌机在搅拌渣土时所受到的阻力，间接判断改良材料的润滑作用。

10kg 砂砾土模拟搅拌实验 表 3

改 良 材 料	搅拌 1min 后电流值
泡沫(400L) + 膨润土(300L，1:8 发酵 24h，黏度 30s)	2.8SP
泡沫(400L) + SP 聚合物(300L，0.1% 掺量，混合搅拌 30min，黏度 58s)	2.3SP

由此可以看出，采用 SP 聚合物的综合改良方式与采用传统膨润土的改良方式相比，搅拌电流更低，可以得出 SP 聚合物润滑性更优，能够对盾构推进起到更好的降扭矩作用。

3.3 优秀的亲水性

表 4 为实验室所做关于 SP 聚合物亲水性的实验数据，数据证明在地层水量较大的情况下只需提高掺量，增加混合液的黏度，混合液遇水会吸收地层的水分，吸水后黏度仍可满足改良需求，且在富水地层有更好的吸水、止水效果。

若应用于水大的地层可适当增加黏度,当水溶液进入土体后,可吸收土体中的部分水分,降低高含水地层的渗透率,改善渣土的水土分离现象,更好的维持渣土整体状态及改良效果。

SP聚合物亲水性实验数据 表4

参数	实验1	实验2	实验3	实验4	实验5	实验6
掺量(%)	0.15	实验1结束后掺入30%的水	0.11	实验3结束后掺入30%的水	0.08	实验5结束后掺入30%的水
黏度(s)	87	65	70	48	50	38

3.4 更便捷的使用优势

SP聚合物为一种水溶性聚合物,在水中溶解后可形成均匀、连续的胶状体。溶解速度快,一般混合搅拌半小时以上即可应用于改良。可随用随制,遇见地层突变或场地较小推进速度较快的项目可以现调整制备现使用,不受场地及时间限制,为施工提供便利。可在盾构施工过程中实现推进结束后拼管片期间配置,推进就可以使用。

综上四个特点分析,SP聚合物具有的特性能够满足细颗粒含量极少地层的改良要求,且在黏度及制备方法上的优势远远超过膨润土等传统材料,因此理论上SP聚合物完全可以替代膨润土应用于土体改良。

4 工程应用

4.1 沈阳地铁砂砾、砂卵地层土体改良工程实例

4.1.1 项目基本情况

(1)项目名称:中铁十九局沈阳地铁10号线03标段。

(2)地质情况:以砾砂、圆砾为主,无水,卵石含量较大。

(3)盾构机基本资料:从北方重工集团有限公司新购置设备;面板式刀盘、开口率约45%。

(4)设备参数:扭矩保护设置上限4100kN·m。

4.1.2 使用泡沫剂+膨润土改良及遇到推进困难情况

在盾构机前100环的推进过程中,出现扭矩高、推进速度低等问题,推进数据见表5。

使用泡沫剂+膨润土改良前100环推进数据 表5

项　目	数　值	备　注
推进速度	15~30mm/min	速度较低且不稳定
扭矩	3500~4000kN·m	扭矩始终处于高位,盾构机常跳停
推力	2200t以上	说明刀具贯入能力欠佳,土体流动不畅
出渣状态	时干时稀	土体和易性不佳
渣温	40℃以上	略高,有刀盘小开口部位轻微堵塞的嫌疑
膨润土黏稠度	22s	因场地限制,虽选择快速发酵膨润土,仍无法达到较好实际改良效果。
沉降反应	地表沉降达到预警值	

项目部根据以上推进情况,预感推进数据在逐步恶化,故寻求更理想、更有效的土体改良方式。

4.1.3 使用泡沫剂 + SP 聚合物改良及问题的解决情况

使用具体方式如下：

(1)泡沫剂 3% 原液掺比，15 倍膨胀倍率，刀盘前方注入两路，环用量 40kg。

(2)SP 聚合物溶液 2 路，通过盾构机膨润土挤压泵注入刀盘前方。1‰浓度，黏稠 48s。SP 聚合物环用量 4kg。

该方式土体改良盾构推进数据见表 6。

使用泡沫剂 + SP 聚合物改良后推进数据 表 6

项 目	数 值	备 注
推进速度	40～50mm/min	速度稳定且有较大提高，环推进时间小于 30min
扭矩	2200～2800kN · m	推进扭矩有效下降，很好的解决了扭矩过高问题
推力	约 1800t	推力有效下降
出渣状态	连续流塑状	渣土状态显著改善
渣温	30℃左右	无渣温高现象
SP 聚合物黏度	48s	方便配置的条件下，取得更好的黏稠度及携渣能力
沉降控制	合理值范围内	

4.1.4 案例小结

(1)膨润土材质参差不齐，以及改良膨润土制备对场地、设备、制备时间相关要求，很多施工现场很难满足，进而造成改良不理想以及盾构机推进困难。

(2)泡沫剂 + SP 聚合物的渣土改良添加方式，在砂砾、砂卵地层的土压平衡盾构机施工中适用，并可以取得理想的推进效果。

(3)SP 聚合物使用方便，无需增加现场配置，且 SP 聚合物用量少，单环材料成本更低。

4.2 沈阳地铁 10 号线某标段世界级风险源的改良方式成功应用

4.2.1 项目基本情况

该区间左线线路出站后以 27‰坡度上坡，掘进约 23m 开始上跨 2 号线。左线区间隧道盾构机刀盘外边缘与既有 2 号线右线初期支护结构净距约 131mm，左线区间隧道刀盘外边缘与既有 2 号线左线初期支护结构净距约 580mm，属于特级风险。

区间地层：右线上跨既有 2 号线地层主要为砾砂层，隧道拱顶上方主要为中粗砂、砾砂。

盾构机：石川岛开挖直径 6140mm 土压平衡盾构机。

4.2.2 拟定推进方案

根据风险源特点以及专家论证内容，得出严格控制盾构推进速度，降低刀盘转速，减少刀盘对土体的扰动，控制推进速度，使盾构机缓慢平顺推进的方案，拟定推进参数见表 7。

拟定推进参数 表7

参　数	数　值	备　注
推进速度	60 ~ 80mm/min	密切注意土舱压力及刀盘扭矩变化
土舱压力	0.07 ~ 0.08MPa	根据监测数据进行调整
注浆压力	0.3 ~ 0.4MPa	根据监测数据调整
注浆量	2.2 ~ 2.5m^3/环	
出土量	4 ~ 43m^3/环	
推力	≤2500t	
扭矩	≤3000kNm	
盾构姿态	水平：±0；垂直：+30° ~ +40°	

4.2.3 渣土改良需求分析及方案制订

根据拟定技术参数可以看出，本项目需要低扭矩、具有一定平稳推进速度的快速通过风险源区域的方案，在该细颗粒含量较少的地层中对土体改良，尤其对于携渣能力的要求极高。项目比较了膨润土及 SP 聚合物溶液的黏稠度指标（膨润土理论值为 30 ~ 35s，SP 聚合物溶液理论值可达 60s 以上），决定采用泡沫剂 + SP 聚合物的土体改良添加方式来作为上跨 2 号线风险源区域的土体改良方案。

4.2.4 实际效果

该方案在盾构通过特级风险源区域取得了理想的实际效果。盾构机最终平稳、快速的顺利通过风险源区域，通过期间盾构推进参数见表 8。

实际推进参数 表8

参　数	数　值	备　注
推进速度	65 ~ 75mm/min	具备一定速度且平稳推进
扭矩	2200 ~ 2800kN · m	扭矩很好的实现既定要求
推力	2000t	
出渣状态	塑性平稳连续	渣土状态佳
SP 聚合物黏稠度	52s	1‰浓度，刀盘前方两路注入
泡沫剂配比	3%	刀盘前方两路注入，单环用量 5kg
沉降反应	合理值范围内	顺利通过风险源

4.2.5 案例小结

（1）通过盾构顺利通过特级风险源平稳，可以看出在细颗粒含量极少地层中，SP 聚合物 + 泡沫剂的土体改良方式有着很好的适用性，可以达到较好的土体改良要求。

（2）因在盾构上跨施工期间对于沉降以及避免扰动要求极高，盾构能够顺利通过，说明 SP 聚合物本身对于砂质掌子面的泥膜建立以及土舱要求稳定方面有很好的应用效果。

5 结论

本文介绍 SP 聚合物的原理、特性，以及对细颗粒含量极少地层的应用分析并通过工程案例应用，可以得出以下结论：

(1)SP 聚合物 + 泡沫剂的土体改良方法,可以达到较为理想的土体改良效果。

(2)SP 聚合物拥有更为便利的配置及使用方法,对场地、时间要求极少,同时改良使用量少,单环施工成本更低,并能有效弥补目前传统使用的膨润土材质不均及制备时间长、场地占用大等缺点,使得 SP 聚合物 + 泡沫剂的土体改良方法,在细颗粒含量极少的盾构施工中,值得更为广泛地推广及应用。

浅谈城市地铁盾构区间隧道快速施工组织与应用

王　强[1]　李安清[2]　帅玉兵[1]

（1.北京建工土木工程有限公司　北京　100015；2.北京建工京精大房工程建设监理公司　北京　100044）

摘　要：本文结合北京地铁16号线北安河站—温阳路站区间隧道盾构施工，通过分析工程项目特点，充分利用施工现场平面、立面空间；积极预判各类风险源并采取有利控制措施；优化区间交叉施工和资源配置，加大施工过程投入，成功解决了盾构区间施工工期紧张问题，仅用了105d完成了1917环管片的掘进和拼装，为类似工程提供了参考。

关键词：城市地铁；盾构区间；快速；施工组织

1　引言

目前，城市地铁工程施工因受制于征地拆迁和管线迁改等影响，前期工作消耗时间太长，实际施工工期非常紧张。地铁车站施工进度往往很难压缩，最后压缩的多是区间施工工期，而盾构法施工依靠机械设备开挖土体，隧道结构管片提前预制，可通过优化施工组织，提供技术保障等措施，有效缩短干扰时间，极大提高施工效率。

北京地铁16号线北安河站—温阳路站区间施工，根据始发车站施工时间安排，2016年1月中旬盾构机进场组装调试，2016年6月30日要求双线全部交付铺轨单位，工期极其紧张。项目部结合工程特点，不断优化施工资源配置，通过盾构机施工参数的控制，隧道内水平运输效率调整，地面、地下垂直运输效率调整，以及地面相关设施的优化配置，并在参建各方共同努力、保证安全质量的前提下如期交付铺轨单位，为北京地铁16号线北段年底通车奠定了基础。

2　工程概况

北安河站—温阳路站区间起止里程为BK0+731.853~BK3+023.420，区间长约2291.567m。在里程BK1+265.000处设联络通道一座，在里程BK1+850.000处设联络通道一座并兼做泵房，在里程右BK2+425.000处设明挖区间风道一座并兼做联络通道。区间平面最小半径为2000m，竖向呈“V”字坡，最大坡度为28‰，左右线线间距为15.2~25.52m，区间覆土厚度约为8.98~31.12m。

整段区间采用盾构法施工，两台盾构先后从北安河站始发，在温阳路站接收，具体如图1所示。

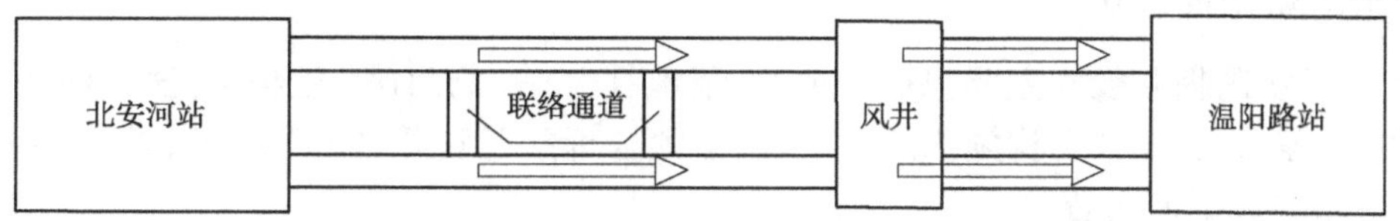

图1　区间盾构工程筹划

作者简介：王强（1983—），男，本科，工程师。主要从事地铁隧道工程施工技术服务与项目管理工作。Email：308788911@qq.com。

本段区间主要环境风险为区间下穿京密引水渠(并侧穿京密引水渠桥桥桩),下穿六环路北清路桥,高里掌桥及高压电塔、平房及高压石油及燃气管线等一级风险源。

区间结构采用平板式单层预制钢筋混凝土管片衬砌,衬砌环外径 6400mm,内径 5800mm,管片宽度 1200mm,管片厚度 300mm。衬砌环由 1 个封顶块(C 型)、2 个邻接块(B 型)、3 个标准块(A 型)组成。衬砌环向分 6 块。

3 工程地质与水文地质情况

本段区间上覆土层厚约 8.79 ~ 31.11m。在里程 BK0 + 731 ~ BK0 + 870 段,区间结构顶板所在土层主要为粉土③层及粉质黏土$③_1$层,结构所在土层主要为粉质黏土③1 层,局部穿越粉土③层夹层,结构持力层基本为卵石⑤层;在里程 BK0 + 870 ~ BK1 + 150 段,区间结构顶板所在土层主要为粉土③层及粉质黏土$③_1$层,结构所在土层主要为粉质黏土$③_1$层及③层,局部穿越中粗砂$⑤_1$夹层及卵石⑤夹层,结构持力层基本为粉质黏土⑥;在里程 BK1 + 150 ~ BK2 + 200 段,区间结构顶板所在土层主要为粉质黏土⑥层,结构所在土层主要为粉质黏土⑥层及粉质黏土④层,局部穿越卵石⑦夹层,结构持力层为卵石⑦层及粉质黏土⑧层;在里程 K2 + 200 ~ BK3 + 023 段,区间结构顶板所在土层主要为粉质黏土④层及粉质黏土$②_1$层,结构所在土层主要为粉质黏土④层及粉质黏土$③_1$层,局部穿越粉土③夹层,结构持力层为粉质黏土④层及粉质黏土⑥层。

在本段区间勘察深度范围内,共观测到四层地下水,主要为上层滞水(一)、潜水(二)、层间水(三)、层间水(四)。

4 工程特点分析

结合该标段工期、地层条件,本工程具有如下特点:

(1)区间隧道长,工期紧张,从盾构机进场组装调试至隧道交付铺轨约 160d 时间,掘进完成约 2.3km 的隧道,工期压力极大。

(2)区间下穿众多一、二级风险源,其中包括北京市六环路、京密引水渠、4MPa 高压燃气、10MPa 高压石油管道以及 220kV 高压供电铁塔等关系民生的重要基础设施,对施工安全质量控制,地表沉降控制要求高。

(3)区间交叉施工,盾构施工的同时还要配合区间联络通道施工,区间风井施工,相互干扰较大,要求合理组织施工,提高工效,满足工期质量要求。

5 相关保障措施

5.1 合理配置地面临设

盾构施工场区临时设施主要包括集土池、浆液拌合站、龙门吊、充电池、管片堆场、油脂泡沫、水管电缆等,为了保证盾构施工的连续性,必须合理配置资源,保证生产需求。

(1)地面临设平面布置

本区间盾构施工场区位于北安河站东半侧,施工厂区狭长,结合盾构施工工期紧张特点,在车站顶板设置两个集土池(约 60 环的土方量),集土池分布于预留出土口的东西两侧,并将两个出土口东西错位约 25m,方便垂直运输互不干扰且可以互补,具体平面布置如图 2 所示。

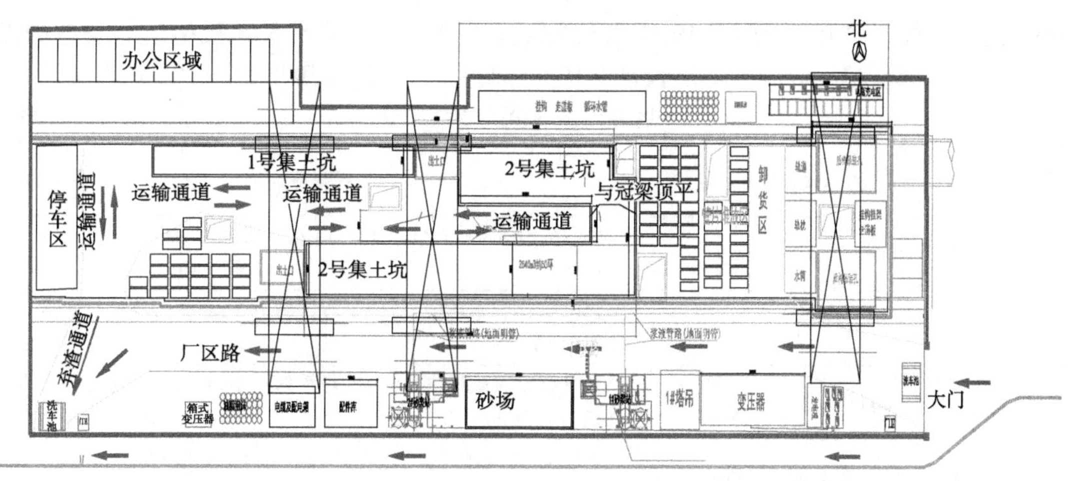

图2　地面临设平面布置

(2)龙门吊配置

地面设置50t龙门吊两台,负责土方垂直吊运,16t龙门吊一台(负责管片吊运及零星材料吊运);龙门吊水平移动范围结合车站出土口(出土口前后错开25m以上)布置,以便两台龙门吊可以同时吊运土方,且一台龙门吊发生故障另一台龙门吊可以随时补充作业,避免由于龙门吊故障导致的停产,保证连续施工。

(3)砂浆拌合设备

在北安河站南侧设置两座浆液拌合站,以保证浆液拌合供应及时,并在出土口位置设置两台砂浆储存搅拌罐,拌合站出来的浆液通过管路输送至中板位置的储存搅拌罐内,保证浆液随时可以供应施工需求。

(4)地下水平运输设备设施配置

长距离隧道施工中,水平运输效率的高低直接影响工程进度,本工程中区间隧道长度约2.3km,每条隧道配置电动车4台,每台整列编组(一列车完成一整环)。在车站站台及隧道内合理布置道岔(约800m左右布置一道),时刻保证盾构机后方道岔有电动车等候,在管片拼装的同时下一环施工所需要的物资设备准备到位,拼装完成后立即进行掘进施工,有效缩短了等待时间。

道岔铺设示意图如图3所示。

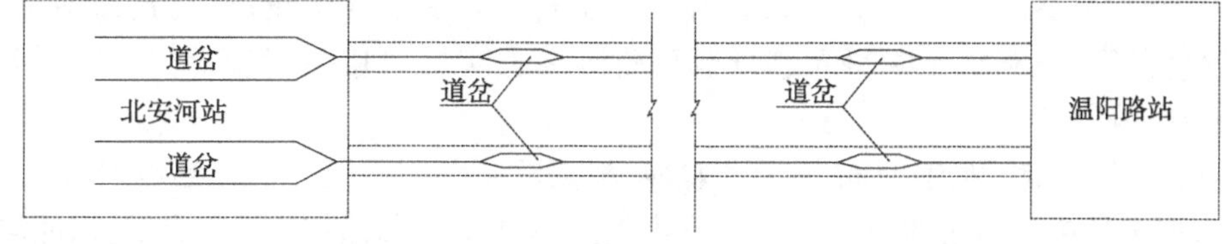

图3　道岔铺设示意图

(5)其他

盾构施工需要的管片存放于龙门吊吊装范围内,且在各井口位置均有存放,方便管片吊运协调。电瓶充电区、油脂泡沫、水管电缆、轨枕轨道等配套物资均布置在龙门吊吊运范围内,避免场内二次吊运,提高施工效率。

5.2　区间风险源施工控制措施

北安河站—温阳路站区间下穿众多一、二级风险源,其中包括北京市六环路、京密引水渠、

4MPa 高压燃气、10MPa 高压石油管道以及 220kV 高压供电铁塔等关系民生的重要基础设施，对施工安全质量控制，地表沉降控制要求高。区间一、二级风险源见表 1。

区间一、二级风险源统计表 表 1

序号	风险工程名称	风险工程基本状况	风险分级
1	下穿电缆井	4m×2.5m，高约 2.5m，埋深约 1m，右线区间结构与电缆井净距约 7m	二级
2	下穿 DN500 燃气管	该管线管顶标高约 51.10m，埋深约 1.50m，区间结构与管线净距约 16.29m	二级
3	下穿 DN600 中水管	该管线管顶标高约 51.04m，埋深约 1.49m，区间结构与管线净距约 16.16m	二级
4	垂直下穿京密引水渠及侧穿北清路跨京密引水渠桥	右线区间在穿越该桥桥桩及河渠处，结构与渠底净距约 14.63m，区间结构顶位于边桩桩底附近，区间结构距桩距离约 7.33～8.04m，区间结构底距中桩桩底约 4.92m	一级
5	下穿北清路桥	该处右线区间结构埋深约 25.00m，结构底距桩底约 0.16m，区间与桥桩最小净距约 2.23m	一级
6	垂直下穿 4.0MPa 高压燃气管	与区间结构竖向净距约为 6.61m	一级
7	下穿 10.0MPa 液化石油气管道	与区间结构竖向净距约为 12.13m	一级
8	垂直下穿 D1000 雨水管	埋深约 2.88m，区间结构与管线净距约 26.58m	二级
9	下穿西六环路匝道路堤	区间结构埋深约 28.46m，该段西六环匝道路基较地面高约 2m	二级
10	垂直下穿高里掌北桥桥桩	右线区间结构埋深约 25.16m，结构底距桩底约 3.33m，区间与桥桩最小净距约 4.16m	一级
11	下穿西六环路匝道路堤	区间结构埋深约 26.15m，该段西六环匝道路基较地面高约 3m	二级
12	垂直下穿高压电塔	区间结构埋深约 22.8m，位于高压电塔正下方	一级
13	下穿北京大道农业有限公司地面平房	区间结构与该平房基底竖向净距约为 12.94m	一级
14	平行下穿北清路排水边沟	区间结构与渠底净距约为 9～25m	二级

区间盾构施工穿越风险源主要控制措施有：

（1）盾构下穿各风险源前，与产权部门沟通，了解风险源的相关情况，考虑多方面的因素，制订安全紧急预案，下穿施工时每天进行地面监测并及时报送相关管理部门，如有异常情况，立即与产权部门联系。

（2）盾构穿越各风险源前 100m 做为试验段，根据试验段盾构机的掘进参数以及地表沉降情况，适当调整掘进参数，严格控制掘进土压力和出土量，调整并确保盾构机性能良好，保证匀速通过。

（3）优化监测点布置，对地面监测点及各风险源监测点根据相互位置关系及风险源本身结构特点，在设计要求基础上进行加密布置，盾构下穿掘进时，加强地面及风险源监测频率，重点监测范围为盾构机头前 10m 和后 20m。监测结果在监测完成后 10min 内上报主管工程师及相关部门。

（4）在穿越风险源过程中，项目部将安排管理人员现场值班，尤其是加强盾构机司机和地面监测的技术力量。盾构穿越过程中严格按照试验段总结参数施工，加强沉降监测，并根据监测结果及时调整盾构掘进参数，确保安全。

(5)盾尾应及时注浆,充填管片与土体间的空隙,严格控制注浆量和注浆压力。同步注浆主要采用注浆量来控制,每环实际注浆量不低于理论注浆量150%,注浆压力为1.5~3.0bar。

二次补浆采用的是单液浆,在穿越风险区时为每环一注,二次补浆主要采用注浆压力来控制,压力不超过0.3MPa。

(6)进入下穿风险源施工阶段,为了保证安全,确保每一环管片都要在预留的管片注浆孔上进行深孔注浆。以控制注浆压力为主,如图4所示。

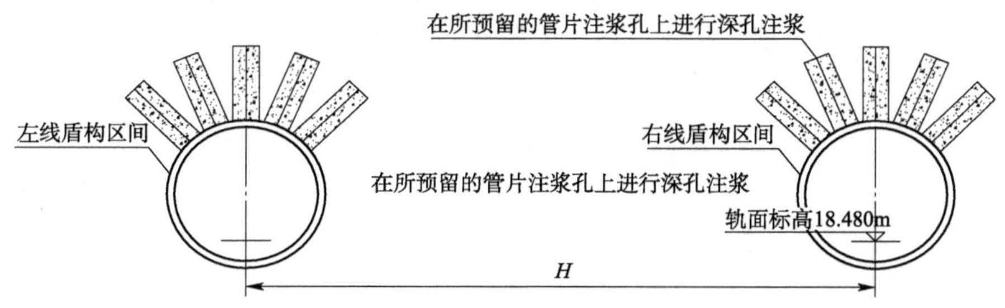

图4 预留注浆孔深孔注浆

5.3 区间交叉施工协调

北安河站—温阳路站区间隧道施工的同时还要配合区间联络通道、区间风井施工,相互干扰较大,要求合理组织施工,提高工效,采取了以下措施。

(1)区间1号联络通道采用暗挖施工,对联络通道开挖期间的管片支撑系统进行优化,满足盾构施工水平运输的通行需求,同时兼顾联络通道开挖土方运输,提高了施工效率。

(2)区间2号联络通道兼泵房,采用地面垂直开挖,倒挂井壁法施工,通过地面垂直竖井施工联络通道内部结构,避免了相互干扰,提高工效。

(3)区间风井深达40m,风井负3层施工完成后即进行盾构机穿越风井施工,在区间风井内部浇筑混凝土过站承台,盾构机空推拼装管片的模式通过,然后以管片为支持搭设满堂红脚手架继续施工风井,减少了相互干扰,有效提高工效。

6 实施效果

地铁16号线北安河站—温阳路站区间盾构机于2016年01月13日进场组装、调试,2016年6月17日区间隧道贯通。2016年6月30日,区间土建工程顺利交付铺轨标段,为地铁16号线北段年底通车奠定了基础。

整个隧道历时工期约160d(2016年1月—2016年6月)。具体工序时间见表2(以单台盾构施工时间为例)。

单台盾构机施工时间表 表2

序号	工 序 名 称	工期(d)
1	盾构机吊装下井及组装调试	20
2	北安河站区间风井(约1392m)	65
3	盾构过区间风井	10
4	温阳路站区间风井(约900m)	40
5	盾构解体吊出	5
6	隧道清理验收	10
合计		150

北安河站—温阳路站区间风险源众多，通过积极协调内外关系，细化设计、施工方案，抓好过程控制，下穿风险源段沉降6mm，确保了各风险源的安全。

7 结语

综上所述，城市地铁盾构区间隧道施工，通过充分利用施工现场平面、立面空间；积极预判各类风险源并采取有利控制措施；优化区间交叉施工和资源配置，加大施工过程投入，是可以解决盾构区间施工工期紧张问题的，为类似工程提供了参考。

豫机城际铁路大直径泥水平衡盾构机吊装技术

杜 勇

(北京华晨益吊装运输有限公司 北京 102611)

摘 要:随着我国城市群规划建设的发展,城际轨道交通将迎来发展的高潮,越来越多的大直径盾构机也将投入到城际轨道交通建设中。本文详细介绍郑州新郑国际机场至郑州南站的豫机城际铁路隧道,开挖直径达12.81m的大直径泥水平衡盾构机吊装技术。

关键词:大直径;泥水平衡盾构;吊装

1 引言

目前,国家已初步规划出20个城市群,重点建设5大国家级城市群,包括长江三角洲城市群、珠江三角洲城市群、京津冀城市群、长江中游城市群和成渝城市群。城际铁路已成为连接城市群,提升城市群竞争力的首选。未来5~10年,我国将迎来城市群城际轨道交通的发展高潮,这意味着越来越多的大直径盾构机将投入到轨道交通的建设中。

区别于城市内轨道交通所用的6m左右盾构机,城际铁路盾构机的直径大多为8.8~12m,最大的达到15m。12m盾构机的单件最大重量达到了300t,远远超过6m直径盾构机100t重量的数据,下面以郑州新郑机场至郑州南站城际铁路隧道盾构机吊装为例,详细介绍大直径盾构机吊装技术。

2 工程概况

本隧道采用一台中国铁建重工集团有限公司生产的国产首台铁路双线大直径泥水平衡盾构机(DZ268)进行隧道掘进施工,整机总长约78m,主要由刀盘、前盾、中盾、盾尾、后配套等几部分组成。盾构机及其后配套设备总重约2200t,最大单件刀盘质量约为297t,最大吊装下井深度约28m,吊装竖井尺寸17000mm×19000mm。

由于盾构机最大单件质量较大,吊装下井深度较深,其组装调试情况直接影响本工程的进展,为保证组装调试工程顺利实施,吊装使用QUY450型450t履带吊车(主吊车)和SCC2500C型250t履带吊车。

盾构机及后配套设备数据见表1。

盾构机及其后配套设备数据一览表 表1

序号	名 称	尺寸(长×宽×高)(mm)	质量(t)	备 注
1	刀盘			
2	刀盘中间块	6000×6000×4480	121	含回转接头

作者简介:杜勇(1975—),男,大学本科,工程师。目前主要从事大型设备吊装工作。Email:371131788@qq.com。

续上表

序号	名　　称	尺寸(长×宽×高)(mm)	质量(t)	备　　注
3	刀盘边块1	7300×3500×1625	37	共2块
4	刀盘边块2	10380×4000×1695	51	共2块
5	盾体			
6	前中盾分块1	7390×4701×3593	86	含人舱
7	前中盾分块2	7390×4701×3593	78	
8	前中盾分块3	7390×4701×3593	82	含物料舱
9	前中盾分块4	7390×4701×3593	78	
10	前中盾分块5	7390×6152×3753	119	含搅拌器
11	前中盾分块6	7390×4701×3593	78	
12	前中盾分块7	7390×4701×3593	77	
13	前中盾分块8	7390×4701×3593	86	含人舱
14	人舱	3200×1700×1700	8.5	包含在盾体里
15	物料舱	2635×1198×1348	4.85	包含在盾体里
16	H架	7868×5850×1140	43.8	
17	盾尾分块1	9630×4920×2283	37	
18	盾尾分块2	8732×4920×1830	32	
19	盾尾分块3	8944×4920×1930	33.5	
20	盾尾分块4	8732×4920×1830	32	
21	主驱动	6330×6330×3787	162.4	
22	管片拼装机			
23	托梁	8000×4420×4000	60	
24	回转机构	7253×6250×3035	48	
25	真空吸盘	6300×2000×1884	9	
26	配重	4400×800×1080	17	
27	1号拖车	19050×9600×4050	140	不含设备
28	1号拖车右框架	18400×2820×4050	76	含砂浆罐、行走包胶轮、行走机构
29	1号拖车中间框架	18850×4420×955	23	含管片吊机、
30	1号拖车左框架	18400×2820×4050	80	含泥浆泵、采石箱、行走包胶轮、行走机构
31	1号拖车下部连接件	5000×3100×400	11	含泥浆泵(P0.1)
32	2号拖车	18980×9600×4050	130	不含设备
33	2号拖车左框架	17940×2820×4050	71	含行走机构、液压泵站、卸载器

续上表

序号	名　　称	尺寸(长×宽×高)(mm)	质量(t)	备　　注
34	2号拖车中间框架	18980×4420×520	40	含管片吊机
35	2号拖车右框架	17940×2820×4050	65	含行走机构、二次注浆、卸载器
36	3号拖车	11550×6100×3000	185	不含设备
37	3号拖车左框架	18700×3655×4050	65	含行走机构、污水系统、电缆吊机
38	3号拖车中间框架	18220×4420×300	10	
39	3号拖车右框架	18700×3655×4050	70	含行走机构、管路延伸、收纳箱
40	3号拖车尾部框架	6625×9500×4800	25	
41	3号拖车上部框架	1700×9500×1240	20	

3　施工现场准备

(1)现场必须清理出足够的组装场地、吊车行走和作业空间,吊车行走和作业区间的场地必须平整(要求吊装区域地面平整度≤5‰)、坚实,地面承载力>31t/m²,由于主吊车作业区域为竖井施工开挖的肥槽面,且低于地面约8m,回填时需分层夯实,密实度达到0.95以上;肥槽开挖面以上8m只有主结构墙,虽然有两道环梁,但盾构吊装时吊装孔的加固斜撑已经拆除,回填前请提前加固主结构墙,满足吊车行走和吊装需要;吊装现场场地地面处理及布置需充分考虑履带吊车组装、刀盘存放、组焊、刀盘翻身、主驱动翻身装车、盾尾翻身装车的需求;履带吊车作业区域要求场地平整结实,地面换填后进行硬化处理,履带吊车组装要求地面承载力不少于20t/m²、工作区域要求地面承载力不小于31t/m²(地基打桩后浇灌500mm厚的钢筋混凝土)。

(2)盾构机其他部件卸车时尽量减少对刀盘焊接过程的影响。

(3)主吊车的停放位置以满足起吊刀盘和各盾体块为主。

(4)盾构机进场前,堆放及组装场地应提前做好风、水、电的配备。

(5)盾构机进场前,装机所需的小型设备、工具、材料准备齐全。

4　吊装机械

根据盾构机参数,采用徐工QUY450型450t履带吊车主吊、SCC2500C型250t履带吊车配合翻身。

(1)450t履带:长11.55m,宽9.7m,超起桅杆30m,超起配重250t,超起半径16m。吊钩选用450t钩(吊钩自重9.654t)穿12轮24股绳;用42m主臂吊装。

(2)SCC2500C型250t履带吊车,主臂工况,全配重109.2t,主吊钩选用200t钩(吊钩自重3.1t)穿五轮十一根绳;用22.5m主臂吊装。

盾构机及其后配套设备吊装负荷见表2。

<table>
<caption>盾构机及其后配套设备吊装负荷一览表　表2</caption>
<tr><th>序号</th><th colspan="2">设备名称</th><th>质量
(t)</th><th>吊车
型号</th><th>吊装半径
(m)</th><th>额定吊装负荷
(t)</th><th>吊车负荷率
(%)</th><th>备注</th></tr>
<tr><td>1</td><td colspan="2">前中盾下部</td><td>119 + 13</td><td>QUY450</td><td>16</td><td>304</td><td>43.42</td><td rowspan="21">450t 吊车站位于竖井端头，盾构部件摆放于肥槽开挖面外，起吊时吊车移到摆放位置附近起吊；吊装较轻部件时吊钩穿绕较少倍率，以提高作业效率。吊装刀盘时穿绕12轮24股绳</td></tr>
<tr><td>2</td><td colspan="2">前中盾下左、右部</td><td>78 + 13</td><td>QUY450</td><td>16.5</td><td>295.5</td><td>30.8</td></tr>
<tr><td>3</td><td colspan="2">主驱动</td><td>162.4 + 13</td><td>QUY450</td><td>14</td><td>348</td><td>50.4</td></tr>
<tr><td rowspan="2">4</td><td colspan="2" rowspan="2">前中盾中左、右部</td><td>82 + 13</td><td>QUY450</td><td>17.3</td><td>278.5</td><td>34.1</td></tr>
<tr><td>77 + 13</td><td>QUY450</td><td>17.3</td><td>278.5</td><td>32.32</td></tr>
<tr><td rowspan="2">5</td><td colspan="2" rowspan="2">前中盾上左、右部</td><td>78 + 13</td><td>QUY450</td><td>16.5</td><td>295.5</td><td>30.8</td></tr>
<tr><td>86 + 13</td><td>QUY450</td><td>16.5</td><td>295.5</td><td>33.5</td></tr>
<tr><td>6</td><td colspan="2">前盾上部</td><td>86 + 13</td><td>QUY450</td><td>16</td><td>304</td><td>33.5</td></tr>
<tr><td rowspan="2">7</td><td colspan="2" rowspan="2">刀盘</td><td>297 + 13</td><td>QUY450</td><td>12</td><td>405</td><td>76.54</td></tr>
<tr><td>297/2 + 6</td><td>QUY250</td><td>6</td><td>222.3</td><td>69.5</td></tr>
<tr><td>8</td><td colspan="2">盾尾下部</td><td>37 + 13</td><td>QUY450</td><td>23.6</td><td>200</td><td>25</td></tr>
<tr><td>9</td><td colspan="2">管片拼装机</td><td>134 + 13</td><td>QUY450</td><td>18</td><td>270</td><td>54.5</td></tr>
<tr><td>10</td><td colspan="2">盾尾左部</td><td>32 + 13</td><td>QUY450</td><td>24.6</td><td>195.75</td><td>22.99</td></tr>
<tr><td>11</td><td colspan="2">盾尾右部</td><td>32 + 13</td><td>QUY450</td><td>24.6</td><td>195.75</td><td>22.99</td></tr>
<tr><td>12</td><td colspan="2">盾尾上部</td><td>33.5 + 13</td><td>QUY450</td><td>23.6</td><td>204.5</td><td>22.74</td></tr>
<tr><td>13</td><td colspan="2">台车1 中间框架</td><td>23 + 13</td><td>QUY450</td><td>17.5</td><td>278.5</td><td>12.93</td></tr>
<tr><td>14</td><td colspan="2">台车1 左、右框架</td><td>76、80 + 13</td><td>QUY450</td><td>19.18</td><td>249</td><td>37.35</td></tr>
<tr><td>15</td><td colspan="2">台车2 中间框架</td><td>40 + 13</td><td>QUY450</td><td>17.5</td><td>278.5</td><td>19.03</td></tr>
<tr><td>16</td><td colspan="2">台车2 左、右框架</td><td>71 + 13、65</td><td>QUY450</td><td>19.18</td><td>249</td><td>33.735</td></tr>
<tr><td rowspan="4">17</td><td rowspan="4">台车3</td><td>左、右部</td><td>65、70 + 13</td><td>QUY450</td><td>19.18</td><td>249</td><td>33.333</td></tr>
<tr><td>中间框架</td><td>10 + 13</td><td>QUY450</td><td>17.5</td><td>278.5</td><td>8.26</td></tr>
<tr><td>尾部框架</td><td>25 + 13</td><td>QUY450</td><td>26</td><td>183</td><td>20.77</td><td rowspan="2"></td></tr>
<tr><td>上部框架</td><td>20 + 13</td><td>QUY450</td><td>19.18</td><td>249</td><td>13.25</td></tr>
</table>

5 盾构机吊装施工

5.1 安装始发托架

始发托架采用钢结构形式，主要承受盾构机的重力及推进时的摩擦力，当盾构在组装时还需要对盾体进行前后移动，结构设计考虑盾构前后移动的便捷和结构受力的可靠。由于盾构机重达2000t左右，始发托架必须具有足够的强度、刚度和稳定性。

始发托架安装在盾构井底板上，安装时依据盾构机设计姿态对始发托架进行精确定位，施工盾构井底板时，按照测量放样的基线在盾构井设置预埋件。在盾构安装过程中托架采用"井"字形水平支撑进行加固，安装位置按照测量放样的基线，吊入井下就位焊接，并设置支撑加固，准确定位后将始发托架与底板预埋钢板焊接连接；始发托架底部要垫平稳，避免扭曲；盾构机盾体组装时，在始发托架的轨道上涂抹润滑油以减小盾构机始发推进时的阻力；始发掘进时，托架两侧加方木楔块和钢丝绳固定负环管片。

隧道始发段盾构机以3‰的坡度始发，当刀盘接近洞门时，始发托架与洞门钢环之间的空隙必须延伸焊接临时导轨，保证盾构机顺利进入洞门。考虑到盾构在始发掘进过程中，由于盾构机自身的重心靠前，始发掘进时容易产生向下的“磕头”现象，故盾构机托架安装时只需使盾构机轴线与隧道设计轴线保持平行，盾构中线可比设计轴线适当抬高 30～50mm。

5.2 组装原则及进场卸车

(1) 根据施工现场场地情况，盾构组装过程分为四步进行：

第一步：盾构机刀盘进场并卸车，在指定位置对中调平，组装焊接。

第二步：后配套台车进场并在地面组装，安装下层设备并按顺序下井就位。

第三步：盾构机主机进场并下井、组装、焊接。

第四步：拖车与主机对接，管线连接及附件安装。

(2) 对于盾构机后配套系统的卸车，采用 250t 履带吊车进行。

(3) 对于盾体部件的卸车，主要采用 250t 履带吊车和 450t 履带吊车配合进行，卸车时即根据设备附件组装的情况进行翻身，刀盘卸车后，在地面进行组装焊接。为了减少倒运和节省占用施工场地空间，参考场地布置进行分区域放置，留出吊车工作和行走空间。

5.3 盾构组装顺序

组装顺序严格按照盾构机组装次序依次进行，盾构机主要部件吊装顺序如下：

(1) 在地面先后进行后配套系统(3 号台车、2 号台车和 1 号台车)的组装并依次分左、右、中三块下井，按先后顺序把台车 3→2→1 吊装下井并用电机车拖运到明挖段。

(2) 刀盘在地面进行组装焊接。

(3) 吊装前盾的下部。

(4) 吊装中盾下部，并与前盾连接(定位焊定位)。

(5) 吊装主驱动。

(6) 吊装前盾上部并与前盾下部连接。

(7) 吊装盾尾下部。

(8) 吊装管片拼装机及行走梁。

(9) 吊装中盾上部并与中盾下部连接。

(10) 吊装刀盘并与主驱动相连接。

(11) 吊装尾盾左部、右部和上部，将尾盾拼装成环并与前盾连接。

(12) 吊装反力架。

(13) 在进行以上盾构机部件组装的同时进行管线连接。

组装过程中，盾构刀盘、主驱动及中盾的吊装必须采用 450t 履带吊车进行吊装，盾构主机进场时按下井顺序摆放。

5.4 后配套系统的组装

在地面先后进行后配套系统(3 号拖车、2 号拖车和 1 号拖车)的组装并进行管线安装。因盾构始发井尺寸 16000mm × 17300mm 比较小，后配套拖车需要分段下井，且需在始发井内完成拖车组装，并由电机车或卷扬机拖运到暗挖段。

5.5 盾构机主机组装

5.5.1 盾构机主机组装准备

(1) 盾构机主机钢结构：主要是盾构机刀盘、主驱动、管片拼装机、盾体(前中盾、盾尾)及楼梯等附属设备。

(2)吊耳加工:主要是用于刀盘、前中盾、主驱动、盾尾等设备的吊装。

(3)各个部位连接螺栓数量、等级、型号。

(4)翻转架的组装:用于主驱动吊装。

(5)盾构机区域电气安装:为刀盘焊接、前中盾组装、拼装机组装、主驱动组装等提供方便。

(6)加热器保温箱:用于刀盘焊接加热和焊条加热保温。

(7)盾体组装区域安装空压机:用于盾体连接螺栓紧固。

(8)吊机设备:用于盾体设备的吊装。吊具卸扣(5t、10t、30t、55t、85t、120t、200t)、吊耳、钢丝绳、吊带手拉葫芦等。

5.5.2 主机的主要组成部分

盾构机主机的主要组成部分包括前中盾、主轴承、管片拼装器、刀盘以及盾尾。

盾构机前中盾部分主要由分块①、分块②、分块③、分块④、分块⑤、分块⑥、分块⑦、分块⑧组成。大致分布如图1所示。

5.5.3 前中盾分块⑤组装

前中盾分块⑤约120t(含搅拌器),分块⑤的下井组装步骤如图2所示。

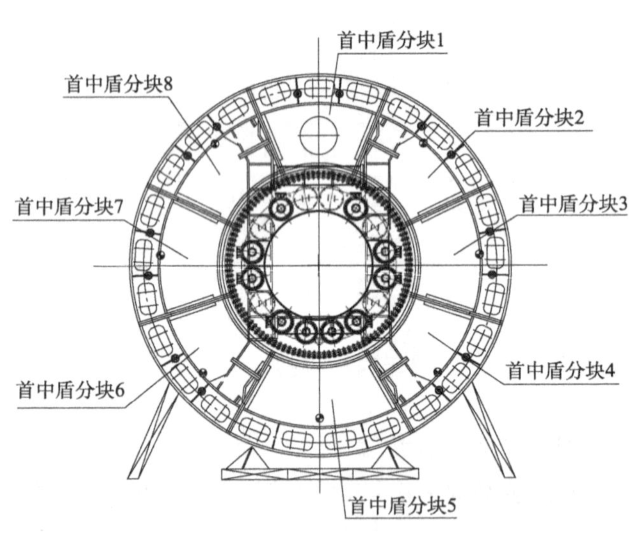

图1 前中盾分块示意图

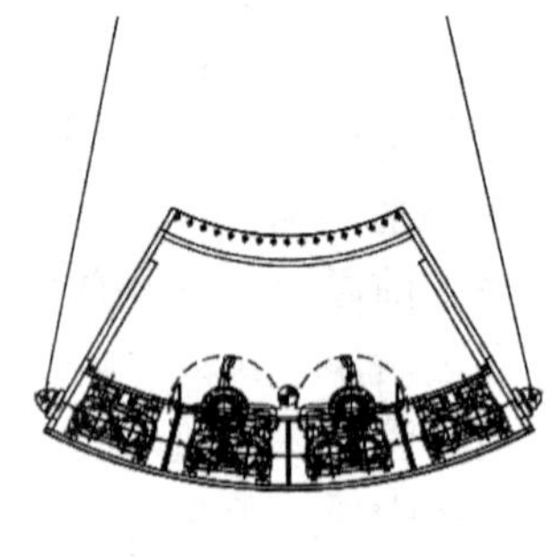
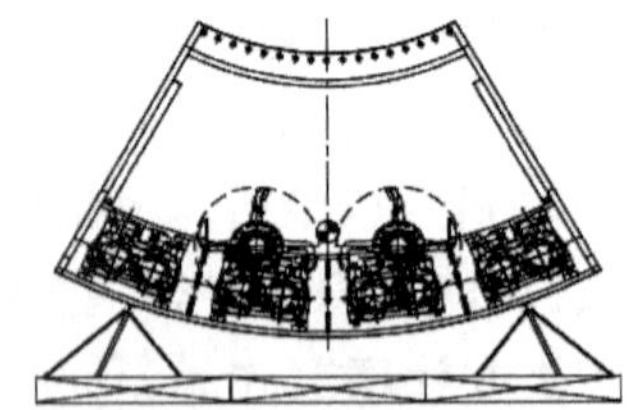

图2 前中盾分块⑤吊装示意图

当分块⑤放到始发基座以后,应有现场测量人员协助组装人员调整盾体姿态,使分块⑤的左右方向和隧道轴线方向一致(即前中盾分块接缝与中间始发基座两侧边线基本保持平行)。位置调整完毕后将盾体与基座焊接,(防止安装分块⑥、分块④时左右转动),焊接完成后拆除吊耳。

由于前盾与中盾存在着10mm的锥度,为保证前中盾尾部与盾尾连接圆面与导轨相垂直,从而保证盾尾的顺利安装,因此,在前中盾分块完全下放前,应在前中盾尾部与导轨接触位置焊接厚5mm,200mm×200mm的小钢板,该钢板焊于盾体之上,随盾体前后移动,在焊接位置进入始发止水环之前予以割除。

5.5.4 前中盾分块⑥和前中盾分块④组装

前中盾分块⑥和前中盾分块④各约95t,将前中盾分块⑥采用四个吊点吊至宽阔地带,在另一侧换成单侧三点吊装。由测量班人员协助使其与下部相连接的盾体表面大致相平,然后缓慢下井,与下部的四块盾体对接,大致接触后使用手拉葫芦调整分块⑥位置使两块盾体面完全接触后,最后安装螺栓并用气动扳手紧固。盾体安装完成后用事先准备好的4根20号工字钢,分别在分块⑥外侧紧贴始发托架焊两块,在分块④外侧各焊两块,这样使盾体在以后的安装过程中不至于左右转动。

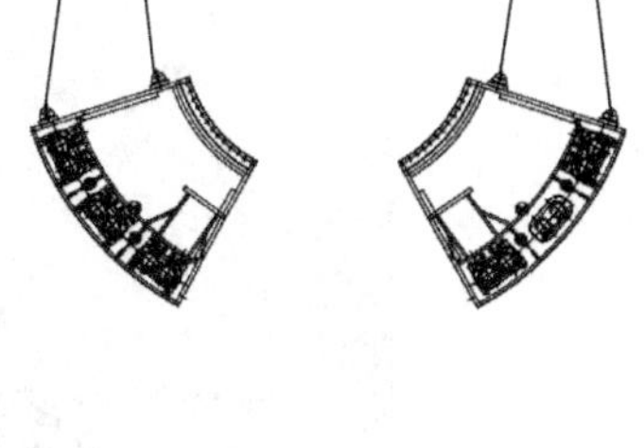

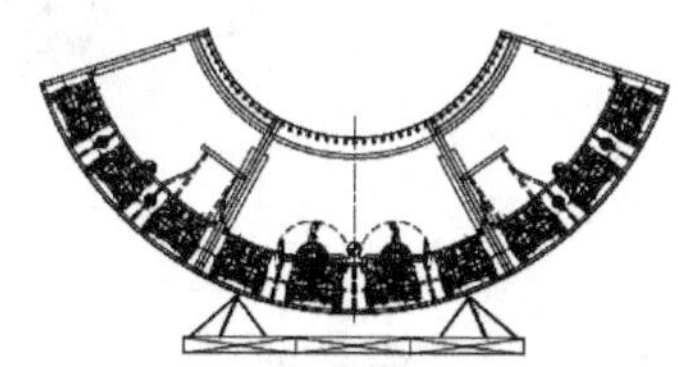

图3 前中盾分块④、⑥吊装

前中盾分块⑥与前中盾分块④安装方法相同,如图3所示。

5.5.5 主驱动安装

主驱动质量为170t(含电机、减速器)。

(1)断开安装翻转架及吊装架位置的各种管线,并将各种软管固定,不妨碍起吊位置;拆除该位置主轴承固定螺栓保护套。

(2)安装翻转架及吊装架:安装翻转架位置板块利用主驱动原有的螺栓孔及定位销孔定位固定,自下而上进行安装。首先确定下部预留孔与主驱动现有螺栓基本对位;然后上提板块,利用双头螺栓将上部板块与主驱动现有螺孔对中;继续上提板块,使下部定位销对中;利用专用长双头螺栓及刀盘与主轴承连接螺栓孔将板块与主轴承完全紧固;最后利用连接钢板将两个板块连接成整体。

吊装架安装位置与翻转架相对,位于主驱动的正上段,并将吊装架平衡吊起,将吊装架卡入主驱动轴承。首先使用一端对中,穿入一根螺栓后,通过旋转使其他螺栓孔全部对齐,穿入双头螺栓用气动扳手紧固。

(3)主驱动的翻转:首先将主驱动移动到吊机的吊装区域,在翻转区域必须铺设40mm厚的钢板,翻转在钢板上完成。首先使用4根ϕ60mm,14m无接头绳圈和55t卸扣吊装主驱动放置在钢板上,一端使用翻转架着陆,另一端放置到30mm×30mm的方木,完全着陆后拆除钢丝绳,更换为2根ϕ60mm,8m无接头绳圈和85t卸扣安装在吊装架上。提升吊机,使下部两吊点钢丝绳均匀持力,在轴承中下部适当位置栓两根尼龙绳,缓慢提升吊钩,在提升的同时移动行车向前,确保翻转架不滑动,直至提升至垂直为止,将下部翻转架拆除。利用长尼龙绳在地面上人工将主轴承旋转至安装方位,使主驱动与盾构机轴线保持平行。

(4)主驱动吊装:主驱动下井之前拆除下端翻转架,然后提升吊具,使得主驱动下井时不碰触地面结构物为宜,缓慢移动主驱动至井口下放位置,确认主驱动位于设计轴线位置,缓慢下降,此时两根钢丝绳应全部拉紧,确保主驱动不发生转动;继续下放至安装高度,然后缓慢靠向连接位置,穿螺栓定位,所有连接螺栓全部安装后利用气动扳手进行预紧,预紧完毕后拆除起吊架并移除吊具。为保证轴承与盾体间紧密连接,将下部部分螺栓完全紧固。(吊装主驱动前必须使用两个同样长度的钢丝绳,防止与盾体连接面穿螺栓时不便。)

主驱动翻转示意如图4所示,吊装如图5所示。

图4　主驱动翻转示意图

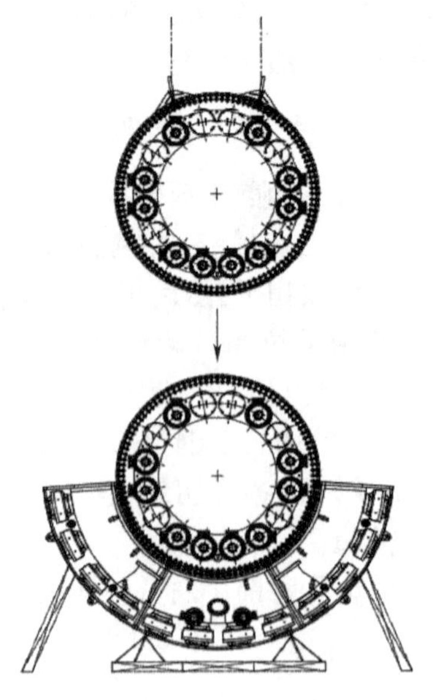

图5　主驱动吊装示意图

5.5.6　H 架安装

H 架约 45t，H 架安装之前对 H 架与盾体连接面进行清理除锈、清除油污，并将 H 架的连接螺栓全部用气动扳手全部紧固，紧固完成后使用龙门吊的一个主吊钩使用两点吊 H 架上端立柱两个吊耳，在另一端放置方木，龙门吊缓慢提升的同时移动行走向前，吊钩始终与地面垂直，直到竖直吊起脱离地面，在 H 架两侧栓 2 根 30m 长的尼龙绳，人工拉紧防止空中摆动，然后缓慢下井，用定位销螺栓穿孔定位，穿连接螺栓，用气动扳手紧固，最后拆除龙门吊吊钩。H 架安装示意如图 6 所示。

5.5.7　前中盾分块③、⑦和前中盾分块②、⑧组装

前中盾分块③、⑦和前中盾分块②、⑧各约 85t，在吊装前应将各块间连接面、孔及螺纹孔除油、清洗、打磨，螺纹孔过扣，安装连接面上的定位销、密封条；并确认连接面上的临时吊耳已拆除，同时将盾体块与主轴承接触面打磨干净。

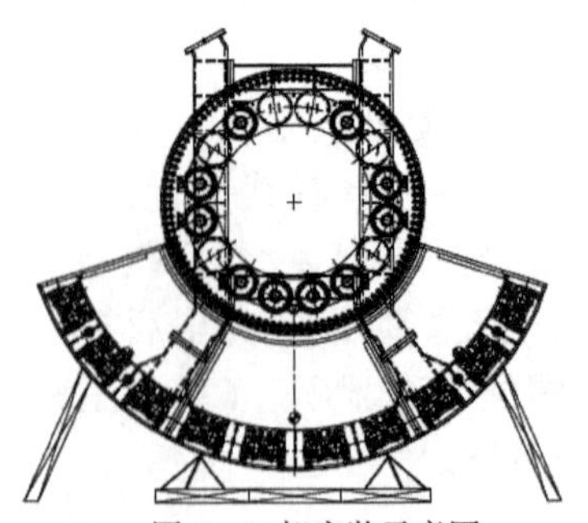

图6　H 架安装示意图

（1）前中盾分块③地面翻转：吊装时首先在地面上用龙门吊把分块③翻转，首先使用四点起吊，将分块③放置宽阔的地区，然后拆除与分块④接触的两个临时吊耳，并在盾体下面放置枕木，使用两点吊起然后缓慢提升吊钩。提升的同时移动行车，始终保持吊钩与地面垂直。翻转时将分块③吊起与分块④连接面与地面相平，并放到地面的枕木上，然后使用龙门吊的另一个吊钩在盾体的外表面使用三点式吊装，上端使用两根无接头绳圈 $\phi60$，14m（靠近盾尾一侧可使用加装一个或两个卸扣用于平衡前后），下端使用无接头绳圈 $\phi50$，10m 加 50t 手拉葫芦用于调整与分块④接触面的角度，大致平行后下井。

（2）前中盾分块③下井：龙门吊将分块③缓慢提升脱离地面后，在盾体前后两端栓两根 30m 尼龙绳，然后下井，与分块④接触后使用手拉葫芦定位销和 $\phi30$ 撬棍定位，缓慢与分块④对

接,定位时必须注意拼装机井字架与盾体中心支撑的对接,两块盾体面完全接触后安装螺栓并紧固,同时安装盾体与主轴承的连接螺栓。

前中盾分块⑦、②、⑧安装工艺与分块③基本相同,如图7、图8所示。

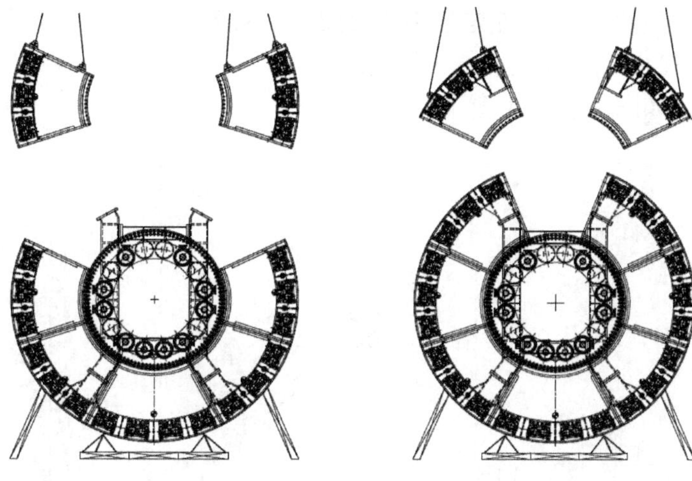

图7 前中盾分块③、⑦吊装　　图8 前中盾分块②、⑧吊装

5.5.8 前中盾分块①安装

前中盾分块①约90t(含人舱),前中盾各分块间连接面、孔及螺纹孔除油、清洗、打磨,螺纹孔过扣,安装连接面上的密封条和两盾体连接的定位销,同时将盾体与主轴承接触面打磨干净。

前中盾分块①的翻转:首先用龙门吊的一个主钩使用四点吊装将分块①吊到宽阔区域,拆除一侧的两个临时吊点,使用两点吊装,在另一侧放置方木用于翻转,然后缓慢提升,提升的同时移动行车,始终保持吊钩与地面垂直,直到盾体与地面脱离,然后使用龙门吊的另一个吊钩吊起盾体下端两个吊点缓慢提升直到与地面相平,在盾体下端放置方木或支撑使其保持平稳,最后拆除龙门吊的吊钩。

前中盾分块①的吊装(图9):吊装之前将其余分块连接面上的临时吊耳全部拆除,使用龙门吊的一个主吊钩用无接头绳圈ϕ60,14m四根采用四点吊装吊起盾体外表面的吊耳,然后缓慢提升,在盾体左右两侧栓两根30m的尼龙绳,人工拉住防止空中转动。然后下吊利用定位销和ϕ30撬棍定位,缓慢与前中盾分块⑥和分块②对接,安装螺栓并紧固,同时安装盾体与主轴承的连接螺栓,最后拆除吊耳。

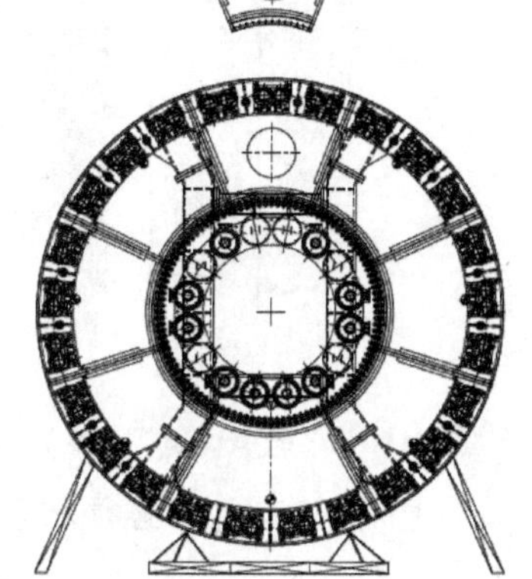

图9 前中盾分块①吊装

5.5.9 刀盘组装

(1)在刀盘焊接完成后整体吊入沙坑,对其进行翻转。在刀盘下井前应将主驱动与刀盘接触面上的防雨塑料布揭除,清除油污,检查密封条是否完整、粘贴牢固。在刀盘中心线左右两侧各系一根30m长麻绳。

(2)在吊机上安装吊装刀盘的扁担梁,扁担梁用卸扣和吊耳相连接,慢慢起升吊钩,并跟进移动吊车以保证刀盘翻转端不发生滑动,翻转刀盘至刀盘竖直;同时利用升降平台对刀盘连接面进行清洗,确保连接面无油污并安装定位销。要人工拉两根麻绳使刀盘与盾构机轴线方向垂直,然后缓慢下井。

(3)当刀盘与主轴承基本对正后在刀盘最下面的辐臂上挂两个10t的手拉葫芦,葫芦固定在盾体分隔舱板上的吊耳上。移动使刀盘继续向主轴承靠近,在刀盘前段安装两组千斤顶顶紧刀盘下端左右两侧使其向主驱动靠近,同时手拉葫芦拉动刀盘上部向主轴承靠近,刀盘上事先装有5个定位销,慢慢调整刀盘使定位销全部插入主轴承的定位销孔,再用手拉葫芦向里拉动刀盘,使两法兰面完全接触,装上双头连接螺栓。

刀盘翻身及吊装如图10、图11所示。

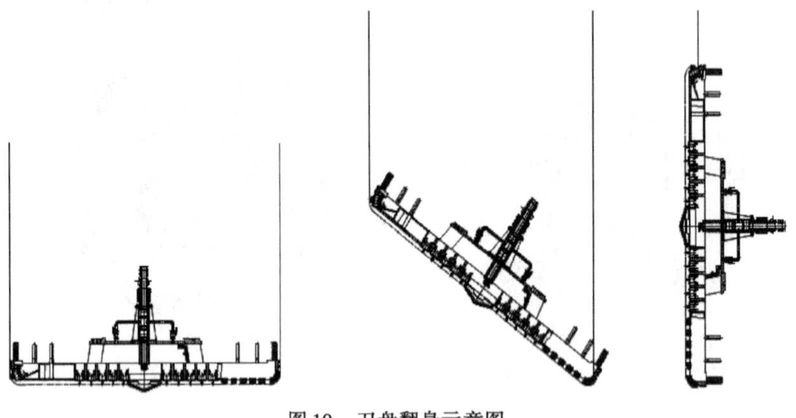

图10　刀盘翻身示意图

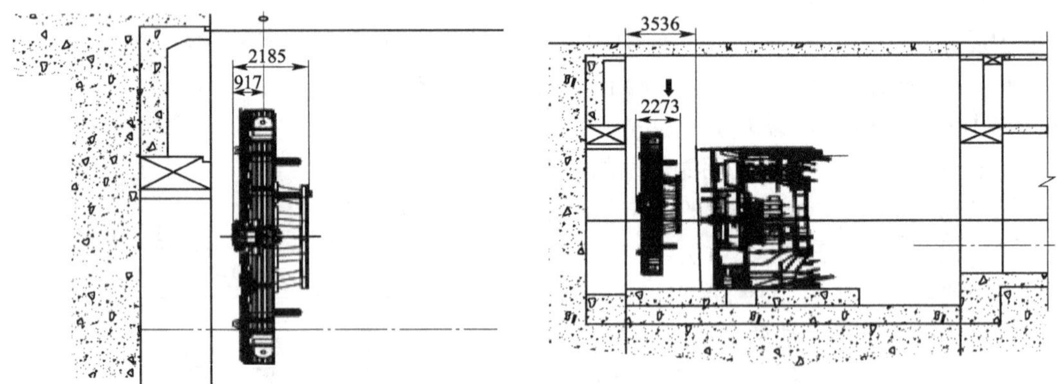

图11　刀盘吊装示意图(尺寸单位:mm)

5.5.10　盾尾安装(下部)

盾尾安装之前必须将盾体前移给盾尾安装留出一定空间,盾体的前移利用盾体上的推进油缸来进行。首先将两对钢柱焊在反力架上(位置和推进油缸的撑靴相对),两侧对称布置,并焊肋板固定。用加压站给推进油缸加压,推进油缸的撑靴顶住钢柱推进盾体前移。当超出行程时,加钢柱并与已固定的钢拄焊成一体,继续给推进油缸加压推动盾体前移,直至盾体与盾尾连接点恰好位于预留焊接通道中部。

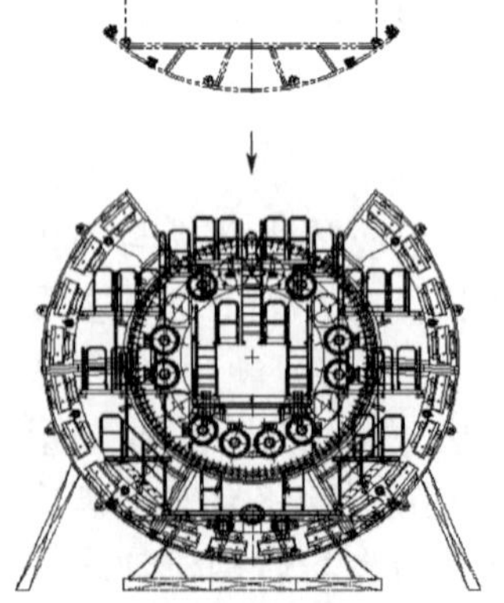

图12　盾尾下部安装示意图

盾尾共有四块组成,首先将底部盾尾放置在始发基座上,利用与盾体间的凸凹榫槽与盾体相连接,用千斤顶在盾尾的后部顶住盾尾,使得盾尾与盾体密切接触,保持盾尾外表面始终与前中盾体外表面在同一平行面上,圆度不对的点采用调圆千斤顶调整圆度,边调边焊接,做到初步固定。盾尾下部安装如图12所示。

5.5.11 盾尾的最终安装及调圆

盾尾安装。拼装机组装完成后安装内部设备楼梯等，然后安装左、右两块盾尾（图 13）。吊装前在地面焊接盾尾与盾尾连接的螺栓销及支撑钢板，起吊采用两点起吊，上部两点，然后缓慢起吊下井，与下端盾尾及前段盾体对接后，定位焊连接，螺栓连接并紧固。吊装第四块，吊装时采用四点起吊，吊点在顶部中心对称布置。然后缓慢下井放置顶部与二、三盾尾及前段盾尾连接，定位焊固定。盾尾顶部安装如图 14 所示。

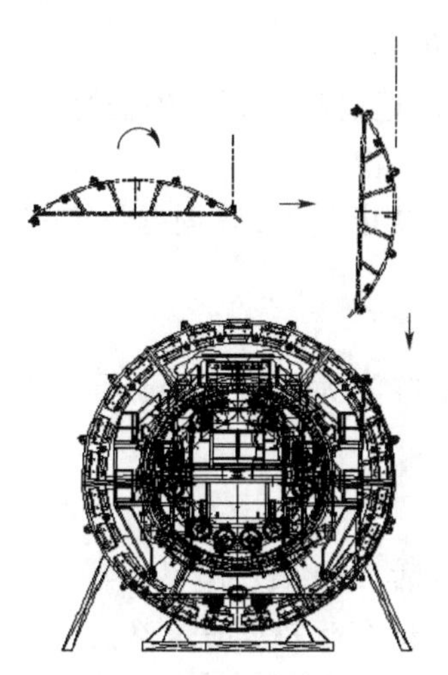

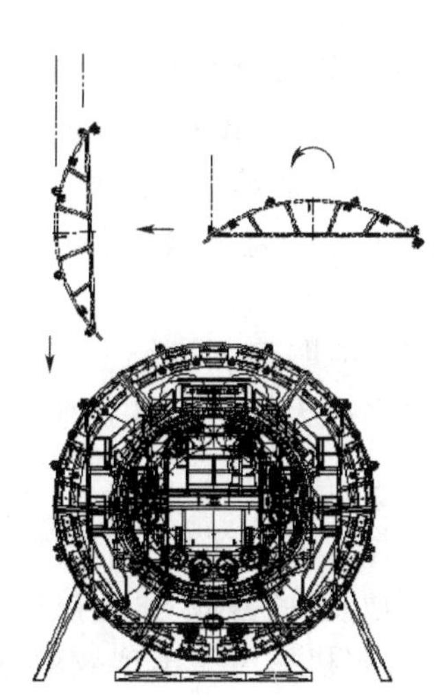

图 13 盾尾左、右部安装示意图

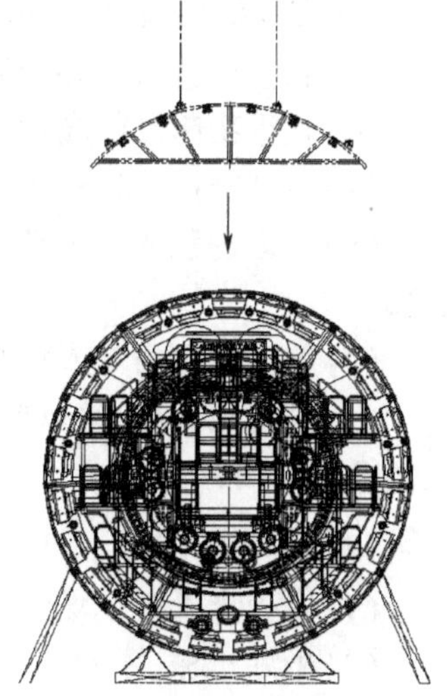

图 14 盾尾顶块的安装

5.6 后配套拖车与主机对接

(1)使用电动车将拖车前移，至 1 号台车支架接近主机部分。

(2)使用千斤顶和手拉葫芦微调，将 1 号拖车与拼装机行走梁进行搭接。

(3)就位后安装后配套牵引油缸，销接管片安装机与后配套连接平台。

(4)连接后配套与主机管线。

6 盾构机吊装作业安全保证措施

6.1 危险点

(1)施工前未做技术交底工作，施工人员不了解施工过程的内容，组织机构不明确，存在安全隐患。

(2)施工前未对施工区域进行检查，场地承压能力达不到要求，导致机械损坏、人员伤亡。

(3)施工前对参加施工的机械、工机具进行检查不到位，出现机械故障。

(4)高空作业不正确使用安全用品，危险警示标识不明确，存在安全隐患。

(5)高空作业人员不正确使用安全带，存在安全隐患。

(6)重物起吊前没有检查钢丝绳及吊点受力情况，平移通道不顺畅，存在安全隐患。

(7)主副臂抬吊过程中没有专人监护盾构机和起重机，存在安全隐患。

(8)吊运过程的每个环节，没有人员监护；出现异常没有及时报告，存在安全隐患。

(9)起重多人指挥，信号不明确、不清晰，存在安全隐患。

(10)四级及以上大风或其他恶劣天气作业，存在安全隐患。

6.2 控制措施

(1)施工前做好技术交底工作,使施工人员了解施工过程的内容、注意事项和准备工作,同时明确组织机构,成立吊装指挥小组,负责整个过程的指挥工作。

(2)施工前对施工区域进行检查,保证场地承压能力达到要求,用全站仪监测受力区域。

(3)施工应对参加施工的机械、工机具进行认真检查,确认其性能及状况,防止施工意外。

(4)高空作业的工作范围应搭设脚手架、爬梯及设置围栏,对应的地面区域设明确的警示标识,如安全护栏、彩色绳索及警示牌等。

(5)高空作业人员必须系好安全带且挂在腰部以上牢固可靠的地方。

(6)在重物起吊前应对组件认真检查,吊点是否正确可靠、检查吊运过程有无障碍物等。

(7)主副臂抬吊过程中设专人监护盾构机和起重机,操作应同步平稳。

(8)吊运过程的每个环节,都应有人监护,发现异常及时汇报并停止吊运,处理好后方可继续。

(9)起重指挥由专人负责,信号应明确、清晰。

(10)四级及以上大风或其他恶劣天气应停止吊装作业,设备做好防大风措施,雨天作业应做好防滑措施。

6.3 应急措施

(1)发生意外后现场负责人做好现场警戒,紧急拨打120急救电话、119火警电话。

(2)做好机械、零配件的储备,当机械设备出现故障时,应立即停止作业并及时抢修。

(3)成立应急救援小组,项目经理为组长,现场施工总负责人为副组长,组员由安全员、班长及现场人员组成。

(4)发生意外后立即报告组长,应急响应小组人员接到报告后立即赶赴现场,由应急响应小组组织有关工作人员进行应急处理。

(5)与监理、业主做好相关安全、施工管理的沟通与协调工作,如遇安全事故、天气、不可抗力等因素时立即启动应急措施,以保障人员、设备的安全。

国内外盾构机运输操作流程现状浅析

陈　月

（大连佳辉物流有限公司　辽宁大连　116000）

摘　要：本文主要针对国内外盾构机运输典型配车和配船方案进行对比分析，并就运输方案实施的重要环节进行了阐述，同时列举了盾构机国内江海陆多式联运和大直径盾构机出口水陆联运两个具体案例，以期为国内盾构机运输行业未来标准化服务提供借鉴和思考。

关键词：盾构机；运输方案；配车；配船

1　国内外盾构机运输方案

1.1　盾构机运输典型配车方案

1.1.1　盾构机运输常见装载车型

盾体、后配套运输常用的车辆见表1。

盾体、后配套运输常用车辆　　表1

序号	车型	实　物　图	用途
1	液压轴线平板车		盾体
2	重型低板车（三线六轴）		

作者简介：陈月（1981—），女，毕业于大连海事大学外贸运输管理专业，本科，工学学士。目前主要从事国际国内大型工程设备等相关物流运输工作。Email：Chenyue@ sinofardl. com。

续上表

序号	车型	实 物 图	用途
3	后六桥		盾体
4	17.5m 长平板车		台车等后配套
5	凹形板车		后配套设备中超高或偏重货物等
6	超低平板车		后配套设备中偏长超高货物等

1.1.2 盾体运输配车模拟图

盾体运输配车模拟如图 1、图 2 所示。

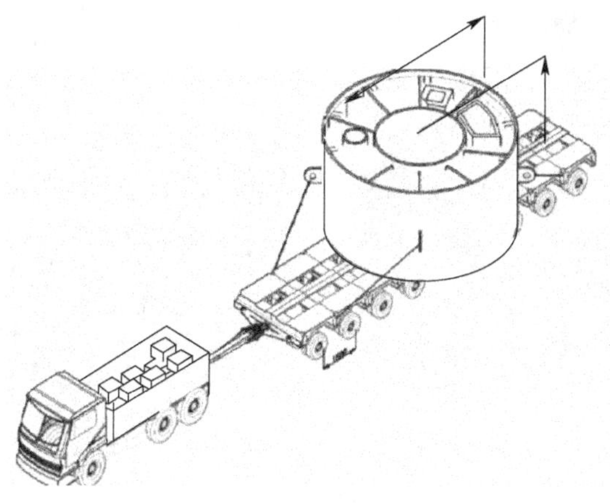

图1　前盾配车

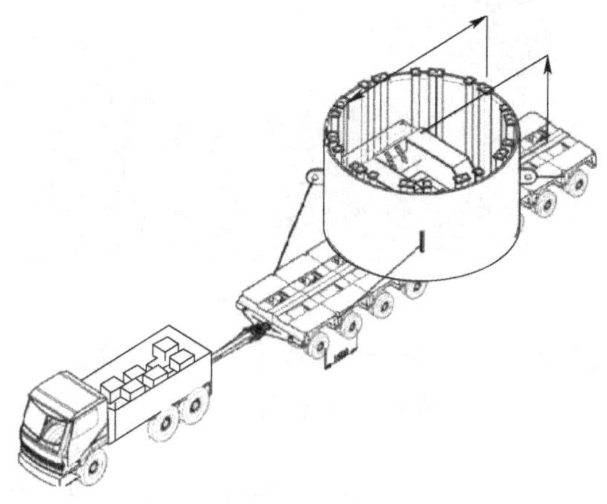

图2　中盾配车

1.1.3　国内外盾构机配车方案和装载方案的对比分析

(1)盾体运输

①国外盾体陆运运输一般采用立式装载方式，运输工具大多采用液压轴线平板车运输，如图3所示。

图3　国外盾体运输

②国内盾体运输通常采用卧式装载方式，运输工具通常采用液压轴线板、重型低板车以及后五桥、后六桥等车型运输，如图4所示。

图4　国内盾体运输

从上述可知，运输车辆配置上，国外陆运通常采用安全系数较高的液压轴线平板车，而国内除采用液压轴线平板车之外还会使用重型低板车、凹形低板车和后五桥、后六桥等其他运输车辆。

装载方式上，国外通常采用立式装载，优点是在盾构机下井吊装过程中可以免去翻转环节，可以有效规避吊装风险；缺点是盾体需要专用支架在车板上面进行固定，稳性明显不如卧式，故对盾体绑扎加固要求较高。国内通常采取卧式装载，优点是运输稳性较好；缺点是盾体吊装下井前要进行翻转，增加了吊装风险。

(2)主驱动运输

国内外主驱动运输方式基本相同，一种是采用盾壳分离(图5)，一种是采用盾壳同体不拆分(图6)。但国外在采用盾壳分离运输时，习惯采用立式运输，这样的装载方式对通行道路的限高等设施要求很高；我们国家道路通行情况一般比较复杂，所以盾壳分离后通常采用卧式运输。

a)立式

b)卧式

图5　盾壳分离

图 6　盾壳同体不拆分

(3)刀盘运输

国内外刀盘运输装载方式基本相同,直径较大的刀盘一般拆解后运输(图 7);直径较小的刀盘通常与盾体相连运输(图 8)。

图 7　刀盘与盾体拆解运输

图 8　刀盘与盾体相连运输

(4)后配套拖车等普通部件的运输

盾构机后配套拖车等普通部件的运输方式国内外基本相同,通常都采用 17.5m 普通平板车、超低板车或者凹形板车等运输(图 9)。

图 9　后配套运输

(5)国外特殊配车案例

国外在盾构机主体陆运中甚至还会出现其他特殊装载方案,如将盾体(除刀盘外)与盾壳分离后,连同连接桥、一号拖车等后配套部分货物连体运输的情况(图 10)。

图10　国外特殊配车案例

1.2　盾构机运输典型配船方案

1.2.1　盾构机常用装载船型举例

(1)国内江船

①600t平板驳(图11):适用于航道吃水较浅的水域运输,对绑扎加固和苫盖要求较高。

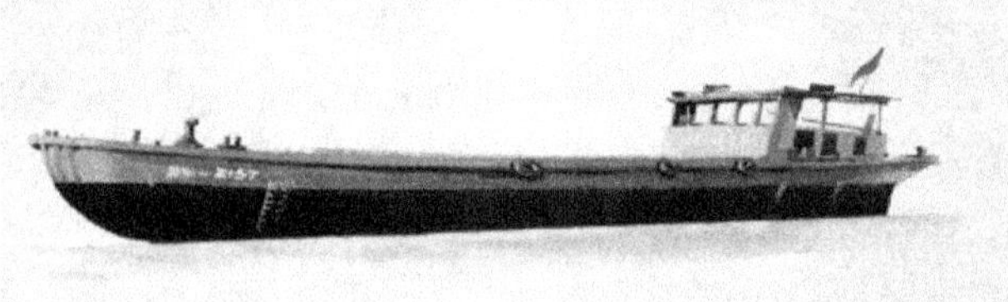

图11　600t平板驳

②2000t江船(图12):通常会在满足吃水的情况下,推荐此类船型运输盾构机,货物可配载舱内运输,防止设备水湿等。

图12　2000t江船

(2)国内海船

①2000t级左右的杂货船(图13):通常情况下,推荐此类船型运输盾构机。舱内配载防雨、防水,规避货物受损风险。

图13　2000t级左右的杂货船

②600t左右的甲板驳船(图14):风力较小、距离较近的情况下,也可采用此船型装载,但该船型对绑扎加固和苫盖要求较高,必须做好设备防雨淋、防海水侵蚀等防护措施。

图 14　600t 左右的甲板驳船

(3)国际船舶

①重吊船型(图 15):具体船吊吨位选择由设备最大件重量决定。

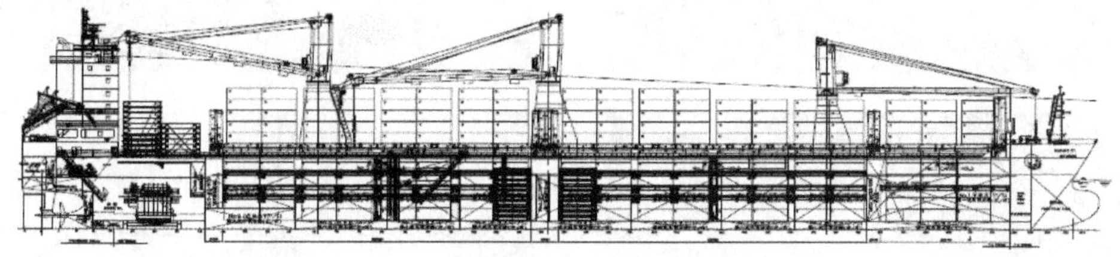

图 15　重吊船型

②普通杂货船。普通的杂货船型的吊装配置能力不够,这样运输盾构机重件时就会涉及在装卸船作业环节外雇港口机械或者浮吊等设备,通常这种情况下运输成本和重吊船型比较偏高,故一般在同样航线中,都会首选重吊船运输。

1.2.2　盾构机典型配船方案

盾构机设备基本不能叠放,所以不论江船、海船还是国际运输,船舶配基本采用平铺不叠放原则,无太多差异。

1.2.3　国内外盾构机海运装载案例

(1)国内江船运输如图 16 所示。

图 16　国内江船运输

(2)国内海运船型如图 17 所示。

图 17　国内海运船型

(3)国际海运船型如图18所示。

图18　国际海运船型

国内海运通常采用舱口杂货船,装载原则也基本采用舱内、非叠放的方式。

国际海运一般采用重吊杂货船型作为首选方案,即货物装、卸船作业均由船舶自身吊机设备完成,这样可以避免国际运输中装、卸货码头吊装能力不够而发生的雇佣浮吊或其他吊装设备等高额的作业成本。

另外,盾构机的海运配载原则是盾体、刀盘、后配套等所有设备均采用舱内、非叠放的装载方式,这样主要是为了规避海洋运输中甲板受海浪冲击侵蚀货物造成货物损害等情况。

与国际运输不同的是,国内盾构机装、卸船作业一般是由码头岸吊、汽车吊或者浮吊等非船舶自身吊装设备完成作业。

1.3　盾构机运输方案的实施

1.3.1　运输前的准备工作

(1)公路运输勘察。

(2)水路运输勘察。

(3)码头及装卸条件勘察。

(4)其他运输前技术准备。

1.3.2　盾构机运输作业过程中的全部流程及服务内容

(1)商务工作

①合同签订。

②项目会议。

③交接单据。

④货物投保。

(2)盾构机包装

①国际出口包装简介。下面以国际出口运输为例阐述包装具体方案;国内运输包装标准一般不高于国际运输标准,国内包装标准通常结合运输距离和运输方式等因素综合考虑。

盾构机包装一般采用木箱包装及热收缩膜包装。所用材料必须是干燥的木材,含水率不大于20%,同时满足(IPPC)ISPM15标准要求。热收缩膜包装采用高强度热收缩膜整体覆盖,用喷枪烘烤使收缩膜缩紧。

②盾构机出口包装操作实例。图19~图23为某公司为客户承运的出口土耳其盾构机的包装实例,图24为出口新加坡的盾构机包装实例。

图19　盾体包装

图20　后配套拖车包装

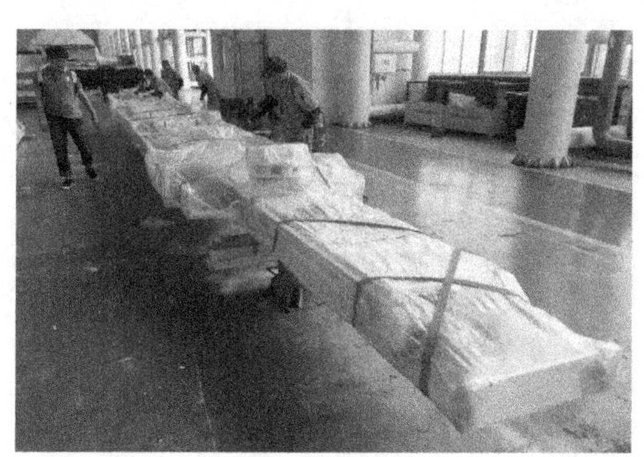

图21　管片吊运梁、拼装机包装

图 22　装箱部件

图 23　人舱等精密仪器包装

图 24　其他类型的包装案例(防雨油布、彩条布、铝塑膜等)

2 盾构机典型运输案例

2.1 江海陆多式联运

(1)项目概述

2016 年 11 月,一套 ϕ6480 盾构机需从辽宁辽阳运输至四川成都,针对盾构机运输路途远和地形复杂的特点,某运输单位为客户设计了一整套江海陆多式联运方案。在执行过程中,运输单位项目经理亲自带领包装人员对货物进行防水、防潮等包装处理,同时对货物装车和装船进行合理苫盖及绑扎加固,积极协调车辆集港、港口代理、海船靠离泊、海船转驳江船、江船卸货、目的港送货等多个环节,保证了全程运输顺畅进行。最终在帮客户控制运输成本的同时,也保证了服务的时效性,为客户实现了效益最大化。

(2)项目实施情况

项目实施情况如图 25 所示。

图 25 江海陆多式联运

2.2 大直径盾构机出口水陆联运

(1)项目概述

2018 年 7 月,一台 ϕ12120 泥水平衡盾构机需从江苏常熟运往孟加拉吉大港。该套盾构机为孟加拉卡纳普里河底隧道施工设备,为“一带一路”代表项目。某运输公司根据货物特点、货物数量、运输需求和孟加拉进口国人文特点和工地条件,为客户量身订制了全程物流运输方案。整台盾构机运输货量为 10600m^3,超过 90t 的重件为 7 件,国内上海港集港 72 车,国外项目现场送货 127 车,项目执行时间不到两个月,最终确保了孟加拉的工期需求,客户表示满意和认可。

(2)项目实施情况

项目实施情况如图26所示。

图26　大直径盾构机出口水陆联运

3　结语

虽然我国盾构机运输行业近十年来发展迅速,但国家关于大件运输市场的法律法规还不完善,市场尚比较混乱,很多方面与发达国家相比差距还很大。随着全球经济一体化的发展,盾构机运输服务将向国际化、集约化、规模化和标准化方向发展,国内盾构机运输服务发展的道路任重而道远!

双护盾 TBM 城区转场施工技术

周泽民

(中铁隧道局集团二处有限公司　河北三河　065201)

摘　要:由于双护盾 TBM 质量重、部件多,拆除工作量大,转场施工工序繁多,特别是在城区繁华地段转场施工,路面人流、车流大,建(构)筑物多,转场前需要协调与准备工作量大。本文以青岛市地铁 2 号线一期工程为例,阐述了如何通过精心组织实现双护盾 TBM 安全快速转场的施工技术,可为类似工程提供参考。

关键词:双护盾 TBM;转场;城区

1　引言

双护盾 TBM 可在硬岩、软硬岩结合带、软岩、断层及破碎带等地层地质条件施工,可采用管片衬砌和模筑衬砌。TBM 分两种掘进模式,双护盾模式和单护盾模式,双护盾掘进模式在掘进完整围岩支撑靴可正常支撑时,利用支撑靴撑紧洞壁,由主推进液压缸推进刀盘掘进。双护盾 TBM 遇软岩时,软岩又不能承受支撑靴的压应力,则可采用单护盾掘进模式,由盾尾辅助推进液压缸支撑在已拼装的管片上掘进。

双护盾 TBM 一般在山岭隧道使用,城区应用为首次,根据青岛地铁 2 号线一标区域地质资料,地层岩性基本为花岗岩,区间大部分段落穿中、微花岗岩,部分风化段落穿花岗岩强风化带,富水性贫乏,地质条件相对单一,围岩稳定性好,采用双护盾 TBM 施工。

双护盾 TBM 城区转场是一项系统的工程,包含城市占道、交通调流、地面加固以及 TBM 接收、吊拆、吊装、调试、始发掘进等一系列工作。本次 2 台双护盾 TBM 同时在泰山路站转场,施工前各方面准备充分与施工中精细组织是实现双护盾 TBM 转场快速、安全、顺利的保证。

2　工程概况

青岛市地铁 2 号线一期土建一标工程地处青岛市市北区,起于泰山路,线路沿辽宁路、台东一路经海信立交桥后拐向延安三路南下,到五四广场站止。区间隧道主要位于青岛市市北区,区间主要采用两台 DSUC 型双护盾 TBM(直径 6.30m)施工,TBM 从嘉里植物油厂场地内的始发井始发,分别向泰山路站方向掘进,TBM 在泰山路站内完成吊出后,转场至嘉里植物油厂始发井。在嘉里植物油厂 TBM 始发井进行二次始发,向五四广场方向掘进,工区施工工筹如图 1 所示。

泰山路站左线 TBM 到达后通过 7m × 8m 预留洞口吊出,右线 TBM 到达后平移至左线预留洞口吊出。泰山路站预留吊出洞口如图 2 所示。

作者简介:周泽民(1980—),男,大学本科,高级工程师。目前在中铁隧道局集团从事 TBM 施工管理工作。Email:37408112@ qq. com。

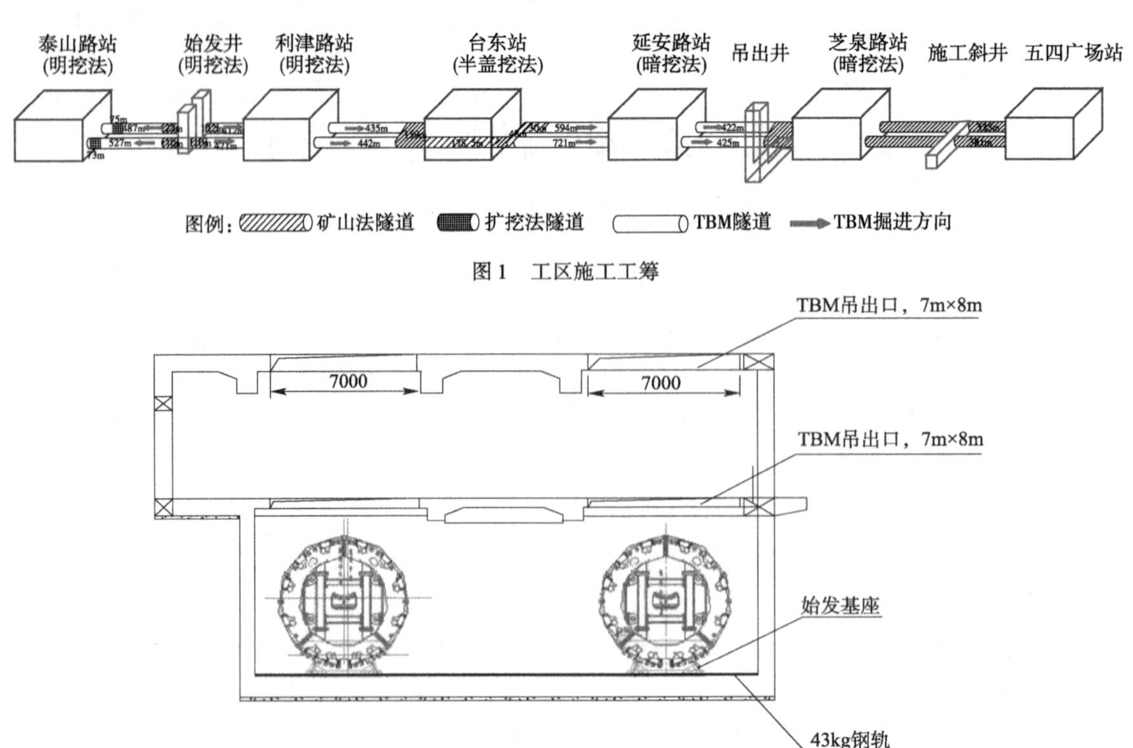

图1　工区施工工筹

图2　泰山路站预留 TBM 调出口图(尺寸单位:mm)

3　双护盾 TBM 泰山路站接收准备

3.1　泰山路吊拆场地准备

根据设计院提供的吊拆场地地质资料，经实地调查，泰山路站周边场地，地下管线较多。吊拆前将 500t 吊车摆放位置后端铺设 2 块 30mm 厚钢板，尺寸为 2.5m×8m，吊车支腿处垫 4.5m×2.5m 基箱。吊车摆放位置拆除吊装范围内围挡、门柱，办理泰山路站车辆调流手续，采用临时围挡占路，加高公交车电车线。

3.2　双护盾 TBM 焊缝刨除工作井布置

由于 TBM 前盾与伸缩外盾、支撑盾与盾尾之间需要焊接，则在进行拆解时，也需要将焊缝刨除，为方便施工，需要在泰山路车站底板预留刨除焊缝所需的作业井，井尺寸为 4.2m×1.5m。泰山路车站底板平面布置如图 3 所示。

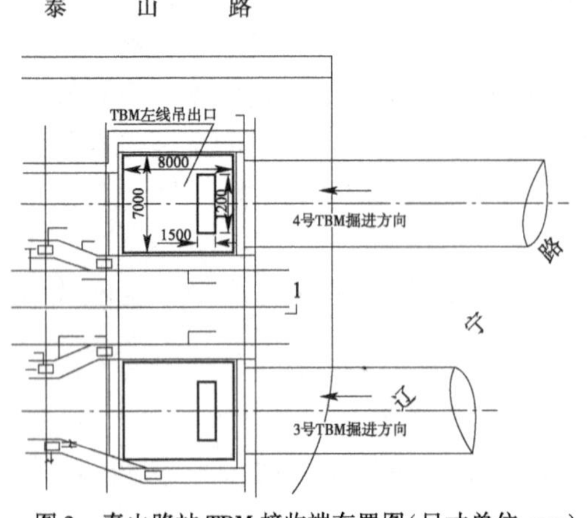

图3　泰山路站 TBM 接收端布置图(尺寸单位:mm)

3.3　双护盾 TBM 平移钢轨及接收基座布置

为接收 TBM 主机并对 TBM 主机进行平移，需要在泰山路站底板铺设钢轨并将始发基座安装于钢轨上方，TBM 平移轨道横向铺设间距 1.5m，满铺车站吊出井底部。采用 14 号工字钢(高度与 43kg 钢轨高相同)纵向焊接加固钢轨，其中左、右线路上各两道位于基座底部中心。钢轨以及始发基座安装平面布置如图 4 所示。

3.4 双护盾 TBM 接收洞口处理及导轨安装

3.4.1 洞口处理

当洞口有围护结构或在 TBM 贯通掘进的轮廓线内有锚杆、钢筋等金属物存在时，必须在 TBM 到站之前，将所有金属物全部取出，确保不卷入 TBM 刀盘、不破坏刀具，确保 TBM 贯通的顺利进行。本区间围岩基本稳定且接收洞范围内均已完成初期支护，围岩稳定，均不需要加固处理。

3.4.2 到站导轨的安装

隧道贯通后、TBM 刀盘露出洞口后，清除洞口渣土，根据刀盘与接收基座之间的距离与高差情况，安设 TBM 到站接收导轨。如刀盘低于基座顶面，在导轨上焊接一个楔形钢块，保证 TBM 能顺利到达接收基座上，轨道安装高程偏差宜控制在 ±20mm，左右偏差宜控制在 ±20mm，TBM 坡度较设计坡度略大 0.2%。曲线地段，接收导台应根据曲线在该位置的切线方向进行定位；导台施工完后，应进行导台检查几何尺寸、轴线、高程、混凝土质量等，并认真进行导轨测量。

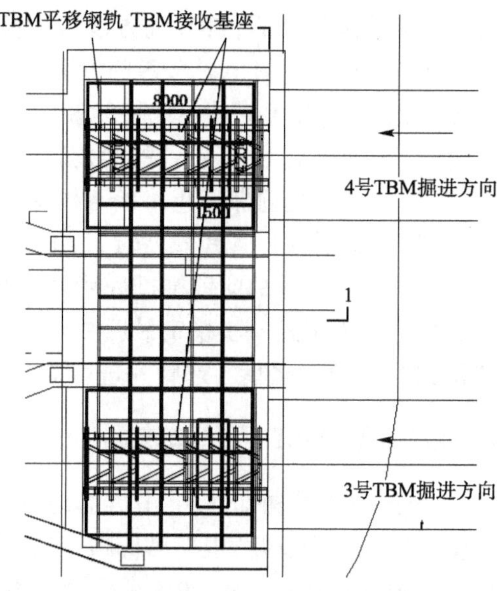

图 4 泰山路站 TBM 平移钢轨及接收基座布置图(尺寸单位:mm)

在 TBM 到站前，要完成区间隧道贯通前的控制点测量与复测、测量误差调整；预留洞口岩壁的处理或加固以及必要的洞门处理。

3.5 TBM 到达掘进控制

3.5.1 TBM 到达掘进参数控制

(1)TBM 刀盘距贯通面 10m 时，TBM 操控手应注意严格控制好 TBM 掘进姿态，按照低速度、小推力的原则，严禁进行大幅度的纠偏动作，以保证 TBM 机能够平缓到达，根据围岩地质情况适时调整掘进参数，推进速度控制在 5 ~ 10mm。

(2)TBM 到达推进安装最后五环管片时，要将管片的注浆孔也全部打穿，方便后续注浆。

(3)TBM 掘进至盾尾平环板时，先不要急于脱开，要先对最后两环管片进行双液注浆固结。

(4)TBM 进入到达段后，加强对贯通区域的周边建筑物、地表沉降、净空收敛等监控量测，及时反馈信息以指导 TBM 掘进。

(5)当 TBM 前体盾壳被推出洞门时，通过人工填塞速凝水泥砂浆将最后一环管片与洞壁的间隙填满，以便后期二次注浆之用。

(6)TBM 刀盘距离贯通里程小于 10m 时，在掘进过程中，要派专人负责时刻观察到达洞口的变化情况。如发现加固的混凝土有较大振动时，立即通知主司机进一步降低 TBM 推力、刀盘转速以及推进速度，避免由于刀盘前部岩体太薄，造成刀盘前部形成坍塌。

(7)在到达阶段要密切关注 TBM 推进系统的推进速度和推进压力以及掘进出土情况，当发现推力突然降低，渣土粒径突然变大，推进速度同时加大的情况时，必须立即停机。在对现场进行确认和检查之后，再作出进一步详细的掘进指令。

3.5.2 最后几环管片的安装

当隧道贯通后，一般还需要安装 5 ~ 6 环管片才能完成区间隧道的管片安装。同时这几环管片随着隧道贯通后,TBM 前方没有了反推力,将造成管片与管片之间的环缝连接不紧密,容易漏水。在最后几环管片安装时,为防止管片在失去后盾管片支撑或推力后产生松弛导致管片环缝张开,应设置管片纵向拉紧装置。拉紧的保障措施如下:

(1)做好最后 15 环管片的螺栓紧固和复拧紧工作,严格按规范紧固三次。

(2)管片安装前保证止水条不损坏,并及时清理管片上的渣土。

(3)在最后几环管片安装时,为加强管片防水和防止管片背后的豆砾石突然从洞口冒出,在完成每一环管片的向前推进和管片安装后,待管片底部豆砾石填充饱满后,再进行下一环管片的推进。为了进一步稳定最后 2 环管片,采用双液浆(水泥浆水灰比 0.8,水泥浆与水玻璃体积比 1:0.5)对最后 5 环管片进行固结,以确保管片不会移动或变形、位移。

4 双护盾 TBM 后配套转场

由于 TBM 结构部件多,吊拆场地有限,运输安排在夜间。因此,所有吊拆件应与运输公司及生产厂家协调安排,根据吊拆顺序安排配装、发运和停放安排,以防各吊拆部件在吊拆现场积压。拟将两台双护盾 TBM 后配套从洞内回拖至 TBM 始发井,在始发井进行后配套调头后重新下井组装。双护盾 TBM 主机则从泰山路站吊出转场地面运输至始发井。

4.1 后配套转场准备工作

车站接收井内主机轨道、基座铺设完成,主机已推至接收基座上。已施作的隧道内走道板、风水管、高压电缆拆除。从管片安装机连接部位拆除后配套连接桥。拆除管片安装机与连接桥部位风、水管线、电缆等。用阻车器将后配套拖车两端车轮阻好。

4.2 后配套拖车拖回与吊装

采用55t 电动车将后配套拖车整体拖至泰利区间 TBM 始发井,采用竖井上 55t 门式起重机将后配套拖车分节掉头,掉头完毕后再连接。依次将 10 号拖车 ~1 号拖车、连接桥掉头吊装连接,并完成后配套台车的吊装工作,如图 5、图 6 所示。

图5 后配套拖车隧道内拖回

图6 后配套拖车调头组装

两台 TBM 拖车依次调头完成下井后,连接拖车间连接销、水管、气管、油管、电缆及其他部件,为 TBM 主机吊装做准备。

5 双护盾 TBM 主机转场吊装

根据工期,两台 TBM 将前后从泰山路站左右线接收,同时接收完毕后进行 TBM 吊装,因 3 号 TBM 主机需平移吊出,在保证吊装安全前提下,最大限度减少起重机占道时间,拟计划前一台 TBM 吊装前，后一台 TBM 相关准备工作同时进行。同时，做好 TBM 始发井主机下井组装准备工作，TBM 主机运输到场即进行二次组装。

5.1 双护盾 TBM 主机部件质量及拆机顺序

主机部分主要吊拆部件质量及尺寸见表 1，主机部分吊拆顺序如图 7 所示。

主机部分主要吊拆部件质量及尺寸 表 1

序号	名 称	质量(t)	外形尺寸(mm)	备 注
1	刀盘	95.5	ϕ6300×1477	包含刀具
2	前盾	119	ϕ6240×3933	包含主驱动
3	内伸缩盾	14		分 3 块
4	外伸缩盾	16	ϕ6240×2710	分 3 块
5	支撑盾	140	ϕ6150×3962	不含辅助推进油缸
6	盾尾	16	ϕ6150×3280	分 3 块
7	管片拼装机	28	7535×4096×4115	
8	主机皮带机前段	1.25	5200×1200×600	
9	主机皮带机后段	1.6	3800×1400×1300	

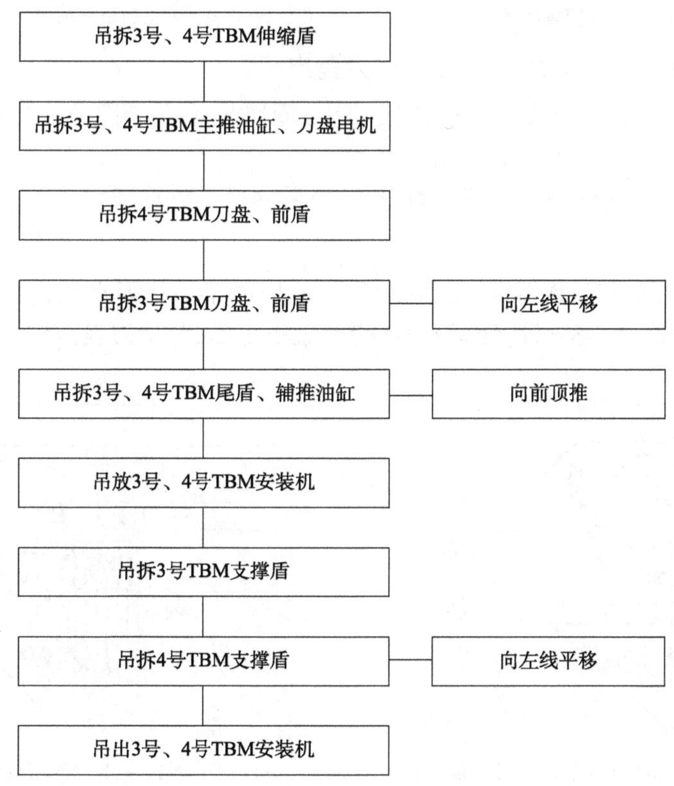

图 7 主机部分吊拆顺序

5.2 吊拆翻身方法(刀盘、前盾、支撑盾)

构件翻身时用 500t 汽车吊将构件吊至地面，用 300t 吊车穿入构件下部吊耳，500t、300t 吊车同时提升，构件离地约 2m 后，500t 吊车停止提升，300t 吊车继续提升，此时 300t 吊车逐渐受力，待 300t 吊车提升至一定高度时停止提升，缓慢下放 500t 吊车吊钩，直至构件翻至水平位置，装车运离现场，如图 8 所示。

由于白天辽宁路及泰山路车流量众多，无法运输，拟夜晚车少人少时段运输至 TBM 始发井。

5.3 吊拆 3 号 TBM、4 号 TBM 伸缩盾

TBM 接收至基座，漏出伸缩盾纵向、环向焊缝后，焊接吊耳，刨开焊缝，采用 100t 吊车吊出，吊拆半径为 13m。当伸缩盾上部分 2 块吊出后，向前平移主机，拆除主机皮带机至后部管片车上，从隧道内拉至泰利区间始发井地面，如图 9 所示。

图 8　TBM 前盾翻身

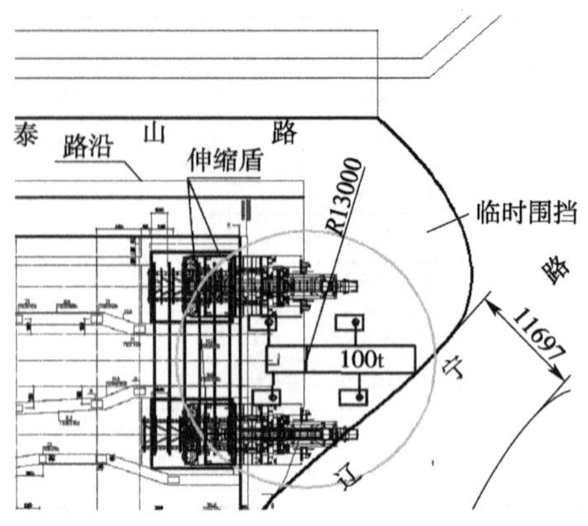

图 9　伸缩盾吊拆图(尺寸单位:mm)

5.4 吊拆 3 号 TBM、4 号 TBM 主推油缸、刀盘电机

待两台 TBM 伸缩盾、主机皮带机吊拆完毕后，依次吊拆上半部分主推油缸、吊拆刀盘电机、吊拆下半部分主推油缸，如图 10 所示。

当主推油缸、刀盘电机吊拆完成后，为刀盘、前盾的吊拆做准备。

5.5 吊拆刀盘

采用 500t 汽车吊单独吊拆刀盘，吊拆半径 12m，用吊车吊住刀盘受力，拆除刀盘与前盾连接螺栓，螺栓、连接销拆除完毕后，分离刀盘，待刀盘稳定后，起吊刀盘至地面，如图 11 所示。

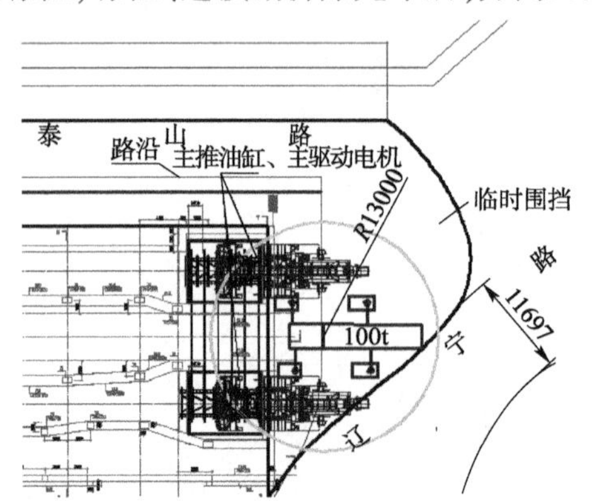

图 10　主推进油缸、主驱动电机吊拆图(尺寸单位:mm)

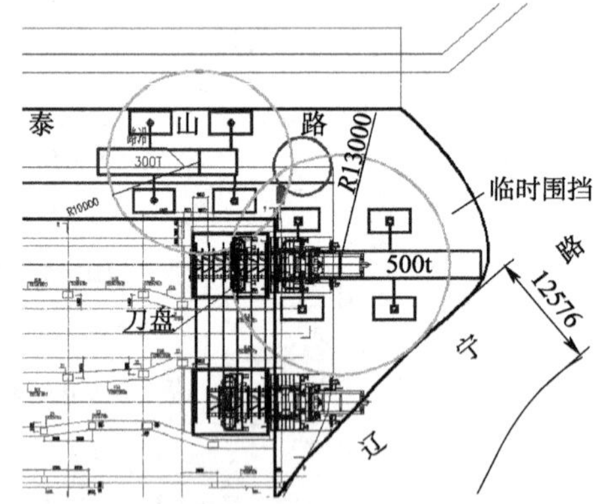

图 11　刀盘吊拆半径、吊车摆放位置图(尺寸单位:mm)

采用 300t 吊车配合刀盘翻身装车，放松汽车吊、拆除吊具，完成刀盘的装车。

4 号 TBM 直接吊拆，3 号 TBM 刀盘待 4 号 TBM 前盾吊装完毕后，从右线平移至左线吊出，吊出方式与 3 号 TBM 刀盘相同。

5.6 吊拆前盾

在吊拆前盾前，500t 吊车就位，吊装钢丝绳穿入吊耳，吊车保持一定受力，拆除前盾与伸缩盾底块的连接螺栓、割除前盾两侧固定支撑等。

前盾的吊拆半径为 11m,500t 汽车吊在 11m 时的吊拆能力约 140t,满足吊拆需求。

用 500t 吊车单独吊拆前盾,将前盾吊拆至指定地面位置;采用 300t 吊车配合前盾翻身装车,放松汽车吊、拆除吊具,完成前盾的装车。

4 号 TBM 前盾直接吊拆,3 号 TBM 刀盘待 4 号 TBM 前盾吊装完毕后,从右线平移至左线吊出,待 3 号 TBM 刀盘吊出后,吊拆 3 号 TBM 前盾,如图 12 所示。

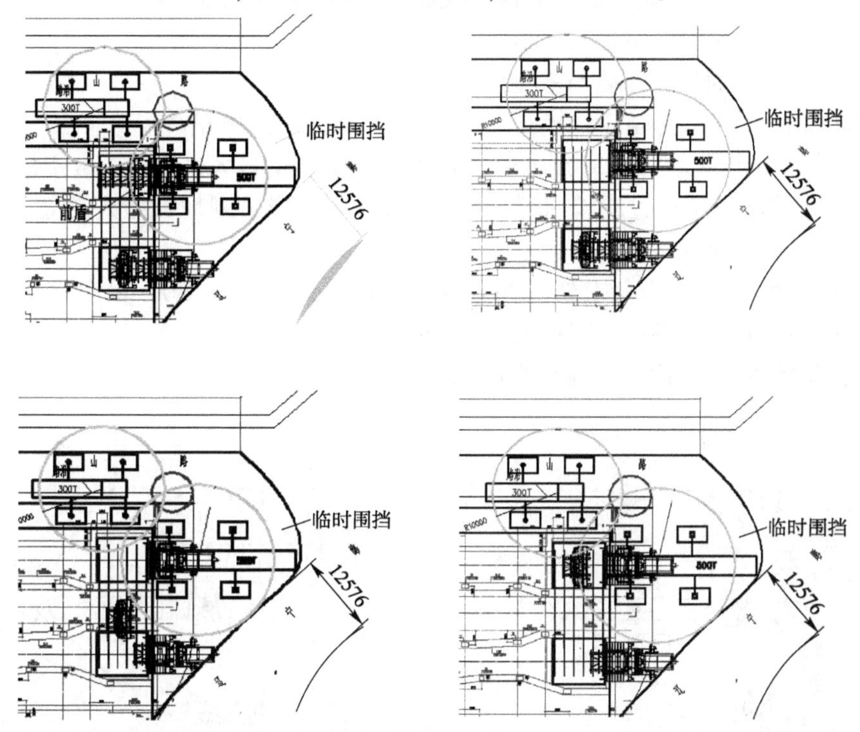

图 12　4 号 TBM 前盾吊拆、3 号 TBM 前盾平移吊拆半径及吊车摆放位置图(尺寸单位:mm)

5.7　吊拆皮带机、尾盾、辅助推进油缸、管片拼装机

前盾吊装完毕后,拆除主机皮带机与支撑盾连接部位,吊出皮带机。向前平移 3 号 TBM、4 号 TBM 主机,保证尾盾、管片安装机吊拆空间,尾盾分三块刨开后,吊出上部两块,3 号 TBM、4 号 TBM 尾盾分别从右线预留口、左线预留口吊出,如图 13 所示。

尾盾上部吊拆完毕后,吊拆 3 号 TBM、4 号 TBM 辅推油缸,吊装半径 14m,分别从右线预留口、左线预留口吊出,如图 14 所示。

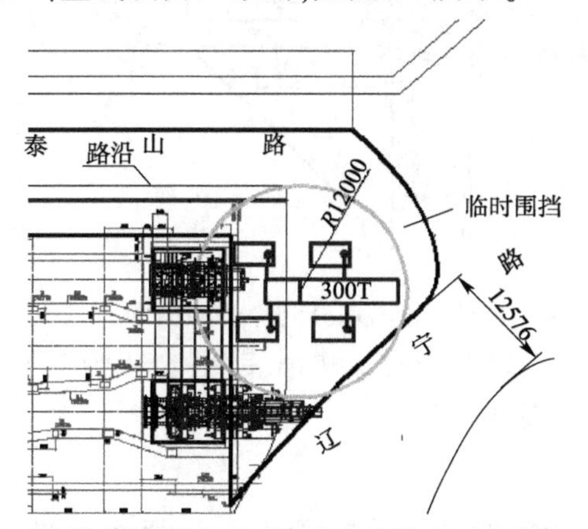

图 13　尾盾吊拆半径、吊车摆放位置图(尺寸单位:mm)

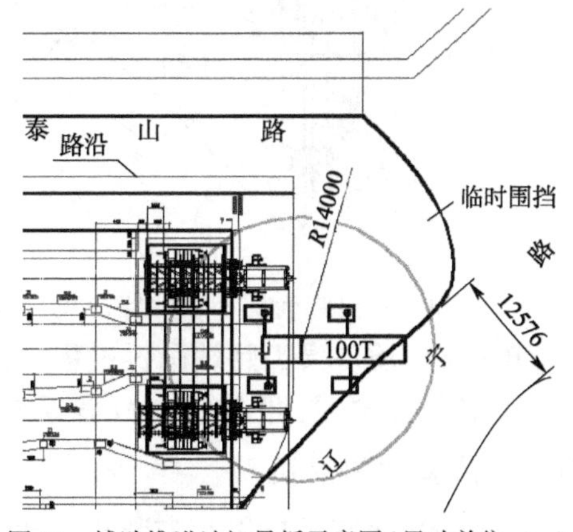

图 14　辅助推进油缸吊拆示意图(尺寸单位:mm)

采用500t吊车吊拆管片安装机，因空间受限，将拼装机从支撑盾上拆除后，利用临时支撑支撑，放置在洞口，不影响支撑盾吊装。3号TBM、4号TBM安装机吊拆同时进行，分别放置在右线、左线洞门口。

5.8 吊拆支撑盾

4号TBM支撑盾直接吊拆，待4号TBM支撑盾吊装完毕后，平移3号TBM支撑盾，平移完毕进行3号TBM支撑盾吊装，两台TBM支撑盾吊装方式相同。

在吊拆支撑盾前，确认支撑盾与基座已分开。

500t吊车和300t吊车就位，吊装钢丝绳分别穿入支撑盾两侧吊耳。

500t吊车的吊拆半径为12m，300t吊车的吊拆半径为10m，最大吊重214.6t，满足吊拆需求。

500t和300t汽车吊车通过旋转、起落臂杆把支撑盾缓缓吊到地面指定位置，支撑盾两侧支垫方木，为下一步翻身准备。

摘除500t和300t吊车钢丝绳，500t吊车穿入支撑盾上部吊耳，300t吊车穿入支撑盾下部吊耳，保持500t和300t吊车配合支撑盾翻身装车。

支撑盾吊拆半径、吊车摆放及拖车就位如图15所示。

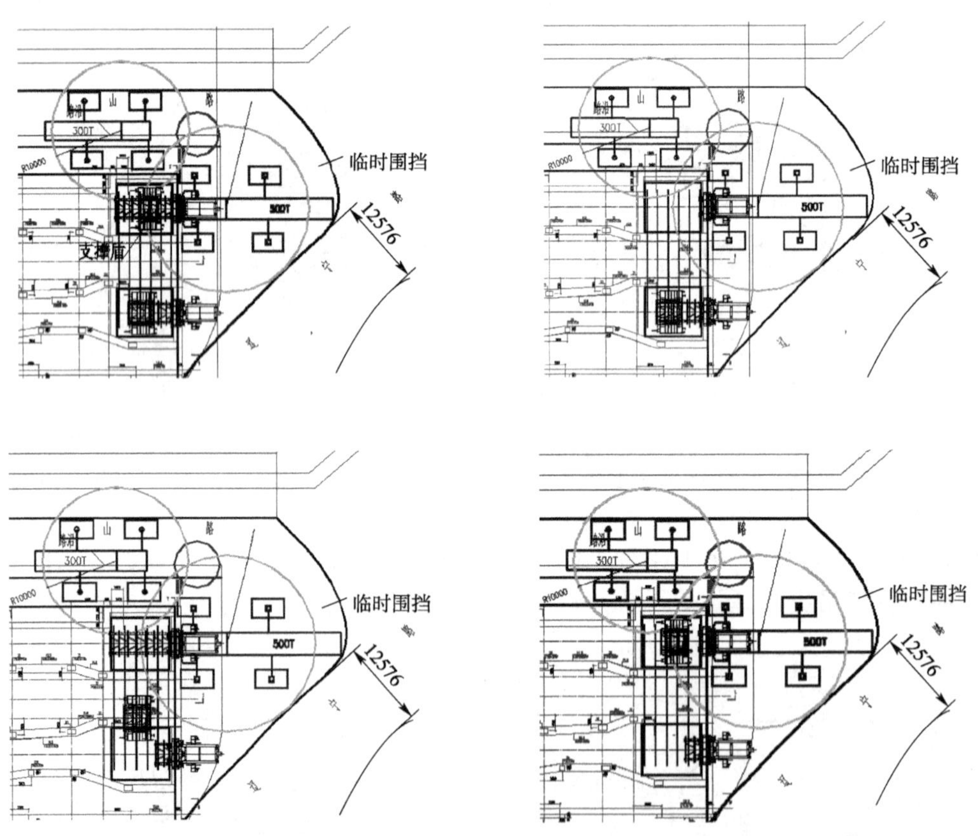

图15　4号TBM支撑盾吊拆、3号TBM支撑盾平移吊拆半径及吊车摆放图(尺寸单位:mm)

TBM支撑盾从泰山路站吊拆过程中，同步进行TBM始发场地二次吊装，整个转场施工持续30d。转场完毕后，即进行TBM各系统、结构件的连接、调试。

5.9 吊拆管片拼装机

采用500t吊车吊拆管片安装机，3号TBM、4号TBM安装机吊拆同时进行，因场地受限，将拼装机从支撑盾上拆除后,直接装车运至 TBM 始发场地。安装机吊拆完成后,吊出尾盾底块。

6 结语

本次 2 台双护盾 TBM 同时在泰山路站顺利实现转场,总用时仅 2 个月,主要体现在以下几个方面:一是施工前各方面准备充分。提前与当地相关部门沟通,做好占道及交通导改方案,通过新闻媒介提前进行占道、交通导改宣传,以免交通堵塞,引发误解;施工前项目成立专门的交通疏导小组,帮助指挥交通。二是施工组织精细。TBM 转场前对方案进行多次讨论及专家论证,选择吊装、平移最优的施工工法,对转场施工人员进行培训,使施工人员熟悉各工作流程及内容。通过各方面精细配合,最终使本次 TBM 转场快速、安全地完成。

参考文献

[1] 陈馈,洪开荣,吴学松.盾构施工技术[M].北京:人民交通出版社,2009.

[2] 文志刚.CCS 项目双护盾 TBM2 洞外快速组装施工技术[J].四川水力发电,2014(4):12-14,32.

[3] 李文新. 双护盾 TBM 选型及技术配置[J]. 铁道建筑技术,2010(10):66-70.

[4] 廖国域. 浅析 TBM 双护盾工程现场快速组装技术[J]. 城市建筑,2013(16):278.

大断面暗挖隧道台车施工技术研究及应用

杨　义

（北京住总集团有限责任公司轨道交通市政工程总承包部　北京　100028）

摘　要：本文研究的全自动数控台车是一种新的数字化控制模式液压模板台车，其特点主要有：①适用范围更广泛；②受力体系转换更合理；③监测数据能为施工提供依据；④自动化控制更方便；⑤整体性增强，结构更可靠。该台车不仅能省力、省工、节约成本，并具有很好的安全性，又能保证混凝土的质量；尤其是其具有良好的换撑、监测、数控功能，在暗挖大断面施工受力转换中能完成较好的过渡，通过监测各项数据及时反馈施工，有效控制地表沉降，实现信息化施工。全自动数控衬砌台车的研制对保证工程质量和提高施工企业经济效益非常重要和迫切。

关键词：大断面暗挖；二次衬砌；全自动数控台车

1　引言

在我国地下铁路工程建设中，隧道二衬台车已经是隧道施工过程中二次衬砌不可或缺的机械。原有的简易台车由于没有自动行走、超前换撑系统、数据监测系统，在二衬施工过程中增加了很多工序，例如需要人工采用丝杠千斤顶进行换撑，这部分工作主要依靠人工操作，效率低。因此，全自动数控衬砌台车研制对保证工程质量和提高施工企业经济效益非常重要和迫切。本次研究的隧道全自动数控台车，主要用于对施工速度、混凝土表面质量要求较高的大断面暗挖隧道二次衬砌施工中。

2　工程概况

本北京地铁16号线屯佃站—永丰站区间，起于上庄路与北清路十字交叉口处东北象限的屯佃站东端，出屯佃站后，沿北清路路北绿地内地下方式由西向东铺设，止于规划永丰西四街与北清路十字交叉口处东侧北清路正下方的永丰站。

其中永丰站站前停车线矿山法区间，线路起点里程为右BK9＋263.646，终点里程右BK9＋544.300，停车线全长280.654m。本段区间结构开挖跨度10.9m，开挖高度9.07m，二次衬砌结构厚度0.6m，覆土厚度9.4～9.74m，采用CRD法施工。

3　传统暗挖隧道二次衬砌施工技术分析

（1）采用人工支模

采用满堂脚手架人工支模时，施工步序如下：

①底板施工：分段，纵向不超过6m，依次截断仰拱厚度范围内的中隔壁，保留格栅钢筋不

作者简介：杨义（1989—），男，硕士研究生，工程师。目前主要从事地下工程施工和管理工作。Email：715504500@qq.com。

小于200mm长在仰拱二次衬砌内，铺设防水层并绑扎钢筋，浇筑仰拱混凝土，待混凝土达到设计强度后，进行下一段中隔壁截断及仰拱浇筑。

②侧墙施工：分段（根据监测情况确定，纵向不超过6m）截断临时仰拱，铺设防水层并绑扎钢筋，满堂支架浇筑隧道侧墙，左右对称进行，保留格栅主筋100mm在二次衬砌范围内。

③拱顶施工：侧墙浇筑完成并达到设计强度后，拆除原先搭设的脚手架。拆除上半部中隔壁重新搭设脚手架，铺设防水层并绑扎钢筋，然后架设模板浇筑顶拱二次衬砌。

④施工完成：拱墙混凝土达到设计强度以后，拆除剩余中隔壁及临时仰拱。

根据以上施工方法，分析技术特点如下：

①由于临时仰拱未完全拆除，在施工侧墙防水、钢筋及模板过程中，临时仰拱处于悬挑状态存在一定的安全风险。

②施工侧墙时，由于保留临时仰拱格栅主筋锚入二次衬砌混凝土内部，模板安装只能由小块模板拼装，很难保证拼装质量从而影响混凝土浇筑质量，容易产生外观质量缺陷。

③施工缝较台车多一道，增加了防水薄弱点。

④施工周期较长，侧墙及拱顶施工时间共17d。

⑤人工及模板成本投入较大。

（2）简易台车施工

采用简易台车施工时，施工步序如下：

①底板施工（换撑）：分段施工纵向不超过6m，对底板范围内采用"隔二换一"法换撑施工，并保留格栅钢筋不小于200mm在仰拱二次衬砌内。

②底板施工（防水板铺设）：按照隧道方向，纵向铺设防水层。

③底板施工（钢筋绑扎及混凝土浇筑）：绑扎底板钢筋，并浇筑混凝土。

④拱墙施工（换撑）：分段施工纵向不超过6m，对拱顶下反1.3m范围内临时中隔墙采用"隔二换一"法换撑施工。

⑤拱墙施工（破除临时仰拱）：分段施工纵向不超过6m，临时仰拱全部破除。如果在地质条件较差外部环境不好的情况下，一次性全部拆除临时仰拱，可能存在一定安全风险。

⑥拱墙施工（防水）：顺向铺设拱墙范围内的防水卷材。

⑦拱墙施工（钢筋绑扎）：分段绑扎拱墙钢筋。

⑧拱墙施工（台车定位）：分体进台车，并定位。

⑨拱墙施工（台车连接）：台车定位完成以后，将两个台车之间的临时中隔壁破洞，并连接台车。

⑩拱墙施工（混凝土浇筑）：按照施工要求，分层浇筑混凝土。

⑪施工完成：混凝土达到设计强度后，拆除中隔壁。

根据以上施工方法，分析技术特点：

①首次台车就位、拼装时间较长（后续正常施工以后即可解决），同时需全部拆除临时仰拱，如果在不利地质条件及外部环境条件较差的工程，存在一定的风险。

②由于混凝土是整体浇筑，浇筑完成后的混凝土表观质量较好，并减少了一道施工缝，减少防水薄弱点。

③工期时间较短，人工投入较少，节约了工期及成本。

④台行走及拼装的过程中容易形成变形，有可能导致左右不同步的现象。

4 全自动数控台车施工技术

根据对人工支模与简易台车的技术分析，本标段研究采用全自动数控台车，全长 12m 主要分为两部分，有效衬砌长度为 5.9m，前段台车 6m 长主要起到主动换撑的作用，配有水平和竖向支撑，同时每个支撑前端装有受力监测设备，可以监控和记录施工期间支撑的受力变化，并将数据显示在屏幕上，直观、精确。后段台车主要用于浇筑混凝土，并且也具备支撑功能。

本台车是在简易台车基础改进而来的，针对台车的整体性、施工效率进行了优化，具体技术特点如下：

(1)适用范围更广泛。适用于各种不利地质环境。本台车施工长度还可根据施工需求，以 1.5m 作为模数自由调节，跨度可在 6.5 ~ 15m 之间调节转换，台车设计模块化，可适用于多种断面，适用性更广泛。

(2)受力体系转换更合理。台车前进方向加支撑架，水平撑代替临时仰拱、竖向支撑代替中隔壁，从而实现了主动换撑，在后段模板台车内部同样加设水平和竖向支撑，在混凝土浇筑前不拆除，减少临空时间。

(3)监测数据为施工提供依据。台车液压控制采用数控操作，在油缸上加传感器，记录施工过程中每个油缸杆件的受力情况，为下一步施工提供全面的数据分析。如数据有明显异常，在台车前行时，可采取人工倒撑等辅助措施，以保证施工安全和控制沉降。前段台车的数据监控、采集功能，可为判断该段初支的受力变形情况及安全状态提供准确全面的数据分析，为下步施工提供依据。在不利的外部环境下，台车行走期间，可采用人工辅助换撑等措施保证洞内施工安全及控制沉降。待后段台车就位后又可实现主动支撑直到混凝土浇筑完成达到设计强度，全程避免初支临空，从而保证施工的安全性并有效控制沉降。

(4)自动化控制更方便。在台车操作方面，前段主动换撑系统及后段液压模板调节系统，均实现了自动化控制，并以电动机驱动行走机构带动台车行走，通过触摸屏即可实现控制及调节，仅有个别的丝杆固定需要少量人工进行配合紧实即可，充分解放了人工，操作方便且施工精度高。

(5)整体性增强，结构更可靠。前段台车主要由液压设备、控制设备及行走设备组成，为临时结构破除、防水板及钢筋绑扎等提供有利的施工条件。后段台车由液压系统、控制设备、行走设备及模板龙骨等组成，主要为混凝土浇筑服务。台车模板共 130 块 7015 可调模板组成，采用专用卡扣固定于龙骨上，龙骨由五段组成，每段均配有液压设备，每次支模拆模过程均由液压设备调节完成，仅配合少量人工进行固定连接。在台车龙骨位置安装 8 个平板振动器(边墙位置一边 3 个，拱顶位置 2 个)。衬砌台车的刚度必须满足衬砌施工时浇筑混凝土达到平均 850mm 厚度同时采用灌注压力较大的输送泵进行压力灌注时，衬砌台车能保持稳定、模板和支撑系统不变形，同时保证隧道衬砌施工长度达到 2000m 前保证无明显变形。对于二次衬砌的环向和拱墙与边墙基础的搭接部分变形不得超过 3mm，其他部分变形不得超过 2mm(采用 2m 直尺量)。如图 1、图 2 所示。

采用全自动数控台车施工时，具体施工步序如图 3 所示。

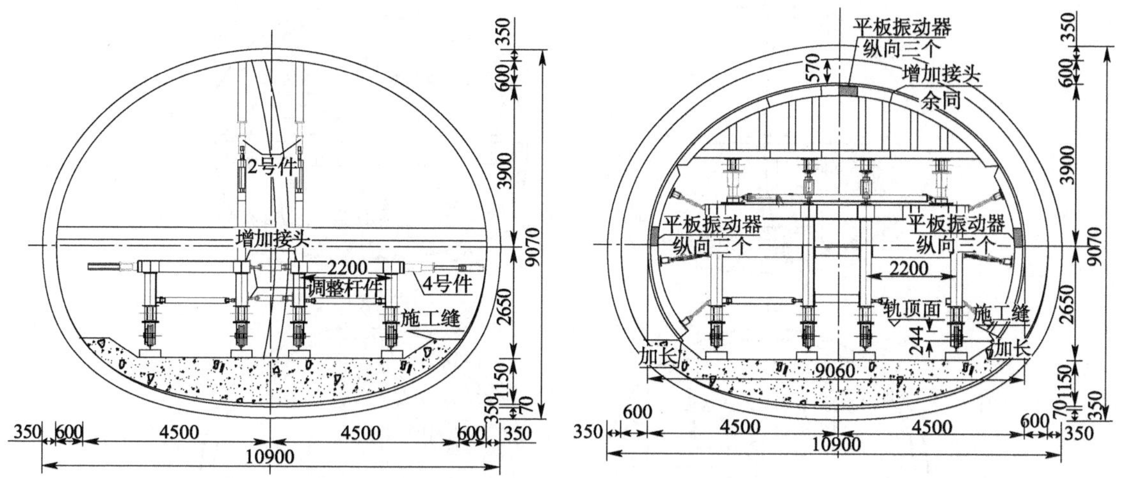

图1　全自动数控台车前段、后段横剖面图(尺寸单位:mm)

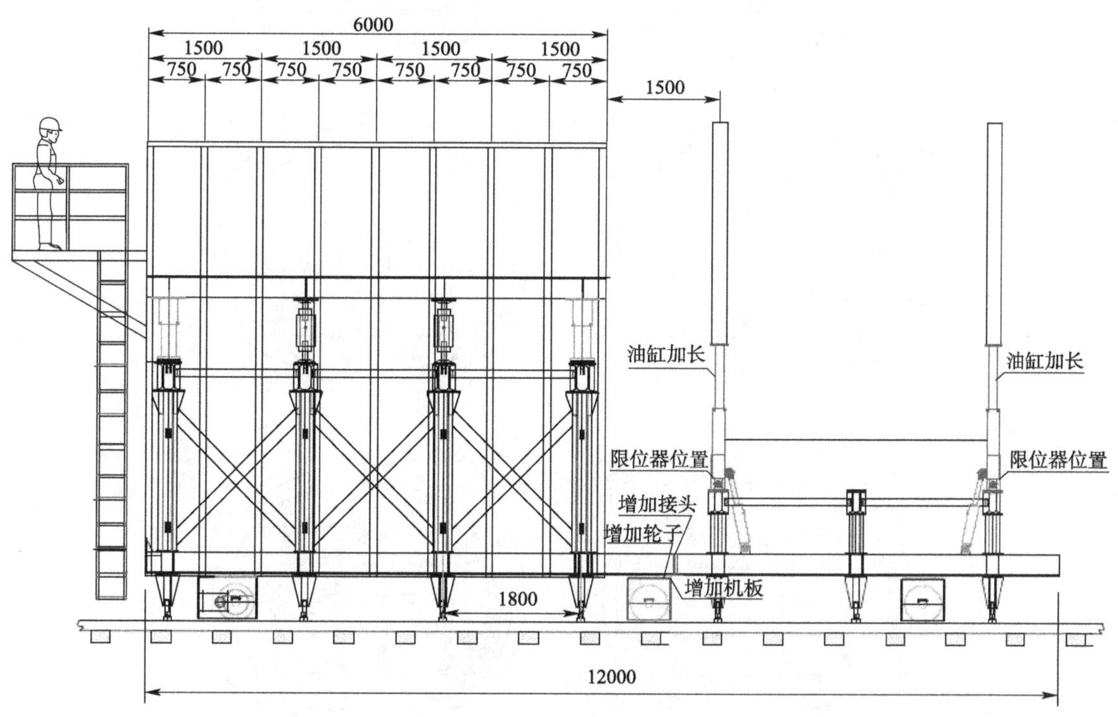

图2　全自动数控台车纵剖面图(尺寸单位:mm)

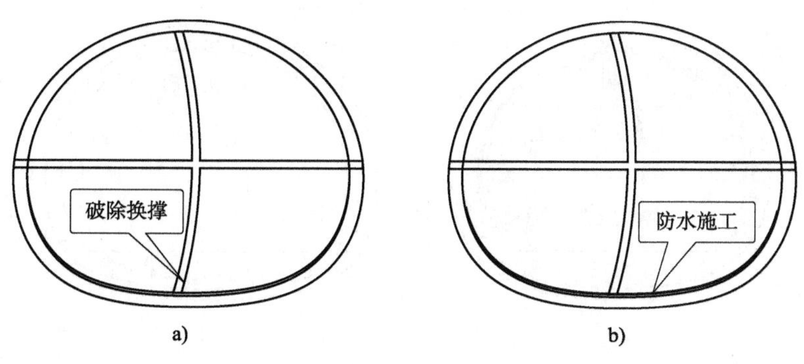

a)

b)

图　3

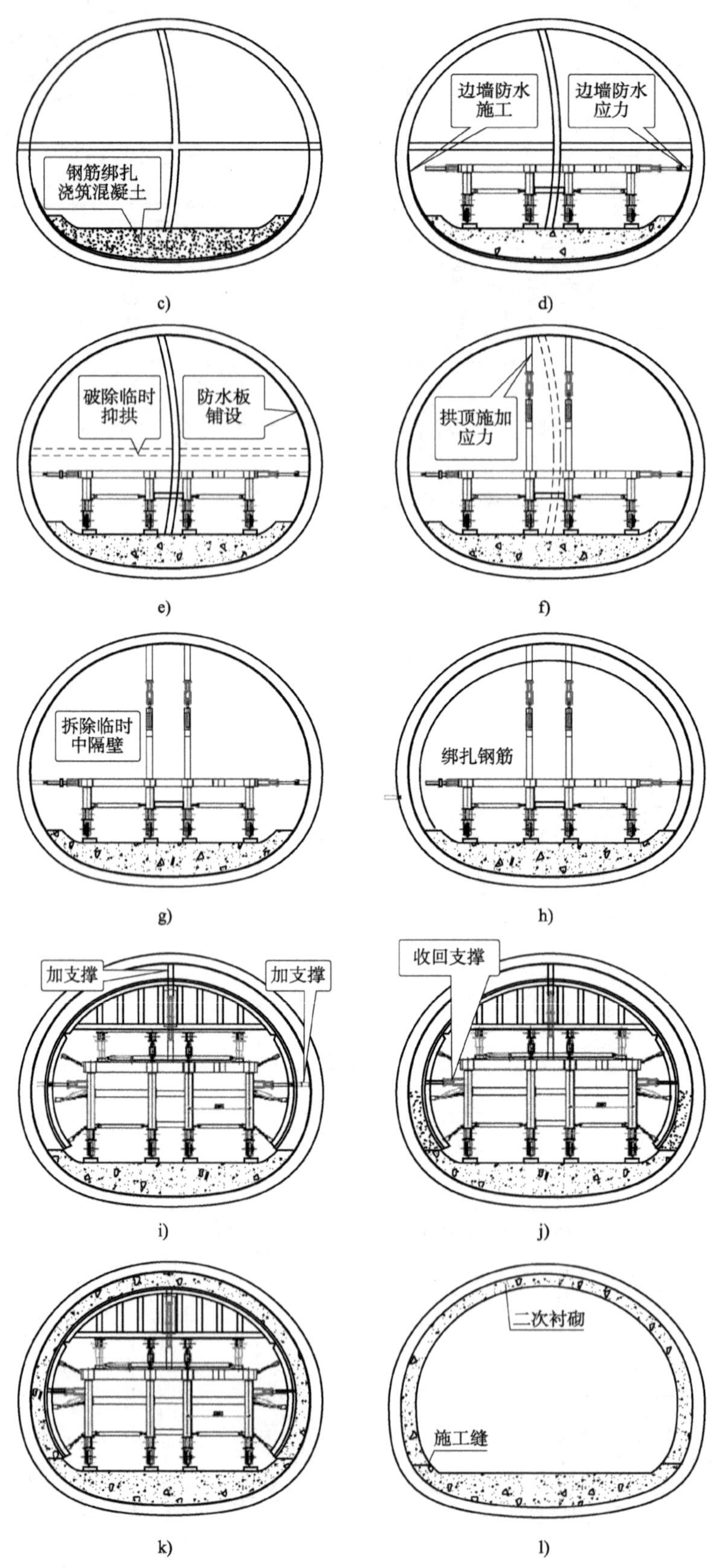

图3　全自动数控台车二次衬砌施工步序图

5 经济技术对比分析

针对人工支模、简易台车和全自动数控台车，从安全、质量、成本、工期及沉降控制五个方面进行分析研究，见表1。

经济技术对比分析表　　表1

方案	安全性	质量控制	成本(每组)	工期	沉降控制
人工支模	(1)分3次施工，期间保留临时支撑，能保证施工安全；(2)侧墙施工过程中临时仰拱处于悬空状态存在一定的安全风险	(1)分3次施工，多了两条施工缝，增加了防水薄弱点；(2)侧墙施工时保留临时仰拱主筋在侧墙内，增加了防水、钢筋的施工难度。同时该处模板拼接较难，从而混凝土浇筑及外观质量难以保证	(1)人工:49200元；(2)材料:2720元(根据市场租赁价格得出)；(3)总成本:51920元	除去底板施工时间，需17d	根据监测数据分析，调整施工长度，以此控制沉降。在拱顶施工期间，拆除中隔壁后，直至施工完成的这段工期以内会有一定的沉降。无换撑措施，不利于沉降控制
简易台车	(1)施工期间采取换撑的措施全程保留中隔壁，从而保证施工安全；(2)临时仰拱全部拆除与设计理念有一定差异(在地质情况不利下存在一定安全风险)	(1)拱墙采用一次浇筑，少了2条施工缝，减少了防水薄弱点；(2)模板一次成型，整体性强，混凝土浇筑及外观质量容易保证	(1)人工:20800元；(2)材料:1380元(理论可用2000m)；(3)总成本:22180元	除去底板施工时间，需7d	临时中隔壁上下均采用换撑施工，二衬施工期间全程保留中隔壁，沉降得到有效控制，但工序较繁琐 同时底板换撑没有主动加力，使换撑处与底板存在缝隙，会产生沉降
新型全自动数控台车	(1)实现了主动换撑，保证了临时支撑拆除时的安全；(2)全程实时监控初支受力及变形状态，可以准确的进行数据分析，为后续施工提供指导依据，从而保证了洞内的施工安全	(1)拱墙采用一次浇筑，少了2条施工缝，减少了防水薄弱点；(2)模板一次成型，整体性强，混凝土浇筑及外观质量容易保证；(3)主动换撑后临时支撑全部拆除，为防水和钢筋施工提供了有利条件，使之质量容易控制	(1)人工:17600元；(2)材料:2940元(理论可用2000m)；(3)总成本:20540元	除去底板施工时间，拱墙一次浇筑需3～4d，并形成流水作业	水平和竖向均采取主动换撑措施，支撑处可主动加力使之与初支密贴。同时还可以实时监控初支受力变形情况，必要时还可采取其他辅助措施帮助控制沉降(除底板换撑施工中会产生一定的沉降外，拱墙施工可以达到无临空时间，可有效控制沉降)

6 结语

通过以上技术、经济分析，本全自动数控台车是一种新的数字化控制模式液压模板台车，不仅能省力、省工、节约成本，并具有很好的安全性，又能保证混凝土的质量。特别是该台车具有良好的换撑、监测、数控功能，在暗挖大断面施工受力转换中能完成较好的过渡，通过监测各项数据及时反馈施工，有效控制地表沉降，实现信息化施工。该类型台车在城市暗挖工程大断面隧道中有着广阔的应用前景。

参考文献

[1] 张文辉.隧道衬砌全液压钢模台车施工技术[J].科技信息,2010,(15):314,398.
[2] 刘旭阳.隧道衬砌模板台车设计的探讨[J].中国建筑金属结构,2007,(2):42-46.
[3] 隆杰.隧道衬砌台车设计的初步探讨[J].企业技术开发,2010,29(23):71-72,78.
[4] 胜军.新型全液压自行式隧道衬砌台车研制[J].石家庄铁道学院学报(自然科学版),2008,21(3):86-89.

地铁明挖车站深基坑监测试验研究

刘文亮

（北京住总集团有限责任公司轨道交通市政工程总承包部　北京　100028）

摘　要：随着城市地铁建设过程中基坑开挖深度越来越大、周边管线越来越多，基坑的支护体系对维持基坑的稳定性显得尤为重要，所以要对深基坑进行实时监测。本文结合北京地铁16号线某深基坑工程进行了监测试验，试验结果表明：①钢支撑轴力受早晚温差影响，轴力与温度成正向的线性关系，在深基坑开挖及主体结构施工过程中，需要根据监测结果及时对钢支撑的轴力损失及时进行补偿，保证轴力日变化幅度在正常范围内；②第三道钢支撑轴力预先释放后，基坑第一、二道钢支撑轴力略有增加后趋于稳定，墙顶水平位移累计变形量变化不大，墙体水平位移累计变形量处于安全可控范围，因此，拆除第三道钢支撑对基坑稳定影响较小，可优化原来施工步序，直接拆撑后进行下一步施工。该试验结果能为类似工程施工提供参考和借鉴。

关键词：明挖；深基坑；监测；试验

1　引言

近年来，北京市轨道交通建设蓬勃发展，线路总里程增长迅猛有望超越纽约成为世界第一。随着越来越多新地铁车站和线路规划、设计实施，对于施工进度、施工方法和施工安全的要求越来越高。本文以北京地铁16号线永丰南站工程为对象，通过现场试验结果研究，对地铁车站深基坑结构施工步序进行了优化，期望可以为同行业地铁车站深基坑内主体结构施工提供借鉴和参考。

2　工程概述

（1）工程概述

北京地铁16号线永丰南站位于永丰南环路与永丰路交叉路口以南，沿永丰路南北向布置。设计车站为地下两层岛式车站，双柱三跨混凝土结构，采用明挖法施工。车站有效站台中心顶板覆土4.2m，轨面标高27.97m，底板底面标高26.45m，底板埋深约18.05m。标准段总宽21.10m、总高13.85m，车站总长263.2m，岛式站台宽度12m，有效站台长186m，车站两端接盾构区间，设置有4座出入口，并设有风亭和紧急疏散口。

由于采用明挖法施工，车站主体结构基坑深度达18m，属于典型的深基坑施工，设计中采用了内支撑系统和地下连续墙支护体系。

（2）工程地质水文情况

本工程场地范围内的土层划分为人工堆积层、新近沉积层、第四纪全新世冲洪积层、第四纪晚更新世冲洪积层四大类，见表1。工程范围内地下水类型分别为上层滞水（一）、潜水（二）、承压水（三）和承压水（四），具体内容见表2。

作者简介：刘文亮（1981—），男，大学本科，工程师。目前主要从事地下工程施工和管理工作。Email：2846709460@qq.com。

工程地层表 表1

人工填土层	粉土填土①层、杂填土$①_1$层
新近沉积层(Q_4^{2+3al})	粉土②层、粉质黏土$②_1$层、粉细砂$②_3$层
第四纪全新世冲洪积层(Q_4^{1al+pl})	粉土③、粉土黏土$③_1$层、粉细砂$③_3$层、粉质黏土④层、粉土$④_2$层、粉细砂$④_3$
第四纪晚更新世冲洪积层(Q_3^{al+pl})	粉质黏土⑥层、粉土$⑥_2$层、粉质黏土⑧层、粉土$⑧_2$层、细中砂$⑧_3$层

车站范围内地下水情况表 表2

地下水性质	含　水　层	水位/水头埋深(m)	埋深/水头高程(m)
上层滞水(一)	杂填土$①_1$层、粉土②层	41.92	2.00
潜水(二)	粉土②层、粉细砂$②_3$层	35.91 ~ 38.49	6.8 ~ 8.65
承压水(三)	粉土③层、粉细砂$③_3$层、粉土$④_2$层、粉细砂$④_3$层	28.56 ~ 33.00	12.05 ~ 16.20
承压水(四)	粉土$⑥_2$层	16.82 ~ 17.56	27.10 ~ 27.20

车站范围内潜水(二)水位高程35.91 ~ 38.49m,含水层岩性为粉土②层、粉细砂$②_3$层;承压水(三)水头高程28.56 ~ 33.00m,含水层岩性为粉土③层、粉细砂$③_3$层、粉土$④_2$层、粉细砂$④_3$层;均位于结构底板以上,水层分布连续,水位标高随含水层起伏而变化,对于施工影响较大,饱和的粉土$④_2$层在开挖过程中易发生涌水坍塌,且土层分布主要为粉质黏土、粉土交互分布,降水时不易疏干,对边坡支护以及干槽作业有影响,施工时需着重注意。

3 围护结构设计

(1)围护结构设计

本站主体结构基坑采用内支撑系统 + 地下连续墙支护体系。地下连续墙厚度为600mm,墙顶设置800mm × 900mm冠梁。

本站标准段基坑支撑系统设置三道钢支撑 + 一道倒撑,盾构段基坑支撑系统设置四道钢支撑 + 一道倒撑。主要钢管支撑类型有 $\phi609$、$t = 16$,$\phi800$、$t = 16$,$\phi800$、$t = 20$,Q235B钢管,第二、三、四道钢支撑水平间距为3.0m,第一道和倒撑水平间距为第二道撑水平间距的2倍,钢管撑可按设计轴力的30% ~70%施加预应力。

(2)施工步序

根据设计方案,施工步序如图1所示。

第一步:施工临时围挡,平整场地,施作导墙、地下连续墙、冠梁、地表截水沟及挡水墙,开挖土方至第一道钢支撑处,施工第一道钢支撑[图1a)]。

第二步:开挖土方至第二道钢支撑处,施工第二道钢支撑[图1b)]。

第三步:开挖土方至第三道钢支撑处,施工第三道钢支撑[图1c)]。

第四步:开挖剩余土方至基坑开挖设计深度以上300mm,人工清底并验槽,先后施工混凝土垫层、底板防水层及保护层、结构底板、第三道支撑下的侧墙及其防水层[图1d)]。

第五步:待底板、侧墙混凝土强度达到设计强度的75%后,拆除第三道钢支撑,向上施作第二道钢支撑下的车站侧墙、中板、立柱、防水层及保护层[图1e)]。

第六步:待中板、侧墙混凝土强度达到设计强度的75%后,拆除第二道钢支撑,向上施作剩余的车站侧墙、顶板、立柱、防水层及保护层[图1f)]。

第七步:待顶板、侧墙混凝土强度达到设计强度的90%后,拆除第一道钢支撑,回填土至规划地面标高,拆除临时围挡,恢复交通[图1f)]。

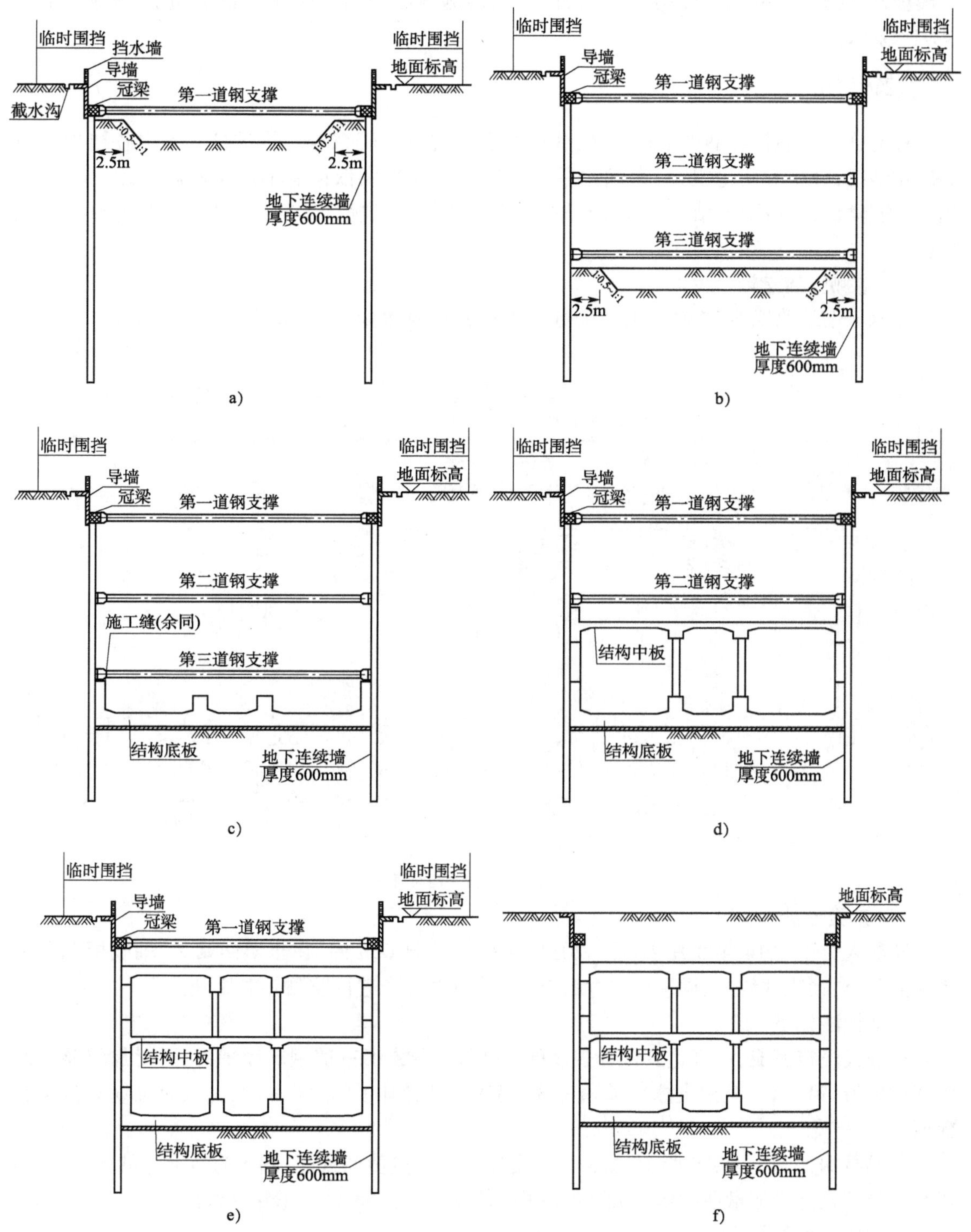

图1 基坑开挖施工及主体结构步序图

(3)施工中遇到的问题

一是根据现场监测数据结果显示，钢支撑架设后，在雨天、夜间温度降低时，钢支撑轴力损失较大；二是在主体结构施工工序过程中，个别钢支撑架设位置与侧墙防水、绑筋架设脚手架、大模板及三脚架安装、部分柱子施工等冲突，结构侧墙需增加一道施工缝，严重影响施工工艺及防水效果。

4　试验研究

针对施工中通常会遇到上述难题，我们有必要进一步研究深基坑支护体系中各结构内力的变化情况，分析其变化规律，为优化原来的施工步序提供依据。本次实验以上述工程为实例，监测基坑某一段围护结构的钢支撑轴力、墙体测斜、墙顶位移等项目，收集数据并进行整理分析。

(1)监测位置选取

以永丰南站第四段23轴断面监测数据进行分析，监测点平面布置如图2所示。

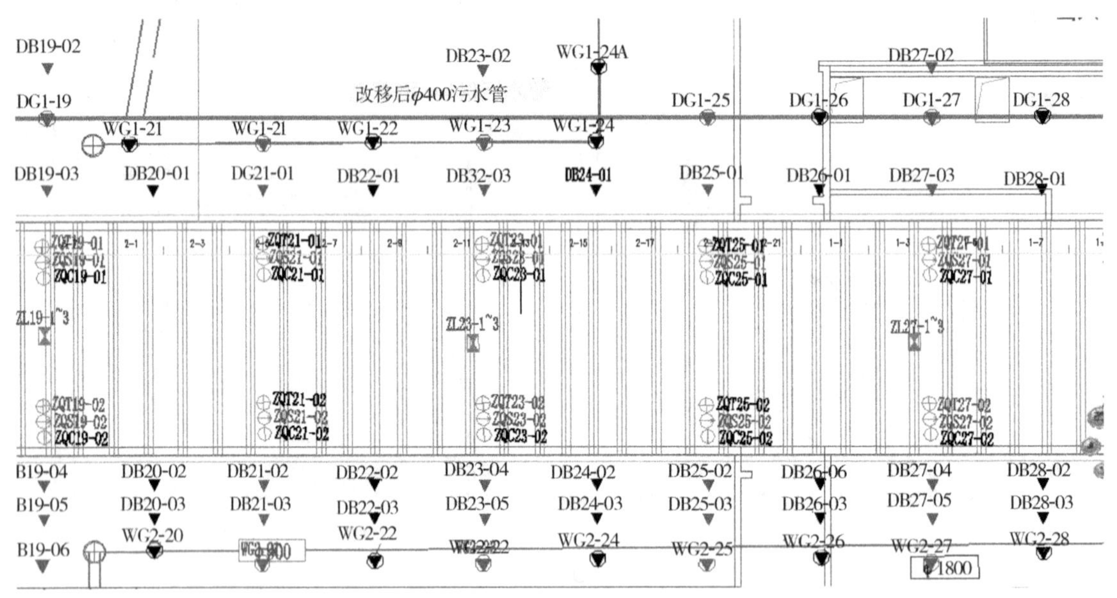

图2　基坑监测点平面布置图

(2)试验方法

监测人员于2014年8月21日—2014年8月23日60h内，在永丰南站23轴底板混凝土浇筑前后，对钢支撑轴力、墙顶位移、墙体位移及地表沉降进行监测并对比分析。

具体做法如下：

待底板浇筑完成，强度达到设计强度的75%后，释放第三道钢支撑轴力，同时加强监测此段基坑轴力(第一、二道钢支撑)、墙顶位移、墙体位移，24h内每4h一次，并及时反馈分析监测数据。

监测数据如图3～图5所示，图3为钢支撑轴力测量值曲线图，图4为地下连续墙23轴墙顶水平位移累计变形量曲线图，图5为3d内墙体水平位移累计变形量曲线图。

(3)监测数据分析

实测数据显示，钢支撑轴力变化幅度较小(4d内波动均值42kN左右)，每道钢支撑轴力值(第三道为952.68kN，第二道为1075.65kN，第一道为1177.79kN)均在设计范围之内；围护结构变形值较小(地下连续墙墙顶水平位移最大值1.98mm，允许值20mm；墙体测斜最大值为3.9mm，允许值15mm)，均远小于设计值，说明目前围护结构体系的安全储备较高。

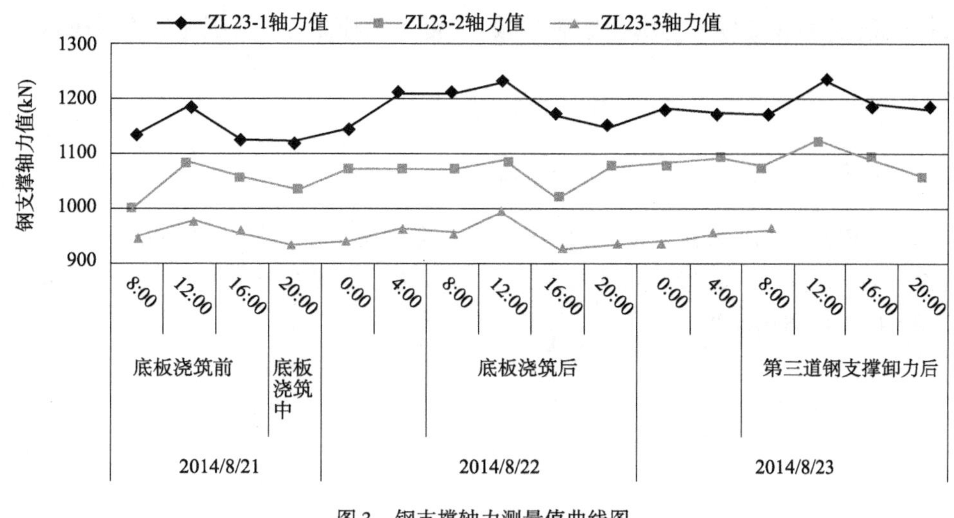

图 3　钢支撑轴力测量值曲线图

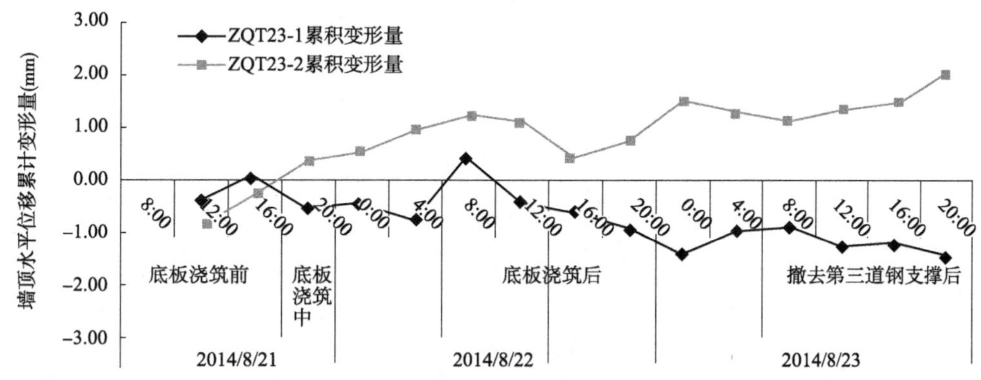

图 4　地下连续墙 23 轴墙顶水平位移累计变形量曲线图

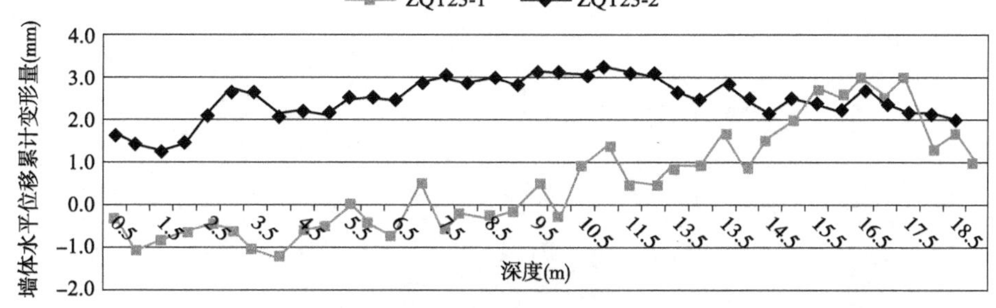

图 5　3d 内墙体水平位移累计变形量曲线图

5　结论

根据对底板结构施工过程的监测统计，在基坑围护结构 + 钢支撑体系受力转换施工过程中，得出以下结论：

(1)钢支撑轴力受早晚温差影响，轴力与温度成正向的线性关系，因而，在深基坑开挖及主体结构施工过程中，需要根据监测结果及时对钢支撑的轴力损失及时进行补偿，保证轴力日变化幅度在正常范围内。

(2)第三道钢支撑轴力预先释放后，根据监测结果，基坑第一、二道钢支撑轴力略有增加后趋于稳定，墙顶水平位移累计变形量变化不大，墙体水平位移累计变形量处于安全可控范围,因此,拆除第三道钢支撑对基坑稳定影响较小,可优化原来施工步序,直接拆撑后进行下一步施工。

参考文献

[1] 刘国彬,王卫东. 基坑工程手册[M]. 北京:中国建筑工程出版社,1999.

[2] 张明聚,由海亮,杜修力,等. 北京地铁某车站明挖基坑施工监测分析[J]. 北京工业大学学报,2006(10):874-878.

地铁高架桥预制U形梁混凝土外观质量控制

周丽苹　周春宝　林志达　刘敖然

（北京住总集团有限责任公司轨道交通市政工程总承包部　北京　100028）

摘　要：预制U形梁性能优点众多，但是在城市轨道交通建设中尚处于推广应用阶段，施工技术还有待完善，U形梁混凝土外观质量控制问题就是较为常见的问题之一。本文依托北京市轨道交通某工程预制U形试验梁，从分析梁混凝土外观质量存在的问题和剖析其原因入手，在生产过程中，通过优化钢筋排布和施工工序、合理选用振捣工具、采用定型模板和加强保温养护等措施，预制U形试验梁混凝土的外观质量得到了有效控制，为后续施工提供了保障。

关键词：地铁；预制U形梁；混凝土；外观质量

1　引言

随着城市化进程的不断推进，城市轨道交通在我国得到了快速发展。城市轨道交通一般采用地下线、地面线或高架线等形式，其中，U形梁是一种新型的城市轨道交通高架桥梁结构形式。19世纪50年代U形梁最早在英国应用，20世纪以后引入中国，最早应用于上海地铁M8号线。与高架桥传统应用的箱梁相比，U形梁具有建筑高度降低、断面空间利用率高、降噪效果好、行车安全、外型美观和运营成本低等优点，在经过不断的改良后，逐渐推广应用到南京、重庆、青岛、郑州等城市轨道交通领域，U形梁在我国尚处于推广应用阶段。

U形梁对施工技术要求较高，经调研，U形梁混凝土外观质量平均合格率为87.3%，混凝土外观质量有待提高。本文依托北京轨道交通某线工程预制试验梁，探讨了预制U形梁在施工过程中存在的困难，分析了影响预制U形梁出现外观质量缺陷的原因，提出了控制预制U形梁混凝土外观质量缺陷的措施，为后续施工提供保障。

2　预制U形梁结构特点

预制U形梁梁体为开口薄壁截面，是一种下承式结构，梁体由底板、两侧的腹板和腹板顶部的翼缘板连接成U字形截面。预制U形梁外形为圆弧形，表面积大，混凝土外观质量对梁体的观感效果起重要作用。梁体为薄壁结构，设计使用年限为100年，最薄处仅25cm，梁体外观质量对混凝土的耐久性有很大影响，预制U形梁尺寸大、钢筋密集、混凝土不易浇筑和振捣，施工中控制不当容易产生各种外观缺陷。本项目高架标准梁采用整孔预制预应力混凝土简支U形梁，采用单片U形梁并置结构形式。30m跨单片U形梁结构跨中梁高2.1m，支点梁高加厚0.1m，至2.27m。单片梁顶宽5.57m，梁间距0.06m。单片跨中梁底板宽4.0m，厚0.28m；支点处底板宽4.57m，厚0.45m。内外侧腹板呈流畅弧线形，外侧翼缘厚0.445m，宽0.78m，内侧翼缘厚0.25m，宽0.945m。预制U形梁跨中断面图见图1。

作者简介：周丽苹（1989—），女，工学硕士，助理工程师。目前主要从事地下工程施工和管理工作。Email：948462568@qq.com。

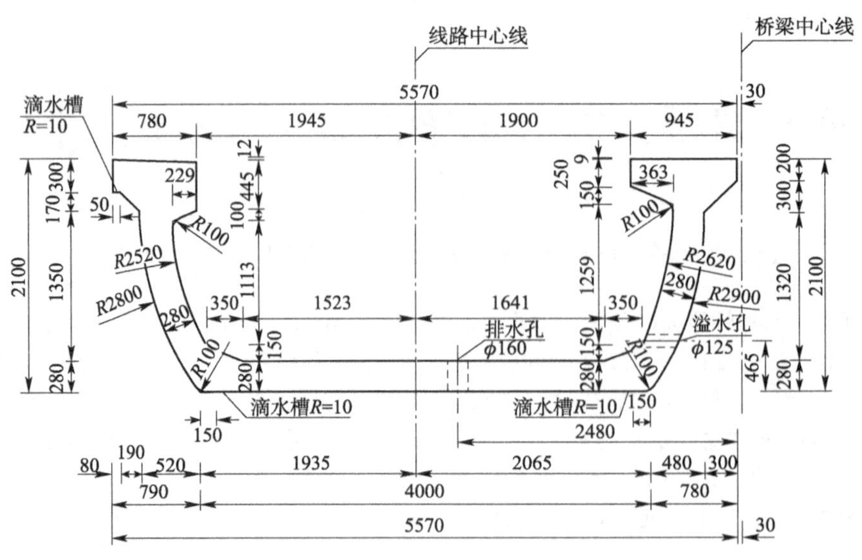

图1　预制U形梁跨中断面图(尺寸单位:mm)

3　外观质量存在的问题及主要原因

预制U形梁外形尺寸不规则,施工工艺复杂,混凝土外观质量不易控制,在试验梁完成后,项目部第一时间组织人员对已浇筑完成的预制U形试验梁进行自查,梁体多处存在色差,气泡、蜂窝、麻面、缺棱掉角等外观质量问题。经统计(表1),U形梁外观质量缺陷主要为:色差占48.6%,气泡、蜂窝、麻面占30.6%,缺棱掉角占8.3%,表面平整度占5.6%,混凝土裂缝占4.2%,截面尺寸占2.8%;其中色差,气泡、蜂窝、麻面缺陷占主要问题的79.2%。其中,色差、气泡、蜂窝、麻面问题等主要集中在腹板部位,缺棱掉角主要集中在加腋部位。

预制U形试验梁外观质量缺陷统计表　　表1

序号	检查项目	频数	频率(%)	累积频率(%)
1	色差	35	48.6	48.6
2	气泡、蜂窝、麻面	22	30.6	79.2
3	缺棱掉角	6	8.3	87.5
4	表面平整度	4	5.6	93.1
5	混凝土裂缝	3	4.2	97.2
6	截面尺寸	2	2.8	100
合计		68	100	

通过组织专家考察论证、技术骨干研讨、复盘施工过程、回看施工记录等方式,梳理相关联的因素(图2),分析出预制过程中导致U形梁外观质量问题的主要因素如下:

(1)钢筋绑扎:U形梁钢筋,存在钢筋种类多,钢筋形状不规则,腋角部位钢筋较密,首片梁遇到穿筋困难、钢筋与波纹管冲突、预埋件易与钢筋相互干扰。在外模内进行绑扎作业,受空间限制,绑扎难度较大,在U形梁绑筋过程中遇到穿筋困难、钢筋与波纹管冲突、钢筋与端模冲突等问题。

(2)混凝土浇筑及振捣:U形梁腹板为弧线型,模板异型,模板拼缝不严密,容易漏浆;加腋部位钢筋较密,混凝土浇筑过程中难以振捣,振捣时间把握不足,局部振捣不到位,容易产生蜂窝麻面质量缺陷。

(3)U形梁保温养护:梁体体积大,遇冬期施工,U形梁保温养护需满足季节性施工要求。

(4)提梁经验:拆模过程中,提梁经验不足,梁体与外模发生干扰,会产生缺棱掉角外观缺陷。

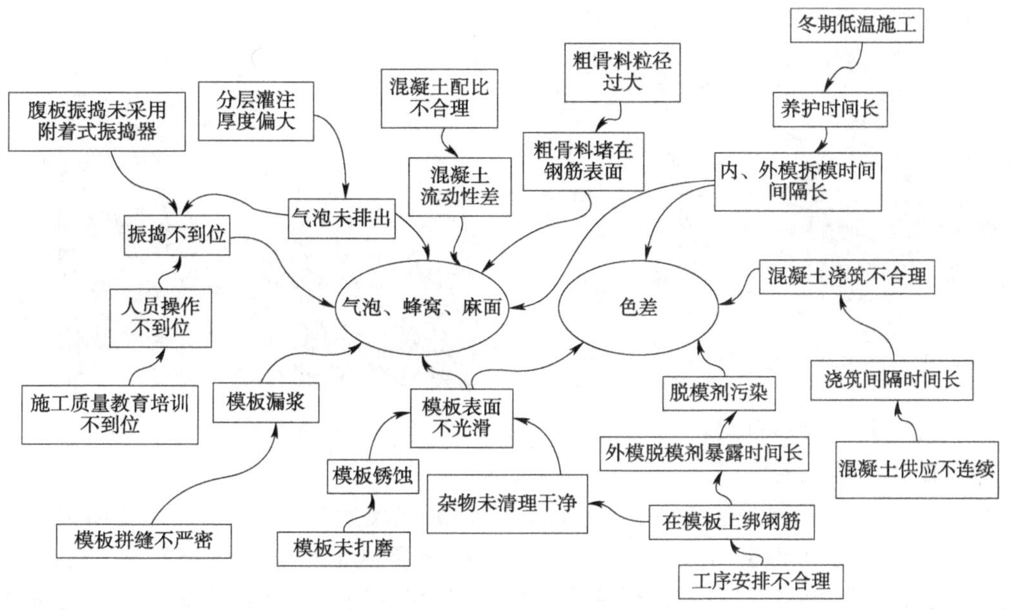

图2 问题解析因素关联图

4 外观质量控制措施

梁体的外观质量是工程控制的重点之一,结合解析出的导致U形梁外观质量的原因,本工程在混凝土外观质量控制上主要采取了以下措施,以提高梁体外观质量。

4.1 优化钢筋排布

项目BIM小组成员,根据设计图样,进行BIM钢筋建模,建立三维模型,钢筋、波纹管及预埋件的位置更加直观,更易找出钢筋与波纹管及预埋件冲突部位,并结合钢筋绑扎过程中遇到的问题,与设计单位进行沟通,制订解决措施,进行钢筋排布优化,有效解决了预埋件与钢筋冲突问题。首片梁采用端模开孔穿筋形式,有效解决了钢筋与端模冲突问题。

4.2 优化施工工序

首片梁在外模内进行绑扎作业,受空间限制,绑扎难度较大,绑筋所需时间较长,并且在模板内绑扎钢筋会遗留施工杂物,对模板造成二次污染,使模板表面清理不干净,造成混凝土外观质量缺陷。

(1)制作钢筋绑扎胎具

U形梁底、腹板钢筋绑扎胎具,底板纵向钢筋和横向钢筋的位置及间距控制按照图样设计要求,在∠60×3mm角钢竖直面的肢上长度大于钢筋总宽度(单筋为4~6mm,多组筋为8~10mm),深度为将钢筋正好卡住的卡槽,以保证钢筋的位置。钢筋绑扎过程中严格按照绑扎胎具上预留的钢筋卡槽放置钢筋。

为保证纵向和横向钢筋的位置正确及两侧腹板钢筋的保护层厚度满足规定的允许误差,在胎具的两外侧底边分别焊∠60×3mm角钢,用其竖直肢作支挡,在绑扎时,将横向筋的弯钩及腹板箍筋贴紧此肢背，即可保证钢筋的正确位置及外侧钢筋的整齐。为保证腹板箍筋顺梁长方向的倾斜度及横梁向的垂直度，在腹板两侧设计固定角钢靠杆，靠杆由∠60×3mm 角钢和工字钢组成，在紧贴腹板一侧的角钢上按设计位置切出槽口。

支座板、防落梁预埋钢板、泄水管、溢水管、波纹管、管道定位网等预埋件按照梁体设计位置预留在底、腹板钢筋绑扎胎具上。钢筋绑扎胎具及钢筋笼如图 3、图 4 所示。

图 3　钢筋绑扎胎具

图 4　钢筋绑扎胎具及钢筋笼

(2)钢筋笼吊装入模

钢筋笼采用专用吊具吊运入模，吊具质量 8t，钢筋笼质量 22t，吊具采用型钢框架结构，吊点布置为横向一排 5 根倒链吊点，其中 3 根布置在底板下铁钢筋上，2 根布置在腹板 N7、N8 主筋上；纵向 2m 一排，倒链长度一致，保证受力均匀，两端分别用卡环安装在吊具及钢筋笼下铁横向钢筋上，确保吊运安全。

吊运采用两台 25t 龙门吊抬吊，在起吊、行进及入模过程中两行车须轻吊轻放，保持步调一致、平稳运行(图 5、图 6)。入模后的钢筋笼按设计要求就位，调正，如有变形或扎结、焊接点有松动及时校正并补扎、补焊。为保证钢筋骨架精度，不得在模板安装过程中通过对模板施加外力挤压来调整钢筋位置；尽量减少面板与钢筋的磨擦，混凝土浇筑过程中应尽量避免与振捣棒的直接接触。

图 5　钢筋笼吊装入模(1)

图 6　钢筋笼吊装入模(2)

在胎具上绑扎钢筋，钢筋笼绑扎完成后再移入模板内，不仅减少了脱模剂的暴露时间，并且避免了对模板造成二次污染，有效改善了混凝土表面色差质量缺陷；在胎具上绑扎钢筋，增大了作业空间，首片梁用时 25d，在钢筋胎具上绑扎钢筋用时 9d，大大缩短了钢筋绑扎所需时间。

4.3　合理选用振捣机具

根据 U 形梁设计图样，单片 U 形梁混凝土总量为 83m^3，其中底板 37m^3，内外侧腹板均为

23m³,浇筑顺序为先底板后腹板,浇筑时间 5h 内完成,浇筑时混凝土坍落度控制在 180 ± 20mm。合理控制混凝土分层浇筑厚度,腹板模板为圆弧形,不易浇筑和振捣,腹板分层混凝土的浇筑厚度相应减少,控制在 200mm 以内,使空气可以更好的排出;合理选用振捣机具,在腹板下部混凝土振捣时采用振捣棒和附着式高频振捣器相结合的振捣方式。在腹板下部模板外侧按照梅花型布置 GPZ-150 型附着式振捣器(图 7),纵向布置间距 3.5m;布料完成后先使用插入式振捣棒振动 5 ~ 10s,再启动附着式振捣器振动 4 ~ 5s。加腋部位钢筋较密,应选用直径 30mm 的插入式振捣棒,保证每个点都振捣到位,避免在振捣过程中碰撞钢筋或模板。通过选用合理的振捣机具,混凝土振捣密实,气泡顺利排出,腹板部位的混凝土蜂窝麻面外观质量缺陷得到了有效控制。

图 7　附着式振捣器安装图

4.4　模板选型及拼装

由于模板尺寸较大,加工精度要求高,且 U 形梁全国范围内尚未普及,预制 U 形梁采用定型钢模板,梁模板采用有施工经验的模板厂家。在模板加工前,项目部组织模板厂家及设计单位对 U 形梁及模板进行了系统优化。

模板由侧模、底模、内模、端模构成。所有模板采用钢结构分片制作,组合拼装使用。侧模与底模之间采用螺栓连接(图 8、图 9)。

图 8　模板拼装(1)

图 9　模板拼装(2)

模板拼装后进行拼装质量检查,侧模下口连接边及端模周圈均已安装槽型橡胶条,端模钢筋开孔已采用棉丝封堵严,模板连接螺栓已拧紧,模板拼缝严密,混凝土浇筑过程未出现漏浆现象。

4.5　U 形梁保温养护

对 U 形梁模板内外腹外侧板搭设 50mm 厚彩钢岩棉复合板(图 10),进行全封闭处理,U 形梁混凝土浇筑完毕后,采用保温苫布及时对上端、两端口进行全封闭式苫盖,梁顶端苫布搭设于模板桁架至走道板处,苫布规格 6 × 10,材质外侧一层为防火布,内侧为保温苫布,现场进行拼接,当苫盖一层不能满足保温条件时应加盖一层,并在内部设额定功率为 30kW 的热风炮 2 台,及时加热,加湿器 2 台。对浇筑前和振捣完毕时混凝土的温度,至少每 2h 测量一次。气温骤降和寒潮期间,增加温度观测次数。混凝土养护温度20℃左右、湿度≥70%,温湿度均满足冬期养护需求。

图10 预制U形梁保温养护

4.6 提梁、拆模

在提梁前,混凝土的强度和预应力有效应力荷载必须达到相关规定。充分做好提梁前的准备,优化提梁方案,实时监控提梁过程,组织拆模技术骨干进行施工,避免梁体与外模发生干扰。

5 结语

预制U形梁外观质量控制问题是施工过程中较为常见的问题之一,这种现象的存在是多种因素耦合的结果,本文对U形梁外观质量问题进行汇总分析,提出了相应的解决方案,在施工过程中需不断优化施工方法,多种施工技术、方法周密配合,执行严格的管理制度,这样才能减少问题的出现,从而提高U形梁外观质量。随着城市内交通压力逐步增加,城市轨道交通在国民生产生活中扮演的角色越来越重,U形梁在城市轨道交通中的逐步推广,具有良好的社会效益、经济效益和环境效益。

参考文献

[1] 孙静. 浅谈U形梁的预制施工与质量控制[J]. 江西建材,2015(8):158-159.

[2] 董靖. 浅谈U形梁在地铁轨道交通工程中的应用[J]. 建材发展导向,2013,11(03):57-61.

[3] 何紫薇,郭小宏. 重庆轨道交通U形梁预制质量控制[J]. 重庆建筑,2013,12(5):45-48.

[4] 张继营. 混凝土外观质量缺陷产生原因及预控措施[J]. 安徽建筑,2014,21(6):68-70.

[5] 李雨函. 地铁高架桥U形梁的预制施工技术分析[J]. 工程技术研究,2018(1):46-47,152.

[6] 朱立. 浅析城市轨道交通中U形梁施工技术的应用[J]. 四川水泥,2016(7):43.

盾构洞门涌水堵漏及继续推进处理措施

李小斌　付　成

（北京国建工程监理公司　北京　100048）

摘　要：本文结合呼和浩特地铁1号线土建一期某盾构工程，从盾构始发洞门就开始出现水流，一直处于边采取各种封堵措施边继续掘进的状态，直至负环管片拆除，查清主要水源为洞门位置底部约1m范围，并采取有效措施成功治理漏水的工程实例，进行了情况分析，总结了经验教训及预防措施，可为类似工程提供参考与借鉴。

关键词：盾构始发；涌水；洞门封堵

1　工程概况

本盾构区间起点里程 YAK8 + 517.100，终点里程 YAK9 + 721.175，区间全长 1198.65m，线路纵向坡度呈 V 字形坡，线路最大纵坡 20.959‰，区间隧道底板埋深约 16.7 ~ 23.1m，覆土厚度约 10.5 ~ 16.9m，洞门处为 10.5m，地下水埋深 6 ~ 8.5m，洞门处水位为 7.8m。

1.1　工程地质及水文情况

1.1.1　地层岩性

盾构区间始发段主要地质情况从上到下为：杂填土①$_1$ 层，素填土①$_2$ 层，细砂③$_5$ 层，圆砾③$_9$ 层，细砂③$_5$ 层，圆砾③$_9$ 层，卵石③$_{10}$层，粉质黏土③$_2$，中砂③$_6$，粉土③$_3$，粗砂③$_7$，圆砾③$_9$ 层，细砂③$_5$ 层，如图1所示。

1.1.2　水文地质情况

场地内地下水流向总体自东北向西南流动，地下水情况见表1。

地下水情况表　　表1

地下水性质	水位/水头埋深(m)	水位/水头高程(m)	含　水　层
潜水(二)	5.71 ~ 8.26	1041.33 ~ 1044.33	粉土③$_3$、细砂③$_5$、中砂③$_6$、圆砾③$_9$、卵石③$_{10}$
层间潜水(三)	13.1 ~ 17.35	1032.13 ~ 1049.53	粉土③$_3$、细砂③$_5$

2　盾构始发洞门涌水及继续推进情况

（1）盾构始发推进到 -4 环时，盾构机推力为 4100kN，速度 18mm/min，土舱压力为 0.53bar，刀盘扭矩为 320kN·m，刀盘进入 1m 多，端头处出现水流。

（2）盾构推进到 -3 环（刀盘进入 3m 多），盾构机推力为 3487kN，速度 23mm/min，土舱压力为 0.40bar，刀盘扭矩为 1053kN·m，渣土为砂性土；螺旋机出土口开始喷涌，洞门环空隙处漏水，环缝隙处采用棉布加水泥进行封堵，洞门钢环压板进行加固，在洞门钢环外侧重新加焊

作者简介：李小斌（1990—），男，大专学历，初级职称。目前主要从事地铁工程监理工作。Email：729565680@qq.com。

一圈弧度钢板进行封堵,洞门底部6点钟方向因始发架位置空间太小,无法用棉布封堵和加焊钢板,底下有水流出,盾构机内外壳预留孔洞注入聚氨酯,洞门水量开始减少,从刀盘处加入膨润土、泡沫和高分子聚合物等混合物吸水改良渣土,螺旋输送机喷涌得到有效控制,继续盾构推进。

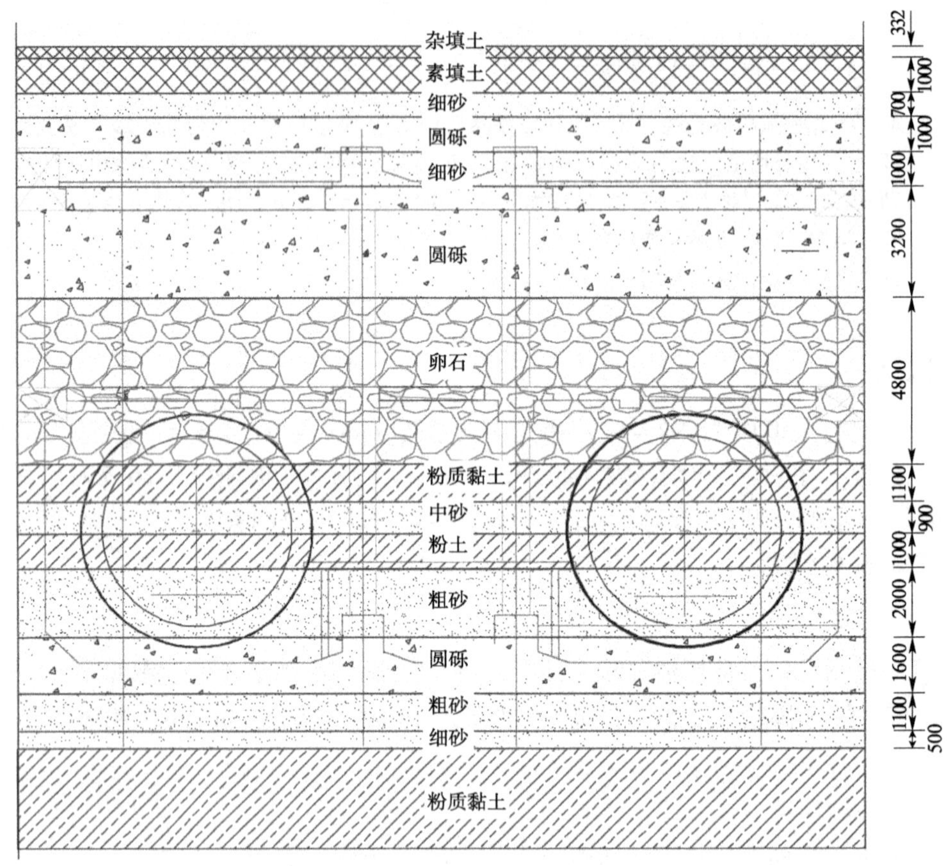

图1　始发端头地质横剖面图(尺寸单位:mm)

(3)盾构推进到1环,盾构机推力为7283kN,速度23mm/min,土舱压力为0.55bar,刀盘扭矩为1241kN·m,渣土为砂砾和粉质黏土;盾尾全进入,洞门压板钢环与管片之间形成10cm的空隙,洞门钢环与管片之间25cm的空隙(洞门直径6700mm,盾构机盾尾直径6400mm,管片外径6200mm),空隙填充满加水泥的棉布后,在外加焊一圈弧度钢板进行密封,在隧道内1、2环管片吊装孔处注入水性聚氨酯。

(4)盾构推进到5环,盾构机推力为9527kN,速度32mm/min,土舱压力为0.53bar,刀盘扭矩为1815kN·m,渣土为粉质黏土,塑性,需要加水和泡沫进行改良。过程中水压增大,水流持续增大,洞门底部6点钟方向压板帘布受损,因始发架位置空间太小,无法用棉布封堵和加焊钢板,聚氨酯从底部均被被冲出;从洞门钢环与管片之间空隙的5点钟和7点钟方向各埋设2根DN80的水管,管上焊接好止水阀进行引流。

(5)盾构推进到7环,盾构机推力为11902kN,速度24mm/min,土舱压力为0.84bar,刀盘扭矩为1488kN·m,渣土为粉质黏土,塑性,需要加水和泡沫进行改良。从0环管片底部6点钟方向用水钻打孔进行洞门钢环与管片直接封堵棉絮,然后在2、3、4三环处吊装孔进行聚氨酯、双液浆(水泥和水玻璃),但洞门钢环与管片之间空隙够大,水压太多,所注入浆液均被从洞门底部6点钟处的空洞冲出,5点钟方向预埋的引流管被注浆封堵死。

(6)盾构推进到9环,盾构机推力为12544kN,推进速度40mm/min,土舱压力为0.76bar,刀盘扭矩为2243 kN·m,渣土为粉质黏土,塑性,需要加水和泡沫进行改良。在7、8、9环处通过二次吊装孔注双液浆形成一个推进过程的止水环,好进行下一步掘进施工的同步注浆。

(7)继续在2、3、4三环处吊装孔进行聚氨酯、双液浆(水泥:水=1:1,水玻璃:水=1:1,水泥浆:水玻璃浆=1:1,浆液的凝固时间约20~30s,注浆压力为0.5~1MPa)、改性水玻璃(磷酸水玻璃浆液凝固时间约2s,注浆压力约0.5~1MPa)交替注浆,所注入浆液均被从洞门底部6点钟处的孔洞冲出(图2)。

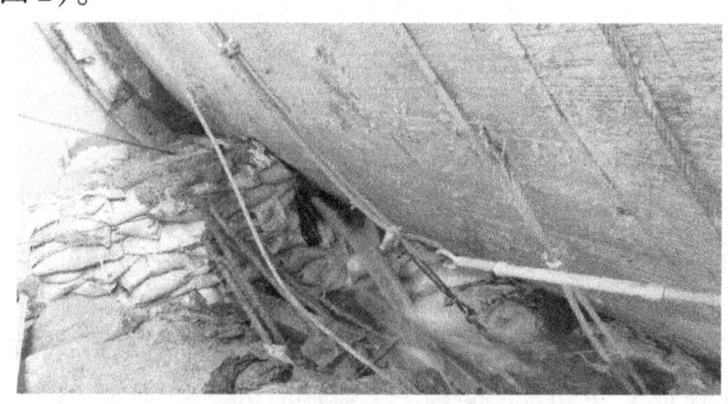

图2 吊装孔注浆浆液流失情况

(8)在地面端头加固区地下连续墙与管片之间的夹角50cm处垂直引两直径108mm孔,孔深15m下DN20注浆管至孔底,在下部注浆管与孔间隙回填直径5~10mm的碎石,碎石从洞门6点钟方向冲出(图3),上部注浆管与孔间隙回填混凝土,再通过地面预埋注浆管注入水泥水玻璃双液浆,浆液配合比为(水泥水=1:1,水玻璃:水=1:1,水泥浆:水玻璃浆=1:1),注浆压力控制在0.5~1MPa,地面注浆时浆液还是从负环管片下部流出,堵水效果不明显。

图3 地面回填碎石流失情况

(9)地面新增加2口降水井下,降水井深25m,新增2口降水井采用80m³/h、扬程33m水泵进行降水,之后降水井内水位为地下14m左右,降水效果不明显。(原左线盾构始发区域有5口降水井,先采用50m³/h、扬程26m水泵进行降水,降水井内水位为地下14m,为降低水位在隧道北侧),洞门水流量并未减少,清水,无含砂量。

(10)盾构推进到63环,具备负环管片拆除,拆除后发现主要水源为洞门位置底部约1m范围。盾构井垃圾清理完成后开始进行洞门底部封堵工作,在底部流水较大位置埋设1根约3m的DN150的水管,水管上焊接好止水阀门(图4),采用棉纱对洞门钢环漏水位置进行封堵密室，再采用钢板焊接在洞门钢环上对底部进行封堵。

图4　止水阀打开后流水情况

(11)洞门底部封堵完成，开始从1、2环管片吊装孔注入聚氨酯浆液进行堵水，注入聚氨酯时由于水流较大，聚氨酯从预埋导流管冲出，当关闭导流管止水阀门时水流及聚氨酯浆液从钢环上焊接的钢板间的间隙流出，注浆效果不明显。

(12)盾构井积水进行抽排，DN150的水管接长，水流引入右线盾构井，然后再次对洞门位置钢板间隙处采用棉纱进行封堵，然后对钢板进行满焊，防止导流管止水阀门关闭后水从钢板之间流出。

(13)先关掉一部分阀门进行洞门注浆堵水，注浆浆液采用磷酸水玻璃浆液，磷酸水玻璃浆液凝固时间约2s，水玻璃浆液和水泥浆液1:1凝固时间20s，在1～5环管片注浆孔处打入注浆管，注浆管长度约1.5m，再通过打设的注浆管进行管片背后交替注入这两种浆液混合物，注浆压力开始较小后逐渐增加，最终注浆压力约0.6MPa，注浆过程中效果明显，水流量逐渐减小，漏水全部被堵住。

(14)采用双液浆对管片预留注浆孔及地面埋设的2个注浆孔进行补强处理，双液浆浆液配合比为(水泥:水=1:1，水玻璃:水=1:1，水泥浆:水玻璃浆=1:1)，注浆压力约为0.5MPa，该区域已全部采用双液浆封堵完成。

(15)封堵完成后对隧道轴线上方60m范围、轴线两侧3m范围和端头始发端采用高密度电法对地下空洞进行检测，检测结果为所检测的3条剖面未发现空洞，地下水含水层比较明显，用地质雷达对洞门处60环管片背后密实度进行检测，背后管片注浆密实，未有空洞。

3　情况分析

(1)盾构始发端头地质情况主要为圆砾$③_9$层，细砂$③_5$层，卵石$③_{10}$层，该地质透水性较好，地下水位高，水压大，采用高压旋喷加固后取芯发现卵石层中基本无加固体，其他土层中加固体不连续，采用洞门WSS水平加固不易控制，水平探孔发现有塌孔和少量流水现象未引起重视。

(2)北侧洞门处存在地下连续墙接缝H型钢，洞门水平加固受H型钢影响加固效果不理想，地下连续墙施工钢筋笼入槽出现偏差，没能很好的控制洞门地下连续墙幅宽。

(3)北侧洞门处出现地下连续墙接缝H型钢，为保证盾构掘进安全，在盾构始发前对该位置混凝土破除并割除H型钢，因破除H型钢影响，导致现场洞门破除时间过长。

(4)在洞门破除完成后为了尽量减少洞门暴露时间防止掌子面失稳，在短时间内完成了洞门密封装置的安装，洞门底部的混凝土垃圾未清理干净，未能保护好密封橡胶帘布，当盾构刀盘顶入掌子面时对洞门下部密封帘布橡胶板损坏，造成洞门底部密封装置失效。

4 经验教训及预防措施

(1)加强洞门注浆加固质量,注浆完成后严格进行加固效果检查,如出现探孔漏水,塌陷情况再进行补充注浆加固。

(2)加快洞门破除进度,减小洞门破除后暴露时间。

(3)提早进行洞门密封装置安装,在密封装置安装完成验收合格后再进行洞门破除施工,在洞门破除施工过程中加强密封装置保护,洞门破除完成后必须将底部石渣清理干净,尽快将刀盘顶入掌子面。

(4)洞门封堵时当水压力及水流较大时,采用聚氨酯及双液浆进行注浆时容易被水冲出,堵水效果不明显;采用改性水玻璃浆液,调整好浆液配合比,堵水效果明显。

(5)注浆宜采用打入注浆管至地层的方式进行深层注浆,这样改性水玻璃浆液不容易被水流直接冲出,效果更为明显。

(6)由于改性水玻璃浆液强度不高,在采用改性水玻璃浆液和双液浆交替注入进行补强。

(7)控制好注浆压力,管片背后注浆容易出现管片错台和破损。

(8)应急物资需准备充分,要进行应急演练,确保抢修的及时性、有效性。

(9)地下连续墙施工时定位精确,控制好洞门幅宽,钢筋笼入槽时注意幅度偏差。

参 考 文 献

[1] 乐贵平,贺少辉,罗富荣,等.北京地铁盾构隧道技术[M].北京:人民交通出版社,2012.

[2] 傅鹤林,董辉,邓宗伟,等.地铁安全施工技术手册[M].北京:人民交通出版社,2012.

哈尔滨地铁智慧盾构信息监控系统的构建与应用

王　虹　竺维彬　李世佳　李俊沅

（广州轨道交通建设监理有限公司　广东广州　510000）

摘　要：随着地铁工程在城市建设中日益广泛，盾构施工的实时监控成为工程管理的必要手段之一。本文重点介绍了哈尔滨地铁智慧盾构信息监控系统的构建与应用情况，包括系统应用的背景、系统各模块的功能和利用，通过设置预警值，实时监控、自动预警、及时调整施工参数，盾构顺利安全地切除了地下钢筋混凝土桩基的工程实例，并指出了该系统在构建过程中遇到的问题，提出了建议。

关键词：盾构；信息监控系统；实时监控；预警设置

1　引言

地铁隧道盾构施工受地层、周边环境、施工设备影响非常大。大量的施工信息，如盾构掘进姿态、掘进参数、管片姿态、地层特性等都需要时刻掌握，建立信息监控系统实现盾构施工过程信息化、智能化，是盾构施工发展的必然趋势。随着盾构信息监控系统大数据采集与系统开发及应用，将会不断避免盾构施工风险，提高盾构施工的安全性和可靠性，为实现真正的人工智能化管理迈向新台阶。

2　系统运用背景

2.1　总体概况

哈尔滨市轨道交通已完成 1 号线建设，运营 18km，目前正在进行 2 号线和 3 号线建设，约 70km。目前采用两种建设模式，1 号线为自建工程，2、3 号线均采用 BOT 建设管理模式。

2.2　2 号线概况

哈尔滨市轨道交通 2 号线一期工程为哈尔滨轨道交通网络中由北部至东南的骨干线路，自松北大学城站，经太阳岛过江，沿经纬街、哈尔滨火车站、红军街等站至气象台，全长 28.7km，设 19 座地下车站、19 个区间，盾构区间占有率 99%。

哈尔滨市轨道交通 2 号线一期工程线路总体方案示意如图 1 所示。

2.3　盾构施工背景

本线路要三过松花江，又要穿越中央大街、尚志大街等老街道，正穿、侧穿多栋无基础的民房，施工风险大。该工程承建商有 7 家施工单位。

施工盾构机有辽宁三三、沈阳重工、中铁装备、日本奥村、海瑞克、北方重工土压平衡式和铁建重工、海瑞克泥水平衡式等多种形式共 22 台，需始发及到达 45 台次。

作者简介：王虹（1968—），女，本科，高级工程师，国家注册监理工程师。主要从事地铁盾构施工管理和技术研发工作。Email：wanghong 6825@ 163. com。

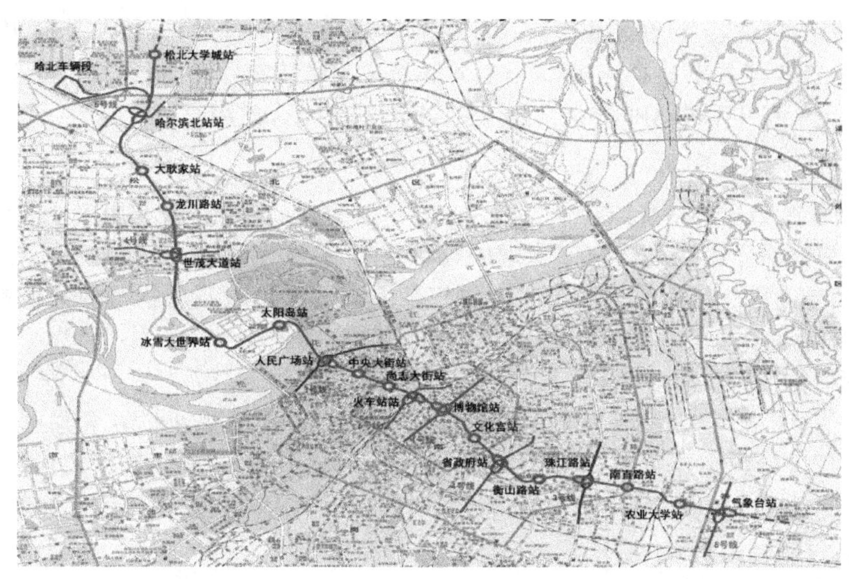

图1　哈尔滨市轨道交通2号线一期工程线路总体方案示意图

2.4　盾构施工的主要风险

(1)19座车站共有11座处于富水砂层,盾构要再在富水砂层盾构的始发与到达。

(2)盾构机适应性及旧盾构机维修改造,全线拟用22台盾构机,型号多;既有土压平衡盾构机也有泥水盾构;既有新机,又有旧机。

(3)富水砂层中盾构6次过铁路、2次过高铁、2次过高速公路;4次过松花江;多次过建筑物群。

(4)冬期施工工期受限,每年只有4~11月份约7个月的施工时间,盾构施工不可避免遭遇冬期施工。

(5)参建各方点多人少管理压力大,目前从18km到70km建设任务,管理压力翻倍增加。

2.5　业主采取的主要措施

(1)哈尔滨地铁集团积极督导项目管理公司采用第三方咨询进行《盾构施工安全质量管理办法》《重大风险节点管理验收管理办法》《注浆管理办法》《旧盾构机管理办法》等制度建设。

(2)通过第三方咨询平台邀请全国知名的盾构专家对其进行初步设计方案策划及评审、盾构机适应性及旧盾构机维修改造、盾构始发与到达、盾构过松花江、过重要建筑物等重大方案进行评审和跟踪。

(3)通过业主安全质量监督信息平台严格执行相关制度对参建各方工作成效及监测报警情况及时管理。

(4)搭建哈尔滨地铁智慧盾构信息监控系统,通过设置不同环境预警值对盾构施工进行实时监控。

3　哈尔滨地铁智慧盾构信息监控系统

3.1　哈尔滨地铁智慧盾构信息监控系统的搭建

盾构施工信息监控管理系统,以获取真实的盾构参数为基础,结合盾构施工环境,实现获取参数的汇总统计、历史数据曲线分析,多参数预警及风险管控功能。该系统可作为盾构施工日常信息化管理手段,也可实现对区间重大风险源进行管控。

经对海瑞克、中铁装备、铁建重工、三菱、中船、维尔特盾构机品牌,以及其使用的西门子、三菱、施耐德、ABB 等主流 PLC 连接和测试,本系统采集端稳定,数据采集具备断点续传功能。系统扩展性强,具有开发的 API 接口,可与其他多项系统结合使用。

3.2 系统功能

哈尔滨地铁智慧盾构信息监控系统作为一套独立的 Web 服务端,利用工业级监控软件采集到的数据,并根据公司在盾构施工管理的经验优势,针对性的开发 web 系统功能,并通过 Web 服务端发布出去。从而使得用户只需要打开浏览器即可看到盾构机的关键参数以及各种数据统计、分析结果。信息管理系统主要实现以下功能:

(1)远程盾构信息实时监控。

(2)盾构信息数据汇总功能(整合区间工况、区间平面图、地质纵断面图、汇总施工进度等)。

(3)盾构掘进参数统计功能;历史掘进参数曲线分析功能;系统预警管控功能;人机交互功能(地面监测数据、盾构机管片姿态、盾尾间隙等);工程信息管理;系统信息管理等。

3.3 盾构远程监控模块

全网图操作简介:在全网图界面,可以查看线路标号,放大、缩小地图查看施工线路,图标移至施工线路上方时,显示线路当前施工状况,推进状态以及异常预警等信息。

3.3.1 盾构信息监控界面

功能介绍:监测工程状态,包括当前环、总环数、总推力、平均土压、刀盘扭矩、推进速度、刀盘转速、注浆总量以及工程状态。盾构信息监控界面如图 2 所示。

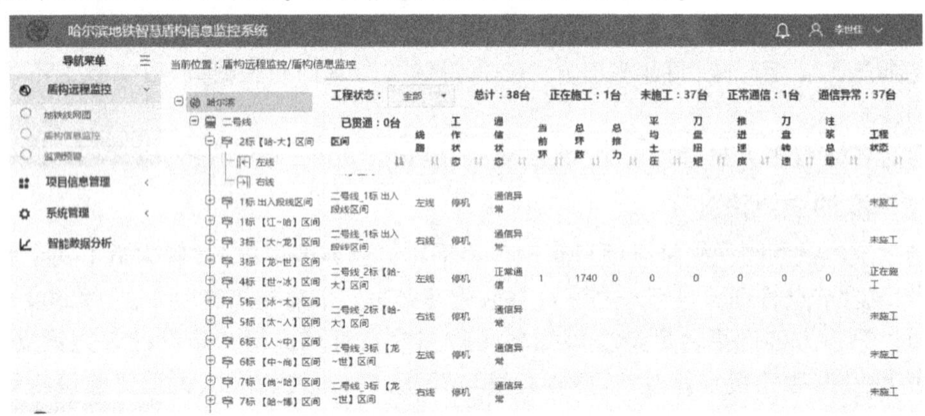

图 2 盾构信息监控界面

3.3.2 盾构信息监控平面图界面

(1)在平面图界面,可以查看地铁线路环线,放大、缩小地铁线路环线;可以查看和定位盾构机施工位置;可以查看实际施工路线信息、沉降点信息;可以测距,可以查看坐标。平面图界面如图 3 所示。

(2)可以在平面图界面上查看每环信息。

(3)可以在平面图界面上查看沉降点信息。

(4)可以在平面图界面上查看实际施工坐标信息。

(5)可以在平面图界面上测量两点之间的距离。

(6)可以在平面图界面上查看任意点的坐标。

(7)可以在平面图界面上放大居中显示盾构机所在位置。

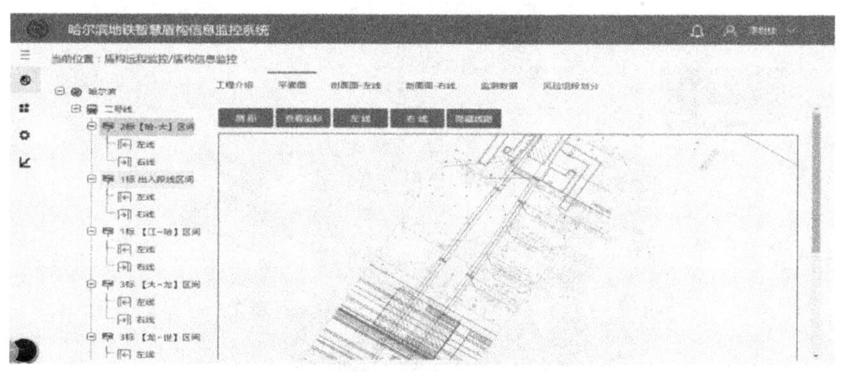

图3　平面图界面

3.3.3　盾构信息监控剖面图界面

剖面图界面分左线和右线。在剖面图界面,可以查看地铁线路环线,放大、缩小地铁线路环线;可以查看和定位盾构机施工位置;可以查看实际施工路线信息;可以测距,可以查看坐标。剖面图界面如图4所示。

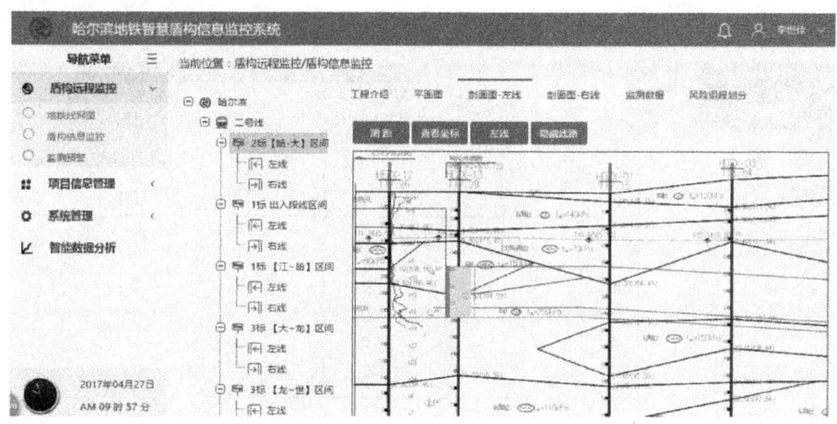

图4　剖面图界面

3.3.4　盾构信息监控－左右－刀盘界面

功能介绍:查看区间对应左右线的刀盘数据情况(图5)。

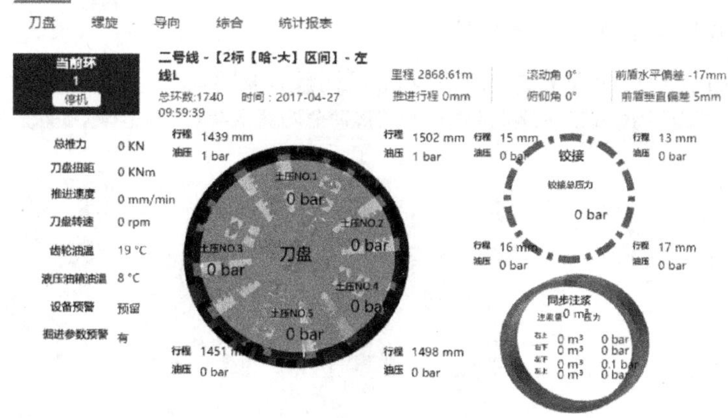

图5　左右线－刀盘界面

3.3.5　盾构信息监控－左右线－螺旋界面

功能介绍:查看区间对应左右线的螺旋数据情况(图6)。

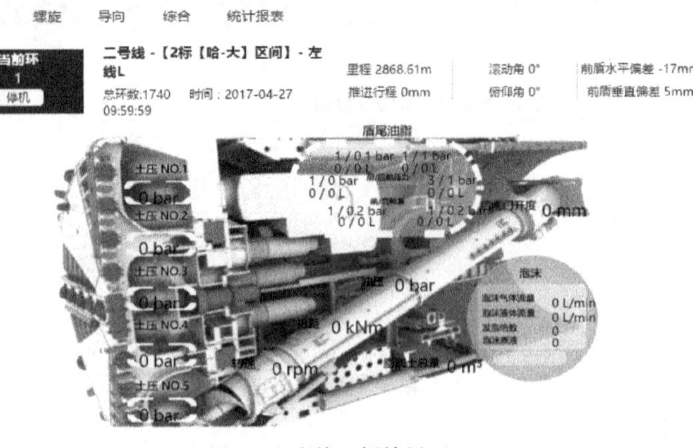

图6　左右线－螺旋界面

3.3.6　盾构信息监控－左右线－导向界面

功能介绍:查看区间对应左右线的导向数据情况(图7)。

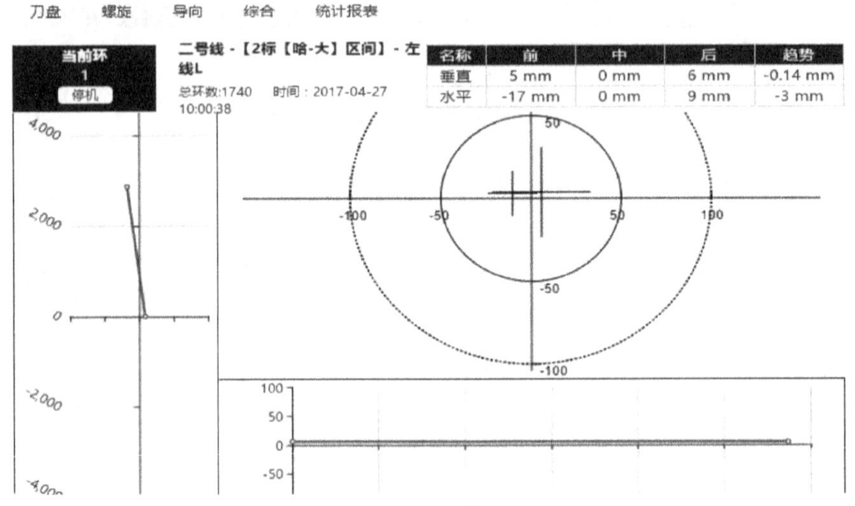

名称	前	中	后	趋势
垂直	5 mm	0 mm	6 mm	-0.14 mm
水平	-17 mm	0 mm	9 mm	-3 mm

图7　左右线－导向界面

3.3.7　盾构信息监控－左右线－综合界面

功能介绍:列出区间对应左右线所有字段的当前值(图8)。

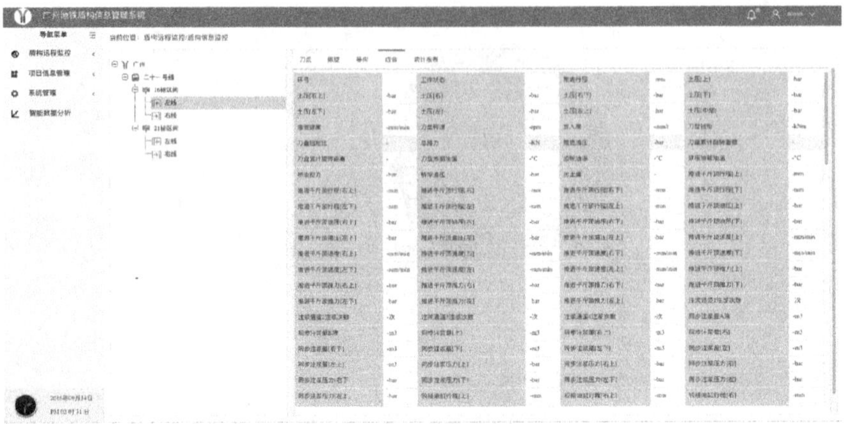

图8　左右线—综合界面

3.3.8 盾构信息监控－左右线－统计报表界面

(1)材料消耗

通过筛选环号,统计环号范围内的“泡沫量”“同步注浆量”“膨润量”及“盾尾间隙(图9)。

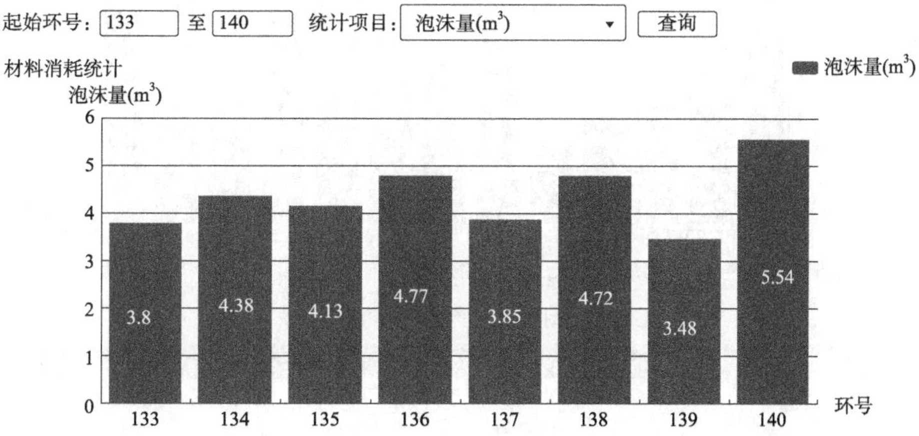

图9 材料消耗界面

(2)时间统计

功能介绍:通过筛选环号,统计环号范围内的工程时间消耗情况(图10)。

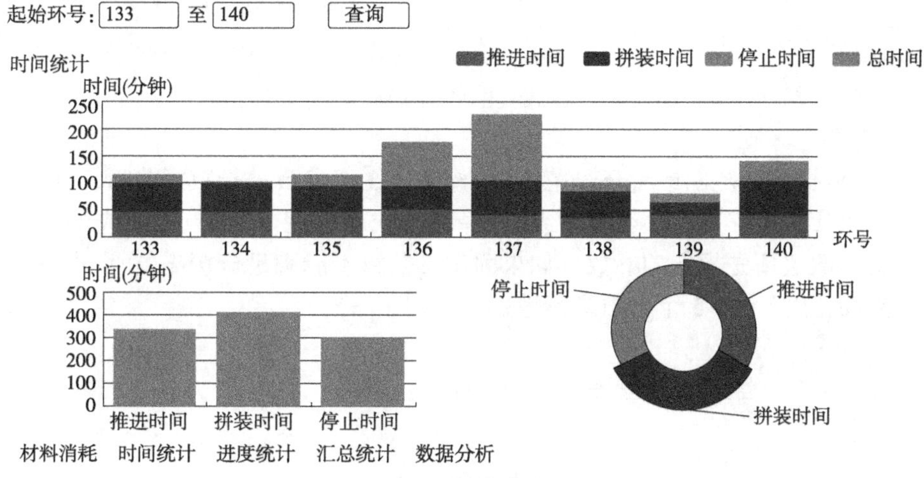

图10 时间统计界面

(3)进度统计

功能介绍:通过指定起始日期和结束日期,展示指定日期内每天掘进环号数的情况,用柱形图的方式展示统计结果(图11)。

(4)汇总统计

功能介绍:通过指定日期区间和统计方式:“日报”“周报”“月报”,展示对应日期区间内起始、结束环、推进环数、推进时间、拼装时间、停止时间、同步注浆量、盾尾油脂量等参数的汇总情况,同时可以进行报表导出(图12)。

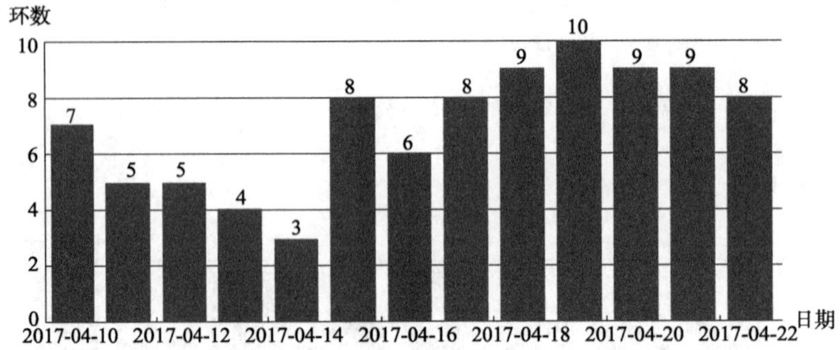

图 11 进度统计界面

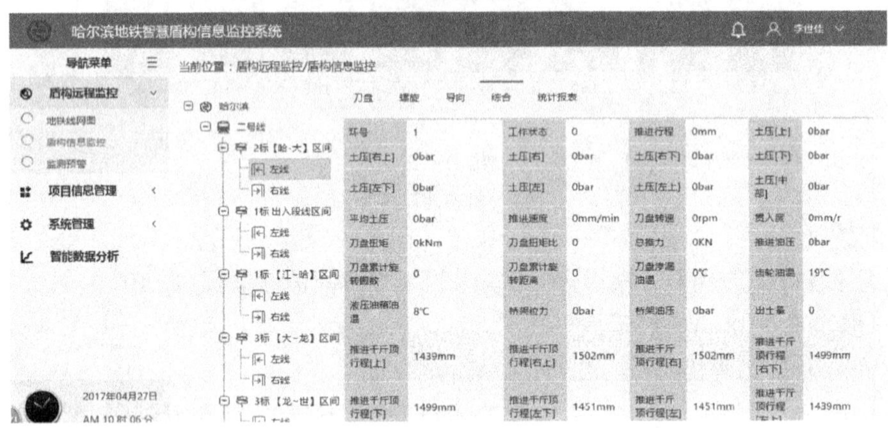

图 12 汇总统计界面

(5)数据分析

功能介绍：根据日期范围或者环号范围，选择最多 5 个参数进行数据分析。此功能包括固定参数组和自由参数组。固定 7 个参数组，选择环号或者日期之后，点击对应的参数组按钮，即可快捷分析参数组预先规定的参数。如果固定参数组不能满足分析需要，点击查询按钮，进入参数选择界面，选择最多 5 个参数进行数据分析(图 13)。

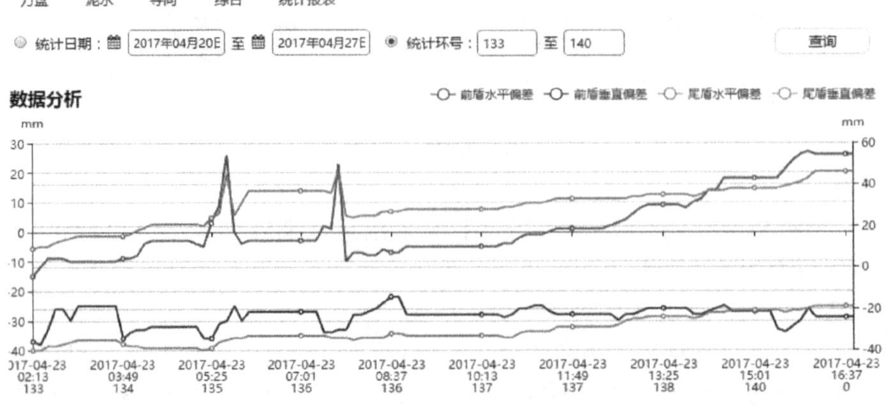

图 13 数据分析界面——8 组默认模式

3.3.9 监测预警界面

(1)全局监测预警用户设置了监测预警,可以根据盾构机掘进、拼装、停机三种状态,选定开始环号、结束环号进行预警设置,预警值设置:分为红色预警上限、红色预警下限,橙色预警上限、橙色预警下限分别设置(图14)。

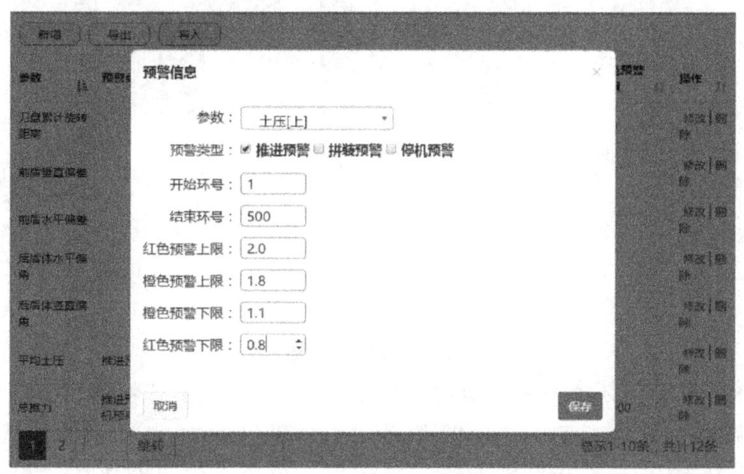

图14 全局监测预警设置界面

(2)历史监测预警查询:在"监测预警"界面,可以查看所有的预警信息,可以指定起始时间和结束时间,预警类型,查看指定时间范围内指定类型的预警记录(图15)。

图15 预警记录界面

4 工程应用

4.1 区间概况

某区间所经区域为繁华的商业区,沿线下穿、侧穿较多建筑物,同时下穿马家沟河道,沿线上部交通状况比较复杂。该段区间下穿15处、侧穿21处重点控制建筑,大部分建筑物年代较久远,基础形式主要以天然基础为主。本次盾构过桩位置在一个幼儿园(建于2005年地上两层,地下两层)下方,如图16所示。

线路右线总长度为1179.831m,左线长度为1182.815m。区间纵断面主要按照"高车站、底区间"进行设置,区间纵断面主要按照V形设置,最大坡度为29‰,隧道埋深较深,其结构顶覆土厚度约8.8~16.3m,埋深范围7.34~19.2m。

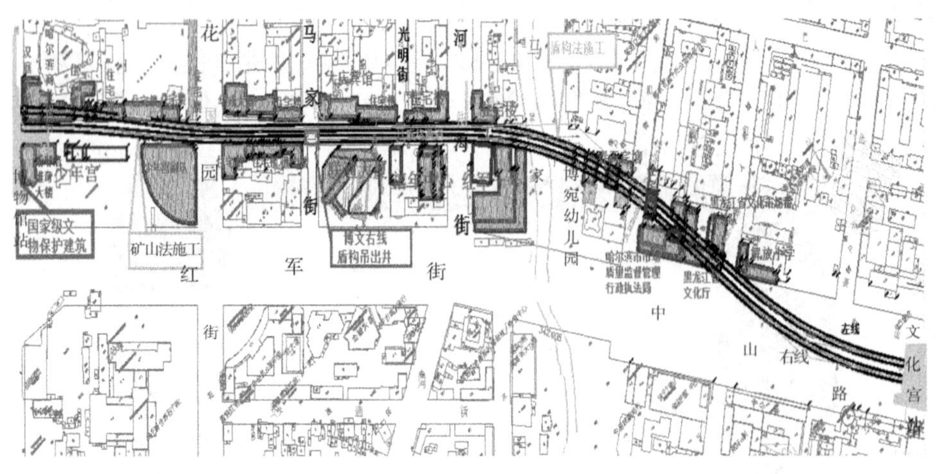

图 16　区间平面图

地质情况：隧道位于更新统下荒山组冲积层中〈6-2〉中砂、〈6-3〉粗砂、〈6-4〉中砂及下更新统东深井组冰水堆积层中〈7-4〉中砂、〈7-4-2〉粉砂、〈7-5〉砾砂层中，相对隔水顶板为〈6-4-2〉粉质黏土和〈7-1〉粉质黏土层，底板为白垩纪嫩江组泥岩。该含水层厚约 7.0 ~ 15.0m，厚度变化较大，由于局部隔水顶板〈6-4-2〉粉质黏土层缺失，形成与上层孔隙潜水贯通，该含水层富水性好、透水性强。

水文情况：地下水可分为上层滞水、孔隙潜水、孔隙承压水。孔隙承压水主要接受侧向径流补给，以侧向径流排泄为主，水位变化影响较小。埋深在 8.18 ~ 15.70m。

4.2　盾构机配置

4.2.1　刀盘配置

根据标段地质资料，刀盘采用软土式设计，支撑方式为中心支撑。刀盘上安装有中心鱼尾刀、贝壳刀、切刀、保径刀和超挖刀，对隧道进行全断面开挖，开挖直径 6280mm，并可实现正反双向旋转出渣。所有可拆式刀具（不包括超挖刀）均可从刀盘背部进行更换，刀盘主体结构的正常使用寿命大于 10km。

4.2.2　渣土改良

刀盘上设有 6 路渣土改良管路（泡沫或膨润土），可对掌子面及土舱内注入渣土改良剂。渣土改良剂通过安装在刀盘隔板后部的回转接头注入到前部管路。刀盘隔板上预留 4 个高压冲水接口，可用于停机时向刀盘背部注入高压水冲洗。

4.2.3　磨损检测装置

刀盘上安装有 1 个液压式的磨损检测装置，当液压系统压力下降时，会发出报警信号。磨损检测装置为可更换式，磨损后可以从刀盘背面进行更换。

4.2.4　安全设置

减速机油温超过 80℃，主驱动自动停机；变速箱油温高于 55℃，主驱动报警，变速箱油温高于 65℃，主驱动自动停机；变速箱高于最高液位，主驱动报警。低于最低液位，主驱动自动停机。

依据设计图样及地勘资料，此刀盘采取软土刀盘设计，所配置的刀具为切削型软土刀具，刀具理论强度约为20MPa。

4.2.5 螺旋输送机

螺旋输送机采用有轴式双螺旋设计形式。一级螺旋输送机安装角度为22°，固定在前盾底部套筒法兰上，二级螺旋输送机安装角度为22°。在掘进时，刀盘开挖的渣土掉落到土舱底部，通过螺旋输送机输送到皮带输送机上。螺旋输送机通过油缸的伸缩使螺旋轴与筒体形成相对运动，以此来处理堵塞现象；在筒体上设有5个检修门，必要时可以打开检修门来清理被卡在螺旋叶片间的渣土。螺旋机筒体上布置有8个注入口，可通过这些孔注入膨润土或泡沫来改善渣土的流动性。螺旋输送机正常使用寿命大于10000h。

驱动方式：螺旋输送机驱动方式为后部中心驱动，一二级螺旋输送机分别包含1个液压马达、1个减速器、1个回转支承、1个螺旋轴等。螺旋输送机可以在0~19r/min内无级调速，通过控制出土量维持土舱压力的平衡。

4.2.6 耐磨设计

前3节叶片表面及轴表面堆焊5mm厚耐磨层；前3节叶片周边焊接耐磨合金块。底部套筒、固定节、出渣门筒体堆焊5mm厚耐磨层。

4.3 建筑物桩基情况

盾构机施工到博苑中山幼儿园房屋下方时扭矩异常变大，并能在地下室听到“吱吱”异常响动。

经调查：此处为蓝色水岸31层高层商务住宅楼附属建筑，地下两层，地上两层。地上两层为博苑中山幼儿园，地下负一层为停车库，基础形式为桩基础，地下负两层为消防泵房（现存水量18m×6m×1.5m）；此结构基础桩为C25钻孔桩，桩径400mm，主筋为ϕ14，箍筋为ϕ10，桩深12.6m（上部6m为钢筋混凝土结构，下部为素混凝土）。盾构共需截桩21根。隧道与建筑物桩基关系如图17所示。

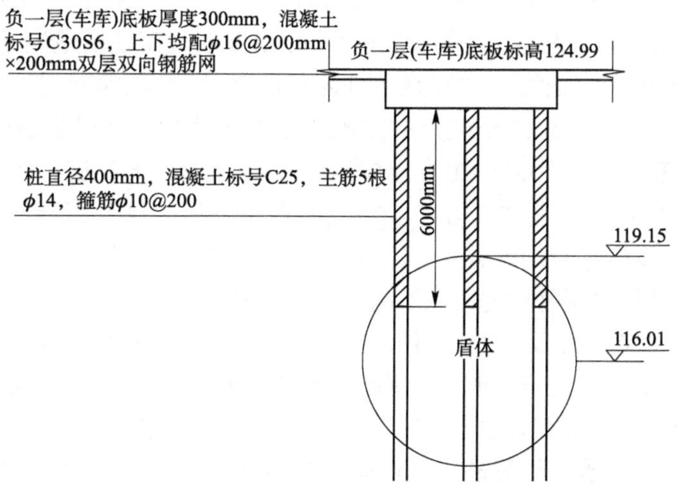

图17 隧道与建筑物负一层桩基关系图

根据现有图纸，车库顶板上表面标高为±0，地下一层标高为-5.8m（相对标高），局部地

下二层标高为 -9.7m，负一层底板厚 300mm（防水底板），负二层底板厚 400mm（防水底板）。负一层桩基承台底标高为 -7.2m，承台厚度为 1.2m；负二层桩基承台底标高为 -11.1m，承台厚度为 1.2m。根据结构跨度，现有 3 桩承台、4 桩承台、5 桩承台、6 桩承台、7 桩承台，桩基为局部配筋。

在过完房屋桩径 400mm 的桩后，再次发现异常，房屋北边的地面出现较强振动，房屋基本感觉不到振动。经调查发现其地下室基坑围护结构形式为 C25 钢筋混凝土围护桩，直径 600mm，主筋为 $\phi 25$ 的螺纹钢。在 366 环至 393 环间共需截桩 14 根。

4.4 技术措施

由于实际建筑物情况与设计、勘察严重不符，刀盘设计为软土刀盘，切削桩基会产生一定的相互影响，损坏刀盘、刀具；由于地层处于中砂与粉质黏土软弱地层中，易出现盾构开挖面的坍塌，影响建筑物安全。当时发现桩基时盾构机已处于房屋下方，采取的措施有限。为避免盾构机长时间在房屋下方停机，在做好应急预案的条件下，并经业主、咨询、设计、施工、监理等各方专题讨论后，进行“裸过”，是一次富有挑战性的大胆尝试。

为了更好地发挥出切削性刀具的切削性能及最大限度地保护建筑物与刀具，在推进过程中制订以下措施：

（1）建立五方应急处置小组通过哈尔滨智慧盾构信息监控系统五方共享平台对盾构实时数据与地面及建筑物进行 24h 持续监测，出现异常情况应立即报告，各小组立即响应，后台专家团队技术支持。

（2）利用盾构远程监控系统设置预警截桩的主要参数：①严格控制土舱压力，上部压力设定在 1.0 ~1.2bar，严格控制压力波动。②推力控制在 10000kN。③贯入度控制在 5mm/min。④刀盘扭矩控制在 4500kN · m（额定扭矩 60%）。⑤同步注浆：注浆量大于 5.0m^3/环（建筑间隙的 150%），压力控制在 3.0 ~ 4.0bar。⑥严格控制出土量，不大于 38m^3/环（建筑间隙的 100%）。

（3）实时根据盾构远程监控系统推进控制：①速度控制严格控制推进速度，在到桩前 5m 速度控制在 15mm/min，2m 时调到 10mm/min，刀盘转速 1.2 ~1.5r/min，截桩过程中贯入度控制在 5mm/min。为防止桩体位移，尽量降低推力，并在截桩快完成前适当减小螺旋机转速，以小量提高土压，利于撑子面的稳定，并对余下桩体断桩有利。②注浆严格控制注浆量与注浆压力，在过房屋前后 10 环位置加强同步注浆控制，以提高地面房屋及隧道的安全性，特别是在负二层截桩时隧道距离承台只有 0.4m，上方土体易剥落，应及时填充注满。注浆量大于 5.0m^3/环（建筑间隙的 150%），压力控制在 3.0 ~4.0bar，一般上部压力高于下部压力。同时浆液初凝时间调到 3 ~4h。并及时进行二次补浆（双液），加固隧道周边土体。

（4）扭矩控制。掘进过程密切关注扭矩的变化，特别是扭矩急速上升或持续上升时，应降低推进速度与转速，必要时可反转刀盘（停稳后，低速启动），一般不宜超过额定值的 60%。

（5）渣土改良控制。强化渣土改良效果，在刀盘正面压注膨润土浆液以改善土体的和易性，降低刀盘刀具温度，刀盘扭矩，同时有利于钢筋及混凝土块顺利排出。

（6）姿态控制。加强盾构机掘进姿态控制，截桩时由于刀盘要切削桩体及钢筋，刀盘受力不均，易发生偏离，姿态控制难，并且过房屋位置处于 450m 半径曲线段上，掘进前合理设定预偏量，过程中做到“勤纠缓纠”。在本段设定盾构机姿态控制在设计轴线的 ±30mm 内，滚动角 ±0.2°。

4.5 通过后地表及建筑物沉降情况

博苑幼儿园沉降量见表1，沉降累计曲线如图18所示；地表沉降量见表2，沉降曲线如图19所示。

房屋沉降量统计表（单位：mm） 表1

监测项目	监测点号	2017/9/28（上午）	2017/9/28（下午）	2017/9/29（上午）	2017/9/29（下午）	2017/9/30（上午）	2017/9/30（下午）	2017/10/0（上午）	2017/10/0（下午）	位 置
博苑幼儿园	JGC080	-1.07	-0.07	-0.48	-2.16	-0.32	-0.73	-1.17	-0.13	385环附近
	JGC082	-0.66	0.51	1.10	0.32	0.74	-0.31	-0.64	0.20	385环附近
	JGC083	0.84	1.20	1.30	0.24	1.34	1.22	0.22	0.64	373环附近
	JGC085	-0.65	0.19	-0.51	-0.61	-0.32	-0.98	-1.13	-1.24	373环附近
	C6	1.26	1.85	1.67	0.91	1.73	1.66	0.74	0.99	385环附近
	C7	0.76	1.88	1.94	0.96	2.10	1.47	1.44	1.40	385环附近
	C8	0.51	1.60	1.49	0.61	1.64	1.03	0.66	1.04	385环附近
	D	1.50	2.44	2.37	1.61	2.61	1.80	1.63	3.15	385环附近

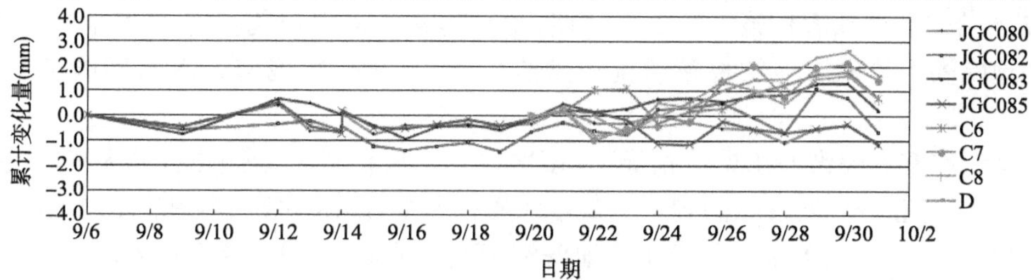

图18 房屋沉降累计变化量曲线图

地表沉降量统计表（单位：mm） 表2

监测点号	2017/9/6	2017/9/28（上午）	2017/9/28（下午）	2017/9/29（上午）	2017/9/29（下午）	2017/9/30（上午）	2017/9/30（下午）	2017/10/1（上午）	2017/10/1（下午）	位置
DBC-LM-48	0.00	3.10	4.47	3.88	3.62	2.31	3.39	3.17	4.69	左线365环
DBC-LM-49	0.00	2.14	4.41	3.97	2.64	2.36	3.59	3.18	3.69	左线370环
DBC-LM-50	0.00			-6.37	-5.85	-7.58	-7.68	-9.24	-9.00	左线396环
DBC13-03	0.00	-5.98	-5.37	-5.69	-5.86	-6.22	-5.48	-6.48	-5.36	第360环
DBC13-04	0.00	-1.00	-0.13	-0.12	-0.48	-0.69	-0.34	-0.50	0.65	第360环
DBC13-05	0.00	-0.50	0.71	0.07	0.35	-0.59	0.07	0.50	2.29	第360环
DBC14-04	0.00	0.65	1.62	0.93	1.02	0.69	0.90	1.56	2.03	第386环
DBC14-05	0.00	-0.04	1.00	-0.55	-1.53	0.13	-0.10	-0.47	1.20	第386环
DBC14-06	0.00	-0.48	0.03	-1.27	-2.11	-1.30	-1.49	-1.26	0.44	第386环
B2	0.00	-0.44	0.70	0.37	0.22	-0.23	-0.27	-0.70	-0.68	第385环
B3	0.00	-0.44	0.33	0.59	-0.80	0.23	-0.27	-0.70	-0.68	第385环
B4	0.00	0.64	0.45	1.95	0.81	1.06	1.14	0.45	0.65	第385环
B5	0.00	-2.88	-1.01	-1.45	-2.49	-0.44	-2.33	-1.86	-0.79	第385环

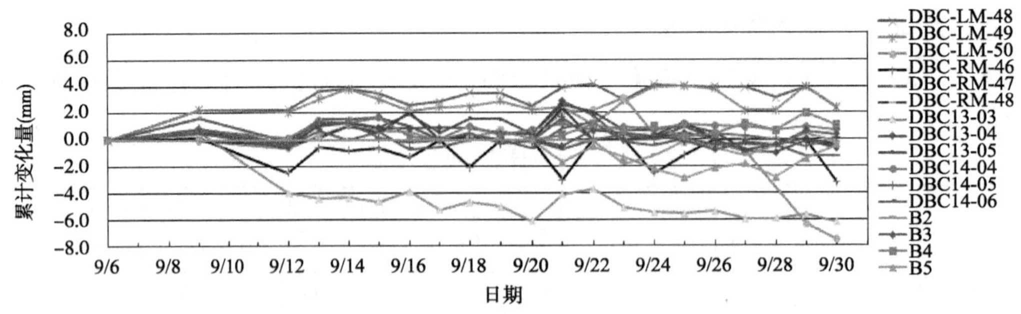

图 19　地表沉降累计变化曲线图

4.6　监测结论

从监测数据可以看出,在盾构掘进至博苑幼儿园下方前后时间段内,建筑物及地表沉降数据较为稳定,无异常情况。结合现场巡查情况综合分析,建筑物当前状态安全可控。

5　哈尔滨地铁智慧盾构信息系统构建中的问题和建议

5.1　哈尔滨地铁智慧盾构信息监控系统应用效果

2017 年哈尔滨地铁盾构施工处于高峰期,为参建各方搭建盾构信息远程监控共享平台,积极主动地提供了哈尔滨地铁智慧盾构信息监控系统,及时发现与处理盾构施工中出现的问题。

在咨询专家富有建设性意见的指导下,多次攻克了盾构机下穿铁路公路及 CFG 桩,下穿房屋及切桩,下穿松花江等施工重难点。2 号线盾构共始发 18 台次,顺利到达 18 台次,并实现了全线盾构冬期施工,为下一步哈尔滨地铁施工积累了丰富经验,意义重大。

5.2　哈尔滨地铁智慧盾构信息管理系统评价

(1)过程数据能实时监控:强化了业主、监理、咨询对全线盾构机运行的管控,强化了过程控制,可以实时把控。

(2)施工数据有专业化分析:建立多方微信群和周例会做日常沟通,建立周报、月报制度分析数据,并由有经验的咨询公司团队提供专业化的建议,有利于评判盾构施工情况,留下业主、监理管理痕迹。

(3)统一了盾构平台管理:有利于整合全线多种型号盾构机不兼容的情况,统一了数据显示管理分析标准,建立统一平台管控,减少了业主、监理工作量,半天可掌握全线情况。

(4)形成了大数据价值:通过全线的使用以及后续线路的使用,不断的积累大量盾构实时数据,形成了哈尔滨盾构施工大数据库,在此基础上,可进行多种分析运用,为后续的盾构施工可提供高精度高可信度的数据参考。

5.3　问题和建议

(1)还需加强数据安全性的建设,对数据安全进行分级管理。

(2)还需加强数据分析成果的运用,哈尔滨还未形成数据规模。

(3)目前由于咨询与施工单位签订联机合同,需要业主进行组织及协调后续标段考虑将盾构信息管理系统纳入工程咨询板块进行招标。

(4)安全质量监督信息平台,目前主要在隐患排查治理方面,存在增加工作量的情况,存在数据上传造假,存在施工、监理不想用的情况,后面将在这几方面进行改进。

(5)智慧盾构信息管理平台,通过颁发管理办法,在盾构机始发关键节点验收时作为主控必备项目推行,由业主组织施工、咨询监理、设计等共同验收通过后,方可始发。

(6)以产品运营效果作为土建、机电的管控标准。

(7)把安全地铁理念放在首位,强化了安质部管理,成立了监控中心、应急中心、稽查大队等。

(8)减少人为管理,借用外部专家管理,推行信息化管理。能信息化的都信息化,把人为管理精力放在重点控制方面。在设计概算中的安全保障费,进行信息化系统建设开项。

(9)专业平台要有专业管理团队,否则会流于形式。信息化平台成本需领导大力支持。

(10)引进了工程咨询单位,主要负责危大方案评审、盾构机设备审查、盾构机信息系统管理、盾构专家库管理等。

6 结语

盾构隧道的建设不可避免地要穿越建筑物桩基础等地下障碍物,本次土压平衡盾构机(辐条式刀盘、无滚刀)利用盾构智慧信息系统五方共享平台,通过前方监测,后台专家技术团队支持;通过盾构施工前设置预警值,在施工过程中实时采集施工参数并及时进行参数调整等措施,确保了建筑物和隧道施工的安全。

参考文献

[1] 杨新安,凌保林,王树杰,等.盾构隧道掘进信息化管理系统设计与开发[J].中国工程机械学报,2010,08(4):422-426.

[2] 黄威然,杨书江.砂与砂砾地层盾构工程技术[M].北京:中国建筑工业出版社,2013.

[3] 王虹,李俊沅.盾构智慧信息系统过钢筋混凝土桩群的应用实践[J].建筑学研究前沿,2018.